宁夏草地

郭思加　马红彬　许冬梅　李克昌　等/编

科 学 出 版 社

北　京

内 容 简 介

　　本书基于 20 世纪 80 年代宁夏草地资源全面调查的成果，综合近几十年来的最新相关研究，对宁夏草地资源状况及其利用和建设等进行了总结。其内容主要包括宁夏自然环境、宁夏草地植物、宁夏草地类型、宁夏草地资源与评价、宁夏草地区划、宁夏人工草地、宁夏草地保护、宁夏草地利用与改良及宁夏草地监督管理等。

　　本书可供草学、环境保护学和生态学等专业领域从事教学、研究及生产等的工作人员及相关专业的学生参考。

图书在版编目（CIP）数据

宁夏草地 / 郭思加等编. —北京：科学出版社，2023.8
ISBN 978-7-03-075654-1

Ⅰ. ①宁… Ⅱ. ①郭… Ⅲ. ①草地资源-资源管理-研究-宁夏
Ⅳ. ①F323.212

中国国家版本馆 CIP 数据核字（2023）第 098897 号

责任编辑：刘　畅　赵萌萌 / 责任校对：严　娜
责任印制：张　伟 / 封面设计：迷底书装

科 学 出 版 社 出版
北京东黄城根北街 16 号
邮政编码：100717
http://www.sciencep.com

北京凌奇印刷有限责任公司印刷
科学出版社发行　各地新华书店经销
＊

2023 年 8 月第 一 版　开本：787×1092　1/16
2024 年 11 月第三次印刷　印张：21 1/2
字数：550 400

定价：148.00 元
（如有印装质量问题，我社负责调换）

《宁夏草地》编委会

前　言

《宁夏草地》终于出版了！

本书是40年前宁夏草地调查成果的一次"晚到"的汇报（当年成果鉴定只呈献了单位内部印刷的"宁夏草场资源调查报告""宁夏草地资源数据汇编""草地类型图""草地区划图"及"草地利用现状图"等），其包含如下内容。

1980～1984年历时5年的全国通行的草地资源调查是较为全面的一次全国性资源普查。此后各兄弟省（青海、甘肃等）、自治区（内蒙古、新疆等）都汇集了各自的调查成果，先后出版了各省、自治区的《草地资源》，有关相邻学科《宁夏构造地貌》《宁夏土壤》《宁夏植被》《宁夏森林》等也都早已编成出版，唯缺《宁夏草地》！本书是编者为补此空白，在汇总草地资源普查成果的基础上，融合近几十年宁夏草地科研成果、建设和管理的实践经验整合统编而成。

通过当年的全面普查，形成了系统完整的宁夏草地分类方案，契合于全国已形成的草地分类方法，其中也汇入了我们于实践中亲身体验的见解。本书的各章提供了可供参考的相应资料。第一章从自然地理与社会情况、地形、气候、土壤类型与分布及水资源方面概述了宁夏的自然环境。第二章较为全面地阐述了宁夏草地植物的区系成分，草地植物的生态经济类型，天然草地的有毒、有害植物，草地植物资源和国家重点保护植物。第三章基于野外实地普查的第一手资料，编制成了宁夏草地分类方法与系统，较为详细地阐述了草地类型、草地营养、草地分布的地带性、草地资源的自然经济特点及草地的综合顺序分类法。第四章分析了禁牧封育前后宁夏草地资源与评价及草地生态系统服务价值评估。第五章基于草地区划的原则和分级，阐述了宁夏草地区划，分析了各类草地区概况和草地建设、畜牧业发展方向。第六章从人工草地的重要性、主要饲用植物简介、各年份种植情况、各地区种植情况、科研成果及栽培区划方面介绍了宁夏人工草地的发展状况。第七章介绍了草地有害啮齿动物监测与防控、草地虫害监测与防治及栽培牧草病、虫、草害监测与防治。第八章结合宁夏草地现状，概述了草地利用及草地改良。第九章从草原（草地）法律、法规，执法机构与队伍建设，监督管理，草地火灾的防控及云雾山草地自然保护区建设方面介绍了宁夏草地的监督管理概况。

本书的出版得到了有关领导的重视和鼓励，是在宁夏高等学校一流学科建设（草学学科）项目（NXYLXK2017A01）经费的大力推动和支持下，在各位编者的协同努力下完成的。在这里特别向有关单位和曾经参与草地资源调查的专家、工作人员表示由衷的感谢！

由于水平有限，书中难免存在某些不妥和疏漏，敬请读者批评指正。

《宁夏草地》编委会

目 录

第一章　宁夏自然环境

第一节　自然地理与社会情况

宁夏位于中国地势第一阶梯向第二阶梯转折的过渡地带，全境海拔 1000m 以上，地势南高北低。境内山峰迭起，平原错落，丘陵连绵，沙丘、沙地散布。

南部黄土丘陵海拔 2000m 左右，面积占全区的 37%；中部灵盐台地和平原、山间平原海拔 1300～1500m，面积占全区的 23%；北部宁夏平原海拔 900～1500m，面积占全区的 18.7%；其余地区为山地红岩丘陵和腾格里沙漠。贺兰山高耸于西北边境，主峰敖包疙瘩海拔 3556m，为宁夏最高峰。六盘山横亘宁夏南部，主峰米缸山海拔 2942m。腾格里沙漠为全国四大沙漠之一，位于宁夏西南边缘地带。宁夏位于黄河中上游，黄河有 397km 流经宁夏。黄河进入宁夏之后，水面宽阔，水流舒缓，十分有利于引水灌溉。

宁夏的自然植被有森林、灌丛、草原、荒漠、湿地等基本类型。草地植被面积 244 万 hm²，占自然植被面积的 79.5%，是宁夏自然植被的主体，森林覆盖率为 16.9%。现有贺兰山、罗山、六盘山、沙坡头、白芨滩 5 个国家级自然保护区，其中六盘山自然保护区核心区森林资源十分丰富，被专家称为"黄土高原的绿岛"。宁夏北部和中部湿地与湖泊众多，首府银川附近有"七十二连湖"，其中较大的沙湖和大西湖面积都超过了杭州西湖的面积。

第二节　地形

一、地理位置

宁夏位于中国西北内陆地区，中部偏北，地处北纬 35°14′～39°23′，东经 104°17′～109°39′，最低海拔到最高海拔为 1100～1200m，地势从西南向东北逐渐倾斜，东邻陕西，西、北接内蒙古，南连甘肃。地形南北狭长、东西短，北起石嘴山市头道坎北 2km 的黄河江心，南迄泾源县六盘山的中嘴梁，南北相距约 456km，西起沙坡头区营盘水车站西南 10km 的田涝坝，东到盐池县柳树梁北东 2km 处，东西相距约 250km，面积为 6.64 万 km²。

在中国自然区划中，宁夏跨东部季风区域和西北干旱区域，西南靠近青藏高寒区域，大致处在我国三大自然区域的交汇、过渡地带。在中国国土开发整治的地域划分上，宁夏位于中部重点开发区的西缘或西部待开发区的东缘，是以山西为中心的能源重化工基地和黄河上游水能矿产开发区的组成区域，其北部和中部系"三北"防护林建设工程的重点地段，南部属于黄土高原综合治理区和"三西"地区的范围。

二、地理地貌

宁夏地处我国地质、地貌"南北中轴"的北段，在华北台块、阿拉善台块与祁连山褶皱之间。高原与山地交错，大地构造复杂。从西面、北面至东面，由腾格里沙漠、乌兰布和沙漠和毛乌素沙地相围，南面与黄土高原相连。地形南北狭长，地势南高北低，西部高差较大，东部起伏较缓。

南部的六盘山自南端往北延，与月亮山、南华山、西华山等断续相连，把黄土高原一分为二。东侧和南面为陕北黄土高原与丘陵，西侧和南侧为陇中山地与黄土丘陵，中部山地、山间与平原交错。卫宁北山、牛首山、罗山、青龙山等扶持山间平原，错落屹立。

北部地貌呈明显的东西分异。黄河出青铜峡后，塑造了美丽富饶的银川平原。平原西侧，贺兰山拔地而起，直指苍穹。东侧鄂尔多斯台地，高出平原百余米，前缘为一陡坎，是宁夏向东突出的灵盐台地。

宁夏地貌复杂，山地迭起，盆地错落，大体可分为：黄土高原，鄂尔多斯台地，洪积冲积平原和六盘山、罗山、贺兰山南、中、北三段山地，平均海拔 1000m 以上。按地表特征，还可分为南部接近暖温带平原地带、中部中温带半荒漠地带和北部中温带荒漠地带。全区从南向北表现出由流水地貌向风蚀地貌过渡的特征。

根据自然特点和传统习惯，一般把银川地区、石嘴山地区和吴忠地区的利通区、青铜峡、中宁、中卫、灵武 5 市（县）的川区称为宁夏北部；把吴忠地区的盐池、同心两县和灵武、中卫、中宁的山区及海原县的北部称为宁夏中部；把固原地区的原州、西吉、隆德、泾源、彭阳及中卫市海原县的南部山区称为宁夏南部。从地貌类型看，南部以流水侵蚀的黄土地貌为主，中部和北部以干旱剥蚀、风蚀地貌为主，还有山地、丘陵、平原、台地和风沙地貌。

三、地貌特点

宁夏地跨黄土高原和鄂尔多斯高原（鄂尔多斯高原和蒙古高原是彼此分开的两个高原，宁夏应该是没有地跨蒙古高原），地势南高北低，按地形区分则包括五大部分，贺兰山地、六盘山地、宁夏平原、黄土高原和鄂尔多斯高原。山地、高原约占全区面积的 3/4，平原占 1/4。自北向南为贺兰山地、六盘山地、宁夏平原、鄂尔多斯高原、黄土高原等。地表形态的多样化为自治区的经济发展提供了条件。

（一）贺兰山地

贺兰山绵延于宁夏回族自治区的西北部，以其为分水岭与内蒙古阿拉善高原相连，东侧以断层邻银吴平原。山脉呈南北走向，北起巴音敖包，南迄马夫峡子，绵延 200 多千米，东西宽 15～60km，海拔为 1600～3556m，最高峰为 3556m，位于苏峪口北。贺兰山高出宁夏首府银川市 2400m 左右。贺兰山中部（宗别立至三关口）峰峦叠翠，沟谷幽深，是贺兰山最巍峨险峻、景色秀丽之处。如果站在宁夏平原向西望去，就会发现贺兰山如同一匹奔腾的骏马，英姿勃发，蒙古语"贺兰"一词就是"骏马"的意思。正是巍峨雄伟的贺兰山斜立于宁夏西北部，方能阻挡住腾格里沙漠流沙的东侵，同时也削弱了西北寒风的侵袭，成为天然屏障，使宁夏平原享有"塞上江南"的美誉。贺兰山还是我国外流区和内流区的分水岭及季风气候的分界线。山岭中间有一些低矮的山口为东西交通要道，三关口就是由银川到内蒙古阿拉善盟的重要通道。

（二）六盘山地

六盘山古称陇山，地处宁夏南部的黄土高原之上，呈东南西北走向，平均海拔在 2500m 以上，最高峰是位于和尚铺以南的美高山，俗称米缸山，海拔 2492m，山势高峻。六盘山是一个狭长山脉，是渭河与泾河的分水岭，山路曲折险狭，有 6 重古盘道，迂回曲折盘旋，六盘山因此而得名。六盘山山腰地带降雨较多，气候较为湿润，宜林木生长，有较繁茂的天然次生阔叶林，使六盘山成为黄土高原上的一个"绿色岛屿"。

（三）宁夏平原

宁夏平原是贺兰山与鄂尔多斯高原、黄土高原之间的一个断裂下陷地带。经黄河水长年冲积和贺兰山长期洪积，形成了一个狭长的、在中国西北地区则可说是较广阔的冲积平原，它西起沙坡头区，北迄石嘴山，斜贯自治区西北部，面积达 1.7 万多平方千米，海拔 1100～1200m，地势从西南向东北逐渐倾斜，宁夏平原以青铜峡为界分为南北两大部分。青铜峡口以南为卫宁平原，面积比较小，排灌条件良好，峡口以北是银川平原，是全区地势最低之处，地形比卫宁平原要开阔得多，可是由于坡度小，特别是黄河以西土质黏重，排水不好，土地沼泽化、盐碱化十分严重。中华人民共和国成立后，采取了一系列治理措施，目前已有很大好转。宁夏平原引黄灌溉已有 2000 多年的历史，沟渠纵横，林木成行，灌溉农业十分发达，历来是塞北的鱼米之乡，现在更是我国西北地区的重要商品粮基地。

（四）黄土高原

宁夏南部是黄土高原的一部分，海拔为 1500～2000m，上面覆盖着黄土，其厚度可达 100 多米，但薄的地方仅 1m 左右，黄土厚度大致由南向北逐渐削减。六盘山主峰以南，流水切割作用显著，地势起伏较大，山高沟深；六盘山以北，由于降水少，流水对地表切割作用较小，除少数突出于黄土瀚海之上、状如孤岛的山峰之外，一般为起伏不大的低丘浅谷，相对高度在 150m 左右。凡有河流流过的地方，经河流的冲积，形成了较宽阔的河谷山地，宜于发展农业，是重要的粮油产地。许多低丘缓坡也多开垦成农田。丘陵坡下，开挖了一排排窑洞，是劳动人民因地制宜建造的住房，是这里普遍的、具有自然地理特色的人文景观。人们在对黄土丘陵地区长期垦殖的过程中，认识能力的限制使这里的生态环境逐年恶化，破坏了植被，水土流失严重，农作物产量下降。根治的出路在于大力植树，种草，恢复植被，保持水土，广辟水源。

（五）鄂尔多斯高原

在黄土丘陵区以北，银川平原以东，即灵武市东部和盐池县北部的广大地区为鄂尔多斯高原的一部分，是海拔 1200～1500m 的台地，台面上固定和半固定沙丘较多。在西部，低矮的平梁与宽阔谷地相交错，起伏微缓。谷地里散布有面积不大的盐池、海子及生产食盐、芒硝等盐类矿点。

台地区降水少，地下水埋藏深，水质差，水分条件不好。风沙侵袭严重，沙荒多，农田少。这里是生态比较脆弱的天然牧场，天然植物主要是旱生草类和低矮的灌木丛。

一、气候概况

宁夏回族自治区地处中国内陆，为典型的大陆性气候，最南端的六盘山区属半湿润区，卫宁平原以北属干旱区，其他地区为半干旱区。宁夏气候宜人，冬少严寒，夏无酷暑，春暖宜人，秋高气爽。各地年平均气温为 5.6～10.1℃，自南向北递增；最冷月（1 月）平均气温为－7.3℃，最热月（7 月）为 22.4℃。年降水量在 167.2～618.3mm，自南向北递减。

宁夏中北部气候干爽，光热资源丰富，全年晴朗天气达 300d 左右，年日照时数约 3000h；日平均气温≥10℃的积温近 3400℃，气温日较差达 13℃左右。六盘山区位于宁夏最南端，终年气候凉爽，空气湿润，林木繁茂，年降水量超过 600mm，成为突起于黄土高原之上的"绿岛""湿岛"，有"春来秋去无盛夏"之说，自古以来便是避暑游览的胜地。

（一）光照资源

宁夏深居内陆，大部分地区为草原化荒漠或荒漠草原，加上纬度适中、地势较高、云雾稀少，使其具有了日照时数多、太阳辐射强的特点。全区年平均太阳总辐射量为 4950～6100MJ/m^2，年日照时数为 2250～3100h，是全国日照资源丰富的地区之一。年平均太阳总辐射量北部高于南部；夏季太阳辐射最多，春秋两季次之，冬季最少。

（二）热量资源

宁夏大部分地区四季分明。春季干燥，升温快；秋季晴朗，降温迅速。固原地区气候温凉，春秋相连，其春季升温与秋季降温均较灌区缓。引黄灌区是宁夏生长季最长的地区，一般始于 3 月 10 日左右，终于 10 月初，在 210d 左右。盐池、同心及海原一带，生长季较灌区短，到固原大部分地区为 180～190d（一般始于 3 月中下旬，终于 9 月下旬），隆德仅 170～180d。引黄灌区无霜期一般在 140～160d，固原地区在 100～130d，无霜期南北分布不均匀。

宁夏大部分地区海拔在 1000m 以上，气温在空间分布上的总趋势是由南向北渐升。热量资源较东部同纬度地区显著偏少，而较青藏高原同纬度地区又优越许多。由于受南高北低、贺兰山屏障作用及其他诸如纬度、地貌等因素的综合影响，温度分布比较复杂，概略而言，有南凉北暖、冬季南温北寒、夏季北热南凉等特点。

（三）水资源

宁夏各时段的降水量在地理分布上有一个共同的特点：即南北局地性强，中部地区比较连续。根据这个特点，结合日照、温度的分布，在南北两大区域可形成丰富的作物种植结构，尤其对于水资源较为匮乏的南部山区，应因地制宜，根据局地的降水特点合理安排作物布局。

（四）风能资源

宁夏风能资源较为丰富。各地年平均风速为 2.0～7.0m/s，贺兰山、六盘山是风速最大的两个中心，其次为麻黄山和罗山一带；大武口、平罗一线及西吉，年平均风速最小。宁夏风速具有明显的季节变化特征，春季最大，秋季最小，冬季和夏季差别不大。风速日变化特征明显，表现为"午后大，清晨小"。

宁夏风能资源的分布主要受地形地貌和山地走势的影响，存在三条风能资源较丰富带，分别位于贺兰山脉、香山-罗山-麻黄山、西华山-南华山-六盘山区。

（五）农业气候资源

得益于独特的气候、地理环境，贺兰山东麓酿酒葡萄和宁夏枸杞品质卓越，享誉海内外，成为宁夏对外宣传的"紫色名片"和"红色名片"。贺兰山东麓处于世界葡萄种植的"黄金地带"，是全国优质酿酒葡萄生产基地，是世界上少有的几个能生产高端葡萄酒的绝佳产区之一。引黄灌区的银川市、石嘴山市、吴忠市和中宁县年热量资源丰富、降雨日数少，适宜枸杞生长，种植的枸杞产量高、品质优，属于全国枸杞生长的最优区。中南部的泾源、隆德和西吉大部分地区及彭阳、固原和海原等地区，土壤疏松、土层深厚、气候凉爽、昼夜温差大、降水适中，是全国优质高产高档马铃薯产区之一。南部山区气候冷凉、生态环境好，具备发展冷凉蔬菜、绿色食品等产业的气候优势。

（六）旅游气候资源

宁夏沙漠、绿洲和湿地生态旅游景观资源及动植物资源丰富。银川的沙湖和中卫的沙坡头把"沙、水"巧妙组合，极具代表性，是全国适合沙漠和湿地旅游的地方，沙漠旅游适宜季节长于新疆、甘肃等省（自治区）。北部的贺兰山海拔 2100m 以上的地区无夏季，春秋相连，夏季气候宜人，是避暑旅游的好地方。

二、气候时空分布

（一）年平均气温、年降水量的年际变化

宁夏 37 年间的年平均气温呈明显的上升趋势（图 1-1），每 10 年增加 0.47℃（$P<0.01$）。气温的平均值为 8.40℃。1996 年之前，大部分年份气温普遍位于平均值上下，1996 年之后，气温普遍位于平均值以上，这与全球气候变暖的趋势一致。最低值出现在 1984 年，为 6.76℃，最高值出现在 2013 年，为 9.41℃。

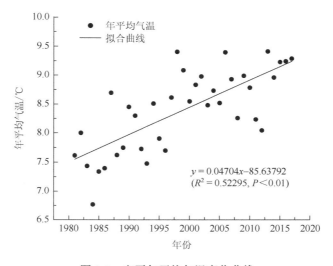

$$y = 0.04704x - 85.63792$$
$$(R^2 = 0.52295, P<0.01)$$

图 1-1　宁夏年平均气温变化曲线

宁夏 37 年间的年降水量变化趋势不明显（图 1-2），总体较为稳定，围绕平均值上下波动，波动幅度较大，降水的年际变化大。降水量的平均值为 281.69mm，最高值出现在 1990 年，为 371.91mm，最低值出现在 1982 年，为 172.30mm。

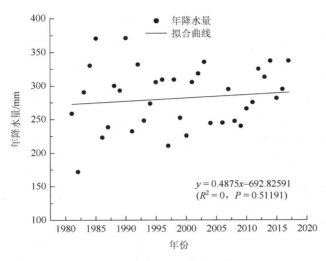

$$y = 0.4875x - 692.82591$$
$$(R^2 = 0, \quad P = 0.51191)$$

图 1-2　宁夏年降水量变化曲线

（二）年平均气温的空间分布

宁夏年平均气温从西北向东南逐渐降低，1981～1990 年、1991～2000 年、2001～2010 年、2011～2017 年四个时段内，各县区的气温均有所升高，且升高幅度逐渐减小。1981～1990 年、1991～2000 年、2001～2010 年、2011～2017 年四个时段内各县区平均气温分别为 7.71℃、8.33℃、8.79℃、8.92℃。

1981～2017 年，宁夏从北部到南部的温差从 8.84℃上升到 9.25℃，南北温差增大。最高气温出现在中部干旱带的西北部及北部引黄灌区的西部，最低气温出现在南部山地丘陵区，最低点在六盘山，此处海拔较其他地区高，气温低。

1981～1990 年，宁夏年平均气温较低，不超过 10.50℃。气温在 9.01～10.50℃的地区包括青铜峡市、中宁县北部、红寺堡区中西部和西夏区、贺兰县、平罗县、大武口区等地的大部分。1991～2000 年，范围扩大至引黄灌区全部和中部干旱带大部分地区；2001～2010 年，范围继续扩大，到 2011～2017 年，范围基本覆盖了引黄灌区和中部干旱带。2001～2010 年，年平均气温首先在青铜峡市中南部、中宁县北部和利通区西北部突破 10.50℃，此后范围逐步扩大至红寺堡区中西部、中宁县中北部、利通区大部，此外，在永宁县、西夏区和金凤区的部分地区的年平均气温也突破了 10.50℃。南部山区六盘山附近气温最低，1981～1990 年，该地区的最低气温不超过 1.50℃，2011～2017 年，该地区的最低气温超过了 1.50℃。

（三）年降水量的空间分布

与气温变化梯度方向相反，降水量的空间分布呈由西北向东南递增的趋势。各县区的降水量总体稳定，年际变化不明显。1981～1990 年、1991～2000 年、2001～2010 年、2011～2017 年四个时间段内各县区的平均降水量分别为 285.38mm、270.31mm、270.00mm、

309.38mm。整体上，1981～2010 年，各县区降水量沿降水梯度稍有减少，2010 年后降水量增加。自治区降水量空间变化大致为 160～700mm，北部引黄灌区和中部干旱带的西北部地区降水量不超过 220mm。1991～2000 年平罗县西部和大武口东南部地区降水量低于 160mm。泾源县降水量最多，年降水量总体上大于 640mm。

（四）日照时数空间分布

宁夏回族自治区全境年平均日照时数在 2200～3100h。整体来看，空间分布为由北向南逐渐减少。其中，石嘴山市和青铜峡市的部分地区年平均日照时数达 3010h，为宁夏全境最高值。中宁县、沙坡头区、银川市东部地区、利通区和红寺堡区大部分地区日照时数在 2920h 以上，银川市西部地区和盐池县日照时数为宁夏中北部最低值。南部山区年平均日照时数由北向南大致沿纬度呈梯度式减少。泾源和西吉的南部、隆德大部分地区日照时数为宁夏全境最低，在 2290h 以下。

▌▌▌ 第四节　土壤类型及分布

宁夏土壤面积约为 495 万 hm^2。在土壤形成中，有机质累积、碳酸钙淋溶与沉积、盐化与碱化、氧化与还原、熟化等过程具有重要作用，决定着土壤的类型、分布和特点。按照土壤的发生特征将宁夏土壤划分为 10 个土纲、17 个土类、37 个亚类及 200 余个土种。宁夏水平地带性土壤有黑垆土、灰钙土及灰漠土，自南向北分布，山地土壤主要是灰褐土，在贺兰山与六盘山呈现垂直变化，人为土——灌淤土主要是在人为因素作用下形成的熟化程度较高的土壤，分布于宁夏平原引黄灌区。总的来看，宁夏土地面积虽然不大，但土地类型及其分布呈现出复杂性和多样性特点。

宁夏境内面积较大，我们针对对农业和生态环境影响较大的 12 种主要土壤类型的分布区域、特征及剖面特征做了研究，土壤剖面特征主要分析了土壤质地、颜色、结构、土壤中的根系状况及新生体或者侵入体等。

一、黄绵土

黄绵土属于初育土纲，主要分布在宁夏境内的黄土高原，分布区北到盐池的麻黄山、同心的窑山、海原的高崖与徐套一线，与黑垆土及灰钙土相间分布，为水土流失严重的土壤类型。

二、普通黑垆土

普通黑垆土广泛分布于宁夏南部地区，分布区为黄土高原的塬地、缓坡地和大部分川地，大部分已开垦为农用，是宁夏重要的旱作农业区。土壤侵蚀较轻，土壤风化程度很低。黑垆土地表自然植被以草原为主，全剖面可分为表土层、黑垆土层、过渡层及母质层。

三、侵蚀黑垆土

侵蚀黑垆土主要分布于宁夏南部地区温带草原的丘陵坡地及梁峁顶部，属于地带性土壤，土壤侵蚀比较明显。因侵蚀程度不同，黑垆土层的厚度、表土有机质和养分含量有较大的差异。侵蚀黑垆土土壤为碎块状结构，土壤水、肥条件很差。

四、普通灰钙土

普通灰钙土多处于低丘陵区，主要分布于宁夏盐池县中北部、同心县及海原县北部、宁夏黄河平原两侧高地，其成土母质以第三系红土母质为主。红土母质本身含有较多的盐分，因此，除生长荒漠草原植物外，还有很多耐盐、耐旱的红砂和珍珠柴生长。

五、淡灰钙土

淡灰钙土属于干旱土土纲、灰钙土亚类。淡灰钙土分布偏北，如灵武市西部、同心县北部、中卫香山以北及黄河冲积平原两侧的高阶地和洪积扇。一般为放牧草场，部分已灌溉垦种。淡灰钙土的母质主要为第四纪冲积物，质地一般较粗，淡灰钙土南接黑垆土，北连灰漠土。高阶地由于受荒漠草原和生物气候的影响，有一定的腐殖质积累和较弱的淋溶作用。

六、固定风沙土

风沙土广布于宁夏中北部的风沙风蚀区域，常与灰钙土交错分布。固定风沙土土壤有机质已有积累，表土沙层的有机质及速效养分含量均高于流动风沙土和半固定风沙土。主要分布在盐池县、灵武市和同心县内。固定风沙土的颗粒组成细沙含量已减至 67%～83%，从整个剖面来看，质地变细，多为紧沙土，并有一定的结构，一般为块状。

七、流动风沙土

流动风沙土主要以新月型沙丘形态存在，流动沙丘的丘间地多为干燥型的流动浮沙地，上长有稀疏的沙蓬、白沙蒿、沙竹及细枝岩黄芪，盖度小于 10%。从其剖面来看，流动风沙土无发育，颗粒松散，无结构。颗粒组成以细沙为主，约占 90%。主要分布在宁夏平罗县东部，中卫市北部腾格里沙漠边缘，灵武市白芨滩、瓷窑堡一带，盐池县高沙窝、苏步井及哈巴湖周围，红寺堡周边地区，黄河冲积平原内的芦草洼和洪广营也有分布。

八、普通新积土

普通新积土是在水力与重力迁移堆积或者人为扰动的物质上形成的，部分新积土曾称为灰钙土性土或灰褐土性土。分布在宁夏盐池、同心、海原等县的丘间低地，贺兰山东麓的高阶地、六盘山区的部分川地和沟台地上，剖面中土层变化较大，没有明显的发育特征，洪积或冲积层次也不甚明显。

九、盐化灌淤土

灌淤土是长期耕作、施肥、灌溉淤积而形成的耕作土壤。灌淤土层经过耕作，沉积层次已消失，含有人为施肥等活动带进的其他侵入体，其土层均含有一定的有机质和养分，并具有较好的土壤结构和较多的孔隙，比较疏松。灌淤物质主要来自黄土，其黏土矿物与黄土相似。盐化灌淤土主要分布在引黄灌区南部的银川市郊区、贺兰县、平罗县，多位于地形低洼、排水不良的地区。盐化灌淤土是由潮灌淤土和表锈灌淤土产生较强的演化作用演变而来，故地表有白色盐霜，部分有薄盐结皮。

十、石灰性灰褐土

石灰性灰褐土是森林植被土壤，一般侵蚀现象不明显，剖面发育较好，土层较厚。由于土壤的淋溶作用较弱，全剖面呈强石灰反应，剖面下部有明显的碳酸钙淀积物。主要分布在六盘山、贺兰山、罗山等山地的阴坡、半阴坡，在南华山、西华山和月亮山也有小面积分布。

十一、山地灰褐土

山地灰褐土有森林植被，近期土壤侵蚀轻微，但因坡度较陡，一般土层较薄，潜在侵蚀性高。土壤的淋溶作用较强，全剖面石灰反应微弱。灰褐土剖面发育完整，自上而下可分为：枯枝落叶层、半分解状松软腐殖质层、矿质土有机质层、过渡层、发育较弱的淀积层和母质层。主要分布在贺兰山和六盘山海拔 2100～3200m 的坡地上，以阴坡为主。其中分布在六盘山上的灰褐土面积较大，约占全部灰褐土的 56%，其余分布在贺兰山上。

十二、龟裂碱土

龟裂碱土属于盐碱土土纲，俗称白僵土，是荒漠草原和荒漠地区的特殊碱化土壤。在宁夏平罗县西大滩有较大面积分布，主要分布在古湖洼地、洪积扇与老阶地的交接洼地。另外，在贺兰县西部、贺兰山东部洪积扇边缘有少量分布。

第五节 水资源

宁夏降水稀少，多年平均降水量为 289mm，不足黄河流域平均值的 2/3 和全国平均值的 1/2，且分布极不均匀，由南向北递减。南部六盘山东南多年平均降水量为 800mm，到北部黄河两岸引黄灌区仅 179mm。全区平均年水面蒸发量 1250mm，变幅在 800～1600mm，是全国水面蒸发量较大的省区之一。全区多年平均年径流量为 9.493 亿 m^3，平均年径流深 18.3mm，是黄河流域平均值的 1/3，是全国平均值的 1/15。年径流地区分布很不均匀，山地大，台地小；南部大，北部小。年径流深由南部六盘山区东南侧的 300mm，向北递减至引黄灌区边缘不足 3mm，相差近百倍，且 70%～80%的径流集中在汛期。

一、地表水资源量

宁夏多年平均地表水资源量为 9.493 亿 m^3，地下水资源量为 30.730 亿 m^3，其中平原区 26.630 亿 m^3，山丘区 4.100 亿 m^3，与地表水资源量间重复计算量为 28.590 亿 m^3，全区当地水资源总量为 11.633 亿 m^3。

宁夏多年平均当地地表水资源可利用量为 4.50 亿 m^3，其中黄河宁夏支流清水河、葫芦河、泾河当地地表水可利用量为 3.00 亿 m^3。北部引黄灌区降水入渗补给量与河川基流量之差的可利用水资源量为 1.50 亿 m^3。宁夏地处黄河流域，黄河境内长 397km，自古以来用水主要依靠黄河水资源。根据 1987 年国家计划委员会和水电部"关于黄河可供水量分配方案报告的通知"，在南水北调工程生效前，宁夏可耗用黄河水资源量为 40.00 亿 m^3，其中黄河干流 37.00 亿 m^3，黄河支流 3.00 亿 m^3。加上当地地下水利用量 1.50 亿 m^3，宁夏可利用水资源量为 41.50 亿 m^3。

二、大气降水

宁夏受位置尤其是纬度及地形状况的影响，降水稀少，蒸发强烈。宁夏自南向北，降水由 675mm 下降为 138mm。在地域分布上，降水的分布也极不均匀，与同纬度我国东部地区相比较，具有明显的干旱性。地表缺乏植被覆盖，蒸发强烈，大部分地区蒸发量为降水量的 5～10 倍，全自治区平均蒸发量高达 1250mm，是降水量的 4 倍。干燥度（k = 可能蒸发量/降水

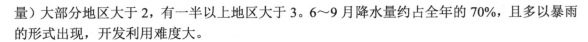

量）大部分地区大于 2，有一半以上地区大于 3。6～9 月降水量约占全年的 70%，且多以暴雨的形式出现，开发利用难度大。

三、地下水资源

宁夏多年平均浅层地下水资源量为 23.52 亿 m³（含苦咸水)，且地下水资源在地域上分布极不平衡。近年来，受引黄灌溉水量逐步压减、渠道砌护率不断提高、高效节水灌溉面积大幅增加等因素的影响，全区浅层地下水资源量整体呈减少趋势，2021 年矿化度 2g/L 的优质水资源量为 16.41 亿 m³。干旱的黄土丘陵地区地下水资源少，占总面积 13%的平原区地下水量占总储量的 63.8%，而占总面积 69%的黄土丘陵及低缓丘陵地区，其地下水量仅占 16.2%。地下水中 17%为苦咸水，达 3.99 亿 m³，主要分布在苦水河、黄河右岸诸沟、盐池内流区的部分地区，清水河、葫芦河等流域及银北灌区。

主要参考文献

张秀珍，刘秉儒，詹硕仁.2011. 宁夏境内 12 种主要土壤类型分布区域与剖面特征. 宁夏农林科技，52（9）：48-50，63.

第二章 宁夏草地植物

 ## 第一节 草地植物的区系成分

一、宁夏草地植物区系组成及分析

根据文献记载，组成本区植物区系的维管植物有 55 科、275 属、864 种；其中蕨类植物有 2 科、2 属、4 种；裸子植物有 1 科、1 属、6 种；被子植物有 52 科、272 属、854 种（表 2-1）。

表 2-1 宁夏草地植物区系组成

门类		科	属	种
蕨类植物		2	2	4
裸子植物		1	1	6
被子植物	双子叶植物	27	103	329
	单子叶植物	25	169	525
合计		55	275	864

（一）宁夏草地种子植物区系优势科、属组成分析

按科所含种数统计（表 2-2 和表 2-3），优势科 18 科、745 种，占总科数的 33.96%，占总种数的 86.63%。以禾本科、菊科、豆科为主，其中禾本科含 154 种，占总种数的 17.91%，菊科含 150 种，占总种数的 17.44%，豆科含 96 种，占总种数的 11.16%。其次为藜科含 35 种，占总种数的 4.07%，毛茛科含 33 种，占总种数的 3.84%，蔷薇科含 32 种，占总种数的 3.72%。由此可见，本区有 3 个大型科，均为种数高于 43 种的科。而且这些优势科都是温带性质的科，表明本区为北温带植物区系，同时单种科 9 个，占总科数的 16.98%，占总种数的 1.05%，数量较少，但宁夏草地种子植物科的总体分布类型广泛，从科一级水平上说明了本区植物区系的多样性较高。

按属所含种数统计（表 2-2 和表 2-3），优势属 195 属、628 种，占总属数的 71.43%，占总种数的 73.02%。主要以蒿属（40 种，占总种数的 4.65%）、早熟禾属（32 种，占总种数的 3.72%）、黄芪属（27 种，占总种数的 3.14%）、委陵菜属（25 种，占总种数的 2.91%）、披碱草属（24 种，占总种数的 2.79%）、薹草属（24 种，占总种数的 2.79%）、葱属（18 种，占总种数的 2.09%）和棘豆属（17 种，占总种数的 1.98%）为主。由此可见，本区有 10 个大型属，均为大于 11 的属。而且这些优势属表明本区为北温带植物区系，同时单种属 23 个，占总属数的 8.42%，占总种数的 2.67%，表明本区植物区系复杂，也符合亚洲草原区植物区系的特点。

表 2-2　宁夏草地种子植物科属数量统计

级别	科数	科比例	种比例	级别	属数	属比例	种比例
>10	18	33.96%	86.63%	>6	195	71.43%	73.02%
10≥X>1	26	49.06%	12.32%	6≥X>1	55	20.15%	24.31%
1	9	16.98%	1.05%	1	23	8.42%	2.67%

表 2-3　宁夏草地种子植物区系优势科属组成

科名	种数	种比例	属名	种数	种比例
禾本科 Poaceae	154	17.91%	蒿属 Artemisia	40	4.65%
菊科 Asteraceae	150	17.44%	早熟禾属 Poa	32	3.72%
豆科 Leguminosae	96	11.16%	黄芪属 Astragalus	27	3.14%
藜科 Chenopodiaceae	35	4.07%	委陵菜属 Potentilla	25	2.91%
毛茛科 Ranunculaceae	33	3.84%	披碱草属 Elymus	24	2.79%
蔷薇科 Rosaceae	32	3.72%	薹草属 Carex	24	2.79%
唇形科 Lamiaceae	29	3.37%	葱属 Allium	18	2.09%
百合科 Liliaceae	29	3.37%	棘豆属 Oxytropis	17	1.98%
莎草科 Cyperaceae	27	3.14%	风毛菊属 Saussurea	15	1.74%
紫草科 Boraginaceae	24	2.79%	锦鸡儿属 Caragana	13	1.51%
玄参科 Scrophulariaceae	24	2.79%	柴胡属 Bupleurum	11	1.28%
石竹科 Caryophyllaceae	19	2.21%	针茅属 Stipa	10	1.16%

总之，优势科、属的组成充分显示了北温带植物区系的性质，其中以温带草本植物为主的科属位居前列，表明了草地植被的特征。

（二）宁夏草地种子植物属种分布类型

按照吴征镒中国种子植物的分布区类型划分，可将本区种子植物 273 属划分为 14 个分布类型（表 2-4），地理成分比较复杂。

表 2-4　宁夏草地种子植物属种分布类型

序号	区系分布	属数	占本区系总属数	种数	占本区系总种数
1	世界分布	35	12.82%	183	21.28%
2	泛热带分布	14	5.13%	32	3.72%
3	热带亚洲和热带美洲间断分布	1	0.37%	1	0.12%
4	旧世界热带分布	1	0.37%	6	0.70%
5	热带亚洲、非洲和大洋洲间断分布	1	0.37%	1	0.12%
6	热带亚洲至热带非洲分布	3	1.10%	3	0.35%
7	热带亚洲分布	4	1.46%	4	0.46%
8	北温带分布	92	33.70%	404	46.98%
9	旧世界温带分布	34	12.45%	79	9.19%
10	温带亚洲分布	19	6.96%	50	5.81%

续表

序号	区系分布	属数	占本区系总属数	种数	占本区系总种数
11	地中海区、西亚至中亚分布	27	9.89%	39	4.53%
12	中亚分布	22	8.06%	26	3.02%
13	东亚分布	12	4.39%	24	2.79%
14	中国特有分布	8	2.93%	8	0.93%
	合计	273	100.00%	860	100.00%

1. 世界分布

这一类型宁夏草地共有 35 属，占本区总属数的 12.82%，有 183 种，占本区总种数的 21.28%，代表有早熟禾属（*Poa*）、黄芪属（*Astragalus*）、薹草属（*Carex*）、猪毛菜属（*Salsola*）、拉拉藤属（*Galium*）、龙胆属（*Gentiana*）、隐子草属（*Cleistogenes*）、毛茛属（*Ranunculus*）、老鹳草属（*Geranium*）、灯心草属（*Juncus*），大部分为温带起源的草本，是温性典型草原和草甸草原的重要组成成分。

2. 泛热带分布

这一类型共有 14 属，占本区总属数的 5.13%，有 32 种，占本区总种数的 3.72%，代表属有麻黄属（*Ephedra*）、鹅绒藤属（*Cynanchum*）、蒺藜属（*Tribulus*）、木蓝属（*Indigofera*）、大戟属（*Euphorbia*）等。

3. 热带亚洲和热带美洲间断分布

此分布类型本区有 1 属、1 种，占本区总属数的 0.37%，为砂引草属（*Messerschmidia*）。

4. 旧世界热带分布

这一类型宁夏草地共有 1 属、6 种，为天门冬属（*Asparagus*），这个属是温性草原的伴生种，占本区总属数的 0.37%。

5. 热带亚洲、非洲和大洋洲间断分布

此分布类型本区有 1 属、1 种，占本区总属数的 0.37%，为百蕊草属（*Thesium*）。

6. 热带亚洲至热带非洲分布

此分布类型本区有 3 属、3 种，占本区总属数的 1.10%，为杠柳属（*Periploca*）、草沙蚕属（*Tripogon*）、芒属（*Miscanthus*）。

7. 热带亚洲分布

这一类型宁夏草地共有 4 属、4 种，为苦荬菜属（*Ixeris*）、河西菊属（*Hexinia*）、小苦荬属（*Ixeridium*）、毛鳞菊属（*Melanoseris*），表明本区植物区系与热带、亚热带植物区系有一定联系，但是这些属中均仅含 1 种，在这里出现，说明这些热带、亚热带属至此已是其分布区的北界了。

8. 北温带分布

这一类型本区共有 92 属、404 种，占本区总属数的 33.70%，占本区总种数的 46.98%，在本区区系组成中占有重要地位，主要有委陵菜属（*Potentilla*）、蒲公英属（*Taraxacum*）、棘豆属（*Oxytropis*）、蒿属（*Artemisia*）、披碱草属（*Elymus*）、拂子茅属（*Calamagrostis*）、马先蒿属（*Pedicularis*）、针茅属（*Stipa*）、风毛菊属（*Saussurea*）、点地梅属（*Androsace*）、冰草属（*Agropyron*）、岩黄芪属（*Hedysarum*）、葱属（*Allium*）等。这些草本植物是荒漠草原、草

原、灌丛草原、草甸及林下草本层的主要组成种类；其中针茅属植物是宁夏温性草原的建群种和优势种。总体而言北温带成分是本区草地植物区系的核心。

9. 旧世界温带分布

这一类型植物宁夏草原有 34 属、79 种，占本区总属数的 12.45%，总种数的 9.19%。草本属有芨芨草属（Achnatherum）、青兰属（Dracocephalum）、野决明属（Thermopsis）、蓝刺头属（Echinops）、地锦属（Parthenocissus）、沙参属（Adenophora）、石头花属（Gypsophila）等，在草本层中起重要作用。

10. 温带亚洲分布

这一类型宁夏草地分布有 19 属、50 种，占本区总属数的 6.96%，总种数的 5.81%。木本属代表有锦鸡儿属（Caragana），草本属代表有大黄属（Rheum）、轴藜属（Axyris）、驼绒藜属（Ceratoides）、瓦松属（Orostachys）、地蔷薇属（Chamaerhodos）、米口袋属（Gueldenstaedtia）、狼毒属（Stellera）、大黄花属（Cymbaria）、亚菊属（Ajania）、蝟菊属（Olgaea）等。该分布型以亚洲温带的北部最为集中，并在喜马拉雅山地得到充分发展。

11. 地中海区、西亚至中亚分布

此分布类型宁夏有 27 属、39 种，占本区总属数的 9.89%，总种数的 4.53%，如盐爪爪属（Kalidium）、桃属（Amygdalus）、白刺属（Nitraria）、红砂属（Reaumuria）等。

12. 中亚分布

本分布类型宁夏有 22 属、26 种，占本区总属数的 8.06%，总种数的 3.02%。有花旗杆属（Dontostemon）、兔唇花属（Lagochilus）、紫菀木属（Asterothamnus）、短舌菊属（Brachanthemum）、小甘菊属（Cancrinia）等。说明本区区系与此分布类型有一定关系。

13. 东亚分布

这一类型宁夏共有 12 属、24 种，占全区总属数的 4.39%，总种数的 2.79%。有斑种草属（Bothriospermum）、地黄属（Rehmannia）、莸属（Caryopteris）、野丁香属（Leptodermis）、狗娃花属（Heteropappus）、黄鹌菜属（Youngia）等。

14. 中国特有分布

本分布类型宁夏有 8 属、8 种，占全区总属数的 2.93%，总种数的 0.93%。有连蕊芥属（Synstemon）、四合木属（Tetraena）、虎榛子属（Ostryopsis）、百花蒿属（Stilpnolepis）、知母属（Anemarrhena）、地构叶属（Speranskia）、高山豆属（Tibetia）等。本区没有本地特有属。

综上所述，宁夏种子植物区系温带属共 214 属，含 630 种，占全区总属数的 78.39%，总种数的 73.26%。充分说明温带属在本区植被中的主导作用，尤以北温带分布类型占绝对优势，有 92 属、404 种。因此，宁夏草地植物区系应属于温带性质，并由多种地理成分组成，以北温带成分为区系核心成分，热带属的存在表明本区植物区系与热带区系存在一定的联系，但仅占次要地位。中国特有分布共 8 属，占全区总属数的 2.93%，说明本区特有性不高。

二、宁夏草地植物区系特点

（一）植物种类丰富

宁夏草地共有种子植物 53 科、273 属、860 种，分别占宁夏植物区系 130 科、645 属、1909 种的 40.77%、42.33%、45.05%，相比宁夏草地面积而言，其种子植物的种类较为丰富。

（二）植物区系年轻

宁夏草地没有发现特有的科和属，但有 8 个中国特有属的分布，如连蕊芥属（*Synstemon*）、四合木属（*Tetraena*）、虎榛子属（*Ostryopsis*）、百花蒿属（*Stilpnolepis*）、知母属（*Anemarrhena*）、地构叶属（*Speranskia*）、高山豆属（*Tibetia*）等，这些属多为单型属。宁夏草地植物区系组成中也有一些古老的属种，如松属、榛属、柳属等，而占绝对优势的是年轻成分，本区系中较多的单种属是起源较晚的类群，整个区系组成中缺乏具有较多原始性状且系统演化位置较低的原始类群。

（三）地理成分复杂，具有明显的温带性质

从宁夏植物科、属地理成分分析可以看出，宁夏种子植物区系在发生和地理分布上，同世界其他植物区系都有广泛和不同程度的联系，各类热带成分、亚热带成分和温带成分在本区都有分布，表明本区地理成分较为复杂。从各类成分的比例来看，科、属温带成分占大多数。因此，显示了本区植物区系具有明显的温带性质。

（四）植物区系有过渡性

宁夏位于中国西北地区东部，地处黄河中、上游。宁夏草地有些特殊地带为上述各区系成分及其他植物区系成分相互渗透和汇集地。因此，植物区系的地理成分出现相互混杂的特征，温带成分虽居于主导地位，但热带成分也占有一定的比例，如属的热带成分占 9.18%，表现出宁夏植物区系与热带区系微弱的历史渊源。植物区系组成具有明显的过渡性，华北植物成分、蒙古植物成分和青藏高原植物成分在这里交汇。单种科和单种属比例较大、缺少特有种等特征均表明植物区系的过渡性。

（五）植物区系特有种缺乏

宁夏草地种子植物特有种和濒危植物缺乏，在植物区系上的个性特征不显著。

第二节　草地植物的生态经济类型

一、草地植物生态经济类型的划分

（一）有关研究的回顾

国内外一些专家、学者基于对饲用植物经济属性的重视，从草地经营的角度出发，对划分天然草地植物经济类型进行过研究。苏联学者德米特里耶夫（А. М. Дмит риеВ，1984）和拉林（И. В. Ларин，1950）曾将草地饲用植物划分为禾本科草、豆科草、莎草科草和杂类草四大类群，其下又按分蘖和繁殖方法划分若干亚类群。此后，尤那托夫（А. А. Юнатов，1954）系统研究了蒙古天然草地的饲用植物，结合牧民的传统习惯，将草地饲用植物划分为 12 个经济类群。在我国，许鹏在《草地调查规划学》中介绍了海令顿（C. N. Harrington）将澳大利亚天然草地饲用植物划分为 8 个经济类群（Harrington et al.，1984）；斯托搭特（L. A. Stoddart）将美国草地饲用植物划分为 8 个经济类群，其下又将灌木类划分为 6 个二级类群（Stoddart et al.，1975）；王栋（1956）将我国草地植物划分为 13 个经济类群。此后，中国科学院内蒙古宁夏综合考察队（1980）将内蒙古、宁夏草地饲用植物划分为 10 个类群组，32 个类群。富象乾（1984）根据草地饲用植物的饲用、生产等经济价值及生态类型等，将中国北部天然草地饲用植物划分为 9 个类群组，30 个类群。许鹏（1989）将新疆草地饲用植物划分为 10 个类群，33 个亚类群和 1 个有毒有害植物附类。1984 年，全国草场资源调查按农业部统一规定，将全国草地的优势、亚优势种植物划分为 24 类；1990 年，苏大学等在编制 1∶100 万中国草地资源图时采用了简化方案，划分为 11 类。与此同时，章祖同等（1990）参照上述全国统一标准，将内蒙古草地饲用植物和有毒有害植物划分为 8 个经济类群组，23 个类群。朱进忠等（1993）将新疆草地饲用植物划分为 9 个类群组，35 个类群。

（二）草地植物生态经济类型划分的原则与依据

1. 划分原则

本部分是对宁夏草地植物生态经济类型的总划分，划分时参考了上述文献，并确定了以下 3 个原则。

1）划分草地植物生态经济类型，可因不同的目标、出发点而有不同的范畴、途径。譬如可以将草地植物划分为不同经济用途的植物类群，如药用、食用、饲用、观赏，可用作工业原料、环保材料、种质等经济类群，以全面服务于草地植物的经济价值研究和开发利用。也可以根据草地植物的饲用特性进行归并、分类，服务于草地植物饲用价值研究。还可以对各类型草地的建群种、优势种，按照与其饲用特性相关联的生活型或生态、生活型划分为不同的经济类群或生态经济类群，以服务于草地分类中"组"的划分。

2）划分草地植物生态经济类群，以植物分类学的分科（属）、生物学特征（生活型、寿命等）和生态学特性（主要是水分生态型）为主要依据，力求能反映出不同类群具有不同的饲用、类聚和分布特点。

3）各地划分草地植物经济类群要结合本地区的实际，以体现一定的区域性特点，适于在本地区使用。全国则是在各地划分方案的基础上，对其原则、方法和分类系统进行高度概括，制订出更具全面性的分类方案，起到高层次的指导作用。

2. 分级与划分依据

为使草地植物的生态经济类群划分系统化，一般采取顺序分级的方法。共分为三级：第一级为"类群"，依据植物分类的科（属）结合高一级的生活型划分；第二级为"类"，依据植物的形态外貌、次一级的生活型划分，个别为以特殊的季节性适口性划分；第三级为"组"，依据适应不同水分或土壤状况的生态类型划分。仅有第一、二级划分的称为"经济类型"，有第三级"组"划分的可称为"生态经济类型"。在第二级"类"以下，可根据需要划分"亚类"。例如，根据株高再划分为大型、中型、矮生、伏生、莲座丛状；根据叶形再划分为阔叶、针叶、鳞叶、退化叶、肉质叶；根据体表状况再划分为有刺、无刺；根据寿命再划分为多年生、一二年生等亚类。

（三）宁夏草地植物的生态经济类型

根据上述原则，将宁夏草地植物划分为 14 个类群，34 个类。

1. 禾草类群

（1）大、中型宽叶禾草类

植株中等或较高大，形成草丛。叶片较宽，基部分蘖；有的具短或长的根状茎。其中中生的主要有披碱草属（*Elymus*）、鹅观草属（*Roegneria*）、雀麦属（*Bromus*）、早熟禾属（*Poa*）、小颖短柄草（*Brachypodium sylvaticum* var. *breviglum*）、苇状看麦娘（*Alopecurus arundinaceus*）等，分布在山地林缘，是山地草甸和草甸草原的重要伴生植物；旱中生的有白羊草（*Bothriochloa ischaemum*），分布在森林草原带丘陵阴坡、半阴坡；旱中生—盐生的有赖草（*Leymus secalinus*）、芨芨草（*Achnatherum splendens*），生长在从森林草原到荒漠地带的低平地盐化草甸中，赖草也习见于农田、林地、撂荒地；旱生—沙生的有中亚白草（*Pennisetum centrasiaticum*）、沙鞭（*Psammochloa villosa*），生长在沙地上，是固沙植物。该类禾草多是良好的饲用植物，可刈牧兼用，饲用品质属中、上等。

（2）矮小型窄叶禾草类

叶片狭细的丛生禾草。其中，有中生、旱中生、旱生、强旱生等，主要包括针茅属（*Stipa*）、隐子草属（*Cleistogenes*）、冰草属（*Agropyron*）、细柄茅属（*Ptilagrostis*）、羊茅属（*Festuca*）、洽草属（*Koeleria*）及钝基草（*Timouria saposhnikowii*）等，分别构成草甸草原、草原、荒漠草原的优势种或伴生种，中生的则是山地草甸或草甸草原的优势种或者伴生种。此外，盐生的碱茅属（*Puccinellia*）生于盐渍化生境。该类禾草大多为优良的饲用植物。

（3）夏雨型一年生小禾草类

此类是亚洲中部荒漠和草原地区普遍分布的一年生禾草，由当年降雨决定其萌发迟早和生物产量的多少。主要有狗尾草属（*Setaria*）、画眉草属（*Eragrostis*）、虎尾草（*Chloris virgata*）、三芒草（*Aristida adscensionis*）、冠芒草（*Enneapogon borealis*）、锋芒草（*Tragus mongolorum*）等。大多是宁夏中北部半荒漠地带草地中习见的伴生种，其也习见于各地村落、灌溉农田、撂荒地。除三芒草种子具硬尖，种子成熟时对家畜有害外，其余都属优良牧草。

2. 豆科草类群

（1）大、中型豆科草类

种类较多，大都分布在宁夏南部森林草原带及中、北部山地。有黄芪属（*Astragalus*）、岩黄芪属（*Hedysarum*）、棘豆属（*Oxytropis*），也有分布在黄河冲积平原草甸、水渠边缘的草木樨属（*Melilotus*）、苜蓿属（*Medicago*）和细叶百脉根（*Lotus krylovii*）等；少数能适应旱生生境，如直立黄芪（*Astragalus adsurgens*）、草木樨状黄芪（*A. melilotoides*）。本类大多为优良的豆科牧草。

（2）蔓生豆科草类

顶生小叶变态成为卷须的一类中生豆科植物，包括野豌豆属（*Vicia*）、山黧豆属（*Lathyrus*），分布于山地林缘、灌丛、草甸、水溪边或广布于山、川各地的中生生境。以茎叶柔软、适口性良好为特点，属优质饲草。

（3）矮豆科草类

植株矮小，往往呈莲座丛状、铺散生长或略有斜升。不同程度地耐干旱和贫瘠生境。主要有扁蓿豆（*Melissitus ruthenicus*）、米口袋属（*Gueldenstaedtia*）和岩黄芪属、棘豆属、胡枝子属（*Lespedeza*）的一些矮生种。大多为优质饲草，其中牛枝子（*L. potaninii*）在荒漠草原局部可构成优势种。

（4）秋食性豆科草类

豆科多年生草本植物，春夏季节因含某些化学成分乃至有毒物质，家畜不吃或只采食尖梢与花，秋霜以后成为家畜可食或乐食的牧草。主要有分布于草原和半荒漠地带沙地和农田的披针叶黄华（*Thermopsis lanceolata*）、甘草（*Glycyrrhiza uralensis*）、圆果甘草（*G. squamulosa*）和苦马豆（*Swainsona salsula*）等，为中、低等饲用植物。

（5）豆科灌木、半灌木类

包括无刺的、具刺的两个亚类。无刺的有胡枝子属、杭子梢属（*Campylotropis*）、岩黄芪

17

属、紫穗槐属（*Amorpha*）等。其中，中生植物分布于宁夏南部森林草原带的山地、丘陵或草原带的山地，沙生的多种岩黄芪分布于宁夏中、北部沙地，均属优良的饲用植物。具刺的主要是锦鸡儿属（*Caragana*）植物，其中，中生、旱中生的分布于山地；旱生的分布于草原、荒漠草原和荒漠；沙生的有中间锦鸡儿（*C. microphylla* var. *tomentosa*）、柠条锦鸡儿（*C. korshinskii*）、小叶锦鸡儿（*C. microphylla*），分布于沙区；寒中生的有鬼箭锦鸡儿（*C. jubata*），分布于亚高山带。本亚类为山羊、骆驼所喜食，绵羊可采食其嫩枝叶和花，属中等或中、上等饲用植物。

3. 藜科草类群

（1）一年生藜科草类

分阔叶草本、肉质叶草本两个亚类。阔叶草本有藜属（*Chenopodium*）、滨藜属（*Atriplex*）、轴藜属（*Axyris*）、地肤属（*Kochia*）；肉质叶草本有碱蓬属（*Suaeda*）、白茎盐生草（*Halogeton arachnoideus*）、盐角草（*Salicornia europaea*）等。多为盐生—旱生或盐生—中生植物，具中等或中、下等饲用价值。

（2）风滚草类

生长在干旱、风沙地带的一年生藜科植物，到秋季长成圆球或半圆球状，入冬前干枯，自根基折断而随风滚动，是适应风沙地区的一种特殊生活类型。包括猪毛菜属（*Salsola*）、虫实属（*Corispermum*）、地肤属、滨藜属和星状刺果藜（*Bassia dasyphylla*）、沙蓬（*Agriophyllum squarrosum*）等，夏季有固沙作用。为中等或中、下等饲草，秋季大量结籽，饲用价值有所提高，可打贮冬草，采收草籽可代粮或饲料。

（3）藜科半灌木类

藜科的旱生、强旱生半灌木，主要有木地肤（*Kochia prostrata*）、驼绒藜（*Ceratoides latens*）等。分布于半荒漠或草原地带的干旱山丘坡地，为优良的饲用植物。

4. 莎草类群

（1）大、中型莎草类

包括莎草科、灯心草科的中高型湿生、沼生或潜水生植物。主要有莎草属（*Cyperus*）、藨草属（*Scirpus*）及灯心草科的灯心草属（*Juncus*）等，习生于沼泽和浅水池塘边缘，具低等饲用价值。

（2）薹、嵩草类

莎草科薹草属（*Carex*）和嵩草属（*Kobresia*）植物，广泛生长在山区草地，其中矮生嵩草（*K. humilis*）、嵩草（*K. myosuroides*）、高山嵩草（*K. pygmaea*）是高寒草甸的建群、优势种。植株矮小，产草量不高，但幼期和果后营养期具有较高的适口性和营养价值，属中、上等牧草。

5. 杂类草类群

（1）大、中型杂类草类

分布在山地草甸、低地草甸和沼泽等水分条件充裕的生境，又分中生、湿生两组。中生组分布于山地草甸、草甸草原，种类繁多，如柴胡属（*Bupleurum*）、风毛菊属（*Saussurea*）、青兰属（*Dracocephalum*）、马先蒿属（*Pedicularis*）、菊属（*Dendranthema*）、香青属（*Anaphalis*）、地榆属（*Sanguisorba*）、珠芽蓼（*Polygonum viviparum*）及石生蓼（*P. lapidosum*）等。还有分布于黄河灌区和山区阴湿、半阴湿地区村落、农田附近的旋覆花属（*Inula*）、苦苣菜属（*Sonchus*）、苦荬菜属（*Ixeris*）及田旋花（*Convolvulus arvensis*）等。湿生组生长在低洼、短期积水的沼泽或湖滨、沟渠边沿，包括蓼属（*Polygonum*）、香蒲属（*Typha*）等，饲用价值多为中、下等。珠芽蓼、石生蓼、山莴苣、苦苣菜、苦荬菜、打碗花、田旋花是良好的饲用植物，有的还是野菜。

（2）矮杂类草类

矮杂类草类指植株低矮的杂类草，分中生、旱生、强旱生组等。中生矮杂类草常呈莲座丛状或铺散生长，如鸦葱属（*Scorzonera*）、蒲公英属（*Taraxacum*）、车前属（*Plantago*）、委陵菜属（*Potentilla*）等。旱生的包括阿尔泰狗娃花（*Heteropappus altaicus*）、伏毛山莓草（*Sibbaldia adpressa*）、火绒草（*Leontopodium leontopodioides*）、细叶鸢尾（*Iris tenuifolia*）、百里香属（*Thymus*）、委陵菜属等，广泛分布于黄土丘陵、山地，是草原的伴生种，在过牧下有的可成为退化草地的优势种，一般为中、下等或低等牧草。强旱生的叶片狭小，表面强角质化或为肉质叶，如兔唇花（*Lagochilus ilicifolius*）、地锦（*Euphorbia humifusa*）、草霸王（*Zygophyllum mucronatum*）、蒺藜（*Tribulus terrester*）等是组成半荒漠草地的常见伴生植物，具中、下等饲用价值。

（3）具刺杂类草类

茎、叶缘或总苞具刺的杂类草多为菊科植物。旱生的有蝟菊属（*Olgaea*）、蓝刺头属（*Echinops*）等；中生的有蓟属（*Cirsium*）、飞廉（*Carduus nutans*）等。此类植物体遍生硬刺，为低等牧草，幼期和花序适口性较好。

（4）秋食性杂类草类

像秋食性豆科草一样，夏季家畜不采食，秋霜后可食，包括鸢尾属（*Iris*）、骆驼蓬属（*Peganum*）等，饲用价值为中、低等。大苞鸢尾（*Iris bungei*）与多裂骆驼蓬刈割后可晒制冬春饲草，有较重要的饲用价值。

（5）葱韭类

葱属（*Allium*）植物，分中生、旱生、强旱生等。夏秋家畜喜食，特别在秋后营养较好，可供家畜抓膘；肉质叶的种也是野菜。

6. 蒿类群

（1）大、中型蒿类草本类

较高的蒿属（*Artemisia*）草本植物，包括多年生和一二年生两个亚类。广泛分布于黄河灌区和宁夏南部山区。本类植物夏季有特殊味道，家畜不爱采食，秋霜后适口性提高，又可在夏秋时节割晒干草。饲用价值中等或中下等，气味大的为低等。

（2）蒿类半灌木类

蒿类半灌木植物在宁夏天然草场上占有重要地位，其中铁杆蒿（*A. sacrorum*）、茭蒿（*A. giraldii*）分布在宁南黄土丘陵、山地，是较喜暖的地带性建、优植物；黑沙蒿（*A. ordosica*）、白沙蒿（*A. sphaerocephala*）、差巴嘎蒿（*A. halodendron*）分布在宁夏中北部沙地。相同的饲用特点是春秋季为山羊、绵羊所采食，夏季仅骆驼采食，冬春季适口性提高，是放牧家畜保膘饲草，干旱缺草年份更为重要。

（3）蒿类小半灌木类

小半灌木蒿类植物，包括蒿属的冷蒿（*A. frigida*）、亚菊属（*Ajania*）的灌木亚菊（*A. fruticulosa*）、著状亚菊（*A. achilleoides*）等，均为旱生、强旱生植物，构成草原和荒漠草原的建群种、优势种或群落伴生种，是山羊、绵羊的中、上等饲用植物。

7. 灌木类群

灌木类

灌木是草地植物的一个类群，可划分为阔叶、针叶、鳞叶、叶退化灌木 4 个亚类。阔叶亚类集中分布在森林草原带的丘陵阴坡、荒漠带的河谷、山地和山麓洪积扇扇缘地带，可分为不同生态型组。旱生的有蒙古扁桃（*Amygdalus mongolica*）、黑果枸杞（*Lycium ruthenicum*）等；中旱生的有沙棘（*Hippophae rhamnoides*）、山桃（*Amygdalus davidiana*）等；中生的种很多，主要有虎榛子（*Ostryopsis davidiana*）和榛属（*Corylus*）等。针叶灌木有叉子圆柏（*Sabina vulgaris*）、杜松（*Juniperus rigida*）。鳞叶灌木有柽柳属（*Tamarix*）、水柏枝属（*Myricaria*），叶退化的旱生灌木有沙拐枣属（*Calligonum*），沙生灌木分布在宁夏中北部沙区，除豆科沙生灌木已列入豆科灌木类外，还有沙木蓼（*Atraphaxis bracteata*）、唐古特白刺（*Nitraria tangutorum*）、小果白刺（*N. sibirica*）等也是沙生灌木。旱生、中旱生灌木一般属中等饲用植物，中生灌木较差；沙生灌木有重要的固沙、治沙作用，对骆驼和山羊具有良好的饲用价值。

8. 小灌木、小半灌木类群

（1）垫状刺灌木类

垫状刺灌木类是一些小灌木、小半灌木在干旱、多风生境所形成的一种特殊生活型。植株低矮，密集分枝，小枝顶部或托叶变态呈刺状，形成遍体带刺的半球形或坐垫状。以广布于宁夏中北部沙质、沙砾质地生长的猫头刺（*Oxytropis aciphylla*）、刺旋花（*Convolvulus tragacanthoides*）为最典型。垫状刺灌木是半荒漠地带草地的建群植物，家畜只在旱年缺草时才采食，开花时可采食外露于表面的花朵。

（2）盐柴类小半灌木类

半荒漠、荒漠地带适应干旱气候和含石膏、碳酸钙或其他盐类土壤的盐生小半灌木，叶片干燥或稍带肉质化。宁夏主要有柽柳科的红砂属（*Reaumuria*）、藜科的猪毛菜属（*Salsola*）等，属中等饲用植物。另有分布在河谷、湖盆低地的盐爪爪属（*Kalidium*）及少量分布于贺兰山东麓的裸果木（*Gymnocarpos przewalskii*），叶片强烈肉质化，耐盐渍化生境。体内含盐分过多，仅具中低等饲用价值。

9. 乔木类群

（1）乔木类

乔木枝叶饲料，可划分为阔叶和针叶乔木两个亚类。阔叶亚类大多为中生植物，如杨属（*Populus*）、榆属（*Ulmus*）等；针叶乔木亚类有云杉属（*Picea*）、松属（*Pinus*）等。栽培的还有沙枣（*Elaeagnus angustifolia*）和各种果树、浆果与干果树。大多数乔木的树叶可作山羊、绵羊的冬春季饲料，也可粉碎后喂猪。其中沙枣、榆、栎、桦、杨、柳等饲用价值良好。松柏树幼嫩枝叶为山羊、绵羊喜食，含有较多的维生素，也可喂猪。

（2）落枝乔木类

落枝乔木类高1～4m，叶退化，干旱期有落枝现象。宁夏有梭梭（*Haloxylon ammodendron*）和栽培的白梭梭（*H. persicum*），是宁夏中北部沙地的良等饲用植物。

10. 竹类群

竹类是热带、亚热带植物的一个特殊类别，宁夏仅一种，即分布在六盘山林区的华西箭竹（*Fargesia nitida*）。作为伴生种混生于阴湿山地落叶阔叶林下或灌丛中。幼期马、牛、羊喜食，是良好的饲用植物。

11. 蕨类群

蕨类植物是高等孢子植物，又是原始的维管束植物，含木贼、蕨两类。

（1）木贼类

木贼科木贼属（*Equisetum*）植物分布于黄河冲积平原低湿地草甸、沼泽化草甸或农田、沟渠边，也多见于南、北山地林下灌丛中，是夏秋季牛、马、羊喜食的饲用植物。

（2）蕨类

旱中生的有凤尾蕨科的蕨（*Pteridium aquilinum* var. *latiusculum*），分布于宁夏南半阴湿山地的阴坡、半阴坡，组成带温性草丛化色彩的山地草甸。春季幼期是一种野生蔬菜，家畜一般不采食，长大后因含多种生物碱成为有毒植物。山地中生蕨类植物还有多种，如粉背蕨属（*Aleuritopteris*）、铁线蕨属（*Adiantum*）等，分布在山地林区，其饲用价值尚缺乏研究。

12. 附生植物类群

植物体以根或吸盘附生于其他植物吸取营养，自身一般不进行光合作用。宁夏有列当、菟丝子两类，无饲用价值，但都是药用植物，具有一定的开发价值。

（1）列当类

无根肉质草本植物，多年生或一二年生，叶退化为鳞片状，不含叶绿素。主要有列当科的列当属（*Orobanche*）、肉苁蓉属（*Cistanche*）植物，寄生在盐爪爪、红砂等植物的根上。锁阳科的锁阳（*Cynomorium songaricum*），寄生在白刺的根上。锁阳是牧民挖来饲喂种畜和骆驼的滋补性饲料，也可用生长锁阳的草地牧猪。

（2）菟丝子类

具攀缘或缠绕茎的一年生附生草本植物，无叶，无叶绿素，靠吸盘吸取被附生植物的营养。主要是旋花科菟丝子属（*Cuscuta*）植物，对寄主可造成致命危害。

13. 水生植物类群

水生植物类是生活于水中的饲用植物，分布在各地的湖泊和农田灌溉渠沟中。包括眼子菜属（*Potamogeton*）、茨藻属（*Najas*）、浮萍（*Lemna minor*）等，多为鸭、鹅等水禽和鱼类可食的饲草，或可捞取喂猪。

14. 叶状体低等植物类群

叶状体低等植物类群包括藻、菌、地衣类低等植物和苔藓类植物。具有叶状体，以孢子囊中的孢子进行繁殖。常伏生于天然草地地表，或长期呈干缩休眠状态。具有颇强的耐干旱生理特性，遇雨立即苏生，由干枯变柔软，短期内进行生命活动，焕发出绿色和生气。

（1）苔藓、地衣类

有山地松林、云杉林下和黄土丘陵森林草原地带习见的苔藓植物，也有分布于草原、半荒漠干燥生境的壳状地衣，它们作为地被植物具有群落学意义。

（2）藻、菌类

广泛分布于宁夏中北部半荒漠地带的念珠藻科的念珠藻地木耳（*Nostoc commune*，俗称地软）和发状念珠藻（*Nostoc flagelliforme*，俗称发菜）及生于山丘林下或山地草甸中的多种蘑菇，是名贵蔬菜（有毒蘑菇除外）；习见于森林草原带草甸群落内的马勃（*Lasiosphaera fenzlii*）是药用植物。

二、草地建群种植物经济类型

本章从第二节开始将草地植物从整体上划分成了 14 个生态经济类型。也可以从某个特定的视角进行一定范畴草地植物的经济类型划分。本节就是顺应全国划分草地类型中的中级分类单位——"草地组"的需要，就宁夏草地植被主要建群种植物按具有相似分类科属、体型外貌、生活习性、分布生境及相似饲用特性划分为 15 个经济类型。下面是宁夏草地主要建群种植物的经济类型。

（一）矮禾草

矮生密丛型禾草。春季生成丛生的基生叶，叶丛高 10cm 左右。初夏自叶丛中生出花枝，高可达 30～40cm，抽穗开花，而后花枝干枯，保留基生叶丛供家畜牧食。属于本类型的有分布于草原、荒漠草原地带的长芒草（*Stipa bungeana*）、短花针茅（*S. breviflora*）、细弱隐子草（*Cleistogenes gracilis*）和分布于山地草甸的紫羊茅（*Festuca rubra*）等。

（二）中禾草

株高中等的密丛型或根茎型禾草，株高 40～80cm。有分布于山地草甸草原的甘青针茅（*Stipa przewalskyi*），分布于草原、荒漠草原的白草（*Pennisetum centrasiaticum*）、蒙古冰草（*Agropyron mongolicum*）、广泛生长于荒漠草原和低地草甸的赖草（*Leymus secalinus*）、低地草甸的假苇拂子茅（*Calamagrostis pseudophragmites*）及草原化荒漠地带沙地的芦苇（*Phragmites australis*）等。

（三）高禾草

植株高大的密丛型或根茎型禾草，株高 1～3m。含半旱生、广旱生的芨芨草和湿、水生的芦苇。

（四）一年生小禾草

小型一年生禾草，多为半荒漠、荒漠地带夏雨型小草本，适沙质、沙砾质基质。常混生在草群中，因雨而生，遇旱则衰，是干旱地带草地群落的"底草"，夏秋降雨充沛的年份是放牧家畜抓膘的牧草。主要有九顶草（*Enneapogon borealis*）、三芒草（*Aristida adscensionis*）等。

（五）豆科草

豆科草是半干旱、干旱地带的豆科多年生草本。时常散生在草群中，当生境适宜时数量增多，构成建、优种，是干旱地带少有的优良牧草，可供牧、刈兼用，或为中药材。宁夏有牛枝子（*Lespedeza potaninii*）、甘草（*Glycyrrhiza uralensis*）、苦豆子（*Sophora alopecuroides*）、披针叶黄华（*Thermopsis lanceolata*）等。

（六）大型莎草

植株中等高度的莎草科植物，分布于低湿、沼泽地。宁夏有水葱（*Scirpus tabernaemontani*）、藨草（*S. triqueter*）、扁秆藨草（*S. planiculmis*）、剑苞藨草（*S. ehrenbergii*）等。

（七）小型莎草

小型莎草是植株矮小的多年生密丛型植物，主要是莎草科的薹草属（*Carex*）、嵩草属（*Kobresia*）植物。宁夏草地有低湿地草甸的中亚薹草（*Carex stenophylloides*）、卵穗薹草（*C. duriuscuia*）及山地草甸的异穗薹草（*C. heterostachya*）等[①]。

（八）杂类草

半干旱地带除禾本科、豆科、莎草科以外各科的草本建群植物，多为旱生植物。宁夏有分布于草原的星毛委陵菜（*Potentilla acaulis*）、百里香（*Thymus mongolicus*）、阿尔泰狗娃花

---

① 宁夏有无中亚薹草、卵穗薹草或二者相混生，在分类学界有不同见解，我们暂合称"矮生薹草"。

（*Heteropappus altaicus*）；分布于半荒漠的老瓜头（*Cynanchum komarovii*）、匐根骆驼蓬（*Peganum nigellastrum*）、多根葱（*Allium polyrhizum*）、大苞鸢尾（*Iris bungei*）、燥原荠（*Ptilotricum canescens*）、栉叶蒿（*Neopallasia pectinata*）。还有生于盐生草甸的碱蓬（*Suaeda glauca*），生于沼泽地的狭叶香蒲（*Typha angustifolia*）等。

（九）灌木

较高的灌木，株高通常 50～100cm，株丛直径也有 1m 左右。近地面即多分枝，有的靠基部阻挡风沙，形成沙丘或沙包。宁夏有分布于半荒漠地带的沙冬青（*Ammopiptanthus mongolicus*）、唐古特白刺（*Nitraria tangutorum*）、锐枝木蓼（*Atraphaxis pungens*）、北沙柳（*Salix psammophila*）；分布于荒漠的小果白刺（*N. sibirica*）、细枝盐爪爪（*Kalidium gracile*）等。

（十）具刺灌木

中高或较高大的灌木，株高 40～80cm，甚至可达 1～2m。叶轴、托保留，硬化成刺。分布于半干旱、干旱地带，性耐干旱，习生于沙砾性基质。宁夏有分布于半干旱地带的豆科锦鸡儿属（*Caragana*）植物。有中间锦鸡儿（*C. microphylla* var. *tomentosa*）、狭叶锦鸡儿（*C. stenophylla*）、藏锦鸡儿（*C. tibetica*）、荒漠锦鸡儿（*C. roborovskyi*）等。

（十一）小灌木、小半灌木

小灌木、小半灌木生长在半荒漠地带，适应风沙、干旱、石质或盐渍化生境，密集分枝。宁夏有分布于荒漠草原、草原化荒漠地带的珍珠猪毛菜（*Salsola passerina*）、红砂（*Reaumuria soongarica*）、蓍状亚菊（*Ajania achilleoides*）、松叶猪毛菜（*Salsola laricifolia*）、斑子麻黄（*Ephedra rhytidosperma*）、合头草（*Sympegma regelii*）等。

（十二）垫状小半灌木

矮生的小半灌木，为适应冬春季节寒冷、风沙等严酷生境而自地面紧密分枝，形成馒头状或坐垫状株形，遍体生刺；春季满株绽开艳丽的花朵。宁夏主要有分布于半荒漠地带的刺旋花（*Convolvulus tragacanthoides*）、猫头刺（*Oxytropis aciphylla*）。

（十三）蒿类半灌木、草本

蒿类半灌木、草本广泛生长在天然草地上的菊科蒿类植物中植株较高的一些种，常呈半灌木或草本状。其茎枝仅在近地面处有少部分木质化，而大部分为草质，有的则呈亚灌木状，很难明显区分是半灌木还是草本，分类学界也因而常持不同见解，如宁夏有分布于草原地带的铁杆蒿（*Artemisia sacrorum*）、茭蒿（*A. giraldii*）；分布于半荒漠地带的黑沙蒿（*A. ordosica*）、白沙蒿（*A. sphaerocephala*），以及习见于山地草甸的无毛牛尾蒿（*A. dubia* var. *subdigitata*）、蒙古蒿（*A. mongolica*）等。

（十四）蒿类矮草本

植株较矮小的菊科蒿属多年生草本植物，常卧生，呈半伏生状，株高 10～40cm。分类学界对其为多年生草本或小半灌木也有不同见解。此类作为建群种在宁夏分布比较广泛，主要有习见于草原、荒漠草原带的冷蒿（*Artemisia frigida*）和甘肃蒿（*A. gansuensis*）。

（十五）疏林、灌丛

草本植被上层疏生的山林、灌丛。在宁夏较大的山地，从山麓、沟谷到低、中山乃至亚高山均有分布；在隆德半干旱黄土丘陵草甸、草原植被中散生有疏林或灌丛。在不同的山体或黄土丘陵，其基层还是当地的草甸草原、草原或荒漠草原类草本植被，上层的疏林、灌丛成为群落的背景植物，构成此类草本植被上层疏生乔、灌木特有类型。宁夏有分布于贺兰山的旱榆（*Ulmus glaucescens*）、蒙古扁桃（*Amygdalus mongolica*）、内蒙野丁香（*Leptodermis ordosica*）、酸枣（*Ziziphus jujuba* var. *spinosa*）、绣线菊（*Spiraea*）、小叶金露梅（*Potentilla pavifolia*），分布于六盘山的虎榛子（*Ostryopsis davidiana*）、灰栒子（*Cotoneaster acutifolius*）、箭叶锦鸡儿（*Caragana jubata*），分布于香山的叉子圆柏（*Sabina vulgaris*），分布于隆德黄土丘陵的山桃（*Amygdalus davidiana*）等。

第三节　天然草地的有毒、有害植物

按照草地学的定义，凡草地植物因含有毒化学成分，家畜采食后发生生理障碍的称为有毒植物；因植株本身有特种物理、化学性状，影响家畜健康或畜产品品质的称为有害植物。

一、有毒、有害植物的特点

1）有毒植物对家畜中毒来说有急性（一旦采食很快发病）或慢性（在体内积累到一定时期才表现症状）之分。

2）有毒植物的毒性，常因不同发育时间或不同状态（鲜、枯等）而有所不同；对不同种类家畜，也表现中毒程度轻重不一。同一种植物，也可因分布地区生境不同而毒性有别。有些种当地家畜能辨认，并不采食，但繁殖力强，常加重草地退化，也应防除。如兼有其他方面的重要经济价值为资源植物，则应适当予以保留。

3）有害植物可有害于家畜皮、肉、内脏、口腔；或可影响毛、革、乳等畜产品质量。有害植物常在其一定的物候期表现有害作用；对于不同家畜，其作用也不一样。

二、有毒、有害植物的种类

据不完全统计，宁夏天然草地的有毒、有害植物约有 129 种，分属 31 科，78 属。为便于识别和研究，可做如下分类。

（一）根据家畜采食和中毒情况分类

根据家畜采食和中毒情况，有毒植物划分为 4 类。

1. 家畜经常误食中毒的主要有毒植物

分为急性中毒、慢性中毒两种类型。能引起家畜急性中毒的有分布在宁夏南部南华山、月亮山及六盘山等山地的毛茛科的伏毛铁棒锤（*Aconitum flavum*）；分布于宁夏南部黄土丘陵、山地及中北部贺兰山、香山、罗山等山地的禾本科的醉马草（*Achnatherum inebrians*），大家畜或山羊、绵羊，尤其是羔羊采食少量便立即发病。慢性积累中毒的有分布于黄河河漫滩和南部黄土丘陵冲沟底部的豆科的小花棘豆（*Oxytropis glabra*）；分布于南华山、西华山、月亮山和六盘山北端余脉的黄花棘豆（*O. ochrocephala*）；分布于宁夏北部沙地的变异黄芪（*Astragalus variabilis*），散生于宁夏南黄土丘陵典型草原上的龙胆科的北方獐牙菜（*Swertia diluta*）等。往往家畜反复采食数月才出现中毒症状，且愈演愈烈，使当地放牧畜牧业蒙受莫大损失。

2. 家畜能辨认不食的主要有毒植物

此种毒草分布广泛，在天然草地上有较大的丰富度，本身含有有毒成分，应属草地的主要毒草，本地家畜多能辨认，并不采食，因此很少或未曾发现有中毒的病例。属于此类的有广布于宁夏南黄土丘陵的瑞香科的狼毒（*Stellera chamaejasme*）；分布于六盘山、月亮山、南华山等山地的蕨（*Pteridium aquilinum* var. *latiusculum*）；分布于宁夏中、北部沙地、浮沙地的萝摩科的老瓜头（*Cynanchum komarovii*）、乳浆大戟（*Euphorbia esula*）等，这些毒草虽然不直接对放牧家畜造成危害，但是在过牧之下，日益滋生，加重了草地的退化，是应该着力防除的。然而其中的一些种还具有一定的经济价值。例如，幼嫩时期的蕨是野生蔬菜，可入上等宴席；老瓜头是固沙植物和上等的荒漠蜜源植物。所以应采取辩证的对策，以便适当地控制其大肆蔓延，又能合理地开发利用。

3. 次要的有毒植物

本身含各种有毒化学成分，根据文献记载，确系有毒植物，但在宁夏天然草地上分布不广，参与度不大。属于此类的种类繁多，大致隶属22个科。主要有分布全区低湿生境的木贼科的问荆（*Equisetum arvense*）、犬问荆（*E. palustre*），分布于宁夏中、北部的麻黄科的草麻黄（*Ephedra sinica*）、中麻黄（*E. intermedia*）、木贼麻黄（*E. equisetina*）、斑子麻黄（*E. lepidosperma*），分布于六盘山地的壳斗科的辽东栎（*Quercus liaotungensis*），分布于各地阴湿、半阴湿或水湿生境的蓼科的水蓼（*Polygonum hydropiper*）、皱叶酸模（*Rumex crispus*），毛茛科的牛扁（*Aconitum ochranthum*）、高乌头（*A. sinomontanum*）、松潘乌头（*A. sungpanense*）、甘青侧金盏花（*Adonis bobroviana*）、草玉梅（*Anemone rivularis*）、大火草（*A. tomentosa*）、芹叶铁线莲（*Clematis aethusifolia*）、黄花铁线莲（*C. intricata*）、翠雀（*Delphinium grandiflorum*）、蓝翠雀（*D. caeruleum*）、细叶白头翁（*Pulsatilla turczaninovii*）、长叶碱毛茛（*Halerpestes ruthenica*）、水葫芦苗（*H. cymbalaria*）、高原毛茛（*Ranunculus tanguticus*）、毛茛（*R. japonicus*）、茴茴蒜（*R. chinensis*）、香唐松草（*Thalictrum foetidum*）、瓣蕊唐松草（*T. petaloideum*）、短梗箭头唐松草（*T. simplex* var. *brevipes*）、展枝唐松草（*T. squarrosum*）等，罂粟科的白屈菜（*Chelidonium majus*）、野罂粟（*Papaver nudicaule*）、灰绿黄堇（*Corydalis adunca*），大戟科的一叶萩（*Securinega suffruticosa*）、地构叶（*Speranskia tuberculata*）、钩腺大戟（*Euphorbia sieboldiana*）、泽漆（*E. helioscopia*）、甘青大戟（*E. lucorum* var. *parvifolia*），十字花科的菥蓂（*Thlaspi arvense*）、宽叶独行菜（*Lepidium latifolium*）、心叶独行菜（*L. cordatum*），卫矛科的卫矛属（*Euonymus* spp.），瑞香科的黄瑞香（*Daphne giraldii*），报春花科的报春花（*Primula* sp.），龙胆科的秦艽（*Gentiana macrophylla*）、麻花艽（*G. straminea*）、达乌里龙胆（*G. dahurica*）、湿生扁蕾（*Gentianopsis paludosa*）、中国扁蕾（*G. barbata* var. *sinensis*）、宽叶扁蕾（*G. barbata* var. *ovatodeltoidea*）、椭圆叶花锚（*Halenia elliptica*），唇形科的夏至草（*Lagopsis supina*）、串铃草（*Phlomis mongolica*）、糙苏（*P. umbrosa*），茄科的曼陀罗（*Datura stramonium*）、天仙子（*Hyoscyamus bohemicus*）、莨菪（*H. niger*）、龙葵（*Solanum nigrum*）、野茄子（*S. seplemlobum*），玄参科的马先蒿（*Pedicularis* spp.），紫葳科的角蒿（*Incarvillea sinensis*）、黄花角蒿（*I. variabilis* var. *przewalskii*），菊科的兰刺头（*Echinops latifolius*）、狼耙草（*Bidens tripartita*）、苍耳（*Xanthium sibiricum*），天南星科的天南星（*Arisaema consauguineum*），泽泻科的泽泻（*Alisma orientale*）、草泽泻（*A. gramineum*），水麦冬科的海韭菜（*Triglochin maritima*）、水麦冬（*T. palustris*），禾本科的抱草（*Melica virgata*）、羽茅（*Achnatherum sibiricum*），百合科的藜芦（*Veratrum nigrum*）、玉竹（*Polygonatum odoratum*）、知母（*Anemarrhena asphodeloides*）、铃兰（*Convallaria majalis*）；分布于宁夏中北部沙地的有豆科的沙冬青（*Ammopiptanthus mongolicus*），萝摩科的杠柳（*Periploca sepium*）等。

4. 既是家畜可食的饲草又在一定的生育期有毒的植物

包括青绿时有毒，干枯后毒性大减或消逝的，如蒺藜科的匍根骆驼蓬（*Peganum nigellastrum*），豆科的苦豆子（*Sophora alopecuroides*）、苦马豆（*Swainsona salsula*）、披针叶黄华（*Thermopsis lanceolata*），鸢尾科的马蔺（*Iris lactea* var. *chinensis*）、大苞鸢尾（*I. bungei*）、细叶鸢尾（*I. tenuifolia*）、天山鸢尾（*I. loczyi* var. *thianschanica*），也包括鲜草食。然而多量采食，会表现中毒症状，如亚麻科的宿根亚麻（*Linum perenne*）、野亚麻（*L. stelleroides*），藜科的盐角草（*Salicornia europaea*），荨麻科的麻叶荨麻（*Urtica cannabina*）、宽叶荨麻（*U. laetevirens*）等。

（二）根据对家畜危害情况的不同分类

根据对家畜危害情况的不同，有害植物可分为 3 类。

1. 果实具特殊构造且放牧时能伤及畜体或危害畜产品

颖果基盘尖端具硬尖，能穿透羊的皮肉，造成内外伤，扎伤家畜口腔，造成腮颌穿瘘、溃疡，或扎入毛被、皮肤，影响毛、革产品质量，包括禾本科中分布在黄土丘陵、山地的大针茅（*Stipa grandis*）、狼针草（*S. baicalensis*）、甘青针茅（*S. przewalskyi*）；分布于宁夏中北部半荒漠地带的三芒草（*Aristida adscensionis*）等。另外还有果实具钩刺，容易黏附在毛被上，造成毛纺工序处理上的困难。例如，蔷薇科的龙牙草（*Agrimonia pilosa* var. *japonica*），紫草科的鹤虱（*Lappula* spp.）、大果玻璃草（*Cynoglossum divaricatum*），菊科的苍耳、狼巴草（既是毒草，又是害草）、小花鬼针草（*Bidens parviflora*）、牛蒡（*Arctium lappa*）；分布于半荒漠地带禾本科的锋芒草（*Tragus mongolorum*）等；分布在各地农田、路边、沙地上的蒺藜科的蒺藜（*Tribulus terrestris*），果实具有带刺的棱角，常会扎伤畜蹄，造成蹄伤。各种带刺灌木，如宁夏森林草原带阴湿、半阴湿山地的蔷薇科的绣线菊（*Spiraea* spp.）、蔷薇（*Rosa* spp.），胡颓子科的沙棘（*Hippophae rhamnoides*），小檗科的小檗（*Beberis* spp.）；分布于半荒漠地带豆科的锦鸡儿（*Caragana* spp.）等，在集生成片的情况下，不但影响放牧，还会在羊群抓绒剪毛之前的放牧中使毛绒大量丢失，也成为草地上的有害植物。因此，应强调在放牧草场上营造间隔的、带状的而不是成片的水土保持或防风固沙灌木林。

2. 花序具柔毛且家畜采食后能造成消化障碍

分布于黄河河滩地及灌区渠梗、田边、湖滨的禾本科的芦苇（*Phragmites australis*）、拂子茅（*Calamagrostis epigeios*）、假苇拂子茅（*C. pseudophragmites*）、大拂子茅（*C. macrolepis*）等，秋季打贮干草时，花序都带有长柔毛，家畜采食后，会团聚在胃肠消化道中，形成毛球病，对羔羊、犊牛尤为严重。

3. 含有某些化学物质且能影响产乳品质

菊科蒿属（*Artemisia*）、百合科葱属（*Allium*）和某些含芳香物质的唇形科、伞形科植物，含多种酸类的蓼科植物，含多种可溶盐类的盐生植物等，乳用家畜采食后会使生产的乳和乳制品带有不正常的气味或味道。这些植物对于产乳家畜来说也是有害植物。

（三）有毒、有害植物的防除

从科学的草地管理角度出发，对天然草地有毒、有害的植物，应设法防治，制止其滋生蔓延，避免其促使草场退化，危害放牧、畜牧业的健康发展。防治草地有毒、有害植物有各种不同的方法，因时、因地、因具体情况采取相应对策。

1）面积小、数量少时，可以人工拔除。

2）面积大、数量多时，利用化学方法防除。①对阔叶毒害草喷施适宜浓度的除草剂 2, 4-D

丁酯、2-甲-4-氯胺盐、钠盐，可有效地控制毒害草，同时促进单子叶有益牧草的生长，使草层得到改善。②对豆科棘豆属毒草喷施除草剂使它隆（Starane）T-101、D-250 等，可有效地杀死毒草，连喷几次，能使草地得到如期改良。③清除有毒、有害的灌木可施用除草剂 2, 4, 5-T。④对窄叶禾草类毒害草可喷施除草剂茅草枯（达拉朋）或除草醚等。

3）严重退化、毒害草繁多的滩地、缓坡草地，可直接耕翻，重建人工草地。

4）抓紧春夏季重牧、重刈或通过封育、施肥，抑制毒害草，发挥草地牧草在群体中的竞争优势，可间接消灭毒害草。

5）能药用或食用的毒草，可适时组织人工采挖，适当开发利用，变害为利。

6）含可溶性生物碱的豆科毒草（如苦豆子、黄花棘豆等），也可采挖后用水浸、煮，除去有毒成分后成为可利用的豆科饲草。

7）对一方面是毒草而不造成危害，另一方面又有重要经济价值的植物，应在采取综合改良措施，防止草场继续退化的同时，适当加以保护，力求草地资源的多用途综合利用。

第四节　草地植物资源

植物资源，是一切实用于经济建设的植物的总称，包括栽培和野生的植物资源。野生植物是生态系统重要的组成部分，它承载着优良的遗传基因，是人类生存与发展的重要物质基础，也是我国重要的战略资源。野生植物资源中具有商品价值的称为经济植物，如食用植物、药用植物、观赏植物等。野生植物资源还包括珍稀、濒危、渐危、重要野生原种及其近缘种，都具有潜在的研究价值和广阔的开发前景。

一、野生农业植物

（一）农作物、栽培牧草野生近缘植物

1. 野大豆（*Glycine soja*）

豆科一年生缠绕草本，称乌豆、野黄豆。生于海拔 150～2650m 潮湿的田边、园林、沟旁、河岸、湖边、沼泽、草甸。习生于向阳的矮灌木丛或芦苇丛中，稀见于沿河岸疏林下。产于宁夏中卫、吴忠、灵武、石嘴山、青铜峡、永宁、银川、灵武等地。大豆近缘种，其所具有的优良基因可以通过近缘物种之间的杂交或转基因技术来改良栽培品种。生长迅速，侵占性强，无攀附物时迅速覆盖地面，有攀附物时迅速攀附上升，叶片大而平展，光合同化效率高。根系与根瘤的重量比例为 4∶1，可以固定空气中的氮素，改良土壤结构，增加有机物质。其为一年生草本植物，生长周期短，适合灌区农田换茬养地。

2. 蒙古冰草（*Agropyron mongolicum*）

禾本科多年生草本，又称沙芦草。生于半荒漠地带干旱的沙地、石砾质地。产于宁夏中、北部荒漠草原地带，集中分布区为盐池县南部青山、大水坑及麻黄山、惠安堡等地。小麦近缘种，可供进行基因编辑研究与现代化育种。

3. 短芒披碱草（*Elymus breviaristatus*）

禾本科多年生草本，生于山坡草地中，也生于海拔 1100～2700m 山地灌丛近水处或阴湿林缘，产于宁夏海原南华山，是小麦近缘种，国家二级濒危保护植物。

4. 黑果枸杞（*Lycium ruthenicum*）

茄科灌木。生于盐碱土荒地、沙地或路旁。产于宁夏中宁、中卫、平罗、惠农、吴忠、

银川等地的盐碱荒地、盐渍化沙地、沟渠坝上、路边、村舍等，是宁夏枸杞的近缘种，花青素含量甚高，果实中含有丰富的微量元素、8 种人体必需氨基酸及一定量的维生素 C。与宁夏枸杞相比，黑果枸杞中总糖含量略低，蛋白质、氨基酸含量相差不大，部分氨基酸还略高，维生素 C 与脂肪含量远高于宁夏枸杞。

5. 四萼猕猴桃（*Actinidia tetramera*）

猕猴桃科落叶藤本，又称巴东猕猴桃。生于海拔 1100～2700m 山地灌丛、林缘近水处或阴湿林间。产于宁夏六盘山秋千架、二龙河。猕猴桃近缘种，中国特有植物。果实营养丰富，具有很强的防癌作用，是一种很好的猕猴桃育种材料。在六盘山还分布有野生近缘种软枣猕猴桃（*A. arguta*），开发价值同四萼猕猴桃。另外，根据《中国草地资源》介绍，宁夏天然草地的野生草种还有作物或栽培牧草野生近缘种。

6. 中亚白草（*Pennisetum centrasiaticum*）

中亚白草是象草（*P. purpureum*）的野生近缘种。

7. 黄花苜蓿（*Medicago falcata*）、天蓝苜蓿（*M. lupulina*）

这两种植物是紫花苜蓿（*M. sativa*）的野生近缘种。

8. 细齿草木樨（*Melilots dentatus*）

细齿草木樨是草木樨（*M. officinalis*）、白花草木樨（*M. albus*）的野生近缘种。

9. 山野豌豆（*Vicia amoena*）、广布野豌豆（*V. cracca*）、歪头菜（*V. unijuga*）

这 3 种植物是蚕豆（*V. faba*）、救荒野豌豆（*V. sativa*）的野生近缘种。

10. 扁蓿豆属（*Melilotoides*）

扁蓿豆属是苜蓿属（*Medicago*）的野生近缘属。

（二）野果、野菜类

1. 沙棘（*Hippophae rhamnoides* subsp. *sinensis*）

胡颓子科落叶灌木或小乔木，又称醋柳、黑刺，产于宁夏六盘山、月亮山、南华山及固原市河川、黑城至西吉将台一线以南各地。生于向阳山坡、林缘或河滩地，在宁夏中北部山地和水分条件较好的沙地、丘间低地也有分布。其根系有固氮作用，可培肥土壤，为鸟类提供良好的栖息环境。果实和叶片中含有大量营养成分。鲜果含蛋白质 16.01%～20.60%，是苹果、香蕉、梨及葡萄等水果的 16～20 倍。植株几乎各部位均富含生物类黄酮类化合物，以叶片、干浆果、果渣中含量最高。果实中由卵磷脂分子产生的胆碱具有抗脂肪肝、抗肝硬化的作用，还可用于防治动脉粥样硬化症。植株中所含黄酮类化合物与维生素 C 共同参与抑制动脉粥样硬化的进展，降低血液中胆固醇水平。根、茎皮的提取物含有抗癌活性生物碱 5-羟色胺（5-hydroxytryptamine），经动物试验证实，对多种类型肿瘤均有抑制作用。总之，沙棘在营养品、保健品、饲料、燃料、药品及化妆品领域有着广泛的实用和开发价值。

2. 蕤核（*Prinsepia uniflora*）

蔷薇科灌木，又称马茹刺、扁核木。产于宁夏彭阳、同心、西吉、隆德、海原、六盘山及原州区南部的灌丛草原地带，生于山地阳坡或丘陵稀疏灌丛。果实营养丰富，粗蛋白质、粗脂肪的含量均较高，可加工成果脯、果茶、果酱、罐头等绿色食品。果仁含油率高（约 32%），可作榨油原料。

3. 文冠果（*Xanthoceras sorbifolium*）

无患子科落叶阔叶灌木或小乔木，又称为木瓜，产于宁夏贺兰山大口子沟、固原市、同心县田老庄乡、彭阳崾岘乡等地，生于丘陵、山地阳坡，在宁夏各县市广泛栽培。其果实果味甘美、营养丰富，既可生食，又可加工罐藏。种仁含蛋白质 26%左右，含 17 种氨基酸，乳熟期适于加工罐藏食品，还可作为特色菜推上餐桌。叶片含蛋白质 19.8%～23.2%，含量高于红茶，其咖啡因含量接近于红茶，已经研究将其加工成茶叶。

4. 酸枣（*Ziziphus jujuba* var. *spinosa*）

鼠李科乔木或灌木，又称山枣树。产于宁夏贺兰山山麓，生于干燥的向阳石砾质山坡。果实药食兼用，花为蜜源。果实和种仁有很高的营养和医疗价值，具有镇静、催眠、抗惊、镇痛作用，酸枣仁还有滋补强壮的功效。果肉是加工清凉保健饮料的原料，其中维生素 C 含量可达 2.43g/kg 以上，还含有维生素 B_2、维生素 B_1、胡萝卜素、烟酸、维生素 E 及氨基酸、蛋白质、微量元素等。其含糖量高达 80%左右，是苹果的 2～3 倍，是大枣的 2 倍。广泛用于食品、饮料及酿酒工业。

5. 毛榛（*Corylus mandshurica*）

桦木科落叶灌木，又称毛榛子。产于宁夏六盘山，生于山坡灌丛或林下。毛榛子营养丰富，种仁可榨油，也可食用或加工糕点。其果壳可制活性炭。

6. 榆树（*Ulmus pumila*）

榆科落叶乔木，又称白榆、家榆。生于低山山坡、川地、山谷及丘陵。产于宁夏六盘山、贺兰山等地，宁夏全区普遍栽培。嫩果、幼叶可食，种子榨油，树皮可制淀粉。

7. 辽东栎（*Quercus wutaishansea*）

壳斗科落叶乔木，又称青冈。产于宁夏六盘山、罗山，生于山地阳坡、半阳坡。种子可作浆纱和酿酒原料，也可用到食品中，如制作凉粉、粉条和酱油。

8. 沙枣（*Elaeagnus angustifolia*）

胡颓子科落叶乔木或小乔木。产于宁夏灵武、平罗、大武口、惠农、沙坡头及同心等地，生于荒坡、荒漠草原、沙漠潮湿地段和田边。果肉含有糖分、淀粉、蛋白质、脂肪和维生素，可以生食或熟食，新疆地区将果实打粉掺在面粉内代主食，也可酿酒、制醋酱、糕点等。

9. 山桃（*Amygdalus davidiana*）

蔷薇科落叶乔木。产于宁夏六盘山、贺兰山、云雾山、罗山及彭阳县，生于向阳干旱山坡或干河床。果味酸甜可口，含糖量丰富。可酿制果酒或制果酱、果脯；种仁含油率 46%，出油率 40%。

10. 山楂（*Crataegus pinnatifida*）

蔷薇科落叶乔木。产于宁夏六盘山、贺兰山，生于山坡灌丛或林缘。果实可生食，也可酿酒，作果酱或果糕；干果能消食健胃、化滞，可作为优良的野生果树进行开发和利用。同属植物甘肃山楂（*C. kansuensis*）也可同样作为野果类开发。

11. 黑果枸杞（*Lycium ruthenicum*）

茄科灌木。产于宁夏中宁、中卫、石嘴山、银川、青铜峡、利通区等地，生于盐碱滩地、干旱沟渠及低洼地。果实营养丰富，含有 8 种人体必需氨基酸和一定量的维生素 C，微量元素含量丰富，可开发制作保健饮料、食品等。

12. 发状念珠藻（*Nostoc flagelliforme*）

发状念珠藻是念珠藻科的一种藻类，又称发菜。产于宁夏同心、中卫、中宁、海原、灵武、盐池等市县及贺兰山东麓，生于干旱、半干旱区荒漠草原、灌丛及沙地上，多生长于海拔 1000～2800m 的低山、丘陵、山前平原、洪积扇洪积冲积坡地、平坦荒地及剥蚀残丘和丘间盆地。作为一种食用蓝藻，藻体营养丰富，其蛋白质含量是鸡蛋的 1.52 倍，分别比黑木耳、银耳高出 11.84%和 17.44%，比地木耳高 4.36%；其铁含量高于猪肝，钙含量是牛奶的 2 倍。含 18 种氨基酸，其食用安全性也已经过实验证实。

13. 蕨（*Pteridium aquilinum* var. *latiusculum*）

蕨科植物，又称蕨菜。产于宁夏六盘山和南华山，生于山地林缘灌丛、林下或草甸，在湿润、腐殖质深厚的阳坡地或林缘阳光充足的地方。蕨在宁夏俗称蕨麻，在外地又名"如意菜""吉祥菜""长寿菜"等，在日本被称为"雪果山菜"。生长繁茂，根茎粗壮，富含淀粉，名蕨粉，可做粉条、粉皮食用。其嫩苗似拳状卷曲，故又称"拳头菜"，是一种清脆鲜嫩的山野菜。

14. 沙芥（*Pugionium cornutum*）

十字花科一二年生草本，又称山萝卜。生于沙漠或半流动沙丘上。产于宁夏中卫、盐池、灵武、陶乐等地。嫩叶、茎可作蔬菜，味清香并具有芥子味，富含维生素、胡萝卜素、粗纤维等，籽和全草均含有包括人体必需的 8 种氨基酸在内的 15 种氨基酸，是饭馆、酒楼菜桌上的上佳凉菜。在宁夏沙漠区还有同属的斧翅沙芥（*P. dolabratum*）、宽翅沙芥（*P. dolabratum* var. *latipterum*）、距果沙芥（*P. calcaratum*），都可作为野菜开发。在沙地采种播种容易成活，可兼收固沙和沙产业开发的双重效益。

15. 蒲公英（*Taraxacum mongolicum*）

菊科多年生草本，又称蒙古蒲公英、黄花地丁，宁夏全区均有分布。广泛生于中、低海拔区山坡草地、路边、田野、河滩，具有药食两用的特点。头状花序和叶营养丰富，可调制成美味的凉菜系列，逐渐走进各大饭馆宴席和百姓家的餐桌。在未来保健食品开发方面具有良好的前景。

16. 马齿苋（*Portulaca oleracea*）

马齿苋科一年生草本，俗称胖娃娃菜。喜生于肥沃土壤，为田间常见杂草，常见于菜园、农田、路旁，生命力强，宁夏全区普遍分布，是春末夏初常见的野菜之一，适宜炝拌凉菜、做汤等，清爽适口。研究发现，马齿苋含有丰富的维生素和微量元素，茎叶中富含 ω-3 脂肪酸，是菠菜的 6～7 倍，同时还含有去甲肾上腺素等活性成分。

17. 蒙古韭（*Allium mongolicum*）

百合科多年生草本，又称沙葱。产于宁夏平罗、中卫、盐池、灵武等地，习见于宁夏中、北部干旱带的草原、荒漠草原和草原化荒漠地区的固定和半固定沙地或沙砾质地。耐风沙、干旱，分布广泛，适应性强，人工收获容易，为纯天然绿色蔬菜，常作为餐厅的一道凉菜。有研究报道，沙葱籽油、多糖均能显著提高机体内源性抗氧化酶活性，降低体内脂质过氧化水平，起到拮抗动脉粥样硬化的作用。

18. 荠（*Capsella bursa-pastoris*）

十字花科一二年生草本，又称荠菜。生在山坡、田边及路旁。宁夏全区有分布，固原半阴湿地区较多，是人们喜爱的野菜之一。

19. 鹅绒委陵菜（*Potentilla anserina*）

蔷薇科多年生草本，也称蕨麻、人参果。生于河岸、路边、山坡草地及草甸。产于宁夏六盘山、南华山、月亮山、贺兰山、罗山等地，也习见于低湿的低地、路旁。根部膨大，富含多种氨基酸、维生素、蛋白质、糖类和微量元素。"蕨麻根"常常用来食用，也可用来制甜食及酿酒用。

20. 甘露子（*Stachys sieboldii*）

唇形科多年生草本，俗称地环、宝塔菜、地溜子。生于林下水沟、湿润地及积水处。产于宁夏六盘山、贺兰山。地下块茎肥大，形如螺旋状，富含蛋白质、脂肪、水苏糖、氨基酸、水苏碱、葫芦巴碱等。口感脆嫩无纤维，常作酱菜或泡菜食用。

21. 麻叶荨麻（*Urtica cannabina*）

荨麻科多年生草本。生于山谷溪边或山坡林下阴湿处。产于宁夏六盘山、贺兰山、火石寨等地。在欧洲，麻叶荨麻的茎叶可凉拌，也可做成汤类，还可作为调料等；种子的蛋白质和脂肪含量接近大麻、向日葵和亚麻等油料作物；籽榨的油，有强身健体的功能；叶中含有丰富的蛋白质和多种维生素，人们采其嫩枝叶做蔬菜或制作馅饼食用。麻叶荨麻的适应性较强，生长旺盛，几乎不用多加管理，且极少受病虫害危害，其产品是合格的绿色食品。同属植物宽叶荨麻（*U. laetevirens*），也可作为野菜类资源开发。

22. 独行菜（*Lepidium apetalum*）

十字花科多年生草本，也称辣辣根、腺茎独行菜。生于山坡、山沟、路旁及村庄附近，宁夏全区均有分布。茎、叶营养丰富，有特殊的清香和辛辣味，含有丰富的维生素 A、维生素 C、维生素 B_2 和大量的铁、钙。种子含脂肪油、芥子油苷、蛋白质、糖类，还含有生物碱、黄酮类、挥发油等。在香辛料开发、腌菜、凉拌、炒食等方面具有开发价值。

23. 费菜（*Phedimus aizoon*）

景天科多年生草本，也称土三七。生于山地林缘、灌丛及河岸草丛。产于宁夏彭阳、隆德、西吉、六盘山、贺兰山、罗山等地。嫩茎叶富含多种营养物质及多种矿物质、维生素，可用于凉拌、炒食等。

24. 东方草莓（*Fragaria orientalis*）

蔷薇科多年生草本。生于山坡草地或林下、林缘灌丛中。产于宁夏六盘山、罗山、贺兰山等地。果实鲜红色，质软而多汁，香味浓厚，略酸微甜，可生食或供制果酒、果酱。

25. 蛇莓（*Duchesnea indica*）

蔷薇科多年生草本。生于山坡、河岸、草地、潮湿地。产于宁夏六盘山、贺兰山、罗山、南华山等地。果实鲜红，味酸甜可口，可用于生食或酿制果酒等。

26. 地梢瓜（*Cynanchum thesioides*）

萝藦科多年生草本或半灌木。生于沙丘或干旱山谷、荒地、田边等地。产于宁夏盐池、灵武、平罗，幼果含有丰富的蛋白质、灰分及微量元素等，可直接食用，也值得作为野菜类开发。

27. 藏茴香（*Carum carvi*）

伞形科多年生草本，也称葛缕子。生于山地河滩草丛中、林下或高山草甸。产于宁夏六盘山。果实含有的活性成分能让胃肠神经保持兴奋，会加快胃肠蠕动，增强人体肠胃消化功能。同时，它还能消除胃肠中的细菌与炎症，保护胃肠黏膜。因此，可作为蔬菜系列的调料剂，具有较高的开发价值。同属植物田页蒿（*C. buriaticum*）也具有同样的开发价值。

（三）野生油料、工业、手工业原料植物

1. 野生油料植物

（1）野胡桃（*Juglans mandshurica*）

胡桃科乔木，也称胡桃楸、野核桃。产于宁夏六盘山。种子含油 65.3%，种子油为优良的食用油，为干性油。可用来制作软皂、颜料和油漆；树皮可做栲胶。

（2）蕤核

蔷薇科灌木。产于宁夏彭阳、同心、西吉、隆德、海原、六盘山及原州区等地。挥发油含有 33 种化学成分，占总挥发油的 78.0%，主要为斯巴醇、亚油酸、β-石竹烯、7-辛烯-4-醇、枯茗醛、α-非兰烯醇等。蕤仁油含有 9 种脂肪酸。其中，饱和脂肪酸依次为棕榈酸、硬脂酸、花生酸；不饱和脂肪酸为亚油酸和油酸，其含量较高。蕤仁中能分离出 2 种新的半乳糖生物碱，这种以半乳糖为单位的结构特征在以前分离的吡咯和吡啶醇化合物中很少见到。

（3）文冠果

无患子科灌木或小乔木。产于宁夏贺兰山大口子沟、固原、同心、彭阳等地，在宁夏普遍栽培。文冠果种仁含油量高，其中不饱和脂肪酸占 90.0%以上，而芥酸含量很低，仅 2%～9%，是很好的保健食用油。提油后的油渣可作精饲料和精制蛋白。

（4）沙棘

胡颓子科落叶灌木或小乔木。产于宁夏六盘山、月亮山、南华山及固原、海原、西吉等地。果实含磷脂 0.5%～0.6%，油中含 0.9%～1.1%，其中脑磷脂占 68%，卵磷脂占 32%，不亚于玉米油；果实中的沙棘油含量为 6.8%～9.1%，种子中为 7.6%～10.4%，果渣在 11%左右。沙棘油脂肪酸含量为 77%，其中饱和脂肪酸占 29.7%，不饱和脂肪酸占 70.3%。就所含亚油酸而言，不亚于橄榄油。

（5）密花香薷（*Elsholtzia densa*）

唇形科多年生草本。产于宁夏南华山、六盘山、贺兰山等地。种子可榨油，油脂为干性油，不仅可以食用和保健，还可以用于制造业等。同属植物香薷（*E. ciliata*）也可作为油料植物开发。

（6）野亚麻（*Linum stelleroides*）

亚麻科一二年生草本。产于宁夏固原、海原、西吉、隆德、红寺堡、同心等地。种子含油，与同属植物宿根亚麻（*L. perenne*）和短柱亚麻（*L. pallescens*）都可作为野生油料作物来开发。

（7）碱蓬（*Suaeda glauca*）

藜科一年生草本。宁夏全区各地均有分布。成熟种子中油脂含量远高于大豆，生长于盐地环境使得 Ca、Fe、Mg 等微量元素含量比其他植物要高出许多；茎叶中也有丰富的氨基酸、维生素和矿物质，是一种颇具开发潜力的油料植物。

（8）虎榛子（*Ostryopsis davidiana*）

桦木科落叶灌木。产于宁夏六盘山。种子含油，可供食用或肥皂工业使用。

（9）其他油料作物

包括榛（*Corylus heterophylla*）、毛榛、地肤（*Kochia scoparia*）、菥蓂（*Thlaspi arvense*）、播娘蒿（*Descurainia sophia*）、葶苈（*Draba nemorosa*）、硬毛南芥（*Arabis hirsuta*）、小花糖芥（*Erysimum cheiranthoides*）、沼生蔊菜（*Rorippa palustris*）、离蕊芥（*Malcolmia africana*）、四棱荠（*Goldbachia laevigata*）、荠、蒙古扁桃、长梗扁桃（*Amygdalus pedunculata*）、山杏、野杏、刺槐（*Robinia pseudoacacia*）、紫穗槐（*Amorpha fruticosa*）、蒺藜（*Tribulus terrestris*）、野西瓜苗（*Hibiscus trionum*）、杠柳（*Periploca sepium*）、蒙古莸（*Caryopteris mongholica*）、苍耳（*Xanthium strumarium*）等。

2. 工业、手工业原料植物

（1）细枝盐爪爪（*Kalidium gracile*）

苋科小灌木。产于宁夏平罗、惠农、大武口、银川、吴忠等地。在工业上可提取碳酸钠、碳酸钾和硫酸钠等无机盐类。

（2）大火草（*Anemone tomentosa*）

毛茛科多年生草本，又称野棉花。产于宁夏六盘山。茎含纤维，脱胶后可搓绳；种子可榨油，种子毛可作填充物或替代棉花，也可制作救生衣等。

（3）狼毒（*Stellera chamaejasme*）

瑞香科多年生草本，又称火柴头花。产于宁夏贺兰山、六盘山、罗山及彭阳、隆德、西吉等地。根用于提取工业酒精，根及茎皮可造纸。

（4）芨芨草（*Achnatherum splendens*）

禾本科高大草本。产于宁夏盐池、灵武、平罗、惠农、红寺堡、利通区、青铜峡、固原等地，全区广布。秆叶坚韧，长而光滑，为优良的纤维植物，常用于造纸及人造丝，又可编织筐、草帘、扫帚等；叶浸水后，韧性大，可做草绳用。

（5）荻（*Miscanthus sacchariflorus*）

禾本科多年生高大草本。产于宁夏银川、永宁、平罗等地河岸边，生物质产量高，燃烧特性好，再生能力强，具备可再生能源植物的特性，可用荻草研制生物质碳棒和颗粒。荻草地上茎质地细腻，纤维含量高达 40%～60%，是一种优质的造纸原料，可代替木材用以造纸和生产人造纤维板。

（6）罗布麻（*Apocynum venetum*）

夹竹桃科灌木。产于宁夏平罗、大武口、银川等市县盐碱荒地和沙漠边缘及河流两岸。茎皮纤维具有细长柔韧而有光泽、耐腐、耐磨、耐拉的优质性能，可制作高级衣料、渔网丝、皮革线、高级用纸等，也用于国防工业、航空、航海、车胎帘布带、机器传动带、橡皮艇、高级雨衣等领域；叶含胶量达 4%～5%，可作轮胎原料。

（四）野生砧木

1. 山桃

蔷薇科桃属乔木。产于宁夏六盘山、贺兰山、云雾山、罗山及彭阳县等干旱向阳山坡。山桃常作为园林绿地景观植物的砧木。

2. 山杏（*Armeniaca sibirica*）

蔷薇科灌木或小乔木。产于宁夏贺兰山、六盘山、罗山及彭阳县等干旱向阳山坡，常作为杏树嫁接的砧木。

3. 酸枣

鼠李科乔木或灌木。产于宁夏贺兰山，可作为枣的砧木。

二、野生药用植物

（一）道地药材

1. 宁夏枸杞（*Lycium barbarum*）

中药名为枸杞子或地骨皮，干燥成熟果实入药，或以根皮入药。茄科落叶灌木，生于田埂和宅旁、沙荒地，或土层深厚的沟岸、山坡。产于宁夏中宁、红寺堡、平罗等县，目前全区栽培。枸杞子具有滋肾、润肺、补肝、明目、清热、凉血的功效。

2. 草麻黄（*Ephedra sinica*）

以草质茎入药。麻黄科植物，生于平原沙地、干燥荒地、河床及草原等。产于宁夏盐池、同心、平罗、灵武等县，在宁夏永宁县有栽培。麻黄具有发汗解表、宣肺平喘、利水消肿的功效。同属的中麻黄（*E. intermedia*）、木贼麻黄（*E. equisetina*）也同等入药。

3. 银柴胡（*Stellaria dichotoma* var. *lanceolata*）

以干燥根入药。石竹科多年生草本。生于固定、半固定沙丘、沙地或石砾质山坡上。产于宁夏大武口、平罗、灵武、银川、红寺堡、中卫、中宁等县。目前在宁夏同心县、彭阳县有栽培。宁夏灵武白芨滩自然保护区与大武口石炭井分布着蕴藏量丰富的野生资源。银柴胡具有清虚热、除疳热的功效。

4. 甘草（*Glycyrrhiza uralensis*）

以根入药。豆科多年生草本，生于干旱沙地、荒漠草原、河岸沙质地及盐渍化土壤。产于宁夏盐池、灵武、中卫、中宁、同心、平罗、惠农等县。甘草具有补脾益气，清热解毒、祛痰止咳、缓急止痛、调和诸药的功效。同属植物圆果甘草（*G. squamulosa*）也同等入药。

5. 盐生肉苁蓉（*Cistanche salsa*）

全草入药。列当科寄生草本，生于荒漠草原及荒漠区湖盆低地、沙丘、沙地及盐碱较重的盐湖边，常见寄主有盐爪爪（*Kalidium foliatum*）、细枝盐爪爪（*K. gracile*）等。产于宁夏盐池、灵武、平罗、中卫、海原等县市。具有补肾、益精、润燥、滑肠的功效。同属的肉苁蓉（*C. deserticola*）、沙苁蓉（*C. sinensis*）也同等入药。

6. 狭叶柴胡（*Bupleurum scorzonerifolium*）

该种习惯称为"南柴胡""软柴胡"或"红柴胡"。干燥根入药。伞形科多年生草本，生于干旱山坡草原及向阳山坡上或灌丛边缘。产于宁夏贺兰山、西吉、中卫、泾源、海原、隆德等县。具有和解表里、疏肝解郁、升阳举陷、退热截疟的功效。同属北柴胡（*B. chinense*）和小叶黑柴胡（*B. smithii* var. *parvifolium*）也作为柴胡入药，习称"北柴胡""硬柴胡"和"黑柴胡"。

7. 膜荚黄芪（*Astragalus membranaceus*）

根入药。豆科多年生草本，生于林缘、灌丛、疏林或山坡草地、草甸中。产于宁夏贺兰山、六盘山，在宁夏同心县、泾源县、隆德县有栽培。黄芪具有补气升阳、益卫固表、利水消肿、托疮生肌的功效。同属植物蒙古黄芪（*A. mongholicus*）也同等入药。

8. 苦豆子（*Sophora alopecuroides*）

以种子入药。豆科多年生草本，生于荒漠草原或沙漠边缘地带。产于宁夏盐池、灵武、平罗、红寺堡、同心、中宁、中卫等县市。具有清热燥湿、止痛、杀虫的功效。

（二）常用药材

1. 草芍药（*Paeonia obovata*）

中药名赤芍，以根入药。毛茛科多年生草本，产于宁夏六盘山林下或林缘灌丛。具有清热凉血、散瘀止痛的功效。

2. 南方山荷叶（*Diphylleia sinensis*）

中药名窝儿七，以根与根茎入药。小檗科多年生草本。产于宁夏泾源、隆德、原州区等县区山坡林下、林缘及沟旁。具有祛风除湿、活血祛瘀、解毒的功效。

3. 桃儿七（*Sinopodophyllum hexandrum*）

以根与根茎入药。小檗科多年生草本。产于宁夏六盘山、隆德县山地林下或林缘灌丛。具有祛风除湿、活血止痛、祛痰止咳的功效。

4. 酸枣（*Ziziphus jujuba* var. *spinosa*）

以种仁入药。鼠李科落叶灌木。产于宁夏贺兰山、香山等干旱向阳山坡。具有养肝、宁心、安神、敛汗的功效。

5. 黄瑞香（*Daphne giraldii*）

中药名为祖师麻，以茎皮和根皮入药。瑞香科落叶灌木。产于宁夏西吉、隆德、海原、泾源等山地林缘草甸中。具有祛风通络、散瘀止痛的功效。

6. 沙棘（*Hippophae rhamnoides* subsp. *sinensis*）

以干燥成熟果实入药。胡颓子科落叶灌木或小乔木。产于宁夏六盘山、月亮山、南华山、固原、西吉等地向阳山坡、山谷地。具有健脾消食、止咳祛痰、活血散瘀的功效。

7. 锁阳（*Cynomorium songaricum*）

以干燥肉质茎入药。锁阳科多年生肉质寄生草本。产于宁夏平罗、中卫、灵武、大武口等沙质地，寄主为唐古特白刺（*Nitraria tangutorum*）。具有补肾阳、益精血、润肠通便的功效。

8. 羽叶三七（*Panax pseudoginseng* var. *bipinnatifidus*）

中药名为竹节参，以根茎入药。五加科多年生草本。产于宁夏六盘山阴坡林下。具有止血、散瘀的功效。

9. 圆叶鹿蹄草（*Pyrola rotundifolia*）

中药名为鹿衔草，以全草入药。鹿蹄草科多年生草本。产于宁夏六盘山、贺兰山林下阴湿地。具有强筋骨、止血、益肾、祛风除湿的功效。

10. 秦艽（*Gentiana macrophylla*）

以干燥根入药。龙胆科多年生草本。产于宁夏贺兰山、六盘山、罗山、西吉县及海原县山地草地及灌丛边。具有祛风湿、清湿热、止痹痛、退虚热的功效。

11. 沙苁蓉（*Cistanche sinensis*）

中药名肉苁蓉，以干燥肉质茎入药。列当科多年生寄生草本，寄主常为红砂、珍珠猪毛菜、霸王等。产于宁夏盐池、石嘴山、平罗等市县的沙质地、砾石地或丘陵坡地。具有温阳益精、润肠通便的功效。

12. 地黄（*Rehmannia glutinosa*）

以新鲜或干燥根入药。列当科多年生草本。产于宁夏贺兰山山谷、山坡及干旱砂石地。炮制品有鲜地黄、生地黄和熟地黄。鲜地黄具有清热生津、凉血、止血的功效；生地黄具有清热凉血、养阴生津的功效；熟地黄具有补血滋阴、益精填髓的功效。

13. 罗布麻

以叶入药。夹竹桃科灌木。产于宁夏平罗、大武口、银川等市县盐碱荒地和沙漠边缘及河流两岸。具有清热平肝、利水消肿的功效。

14. 党参（*Codonopsis pilosula*）

以干燥根入药。桔梗科多年生草本。产于宁夏六盘山林缘灌丛或杂木林中。具有补中、益气、生津的功效。

15. 七叶一枝花（*Paris polyphylla*）

以根茎入药。百合科多年生草本。产于宁夏六盘山林下或林缘灌丛。具有清热解毒、消肿止痛的功效。

16. 黄精（*Polygonatum sibiricum*）

以干燥根茎入药。百合科多年生草本。产于宁夏贺兰山、六盘山林下、灌丛或阴湿草坡。具有补气养阴、健脾、润肺、益肾的功效。

17. 玉竹（*Polygonatum odoratum*）

以干燥根茎入药。百合科多年生草本。产于宁夏贺兰山、六盘山林下、林缘灌丛。具有养阴润燥、生津止渴的功效。

18. 宁夏贝母（*Fritillaria taipaiensis* var. *ningxiaensis*）

以鳞茎入药。百合科多年生草本。产于宁夏六盘山林下或林缘草甸。具有清热润肺、化痰止咳、散结的功效。

19. 穿龙薯蓣（*Dioscorea nipponica*）

中药名为穿山龙，以根茎入药。薯蓣科多年生缠绕草本。产于宁夏六盘山林下或河谷及半阴半阳山坡。具有祛风除湿、舒筋通络、活血止痛、止咳平喘的功效。

20. 山杏（*Armeniaca sibirica*）

中药名为苦杏仁，以种仁入药。蔷薇科灌木或小乔木。产于宁夏贺兰山、六盘山、罗山及彭阳县等干旱向阳山坡。具有降气、止咳平喘、润肠通便的功效。同属植物野杏（*A. vulgaris* var. *ansu*）也同等入药。

21. 问荆（*Equisetum arvense*）

以全草入药。木贼科多年生草本。宁夏全区各地均有分布。具有止血、利尿、明目的功效。

22. 胡杨（*Populus euphratica*）

中药名为胡桐泪，以树脂入药。杨柳科乔木。产于宁夏中卫市。具有清热、化痰、软坚的功效。

23. 掌叶大黄（*Rheum palmatum*）

中药名大黄，以根茎入药。蓼科多年生草本。产于宁夏六盘山。具有泻热通便的功效。同属植物鸡爪大黄（*Rheum tanguticum*）、六盘山鸡爪大黄（*Rheum tanguticum* var. *liupanshanense*）同等入药。

24. 萹蓄（*Polygonum aviculare*）

以地上干燥部分入药。蓼科一年生草本。宁夏全区各地均有分布。具有利尿通淋、杀虫、止痒的功效。

25. 地肤（*Kochia scoparia*）

中药名地肤子，以果实入药。藜科一年生草本。宁夏全区各地均有分布。具有清热利湿、祛风止痒的功效。

26. 马齿苋（*Portulaca oleracea*）

以全草入药。马齿苋科一年生草本。宁夏全区各地均有分布。具有清热解毒、凉血止血、止痢的功效。

27. 瞿麦（*Dianthus superbus*）

以干燥地上部分入药。石竹科多年生草本。产于宁夏六盘山、贺兰山、南华山、罗山、月亮山及西吉、隆德、固原及彭阳等地。具有利尿通淋、活血通经的功效。同属的石竹（*D. chinensis*）也同等入药。

28. 伏毛铁棒锤（*Aconitum flavum*）

中药名为铁棒锤，以子根入药。毛茛科多年生草本。产于宁夏泾源、西吉、隆德、固原及海原南华山等地。具有祛风止痛、散瘀止血、消肿拔毒的功效。

29. 菥蓂（*Thlaspi arvense*）

以干燥地上部分入药。十字花科一年生草本。产于宁夏贺兰山、罗山、六盘山、隆德及西吉等地。具有清肝明目、和中利湿、解毒消肿的功效。

30. 独行菜（*Lepidium apetalum*）

中药名葶苈子，以种子入药。十字花科一二年生草本。宁夏全区各地均有分布。具有泻肺降气、祛痰平喘、利水消肿、泄热逐邪的功效。

31. 播娘蒿（*Descurainia sophia*）

中药名葶苈子，以种子入药。十字花科一年生草本。产于宁夏隆德、原州区、利通区、平罗县等地。功效同独行菜。

32. 扁茎黄芪（*Astragalus complanatus*）

中药名沙苑子，以种子入药。豆科多年生草本。产于宁夏灵武、盐池、中宁、贺兰山及六盘山等地。具有温补肝肾、固精、缩尿、明目的功效。

33. 牻牛儿苗（*Erodium stephanianum*）

中药名老鹳草，以全草入药。牻牛儿苗科多年生草本。宁夏全区各地均有分布。具有强筋骨、祛风活血、清热解毒的功效。

34. 蒺藜（*Tribulus terrestris*）

以果实入药。蒺藜科一年生葡匐草本。宁夏全区各地均有分布。具有平肝解郁、活血祛风、明目、止痒的功效。

35. 远志（*Polygala tenuifolia*）

以根入药。远志科多年生草本。产于宁夏贺兰山、灵武、盐池、香山、云雾山等地。具有安神益智、解郁的功效。

36. 紫花地丁（*Viola yedoensis*）

以全草入药。堇菜科多年生草本。宁夏全区有分布。具有清热解毒、凉血消肿的功效。同属植物早开堇菜（*V. prionantha*）也同等入药。

37. 莨菪（*Hyoscyamus niger*）

中药名天仙子，以种子入药。茄科一二年生草本。产于宁夏贺兰山、隆德、泾源、彭阳等地。具有解痉止痛、安心定痫的功效。

38. 达乌里秦艽（*Gentiana dahurica*）

中药名秦艽，以根入药。龙胆科多年生草本。产于宁夏贺兰山、罗山、六盘山、南华山、隆德及泾源等地。具有祛风湿、清湿热、止痹痛、退虚热的功效。同属植物秦艽（*G. macrophylla*）、麻花艽（*G. straminea*）也同等入药。

39. 平车前（*Plantago depressa*）

中药名车前子、车前草，以种子或全草入药。车前科一二年生草本。宁夏全区都有分布。具有清热利尿、通淋、渗湿止泻、明目、祛痰、凉血、解毒的功效。同属植物车前（*P. asiatica*）也同等入药。

40. 细叶益母草（*Leonurus sibiricus*）

中药名益母草，以地上全草入药。唇形科一二年生草本。产于宁夏贺兰山、六盘山、罗山、银川、中卫、盐池、西吉、隆德及海原等地。具有活血调经、利尿消肿、清热解毒的功效。同属植物益母草（*L. artemisia*）也同等入药。

41. 黄花蒿（*Artemisia annua*）

中药名青蒿，以地上干燥全草入药。菊科一年生草本。宁夏全区分布。具有清虚热、除骨蒸、解暑热、截疟、退黄的功效。

42. 猪毛蒿（*Artemisia scoparia*）

中药名为茵陈蒿，以早春干燥幼苗入药。菊科一二年或多年生草本。宁夏全区普遍分布。具有清热利湿、利胆退黄的功效。

43. 蓝刺头（*Echinops sphaerocephalus*）

中药名禹州漏芦，以根入药。菊科多年生草本。产于宁夏六盘山、贺兰山及海原南华山等地。具有清热解毒、排脓止血、下乳消痈的功效。

44. 旋覆花（*Inula japonica*）

中药名金佛草，以花序入药。菊科多年生草本。宁夏全区普遍分布。具有降气、消痰、行水、止呕的功效。

45. 长苞香蒲（*Typha domingensis*）

中药名蒲黄，以花粉入药。香蒲科多年生沼生草本。产于宁夏引黄灌区水池或池塘中。具有止血、化瘀、通淋的功效。同属植物水烛（*T. angustifolia*）、小香蒲（*T. minima*）、达香蒲（*T. davidiana*）也同等入药。

46. 芦苇（*Phragmites australis*）

中药名芦根，以根茎入药。禾本科多年生草本。产于宁夏引黄灌区水池及河岸。具有清热生津、除烦、止呕、利尿的功效。

47. 山丹（*Lilium pumilum*）

中药名百合，以肉质鳞茎入药。百合科多年生草本。产于宁夏六盘山、罗山、贺兰山、南华山、月亮山、香山及隆德、彭阳、西吉等地。具有养阴润肺、清心安神的功效。

48. 凹舌掌裂兰（*Dactylorhiza viridis*）

中药名手掌参，以块根入药。兰科多年生草本。产于宁夏六盘山、罗山、贺兰山、南华山、云雾山及西吉火石寨等地。具有补气益血、安神镇惊、生津止咳的功效。

49. 绶草（*Spiranthes sinensis*）

以根或全草入药。兰科多年生草本。产于宁夏六盘山、罗山、贺兰山、南华山、月亮山等地。具有滋阴益气、凉血解毒、涩精的功效。

此外，还有数十种草地植物可以入药，不一一列出。

三、野生粉、蜜源植物

（一）粉、蜜源植物

1. 老瓜头（*Cynanchum komarovii*）

萝藦科多年生草本，也称华北白前、牛心朴子。产于宁夏中北部荒漠草原或草原。作为荒漠区良好的蜜源植物，目前市场流通有老瓜头蜂蜜产品。

2. 沙枣

胡颓子科乔木或小乔木。产于宁夏大武口、平罗、灵武、惠农、沙坡头及同心等地。

3. 柳兰（*Chamerion angustifolium*）

柳叶菜科多年生草本。产于宁夏六盘山。柳兰是很好的蜜源植物。

4. 短柄野芝麻（*Lamium album*）

唇形科多年生草本。产于宁夏六盘山、南华山。

5. 甘草

豆科多年生草本。产于宁夏中北部荒漠草原。

6. 披针叶黄华（*Thermopsis lanceolata*）

豆科多年生草本。宁夏全区普遍分布。

7. 细齿草木樨（*Melilotus dentatus*）

豆科二年生草本。产于宁夏灵武、盐池等地。细齿草木樨花期较晚，常作为晚秋蜜源植物，也可作为绿肥。同属植物黄花草木樨、白香草木樨都是良好的蜜源植物。

8. 山荆子（*Malus baccata*）

蔷薇科乔木。产于宁夏六盘山。

9. 稠李（*Padus avium*）

蔷薇科乔木。产于宁夏六盘山、贺兰山。

10. 盘腺樱桃（*Cerasus discadenia*）

蔷薇科灌木或小乔木。产于宁夏六盘山。

11. 其他蜜源植物

除此之外，常见的蜜源植物还有酸枣、罗布麻、东方草莓、山杏、旱柳（*Salix matsudana*）、柠条锦鸡儿（*Caragana korshinskii*）、野杏等。

（二）辅助粉、蜜源植物

1. 紫菀（*Aster tataricus*）

菊科多年生草本。产于宁夏六盘山。

2. 北沙柳（*Salix psammophila*）

杨柳科灌木。产于宁夏灵武、盐池、中卫、平罗等地。

3. 草木樨状黄芪（*Astragalus melilotoides*）

豆科多年生草本。产于宁夏灵武、盐池、平罗、红寺堡等地。

4. 沙拐枣（*Calligonum mongolicum*）

蓼科灌木。产于宁夏灵武白芨滩、中卫沙坡头等地。沙拐枣可在一年内开两次花，是早春和晚秋的辅助蜜源植物。

5. 细枝岩黄芪（*Hedysarum scoparium*）

豆科灌木或半灌木，又称花棒。产于宁夏灵武、平罗、盐池、银川、大武口、惠农、中卫等地。花朵密集且花期长，与植物耆（羊柴）、蒙古黄芪（*C. fruticosum* var. *mongholicus*）均是良好的辅助蜜源植物。

6. 其他辅助粉、蜜源植物

除此之外，辅助粉蜜源植物还有毛榛、虎榛子、锐枝木蓼（*Atraphaxis pungens*）、珠芽蓼、马齿苋、水蓼（*Polygonum hydropiper*）、梭梭（*Haloxylon ammodendron*）、长叶碱毛茛、

华西银露梅、小叶金露梅、鹅绒委陵菜、菊叶委陵菜（*Potentilla tanacetifolia*）、山桃、苦豆子、天蓝苜蓿、广布野豌豆、狭叶锦鸡儿（*Caragana stenophylla*）、小叶锦鸡儿（*C. microphylla*）、中间锦鸡儿（*C. liouana*）、红花岩黄芪（*Hedysarum multijugum*）、猫头刺（*Oxytropis aciphylla*）、黄花棘豆（*O. ochrocephala*）、鳞萼棘豆（*O. squammulosa*）、少花米口袋（*Gueldenstaedtia verna*）、短翼岩黄芪（*Hedysarum brachypterum*）、截叶铁扫帚（*Lespedeza cuneata*）、胡枝子（*L. bicolor*）、多花胡枝子（*L. floribunda*）、兴安胡枝子（*L. davurica*）、牛枝子（*L. potaninii*）等。

四、野生环保、绿化、观赏植物

（一）固沙、水土保持植物

1. 胡杨（*Populus euphratica*）

杨柳科乔木。产于宁夏中卫。胡杨极其耐旱，能适应极端干旱的生境，生命力较强，具有防风固沙和调节气候的特性，能有效阻挡风沙的迁移，是沙漠戈壁中的天然绿色屏障。

2. 北沙柳

杨柳科灌木。产于宁夏盐池、中卫、灵武、平罗等地。北沙柳抗旱性较强，能有效地阻挡风沙，是良好的防风固沙树种，枝叶营养丰富，还可作为饲料开发。

3. 沙拐枣（*Calligonum mongolicum*）

蓼科灌木。产于宁夏灵武白芨滩、中卫沙坡头等地。沙拐枣具有抗风蚀、耐沙埋、抗干旱、耐瘠薄等特性，其枝条茂密，萌蘖能力强，根系发达，能适应条件极端严酷的干旱荒漠区，是防风治沙的典型先锋树种。

4. 驼绒藜（*Ceratoides latens*）、华北驼绒藜（*C. arborescens*）

苋科灌木。产于宁夏贺兰山、罗山、南华山及同心、红寺堡、彭阳等地。两种皆具有较强的抗旱特性，且营养价值较高，可作为灌木饲料开发。

5. 细枝岩黄芪

豆科半灌木。产于宁夏平罗、盐池、灵武、银川、大武口、惠农、中卫等地。又称花棒，具有喜沙埋、抗风蚀、萌蘖力强、耐极端气候等特性，是固定、半固定沙丘常见的风沙治理先锋树种。同属植物蒙古黄芪、塔落岩黄芪（羊柴）也用于风沙治理。

6. 沙蓬（*Agriophyllum squarrosum*）

藜科一年生草本。产于宁夏盐池、灵武、中卫、中宁、平罗、惠农等荒漠草原中。沙蓬耐沙埋、抗风沙，生命力极强，是防风固沙的先锋植物，还可作为风沙区优良饲料，种子也可入药。

7. 苦豆子

豆科多年生草本。产于宁夏灵武、盐池、平罗、红寺堡、同心、中宁、中卫等县市。苦豆子耐旱、耐盐碱，生长成苗快，是盐渍荒漠化和风蚀荒漠化治理的先锋草本植物。

8. 黑沙蒿（*Artemisia ordosica*）

菊科半灌木。产于宁夏中北部等县市。黑沙蒿耐沙埋，是固定、半固定沙丘不可多得的固沙树种。同属植物白沙蒿（*A. stelleriana*）也是良好的固沙植物。

9. 直立黄芪（*Astragalus adsurgens*）

豆科多年生草本，也称沙打旺。产于宁夏灵武、中卫、中宁、盐池、平罗等地。直立黄芪耐旱耐盐、生长迅速，根系较深，固沙效果较好。

10. 唐古特白刺（*Nitraria tangutorum*）

白刺科灌木。产于宁夏平罗、大武口、同心、红寺堡、灵武、盐池、海原等县市。白刺极其耐旱，常常形成"土岛"效应，起到了防风固沙的良好效果。同属植物小果白刺、大白刺也常作为固沙树种。

11. 其他水土保持与固沙植物

此外，还有沙木蓼（*Atraphaxis bracteata*）、沙芥、宽翅沙芥、沙冬青、狭叶锦鸡儿、藏青锦鸡儿（*Caragana tibetica*）、柠条锦鸡儿、猫头刺、红花岩黄芪、达乌里胡枝子、柽柳、刺旋花、差巴嘎蒿、蕤核、山杏、野杏、沙鞭（*Psammochloa villosa*）、芨芨草、蒙古冰草等。

（二）绿化与观赏（含草坪草）植物

1. 木本类

（1）沙冬青（*Ammopiptanthus mongolicus*）

豆科常绿灌木。生于沙丘、河滩台地。产于宁夏中卫、红寺堡、利通区、大武口、灵武、海原、须弥山等地干旱山坡及荒漠草原。沙冬青是东阿拉善地区（包括宁夏中北部）的特有植物。适生于干旱的沙砾质丘陵山坡、固定沙丘及沙质地，可作为干旱区景观绿地的常绿绿化灌木。

（2）细裂槭（*Acer pilosum* var. *stenolobum*）

槭树科（Aceraceae）槭属（*Acer*）落叶小乔木。生于阴湿的山坡或沟底。产于宁夏贺兰山、六盘山山地疏林或林下。也分布在我国蒙古西南部、山西西部、陕西北部和甘肃东北部。细裂槭属于中国特有种，叶片三叉状深裂，裂片窄长，具有一定的观赏价值，可作为宁夏优良的乡土树种进行引种驯化，具有广阔的前景。

（3）蒙古扁桃（*Amygdalus mongolica*）

蔷薇科落叶灌木。生于半荒漠地区干旱山地石质山坡、低山丘陵坡麓及干河床。产于宁夏贺兰山、罗山、中卫香山等石砾质山坡及麓基。蒙古扁桃早春开花，花色粉红，夏季嫩叶翠绿，冠型圆润丰满，秋季枝叶变为紫红色。因此，可作为西北干旱、半干旱地区的优良绿化、美化树种。

（4）小叶忍冬（*Lonicera microphylla*）

忍冬科落叶灌木。生于干旱多石山坡、草地或灌丛中及河谷疏林下或林缘。产于宁夏贺兰山、中卫、同心疏林灌丛或山坡草地。小叶忍冬花期黄白相间、果期整株挂满红色小浆果，在园林景观绿地乡土种开发中具有较好的前景。

（5）短穗柽柳（*Tamarix laxa*）

柽柳科落叶灌木。产于宁夏中北部荒漠草原、荒漠河流阶地、沙丘及强盐渍化土壤中。短穗柽柳花序紧凑，花枝美观、艳丽，可作为乡土绿化灌木开发。

（6）小果白刺（*Nitraria sibirica*）

蒺藜科落叶小灌木。产于宁夏中北部湖盆边缘沙地、盐渍化沙地、沿海盐化沙地。小果白刺在沙质地和盐碱地具有较强的适应性，果期整株挂满红色浆果，可作为盐渍荒漠化地区垫状绿化灌木开发。

（7）针枝芸香（*Haplophyllum tragacanthoides*）

芸香科落叶小灌木。产于宁夏贺兰山、同心、中卫、原州区、海原等市县干旱沙质或石砾质山坡。针枝芸香花冠黄色，具有较好的园林观赏价值。

（8）内蒙野丁香（*Leptodermis ordosica*）

茜草科落叶小灌木。产于宁夏贺兰山、中卫干旱石砾质山坡。内蒙野丁香的适应性较强，高脚碟状的紫色花冠具香气，具有较好的园林观赏价值。

（9）灌木铁线莲（*Clematis fruticosa*）

毛茛科落叶小灌木。产于宁夏贺兰山、中卫、同心干旱向阳山坡草地。灌木铁线莲抗旱，钟状花黄色，微垂，花朵密集。同属植物灰叶铁线莲（*C. tomentella*）、甘青铁线莲（*C. tangutica*）、芹叶铁线莲（*C. aethusifolia*）、黄花铁线莲（*C. intricata*）都是良好的野生观赏植物。

除此之外，其他木本观赏植物还有沙拐枣、银露梅（*Potentilla glabra*）、华西银露梅、金露梅（*Potentilla fruticosa*）、小叶金露梅、鬼箭锦鸡儿（*Caragana jubata*）、细枝岩黄芪、塔落岩黄芪、胡枝子、多花胡枝子、刺旋花、长梗扁桃、蒙古莸等。

2. 草本类

（1）瞿麦（*Dianthus superbus*）

石竹科多年生草本。生于丘陵山地疏林下、林缘、草甸、沟谷溪边。产于宁夏贺兰山、六盘山、罗山、南华山林下及林缘草地。瞿麦花瓣粉红色流苏状，与同属野生种石竹都可作为优良观赏种质资源开发。

（2）灰毛软紫草（*Arnebia fimbriata*）

紫草科多年生草本。生于戈壁、山前冲积扇及砾石山坡等处。产于宁夏贺兰山、香山干旱石砾质向阳山坡。非常适应干旱生境，花冠蓝紫色或粉红色，具有较高的观赏价值，可作为园林乡土花卉引进和驯化。

（3）密花香薷（*Elsholtzia densa*）

唇形科多年生草本。生于林缘、高山草甸、林下、河边及山坡荒地。产于宁夏贺兰山、六盘山、南华山、同心、彭阳、隆德等地的亚高山草甸、林缘及山坡荒地。穗状花序密被紫色串珠状柔毛，花冠淡紫色，带有香气，可作为园林绿地景观草花开发。

（4）细枝补血草（*Limonium tenellum*）

白花丹科多年生草本。生于荒漠、半荒漠干燥多石场所和盐渍化滩地上。产于宁夏贺兰山、香山等石砾质向阳山坡或麓基荒漠草原。较耐旱，花萼檐部淡紫色，花冠淡紫红色，与同属植物二色补血草、黄花补血草（*L. aureum*）都可作为园林绿化乡土种开发。

（5）蓼子朴（*Inula salsoloides*）

菊科多年生草本。产于宁夏中北部干旱草原、半荒漠、风沙地及戈壁滩地。具有较强的耐旱、适沙性，头状花序密集，舌状花黄色，可作为防风固沙、园林绿化的乡土地草花被开发。同属植物旋覆花（*Inula japonica*）也可作为园林绿化乡土种开发。

（6）苦马豆（*Sphaerophysa salsula*）

豆科多年生草本。产于宁夏中北部山坡、草原、荒地、沙滩、盐碱滩地及沟渠旁。苦马豆具有较强的耐旱性，花冠鲜红色至紫红色，可作为园林绿化的乡土花卉开发。

（7）柳兰（*Chamerion angustifolium*）

柳叶菜科多年生草本。产于宁夏六盘山阴湿山谷及林缘草地。柳兰植株高大，花萼紫红色，花朵硕大美丽，观赏价值较高，可作为园林绿化种开发。

（8）蓝盆花（*Scabiosa comosa*）

川续断科多年生草本。产于宁夏六盘山、罗山及南华山林下或阴湿低地草甸。花冠蓝紫色，可作为园林乡土草花开发。

（9）百里香（*Thymus mongolicus*）

唇形科匍匐垫状半灌木。产于宁夏海原、彭阳、同心、隆德、泾源等县山谷、山沟及向阳山坡或草甸。百里香地上茎匍匐，节处易生不定根形成质地均匀的地被，可作为园林地被开发。

此外，其他野生观赏类草本植物还有芦苇、大火草、金鱼藻（*Ceratophyllum demersum*）、天蓝苜蓿、红花岩黄芪、狼毒、蓬子菜、藓生马先蒿（*Pedicularis muscicola*）、粗野马先蒿（*Pedicularis rudis*）、角蒿、黄花角蒿、大黄橐吾、红轮狗舌草、北千里光、术叶千里光、紫花野菊（*Chrysanthemum zawadskii*）、小红菊（*C. chanetii*）、山丹、华西华箭竹（*Fargesia nitida*）等；野生草坪草有细弱剪股颖（*Agrostis capillaris*）、紫羊茅（*Festuca rubra*）、毛稃羊茅（*F. kirilowii*）、羊茅（*F. ovina*）等。

五、可驯化培育的野生优良牧草

（一）禾本科牧草

1. 主要的

蒙古冰草、冰草、沙生冰草（*Agropyron desertorum*）、披碱草、老芒麦（*Elymus sibiricus*）、垂穗披碱草、无芒雀麦（*Bromus inermis*）、阿拉善鹅观草、紫羊茅、毛稃紫羊茅（*Festuca rubra* subsp. *aretica*）、羊茅（*F. ovina*）、草地早熟禾（*Poa pratensis*）。

2. 次要的

紫野麦草（*Hordeum violaceum*）、纤毛鹅观草（*Roegneria ciliaris*）、长白山鹅冠草（*R. nakaii*）、紫穗鹅观草（*R. purpurascens*）、苇状看麦娘（*Alopecurus arundinaceus*）、钝基草（*Timouria saposhnikovii*）、星星草（*Puccinellia tenuiflora*）、朝鲜碱茅（*P. chinampoensis*）、碱茅（*P. distans*）。

（二）豆科牧草

1. 主要的

牛枝子、达乌里胡枝子、尖叶胡枝子（*Lespedeza hedysaroides*）、草木樨状黄芪（*Astragalus melilotoides*）、细齿草木樨（*Melilotus dentatus*）、白花草木樨（*M. albus*）、黄花苜蓿（*Medicago falcata*）、扁蓿豆、直立黄芪（*Astragalus adsurgens*）、宽叶多序岩黄芪（*Hedysarum polybotrys*）。

2. 次要的

草木樨（*Melilotus suaveolens*）、细叶百脉根（*Lotus krylovii*）、歪头菜（*Vicia unijuga*）、山野豌豆（*V. amoena*）、广布野豌豆（*V. cracca*）、山黧豆（*Lathyrus quinquenervius*）、牧地山黧豆（*L. pratensis*）、乌拉特黄芪（*Astragalus hoantchy*）、篇茎黄芪（*A. complanatus*）、膜荚黄芪（*A. membranaceus*）、杭子梢（*Campylotropis macrocarpa*）。

根据《中国草地资源》介绍，属于特产于我国的珍贵牧草种质资源有：①箭竹［《宁夏植物志》改定为华西华桔竹（*Fargesia nitida*）］，②蒙古冰草［沙芦草（*Agropyron mongolicum*）］，③麦宾草（*Elymus tangutorum*），④塔落岩黄芪（羊柴 *Hedysarum laeve*），⑤华北驼绒藜（*Ceratoides arborescens*），⑥烛台虫实（*Corispermum candelabrum*）。

第五节　国家重点保护植物

一、国家Ⅰ级保护植物

（一）革苞菊

革苞菊（*Tugarinovia mongolica*）是菊科多年生草本。生于石质干旱草地，产于宁夏银川市西郊三关口。国家 I 级保护植物，属于蒙古高原植物区系的特有种，对于研究亚洲中部荒漠植物区系与菊科植物的系统发育具有重要意义。

（二）发状念珠藻

又称发菜。产于宁夏中北部等市县及贺兰山、洪积冲积坡地。国家 I 级保护植物。

（三）裸果木

裸果木（*Gymnocarpos przewalskii*）是石竹科（Caryophyllaceae）半灌木。生于荒漠区的干河床、戈壁滩、砾石干旱山坡，产于宁夏青铜峡、贺兰山及香山。国家 I 级保护植物，古地中海区旱生植物区系成分，对研究中国西北、内蒙古荒漠的发生、发展、气候的变化及旱生植物区系成分的起源有较重要的科学价值。

（四）四合木

四合木（*Tetraena mongolica*）是蒺藜科（Zygophyllaceae）灌木。生于草原化荒漠带的黄河阶地、低山山坡或低山灌丛，产于宁夏惠农落石滩、麻黄沟一带。国家 I 级保护植物，是中国特有的孑遗植物，被誉为植物界的"大熊猫"。

二、国家 II 级保护植物

（一）水曲柳

水曲柳（*Fraxinus mandshurica*）是木犀科（Oleaceae）落叶乔木。生于山坡疏林中或河谷平缓山地，产于宁夏六盘山。第三纪孑遗种。

（二）梭梭

梭梭（*Haloxylon ammodendron*）是藜科（Chenopodiaceae）小乔木。生于沙丘、盐碱土荒漠、河边沙地，产于中卫沙坡头。

（三）沙冬青

豆科灌木。

（四）胡杨

杨柳科乔木。

（五）软枣猕猴桃

猕猴桃科落叶藤本。

（六）蒙古扁桃

蔷薇科灌木。

（七）蒙古冰草

禾本科多年生草本。

（八）短芒披碱草

禾本科多年生草本。

（九）毛披碱草

毛披碱草（*Elymus villifer*）是禾本科多年生草本。

（十）野大豆

豆科一年生草本。

（十一）甘草

豆科多年生草本。

（十二）秦艽

龙胆科多年生草本。

（十三）七叶一枝花

百合科多年生草本。

（十四）北重楼

北重楼（*Paris verticillata*）是百合科多年生草本。

（十五）桃儿七

小檗科多年生草本。

（十六）小丛红景天

小丛红景天（*Rhodiola dumulosa*）是景天科（Crassulaceae）多年生草本。

其他被列入国家Ⅱ级保护植物的还有兰科若干种：沼兰（*Malaxis monophyllos*）、绶草（*Spiranthes sinensis*）、小花火烧兰（*Epipactis helleborine*）、大叶火烧兰（*E. mairei*）、广布红门兰（*Orchis chusua*）、角盘兰（*Herminium monorchis*）、裂瓣角盘兰（*H. alaschanicum*）、二叶舌唇兰（*Platanthera chlorantha*）、半日花（*Helianthemum songaricum*）、胡桃、黄檗（*Phellodendron amurense*）、羽叶丁香（*Syringa pinnatifolia*）等。

主要参考文献

马德滋，刘惠兰，胡福秀. 2007. 宁夏植物志. 银川：宁夏人民出版社.

吴征镒. 1991. 中国种子植物属的分布区类型. 云南植物研究，13（S4）：1-139.

吴征镒. 1993. "中国种子植物属的分布区类型"的增订和勘误. 云南植物研究，15（S4）：141-179.

西北植物研究所，宁夏回族自治区农业现代化基地办公室. 1988～1996. 中国滩羊区植物志（1～4卷）. 银川：宁夏人民出版社.

Harrington G N，Wilson A D，Young M D. 1984. Management of Australia's Rangelands. Journal of Range Management，38（6），DOI：10.230713899756.

Stoddart L A，Smith A D，Box T W. 1975. Range Management. 3d ed. New York: McGraw-Hill Book Company.

第三章 宁夏草地类型

第一节　草地分类方法与系统

草地是以草本植物或半灌木为主体（有时可兼有稀疏的灌木或乔木）组成的植物群落及其生长地的总称，是畜牧业的生产基地和野生动物赖以生存的环境，也是具有自然资源特征与功能的地理环境。草地是自然界客观存在的农业自然资源的一个重要组成部分。不同地区、不同地段的草地植物群落都有其各自的自然特征和经济特性，又分别与各种生境因素有着不可分割的联系。同时，作为人类社会的一种生产资料，其发展、演替又是在人类活动的直接、间接影响下形成、发展和相对稳定下来的。人们调查研究草地，是通过对各种草地群落特征及其对各种自然因素的适应性的分析类比，揭示其自然特性和生产性能，以期进一步对草地做到科学的合理利用和有效的培育改良。

20世纪90年代农业部会同国内有关专家、学者完成了《中国草地资源》专著的编纂，与宁夏相邻兄弟省（自治区）的草地资源专著也相继出版，"植物—生境分类法"的草地分类方案逐步走向全国一致。本书本着尽量向全国方案靠拢和趋同，同时又保留本身所具地方特色和既有思路的理念，形成了宁夏草地分类方法和方案，可归纳为以下要点。

一、五级制

第一级　　类
　第二级　　亚类
　　第三级　　组
　　　第四级　　系
　　　　第五级　　型

二、类、亚类、组、系、型的区分

类：类的归属以群落建群层片所属生态类群，结合以反映水、热为中心的地带性气候特征或反映隐域性特定生境条件的植被型或亚型划分草地类，共分为7类。

Ⅰ　草甸草原类
Ⅱ　草原（典型草原）类
Ⅲ　荒漠草原类
Ⅳ　草原化荒漠类
Ⅴ　荒漠类
Ⅵ　草甸类　根据所处大地形和起源的不同，又分为以下几种：
　Ⅵa　丘陵、平原草甸亚类

VIb　山地草甸亚类

VII　沼泽类

亚类：在同一类内，根据所处大地形结构或土壤基质的迥异，并因此产生的不同的自然、经济特点进一步划分。诸如山地适牧牛、羊、鹿、牦、犏牛，不适牧山羊、骆驼、马，需按季轮牧，护林轻牧等；沙地适牧绵羊、马、牛，不适牧山羊、骆驼（特别是实施固沙措施早期），需防风固沙，限牧轻牧等，都显示出各自的自然、经济特征。由此，划分为 3 个亚类。

1）丘陵、平原亚类

2）山地亚类

3）沙地亚类

组：以建群种所属经济类群的一致性划分和命名。共分 15 组。

1）矮禾草组

2）中禾草组

3）高禾草组

4）一年生小禾草组

5）豆科草组

6）大型莎草组

7）小型莎草组

8）杂类草组

9）灌木组

10）小灌木、小半灌木组

11）蒿类半灌木、草本组

12）蒿类矮草本组

13）具刺灌木、半灌木组

14）垫状小半灌木组

15）具疏林、灌丛组

系：以建群种或共建种的一致性划分。共划分为 50 个系（下文简述）。

型：型的命名按照群落中植物的优势种、亚优势种或共建种的优势度排列。可以用一种植物的单优种或两种植物的共优种命名；有明显多优势种的群落，则按优势度依次排列，用 3～4 种优势植物命名。命名中相邻植物同属一层，用"＋"相连，不属一层，用"-"相连，遇"杂类草"一律用"＋"相连。在遇到因为环境因素、常年弃荒、过牧等干扰，出现大量一年生草本占据优势，或因局地生境特殊而散生疏林、灌丛，明显显示出群落的特有外貌时，则将这些植物排在命名植物之前，加以括号，表示这些植物的存在，并具有一定的景观和群落组成效应。

如是呈现全区共有 7 类、15 组、50 系、346 型。需要特别说明的是，我们在宁夏草地类型的划分中，深感应该增加一个相当于植被分类中"群系"的中级分类单位，我们暂称为"系"。凡是具有两个以上的建群种或共建种相同的"型"（个别为 1 型），归纳为同一个"系"。

增加"系"这一中级分类单位是全国分类方案中所没有的。我们首先肯定《地植物学》《植物地理学》在植被构成和动态演替的理论研究中的重要性。众所周知，上述学科在植被分类中特别重视"群系"作为中级分类单位。在《中国植被》《植物地理学》专著中明确写道"群系为分类系统中一个最重要的中级分类单位，凡是建群种或共建种相同（热带、亚热带有时是标志种相同）的植物群落联合为群系"。由于建群种、共建种相同，一个群系的结构、区系组成、生物生产力及动态特点都是相似的。《中国植被》将"群系"作为植被类型的主要描述对象。针对这一问题，我们主要的思路可以归纳为如下三方面。

其一，一个草地群落，其优势层片的优势种（建群种或共建种）对群落的组成、种的搭配会起到一定的主导作用。其在群落中占据绝对优势，往往能对群落的环境适应、发展演变起到引领作用。

其二，以草地群落的建群种、共建种命名，会对群落的形态外貌、层次结构、生态特性、牧业利用特点、饲用价值有直观的了解。

其三，以"系"为草地分类的中级分类单位，方便于省（自治区）及全国性专著对草地类型的描述及小比例尺草地类型图的绘制。以"系"作为小比例尺草地类型图上图单元，给人以清晰、直观的感觉。

其实，在全国统编的专著《中国草地资源》一书的"中国草地类型划分的原则、标准和分类系统"一章中，已经用了类似于"系"的单位作为"基础类型"（"基本类型"）并进行了描述，其在第 152 页就写道"本书的中国草地类型分类系统所划分的草地型，为 1∶100 万比例尺草地图的基本上图单元，大多相当于植被分类体系中的群系。它们是由县级调查（成图比例尺 1∶10 万）草地类型系统中的草地型，地区级调查（成图比例尺 1∶20 万）草地类型系统中的草地型和省级调查（成图比例尺 1∶50 万）草地类型系统中的草地型逐级汇总、合并而成，其分类级别高于县级、地区级和省级草地类型中的'型'的分类级"。

这里已经说明，《中国草地资源》对全国草地分类所划分的草地型，以及 1∶100 万比例尺草地类型图的基本上图单元高于各省（自治区）、地区、县级草地分类中的"型"，同时又在"组"之下，大多相当于植被分类体系中的"群系"。这里与我们的思路中建议设立的"系"的中级分类单位是基本一致的。

1999 年出版的《甘肃草地资源》中也用类似方法对草地类型进行了描述，都给人以明晰的认知。事实上，当我们从文字叙述或小比例尺类型图上看到譬如贝加尔针茅草甸草原、大针茅草原、长芒草草原、短花针茅荒漠草原、戈壁针茅荒漠草原、紫花针茅高寒草原、红砂荒漠、小蓬荒漠分布的阐述或图斑时，我们会立刻产生一种概念清晰、一目了然的感觉。同时，基于对相关建群植物饲用特性的了解得知不同草场的饲用特点、饲用价值，思路比较清晰、直观。另外，当我们面对需要绘制小比例尺草地类型图时，用"型"上图，会增添图面的载负量；用"组"上图，图斑的饲用特性难以清晰明辨；用"系"上图，就可顺利地解决这个制图工作的根本问题。当然，我们也重视"组"一级的作用，注重"组"的保留，由"组"来反映草地群落不同的景观、饲用特征和饲用价值。

上面是我们对添加"系"作为草地分类系列一个重要的中级分类单位的一些想法和动议，至于这一中级分类单位叫什么为好，我们暂定为"系"，还可进一步商讨。

第二节　草地类型

一、草甸草原类

草甸草原类是生长在半湿润生境，由多年生中旱生、旱中生植物为建群种组成的草地类型，草群中常混生一定数量的广旱生植物和中生植物。分布于宁夏六盘山、小黄峁山、瓦亭梁山、月亮山、南华山等山地，出现在海拔 1800～1900m 及以上的阴坡、半阴坡、半阳坡。另外，也分布在黄土丘陵南部的森林草原（灌丛草原）带[①]，出现在丘陵阴坡，在这里与阳坡的草原群落呈复区存在。在多数情况下，低山、丘陵阴坡多已开垦，则仅见于田埂、梯田隔坡及小片荒地上。分布地区年降水量为 500～600mm，干燥度 1～1.2。土壤为山地灰褐土、山地暗灰褐土或黑垆土。

本区的草甸草原毛面积为 21 469.2hm^2，可利用面积占毛面积的 90%。主要由铁杆蒿（*Artemisia sacrorum*）、甘青针茅（*Stipa przewalskyi*）为建群种。其中以铁杆蒿为建群种的类型占本类草地总面积的 92.3%。甘青针茅草甸草原面积较小，见于原州区西部六盘山余脉山地。

本区保留较好的草甸草原草地，与以无毛牛尾蒿、异穗薹草为建群种的草原化草甸草地交错分布于阴湿、半阴湿山地[②]。草群生长茂盛，草层高 35～50cm，盖度 67%～95%，种饱和度 35（24～42）种/m^2。鲜草产量 5526.0（2661.0～6373.5）kg/hm^2，合干草 2272.5（1115.3～2676.8）kg/hm^2，干鲜比 1：2.4，可利用率为 52%，多属三、四等一、二级草地。退化现象除非位于村庄附近，一般不严重。

此类草地（含以铁杆蒿、甘青针茅为建群种的草甸草原和以无毛牛尾蒿、异穗薹草为建群种的草原化草甸类草地）总载畜量为 173 462 羊单位，或 34 692.4 牛单位，放牧每羊单位需草地 0.45hm^2，每牛单位需草地 1.6hm^2。

此类草地的特点是质量中、低等，产量较高；生境较湿润，多杂类草。如加以培育，可改良成为高产、稳产的优质草地，是发展以牛为主的大家畜和肉毛兼用绵羊的放牧基地。有些地区宜林宜牧，应当林、牧业有机结合，统筹兼顾，以求合理的综合开发。

（一）丘陵平原草甸草原亚类

蒿类半灌木、草本组

以中旱生多年生草本蒿类为建群种，在宁夏主要是以铁杆蒿为建群种。其下为中生、中旱生及旱生植物组成的草本层片，杂草茂密。

铁杆蒿（*Artemisia sacrorum* Ledeb. = *A. gmelinii* Web. ex Stechum.）系

铁杆蒿又名白莲蒿、毛莲蒿、万年蒿，是一种广布的喜暖、中旱生植物，是我国温带南部森林草原地区偏湿润草原的一个建群种。在其分布区内的较湿润生境，时常与一些偏中生的优势植物组成草甸草原。而在较干旱的生境，它也与一些旱生的优势植物组成典型草原。

铁杆蒿在我国分布较广。从我国东北向西，至华北、西北都有分布，以黄土高原为比较集中的分布区。铁杆蒿草甸草原常见于海拔 900～2400m 的山坡、林缘灌丛、山麓沟谷、河床边缘及丘陵梁、峁。在森林草原地带，以铁杆蒿为建群种的草甸草原常以单优种或与茭蒿（*Artemisia giraldii*）作为共建种组成稳定的草地类型，并常与长芒草（*Stipa bungeana*）、白羊草（*Bothriochloa ischaemum*）、茭蒿草原呈复区存在，出现在山丘阴坡、半阴坡。进入落叶阔叶林地区则因环境湿润度增强而向灌丛或森林群落演替，或常常是森林遭受破坏后形成的次生演替类型。

---

① 指自我国东北呈东北-西南方向延伸过来的草原与森林相间的过渡带，往往山丘阳坡、广阔平原为草原，阴坡、沟谷低洼处则为森林。到达西北，由于气候趋于干旱，山丘阴坡、沟谷低洼处生长的大多已不是森林，而是耐旱灌丛，故也称"灌丛草原带"。此带在宁夏以自固原冯庄向西，经王洼、原州、河川，至西吉大坪、田坪一线为其北界，与其北的草原带相连接。

② 此处有关本类草地的群落特征、生产力、资源等级及载畜量的统计，有鉴于其与无毛牛尾蒿（*Artemisia dubia* var. *subdigitata*）、异穗薹草（*Carex heterostachya*）为建群种的草原化草甸（在类型描述中归属于草甸类）往往在山地相互交错分布，放牧利用基本雷同，为适用起见，这里将二者合并在一起进行分析、描述。

铁杆蒿草甸草原在宁夏主要分布于原州区周口以西、什字以南、米缸山以北、开城黄峁山，隆德县蒿水南、西部，西吉火石寨南、北部，海原南华山西部。分布区海拔 1840~2560m，生于山地，丘陵阴、半阴、半阳坡。

铁杆蒿株高 30~60cm，如环境适宜可达 100cm。根系集中在土层下 10cm 左右，主根可达土层下 30cm，抗旱性较强；结籽多，种子繁殖力强；具根蘖性，又耐阴，适宜生长在山丘阴坡乃至阔叶林下。习生的土壤为山地灰褐土、淡灰褐土、高海拔的沙砾质栗钙土、黑垆土、黄绵土等。

铁杆蒿草甸草原一般盖度为 45%~65%，优越生境可达 95%。铁杆蒿分盖度 30%~50%。群落有植物 70 余种，种饱和度 29（26~32）种/m²。其下层株高 20cm 左右，时常与丛生禾草的长芒草、甘青针茅、糙隐子草（Cleistogenes squarrosa）组成群落。常见与多种中生杂类草组成层片，主要有无毛牛尾蒿、蓬子菜（Galium verum）、续断（Dipsacus japonicus）、唐松草（Thalictrum aquilegifolium）、紫花地丁（Viola philippica）、火绒草（Leontopodium leontopodioides）、细叶百合（Lilium pumilum）、小红菊（Dendranthema chanetii）、白花枝子花（Dracocephalum heterophyllum）、地榆（Sanguisorba officinalis）等，有时中旱生小半灌木百里香（Thymus mongolicus）占据优势。在山地林缘也会有中生灌丛黄蔷薇（Rosa hugonis）、绒毛绣线菊（Spiraea velutina）、虎榛子（Ostryopsis davidiana）、灰栒子（Cotoneaster acutifolius）、北京丁香（Syringa pekinensis）等散生其中。

铁杆蒿 + 杂类草型　分布于原州区什字、川口，泾源县泾北，隆德县好水、峰台一带山地或丘陵阳坡、半阳坡，坡度 28°~45°，面积 5670.0hm²。铁杆蒿高 15~50cm，与无毛牛尾蒿等组成群落上层，下层杂类草主要有披针薹草（Carex lanceolata）、艾蒿（Artemisia argyi）、长芒草、香青（Anaphalis sinica）、鹅观草（Roegneria kamoji）、草地风毛菊（Saussurea amara）、蓬子菜、百里香、西藏点地梅（Androsace mariae）、小红菊、阿尔泰狗娃花（Heteropappus altaicus）等。群落有植物 42（38~96）种，种饱和度 16~19 种/m²，群落盖度 50%~85%。铁杆蒿分盖度 10%~35%，多度 cop1~cop2，密度 16~68 株/m²，频度 90%~100%。产量为鲜草 5600.3（2646.0~8034.0）kg/hm²，合干草 2647.5kg/hm²，干鲜比 1:2.9，可利用率 55%。产草量中铁杆蒿占 11.3%，杂类草占 22.9%~58.3%，禾本科较少，仅占 1.3%~1.8%。其中，良等草占 36.3%，中等草 55.8%，低等草 7.9%。放牧每羊需草地 0.3hm²，每牛需草地 1.5hm²，每公顷可养羊 3.3只或可养牛 0.7 头。属三等二、三、四级草场。常年放牧下因利用强度不同，呈现不同程度的退化。毒草有狼毒（Stellera chamaejasme）、黄花棘豆（Oxytropis ochrocephala）分布。

铁杆蒿 + 狭叶艾（Artemisia lavandulaefolia）+ 杂类草型　分布于泾源黄花乡一带的低山丘陵，面积 2512.9hm²。环境较湿润，铁杆蒿、狭叶艾为第一层，高 24~32cm；伴生扁蓿豆（Melissilus ruthenicus）、南牡蒿（Artemisia eriopoda）、紫羊茅（Festuca rubra）、草地风毛菊、披针薹草、野韭（Allium ramosum）及多种中生杂类草。群落有植物 43 种，盖度 90%，种饱和度 29 种/m²。鲜草产量为 3516.3kg/hm²，合干草 1212.5kg/hm²，干鲜比 1:2.9。可利用率 50%，放牧每羊需草地 0.2hm²，每牛需 0.9hm²，每公顷可养羊 5.0 只，或养牛 1.2 头。属三等二级草场。目前为牛、驴和羊的常年放牧场。轻度退化，有毒草黄花棘豆、狼毒、大戟（Euphorbia sp.）分布。

（二）山地草甸草原亚类

1. 蒿类半灌木、草本组（同前）

铁杆蒿（Artemisia sacrorum Ledeb. = A. gmelinii Web. ex Stechum.）系

铁杆蒿＋杂类草型　同上述（一）丘陵平原亚类的铁杆蒿＋杂类草型。

铁杆蒿＋狭叶艾＋杂类草型（同前）

铁杆蒿-风毛菊（*Saussurea japonica*）＋杂类草型　分布于原州区中河乡六盘山余脉中山带的半阴坡，面积 4408.6hm²。铁杆蒿处于群落的上层，高约 40cm，下层草本主要有草地风毛菊、乳白香青（*Anaphalis lactea*）、披针薹草、百里香、大针茅、柴胡（*Bupleurum chinense*）、无毛牛尾蒿、蕨（*Pteridium aquilinum* var. *latiusculum*）等，此外尚有中生、中旱生杂类草 40 余种，并有少量沙棘（*Hippophae rhamnoides* subsp. *sinensis*）散生。盖度 92%。鲜草产量 5175.0kg/hm²，合干草 1759.5kg/hm²。可利用率 31.1%，放牧每羊需草地 0.6hm²，每牛需 2.9hm²，每公顷可养羊 1.7 只，或养牛 0.3 头。属三等四级草场，轻度退化，有毒草狼毒、淡味獐牙菜（*Swertia diluta*）分布。

铁杆蒿＋蕨＋杂类草型　分布于西吉火石寨的山地阴坡、半阴坡。面积 5780.0hm²。铁杆蒿高度 40cm，多度 cop2，分盖度 25%，重量占全群落的 18.8%；草群中蕨较多，分盖度 10%，频度 100%，重量占全群落的 9.9%。伴生种有紫羊茅、蓬子菜等，盖度 41%，群落有植物 36 种，种饱和度 19 种/m²。鲜草产量 6266.3kg/hm²，合干草 2129.3kg/hm²，干鲜比 1：2.9，可利用率 55%。放牧每羊需草地 0.3hm²，每牛需 1.3hm²，每公顷可养羊 3.3 只，或养牛 0.8 头。属三等三级草场。草群中优等草占 1.3%，良等草 22.5%，中等草 47.4%，低等草 15.3%，劣等草 13.5%。常年有家畜放牧，属轻度退化，有毒草黄花棘豆、伏毛铁棒锤（*Aconitum flavum*）。应设法防除毒草，防止水土流失。

铁杆蒿＋香薷（*Elsholtzia ciliata*）＋杂类草型　分布在海原南华山柴山沟，面积 513.8hm²。

铁杆蒿-紫苞风毛菊（*Saussurea iodostegia*）＋杂类草型　分布在隆德苏台、黄草沟，面积 922.0hm²。

2. 中禾草组

以旱中生密丛状植物甘青针茅（*Stipa przewalskyi*）为建群种。

甘青针茅＋风毛菊＋杂类草型　分布于原州彭堡西部山地。海拔 2270m，为六盘山余脉，面积 1661.9hm²。

二、草原（典型草原）类

草原（典型草原）类是由真旱生多年生草本植物为建群种组成的草地类型，有时也称干草原、真草原、温性草原，常常有丛生禾草在群落中占据优势。在我国，典型草原主要分布于北方中、东部。东起西辽河平原中部，向西至内蒙古高原东部、鄂尔多斯高原东部，南至黄土高原西南部，西南边缘与青藏高原的高寒草原对接。我国的这一片草原，属于欧亚大草原整体的一部分。自其西界再向西，即进入我国的半荒漠、荒漠区，缘于气候的进一步干旱，使草原上升至山地，每每成为各大山植被垂直分布的一个带。在我国南方和青藏高原，则仅有高原、山地的高寒草原，属于草原（温性草原）的寒生变体，主要分布于西藏羌塘高原、帕米尔、青南高原西、北部，以及屹立于各地的各座大山的高山带。在宁夏分布于宁南黄土丘陵地区，其北界为东自盐池县青山营盘台沟，向西经大水坑、青龙山东南，沿大罗山南麓、经窑山、李旺以南、海原庙山以北至甘盐池北山三个井一线，以此线与北部的荒漠草原为界。在典型草原的分布区内年降水量为 300～500mm，土壤主要为黑垆土类。如上面所述，分布区内，自固原冯庄至王洼、原州区、河川、西吉大坪、田坪一线以北，典型草原类草地分布于黄土丘陵阴、阳坡；此线以南，则主要分布于阳坡、半阳坡，与阴坡的草甸草原呈复区存在。

宁夏典型草原草地毛面积 731 196.8hm²，可利用面积 635 922.6hm²，占毛面积的 87.0%。其中，以长芒草为建群种的矮禾草组是分布最广的地带性草地类型，广泛分布于本区黄土高原地区的丘陵、低山。其面积占典型草原总面积的 37.6%；蒿类多年生草本组成的茭蒿和铁杆蒿草原，是南部灌丛草原带的重要草地类型，分布于海原东北部、南部、西南部，原州区东部，西吉东北、西北部，隆德东北部及同心窑山附近，面积占典型草原总面积的 20.1%；蒿类矮草本组的冷蒿（*Artemisia frigida*）草原，分布在草原区的北部，自西吉县西部，原州区北部至盐池县南部一带；甘肃蒿草原主要分布在草原带的南部，包括西吉县西部，海原县南部，也分布于盐池县南部和同心县东南部，面积占典型草原总面积的 9.0%。

在杂类草组中星毛委陵菜（*Potentilla acaulis*）、百里香（*Thymus mongolicus*）草原分布于南部灌丛草原带；阿尔泰狗娃花（*Heteropappus altaicus*）草原分布于草原带北部，包括原州区北部至同心东部一带。面积分别占典型草原类型总面积的 1.8%、8.0% 和 2.8%。

豆科草组主要分布于本区盐池、同心县境内。其中有牛枝子（*Lespedeza potaninii*）草原，占典型草原总面积的 7.9%，甘草（*Glycyrrhiza uralensis*）草原，占典型草原总面积的 6.7%。中亚白草（*Pennisetum centrasiaticum*）草原面积很小，仅占典型草原总面积的 0.1%，为撂荒地植被演替的一个阶段性类型。

典型草原类草地平均盖度 40%～70%，种饱和度 15 种/m²，草层高度因组而异，为 12～30cm。鲜草产量为 1782.8（776.3～3819.0）kg/hm²，合干草 987.0（376.5～1597.5）kg/hm²，干鲜比为 1∶1.8。可利用率为 65%。此类草地大多属于二、三、四等草场，总载畜能力为 907 557.0 羊单位，放牧每羊单位需要草地 0.8hm²，每公顷可养羊 1.3 只。

典型草原类草地是本区改良绵羊的主要放牧场，因长期的农业开垦遭到破坏，大部分地区仅存小面积穿插于农田中间。较大片的连片草地，当前可见于固原云雾山，海原西华山、瓜瓜山、庙山等部分中、低山地。目前大多放牧过重，受挖草根、铲草皮各种人为破坏，呈现中度或重度退化。宜通过封育休闲，掌握合理的放牧强度，加强管护，严禁人为破坏，使植被得到恢复。有条件的地方，最好能结合水土保持的要求，在坡地上带状间隔种植灌木，补播耐旱的优良牧草，收到林草结合、相互促进的效果。质量较好的长芒草、牛枝子草原是本地区天然草地中较好的类型，应建立保护区加以保护，质量较差的杂类草草原，应当清除低质的杂类草，补播耐旱的禾本科、豆科优良牧草，使草层得到改善，改良为优质的放牧草地。

（一）丘陵、平原草原亚类

1. 矮禾草组

矮禾草组是以低矮丛生禾本科牧草为建群植物的草原。在宁夏主要是长芒草草原，构成了本区草原类草地的主体。

长芒草（*Stipa bungeana* Trin.ex Bge.）系

长芒草又名本氏针茅，是喜暖的旱生多年生禾草，暖温性草原重要的建群种之一。广布于温带亚洲中部草原、森林草原地带，有时可伸入暖温带阔叶林地区。在我国，其分布区东起华北平原，西达青海祁连山、四川西部及西藏拉萨地区，北达河北北部山地以北的黄土丘陵、阴山山脉分水岭，南至河南伏牛山。而以山西、陕西、甘肃、宁夏、内蒙古南部一带的黄土高原和鄂尔多斯高原为集中分布区，在这里作为建群种形成地带性的长芒草草原，在周围地区，长芒草也有零星分布。分布区年均温 5～10℃，≥10℃年积温 2500～4000℃，年降水量 350～700mm。土壤多为黑垆土、淡黑垆土，有时为碳酸盐褐土。

　　长芒草草原在宁夏中、南部是构成典型草原类草地的主体，占宁夏典型草原类草地总面积的 52.2%。集中分布在盐池东、南部甜水堡一带，同心下马关东部、马高庄周围、羊路以东、原州区双井以北、七营以东、炭山、云雾山，海原西华山南部、南华山，西吉月亮山及西吉、隆德县大部分地区。分布区海拔 1800~2360m，多位于低山、丘陵的阳坡或阴坡。其在西吉、隆德、海原的分布区大部分已经开垦，草地与农田呈镶嵌分布。在盐池麻黄山、萌城以北及原州区的炭山、云雾山仍有连片的分布。据野外调查记载，宁夏长芒草草原有种子植物 193 种，草层高（生殖枝）20~45cm，叶丛高 10~15cm。盖度 55%~70%（30%~90%），种饱和度 15 种/m²。鲜草产量为 750~1500kg/hm²。群落组成中常以丛生禾草为主要层片，下层常见百里香、星毛委陵菜、鳞叶龙胆（*Gentiana squarrosa*）、细叶车前（*Plantago minuta*）、牛枝子、扁蓿豆（*Melissilus ruthenicus*）、二色棘豆（*Oxytropis bicolor*）、短翼岩黄芪（*Hedysarum brachypterum*）、皱黄芪（*Astragalus tataricus*）、狭叶米口袋（*Gueldenstaedtia stenophylla*）等。有些情况下还包括上层的茭蒿、铁杆蒿、甘草、大针茅及其他高大杂类草等组成一个亚层。在不同地区，由于不同的亚优势层片的加入，大致可归纳为以下三种组合。

　　1）长芒草-丛生禾草组合。主要是长芒草-硬质早熟禾组合，以小面积分布于海原西安乡原州区双井海拔 1850m 的黄土丘陵或海拔 2340m 的山地阴坡。

　　2）长芒草-旱生杂类草组合。常见有长芒草-星毛委陵菜组合，分布于西吉火石寨、红跃、白崖、西滩、月亮山牧场、田坪，原州区官厅、高台、寨科、交岔，海原郑旗、甘盐池海拔 1900~2357m 的山地，丘陵阴、阳坡，半阴、半阳坡。另有长芒草-阿尔泰狗娃花组合，分布于西吉三合，蒙宣东、西部，大坪以北，夏寨东北海拔 1730~2120m 的山地，丘陵阴、阳坡，半阴、半阳坡。海原、隆德、盐池、同心也有小面积分布。长芒草-百里香组合分布于西吉玉桥、王民、火焰山、隆德杨沟、同心羊路的黄土丘陵坡地。

　　3）长芒草-豆科草组合。含长芒草-牛枝子组合，分布于盐池城郊、王乐井、麻黄山，同心新庄集、下马关，原州区七营、官厅的丘陵阴、阳坡，半阳坡，丘间滩地，海拔 1460~1740m。另外还有长芒草-甘草组合，分布于盐池惠安堡、后洼、同心下马关等海拔 1520~1640m 的黄土丘陵半阴、半阳坡，缓坡丘陵、滩地也有分布，地表常有薄层覆沙。

　　长芒草＋硬质早熟禾-铁杆蒿型　分布于原州区双井乡的黄土丘陵阴、阳坡，面积 7589.9hm²。伴生披碱草（*Elymus dahuricus*）、鹅观草（*Roegneria* sp.）、大针茅、牛枝子、星毛委陵菜、多茎委陵菜（*Potentilla multicaulis*）、狼毒、百里香、草木樨状黄芪（*Astragalus melilotoides*）、阿尔泰狗娃花、糙隐子草、猪毛蒿（*Artemisia scoparia*）等。群落有植物 27 种，种饱和度 18 种/m²，盖度 70%。鲜草产量 2160.0kg/hm²，其中禾本科占 61.3%，豆科 2.3%，杂类草 36.4%。可利用率 73.0%。放牧每羊需草地 0.7hm²，每公顷可养羊 1.4 只。属三等六级草场。中度退化，有狼毒、淡味獐牙菜等毒草分布。

　　长芒草-牛枝子＋杂类草型　分布于盐池大水坑、萌城、王乐井，同心田记掌、蒙家墩、地家峁一带的黄土缓坡丘陵、高丘陵阳坡、半阳坡或阴坡，面积较大，全区共计 64 332.2hm²。伴生甘肃蒿（*Artemisia gansuensis*）、猪毛蒿、短花针茅、糙隐子草、冷蒿、二裂委陵菜、阿尔泰狗娃花、银灰旋花、甘草、披针叶黄华、多茎委陵菜、细叶车前（*Plantago minuta*）、山苦荬（*Ixeris chinensis*）、宿根亚麻等。盖度 45%（30%~60%），群落有植物 19 种，种饱和度 15（13~17）种/m²。长芒草分盖度 17.5%~30.0%，分重量占 26.0%~65.5%。鲜草产量 1267.5（776.3~2010.0）kg/hm²，可利用鲜草 1000.5kg/hm²，其中禾本科占 16.7%，豆科 31.1%，菊科 11.1%，杂类草 41.1%。放牧每羊需草地 0.9hm²，每公顷草地可养羊 1.1 只。属二等六七级草场，草群中优等草占 9.4%，良等草 68.7%，中等草 21.9%。退化程度不一。

长芒草-百里香型　分布于西吉玉桥、王民、火焰山，隆德县杨沟，同心县羊路一带的黄土丘陵坡地，面积 12 857.6hm²。伴生种有阿尔泰狗娃花、甘肃蒿、短花针茅、冷蒿、西山委陵菜（*Potentilla sischanensis*）、硬质早熟禾、二裂委陵菜（*P. bifurca*）、星毛委陵菜、二色棘豆、鳞叶龙胆、披针叶黄华、狼毒等。群落有植物 33 种，种饱和度 12 种/m²，盖度 60%。长芒草分盖度 30%，百里香分盖度 10%。重牧下草层低矮，分二亚层，上层 20～28cm，下层 2.5～6.0cm。鲜草产量 1650.0（928.5～1471.5）kg/hm²，其中禾本科占 4.3%，菊科 29.6%，豆科及杂类草 61.7%，毒草 4.4%。可利用率 75%，放牧每羊需草地 0.7hm²，每公顷可养羊 0.4 只。属三等六级草场。中度或重度退化，有少量毒草狼毒。

长芒草＋阿尔泰狗娃花＋杂类草型　分布于盐池麻黄山南部，面积 22 838.0hm²。伴生赖草（*Leymus secalinus*）、牛枝子、甘肃蒿、砂珍棘豆（*Oxytropis gracillima*）、狭叶米口袋、狗尾草（*Setaria viridis*）、猪毛菜（*Salsola collina*）等。群落有植物 25 种，种饱和度 9 种/m²。盖度 40%，长芒草分盖度 18%，阿尔泰狗娃花 9%。鲜草产量 1353.8kg/hm²，合干草 1168.5kg/hm²，干鲜比 1：1.2，可利用率 62.8%。放牧每羊需草地 0.8hm²，每公顷可养羊 1.3 只。属二等六、七级或三等六、七级草场，中度或重度退化。

长芒草-星毛委陵菜＋杂类草型　分布于西吉白崖、火石寨、红跃一带和原州区交岔、河川东北部、海原甘盐池乡南部等地的半阴湿山地阳坡、半阳坡或干燥丘陵阴、阳坡，面积 51 993.0hm²。长芒草多度 45 株/m²，分盖度 15%，频度 100%；星毛委陵菜多度 72 株/m²，分盖度 8%，频度 100%。伴生植物有大针茅、铁杆蒿、阿尔泰狗娃花、冷蒿、糙隐子草、猪毛蒿、银灰旋花（*Convolvulus ammannii*）、秦艽（*Gentiana macrophylla*）、百里香、二裂委陵菜等。群落有植物 36（31～42）种，种饱和度 16（8～24）种/m²，盖度 70%（60%～80%）。分二亚层，上层大针茅、铁杆蒿等，高 16cm，下层长芒草、阿尔泰狗娃花、百里香、银灰旋花、冷蒿等，高 3～5cm。鲜草产量 1347.8（502.5～2034.8）kg/hm²。冷季前、后半期枯草产量分别为 1060.8kg/hm²、533.6kg/hm²，暖、冷季产量比 1：0.5，可利用率 76%。草群重量中，禾本科占 26.1%，菊科 42.2%，莎草科 2.0%，豆科杂类草 29.7%。放牧每羊需草地 0.9hm²。每公顷可养羊 1.1 只，属三等六、七级草场。群落中良等草占 40.3%，中等草 15.2%，低等草 7.3%，劣等草 37.2%，呈中、重度退化。有毒草狼毒、淡味獐牙菜分布。

长芒草＋杂类草型　分布于海原东南部郑旗、李俊、杨明一带及西安乡西部的黄土丘陵、低山阴坡、半阴坡或阳坡，面积 26 980.3hm²。经常有茭蒿、铁杆蒿、短花针茅、蓍状亚菊、硬质早熟禾、卵穗薹草、阿尔泰狗娃花、二裂委陵菜、扁蓿豆、赖草、匍根骆驼蓬（*Peganum nigellastrum*）等伴生，多为本地带典型的旱生种群。盖度 77.5%（65%～90%），群落有植物 17～18 种，种饱和度 17 种/m²。亩[①]产鲜草 1764.8kg/hm²，可利用率 80%。放牧每羊需草地 0.5hm²，每公顷可养羊 1.9 只。属二等六级或三等七级草场，轻度或中度退化。

长芒草-冷蒿＋杂类草型　分布于西吉兴隆，海原县南华山主峰马万山周围，原州区七营、罗洼附近，同心马高庄南部的丘陵阴、阳坡，山地阳坡、半阳坡，面积 39 261.9hm²。伴生星毛委陵菜、牛枝子、甘草、小红菊、铁杆蒿、甘肃蒿、猪毛蒿、扁蓿豆、阿尔泰狗娃花、二裂委陵菜、糙隐子草、平车前（*Plantago depressa*）等，在盐池、同心一带常有砂珍棘豆、蒙古冰草加入。草群高 12～20cm，盖度 67.5%（16%～76.7%），冷蒿分盖度 15.7%（7.0%～30.0%）。群

---

① 1 亩 = 666.7m²

落有植物 26（21～31）种，种饱和度 14（11～17）种/m²。鲜草产量 1989.8（1327.5～2244.8）kg/hm²，其中禾本科占 13.2%，豆科 13.7%，菊科 27.5%，莎草科 5.2%，杂类草 40.4%，毒草 35.5%。可利用率 68%，放牧每羊需草地 0.7hm²，每公顷可养羊 1.1 只。属二等六、七级或三等七级草场，皆有退化，程度不一。有毒草淡味獐牙菜、黄花棘豆分布。

长芒草 + 女蒿（*Hippolytia trifida*）+ 杂类草型　位于盐池红井乡马鞍山梁，面积 12 097.0hm²，处于缓坡丘陵或高丘陵梁坡地。土壤为黑垆土，地表有砾石。长芒草分盖度 9%，多度 24 株/m²，频度 100%；女蒿也占相当优势，分盖度 5%，多度 31 株/m²，频度 60%。伴生植物有甘肃蒿、短翼岩黄芪、冷蒿、多茎委陵菜、糙隐子草、蚓果芥（*Torularia humilis*）、兔唇花（*Lagochilus ilicifolius*）、细叶韭（*Allium tenuissimum*）、阿尔泰狗娃花、二裂委陵菜、西山委陵菜、柴胡（*Bupleurum sp.*）、细叶鸢尾（*Iris tenuifolia*）等。群落有植物 32 种，种饱和度 18 种/m²，盖度 32%，鲜草产量 989.3kg/hm²，合干草 376.5kg/hm²。其中禾本科占 23.5%，豆科 8.6%，菊科 46.9%，杂类草 21%，可利用率 68%。放牧每羊需草地 1.4hm²，每公顷可养羊 0.7 只。属三等七级草场，常年有羊只放牧，呈中度退化。

长芒草-甘肃蒿（*Artemisia gansuensis*）型　分布于西吉偏城及同心马高庄、预旺东部，位于黄土丘陵或山地。面积 5513.6hm²，伴生短花针茅、冷蒿、铁杆蒿、星毛委陵菜、西山委陵菜、扁蓿豆、披针叶黄华、阿尔泰狗娃花、多茎委陵菜、白花枝子花（*Dracocephalum heterophyllum*）、远志（*Polygala tenuifolia*）、糙隐子草等。群落有植物 16 种。长芒草分盖度 14%，多度 30 株/m²，频度 100%；甘肃蒿相应为 7%，44 株/m²，100%。草层高度 12～17cm，盖度 55%。鲜草产量 2013.8（1743.8～2092.5）kg/hm²，可利用率 65%。放牧每羊需草地 0.5hm²，每公顷可养羊 1.9 只。属三等六级草场，中度退化。

长芒草 + 甘草型　位于盐池惠安堡东南，同心下马关以南、田老庄以东的缓坡丘陵或滩地，面积 3398.1hm²。伴生牛枝子、刺蓬、细叶车前、单叶黄薈（*Astragalus efoliolatus*）、二裂委陵菜、银灰旋花、中亚白草（*Pennisetum centrasiaticum*）、蒙古冰草、狭叶米口袋等，并有小画眉草（*Eragrostis poaeoides*）、狗尾草、猪毛蒿、地锦草（*Euphorbia humifusa*）等一年生草。盖度 56%（45%～67%）。长芒草分盖度 33%，多度 41 株/m²，频度 100%。甘草相应为 7%，7 株/m²，100%。草层高 12～22.5cm，种饱和度 11 种/m²，鲜草产量 1744.5kg/hm²。其中禾本科占 19.1%，豆科 51.9%，藜科 17.6%，杂类草 11.4%，可利用率 65%。放牧每羊需草地 0.8hm²，每公顷可养羊 1.2 只。属二或三等六级草场，轻、中度退化，目前挖甘草对草地有所破坏。

长芒草 + 铁杆蒿-甘肃蒿-短花针茅型　分布于海原西部树台附近，面积 3192.5hm²。位于黄土低山坡地，海拔 2900m 左右。铁杆蒿分盖度 10%，多度 13 株/m²，频度 100%。伴生糙隐子草、皱黄芪、宿根亚麻、披针叶黄华、阿尔泰狗娃花、狼毒、硬质早熟禾、蚓果芥等。草层高 10～12cm，铁杆蒿高 15cm、盖度 45%。群落有植物 18 种，种饱和度 12 种/m²。鲜草产量 1300.5kg/hm²，合干草 395.3kg/hm²。其中禾本科占 35.8%，菊科 46.0%，杂类草 8%，毒草 10.2%。可利用率 68%。放牧每羊需草地 1.0hm²，每公顷草地可养羊 1.0 只。属三等七级草场，中度退化，有毒草狼毒分布。

长芒草 + 猪毛蒿 + 杂类草型　分布于原州区城东、黑城、七营以西，在隆德城南、联财以南也有零星分布，面积 15 467.7hm²。分布于黄土丘陵区的半阴坡、阳坡。因为与农田镶嵌分布及放牧过度而生长大量猪毛蒿，分盖度 10%～15%，多度 22～67 株/m²，频度 100%。伴生茭蒿、阿尔泰狗娃花、蒲公英（*Taraxacum mongolicum*）、刺儿菜（*Cirsium segetum*）、星毛委陵菜、糙叶黄芪、柴胡、狗尾草、糙隐子草、扁蓿豆、鳞叶龙胆、狭叶米口袋、二色棘豆、硬质早熟禾、百里香、风毛菊、细叶韭等。草层高 20～29cm，盖度 55%（35%～75%）。群落有植物 21（11～32）种，种饱和度 11～18 种/m²，鲜草产量 1635.0kg/hm²。其中禾本科占 30.7%，菊科 46.4%，杂类草 22.9%，可利用率 73%。放牧每羊需草地 0.8hm²，每公顷可养羊 1.3 只。属二等六级或三等七级草场，中度至重度退化，有毒草狼毒分布。

长芒草型 系封育草场。长芒草生长旺盛，占绝对优势。分布于原州区官厅乡后川、老虎嘴，面积 132.4hm²。

（猪毛蒿）＋长芒草＋甘青针茅（Stipa przewalskyi）型 放牧过度下猪毛蒿大量增加，占据优势。分布于固原炭山附近公路边丘陵梁坡上，面积为 6306.7hm²。

2. 中禾草组（同前）

中禾草组是以中等高度禾本科草为建群种的草原。本区主要是中亚白草（Pennisetum centrasiaticum Tzvel.）。

中亚白草＋赖草型 分布于盐池麻黄山，地形为山、丘间的平地，面积 810.0hm²，为撂荒 3～4 年的撂荒地，地表沙质、疏松。伴生甘肃蒿、刺蓬、棉蓬、地锦、山苦荬、狗尾草、星状刺果藜（Bassia dasyphylla）、乳浆大戟（Euphorbia esula）等，盖度 51%。亩产鲜草 1809.8kg/hm²，合干草 859.5kg/hm²。可利用率 62%，产量组成中禾本科（主要是中亚白草和赖草）占 73.1%，此类型为撂荒地植被演替的中间阶段，群落组成不稳定。放牧每羊需草地 0.8hm²，每公顷可养羊 1.2 只。属三等六级草场，放牧过重，退化严重，为缺水草场。

3. 豆科草组

以旱生豆科植物牛枝子（Lespedeza potaninii）、甘草为建群种。

（1）牛枝子（Lespedeza potaninii V. Vassil.）系

牛枝子系豆科伏生性小半灌木，茎单一或数条丛生，枝长 20～60cm，斜生或平卧。其外貌酷似与其相近的另一个同胞种达乌里胡枝子（Lespedeza davurica），又称兴安胡枝子。主要区别在于达乌里胡枝子叶腋的花序短于叶枝，而牛枝子则长于叶枝。二者不但形态十分相似，在分布上也相近为邻。达乌里胡枝子是华北区系的草原种，广布于我国东北、华北、西北黄土高原地区，构成长芒草、糙隐子草、百里香、冷蒿等草原的习见伴生成分。向南则分布于甘肃陇东高原泾、渭河流域河谷、洮河上游至甘南夏河县，向西沿祁连山地延伸至张掖地区，常作为伴生种分布于甘肃省的草甸草原地带。但是，在与上述达乌里胡枝子分布区相毗邻的宁夏中、北部荒漠草原地区，由于气候进一步干旱，则为同属的同胞种牛枝子所替代。牛枝子作为强旱生和强烈风蚀生境的荒漠草原种，在这里成为普遍分布的群落稳定成分。

牛枝子分布区主要在宁夏同心以北的荒漠草原地区及海原、原州区北部海拔 1460～1760m 的低山、丘陵坡地或滩地，向南可延伸至草原地带的北部边缘。分布区年降水量 150～400mm，≥10℃年积温 2600～3200℃，湿润度 1.5～3.0。土壤为沙砾质棕钙土、灰钙土、淡灰钙土、侵蚀黑垆土。在此地区，牛枝子经常作为沙砾质平原、丘陵或石质山坡荒漠草原或草原群落的伴生种或亚优势种广泛分布，在局地尤为适宜的生境可成为优势种。在这里成为更为干旱生境的沙质、砾石基质上分布的禾草草原的替代类型。

宁夏牛枝子群落多数为荒漠草原，总面积 35 200.0hm²。分布于同心窑山以西、王团东部、胡麻旗附近，盐池惠安堡、马儿庄东南烟墩山、于庄子，海原关桥、罗山盘家套子梁及灵武杨家堡等地，处在荒漠草原带。伴生植物主要有冷蒿、短花针茅、沙生针茅、细弱隐子草、短翼岩黄芪、老瓜头、大苞鸢尾、银灰旋花、猫头刺等。也有的牛枝子群落为典型草原，总面积 10 537.7m²，分布于盐池县大水坑以东，红井子以南，麻黄山、萌城一带，同心县东北、窑山西北也有，主要部分处于典型草原带。伴生植物有多茎委陵菜、冷蒿、甘肃蒿、糙隐子草、细叶车前、米口袋、单叶黄芪、长芒草、皱黄芪等，在群落组成方面二者有明显区别。牛枝子荒漠草原盖度 40%，草层高 5～20cm，种饱和度 10～15 种/m²。地上部干草重 499.0kg/hm²，放牧每羊需草地 2.3hm²。

牛枝子典型草原和荒漠草原都是优质的放牧草场。牛枝子枝软叶多，耐踏、耐牧，放牧利用时间较长，四季为家畜乐食，以夏初适口性最好，秋季可以催奶、增膘。于花期割制干草，可以在冬春季节补饲体弱、产羔母羊。在宁夏曾于多雨年份采种春播，改良当地草场，当年萌发的枝叶可达 60cm，有少量枝条开花结籽，翌年成株分枝 15 个，茎叶比 1.8∶1。种子硬实率在 30% 以上，播种前加以碾压，可收到较好效果。

牛枝子-长芒草+阿尔泰狗娃花型　分布于盐池县麻黄山黄土丘陵坡地，面积 1808.0hm²。伴生多茎委陵菜、冷蒿、甘肃蒿、糙隐子草、细叶车前、米口袋、宿根亚麻等，盖度 42%，草层高度 13～15cm，群落内有植物 19 种，种饱和度 10 种/m²。鲜草产量 1314.8kg/hm²，合干草 483.0kg/hm²，其中禾本科占 18.6%，豆科 47.4%，杂类草 34.0%，可利用率 65%。放牧每羊需草地 1.1hm²，每公顷可养羊 0.9 只。属二等七级草场，中度退化。

牛枝子+甘肃蒿-长芒草型　分布于盐池蒙城附近的黄土丘陵坡地，面积 3194.0hm²。伴生单叶黄芪、糙隐子草等，群落有植物 17 种，盖度 32%，草层高 10～20cm。鲜草产量 1179.8kg/hm²，其中禾本科占 31.6%，豆科 44.9%，菊科 20.4%，杂类草 3.1%，可利用率 66%。放牧每羊需草地 1.2hm²，每公顷可养羊 0.8 只。属二等七级草场，草群中优等草占 44.9%，良等草 31.6%，中等草 20.4%。轻度退化。

牛枝子-猪毛蒿+阿尔泰狗娃花+杂类草型　分布于同心县城北、窑山西北一带的丘陵坡地，面积 3820.7hm²。伴生长芒草、短花针茅、糙隐子草、冷蒿、单叶黄芪、皱黄芪等，群落有植物 27 种，盖度 60%。亩产鲜草 1126.5kg/hm²，可利用率 70%。放牧每羊需草地 1.2hm²，每百亩可养羊 0.9 只。属二等七级草场，中度退化。

（猪毛蒿）-牛枝子+杂类草型　分布于盐池大水坑东部，红井子以南，面积 1715.0hm²。

（2）甘草（*Glycyrrhiza uralensis* Fisch.）系

甘草为豆科多年生草本。茎直立，高 40～80cm，根系粗壮，入土颇深，并具强壮根茎。本种具幅度甚广的生态适应性，广泛适应中旱生、广旱生、潜水旱生乃至轻盐化旱中生等多种生态环境。在我国广泛分布于黑龙江、吉林、辽宁、内蒙古、河北、山西、陕西、宁夏、甘肃、青海、新疆、西藏等地。

甘草习生于干燥沙质地、沙丘、微碱性沙地、低湿沙地边缘、河岸轻碱化草甸，也常见生长在沙质的农田边、路旁。其分布广及荒漠草原、典型草原、森林草原，甚至可延伸至落叶阔叶林地带，尤其在典型草原、荒漠草原带土层深厚的砂质、砂壤质棕钙土、栗钙土、灰钙土、淡灰钙土地区都有其广泛的分布。常以优势、亚优势种出现，形成成片分布的甘草群落。

甘草的生态特性隶属于适应沙质生境的广旱生植物，具有草原性、适沙性双重特性。因为具有粗长的主根，可深达 1～2m 的土层，发达的侧根在土层 30～40cm 内横向延伸可达 2m。降雨后可充分吸取下渗的水分；土壤表层覆盖着较厚的沙质表土，有利于降雨后较长时间保持土层的湿润度，使其兼具面对干旱生境的耐旱特性和一定的潜水旱生适应性，因而在植被分类中被列为"草原带沙生植被"的特殊群落类型。在草地分类中，则列入典型草原类、荒漠草原类中的沙地亚类。

在宁夏，甘草群落分布于中、北部盐池、灵武、原陶乐一带黄河以东的河东沙区及黄灌区农田间的局部地段。以盐池马家滩东北部一带比较多，灵武、同心局部地段也有分布。共计约有 35 866.7hm²，主要处于荒漠草原带，少量出现于典型草原带北部的边缘地带。分布区海拔 800～2000m，年均温 2.6～8.0℃，年降水量 270～500mm。甘草经常与苦豆子、中亚白草、蒙古冰草、大苞鸢尾、沙蓬、匍根骆驼蓬、短花针茅、牛枝子、猪毛蒿等组成群落。群落内有植物 49 种，盖度 20%～70%，草层高度 30～40cm。鲜草产量 1500.0～3000.0kg/hm²。其中甘草分盖度 10%～20%，多度 10～20 株/m²，地上部鲜重 750.0～1500.0kg/hm²。

甘草为中等饲用植物，春季从萌发到现蕾因含单宁，适口性不良，仅骆驼采食。秋霜后单宁减少，适口性增强，牛、马、骆驼乐食，牛、羊尤其喜吃其荚果。宁夏盐池、灵武群众习惯在秋季刈割，晒制干草，用于冬春季补饲家畜。

甘草为著名药材，群众每年挖采其根系入药。过度无序地采挖，造成减产和草场破坏。应提倡人工栽植，并有计划地采挖，使其地下部持续再生增产，达到牧、副业兼顾，科学利用，可持续发展的目的。

甘草 + 长芒草 + 蒙古冰草-细弱隐子草型　分布于盐池王乐井北部的缓坡丘陵或滩地，面积 3437.0hm²，生长地表面沙化。甘草在群落中占优势，高 6～23cm，分盖度 3%，频度 100%。伴生短花针茅、锋芒草（*Tragus mongolorum*）、小画眉草、牛枝子、二裂委陵菜、银灰旋花、单叶黄芪等，盖度 40%。鲜草产量 1023.0kg/hm²，其中禾本科占 28%，豆科 40%，杂类草 32%，可利用率 57%。放牧每羊需草地 1.6hm²，每公顷可养羊 0.6 只。属三等七级草场，中度退化。

甘草-牛枝子-长芒草型　分布于盐池萌城西南，面积 2166.0hm²。

4. 杂类草组

杂类草组是以多年生旱生杂类草为建群种的一组草原。宁夏主要有星毛委陵菜、百里香、阿尔泰狗娃花等。

（1）星毛委陵菜（*Potentilla acaulis* L.）系

星毛委陵菜是广布的旱生、中旱生多年生草本，高 5～7cm，主茎甚短，具横生根茎，自基部分枝，衍生成直径 50～60cm 的圆或椭圆盘状。全株密被星状毛和疏长毛，呈灰绿色。

本种经常伴生于亚洲中部多种草原群落，是典型草原习见的伴生种。分布区一般海拔在 4700m 以下，在西藏山地可升至海拔 5000～5200m。

在宁夏星毛委陵菜草原主要分布于海原红羊、李俊、西吉白崖等海拔 2000～2437m 的山地阴坡，分布区年降水量 450～500mm。据记载，组成星毛委陵菜草原的植物有 46 种，盖度 75%。星毛委陵菜分盖度 20%～30%，饱和度 19～23 种/m²，地上鲜重 2100.0kg/hm² 左右。亚优势种常见百里香、茭蒿、铁杆蒿。伴生多种广旱生植物如阿尔泰狗娃花、扁蓿豆、短翼岩黄芪、皱黄芪、甘肃蒿、长芒草、糙隐子草、硬质早熟禾、大针茅、狼毒等；也含有多种旱中生、中生植物，如火绒草、甘青针茅、点地梅、小红菊等。海拔较高处阴坡，中生植物比例可占到 46.3%，地表有苔藓、地衣覆盖。

星毛委陵菜是中、低等饲草，生长期适口性较差，绵、山羊只在早春吃其幼嫩枝叶，夏、秋季仅食其花；大畜仅在旱年缺草时才吃，牛、骆驼更是因为生长低矮而难以采食。冬季保留良好，可供羊群放牧。因此，当上述地区各种禾草草原在重度放牧之下，星毛委陵菜在群落内逐渐占据优势，成为草地过牧退化的标志植物，所处草原便成为重牧影响下的次生演替类型。

星毛委陵菜-茭蒿型　分布于海原南部李俊、杨明、红羊及树台乡一带的丘陵、低山坡地。伴生长芒草、甘肃蒿、西山委陵菜、扁蓿豆、硬质早熟禾、糙隐子草、赖草、阿尔泰狗娃花、丝叶小苦荬（*Ixeris chinensis* var. *graminifolia*）、光药大黄花（*Cymbaria mongolica*）、狼毒等，盖度 60%。群落有植物 28 种，种饱和度 14 种/m²。鲜草产量 1548.8kg/hm²，合干草 760.5kg/hm²，可利用率 50%。放牧每羊需草地 0.8hm²，每公顷可养羊 1.2 只。属四等七级草场，中度退化，有毒草狼毒分布。

星毛委陵菜＋百里香＋杂类草型　分布于盐池大水坑附近的缓丘梁坡，3587.5hm²。

（2）百里香（*Thymus mongolicus* Ronn.）系

百里香为唇形科矮小半灌木。株高 3～10cm，茎匍匐或上升，偏旱生植物。分布于森林草原、草原带，一般不伸入或偶尔零星地分布于荒漠草原带边缘地带。习生于石质山坡、沟谷、黄土丘陵坡地、梁顶，也生于固定沙地及有薄层覆沙的草原。作为建群种经常与长芒草组成草原类草地，是晋西北、鄂尔多斯高原东部、黄土高原中部、冀北山地以北及吉林、辽宁二省的黄土丘陵地区温性草原典型代表类型之一。

百里香的分布地区多为梁、峁、沟壑，地表有黄土覆盖。属半干旱草原气候，年降水量 250～450mm，集中降于每年 7～8 月。此地区本属于长芒草草原地带，因长期过度放牧、践踏，加上强烈的风蚀作用，适口性良好的长芒草受到破坏，逐渐被适口性较差的、更耐风蚀的小半灌木百里香所替代，成为次生群落的建群种。

在宁夏，百里香草原分布于固原市交岔、川口、彭阳、城阳、河川、彭堡、官厅、寨科、泾源兴盛等地。分布区海拔 1720～2065m，地形多为山地、丘陵梁、峁、坡地。

百里香茎伏卧、丛生、多分枝，在地面形成小圆盘状。其木质化的茎基部生有横走地下茎，营养枝条基部生有许多密被白色绒毛和鳞片包被的更新芽，埋在覆盖的薄层沙土中，遇雨即可萌发。它比较适宜粗骨土和砾石质、砂质基质，可防御风蚀和家畜践踏；本身又因具芳香气味，生长期适口性较差，从而免受放牧家畜的过度啃食，使其逐渐成为禾草草原的替代种，可以说百里香草原是禾草草原的过牧和表土侵蚀的演替变型。

百里香草原群落植物较为丰富，据调查，有植物 87 种，盖度 55%～65%（40%～85%），种饱和度 17～18 种/m²。地上鲜重 562.5～1050.0（487.5～1515.0）kg/hm²，植物组成中以旱生植物为主，旱中生、中生植物也占据一定比例。在宁夏常见有三种组合。

1）百里香-丛生禾草组合。以百里香-长芒草为主，分布于海拔 1700～1835m 的固原市东南部丘陵坡地，因过牧和强烈侵蚀由长芒草草原次生演化而来。百里香小丘直径 30～50cm，株高 10～20cm。

2）百里香-旱生杂类草组合。见于原州区东北部、云雾山及海原海拔 1800～2060m 的山丘坡地。旱生杂类草有阿尔泰狗娃花、二裂委陵菜、西山委陵菜，丛生禾草有长芒草、大针茅、糙隐子草、硬质早熟禾等。

3）百里香-铁杆蒿、茭蒿组合。见于固原市红崖、川口、城阳、冯庄，泾源县兴盛的海拔 1840～2140m 坡度较陡的低山、丘陵阴坡、半阴坡。

百里香-长芒草型　分布于原州区东部、东南部石岔、官厅一带的黄土丘陵坡地，面积 15 064.0hm²。伴生阿尔泰狗娃花、星毛委陵菜、多茎委陵菜、二裂委陵菜、牛枝子、平车前、紫花地丁、直立点地梅（*Androsace erecta*）、狭叶米口袋、糙隐子草、丝叶山苦荬、鳞叶龙胆、淡味獐牙菜、赖草、猪毛蒿、狼毒等，地面多苔藓、地衣等地被层。盖度 69%（52%～82%），种饱和度 15～18 种/m^2。鲜草产量 2167.5（1312.5～2470.5）kg/hm^2，其中禾本科占 18.9%，豆科 1.6%，菊科 29.8%，其他杂类草 49.7%，毒草 1.0%。可利用率 65%，放牧每羊需草场 0.7hm^2，每公顷可养羊 1.5 只。属三等六级草场，草群中优等草占 1.0%，良等草 33.3%，中等草 21.8%，低等草 42.6%，劣等草 1.3%，因放牧过重，退化程度为中度至重度。有毒草狼毒、淡味獐牙菜分布，数量颇多。

百里香型　分布于原州区河川南部，面积 4950.1hm^2。

百里香＋星毛委陵菜-长芒草型　分布于原州区交岔南部，面积 6522.6hm^2。

百里香-铁杆蒿型　分布于原州区交岔、红庄一带，面积 491.5hm^2。

百里香-茭蒿型　分布于固原市东南部川口、彭阳、红河、城阳一带，面积 30 553.3hm^2。

（3）阿尔泰狗娃花［*Heteropappus altaicus*（Willd.）Novopokr.］系

阿尔泰狗娃花为分布广泛的菊科多年生草本，广旱生草原种。高 10～40cm，茎直立、斜升，具分枝，分布于典型草原、森林草原、荒漠草原地带。广布于我国华北、西北、湖北、四川、华南等地。习生于海拔 400～3000m 的石质、砾石质山、丘坡地、干燥沟谷、河滩，也见于半固定、固定沙丘，沙地，有浮沙的轻度盐碱地；多见于村落、路旁。

在广布于各地的草甸草原、典型草原、荒漠草原群落中，阿尔泰狗娃花多为伴生种，在过度放牧下，可成为退化演替的标识种，并且进而成为次生演替的群落建群种。在宁夏见于西吉平峰、原州双井、盐池后洼等地海拔 1680m 左右的黄土丘陵梁峁、塬地及海拔 2035m 的山坡地。多半是长芒草草原因过牧、侵蚀演化而来的次生类型。

阿尔泰狗娃花群落内有植物 44 种，盖度 50%～60%。地上部鲜重 1125.0～2520.0kg/hm^2，种饱和度 10 种/m^2。常见亚优势种有长芒草、短翼岩黄芪、甘肃蒿、冷蒿、赖草等，伴生糙隐子草、二裂委陵菜、星毛委陵菜、直立点地梅、铁杆蒿、米口袋、光药大黄花等。群落中以旱生植物为主，旱中生、中生植物可占到 40% 以上。

阿尔泰狗娃花为中、低等饲用植物，早春时绵、山羊采食其嫩枝叶，乐食其花，大畜采食其中、上部幼嫩枝叶。刈割后调制成干草各种家畜乐食，为中等的越冬饲草。阿尔泰狗娃花草原为中、低等质量的放牧草场。

阿尔泰狗娃花＋长芒草型　分布于原州区双井，西吉县新营、夏寨等地的山地、丘陵梁坡地，面积 4894.3hm^2。伴生星毛委陵菜、二裂委陵菜、皱黄芪、茭蒿、冷蒿、扁蓿豆、多茎委陵菜、糙隐子草、乳白黄芪（*Astragalus galactites*）、直立点地梅、狼毒、二色棘豆、赖草、白花枝子花等。群落有植物 16 种，种饱和度 12（9～14）种/m^2。盖度 46%（30%～65%）。鲜草产量 1080.8kg/hm^2，其中禾本科占 28.9%，菊科 36.1%，豆科及杂类草 35.0%，可利用率 69%。放牧每羊需草地 1.2hm^2，每公顷可养羊 0.8 只。属二等或三等七级草场，中或重度退化。有毒草淡味獐牙菜、狼毒分布。

阿尔泰狗娃花-冷蒿＋甘肃蒿型　分布于同心窑山、田老庄之间的缓起伏丘陵坡地上，面积 6253.5hm^2，伴生长芒草、短花针茅、披针叶黄华、糙隐子草、宿根亚麻、糙叶黄芪等。群落有植物 22 种，种饱和度 10 种/m^2，盖度 45%。鲜草产量 1028.3kg/hm^2，其中禾本科占 5.4%，豆科 9.4%，菊科 71.1%，杂类草 14.1%，可利用率 57%。放牧每羊需草地 1.2hm^2，每公顷可养羊 0.8 只。属三等七级草场，中度退化。

阿尔泰狗娃花＋猪毛蒿-冷蒿型　分布于同心羊路、纪家附近的丘陵低山坡地，面积 9180.4hm^2。有大量猪毛蒿，成为亚优势种。伴生长芒草、牛枝子、皱黄芪、短花针茅、宿根亚麻等，盖度 53%。鲜草产量 1719.0kg/hm²，可利用率为 55%。放牧每羊需草地 1.0hm²，每公顷可养羊 1.0 只。属四等六级草场，重度退化。

5. 蒿类半灌木、草本组

（1）茭蒿（*Artemisia giraldii* Pamp.）系

茭蒿又称华北米蒿、吉氏蒿，为喜暖的旱生、旱中生多年生草本。茎直立，成小丛，高 40～100cm。与铁杆蒿同属我国暖温带森林草原地区重要的草原类型。可伸入落叶阔叶林地带，成为森林破坏后习见的次生类型。在我国，茭蒿主要分布于陕西、甘肃、宁夏、青海、山西、河北一带的黄土高原，分布区为森林（灌丛）草原、典型草原地带，多处于山丘阳坡、半阳坡及残塬、沟谷、陡崖或黄土梁峁、冲沟壁上。降雨虽然稍多，然而环境仍较干旱，在这里常与长芒草相结合；在森林（灌丛）草原带边缘，进入落叶阔叶林地带则常与白羊草（*Bothriochloa ischaemum*）结合。其对水分具有比长芒草、白羊草都宽的适应幅度。由于茎叶遍生白色茸毛，根系分布在 30cm 的土壤层，主根深达 50cm，根蘖繁殖，结籽也多，具耐旱而生命力强的特点，可有力地适应环境。

在宁夏，茭蒿草原主要分布于海原杨坊、罗川以南、关桥西北一带及固原市彭阳、孟塬、冯庄一线以东、官厅以西，生于海拔 1450～2120m 的低山、丘陵阳坡、半阳、半阴坡。分布区降水量为 300～500mm。茭蒿草原的群落组成比较丰富，通常有植物 80～113 种，盖度 30%～60%。其中茭蒿盖度 20%～30%，种饱和度 14～20 种/m²。多分为二层，上层高 30cm，以茭蒿、铁杆蒿、草木樨状黄芪（*Astragalus melilotoides*）等为主；下层高 10cm，可以是丛生禾草如长芒草、糙隐子草、白羊草、大针茅（*Stipa grandis*）、赖草（*Leymus secalinus*）、硬质早熟禾等，也可以是旱生、旱中生杂类草，如星毛委陵菜、西山委陵菜（*Potentilla sischanensis*）、柴胡（*Bupleurum* sp.）、远志（*Polygala tenuifolia*）等；还可以是旱生小半灌木如蓍状亚菊（*Ajania achilloides*）、百里香等。调查发现，其不同组合常常与局部海拔、湿润度相关联。在海拔 1800m 以上高山的阴坡、半阳坡多分布茭蒿、铁杆蒿草原；在海拔 1700m 左右的固原市孟塬一带丘陵阴坡，年降水量 450～500mm，较多茭蒿、百里香、扁蓿豆草原；而降水量仅 300～500mm 的海原杨坊一带为茭蒿、冷蒿、短花针茅草原；另外，在沙、石质生境，则时有灌木杠柳（*Periploca sepium*）、黄蔷薇（*Rosa hugonis*）、绣线菊（*Spiraea* sp.）、蕤核（*Prinsepia uniflora*）等散生于茭蒿群落内。

茭蒿为中等饲用植物，早春与秋后结实期山羊、绵羊、牛乐食，冬季保留良好，可供家畜保膘越冬。茭蒿草原可认为是中等质量的草场。

茭蒿型　分布于原州区东部小岔、冯庄、孟塬一带及黄铎堡、杨郎以西的黄土丘陵阳坡或半阳坡，面积 40 969.9hm²。伴生长芒草、铁杆蒿、柴胡、二裂委陵菜、阿尔泰狗娃花、大针茅、糙隐子草、百里香、淡味獐牙菜、狼毒等。盖度 42.5%（20%～65%）。群落有植物 25 种，种饱和度 15（12～18）种/m²。鲜草产量 2577.8（1751.2～3561.8）kg/hm²，合干草 820.5kg/hm²。其中禾本科占 14.3%，豆科 2.1%，菊科 56.8%，其他杂类草 26.9%，可利用率 55.3%。放牧每羊需草地 0.6hm²，每公顷可养羊 1.5 只。属三等六级草场，重度或重度退化。有毒草狼毒及淡味獐牙菜分布。

茭蒿-长芒草型　分布于西吉西部田坪乡一带和海原高崖、郑旗撒台附近的黄土丘陵半阳坡、阳坡、半阴坡，面积 12 443.1hm²。茭蒿多度 18.5 株/m²，分盖度 13.5%；长芒草为 13 株/m²，27.5%。伴生蓍状亚菊、短花针茅、铁杆蒿、糙隐子草、猪毛蒿、星毛委陵菜、阿尔泰狗娃花、牛枝子、冷蒿等。盖度 52.5%（40%～65%）。草层高度上层 22～26cm，下层 8～9cm。

鲜草产量 1853.2（1282.5～2143.5）kg/hm²，可利用率 55.5%。放牧每羊需草地 0.9hm²，每公顷可养羊 1.1 只，属三等六、七级草场，在降雨充沛、长芒草优势度较大时，草场质量提高，为二等七级。轻到中、重度退化，有毒草狼毒及淡味獐牙菜。

菱蒿-大针茅＋长芒草型　分布于海原杨坊北部丘陵半阳坡，面积 13 473.1hm²。因海拔较高（1891m），大针茅成为优势种，分盖度 14%，多度 41 株/m²，频度 100%。伴生长芒草、短花针茅、西山委陵菜、甘肃蒿、蓍状亚菊、阿尔泰狗娃花、白花枝子花、短翼岩黄芪、糙隐子草、远志、光药大黄花。盖度 55%，草层高度 15～20cm，鲜草产量 1665.8kg/hm²，合干草 552.0kg/hm²，可利用率 60%。放牧每羊需草地 0.9hm²，每公顷可养羊 1.1 只。属三等七级草地，中度退化。有毒草狼毒分布。

菱蒿＋杂类草型　分布于海原李俊西南部、罗川北、东部的山地半阳坡、阳坡、半阴坡，面积 20 462.5hm²。伴生长芒草、短花针茅、甘青针茅、冷蒿、星毛委陵菜、宿根亚麻、黄芩、柴胡、香青（*Anaphalis sinica*）等。群落有植物 29（23～35）种，种饱和度 16（15～17）种/m²，群落盖度 65%～70%。上层菱蒿高约 30cm，下层草本高 3～10cm。鲜草 2455.5（2173.5～2773.5）kg/hm²，可利用率 55%。放牧每羊需草地 0.7hm²，每公顷可养羊 1.4 只。属三等七级草场，轻到中度退化。

菱蒿＋冷蒿型　分布于同心窑山西部，海原杨坊南部，位于低山、丘陵坡地，面积 15 653.9hm²。伴生长芒草、西山委陵菜、短花针茅、蓍状亚菊、大针茅、阿尔泰狗娃花、二裂委陵菜、光药大黄花、皱黄芪、糙隐子草、伏毛山莓草、硬质早熟禾、蚓果芥、宿根亚麻等，时有狭叶锦鸡儿（*Caragana stenophylla*）散生其中。菱蒿高 11～26cm，处于第一亚层，分盖度 34%，多度 78 株/m²，频度 100%；冷蒿高 12cm，分盖度 14%，多度 32 株/m²，频度 70%～100%。盖度 60%左右，群落有植物 23～31 种，种饱和度 12～17 种/m²。鲜草产量 2132.2（1018.5～1386.8）kg/hm²，合干草 965.3kg/hm²，可利用率 55%。放牧每羊需草地 0.8hm²。每公顷可养羊 1.3 只，属三等六、七级草场。草群良等草占 22.3%，中等草 66.1%，目前有羊和大畜常年放牧，呈现轻度退化，有毒草狼毒分布。

（2）铁杆蒿（*Artemisia sacrorum* Ledeb.）系

铁杆蒿草原是我国温带南部森林草原带一种重要的草原类型。铁杆蒿的分布很广，从我国东北向西至华北、西北都有分布，而以黄土高原最为集中。在黄土高原森林草原（灌丛草原）地带是一种稳定的草原类型。向南可进入落叶阔叶林带的边缘地带，成为森林遭受破坏的最重要的次生植被类型。在生境足够湿润、温暖的地区，可成为向灌丛或森林演替的类型。在黄土高原灌丛草原带，铁杆蒿草原常常与长芒草草原、白羊草草原、菱蒿草原呈复区存在。其喜湿特性较后三者强，在落叶阔叶林地带往往比后三者分布广泛。

铁杆蒿主根深 30cm 以下，根系发达，分布于 10cm 土层；具根蘖，抗旱力强；种子也多，繁殖力甚强；又较耐阴，在林区可以生长于林下。在湿润生境，可与众多旱中生、中旱生、中生植物结合成为草甸草原；在较干旱生境，则与旱生植物结合成草原。铁杆蒿草原可以为单优种，也可与菱蒿相结合为共建种，群落有植物 70 余种。可分二层，上层为铁杆蒿等，高 30～60cm；下层为矮杂类草，高 6～20cm。群落盖度 45%～65%，铁杆蒿分盖度 30%～50%，种饱和度 15 种/m²。亚优势植物有菱蒿、长芒草、白羊草等，伴生阿尔泰狗娃花、蓍状亚菊、西山委陵菜、二裂委陵菜、皱黄芪、硬质早熟禾、星毛委陵菜、扁蓿豆等。在东北大兴安岭南段、东南麓、内蒙古科尔沁中旗、巴林左旗、翁牛特旗常见达乌里胡枝子伴生其中，在宁夏则代之以更耐干旱的牛枝子。

据资料记载，铁杆蒿草原产草量为 1232.0kg/hm²，其中禾本科占 15.4%，豆科 20.6%，菊科 61.6%，其他 2.4%。放牧每羊需草地 1.2hm²。多属三等草地，可供羊、大畜早春、冬季放牧。

铁杆蒿-冷蒿-短花针茅型 分布于海原甘盐池北山付家岘，同心窑山以南、豫旺西北。见于丘陵、低山的阴坡、半阴坡，面积 16 866.6hm²。常见伴生薯状亚菊、阿尔泰狗娃花、赖草、硬质早熟禾、糙隐子草、皱黄芪、星毛委陵菜、细叶韭、扁蓿豆、宿根亚麻、蚓果芥、长芒草、伏毛山莓草、火绒草、风毛菊、甘肃蒿、西藏点地梅（*Androsace mariae*）等。群落有植物 28（26～31）种，种饱和度 13（9～17）种/m²，盖度 65%（55%～75%）。鲜草产量 1999.5（1718.3～2172.8）kg/hm²，其中禾本科占 9.0%，菊科 62.1%，杂类草 28.9%，可利用率 56%。放牧每羊需草地 0.8hm²，每公顷可养羊 1.2 只，属三等六、七级草场。草群中良等草占 9.4%，中等草 60.1%，常年放牧利用，呈现轻或中度退化，毒草有狼毒。

铁杆蒿-百里香+杂类草型 零星分布于隆德县东北部观庄、大庄一带，面积 816.7hm²。

6. 蒿类矮草本组

蒿类矮草本组以旱生蒿类矮草本为建群种的草原。在本区以菊科植物冷蒿（*Artemisia frigida*）为主，其次为甘肃蒿（*A. gansuensis*）。

（1）冷蒿（*Artemisia frigida* Willd.）系

冷蒿是温带草原区的多年生矮草本，枝条稍显亚灌木状。过去曾公认为小半灌木，鉴于其地上部枝条主要为草质，当前改认为多年生草本。冷蒿环境适应能力很强，在亚洲草原区分布甚为广泛。在中国大致从东北的西辽河流域西南部，向西分布于内蒙古、鄂尔多斯高原及新疆、青海、宁夏等地。在其分布区常以亚建群种或优势种频繁出现，并可沿山地进入森林草原和荒漠地带。而在亚洲大陆草原和荒漠草原区则时常作为建群种，构成广泛分布的草地类型。

在宁夏，冷蒿草原分布于西吉大坪，海原兴仁、徐套、关桥、兴隆，原州区杨郎东部、新营东南、河川、双井，盐池鸦儿沟、红井子南、青山，同心豫旺、窑山西部、罗山中段洪积扇等地。分布区为海拔 1480～1640m 的丘陵、平原或海拔 1800～2300m 的山地、高丘陵。在山、丘阳坡、半阳、半阴坡都有分布。土壤为黑垆土、灰钙土、山地灰钙土。多为高度风蚀的沙砾质基质，或为薄层覆沙地到砾石、碎石质生长地，不进入盐化潮湿地。分布区年降水量 300～500mm。一般认为冷蒿草原在其分布区往往是在过牧和强烈风蚀等因素长期影响下由针茅草原或其他草原演化而来，是缘于"偏途演替"的次生类型。过度放牧和践踏，加上强烈的风化侵蚀，地被物日趋减少，土层加剧干燥，黏细的土壤质地成分渐少，基质逐渐砾石化，地上禾草发育所需的基质受到破坏以致其逐渐不能适应而趋向退化。冷蒿主根深，为株高的 4～5 倍，根幅为丛径的 2～3 倍，加上地上部遍身生白色绒毛，营养枝具更新芽，生根萌发力强，抗旱力强，并耐啃食，抗践踏，其得以逐渐占据优势，成为群落的次生建群种。其原生类型在内蒙古东部多为大针茅、西北针茅（*Stipa krylovii*）或羊草（*Leymus chinensis*）草原；在鄂尔多斯中、西部为西北针茅、戈壁针茅（*Stipa gobica*）、沙生针茅（*Stipa glareosa*）草原；南部的黄土高原则为长芒草、短花针茅草原等。

冷蒿的生态适应幅度甚为广阔，可以在草原及荒漠草原带组成不同的群落，广泛的连片分布于低谷到高山的不同地形，可以明显区分为冷蒿典型草原和冷蒿荒漠草原两种类型。

1）冷蒿典型草原。分布于内蒙古锡林郭勒盟南部、鄂尔多斯高原东南部的草原地带。群落中优势种有西北针茅、糙隐子草、长芒草、羊草等，伴生阿尔泰狗娃花、变蒿（*Artemisia commutata*）、糙叶黄芪、达乌里胡枝子、百里香、狼毒等，有时小叶锦鸡儿等草原灌木在群落中起一定作用。草群多低矮，高20~30cm，地上鲜重1200~1500kg/hm²。如减轻放牧，可逆向演替，在多年后恢复为原生群落。在宁夏分布于同心马高庄、罗山、窑山、青龙山一带，海原北部，原州区北部，盐池鸦儿沟、红井子以南等地典型草原地带。冷蒿常见与长芒草、大针茅、糙隐子草或甘肃蒿、铁杆蒿等伴生。

2）冷蒿荒漠草原。主要分布于鄂尔多斯中、西北的剥蚀残丘及内蒙古高原中部的荒漠草原地带。由于干旱程度增加而伴生多量强旱生半灌木、小半灌木、丛生小禾草，如猫头刺、蓍状亚菊、旱蒿（Artemisia xerophytica）、黑沙蒿、戈壁针茅、沙生针茅、短花针茅、细弱隐子草、无芒隐子草（Cleistogenes songorica）、蒙古沙葱等。浮沙地段多见狭叶锦鸡儿（Caragana stenophylla）、猫头刺。灌木高20~25cm，草本层高10cm，盖度20%。地上鲜重750.0kg/hm²。在宁夏主要分布于同心纪家、新庄集、陈麻井、下马关等地的海拔1500m的丘陵阴坡。常伴生刺旋花（Convolvulus tragacanthoides）、牛枝子、大苞鸢尾、藏青锦鸡儿等，生产力低下。

冷蒿耐践踏、耐牧、再生力良好，是饲用品质优良的牧草，其枝叶为各种家畜喜食。冷蒿草原是广大的内蒙古高原、鄂尔多斯高原中、西部及陕北、甘肃、宁夏中、北部非常重要的天然放牧场。可供羊、马早春抢青，秋季也能保持良好的适口性，供羊群催肥、催奶；冬季保留良好，可供家畜越冬放牧。群落中主要伴生种小针茅、隐子草，一年生小禾草如三芒草、小画眉草、锋芒草、冠芒草、狗尾草及葱属的多根葱、蒙古沙葱、豆科的短翼岩黄芪、砂珍棘豆、二色棘豆、皱黄芪、牛枝子、扁蓿豆等，都是夏、秋季家畜牧食的优良牧草。当前应做到定量轻牧，适当轮牧，防止过牧，减少退化，以促进草场的不断更新和改良。

冷蒿-长芒草型　分布于同心东南部张家塬及与原州区双井接壤地区的黄土丘陵、低山阳坡、半阳坡、半阴坡，面积46 118.8hm²。冷蒿分盖度26%，多度112~363株/m²，频度100%，在重量组成中占62.3%；长芒草相应数值为16.5%，17~34株/m²，100%，10.0%。伴生阿尔泰狗娃花、牛枝子、短花针茅、披针叶黄华、赖草、皱黄芪、糙隐子草、甘肃蒿、蚓果芥、光药大黄花、单叶黄芪（Astragalus efoliolatus）、细叶车前（Plantago minuta）、宿根亚麻、细叶韭（Allium tenuissimum）、刺蓬等。群落有植物23种，种饱和度16种/m²，草层高8~9cm，盖度50%，鲜草产量1503.8kg/hm²，其中禾本科占5.2%，豆科8.8%，菊科70.1%，其他杂草类15.9%，可利用率87.0%。放牧每羊需草地0.9hm²，每公顷可养羊1.1只。属二等六、七级草地。草群中良等草占75.3%，低等草8.8%，轻、中度退化。

冷蒿-短花针茅型　分布于同心南部下马关以南、马高庄周围一带的黄土丘陵、山地阳坡、半阳坡或阴坡，面积17 096.6hm²。冷蒿分盖度22.3%，多度76~119株/m²，频度90%~100%，占重量组成的57.8%；短花针茅相应数值为15.5%，24~58株/m²，90%~100%，6.6%。伴生长芒草、甘肃蒿、阿尔泰狗娃花、糙隐子草、铁杆蒿、星毛委陵菜、糙叶黄芪、细叶韭、赖草、蓍状亚菊等。群落盖度61.5%（55%~68%），草群高9~11cm。鲜草产量2013.8（1644.0~2085.0）kg/hm²，可利用率64%。放牧每羊需草地0.7hm²，每公顷可养羊1.4只。属二等六级草场。轻度退化。

冷蒿＋牛枝子-长芒草型　分布于固原东北部三营、黑城以东、炭山东北、蒿店牡丹村部分地区，位于黄土丘陵阴、阳坡，面积6130.7hm²。伴生阿尔泰狗娃花、猪毛蒿、铁杆蒿、二裂委陵菜、狼毒、黄芩（Scutellaria scordifolia）等。盖度60%（50%~70%）。鲜草产量1860.0kg/hm²，可利用率77%。每羊需草地0.6hm²，放牧每公顷可养羊1.5只。属二等六级草地，中度或重度退化。有毒草狼毒、淡味獐牙菜分布。

冷蒿-阿尔泰狗娃花型　分布于固原双井南部、头营东部的黄土丘陵阴、阳坡或半阴、半阳坡，面积 9843.5hm²。伴生猪毛蒿、委陵菜、光药大黄花、长芒草、二裂委陵菜、短翼岩黄芪、鳞叶龙胆（*Gentiana squarrosa*）、细叶鸢尾（*Iris tenuifolia*）、狼毒、淡味獐牙菜等。盖度50%，种饱和度 11（9～13）种/m²。鲜草产量 1515.0kg/hm²，其中禾本科占 7.3%，豆科 22.1%，菊科 63.0%，其他杂草类 7.6%，可利用率 80%。放牧每羊需草地 0.8hm²，每公顷可养羊 1.3 只。属二等六级草场，群落内良等草占 49.1%，中等草 20.05%，低等草 9.25%，呈重度退化。有毒草狼毒、淡味獐牙菜分布。

冷蒿＋甘肃蒿型　分布于同心新庄集及马高庄附近山地的阳坡、半阳坡。有时与长芒草草原复合存在，面积 10 766.1hm²。冷蒿分盖度 12.7%，多度 54.114 株/m²，频度 70%～100%，在重量组成中占 40%；甘肃蒿相应值为 7.3%～10.0%，34～103 株/m²，100%，27.6%。伴生长芒草、阿尔泰狗娃花、赖草、菁状亚菊、短花针茅、铁杆蒿、细叶韭、糙隐子草、单叶黄芪、披针叶黄华、二裂委陵菜、扁蓿豆、宿根亚麻、糙叶黄芪、银灰旋花等。盖度 40%～45%，种饱和度 16 种/m²。鲜草产量 1902.8kg/hm²。可利用率 65%。放牧每羊需草地 0.8hm²，每公顷可养羊 1.3 只。属二等六、七级或三等六级草场，轻、中度退化。

冷蒿-铁杆蒿＋杂类草型　分布于海原甘盐池、蒿川附近山地丘陵阴、阳坡地，面积 5938.6hm²。海拔 2000m 以上，出现大量铁杆蒿成为优势种，伴生长芒草、短花针茅、阿尔泰狗娃花、糙隐子草、甘肃蒿、大针茅、赖草等。盖度 65%～80%。鲜草产量 1684.5（1672.5～2048.2）kg/hm²，可利用率 65%。放牧每羊需草地 0.8hm²。每公顷可养羊 1.3 只。属三等七级草场，中度退化。有毒草淡味獐牙菜、狼毒分布。

（猪毛蒿）-冷蒿-长芒草＋杂类草型　分布于盐池红井子以南、大水坑东南部黄土丘陵坡地，面积 9904.0hm²。因开垦撂荒，出现大量猪毛蒿，分盖度 8%，多度 67 株/m²，频度 100%。伴生铁杆蒿、星毛委陵菜、牛枝子、阿尔泰狗娃花、西山委陵菜、二裂委陵菜、糙隐子草、火绒草（*Leontopodium leontopodioides*）、单叶黄芪、狭叶山苦荬、狭叶草原石头花（*Gypsophila davurica* var. *angustifolia*）、远志、硬质早熟禾、白花枝子花、砂蓝刺头（*Echinops gmelinii*）等。盖度 63%，草层高度 15～17cm。鲜草产量 1556.3kg/hm²，合干草 410.3kg/hm²。可利用率 55%。放牧每羊需草地 1.1hm²，每公顷可养羊 0.9 只。属二、三等六级草场，中度退化。

冷蒿-长芒草＋荒漠锦鸡儿＋杂类草型　分布于海原关桥一带，面积 165.9hm²。

冷蒿-大针茅＋阿尔泰狗娃花型　分布于海原关桥西部，与荒漠锦鸡儿-冷蒿-菁状亚菊荒漠草地呈复区存在，面积 3135.4hm²。

冷蒿＋杂类草型　分布于盐池大水坑南部，与百里香草原呈复区存在，面积 3587.5hm²。

（2）甘肃蒿（*Artemisia gansuensis* Ling et Y. R. Ling）系

甘肃蒿是菊科多年生矮小草本。高 15～40cm，茎丛生直立或斜升。分布于我国辽宁、河北、内蒙古、陕西、甘肃、宁夏、青海等地，旱生植物。习生于海拔 950～2300m 的干旱山坡、黄土丘陵梁坡或路旁。构成宁夏黄土高原草原群落习见的伴生种或亚优势种、优势种。

在宁夏，甘肃蒿广布于贺兰山、盐池、西吉、海原等地。习见于盐池麻黄山西北，海原贾塘、南华山以南、兴仁东南，固原市新集、古城、川口、河川一带海拔 1600～2100m 的低山、丘陵，半阴、半阳坡。

通常甘肃蒿在典型草原群落内为广布的伴生种。由于具有适口性较差和耐牧等特性及对黄土丘陵偏湿润生境的较好适应性，从而成为重牧之下群落演替的增加种，逐渐替代群落中原本的禾草，成为次生演替的群落建群种。

在盐池县海拔 1600～2100m 山、丘坡地的甘肃蒿-长芒草草原中，有植物 39～64 种，盖度 45%～65%。甘肃蒿分盖度 12%～25%，地上部鲜重 1749.0kg/hm²，饱和度 15～16 种/m²。伴生植物主要有铁杆蒿、牛枝子、赖草、星毛委陵菜、糙隐子草、皱黄芪、细叶车前、米口袋、甘青针茅等。有相当数量的中生、旱中生植物，如鹅绒委陵菜、火绒草、苦荬菜、蒲公英、扁蓿豆、白花枝子花、黄芩、秦艽等。在海拔 2100m 的山地半阴坡的甘肃蒿-长芒草＋杂类草群落有植物 39 种，盖度 85%。地上部鲜重 2310.0kg/hm²，种饱和度 24 种/m²，其中偏中生植物占到 30%，有时候甘肃蒿还和冷蒿组成草原带的冷蒿草原。譬如在同心马家大山、大罗山山前洪积扇的韦州，新庄集一带海拔 1970～2050m 的山地阳坡就有冷蒿＋甘肃蒿草原。伴生铁杆蒿、长芒草、短花针茅、赖草等，也有火绒草、秦艽、白花枝子花、苦荬菜等多种偏中生植物。

甘肃蒿具有中等饲用价值，幼嫩时山、绵羊采食，牛也吃。开花后因有蒿香气，适口性下降。花后直至结实期适口性有所提高，羊、大畜乐食。甘肃蒿群落内含有多种旱生、偏中生的丛生禾草、豆科牧草，富有营养，是较好的放牧草场。定期封育，于雨多年份可在夏秋季割制干草，用于冬春季家畜的补饲。

甘肃蒿-长芒草型 分布于同心豫旺东南部，并散见于西吉县南部各地的黄土丘陵、低山阴阳坡，面积 18 274.9hm²。伴生短花针茅、铁杆蒿、糙隐子草、扁蓿豆、糙叶黄芪、西山委陵菜、星毛委陵菜、二裂委陵菜、皱黄芪、蚓果芥、冷蒿、小红菊等。盖度 70%，鲜草产量 1803.8kg/hm²。放牧每羊需草地 0.8hm²，每公顷可养羊 1.2 只，可利用率 66%。属二等七级或三等六、七级草场，中度退化。

甘肃蒿-长芒草＋杂类草型 分布于海原西南部关庄附近，盐池南部萌城以东至麻黄山何记山一带的山地丘陵或缓坡丘陵梁坡地，面积 46 715.6hm²。土壤为黑垆土或灰钙土。甘肃蒿分盖度 13%～25%，多度 40～300 株/m²，频度 100%，分重量占 23.9%；长芒草分盖度 15.6%。伴生星毛委陵菜、甘草、大针茅、冷蒿、牛枝子、细叶车前、阿尔泰狗娃花、短花针茅、甘青针茅、皱黄芪、糙隐子草、宿根亚麻、短翼岩黄芪、狼毒、细叶韭等，有时还有铁杆蒿、茭蒿。群落有植物 30 种，种饱和度 17 种/m²，盖度 85%。第一亚层高 23～38cm，第二亚层 9～11cm，第三亚层 2～3cm。鲜草产量 1489.5（953.3～2025.8）kg/hm²，其中禾草占 26.7%，豆科 20.2%，菊科 35.6%，其他杂类草 17.5%，草群中优等草占 5.2%，良等草 10.3%，中等草 41%，可利用率 78%。放牧每羊需草地 0.8hm²，每公顷可养羊 1.2 只。属二等七级或三等六、七级草场，轻、中度或重度退化，有毒草狼毒分布。

（二）山地草原亚类

1. 矮禾草组

长芒草（*Stipa bungeana* Trin. et Bge.）系（同前）

长芒草-星毛委陵菜＋杂类草型 同前。

长芒草-冷蒿＋杂类草型 同前。

2. 杂类草组

星毛委陵菜（*Potentilla acaulis* L.）系（同前）

星毛委陵菜-长芒草＋杂类草型 分布于西吉白崖、新营一带的月亮山山地，多见于阳坡、半阳坡。有时与杂类草山地草甸呈复区存在，面积 18 834.5hm²。伴生硬质早熟禾、百里香、扁蓿豆、阿尔泰狗娃花、火绒草、甘菊（*Dendranthema lavandulifolium*）、糙隐子草、铁杆蒿、猪毛蒿、直立点地梅（*Androsace erecta*）、白花枝子花、淡味獐芽菜等。盖度 82.7%（65%～95%），群落有植物 12～16 种。鲜草产量 1728.8（1307.3～2733.8）kg/hm^2，其中禾本科占 14.3%，蔷薇科 33.4%，豆科 5.1%，杂类草 46.2%，有毒有害植物 1.0%。放牧每羊需草地 0.8hm^2，每公顷可养羊 1.2 只，可利用率 50%。本型多为长芒草草原因过牧形成的次生演替类型，属四等七级草场。草群中优等草占 5.1%，良等草 14.3%，中等草 4.6%，低劣草 76%。中度退化。有毒草狼毒、淡味獐芽菜等。

星毛委陵菜-茭蒿型　同前。面积 9146.2hm^2。

阿尔泰狗娃花 + 长芒草型　同前。

3. 蒿类半灌木、草本组

（1）茭蒿（*Artemisia giraldii* Pamp.）系（同前）

茭蒿 + 铁杆蒿 + 大针茅型　分布于西吉偏城以北的黄土丘陵、山坡地，面积 6146.6hm^2。伴生星毛委陵菜、冷蒿、蓬子菜、阿尔泰狗娃花、多茎委陵菜、沙参（*Adenophora* sp.）、甘肃蒿、百里香、淡味獐芽菜。盖度 78%。鲜草产量 3008.2kg/hm^2，合干草 1875.0kg/hm^2。其中禾本科占 16.9%，菊科 44.2%，杂类草 35.4%，毒草 3.5%。放牧每羊需草地 0.7hm^2，每公顷可养羊 1.5 只，可利用率 45.7%。

茭蒿-星毛委陵菜-铁杆蒿 + 长芒草型　分布于西吉西北部新营、红跃一带山地半阴坡。面积 5490.0hm^2。

（2）铁杆蒿（*Artemisia sacrorum* Ledeb.）系（同前）

铁杆蒿 + 大针茅 + 杂类草型　分布于海原杨郎、树台一带的山地、丘陵半阳坡、半阴坡、阴坡。海拔 2000～2200m 及以上，面积 13 050.8hm^2。铁杆蒿占据绝对优势，多度 45 株/m^2，分盖度 22.5%，频度 80%～100%。伴生长芒草、短花针茅、阿尔泰狗娃花、薯状亚菊、西山委陵菜、二裂委陵菜、皱黄芪、光药大黄花等。群落有植物 26 种，种饱和度 15 种/m^2，以旱生类群为主体。草层高 30～57cm。盖度 55%～60%，鲜草产量 2786.3（2448.8～3249.0）kg/hm^2。其中禾本科占 14.2%，菊科 45.1%，杂类草 40.7%。放牧每羊需草地 0.6hm^2，每公顷可养羊 1.6 只，可利用率 53%。属三等六、七级草场，中度退化，有毒草狼毒分布。

铁杆蒿-冷蒿-短花针茅（*Stipa breriflora*）型　同前。

铁杆蒿-百里香 + 杂类草型　同前。面积 816.7hm^2。

4. 蒿类矮草本组（同前）

冷蒿（*Artemisia frigida* Willd.）系（同前）

冷蒿-铁杆蒿 + 杂类草型　同前。

冷蒿-星毛委陵菜-大针茅型　分布于海原甘盐池北山，与刺旋花-荒漠锦鸡儿荒漠草原呈复区存在，面积 1132.0hm^2。

5. 具疏林、灌丛组

有偏中生而具有不同程度耐旱特性的灌木［在贺兰山、大罗山有时候有乔木灰榆（*Ulmus glaucescens* Franch. var. *lasiocarpa* Rehd.）散生］，下层的广旱生、中旱生或旱中生多年生草本植物为优势种，仍应归属于草原类。此种群落生长在宁夏中、北部半干旱、干旱地区海拔较高的山地，在宁夏南部常以小面积群落片断出现在局部山、丘坡地。灌丛以灰栒子（*Cotoneaster acutifolius*）、蒙古绣线菊（*Spiraea mongolica*）、小叶金露梅（*Potentilla parvifolia*）、山桃（*Amygdalus davidiana*）等为主，适应山地或丘陵局部较湿润的生境，散生于草本植被之上；还有上层匍生灌木叉子圆柏（*Sabina vulgaris*），下层为旱生植物组成的草原植被。

（灰枸子＋绣线菊）-铁杆蒿-薹草型　分布于中卫香山寺附近山地海拔 2150～2200m 的阴坡、半阴坡，与铁杆蒿＋藏青锦鸡儿＋杂类草草地型呈复区存在，面积 1979.9hm²。灌丛生长稀疏，高 1.2～1.5m。有小檗（Berberis sp.）、四川丁香（Syringa sweginzowii）、小叶忍冬（Lonicera microphylla）等。下层为长芒草、铁杆蒿、星毛委陵菜、甘肃蒿、小红菊、皱黄芪、西藏点地梅（Androsace mariae）、薹草、线叶柴胡（Bupleurum angustissimum）、硬质早熟禾、糙隐子草、西山委陵菜、蓍状亚菊、火绒草、阿尔泰狗娃花、冷蒿、百里香等组成的草原类草地，群落盖度 55%～60%，灌丛盖度 40%，草本层盖度 50%～60%。鲜草产量 551.3kg/hm²，可利用率 39%。放牧每羊需草地 1.2hm²，每公顷可养羊 0.8 只。属四等六级草场，中度退化。

（小叶金露梅）-针茅＋杂类草型　分布于永宁、平罗西部贺兰山浅山阴坡、半阴坡。面积 4600.0hm²。生境较干燥，地表粗砂质，并有多量砾石。小叶金露梅分盖度 15%，多度 12 株/100m²，频度 90%；针茅（Stipa sp.）相应值为 3%，200 株/100m²。伴生绣线菊、小叶锦鸡儿、猫头刺、阿尔泰狗娃花、冰草（Agropyron cristatum）、铁杆蒿、风毛菊、狗尾草、刺蓬等。物种数 13 种/4m²，盖度 33%。灌丛高度 29～30cm，草本层高 6～7cm。产草量 750.0kg/hm²，可利用率 48%，放牧每羊需草地 1.4hm²，每公顷可养羊 0.7 只。属四等七级草场，常年有羊群放牧，呈中度退化。

（山桃）-铁杆蒿-百里香＋杂类草型　分布于隆德桃山乡红崖一带，面积 69.9hm²，为黄土丘陵坡地。伴生的灌木尚有沙棘（Hippophae rhamnoides）、虎榛子、灰枸子、甘肃山楂（Crataegus kansuensis）、小檗（Berberis sp.）、刺玫（Rosa sp.）、榆、小叶锦鸡儿等。高度 80～160cm，郁闭度 0.45，一般冠幅 125～150cm，株间距 1.3～4.2m。下层铁杆蒿，百里香占优势。伴生茭蒿、白羊草、异穗薹草、牛枝子、唐松草、白花枝子花、紫花地丁、异叶败酱（Patrinia heterophylla）等。草本层高 5～18cm，盖度 40%～45%，目前封山育林，禁牧。

（叉子圆柏＋蒙古扁桃）-阿尔泰狗娃花型　主要分布于平罗大岭湾。另外，有小面积出现于贺兰山苏峪口坡地及中宁县香山寺附近的阴坡及沟谷中，面积 1158.0hm²。叉子园柏分盖度 30%，多度 1 株/4m²（25 株/100m²），频度 60%，高度 23cm。伴生蒙古扁桃、金露梅、刺旋花等。草本有冷蒿、委陵菜、阿尔泰狗娃花、二裂委陵菜、多根葱、冰草、匍根骆驼蓬等。盖度 70%，草层高 5～7cm，灌木高 21～40cm。鲜草产量 4875.0kg/hm²，可利用率 39.1%。放牧每羊需草地 0.5hm²。每公顷可养羊 2.0 只。属五等四级草场，轻度退化。

三、荒漠草原类

荒漠草原类是以强旱生多年生草本植物与强旱生小半灌木、小灌木为优势种的草地类型。多年生强旱生草本在数量上一般超过小灌木、小半灌木。一年生荒漠性草本植物常会起到明显作用。广布于宁夏中、北部，包括海原北部、同心、盐池中北部及引黄灌区的大部分地区。就地貌而言，占据了鄂尔多斯地台边缘、同心间山盆地和包括中卫香山在内的各个侵蚀中山山地、黄河冲积平原阶地及贺兰山南、北两端的浅山部分及大部分洪积扇和山前倾斜平原。西北以贺兰山为界，沿贺兰山东麓向北直达石嘴山落石滩。面积 1 806 982.7hm²，是本区草地面积最大的类型。

荒漠草原分布地区属半干旱气候，比草原分布区的气候干燥，年降水量 200～300mm，土壤以灰钙土、淡灰钙土为主，在南部与典型草原交接处有少量的浅黑垆土。以矮禾草短花针茅（Stipa breviflora）为建群种的荒漠草原为最主要类型，与本区典型草原带的长芒草草原南北对峙，共同构成了宁夏天然草地的主体。

以中亚白草（*Pennisetum centrasiaticum*）为建群种的中禾草荒漠草原，以牛枝子（*Lespedeza potaninii*）、甘草（*Glycyrrhiza uralensis*）、苦豆子（*Sophora alopecuroides*）为建群种的豆科植物组荒漠草原，以老瓜头（*Cynanchum komarovii*）、匍根骆驼蓬（*Peganum nigellastrum*）、多根葱（*Allium polyrhizum*）、大苞鸢尾（*Iris bungei*）为建群种的杂类草荒漠草原出现在不同程度沙化的地区。

以小灌木、小半灌木珍珠柴（*Salsola passerina*）、红砂（*Reaumuria songarica*）、蓍状亚菊（*Ajania achilloides*）为建群种的荒漠草原，分布在同心以北、吴忠南部、灵武西部及香山、烟筒山、牛首山等石质丘陵、中低山和自青铜峡至石嘴山、大武口一带的贺兰山麓洪积扇上，生境干燥，土壤不同程度含盐。群落中一年生荒漠性草本植物数量增多，是荒漠化程度较高的类型。

以刺旋花（*Convolvulus tragacanthoides*）、猫头刺（*Oxytropis aciphylla*）为建群种的垫状小半灌木荒漠草原，分布在相对更为干燥的生境，以中、北部各地干燥的石质中、低山地和贺兰山东麓洪积扇为最多。常常与基质的石质化、沙质化或盐渍化相联系。

以冷蒿（*Artemisia frigida*）、甘肃蒿（*Artemisia gansuensis*）为建群种的蒿类矮草本荒漠草原，分布在海原北部、中卫香山和南山台子，中宁烟筒山、同心小罗山山地及大罗山周围，盐池青山、鸦儿沟附近，灵武西北部，银川西部等地干燥、经受强烈风蚀的丘陵、山地。

具刺灌木中间锦鸡儿（*Caragana microphylla* var. *tomentosa*）、狭叶锦鸡儿（*C. stenophylla*）、藏青锦鸡儿（*C. tibetica*）等荒漠草原，分布于贺兰山北部及盐池、灵武、海原等地的砾石或沙质基质上，其中中间锦鸡儿荒漠草原是羊群的主要放牧草场。另外，在贺兰山浅山区还有具灰榆（*Ulmus glaucescens* var. *lasiocarpa*）疏林或蒙古扁桃（*Amygdalus mongolica*）灌丛的荒漠草原，在银北贺兰山东麓洪积、冲积坡地有具酸枣（*Ziziyphus jujuba* var. *spinosa*）灌丛的荒漠草原。纵观上述各种群落，构成了宁夏荒漠草原的不同类型。

宁夏的荒漠草原类草地平均盖度 20%～50%，草群高度 4～25cm，种饱和度 12～24 种/m²。平均鲜草产量 1605.8kg/hm²，合干草 834.8kg/hm²。冷季前、后期枯草贮积量为 43.8kg 和 32.4kg，暖冷季比为 1：0.74。可利用率 49.3%，放牧平均每羊约需草场 1.2hm²，每公顷约可养羊 0.8 只。

（一）丘陵、平原荒漠草原亚类

1. 矮禾草组
建群种为强旱生的矮禾草，以短花针茅为主，次为细弱隐子草（*Cleistogenes gracilis*）。
（1）短花针茅（*Stipa breviflora* Griseb.）系
短花针茅作为稳定的建群种，是分布在亚洲中部偏暖区域的一个重要的草地类型，也分布在荒漠区的一些山地。以我国黄土高原为分布中心，大致从兰州、永登一线起，沿黄河往东北方向呈带状延伸，直达阴山南麓；西界与阿拉善荒漠为邻；东面、南面与长芒草典型草原相接。向北越过阴山，此带状变窄，继续向东北延伸，沿荒漠草原地带东南边缘分布，至江岸河以东，呈零散状分布于草原地带。西端沿祁连山、天山深入荒漠区，成为山地草原的主要类型之一。

短花针茅种的分布区更为广泛。大致可东达冀北山地以北的黄土丘陵，西至俄罗斯境内的东天山，南至雅鲁藏布江以南，北抵蒙古人民共和国南部，可说是广泛分布于整个亚洲中部。分布区≥10℃活动积温 2000～3200℃，干燥度 2.5～3.0。在黄土丘陵多见于丘陵阳坡灰钙土上，与阴坡的长芒草典型草原相结合。

在宁夏，短花针茅荒漠草原是分布最广泛、含有类型最多、面积最大的草地类型，广泛分布于宁夏中、北部，以同心王家团庄以北为主要分布区。群落组成较为单纯，强旱生小灌木，小半灌木层片较发达，常占据优势；荒漠性一二年生草本较明显，形成夏雨型草本层片；地衣、藻类［含发状念珠藻（发菜（*Nostoc flagelliforme*）]明显发育。据调查有植物51种，以禾本科针茅属、隐子草属、豆科锦鸡儿属、菊科蒿属作用较大。旱生植物占84.3%，常伴生强旱生小半灌木如蓍状亚菊、灌木亚菊（*Ajania fruticulosa*）、牛枝子等。向南加入长芒草、茭蒿、铁杆蒿等；向北加入红砂、猫头刺、松叶猪毛菜（*Salsola laricifolia*）等。在土质多小砾石时，冷蒿优势度增加，几种旱生锦鸡儿——小叶锦鸡儿、狭叶锦鸡儿等形成灌木层片，呈现明显灌丛化。

短花针茅适口性好，是春季家畜抢青的牧草，抽穗后适口性短暂降低，夏、秋季果后营养期再次提高，是家畜催奶、抓膘的良好饲草，冬季保留较好，是家畜保膘的饲草。短花针茅荒漠草原含多种优良饲用植物，应注意加强管理，适当休闲封育，做到合理放牧，可持续利用。

短花针茅＋长芒草＋杂类草型　分布于海原蒿川东南部等地，面积2941.9hm^2。

短花针茅-甘草＋长芒草＋猪毛蒿型　分布于盐池青山、高沙窝西北部，面积4849.0hm^2。

短花针茅-细弱隐子草＋杂类草型　分布于盐池高沙窝。发育在缓坡丘陵、丘间平地上，面积11 487.0hm^2。伴生长芒草、甘草、猪毛蒿（*Artemisia scoparia*）、牛枝子、短翼岩黄芪（*Hedysarum brachypterum*）、匍根骆驼蓬、猫头刺、鳍蓟（*Olgaea leucophylla*）、细叶车前（*Plantago aristata*）、银灰旋花、老瓜头等，盖度40%。鲜草产量879.8kg/hm^2，其中禾本科占41.2%，豆科27.0%，菊科2.4%，其他杂类草29.4%。可利用率70%，放牧每羊需草地1.5hm^2，每公顷可养羊0.7只。属三等七级草地，中度退化。

短花针茅-牛枝子＋杂类草型　分布于海原关桥附近，同心东南部，灵武磁窑堡东北，石嘴山火车站西北等地，面积10 921.3hm^2。地形为剥蚀低山、残丘、缓丘梁坡或贺兰山前洪积倾斜平原，地表砂质，多砾石。建群种短花针茅分盖度14.5%，频度90%，多度45.5株/4m^2，在重量组成中占11.5%；牛枝子相应数值为8.5%，90%，23.5株/4m^2，15.6%。伴生阿尔泰狗娃花、猪毛蒿、糙叶黄芪（*Astragalus scaberrimus*）、蓍状亚菊、长芒草、多根葱、细弱隐子草、大苞鸢尾、中亚白草、匍根骆驼蓬、刺蓬等。样地登记植物13种，种饱和度11种/m^2。可分二亚层，第一亚层为短花针茅、猪毛蒿、阿尔泰狗娃花、大苞鸢尾等，高16～22cm，第二亚层为牛枝子、糙叶黄芪、细弱隐子草等，高3～7cm，还有地衣、发菜等地被层。盖度36%（15%～55%）。鲜草产量1257.8（255.0～1677.0）kg/hm^2，其中禾本科占28.5%，豆科39.5%，杂类草32.0%。可利用率67%，放牧每羊需草地1.1hm^2，每公顷可养羊0.9只。属二等七、八级或三等六级草地。呈中度退化，在重量组成中优等草占9.9%～21.5%，良等草16.5%～39.2%，中等草25.2%～39.2%，低等草19.0%～20.0%。

短花针茅＋披针叶黄华＋杂类草型　分布于海原蒿川西南部的黄土丘陵缓坡地，面积15 846.8hm^2。伴生大针茅、牛枝子、阿尔泰狗娃花、皱黄芪（*Astragalus tataricus*）、猪毛蒿、宿根亚麻（*Linum perenne*）、细弱隐子草、蓍状亚菊等。盖度45%，种饱和度11种/m^2。鲜草产量975.8kg/hm^2，合干草791.2kg/hm^2，干鲜比1∶1.2，放牧每羊需草地1.0hm^2，每公顷可养羊1.0只，属二等七级草地。

短花针茅＋披针叶黄华＋蓍状亚菊＋猫头刺型　分布于中卫香山红泉西南、景庄东南部的山坡地。

建群种短花针茅多度、分盖度分别为 176 株/4m²、16%；披针叶黄华相应值为 42 株/4m²、10%；蓍状亚菊为 92 株/4m²、20%。伴生赖草（*Leymus secalinus*）、冷蒿、短翼岩黄芪、栉叶蒿（*Neopallasia pectinata*）、阿尔泰狗娃花、光药大黄花（*Cymbaria mongolica*）、铁杆蒿、驼绒藜（*Ceratoides latens*）、山苦荬（*Ixeris denticulata*）等，并有藏青锦鸡儿稀疏分布。盖度 40%，草层高 6～15cm。鲜草产量 883.5kg/hm²，可利用率 65%，放牧每羊需草地 1.6hm²，每公顷可养羊 0.6 只，属四等七级草地，中度退化。

短花针茅+蒙古沙葱+硬质早熟禾+杂类草型　分布于海原蒿川北部砾石质低山坡地，面积 7519.3hm²。草群中蒙古沙葱占相当优势，分盖度 10%，多度 43 株/4m²，频度 90%。伴生硬质早熟禾（*Poa sphondylodes*）、蓍状亚菊、西山委陵菜（*Potentilla sischanensis*）、蚓果芥（*Torularia humilis*）、银灰旋花、宿根亚麻、皱黄芪、大针茅、冷蒿等。种饱和度 12 种/m²，盖度 55%。鲜草产量 1047.8kg/hm²，合干草 325.5kg/hm²，干鲜比 1：3.2，可利用率 70%，放牧每羊需草地 1.2hm²，每公顷可养羊 0.8 只，属二等七级草地。

短花针茅-银灰旋花-松叶猪毛菜型　分布于银川市镇北堡以西，面积 5044.0hm²。

短花针茅-冷蒿+杂类草型　分布于海原关桥以南，面积 4589.0hm²。

短花针茅+蓍状亚菊型　分布于同心下马关以东与甘肃省相邻地区，面积 2357.2hm²。

短花针茅+蓍状亚菊+杂类草型　分布于海原李旺以西，面积 2023.0hm²。

短花针茅+蓍状亚菊+红砂型　分布于中卫香山北麓，面积 26 068.8hm²。蓍状亚菊大量存在，分盖度 7%，多度 124 株/4m²，频度 80%；红砂稀疏分散在草群中，与刺旋花共同组成小灌木层片。伴生长芒草、北芸香、糙叶黄芪、皱黄芪（*Astragalus tataricus*）、阿尔泰狗娃花、细叶韭等。盖度 30%，草层高度 7～19cm。鲜草产量 645.8kg/hm²，其中灌木占 27.3%，草本 72.7%，可利用率 67.5%，放牧每羊需草地 2.1hm²，每公顷可养羊 0.5 只，属三等八级草地，重度退化。

短花针茅+红砂型　分布于海原甘盐池附近，同心下流水西北，吴忠苦水河中游西侧，石嘴山罗家园子附近等地，面积 16 573.3hm²。地形为山、丘梁坡地、间山盆地或贺兰山洪积扇，具卵石或砾石基质。建群种短花针茅分盖度 15%，多度 45 株/4m²，频度 100%；优势种红砂，分盖度 7.5%，多度 1～3 株/4m²，频度 50%。伴生大针茅、铁杆蒿、星毛委陵菜（*Potentilla acaulis*）、猪毛蒿（*Artemisia scoparia*）、珍珠柴、细弱隐子草、锋芒草（*Tragus racemosus*）、多根葱、光药大黄花、蓍状亚菊、猫头刺、银灰旋花等。种饱和度 10（8～13）种，盖度 31%（17%～50%），小灌木层高 12～23cm，草本层高 4～9cm。鲜草产量 252.8（237.8～1357.7）kg/hm²，其中小灌木占 30.9%，草本 69.1%。可利用率 68%，放牧每羊需草地 2.2hm²，每公顷可养羊 0.5 只，属三等六级或八级草地，中度或轻度退化，有时有狼毒、醉马草等毒草分布。

短花针茅-红砂-酸枣-三芒草型　分布于石嘴山西部罗家园子附近山麓洪积扇，面积 1346.0hm²。

短花针茅+珍珠柴+红砂型　位于青铜峡西南部贺兰山低山及山前洪积扇的碎石坡地，面积 16 886.1hm²。伴生无芒隐子草（*Cleistogenes songorica*）、刺蓬、草霸王（*Zygophyllum mucronatum*）、锋芒草、冠芒草、小画眉草（*Eragrostis minor*）、栉叶蒿、多根葱、短翼岩黄芪、卵穗薹草（*Carex duriuscula*）、细叶车前等，盖度 12%。鲜草产量 954.0kg/hm²，可利用率 67%。放牧每羊需草地 1.5hm²，每公顷可养羊 0.7 只，属三等七、八级草地，轻度退化，为缺水草场。

短花针茅-珍珠柴+合头藜型　分布于石嘴山石炭井南部马槽子沟，面积 1634.0hm²。

短花针茅＋刺旋花-冠芒草型　分布于石嘴山火车站以西，面积 1781.0hm²。

短花针茅＋猫头刺＋猪毛蒿型　分布于灵武石沟驿东南，中卫香山红泉、景庄之间，面积 17 043.4hm²。为缓坡丘陵或山地，地面具浮沙。短花针茅分盖度 8.5%，多度 211 株/4m²，频度 90%～100%；猫头刺、猪毛蒿相应为 15%，2 株/4m²，100%；3.5%，113 株/4m²，80%。伴生牛枝子、短翼岩黄芪、薯状亚菊、刺蓬、藏青锦鸡儿、细弱隐子草、银灰旋花、小画眉草、锋芒草、栉叶蒿、匍根骆驼蓬等。样地登记植物 28 种，种饱和度 11～12 种/m²，盖度 40%。鲜草产量 1760.2kg/hm²，其中禾本科占 22.0%，豆科 53.0%，菊科 16.0%，藜科 2.8%，其他杂类草 6.2%。可利用率 60%，放牧每羊需草地 0.9hm²，每公顷可养羊 1.1 只，属三、四等六、七级草地，轻至中度退化。

短花针茅＋猫头刺-牛枝子型　分布于青铜峡火车站以南，面积 5321.4hm²。

短花针茅＋荒漠锦鸡儿＋杂类草型　分布于海原关桥至西安乡一带的黄土丘陵梁坡地，面积 12 919.0hm²。荒漠锦鸡儿散生在短花针茅草层上，呈大盘状。伴生长芒草、薯状亚菊、铁杆蒿、大针茅、黄花矶松（*Limonium aureum*）、赖草等，盖度 40%，种饱和度 13（10～16）种/m²。鲜草产量 1895.3kg/hm²，可利用率 65%。放牧每羊需草地 2.3hm²，每公顷可养羊 0.5 只，属二等七级草地，中度退化。

短花针茅-荒漠锦鸡儿＋红砂型　分布于石嘴山石炭井东北，与短花针茅-冠芒草＋银灰旋花型呈复区存在，面积 1236.5hm²。

短花针茅-甘蒙锦鸡儿＋荒漠锦鸡儿型　分布于石嘴山西北部低山、丘陵坡地，面积 1438.0hm²。与短花针茅-甘蒙锦鸡儿-松叶猪毛菜型或短花针茅-沙冬青-松叶猪毛菜型荒漠草原呈复区存在。

短花针茅-甘蒙锦鸡儿＋松叶猪毛菜型　分布于石嘴山西北部及简泉农场北部贺兰山浅山山地和山麓洪积坡地，面积 1518.5hm²。地面石质化，布满大小不等的卵石。常见植物尚有狗尾草、薯状亚菊等。盖度 30%，鲜草产量 1014.0kg/hm²，可利用率 66%。放牧每羊需草地 2.2hm²，每公顷可养羊 0.5 只。属三等八级草地，中度退化。

短花针茅-三芒草-内蒙野丁香型　分布于石嘴山西北部，面积 1748.0hm²。

短花针茅-冠芒草＋杂类草型　分布于永宁西部贺兰山头关附近，面积 1236.5hm²。

短花针茅＋刺蓬-细弱隐子草型　分布于牛首山南麓洪积坡地，青铜峡与中宁县交界处，面积 2197.6hm²。

短花针茅＋刺蓬-卵穗薹草型　分布于中宁南部，烟筒山西麓洪积坡地，面积 4255.3hm²。

短花针茅＋刺蓬＋杂类草型　分布于盐池柳杨堡以西，面积 4268.0hm²。

（茭蒿）＋短花针茅＋长芒草＋薯状亚菊型　分布于同心马断头山一带，面积 3160.0hm²。

（冠芒草）-短花针茅＋杂类草型　分布于永宁西部贺兰山三关口以南，面积 974.0hm²。

（刺蓬）＋短花针茅＋杂类草型　分布于盐池青山北部的缓丘或滩地，面积 7399.0hm²。由于开荒、撂荒，群落中生长大量的一年生植物刺蓬。伴生长芒草、细弱隐子草、牛枝子、砂珍棘豆（*Oxytropis psamocharis*）、蒙古冰草、猫头刺、短翼岩黄芪、多根葱、丝叶山苦荬（*Ixeris chinensis* var. *graminifolia*）、银灰旋花及多种一年生植物狗尾草、小画眉草、棉蓬（*Corispermum* sp.）、地锦（*Parthenocissus tricuspidata*）、猪毛蒿等，盖度 40%。鲜草产量 1101.8kg/hm²，其中禾本科占 24.9%，豆科 1.7%，藜科 62.1%，其他杂类草 11.3%。可利用率 55%。放牧每羊需草地 1.5hm²，每公顷可养羊 0.7 只，属三等七级草地，严重退化。

（栉叶蒿）＋短花针茅＋杂类草型　分布于盐池县城东北、苏步井东北，面积 8072.0hm²。

地形为缓坡丘陵。栒叶蒿大量增加也是长期人为活动的结果。伴生蒙古冰草、短翼岩黄芪、细弱隐子草、中亚白草、二裂委陵菜、细叶车前、狭叶米口袋（*Gueldenstaedtia stenophylla*）、匍根骆驼蓬等。一年生植物有狗尾草、小画眉草、锋芒草、猪毛蒿等；有猫头刺散生其间。群落盖度 40%，鲜草产量 963.0kg/hm²。可利用率 62%，放牧每羊需草地 1.6hm²，每公顷可养羊 0.6 只，属三等七级草地，严重退化。

（2）细弱隐子草（*Cleistogenes gracilis* Keng f. et Lion）系

细弱隐子草分布于宁夏中、北部，大致自同心王团庄以北，常见于贺兰山及银川、盐池、灵武、同心、海原北部等地。在我国还产于陕北、山西。习生于海拔 1300~1700m 的干燥山、丘坡地、河谷阶地，是荒漠草原群落的恒有伴生成分，也常在短花针茅、沙生针茅（*Stipa glareosa*）荒漠草原中成为优势植物，构成特殊的丛生小禾草层片。本种属强旱生植物，在宁夏中、北部荒漠草原带，它的分布替代了与它近似的无芒隐子草（*Cleistogenes songorica*），向南进入黄土高原草原区，它让位给糙隐子草；向北、西北部的半荒漠带，它让位于无芒隐子草。

一般情况下，细弱隐子草不成为群落建群种，在长期过度放牧下，针茅因放牧践踏而不能正常再生，特别在干旱季节，多见到针茅的地上部被啃食殆尽，只剩下枯黄的圆盘状基部，旁边生寥寥无几的残留叶片，趋向于枯死、衰退。而细弱隐子草由于耐牧、抗践踏，在群落中保持优势地位，渐渐演替为细弱隐子草群落。但是，如果进一步过牧，细弱隐子草也会进一步消退，加剧群落破坏。如果减轻放牧或实施封育可恢复为原来的针茅群落。

在处于细弱隐子草占优势的阶段，群落成分与结构与原生群落有着明显差异，表现为：耐牧强、适口性差的种有所增加，成为演替中的增加种；一年生草本增多，雨季生长旺盛；群落的盖度、均匀度下降，产量大减。

细弱隐子草春季系优等饲用植物，生长季家畜皆喜食。冬季保持良好，可冬、春季节放牧利用。群落中占优势的短花针茅、牛枝子、珍珠柴等也是优质饲草。只是当前普遍利用过度，应该严加封育或适当补播，使原生植物尽快得到恢复，并走上合理利用的道路。

细弱隐子草-短花针茅-牛枝子型　分布于同心喊叫水东南部及海原兴隆附近的黄土丘陵坡地，面积 13 949.5hm²。伴生长芒草、阿尔泰狗娃花、狭叶米口袋、黄花矶松、皱黄芪、地锦、栒叶蒿、平车前（*Plantago depressa*）、猪毛蒿等。盖度 46.6%。鲜草产量 1212.8kg/hm²，可利用率 70%。重量组成中禾本科占 43.5%，豆科 13.8%，菊科 20.7%，其他杂类草 22.0%。放牧每羊需草地 1.1hm²。每公顷可养羊 0.9 只。属二等七级，是本区质量良好的细草场，中度退化。

细弱隐子草-甘草＋大苞鸢尾型　分布于盐池惠安堡以南，面积 1936.0hm²。

细弱隐子草-珍珠柴＋短花针茅＋猪毛蒿型　分布于同心喊叫水以东，面积 10 778.8hm²。细弱隐子草分盖度 17%，多度 72 株/4m²，频度 100%。伴生多根葱、银灰旋花、细叶车前。荒漠性一年生植物有虎尾草、锋芒草、白茎盐生草（*Halogeton arachnoideus*）、星状刺果藜等。盖度 56%，种饱和度 15 种/m²。鲜草产量 1396.5kg/hm²，可利用率 68%。放牧每羊需草地 1.0hm²，每公顷可养羊 1.0 只，属二等七级草地，中度退化。

2. 中禾草组

以中亚白草、赖草等中等高度禾本科植物为建群种。

（1）中亚白草（*Pennisetum centrasiaticum* Tzvel.）系

中亚白草又名中亚狼尾草。根茎性旱生、中旱生禾本科多年生草本。产于我国东北、华北、西北、西南各地。其生态适应性广泛，广布于森林草原、典型草原、荒漠草原地带，生于阳坡地、缓丘、平地、河谷沙质地、撂荒地、沙丘间洼地。在雅鲁藏布江河谷，生于紫花针茅（*Stipa purpurea*）、固沙草（*Orinus thoroldii*）高寒草原内。在宁夏遍布于贺兰山、罗山、南华山及银川、盐池、青铜峡、同心、中宁、中卫、海原、固原等地。习见于宁南黄土高原农田地埂；在宁中部则多见于灵、盐河东沙区固定、半固定沙丘地、平铺沙地、沙丘间低平地，分别与黑沙蒿、甘草、老瓜头、苦豆子、蒙古冰草、牛枝子、刺蓬、沙蓬（*Agriophyllum squarrosum*）等优势植物组成沙地群落，有时也生于白沙蒿半流动沙丘（地）。经常伴生糙隐子草、长芒草、短花针茅、细弱隐子草、二裂委陵菜（*Potentilla bifurca*）、远志（*Polygala tenuifolia*）、短翼岩黄芪及多种一年生草本：小画眉草、狗尾草（*Setaria viridis*）、地锦、中亚虫实（*Corispermum heptapotamicum*）、沙蓬、蒺藜（*Tribulus terrestris*）等。群落盖度30%～45%，种饱和度48种/m²。中亚白草叶丛高6～8cm，分盖度10%～20%，多度30～120株/m²。

中亚白草具备耐旱和适沙生生境双重特性，就其本质讲并不具备绝对的强旱生性，与荒漠草原恒有的建群种有所不同。但它又是非常适应荒漠草原沙地生境的群落习见建群种，使之较稳定地生长在沙生基质的荒漠草原中。沙地或沙化地区有特殊的沙生生境，譬如有较厚的浮沙层会掩盖原有的灰钙土层，使雨后下层土壤保持长时间的湿润性；疏松的沙质表层适合喜沙植物的生长繁殖。中亚白草有发达的地下根茎，耐沙埋，雨后能迅速繁衍。特别是当原生群落因过度放牧渐趋衰退，或因人为挖甘草、垦荒、撂荒疏松了土壤，适沙的沙生植物便趁机大量繁生。

中亚白草为良等饲用植物，茎叶柔软，叶量较多，适口性好，放牧家畜四季乐食。抽穗后适口性稍有降低，冬季保留良好，可刈牧兼用。又是沙生固沙植物，春季将其根茎切短，埋入沙土中，遇雨即可出苗，当年株高达80～90cm，分蘖达10～20个。

中亚白草+苦豆子型 分布于盐池惠安堡南部缓坡丘陵、丘间滩地，面积16 703.0hm²。伴生黑沙蒿、赖草、刺蓬、地锦、沙蓬、狗尾草、小画眉草等，盖度40%。鲜草产量2256.8kg/hm²，可利用率60.0%，放牧每羊需草地0.7hm²，每公顷可养羊1.5只。属三等六级草地，中度退化。

中亚白草+甘草型 分布于盐池鸦儿沟东北部和灵武马家滩北部。缓坡丘陵，地面轻度沙化，面积20 400.5hm²。中亚白草分盖度10%～18%，多度47～80株/4m²，频度70%～100%；甘草相应值为5%～20%，28～48株/4m²，70%～100%。伴生大苞鸢尾、猫头刺、短花针茅、牛枝子、长芒草、小画眉草、地锦、刺蓬、狭叶米口袋、二裂委陵菜、细弱隐子草、锋芒草、平车前、银灰旋花、狗尾草、甘肃蒿、老瓜头等。样方登记植物17（14～19）种，盖度45%～50%，草层高度25～36cm。鲜草产量1490.3（787.5～2143.5）kg/hm²。重量组成中禾本科占31.2%，豆科61.3%，杂类草7.5%。可利用率64%，放牧每羊需草地1.0hm²，每公顷可养羊1.0只。属三等七级草地，退化程度轻重不一。

中亚白草+老瓜头+猫头刺型 分布于青铜峡火车站西北部，面积1969.5hm²。

中亚白草-黑沙蒿-甘草型 分布于灵武磁窑堡东南部，面积5363.2hm²。

（猪毛蒿）+中亚白草+藏青锦鸡儿型 分布于盐池苏步井以南，面积1800.0hm²。

中亚白草-芨芨草型 分布于灵武石沟驿南部，缓坡丘陵，面积767.9hm²。伴生银灰旋花、老瓜头、猪毛蒿、刺蓬、沙蓬、地锦、小画眉草等。芨芨草高60cm，其他草高16～23cm，盖度33%。鲜草产量2074.1kg/hm²，可利用率74.8%。放牧每羊需草地0.9hm²，每公顷可养羊1.1只。属三等六级草地，轻度退化，为缺水草场。

（2）赖草 ［*Leymus secalinus*（Georgi）Tzvel.］ 系

赖草又名厚穗披碱草。广布于亚洲中部荒漠草原带的习见种，多以伴生成分出现。分布于我国东北、华北、西北、四川、西藏等地。赖草具广泛的生态适应性，属旱生、中旱生、旱中生植物，生暖温带、温带森林草原、草原、半荒漠地区；可上升至海拔 4500m 高寒地带。在宁夏中、北部，内蒙古中、西部半荒漠地带的低洼地形、河流岸边，常作为优势种组成盐生草甸或河漫滩草甸。也习见于农田，特别是灌溉农田的沟渠、地埂、林带内或短期撂荒地，形成优势群落。在内蒙古、甘肃、宁夏、青海沙区与芦苇（*Phragmites australis*）、黑沙蒿、猪毛菜、刺蓬、沙蓬、绵蓬等混生，成为固定、半固定沙地草场的伴生种或次优势种。

赖草适沙质、砂壤质、壤质栗钙土、淡栗钙土、黑垆土、黄绵土、灰钙土、淡灰钙土、灰漠土、盐生草甸土，其适应性非常广泛，生态型属旱中生、中旱生甚至中生性，除是盐生草甸、河漫滩草甸的恒有成分外，在荒漠草原地带它又是短花针茅、中亚白草、牛枝子、苦豆子、匍根骆驼蓬等诸多地带性荒漠草原群落恒有的伴生成分。在干旱地区的沙质生长地和沙化地带，靠表层浮沙层覆盖的土壤在降雨后可较好地保持水分，赖草会借助本身的广泛适应性和适沙特性及强盛再生、繁殖力等特点，在雨水较多的年份茂盛地生长；加上原群落因过度放牧趋于退化，或短期垦荒、撂荒的犁翻松土，赖草就会迅速繁生，扩大种群优势，成为在群落中起领衔作用的不稳定群落建群种。

赖草为中等饲用植物，幼嫩期家畜乐食，抽穗后茎叶粗老，营养降低，往往很少为家畜采食。冬季保苗较好，可作冬季牧场。抽穗前后可刈割制作干草，贮备冬、春季补饲。

赖草 + 短花针茅-牛枝子型　分布于盐池王乐井东南部，面积 5075.0hm^2。为丘间平地，地表轻度沙化。伴生细弱隐子草、猫头刺、二裂委陵菜、银灰旋花、阿尔泰狗娃花、甘肃蒿、狭叶米口袋、黑沙蒿、鳍蓟、砂蓝刺头（*Echinops gmelini*）及一年生草本狗尾草、小画眉草、地锦、虫实等。盖度 40%。鲜草产量 999.8kg/hm^2，可利用率 68%。放牧每羊需草地 1.4hm^2，每公顷可养羊 0.7 只。属三等七级草地，中度退化。

赖草 + 猪毛蒿 + 中亚白草型　分布于盐池马儿庄东南，面积 1773.0hm^2。

（刺蓬）+ 蒙古冰草型　分布于盐池大水坑附近，面积 16 106.0hm^2。地面为疏松沙质，属轻度沙化草地。蒙古冰草分盖度 12.5%（7%～18%），多度 22 株/m^2，频度 100%。伴生短花针茅、长芒草、牛枝子、老瓜头、细弱隐子草、地稍瓜（*Cynanchum thesioides*）、远志、二裂委陵菜、黑沙蒿、甘肃蒿及一年生植物狗尾草、地锦等。群落盖度 40%～44%，样地登记植物 22（19～24）种，种饱和度 11 种/m^2。鲜草产量 1958.3（849.8～2442.8）kg/hm^2，其中禾本科 5.2%，豆科 7.4%，菊科 6.4%，藜科 69%，其他杂类草 11.6%。优等草占 12.0%，良等草 2.1%，中等草 81.0%，劣等草 4.8%，可利用率 50%。放牧每羊需草地 1.0hm^2，每公顷可养羊 1.0 只。属三等六、七级草地。轻或中度退化。

3. 豆科草组（同前）

以牛枝子、甘草、苦豆子等旱生豆科草为建群种。

（1）牛枝子（*Lespedeza potaninii* V. Vassil.）系

牛枝子为建群种的荒漠草原分布于盐池惠安堡、大水坑、王乐井以北，同心王团以北、窑山，海原关桥、罗山，灵武杨家窑。伴生细弱隐子草、阿尔泰狗娃花、短翼岩黄芪、蚓果芥、二裂委陵菜、银灰旋花、单叶黄芪、细叶车前、猪毛蒿、蒺藜、棉蓬等。盖度 57%。鲜草产量 1437.2kg/hm^2，可利用率 68%，放牧每羊需草地 1.0hm^2，每公顷可养羊 1.0 只。属于二等七级草地，中度退化。

　　牛枝子-冷蒿-薯状亚菊＋短花针茅型　分布于同心王团以东地区，面积 7809.8hm²。属于二等七级草地，放牧每羊需草地 0.9hm²。

　　牛枝子-猫头刺＋蒙古冰草＋杂类草型　分布于盐池惠安堡、老盐池、马儿庄、烟墩山、余庄子等地，面积 22 497.0hm²。表层为沙质，多砾石。牛枝子分盖度为 15%，多度 21 株/m²，频度 90%；猫头刺相应值为 3%，1 株/m²，100%；蒙古冰草相应值为 14%，8 株/m²，80%。伴生短花针茅、沙生针茅、老瓜头、大苞鸢尾、银灰旋花、中亚白草、刺蓬等。盖度 35%，种饱和度 10 种/m²。鲜草产量 1701.8kg/hm²，可利用率 62%。放牧每羊需草地 0.9hm²，每公顷可养羊 1.1 只。属三等六级草地，轻度退化。

　　（猪毛蒿）-牛枝子＋杂类草型　分布于盐池马儿庄东南部，面积 19 787.0hm²。地表沙质。猪毛蒿大量生长，另有较多刺蓬。伴生种有蒙古冰草、细弱隐子草、短翼岩黄芪、猫头刺、狭叶米口袋、单叶黄芪（*Astragalus efoliolatus*）等。盖度 45%。鲜草产量 1753.9kg/hm²，其中豆科占 60.2%，禾本科 1.4%，藜科 21.9%，杂草类 16.5%。可利用率 54%，放牧每羊需草地 1.0hm²，每公顷可养羊 1.0 只，属三等七级草地，中度退化。

　　牛枝子-短花针茅＋棉蓬＋杂类草型　分布于同心窑山以西，面积 1509.9hm²。

　　牛枝子-甘草＋长芒草＋杂类草型　分布于盐池王乐井北部，面积 807.0hm²。

　　牛枝子＋杂类草型　分布于海原关桥、罗山盘家套子梁，面积 466.5hm²。

　　牛枝子-猫头刺＋猪毛蒿＋赖草型　分布于灵武杨家窑，面积 120.2hm²。

　　牛枝子-棉蓬＋猫头刺型　分布于同心王团以东与东北部，面积 2028.7hm²。

　　（刺蓬）-牛枝子＋杂类草型　分布于盐池大水坑草原站西南部，面积 2245.0hm²。

　　（2）甘草（*Glycyrrhiza uralensis* Fisch.）系（同前）

　　甘草＋刺蓬-牛枝子型　分布于同心下马关东北部，面积 4729.7hm²。

　　甘草＋沙蓬＋苦豆子型　分布于灵武石沟驿西南部，面积 5238.5hm²。

　　（刺蓬）＋甘草＋猫头刺＋大苞鸢尾型　分布于灵武马家滩，面积 1280.2hm²。

　　（3）苦豆子（*Sophora alopecuroides* L.）系

　　苦豆子又称草本槐，是亚洲中部草原、半荒漠地带习见的伴生种。分布广，产于我国华北、西北、黄土高原及山东、河南、四川、云南、西藏。其生态属性主要为盐中生或耐盐潜水旱生植物。生于草原，半荒漠带的盐化、具覆沙的河滩、河谷、湖盆低地、固定、半固定沙丘（地），荒漠绿洲轻盐化沙地，灌溉农田、撂荒地、林带、河渠边、路边。分布区海拔 1000～2000m。适应的土壤有砂壤质草甸土、盐化草甸土、草甸盐土。地下水深 1～4（6）m。时常与甘草、芨芨草、赖草共同混生于假苇拂子茅（*Calamagrostis pseudophragmites*）草甸中，有时可形成群落亚优势种；也常常伴生于黑沙蒿、唐古特白刺（*Nitraria tangutorum*）、小果白刺（*N. sibirica*）群落内。

　　在宁夏多集中分布于盐池、灵武大面积沙化地区，尤其以盐池、灵武黑沙蒿群落东南部为集中分布地区。多为平沙地，间或有部分沙丘。据调查，苦豆子作为建群种与黑沙蒿、老瓜头、蒙古冰草、牛枝子、甘草、中亚白草、猪毛蒿、赖草、蒺藜等形成多种群落。群落内有植物 33 种，盖度 30%～50%，饱和度 9 种/m²，地上部鲜重 1500.0～2250.0（3000.0）kg/hm²。苦豆子草层高 25～35cm，分盖度 10%～20%，群落内草原成分还有长芒草、糙隐子草、砂珍棘豆、狭叶米口袋等；一年生草本有地锦、小画眉草、狗尾草、刺蓬、瘤果虫实（*Corispermum tylocarpum*）、沙蓬、雾冰藜（*Bassia dasyphylla*）。

　　苦豆子具有较强的耐旱性，但它不是强旱生的荒漠草原恒定建群种，分布甚广，常常在荒漠草原带局地形成建群种，一般认为其分布与根系可以深及地下潜水有决定性关系。

　　苦豆子为低等饲用植物。春嫩时家畜吃其花序，夏季因含有毒素苦参碱，家畜食后出现痉挛、消化不良。秋霜后毒性大减，羊、牛可食。冬季可放牧利用。秋季有农牧民打贮干草，备冬春利用。种子可做精料。同时，也是蜜源和药用植物，可以固沙，又可作农区水稻的绿肥。

　　苦豆子+中亚白草型　分布于盐池城郊及冯记沟附近平铺沙地，面积 18 110.0hm²。苦豆子分盖度 18%，多度 2 株/m²，频度 60%～100%；中亚白草相应值为 65%，4～5 株/m²，50%～80%。伴生甘草、沙蓬、地锦、猪毛蒿、狗尾草、小画眉草、蒺藜、刺蓬、棉蓬、乳浆大戟（*Euphorbia esula*）等。盖度 31%～55%，样方登记植物 16～17 种，种饱和度 9～11 种/m²。鲜草产量 2193.9kg/hm²，其中禾本科占 13.4%，豆科 62.5%，菊科 17.6%，其他杂草类 6.5%。可利用率 48%，放牧每羊需草地 0.9hm²，每公顷可养羊 1.1 只。属四等六级草地，中度退化。

　　苦豆子+赖草-黑沙蒿型　分布于盐池冯记沟、鸦儿沟附近缓坡丘陵覆沙地或固定沙丘，面积 39 056.0hm²。伴生甘草、刺蓬、棉蓬、中亚白草、蒺藜、地锦、猫头刺、沙蓬等。盖度 35%，样方登记植物 17 种，种饱和度 13 种/m²。半灌木黑沙蒿高 80cm，苦豆子、赖草、甘草高 32～37cm，蒺藜、地锦等高 2～3cm。鲜草产量 3571.5kg/hm²，其中禾本科占 5.8%，豆科 76.0%，菊科 2.1%，杂类草 16.1%。可利用率 45%。放牧每羊需草地 0.6hm²，每公顷可养羊 1.6 只。属四等五级草地，以粗草为主，是冬春季节羊群的主要放牧场，呈中度退化。

　　苦豆子+猪毛蒿型　分布于盐池青山西北古封庄一带，面积 3820.0hm²。

　　苦豆子+刺蓬+中亚白草型　分布于盐池冯记沟东南，面积 2042.0hm²。

　　（猪毛蒿）+苦豆子+杂类草型　分布于盐池大水坑西南草原站附近，面积 1644.0hm²。

　　披针叶黄华-冷蒿-短花针茅+杂类草型　分布于海原蒿川西北、兴仁东南，面积 11 953.9hm²。伴生草地早熟禾（*Poa pratensis*）、蒙古沙葱、西山委陵菜、银灰旋花、皱黄芪、大针茅、蚓果芥、宿根亚麻。盖度 55%，草层高 5～8cm，样地登记植物 22 种，种饱和度 12 种/m²。鲜草产量 2244.8kg/hm²，可利用率 50.0%。放牧每羊需草地 0.8hm²，每公顷可养羊 1.2 只。属三等七级草地，中度退化。

　　4. 杂类草组

　　杂类草组是一组适应干旱、风沙生境的强旱生杂类草为建群种的荒漠草原。在本区主要是老瓜头、匍根骆驼蓬、多根葱、大苞鸢尾。

　　（1）老瓜头（*Cynanchum komarovii* AI. Ilyin）系

　　老瓜头又称老鸹头、牛心朴子，萝藦科旱生多年生草本。强旱生植物，习生于半荒漠、荒漠地带海拔 1200～1600m 的沙质平原、缓丘、固定沙地、干河谷。甚耐干旱，常散生于沙地半荒漠群落，长期过牧则大量增加、形成退化群落的建群种。分布于内蒙古西部、陕西、甘肃、宁夏、青海等地。产于宁夏同心以北各地，尤以盐池、灵武一带初级沙化地段为多见，也以小片状见于原陶乐、青铜峡的初级沙化地段。优势植物还有大苞鸢尾、猫头刺、沙蓬等。群落内有 44 种植物，盖度 15%～30%，种饱和度 4～13 种/m²，地上鲜重 750.0～3750.0kg/hm²。老瓜头高 25～40cm，分盖度 10%。伴生沙生针茅、短花针茅、短翼岩黄芪、牛枝子、细弱隐子草、狭叶米口袋、蒙古沙葱，有时还有沙鞭（*Psammochloa villosa*）。一年生草本有小画眉草、地锦、蒺藜、刺蓬、软毛虫实（*Corispermum puberulum*）、锋芒草等。群落特点是植株稀疏，产量低而不稳。因属初级沙化，群落内尚有较多草原植物，加上夏雨型一年生植物，可供畜群放牧。老瓜头为低等饲用植物，青嫩时家畜都不采食，干枯后山、绵羊、骆驼可食果实、枯枝和叶片，也可割制干草备冬。放牧应严加控制，防止草地的进一步沙化。老瓜头系重要蜜源植物，泌蜜含糖高达 60%，全草根可入中药。

老瓜头 + 大苞鸢尾 + 杂类草型 分布于青铜峡火车站附近，面积 6537.2hm²。为缓坡丘陵覆沙地。老瓜头分盖度 5%，多度 2 株/4m²，频度 60%；大苞鸢尾相应值为 3%，2 株/m²，40%。伴生猫头刺、牛枝子、糙叶黄芪、短花针茅、中亚白草、蒺藜、小画眉草、三芒草、地锦、冠芒草等。盖度 25%，鲜草产量 1255.5（1019.3～1311.0）kg/hm²。重量组成中禾本科占 9.2%，豆科 6.2%，杂类草 34.6%，老瓜头占 50.0%，可利用率 52%，放牧每羊需草地 1.4hm²，每公顷可养羊 0.7 只，属四等六、七级草地，目前中度退化。

老瓜头型 分布于原陶乐东红墩子及灵武横山沱水湾，面积 157.0hm²。

（沙蓬）+ 老瓜头型 分布于灵武达拉池、庙梁子，面积 6419.7hm²。

（2）匍根骆驼蓬（*Peganum nigellastrum* Bunge.）系

匍根骆驼蓬又名骆驼蒿，蒺藜科多年生小草本。产于我国内蒙古中、西部及我国西北。根蘖性耐盐旱生植物。分布于半荒漠、荒漠地带，也侵入草原地带。产于宁夏全区，常见于中、北部盐化的固定、半固定沙地，沙砾质山前洪积、冲积平原、丘间低地、沙漠湖盆边缘、干河床两岸。也多生长于宁夏南部黄土丘陵、村落、饮水点、路边；习见于白刺、芨芨草群落。耐旱，主根深入土壤 30～160cm，具根蘖。在长期过牧引起风蚀、沙化而明显退化的荒漠草原地段可成为群落的演替建群种。

匍根骆驼蓬为低等饲用植物，青嫩时家畜基本不吃，秋后至冬春羊少吃，骆驼采食，牛、马不吃。旱年缺草时，羊、骆驼采食。是蜜源和药用植物。

匍根骆驼蓬 + 杂类草型 主要分布于石嘴山落石滩，在贺兰金山、哨墩子有少量分布，面积 2697.0hm²。地形为山麓洪积坡地，基质粗砂质、多砾石或卵石。伴生芦苇、银灰旋花、细弱隐子草、无芒隐子草、猫头刺、细叶车前、狭叶米口袋、皱黄芪、牛枝子、戈壁天门冬（*Asparagus gobicus*）、中亚白草、驼绒藜、多根葱及一年生植物蒺藜、白茎盐生草、锋芒草、地锦、狗尾草、冠芒草等。盖度 13%～30%。鲜草产量 1087.5（861.8～1350.8）kg/hm²，可利用率 53.0%。放牧每羊需草地 1.6hm²，每公顷可养羊 0.6 只。属四等七、八级草地，不同程度退化。

匍根骆驼蓬-赖草 + 藏青锦鸡儿 + 杂类草型 分布于灵武马家滩圈坑一带，面积 2974.5hm²。

匍根骆驼蓬 + 三芒草-箐状亚菊型 分布于石嘴山火车站以西，面积 1454.0hm²。

匍根骆驼蓬 + 栉叶蒿 + 杂类草型 分布于灵武横山以南，面积 3309.3hm²。

匍根骆驼蓬 + 猪毛蒿型 分布于平罗灵沙北面，面积 465.0hm²。

（刺蓬）+ 匍根骆驼蓬 + 甘草型 分布于陶乐镇牧场以东，面积 18.0hm²。

（3）多根葱（*Allium polyrhizum* Turcz. ex Regel）系

多根葱又名碱葱、碱韭、蛇葱，百合科强旱生多年生草本。广布亚洲中部，以蒙古高原荒漠草原为其分布中心区，生于向阳干旱山坡、石质残丘坡地、沙滩地。

在荒漠草原地带，通常是小针茅草原的优势种或主要伴生种；作为建群种，其群落特征为时常出现在有浮沙的凹地上，一般不形成大面积分布，常与小针茅草原镶嵌存在。分布区辽阔：大致从呼伦贝尔西南部起，向西经华北北部、蒙古高原西部、甘肃河西走廊、青海柴达木东缘，至新疆北塔山、准噶尔西部界山。

在呼伦贝尔草原西南部草原地带多呈环形带状围绕在盐湖周围、干湖盆内部的盐土上；生于红砂荒漠外围盐化程度较低的轻盐土、盐化栗钙土上。在内蒙古高原荒漠草原地带，分布在轻碱化的低平地上。在北疆山地也有分布。其分布地区为海拔 1300～1400m 的低山缓丘或倾斜平原上部，土壤为壤质淡栗钙土。常伴生大苞鸢尾、栉叶蒿、短翼岩黄芪、卵穗薹草、狭叶米口袋、芨芨草、猪毛蒿、地锦、细叶车前、刺蓬、草霸王、狗尾草等。

在宁夏，多根葱主要分布在贺兰山及石嘴山、盐池、吴忠、同心等地。多根葱群落盖度 45%，饱和度 14 种/m²，多根葱高度 15～20cm，地上鲜重 2839.5kg/hm²。据内蒙古测定放牧每羊需草地 4.2hm²。

多根葱为强旱生植物，茎基部由多数密集的鳞茎形成草丛，由多层纤维鞘包被，丛幅 5～10cm。抗干旱、耐轻盐碱化土壤，但在表土强沙化地段生长不良。每年的萌生与雨水密切相关。春雨及时、充沛则萌动较早，长出多汁枝叶，7～8 月开花结籽；干旱年份保持干枯状态，并不萌发，之后仅生成低矮细弱的叶片，上部很快枯萎，并不抽穗，开花，保持休眠状态，遇雨则可萌发。

多根葱为良等饲用植物，茎叶多汁柔嫩，营养较高、适口性好，生长季羊、马、牛、驼喜食，为夏秋季良好放牧食物，可供家畜抓膘，且可使肉味鲜美不膻腥；骆驼采食能刺激驼绒生长，羊群秋季采食可有助于祛除羊鼻蝇。但是产奶家畜采食过多会使奶带葱味；马多采食易疲倦，出现贪懒，甚或流鼻血，小便带血。另外，冬季保留不好，不可作冬季牧场。

多根葱 + 短花针茅 + 刺蓬型　分布于吴忠南部孙家滩，见于高丘陵坡地，面积 2321.6hm²。多根葱分盖度 6%，多度 6 株/m²，频度 100%。伴生短花针茅、细弱隐子草、卵穗薹草、刺蓬、小画眉草、锋芒草、地锦、白茎盐生草、红砂等。盖度 45%，鲜草产量 1622.3kg/hm²，可利用率 50.0%，放牧每羊需草地 1.1hm²，每公顷可养羊 0.9 只。属三等六级草地，为缺水草场，轻度退化。

多根葱 + 蒙古沙葱 + 红砂型　分布于吴忠东南部苦水河西岸，面积 1989.6hm²。

（4）大苞鸢尾（*Iris bungei* Maxim.）系

大苞鸢尾又名本氏鸢尾，鸢尾科强旱生多年生草本。分布于我国内蒙古、山西、甘肃、宁夏等地。本种习见于内蒙古鄂尔多斯市的河边、湖旁等地下水埋深较浅的地段。常见于荒漠草原向典型草原带过渡的地带，生山前洪积扇、固定沙丘（地）、丘间平地。在湖盆边缘有表层浮沙和小砾石的轻盐化地段可形成群落建群种。

在宁夏，大苞鸢尾分布于中部黄河以东地区，包括同心红寺堡、原陶乐三眼井、吴忠孙家滩、盐池惠安堡、灵武横山等地。分布区年降水量 200～250mm，土壤为具浮沙的灰钙土。常见与短花针茅、牛枝子、短翼岩黄芪、红砂、甘草等混生；另伴生猫头刺、细弱隐子草、芨芨草、银灰旋花、冬青叶兔唇花（*Lagochilus ilicifolius*）、长芒草及较多量的一年生草本。群落拥有植物 42 种，盖度 30%～55%，种饱和度 16 种/m²。鲜草产量 1722.0（784.5～3492.0）kg/hm²。

大苞鸢尾春季萌发早，青嫩多汁，羊喜食，开花时花、叶羊采食，生长后期则不吃，青鲜时大畜很少采食或根本不吃；霜降后适口性增强，属中等牧草，骆驼、羊、驴吃。可打贮干草，冬春补饲利用。冬春保留好，是家畜的冬春牧场。

大苞鸢尾 + 中亚白草-芨芨草型　分布于同心红寺堡一带，面积 5373.4hm²。伴生植物有猫头刺、牛枝子、匐根骆驼蓬、小画眉草、刺蓬等。盖度 55%。鲜草产量 3594.8kg/hm²，其中禾本科占 39.9%，豆科 7.7%，杂类草 52.5%。可利用率 46%。放牧每羊需草地 0.6hm²，每公顷可养羊 1.6 只。属于三等五级草地，中度退化。

大苞鸢尾 + 猫头刺 + 杂类草型　分布于灵武石沟驿东南的缓坡丘陵，面积 5254.3hm²。地表有浮沙及砾石、小卵石。伴生牛枝子、短翼岩黄芪、细弱隐子草、短花针茅、长芒草、薯状亚菊、匐根骆驼蓬、小画眉草、锋芒草、二裂委陵菜、北芸香（*Haplophyllum dauricum*）、刺蓬等。盖度 35%～40%，鲜草产量 1394.3kg/hm²。可利用率 50%。放牧每羊需草地 1.3hm²，每公顷可养羊 0.8 只。属于四等七级草地，中度退化。

大苞鸢尾 + 匍根骆驼蓬-细弱隐子草 + 牛枝子型　分布于吴忠南端，面积 6127.6hm²。

大苞鸢尾-栉叶蒿 + 杂类草型　分布于灵武横山堡以南，面积 1525.7hm²。

（刺蓬）+ 大苞鸢尾 + 匍根骆驼蓬型　分布于陶乐镇牧场附近，面积 40.0hm²。

（刺蓬）-燥原荠（*Ptilotricum canescens*）-刺旋花型　分布于中宁烟筒山以西、马鞍山一带，面积 4624.2hm²。

5. 小灌木、小半灌木组

建群种是强旱生的小灌木、小半灌木。在宁夏有珍珠柴、红砂、薯状亚菊、松叶猪毛菜。

（1）珍珠柴（*Salsola passerine* Bunge）系

珍珠柴又名珍珠猪毛菜、雀猪毛菜、珍珠。藜科强旱生小半灌木。亚洲中部特有成分，常与红砂共同组成荒漠群落。也经常在荒漠地带外围与一些强旱生多年生草本组成各种半荒漠群落。分布于内蒙古高原西、北部、宁夏中北部、甘肃北部河西走廊两侧的低山、丘陵，在阿拉善高原南部荒漠区的龙首山、桃山山地海拔 2000～2200m 垂直带也有分布。其分布主要是山前海拔 1500～2400m 的切割丘陵、洪积平原沙砾质棕色荒漠土。

在宁夏分布于吴忠孙家滩，同心下流水、喊叫水，中宁康滩、周塔、新堡、城堡、城关、滚井北、关帝，青铜峡枣胡子梁，灵武横山，中卫大草垛山，海拔 1250～1580m 的低山、丘陵阴、半阴坡、滩地。常以荒漠草原群落插花分布于草原化荒漠之间。土壤为淡灰钙土，多呈沙质、盐土化，地表具或多或少砾石、碎石。

珍珠柴为中等饲用植物，当年嫩枝羊采食，干枯后不吃；马、牛很少采食；骆驼四季喜食。群落内的多年生、一年生草本可供半荒漠地带骆驼、羊、大家畜放牧。

珍珠柴 + 短花针茅 + 红砂型　分布于青铜峡与中宁交界处的牛首山南麓，面积 18 581.7hm²。珍珠柴分盖度 5%，多度 3～5 株/4m²，频度 90%；短花针茅分盖度 3%～6%，多度 22～37 株/4m²，频度 90%。伴生猫头刺、糙叶黄芪、银灰旋花、细弱隐子草、多根葱、平车前等，以及大量一年生植物草霸王、刺蓬、星状刺果藜、小画眉草、锋芒草、地锦、白茎盐生草、冠芒草等。草层高 15～28cm，盖度 23%～26%，样地登记植物 20～23 种，种饱和度 8～14 种/m²。鲜草产量 1327.5kg/hm²，可利用率 65%。放牧每羊需草地 1.4hm²，每公顷可养羊 0.7 只。属二、三等六、七级草地，轻或中度退化。

珍珠柴 + 短花针茅型　分布于同心下流水乡西部，永宁西部唐石沟，面积 11 657.9hm²。土壤表层多砾石及石块。伴生红砂、藏青锦鸡儿、细弱隐子草、多根葱、薯状亚菊、卵穗薹草、冷蒿、蚓果芥等。盖度 20%～43%，样地登记植物 15（6～25）种，种饱和度 7（5～9）种/m²。鲜草产量 2037.8kg/hm²，其中禾本科占 4.8%，豆科 6.1%，藜科 84.7%，杂类草 4.4%。可利用率 50%。放牧每羊需草地 1.0hm²，每公顷可养羊 1.0 只。属二等六、七级草地，轻度至中度退化。

珍珠柴-细弱隐子草型　分布于中卫景庄以西及西北、中宁反帝乡大平村、下台子等地，面积 19 603.4hm²。地面为沙质或有砾石分布。伴生短花针茅、猫头刺、红砂、松叶猪毛菜、卵穗薹草、银灰旋花、多根葱、棉团铁线莲（*Clematis hexapetala*）、戈壁天门冬及一年生植物冠芒草、草霸王、星状刺果藜、地锦等。盖度 25%～35%。鲜草产量 1575.0kg/hm²，可利用率 43%。放牧每羊需草地 1.4hm²，每公顷可养羊 0.7 只。属二等六级草地，草群中优等草占 4.3%，良等草 87.5%，中等草 8.2%，中度至重度退化。

珍珠柴-卵穗薹草 + 细弱隐子草型　分布于青铜峡牛首山以南，同心喊叫水以南、新庄集西北部等地，面积 11 814.2hm²。本型的特点是出现大量的卵穗薹草，伴生植物有银灰旋花、地锦、平车前、短花针茅、长芒草、星状刺果藜、小画眉草、锋芒草、冠芒草、红砂、白茎盐生草、栉叶蒿、细叶韭等。样地登记植物 20（17～23）种，种饱和度 12～17 种/m²，盖度22%，草层高度 10～16cm。鲜草产量 1673.3kg/hm²，可利用率 50%。放牧每羊需草地 1.1hm²，每公顷可养羊 0.9 只。属二、三等六、七级草地，中度至重度退化。

珍珠柴 + 猪毛蒿 + 红砂型 分布于同心喊叫水北部，面积 20 678.7hm²。伴生植物有短花针茅、细弱隐子草、蒙古沙葱及一年生草本栉叶蒿、锋芒草、地锦、冠芒草、星状刺果藜、白茎盐生草、小画眉草等。盖度 22%，草层高度 12～27cm。鲜草产量 1145.3kg/hm²，可利用率 58%。放牧每羊需草地 1.4hm²，每公顷可养羊 0.7 只。属二等七级草地，中度退化。

珍珠柴 + 猪毛蒿-细弱隐子草型 分布于同心喊叫水西南、下流水东南一带，面积16 917.4hm²。

珍珠柴 + 红砂-细弱隐子草型 分布于吴忠西南部孙家滩，面积 1544.3hm²。

珍珠柴 + 多根葱-卵穗薹草型 分布于灵武横城西南，面积 334.0hm²。

珍珠柴 + 多根葱 + 红砂型 分布于吴忠高闸乡吴纪沟，面积 2202.3hm²。

珍珠柴 + 大苞鸢尾 + 红砂型 分布于中宁烟筒山西部野猪沟，面积 777.0hm²。

（卵穗薹草）-珍珠柴 + 杂类草型 分布于中宁南部烟筒山以南、同心北部及吴忠南部等地区的缓坡丘陵梁坡地及山地坡脚，面积 23 137.9hm²。土表轻度沙化，有砾石分布。群落内有大量卵穗薹草分布，分盖度 3%～4%，多度 22～40 株/m²，频度 30%～100%。珍珠柴、红砂组成小半灌木层片。伴生大苞鸢尾、多根葱、细弱隐子草、星状刺果藜、短花针茅、长芒草、猪毛菜（*Salsola collina*）、猪毛蒿、草霸王等，有时疏生狭叶锦鸡儿。草层高 15～27cm，盖度 38%（36%～40%），样地登记植物 14～19 种，种饱和度 11～13 种/m²。鲜草产量 1767.0（1619.3～1886.3）kg/hm²，其中禾本科占 1.5%，菊科 5.0%，藜科 31.3%，莎草科 2.3%，其他杂类草 59.9%。可利用率50%。放牧每羊需草地 1.1hm²，每公顷可养羊 0.9 只。属二、三等六级草地，退化程度轻重不等。

（2）红砂 [*Reaumuria songarica*（Pall.）Maxim.] 系

红砂又名琵琶柴、枇杷柴、红虱，为柽柳科超旱生、盐生小灌木。红砂荒漠是我国荒漠区分布最广的地带性植被类型。除了广布于亚洲中部荒漠地带，成为稳定的荒漠群落建群种以外，在围绕荒漠地带的外围，以及荒漠带内局部水分条件稍好的地区，它又会与多种草原植物相结合，成为荒漠化草原群落的建群种。例如在内蒙古乌兰察布市北西部、阿拉善盟东部、鄂尔多斯市西部及宁夏中北部、甘肃河西走廊两侧山地低山带及新疆天山北麓巴里坤低山带、天山南坡、东疆地区都有红砂与禾草组成的半荒漠。群落内红砂生长旺盛而均匀，100m²内有 107～173 株，株高 8～15cm，丛径 35～75cm；次优势种有石生针茅、沙生针茅、短花针茅、无芒隐子草等。伴生植物有珍珠柴、冷蒿、多根葱、戈壁天门冬、薯状亚菊及诸多夏雨型一年生草本。盖度 7%～10%，草层高 6～12cm，种饱和度 2～9 种/m²，地上部干重366.0kg/hm²。其中灌木占 57.1%，多年生草本 39.3%，一年生草本 3.6%。为四等草地。因群落内含有多种多年生、一年生牧草，降雨正常年份可供家畜四季放牧。

在宁夏中、北部禾草与红砂组成的半荒漠群落，有短花针茅-红砂荒漠草原。分布于吴忠、石嘴山、中宁、中卫香山、永宁贺兰山三关等地低山、丘陵、山麓洪积扇的分布区海拔 1400～1660m。有植物 86 种，盖度 15%～35%（40%），种饱和度 4～9 种/m²，地上鲜重 150.0～675.0kg/hm²。常有荒漠锦鸡儿、松叶猪毛菜、刺旋花、细弱隐子草、中亚白草、三芒草、刺蓬等伴生，荒漠性一年生草本种类繁多。

还有细弱隐子草-红砂共建的半荒漠，分布于中宁、中卫香山、青铜峡、陶乐镇等地，地面有碎石、浮沙的缓丘地区。有植物 41 种，生长稀疏，盖度 18%～20%，种饱和度 9 种/m²。红砂高约 15cm，细弱隐子草高 5cm。地上鲜重 600.0～975.0kg/hm²。次优势种还有刺旋花、猫头刺。伴生阿尔泰狗娃花、单叶黄芪、糙叶黄芪、老瓜头、戈壁天门冬、中亚白草、草霸王、细叶葱、蒙古沙葱、多根葱、薯状亚菊、匍根骆驼蓬等及多种荒漠性一年生草本。可供家畜放牧，但产量不高。

此外还有红砂分别与大苞鸢尾、刺旋花、猫头刺、冠芒草、牛枝子、银灰旋花、唐古特白刺、草霸王等组成的荒漠草原或草原化荒漠群落，分布于宁夏中、北部向西北连接东阿拉善的半荒漠地带。

红砂＋短花针茅型　分布于青铜峡西北部、永宁黄羊滩农场西北部至银川西郊一带，面积 15 614.6hm²。地面多碎石、卵石。红砂分盖度 6%～11%，多度 1 株/4m²，频度 90%～100%。伴生刺旋花、银灰旋花、糙叶黄芪、细弱隐子草、三芒草等。盖度 11%，鲜草产量 481.5kg/hm²，可利用率 75%。放牧每羊需草地 2.5hm²，每公顷可养羊 0.4 只。属三等八级草地，中度退化。

红砂＋短花针茅＋珍珠柴＋杂类草型　分布于青铜峡镇东南，面积 12 781.1hm²。伴生薯状亚菊、细弱隐子草、多根葱、细叶车前、小画眉草、锋芒草、刺蓬、草霸王、星状刺果藜、地锦。盖度 25%，鲜草产量 897.0kg/hm²，可利用率 58%。放牧每羊需草地 1.8hm²，每公顷可养羊 0.6 只。属二、三等七、八级草地，重度退化。

红砂＋短花针茅-珍珠柴型　分布于青铜峡西北羊夫井附近，面积 2215.7hm²。

红砂-细弱隐子草型　分布于贺兰金山西南部山麓洪积扇，面积 18 574.9hm²。地面粗沙质，并有卵石、砾石散布。伴生短花针茅、银灰旋花、牛枝子、中亚白草、松叶猪毛菜；一年生植物以冠芒草最多，其次有狗尾草、锋芒草、刺蓬、地锦、蒺藜、三芒草（Aristida adscensionis）等，是荒漠化较强的类型。盖度 10%，样地登记植物 27 种，种饱和度 14 种/m²。鲜草产量 744.8kg/hm²，可利用率 54%。放牧每羊需草地 2.3hm²，每公顷可养羊 0.4 只。属三等七、八级草地，放牧过重，退化严重。

红砂＋大苞鸢尾＋短花针茅型　分布于永宁黄羊滩农场西南部贺兰山洪积扇，面积 11 710.0hm²。伴生赖草、冠芒草等，有较多的黑沙蒿。盖度 15%，鲜草产量 794.3kg/hm²，可利用率 58%。放牧每羊需草地 2.0hm²，每公顷可养羊 0.5 只。属三等七级草地，中度退化。

红砂＋刺旋花-细弱隐子草型　分布于青铜峡西北部贺兰山洪积扇，面积 13 521.8hm²。为砾石基质的半戈壁。伴生短花针茅、多根葱、阿尔泰狗娃花、猫头刺、中亚白草、珍珠柴、戈壁针茅（Stipa gobica）、草霸王、猪毛蒿等。盖度 7%，样地登记植物 21～30 种，种饱和度 6～8 种/m²。鲜草产量 991.5kg/hm²，可利用率 55%。放牧每羊需草地 1.7hm²，每公顷可养羊 0.6 只。属四等七级草地，为缺水草场，轻度退化。

红砂＋猫头刺＋杂类草型　分布于中宁恩和南部、烟筒山以东，面积 9882.5hm²。伴生细弱隐子草、短花针茅、银灰旋花、牛枝子、狭叶米口袋、戈壁天门冬、细叶车前及大量一年生植物小画眉草、虎尾草、锋芒草、冠芒草、白茎盐生草、草霸王、星状刺果藜、地锦等。盖度 42%（30%～55%），鲜草产量 1282.5kg/hm²。其中禾本科占 21.6%，豆科 1.8%，藜科 24.3%，其他杂草 52.3%，可利用率 45%，放牧每羊需草地 1.6hm²，每公顷可养羊 0.6 只。属三、四等七级草地，严重退化。

（刺蓬）-红砂＋短花针茅型　分布于中宁恩和东南，烟筒山东麓，灵武石沟驿东南，面积 7964.9hm²。地形为缓坡丘陵或山坡地，地表沙质，有砾石分布，局部因大片基岩裸露而石质化。群落内生长大量刺蓬。分盖度 8%，多度 74～134 株/4m²，频度 90%～100%。伴生种有薯状亚菊、藏青锦鸡儿、长芒草、牛枝子、短翼岩黄芪、细弱隐子草、多根葱、宿根亚麻及多种一年生植物。盖度 36%～38%，鲜草产量 1825.5kg/hm²，可利用率 47%。放牧每羊需草地 1.1hm²，每公顷可养羊 0.9 只。属三等六、七级草地，中度至重度退化。

红砂 + 大苞鸢尾 + 猫头刺型　分布于青铜峡火车站以西，面积 3584.0hm²。

（刺蓬-卵穗苔）+ 红砂型　分布于吴忠西南部古木岭一带，缺水草场，面积 1988.5hm²。

（3）薯状亚菊[*Ajania achilleoides*（Turcz.）Poljak.]系

薯状亚菊又名芪状艾菊，芪状亚菊。菊科强旱生小半灌木。亚洲中部荒漠草原地带极具地方特色的戈壁型小半灌木草地类型。主要分布于内蒙古乌兰察布高原西部、鄂尔多斯高原中西部及宁夏中北部地区。分布区为海拔 1200～1670m（最高 1950m）的低山，丘陵阴、阳坡。作为地带性荒漠草原类型，非常适应这一地带的强旱生大陆性气候和十分贫瘠的棕钙土、灰棕荒漠土、灰钙土、淡灰钙土等土壤，并以表层具有石砾质基质为特点。其分布向东与内蒙古荒漠草原地带东半部的女蒿（*Hippolytia trifida*）荒漠草原相毗邻；向西可于局地伸入草原化荒漠亚地带，但不进入阿拉善荒漠中心腹地；向南被分布于宁夏南部及甘肃境内黄河以北黄土高原北部的灌木亚菊（*Ajania fruticulosa*）所替代[①]。薯状亚菊株高 8～10cm，少量花梗可达 15cm。枝条自基部分枝，近地面木质化，叶量较多。薯状亚菊为建群种的群落常以团块状嵌合在分布区的小针茅荒漠草原背景上，很少形成完整的大块分布，微生境具明显沙砾质特征。群落中强旱生小半灌木、小灌木具重要作用，常会出现像驼绒藜、木地肤（*Kochia prostrata*）、藏青锦鸡儿（*Caragana tibetica*）等草原化荒漠的优势植物，丛生禾草层片具相对次要地位，群落外貌常显现稀疏、低矮、半郁闭状态。一般盖度 8%～10%，稍好的可达 15%。

宁夏中北部薯状亚菊荒漠草原分布较广泛，包括中卫景龙、常乐、永康，同心王团、下马关、预旺，灵武横山，海原兴隆、徐套，石嘴山水泉沟等地。群落组成略显丰富，含植物 87 种，盖度可达 30%～40%（范围 12%～60%），种饱和度 3～10 种/m²。伴生植物有细弱隐子草、披针叶黄华、短翼岩黄芪、二色棘豆、珍珠柴、黄花矶松、戈壁天门冬、二裂委陵菜、银灰旋花、红砂等，以及较多荒漠性一二年生草本。可分为薯状亚菊与短花针茅等强旱生禾草组合，与红砂、猫头刺等强旱生小灌木、小半灌木组合，与蒿类矮草本冷蒿组合等不同的草地类型。

薯状亚菊为良等饲用植物。春季萌发较早，分枝较多，茎干木质化程度低，叶量较多，

---

① 通过对薯状亚菊荒漠草原的了解，我们联想到同样位于亚洲半荒漠地带的另外几种类似的菊科小半灌木半荒漠类型。包括女蒿（*Hippolytia trifida*）、灌木亚菊（*Ajania fruticulosa*）和小花亚菊（*A. pallasiana*），都是小针茅（短花针茅、戈壁针茅、沙生针茅等）荒漠草原的石砾质变体。它们在地理分布上依次相邻，互成为地理替种。其中女蒿荒漠草原位于蒙古高原荒漠草原带的东半部；向西偏南气候更趋干旱时，则让位于处于乌兰察布高原西部、鄂尔多斯高原中西部及宁夏中北部的薯状亚菊荒漠草原；从这里向南、向西，又替代为以小面积分布于宁夏南部，向西延伸至甘肃景泰、古浪、河西走廊及新疆北疆山麓的灌木亚菊荒漠草原；还有甘肃黄河以北，靖远以西至河西走廊东段祁连山、大黄山山前丘陵、沟谷坡地的小花亚菊荒漠草原。它们都是以强旱生小半灌木为建群种的荒漠草原，可统称为亚洲中部半荒漠地带的"小亚菊草场"。向西可伸入草原化荒漠亚地带，但不进入西、北部的荒漠腹地。它们相互间含有以下几点共同特性。

1）都是发育在半荒漠地带石砾质棕钙土、灰钙土的地带性草地类型，堪称地带性小针茅草原的石砾质变体。多数情况下不呈大面积连续分布，多是嵌合在当地小针茅草原背景上，以较小面积团块状分布，与所处小针茅草原有较多的共有成分。

2）群落中强旱生小半灌木层片为主体部分，旱生丛生禾草退居次优势地位，有一定的旱生杂类草和较多一年生荒漠性草本，随降水量多少而兴衰，属不稳定成分。

3）具稀疏、低矮、半郁闭结构特征。季相变化明显，由春季针茅抽穗，盛夏一片灰绿，到秋雨后满地鲜艳黄色花朵，秋末渐趋枯黄，进入休眠状态。

4）均属良等草场，群落中多种牧草具较好的适口性和饲用价值，是较好的放牧场，四季放牧，冬季保留良好，可供家畜抓膘、保膘。

适口性好，耐牧，为羊、驼所喜食，牛、马也吃。夏秋季适口性降低，霜后又恢复，冬季保留良好，可供家畜夏、秋季催肥和枯草季放牧保膘。群落内伴生的丛生禾草、杂类草、小半灌木及雨季滋生的多种一年生草本植物也具良好营养和适口性，一般年份产量比较稳定，是放牧家畜的良好牧场。

蓍状亚菊＋短花针茅＋杂类草型　分布于海原徐套、关桥、兴隆之间的黄土丘陵低山梁坡，灵武东北部，石嘴山清水沟等地，面积 36 829.6hm²。土壤为灰钙土或淡灰钙土，地表常有砾石。蓍状亚菊分盖度 12%～20%，多度 60～111 株/4m²，频度 100%；短花针茅相应值为10%～11%，37～52 株/4m²，100%。伴生阿尔泰狗娃花、长芒草、冷蒿、银灰旋花、细弱隐子草等。具有较发育的旱生小灌木、小半灌木层片，包括松叶猪毛菜、荒漠锦鸡儿、珍珠柴、红砂等。盖度 22.5%（12%～33%），样地登记植物 16～17 种，饱和度 11（10～12）种/m²，草层高 7～10cm，鲜草产量 899.3kg/hm²，其中小灌木、小半灌木占 51.2%。草本占 49.8%。可利用率 72%。放牧每羊需草地 1.4hm²，每公顷可养羊 0.7 只。属三等七、八级草地，草群中良等草占 43.6%，中等草 35.4%，呈轻度或中度退化。

蓍状亚菊＋短花针茅＋珍珠柴型　分布于中宁烟筒山山地。为石质低山，面积 9596.9hm²。地面有裸露岩石。伴生细弱隐子草、红砂、细叶韭、刺蓬、黄花矶松、猪毛菜、卵穗薹草、阿尔泰狗娃花、小画眉草等。盖度 30%，草层高 18～19cm，鲜草产量 864.8kg/hm²。可利用率 65%。放牧每羊需草地 1.6hm²，每公顷可养羊 0.6 只。属三等七级草地，中度退化。

蓍状亚菊＋红砂＋多根葱＋杂类草型　分布于灵武横山东南，另外在磁窑堡西北部与珍珠柴＋红砂-多根葱型草原化荒漠复合存在，面积 8603.5hm²。伴生珍珠柴、短花针茅、冬青叶兔唇花、糙叶黄芪、细弱隐子草、猫头刺、锦鸡儿（*Caragana* sp.）等；一年生植物有草霸王、蒺藜、刺蓬、锋芒草、栉叶蒿等。盖度 30%，草层高 15～18cm，鲜草产量 777.8kg/hm²，可利用率 70%。放牧每羊需草地 1.7hm²，每公顷可养羊 0.5 只。属三等七级草地，重度退化。

蓍状亚菊＋斑子麻黄＋短花针茅型　分布于银川西郊贺兰山洪积扇、贺兰山农牧场西郊，面积 8260.0hm²。伴生刺旋花、细弱隐子草、阿尔泰狗娃花、狗尾草、冬青叶兔唇花等。盖度41%，草层高 7～20cm。鲜草产量 952.5kg/hm²，可利用率 70%。放牧每羊需草地 1.4hm²，每公顷可养羊 0.7 只。属三等七级草地，中度退化。

蓍状亚菊＋大针茅＋短花针茅-冷蒿型　分布于海原关桥西南部，面积 3683.3hm²。与短花针茅-荒漠锦鸡儿＋杂类草荒漠草原常呈复区存在。

蓍状亚菊＋猫头刺＋短花针茅型　分布于中卫南山台子，面积 1098.2hm²。

蓍状亚菊＋短花针茅＋阿尔泰狗娃花＋猫头刺型　分布于中卫景庄东北部的香山山地，面积 21 180.2hm²。伴生披针叶黄华、光药大黄花、蜀果芥、猪毛蒿、荆芥（*Nepeta cataria*）、短翼岩黄芪、中亚白草、皱黄芪、长芒草等。盖度 60%，草层高 4～10cm。鲜草产量 932.3kg/hm²，可利用率 63%。放牧每羊需草地 1.6hm²，每公顷可养羊 0.6 只。属三等七级草地，中度退化。

6. 垫状小半灌木组

本组草地由强旱生垫状小半灌木构成建群种。宁夏主要是刺旋花、猫头刺。它们适应多风生境，生长较低矮。自茎基部即分枝，外形似坐垫状、馒头状。

（1）刺旋花（*Convolvulus tragacanthoides* Turcz.）系

刺旋花又称木旋花，鹰爪刺。旋花科强旱生具刺、坐垫状小半灌木。茎密集分枝，高 10～20cm，全株被银灰色绒毛，根基常因风蚀积成小丘状。分布于我国内蒙古西部、陕西、宁夏中北部、甘肃、青海柴达木、新疆、四川西北部。习生于半荒漠地带的山地浅山坡、干沟、干河床、山间盆地、山前砾石质丘陵坡地。常出现于沙冬青、珍珠柴、松叶猪毛菜、合头草（*Sympegma regelii*）、红砂、绵刺（*Potaninia mongolica*）等荒漠、半荒漠群落中。在上述浅山、山前洪积坡地强旱生生境，则构成荒漠草原群落建群种。其分布与地表强石质、砾石或沙漠的沙砾质生境密切相关，可耐轻度土壤盐渍化。

在宁夏刺旋花荒漠草原主要分布于平罗汝箕沟口的洪积扇上部，贺兰金山，青铜峡小口子火车站，中宁新堡，同心下马关、韦州等地，以及贺兰山、罗山洪积扇、山前倾斜平原的部分地段，海拔 1200～1520m，有时可达 1800m 的浅山、山前丘陵或洪积扇，生长地地面多石块、碎石或砾石。土层薄，植被稀疏矮小，呈现荒漠化景观。

据调查，刺旋花群落有 75 种植物，盖度 10%～20%，种饱和度 11 种/m²。生产力低下，鲜草产量 375.0～750.0kg/hm²。大致可分为与猫头刺、红砂组成的刺旋花-小半灌木、小灌木组合，与松叶猪毛菜、荒漠锦鸡儿组成的刺旋花-灌木组合，与菊状亚菊、冷蒿组成的刺旋花-小半灌木组合，与戈壁针茅、短花针茅、细弱隐子草组成的刺旋花-丛生禾草组合，以及与刺蓬组成的刺旋花-一年生草本组合等不同的类型。

刺旋花以亚洲中部荒漠草原亚地带为集中分布区，是典型的荒漠草原种。

刺旋花＋短花针茅＋杂类草型　分布于海原兴仁堡东北油井山，贺兰、银川西部贺兰山东麓洪积扇上部，面积 25 447.6hm²。生境较干燥，为石质山坡或山麓洪积扇。刺旋花分盖度 11%，多度 29.5（15～44）株/m²，频度 50%～90%；短花针茅分盖度 2%，多度 42（10～73）株/4m²，频度 50%～90%；菊状亚菊分盖度 3%，多度 6 株/4m²，频度 90%。伴生松叶猪毛菜、细弱隐子草、长芒草、冬青叶兔唇花、蒙古沙葱、草霸王，有时还有大针茅、短翼岩黄芪、中亚紫菀木等。群落盖度 21%（15%～27%），样地登记植物 20（13～27）种，种饱和度 14（11～17）种/m²。鲜草产量 831.8（643.5～858.0）kg/hm²，可利用率 50%。放牧每羊需草地 2.3hm²，每公顷可养羊 0.4 只。属四、五等八级草地，中度退化。

刺旋花＋短花针茅＋红砂型　分布于青铜峡西北部，中卫南部沙毛羊场以南，中宁户墩子等地，面积 7834.0hm²。分布于石质山坡地，表面覆盖砾石或卵石。刺旋花分盖度 3%～15%，多度 17 株/4m²，频度 40%～100%，在产量组成中占 13.8%；短花针茅分盖度 5%，多度 73 株/4m²，频度 100%，在群落组成中占 3.1%；红砂分盖度 4%～9%，多度 1～3 株/4m²，频度 90%，在群落组成中占 20.2%。常见伴生植物有牛枝子、细弱隐子草、多根葱、糙叶黄芪、远志等，小半灌木还有猫头刺、松叶猪毛菜；一年生草本有草霸王、刺蓬、小画眉草、地锦、蒺藜、三芒草等。样地登记植物 22～23 种，种饱和度 8～13 种/m²。群落盖度 15%～23%。鲜草产量 519.8（480.0～1007.0）kg/hm²，其中禾本科占 5.3%～7.5%，豆科 11.2%～22.5%，杂类草 74.9%～89.5%。可利用率 60%。放牧每羊需草地 2.9hm²，每公顷可养羊 0.3 只。属五等五级草地，退化程度一至三级。

刺旋花＋荒漠锦鸡儿型　分布在海原甘盐池北山唐家坡一带阳山坡，面积 1133.0hm²。与阴坡的冷蒿＋星毛委陵菜-大针茅典型草原呈复区存在。

刺旋花＋菊状亚菊＋长芒草型　分布于同心小罗山东麓，面积 2250.5hm²。

刺旋花-冠芒草-松叶猪毛菜-细弱隐子草型　分布于平罗崇岗附近，面积 2073.0hm²。

（2）猫头刺（*Oxytropis aciphylla* Ledeb.）系

猫头刺又名刺叶柄棘豆，豆科强旱生具刺坐垫状小半灌木。猫头刺广泛分布于我国河北北部、内蒙古中西部、陕北、甘肃、新疆等地。习生于半荒漠地带的石质、砾石质或具厚沙的砾石质山丘、山麓洪积扇、冲积坡地、河谷阶地、固定、半固定沙丘（地）。适淡灰钙土、淡栗钙土、棕钙土或漠钙土。株高 10～20cm，密集分枝，叶轴顶端具硬质刺尖，叶片两面及荚果密被白色伏柔毛，早春时遍株盛开蓝紫色蝶形花朵，在数日内使荒漠草原呈现难得的绚丽景观。习性耐旱，但不能忍耐特旱年份的持久大旱，是典型的荒漠草原种。猫头刺常作为恒有的伴生成分出现于内蒙古乌兰察布高原北部的戈壁针茅荒漠草原、宁夏中北部的短花针茅荒漠草原；在沙区也常伴生于中间锦鸡儿和黑沙蒿沙质半荒漠群落；在贺兰山山前洪积扇、鄂尔多斯剥蚀低山山坡出现红砂、短脚锦鸡儿（*Caragana brachypoda*）、刺旋花、松叶猪毛菜，以及在东阿拉善南部出现于沙冬青、绵刺（*Potaninia mongolica*）草原化荒漠群落中，在库布齐沙漠南部、毛乌素沙地西北部则出现于藏青锦鸡儿、黑沙蒿草原化荒漠中。在陕北，猫头刺也出现于毛乌素沙地的沙生针茅、刺旋花、沙冬青荒漠草原中。在甘肃河西走廊则与紫菀木（*Asterothamnus alyssoides*）结合，组成草原化荒漠的建群种。

猫头刺广泛分布于宁夏盐池大水坑、冯纪沟、青山、马儿庄，灵武石沟驿、磁窑堡、马家滩、横山、永宁宁化桥，平罗崇岗，中宁恩和、石光、关帝、青铜峡立新、西山双合子、马家滩、银子山等地海拔 1020～1590m 的山前洪积扇、低山丘陵、滩地。以猫头刺为建群种的群落是构成宁夏中、北部荒漠草原面积最大的类型。宁夏的猫头刺荒漠草原在不同生境，可以有与旱生杂类草大苞鸢尾相结合，与豆科苦豆子、甘草相结合，与黑沙蒿（*Artemisia ordosica*）、老瓜头相结合的不同类型。据调查，群落组成中有植物 100 余种，盖度 25%～40%（15%～55%），种饱和度 14～17 种/m^2。鲜草产量因生境而异，为 750.0～1500.0（240.0～3450.0）kg/hm^2。

在宁夏更为干旱的生境，猫头刺还可以与强旱生小半灌木组成草原化荒漠群落。例如，在青铜峡广武的滩地上就有猫头刺-锐枝木蓼（*Atraphaxis pungens*）草原化荒漠，植物生长十分稀疏，盖度仅为 14%左右，种饱和度 4 种/m^2。鲜草产量仅有 810.0kg/hm^2，在中卫关帝乡大石头村也有具狭叶锦鸡儿（*Caragana stenophylla*）的猫头刺-红砂草原化荒漠群落，有植物 26 种，盖度 25%，种饱和度 4 种/m^2，鲜草产量 337.5kg/hm^2。

猫头刺属于低等饲用植物，植株矮小，叶轴尖端具刺尖，形成馒头形状的坐垫，将叶片包围其中，家畜不易采食，仅在早春或旱年缺草时山、绵羊可采食其嫩枝叶和花；骆驼夏秋季采食。然而猫头刺草场有固沙保土、防止风蚀的环保作用，又是早春的粉、蜜源植物，不容轻视。群落中有多种旱生杂类草、豆科牧草等，雨季又有较多的荒漠性一年生草本滋生，是放牧家畜的重要草场；在半荒漠地带，尤其是骆驼的秋冬季牧场。

猫头刺＋短花针茅＋杂类草型　分布于灵武石沟驿西南部，吴忠高闸，同心大罗山东北韦州东、南部、纪家西北部，面积 37 522.2hm^2。是本区荒漠草原的地带性草地类型。猫头刺分盖度 5%～15%，多度 11～14 株/m^2，频度 100%，短花针茅相应值为 4%～12%，11～15 株/4m^2，60%～100%。样地登记植物 15～17 种。草群内混生大量的多年生旱生草本植物，有匍根骆驼蓬、银灰旋花、短翼岩黄芪、沙生针茅、牛枝子、细叶车前、狭叶米口袋、中亚白草等；一年生植物有刺蓬、藜藜、小画眉草、地锦、棉蓬（*Corispermum* sp.）、猪毛蒿等。群落盖度 40%，鲜草产量 2167.5（1912.5～2208.0）kg/hm^2，其中禾本科占 10.2%，豆科 79.0%，杂类草 10.8%。可利用率 42%。放牧每羊需草地 1.1hm^2。每公顷可养羊 0.9 只。属四等六级草地，群落中低等草占 6.5%，优等草 2.3%，良等草 10.2%，轻或重度退化。

猫头刺-牛枝子型　分布于同心纪家、周家河湾附近的起伏滩地，面积 15 822.3hm^2。伴生细弱隐子草、长芒草、猪毛菜（*Salsola collina*）、白茎盐生草、小画眉草等。盖度 47%，鲜草产量 2903.3kg/hm^2，可利用率 44%。放牧每羊需草地 1.0hm^2，每公顷可养羊 1.0 只。属四等六级草地，中度退化。

猫头刺+老瓜头型 分布于中宁恩和东南、烟筒山以南及渠口农场附近，中卫南山台子，面积 41 789.7hm²。地面有浮沙。猫头刺分盖度 10%，多度 19 株/4m²，频度 100%。老瓜头相应值为 2%，6 株/4m²，80%。伴生牛枝子、细弱隐子草、戈壁针茅、刺蓬、狭叶锦鸡儿等。盖度 20%，样地登记植物 20 种，种饱和度 9 种/m²。鲜草产量 633.8kg/hm²，其中禾本科占 1.7%，可利用率 50%。放牧每羊需草地 2.9hm²，每公顷可养羊 0.3 只。属四等或五等八级草场，是沙化草地劣质低产的不良草场。

猫头刺-黑沙蒿-中亚白草+棉蓬型 分布于灵武磁窑堡南面、石沟驿东南、马家滩西南部的缓坡丘陵梁坡地，面积 4497.7hm²。地面为细沙及碎石。伴生大量中亚白草、甘草、老瓜头、藏青锦鸡儿、牛枝子、单叶黄芪、棉蓬、冠芒草、小画眉草、地锦等。盖度 44%，鲜草产量 1288.8kg/hm²，可利用率 45%。放牧每羊需草地 1.6hm²，每公顷可养羊 0.6 只。属三等七级草地，中度退化。

（刺蓬）+猫头刺型 分布于同心韦州西北及大罗山以北的丘陵坡地，面积 33 202.0hm²。生长地为砾石基质，群落内有大量刺蓬。伴生冷蒿、短花针茅、薔状亚菊、长芒草、细弱隐子草、猪毛菜、远志、冰草（*Agropyron cristatum*）等，盖度 40%，鲜草产量 3203.3kg/hm²，可利用率 48%。放牧每羊需草地 0.6hm²，每公顷可养羊 1.6 只。属四等五级草地，中、重度退化。

猫头刺+长芒草+苦豆子型 分布于盐池惠安堡南面，面积 1198.0hm²。

猫头刺-中亚白草+甘草型 分布于灵武马家滩西北部，面积 2660.5hm²。

猫头刺-芨芨草型 分布于中宁三山子附近，面积 1776.8hm²。

猫头刺-银灰旋花-刺针枝蓼型 分布于永宁增岗以西，黄羊滩农场附近，面积 4634.0hm²。

猫头刺+杂类草型 分布于平罗山桑岗子附近，面积 204.0hm²。

猫头刺-黑沙蒿型 分布于中宁硙西北部，面积 5276.0hm²。

猫头刺+藏青锦鸡儿+棉蓬型 分布于青铜峡立新乡一带，面积 60.1hm²。

猫头刺-冠芒草-刺旋花型 分布于中宁西北部平塘湖一带，面积 2174.1hm²。

猫头刺+棉蓬+甘草型 分布于灵武磁窑堡南、王家圈附近，面积 4127.1hm²。

（猪毛蒿）+猫头刺型 分布于灵武石沟驿东北、园艺场东面，面积 3284.2hm²。

猫头刺+刺蓬+猪毛蒿型 分布于灵武磁窑堡东北、回民巷一带，面积 2678.5hm²。

7. 蒿类矮草本组（同前）

以菊科旱生矮草本冷蒿、甘肃蒿为建群种组成的荒漠草原。

（1）冷蒿（*Artemisia frigida* Willd.）系（同前）

冷蒿-短花针茅+杂类草型 分布于同心韦州以东青龙山山地，面积 16 287.7hm²。冷蒿分盖度 12%，多度 148 株/4m²，频度 100%；短花针茅相应值为 8%，96 株/4m²，100%。伴生长芒草、牛枝子、大苞鸢尾、沙蒿（*Artemisia desertorum*）、兔唇花、细弱隐子草、猫头刺、细叶韭、短翼岩黄芪、阿尔泰狗娃花、蚓果芥、宿根亚麻、西山委陵菜（*Potentilla sischanensis*）等。样地登记植物 24～26 种，种饱和度 13～15 种/m²，盖度 40%。鲜草产量 1053.3（930.0～4069.5）kg/hm²，其中禾本科占 28.1%，豆科 6.3%，菊科 20.3%，杂类草 45.3%。可利用率 70%。放牧每羊需草地 1.2hm²，每公顷可养羊 0.8 只。属二等七、八级，个别为三等五级草地，草群中优等草占 6.3%，良等草占 48.4%，中等草占 34.4%，低等草占 10.9%，中度至重度退化。

冷蒿-甘草型 分布于同心白家滩村、李家堡附近的丘陵坡地，面积 5968.8hm²。伴生长芒草、短花针茅、牛枝子、细弱隐子草、砂引草（*Tournefortia sibirica*）、细叶车前、皱黄芪等。盖度 73%，样地登记植物 14 种，种饱和度 9 种/m²。鲜草产量 2598.0kg/hm²，可利用率 62%。

放牧每羊需草地 0.6hm²，每公顷可养羊 1.6 只。属三等六级草地，草群中良等草占 44.6%，中等草 36.1%，轻度退化。

冷蒿-大苞鸢尾＋短花针茅型　分布于同心下马关西北、大罗山东麓洪积坡地，面积 25 515.7hm²。地面开阔平坦。伴生猫头刺、短翼岩黄芪、皱黄芪、单叶黄芪、长芒草、银灰旋花、阿尔泰狗娃花、细弱隐子草、冬青叶兔唇花、箸状亚菊等。盖度 46%，鲜草产量 1340.3kg/hm²，可利用率 70%。放牧每羊需草地 1.0hm²，每公顷可养羊 1.0 只。属二等七级草地，中度退化。

冷蒿-藏青锦鸡儿＋短花针茅型　分布于同心纪家南部缓坡丘陵，面积 21 380.1hm²。刺旋花也占一定优势。伴生箸状亚菊、长芒草、猪毛菜、光药大黄花、银灰旋花、细弱隐子草、短翼岩黄芪、皱黄芪、宿根亚麻、阿尔泰狗娃花、细叶韭等。盖度 30%～50%，样方登记种数 13～15 种。鲜草产量 1227.8kg/hm²，可利用率 70%。放牧每羊需草地 1.1hm²，每公顷可养羊 0.9 只。属二等七级草地，中度至重度退化。

冷蒿-大苞鸢尾＋长芒草＋猫头刺型　分布于盐池鸦儿沟东北，面积 2761.0hm²。

冷蒿-刺旋花型　分布于同心韦州谭庄一带，面积 2122.7hm²。

冷蒿-猪毛蒿-牛枝子型　分布于同心新庄集以西，面积 4221.7hm²。

（2）甘肃蒿（*Artemisia gansuensis*）系（同前）

甘肃蒿＋冷蒿-短花针茅型　分布于同心小罗山东麓，面积 998.6hm²。

甘肃蒿＋冷蒿＋细弱隐子草＋杂类草型　分布于盐池青山附近，面积 1146.0hm²。

8. 具刺灌木组

以锦鸡儿属有刺灌木为建群种的一组荒漠草原。包括中间锦鸡儿、狭叶锦鸡儿、藏青锦鸡儿等为优势种。

（1）中间锦鸡儿（*Caragana microphylla* Lam. var. *tomentosa* Kom.）系

中间锦鸡儿也称柠条，大柠条。为小叶锦鸡儿的变种。较大灌木，株高 0.7～1.5m，托叶在长枝上硬化成刺，花梗被毛，子房无毛或被疏柔毛，荚果扁平披针形或矩圆状披针形，宿存花柱。在我国主要分布于内蒙古鄂尔多斯市及陕北毛乌素沙地的固定程度较好、起伏高度不大的薄层沙地上。土壤为沙质栗钙土。耐土壤贫瘠和轻度沙埋。

中间锦鸡儿分别与黑沙蒿、苦豆子、猫头刺、猪毛蒿、牛枝子等优势植物组成不同的群落，其中以中间锦鸡儿-黑沙蒿荒漠草原分布最广，伴生植物常见有沙冬青、老瓜头、刺旋花、麻黄（*Ephedra sinica*）、甘草、细弱隐子草、二裂委陵菜、沙生针茅、短花针茅、蒙古冰草、赖草、中亚白草、鳍蓟、沙蒿、单叶黄芪，一年生草本有蝇虫实、沙蓬、地锦、刺蓬、狗尾草、星状刺果藜、蒺藜、小画眉草、冠芒草、锋芒草等。

中间锦鸡儿为良等饲用植物，是沙区固沙治沙的主要沙生灌丛，广泛用于沙漠、沙地治理。其叶量丰富，早春嫩枝叶和花为羊、骆驼等家畜喜食，能促使家畜尽快恢复膘情。骆驼四季爱吃，马、牛少吃。据研究其饲用品质仅次于苜蓿、麦草，远高于禾本科植物的秸秆。枝条可采集用于编织，粉碎后可舍饲马、牛、羊等家畜。又可制纸、制造纤维板。果实入中药，种子可榨油。春季花期为沙区粉蜜源。

中间锦鸡儿-苦豆子＋刺蓬＋杂类草型　分布于盐池大水坑、王家场梁，面积 4475.0hm²。地面覆沙。伴生冷蒿、细弱隐子草、长芒草、银灰旋花、猪毛蒿、牛枝子、棉蓬、蚓果芥、细叶车前、短翼岩黄芪、蒙古冰草、多根葱、阿尔泰狗娃花等。盖度 35%，鲜草产量 2337.8kg/hm²，可利用鲜草产量 1006.5kg/hm²，可利用率 43%。放牧每羊需草地 0.9hm²，每公顷可养羊 1.1 只。属三等草地，中度退化。

中间锦鸡儿＋黑沙蒿-甘草型 分布于灵武磁窑堡西南部、石沟驿正东，面积 8054.0hm²。缓丘或高丘陵，有小片的明沙丘分布。常有沙冬青、中亚白草、刺蓬、藏青锦鸡儿、猫头刺、猪毛蒿、长芒草、牛枝子、棉蓬、老瓜头、细叶车前、小画眉草、星状刺果藜、地锦、远志、狭叶米口袋等伴生。盖度 35%，鲜草产量 2337.8kg/hm²，可利用率 43%。放牧每羊需草地 0.9hm²，每公顷可养羊 1.1 只。属三等八级草地，中度退化。

中间锦鸡儿-黑沙蒿型 分布于灵武磁窑堡以西，面积 5989.0hm²。

中间锦鸡儿-猫头刺＋棉蓬型 分布于灵武马家滩西北、金银滩农场以东，面积 939.6hm²。

（猪毛蒿）-中间锦鸡儿-牛枝子型 分布于盐池柳杨堡西北部，面积 1960.0hm²。

（2）狭叶锦鸡儿（*Caragana stenophylla* Pojark.）系

狭叶锦鸡儿又名细叶锦鸡儿。豆科锦鸡儿属旱生具刺灌木。株高 60～80cm，花枝上叶轴宿存，与托叶皆硬化成刺。分布于我国内蒙古、陕西、宁夏、甘肃、山西等地。耐干旱、适应半荒漠地带山地丘陵坡地、波状高平原的沙砾质、石质和土壤表层有薄层覆沙的生境。常作为起重要作用的旱生灌木层片，使草原呈现灌丛化景观，构成草原群落的沙质化、砾石质化生态变体。

狭叶锦鸡儿是半荒漠地带的建群种，也可延伸分布到邻近的草原或多种半荒漠群落，成为伴生种。譬如在内蒙古阴山以北、乌兰察布高原、鄂尔多斯高原中西部的戈壁针茅荒漠草原，遍布亚洲中部包括我国黄土丘陵西部，并向北至内蒙古高原南部的短花针茅荒漠草原，在鄂尔多斯高原西、南部的冷蒿、猫头刺、沙生针茅荒漠草原，以及在鄂尔多斯市鄂托克旗、乌拉特前旗、杭锦族、宁夏中北部沙地的覆沙丘陵梁地、固定半固定沙丘（地）的黑沙蒿沙质荒漠草原，使当地的这些荒漠草原明显灌丛化。而在相邻近的典型草原、草原化荒漠群落中，也有狭叶锦鸡儿作为伴生成分，同样起到灌丛化的作用。例如，在内蒙古高原东部锡林郭勒盟，呼伦贝尔市中、西部的大针茅草原，锡林郭勒盟中、西部的西北针茅草原；在东阿拉善与鄂尔多斯西部的绵刺（*Potaninia mongolica*）草原化荒漠群落中都起着灌丛化作用，成为重要的景观性层片。

在宁夏，也常见狭叶锦鸡儿散生在部分草原、半荒漠甚至荒漠植被的情况。例如，在西吉三合、蒙宣、大坪以北、夏寨东北一带低山、丘陵坡地，以及海原、隆德、盐池、同心也有小面积分布的长芒草-阿尔泰狗娃花草原中；在海原羊场的茭蒿-冷蒿草原中都有狭叶锦鸡儿散生其间。尤其是作为强旱生小灌木，常见散生在丛生禾草、小灌木、小半灌木荒漠草原中。例如，在石嘴山、平乐所属的贺兰山浅山及海原关桥分布的短花针茅-荒漠锦鸡儿荒漠草原中，在银川贺兰山东麓洪积扇、黑云墩，平罗大风沟，下峡子洪积扇与低山坡地分布的短花针茅-松叶猪毛菜荒漠草原中，以及广布于宁夏中、北部含中卫景龙、常乐、永康、同心、王团、下马关、预旺，灵武横山，海原兴旺、徐套，石嘴山水泉沟等地的薔状亚菊荒漠草原中都会有狭叶锦鸡儿的分布。而在部分更趋干旱的地区，如中宁北山的红砂-珍珠柴荒漠、中卫关帝乡大石头村的猫头刺-红砂荒漠、灵武横山、吴忠高闸等地的珍珠柴-多根葱荒漠中也有狭叶锦鸡儿的分布。据在位于平罗大风沟的海拔 1400m 浅山地的石质低山丘陵阴坡所做的实地调查中记录过狭叶锦鸡儿与短花针茅为共建种的荒漠草原群落盖度为 30%，短花针茅分盖度为 10%，狭叶锦鸡儿 5%，亚优势种还有薔状亚菊，伴生种主要有松叶猪毛菜、酸枣（*Ziziphus jujuba* var. *spinosa*）、刺旋花、阿尔泰狗娃花、冬青叶兔唇花、无芒隐子草，一年生草本有三芒草、冠芒草、地锦、小画眉草等。为小家畜四季放牧场。

狭叶锦鸡儿属中等饲用植物，早春萌发，5～9 月开花，山、绵羊喜食其嫩枝和花、果实；骆驼四季乐食，秋季供家畜抓膘。根蘖性强，耐牧，枝条再生良好，有良好的防风蚀、固沙作用。群落内有多种优良牧草，属二、三等草地，家畜良好的放牧基地。枝条花后可采，粉碎加工成冬春补饲用的粗饲料。但全株多刺，脱毛季节绵羊放牧会刺伤羊只皮肤，刮失身上的绒毛。

狭叶锦鸡儿-三芒草 + 牛枝子型　分布于石嘴山贺兰山东麓等地，面积 1986.0hm²。

狭叶锦鸡儿-短花针茅型　分布于石嘴山西北部贺兰山低山区。与沙冬青-松叶猪毛菜呈复合类型。地面有大小不等的石块覆盖。狭叶锦鸡儿分盖度 14%，多度 0.5 株/4m²，频度 100%。短花针茅相应值为 0.8%，24 株/4m²，频度 100%。伴生松叶猪毛菜、薯状亚菊等。种饱和度 6 种/m²，盖度 15%，草层高 14~16cm。鲜草产量 1165.4kg/hm²，可利用率 49%。放牧每羊需草地 1.6hm²，每公顷可养羊 0.6 只。属四等七级草地，中度退化。

（3）藏青锦鸡儿（*Caragana tibetica* Kom.）系

藏青锦鸡儿又名康青锦鸡儿、川青锦鸡儿、垫状锦鸡儿。豆科锦鸡儿属强旱生具刺灌木，半荒漠地带习见建群种。系东阿拉善、西鄂尔多斯半荒漠地带的代表性群落之一。草原带向荒漠草原带的过渡区域，一般不进入亚洲中部荒漠区中心。其分布区沿燕山北麓高原；向南越过狼山、河套平原进入鄂尔多斯高原西部的桌子山东麓及贺兰山西麓，呈断续分布；向北进入蒙古国南戈壁东边缘；向西越过宁夏中、北部，转入阿拉善左旗长流水以南、头道湖以东，到达腾格里沙漠南缘，再向西南可延伸至青藏高原东边缘。在陕西定边、靖边一带，以及甘肃北部也有零星的小片分布。分布区海拔 1050~1140m，地形多为波状起伏的高平原和缓坡丘陵、山前洪积倾斜平原。土壤为棕钙土、淡棕钙土、灰棕钙土、淡灰钙土，表层多有 10~15cm 厚的风积覆沙，并在灌丛基部形成高 0.5~1m（最高 1.5m），直径 1~3m（最大 5m）的小沙包。分布区年降水量 150~200mm，干燥度 5.0 左右。

在内蒙古中、西部半荒漠地带，藏青锦鸡儿与戈壁针茅、沙生针茅、中亚白草，或薯状亚菊、冷蒿、黑沙蒿，或红砂、驼绒藜、霸王（*Zygophyllum xanthoxylon*），或蒙古沙葱、多根葱等组成不同的荒漠草原或草原化荒漠群落。

在宁夏中、北部藏青锦鸡儿荒漠草原分布于灵武磁窑堡西南、马家滩西部、石沟驿东南部，盐池县马儿庄西部，青铜峡牛首山坡地，同心大、小罗山山麓，沙坡头区香山、天景山山麓，以及石嘴山西北角仑布滩等地。分别与短花针茅、薯状亚菊、猫头刺、黑沙蒿、猪毛蒿等组成群落，是地带性荒漠草原的一个重要类型。据对宁夏灵武磁窑堡黑疙瘩梁藏青锦鸡儿-猫头刺群落的调查，该群落位于海拔 1410m 的丘陵阳坡，地表有覆沙和小砾石。群落盖度 42%，种饱和度 4 种/m²。地上部鲜重 2209.5kg/hm²。藏青锦鸡儿分盖度 30%，高度 11cm。群落有较多荒漠草原、草原成分，如短花针茅、无芒隐子草、牛枝子、中亚白草、银灰旋花、远志等，一年生草本有猪毛蒿、地锦、狗尾草、刺蓬、棉蓬等。

藏青锦鸡儿为低、中等饲用植物。自返青至结实山、绵羊乐食，尤其喜吃其嫩枝叶和花，骆驼四季采食；旱年各种家畜都吃；冬季保留良好。群落内众多多年生、一年生草本植物，是半荒漠地区家畜的良好放牧草场。枝叶可收割、粉碎制作粉料或颗粒饲料，供家畜冷季补饲。

藏青锦鸡儿 + 短花针茅-猪毛蒿型　分布于中卫天景山周围山麓地带，面积 25 959.6hm²。散生的藏青锦鸡儿呈大盘状生活型，伴生糙隐子草、刺旋花、猪毛菜、细叶韭、短翼岩黄芪、北芸香、芨芨草、匍根骆驼蓬、小滨藜（*Atriplex sibirica*）、甘肃锦鸡儿（*Caragana kansuensis*）、刺蓬、驼绒藜、戈壁天门冬等。盖度 31%，鲜草产量 630.8kg/hm²，可利用率 50%。放牧每羊需草地 2.9hm²，每公顷可养羊 0.3 只。属四等八级草地，中度退化。

藏青锦鸡儿 + 薯状亚菊型　分布于同心大、小罗山东麓附近，面积 7841.1hm²。伴生短花针茅、冷蒿、长芒草、银灰旋花、细弱隐子草、刺蓬、单叶黄芪、小画眉草、细叶车前等。

盖度 35%，鲜草产量 2088.8kg/hm²，可利用率 35%。放牧每羊需草地 1.2hm²，每公顷可养羊 0.8 只。属三等六级草地，近于中度退化。

藏青锦鸡儿＋猫头刺＋杂类草型　分布于灵武磁窑堡西南部、马家滩西部的缓坡丘陵砾石及覆沙的坡地，面积 14 868.2hm²。藏青锦鸡儿分盖度 30%，多度 3 株/4m²。猫头刺相应值为 5%，11 株/4m²。伴生猪毛蒿、长芒草、中亚白草、牛枝子、远志、刺蓬、棉蓬、狭叶米口袋、老瓜头、细叶车前、狗尾草、小画眉草、地锦、星状刺果藜、泽漆（*Euphorbia helioscopia*）等。盖度 42%，草层高 8～14cm。鲜草产量 1587.8kg/hm²，可利用率 40%。放牧每羊需草地 1.4hm²，每公顷可养羊 0.7 只。属四等六级草地，中度退化。

（刺蓬）＋藏青锦鸡儿＋短花针茅型　分布于青铜峡南部牛头山山地，面积 13 646.5hm²。因多年开荒、撂荒，群落内生长大量刺蓬。伴生植物有箸状亚菊、刺旋花、猫头刺、细弱隐子草等。草层高 10～12cm，盖度 25%，样地登记植物 14 种。鲜草产量 846.8kg/hm²，合干草 372.8kg/hm²，可利用率 60%。放牧每羊需草地 1.7hm²，每公顷可养羊 0.5 只。属二等七级草地，中度退化。

藏青锦鸡儿-黑沙蒿型　分布于石嘴山西北角仑布滩，面积 465.0hm²。

藏青锦鸡儿＋猪毛蒿＋杂类草型　分布于灵武石沟驿东南，盐池马儿庄以西，面积 218.0hm²。

荒漠锦鸡儿-冷蒿-箸状亚菊型　分布于海原蒿川以东的黄土丘陵半阳坡，面积 3135.6hm²。与阴坡的冷蒿-大针茅、阿尔泰狗娃花典型草原呈复区存在。

9. 具疏林、灌丛组（同前）

以落叶灌木为背景植物形成的荒漠草原。在宁夏以酸枣为主。

（1）酸枣［*Ziziphus jujuba* Mill.var.*spinosa*（Bunge）Hu ex H. F. Chow］系

酸枣是鼠李科喜温的具刺旱中生灌木或小乔木。株高 1～3m，全株具直或弯曲的两种托叶刺。分布于我国东北南部、华北、宁夏中北部及山东、河南、江苏、安徽、陕西、甘肃、山西、新疆等地。喜阳光，生于海拔 1400m 以下的向阳低山，丘陵、坡地、山洪经过的沟谷、山前平原，也生于石质干河床、固定沙地。喜山、丘石质、碎石生境的砾石质、沙质土。耐轻度盐碱。

在我国，酸枣作为温性落叶灌丛出现于东北大兴安岭东麓低山、丘陵的西伯利亚杏（*Armeniaca sibirica*）灌丛，河南西北，山西东南，河北西南、太行山南部低山区，陕北黄土高原、秦岭北坡，云南高原，青藏高原横断山脉间大江河谷的白刺花（*Sophora davidii*）灌丛；山西、陕西黄土高原的山桃（*Amygdalus davidiana*）灌丛，陕西渭北、陕北的白刺花、酸枣、荆条（*Vitex negundo* var. *heterophylla*）灌丛、酸枣、马棘（*Indigofera pseudotinctoria*）、河蒴荛花（*Wikstroemia chamaedaphne*）灌丛中。

酸枣为暖性草丛的建群种、温性草丛类草地的主要成分，出现于自辽宁半岛南部，至河北燕山以南、山东中南部、山西中南部、河南西部、陕西渭河流域等地的低山丘陵、山地浅山中常见的白羊草（*Bothriochloa ischaemum*）草丛；自辽东半岛、华北直至南方亚热带、热带的白茅（*Imperata cylindrica*）草丛中。也常与虎榛子（*Ostryopsis davidiana*）、胡枝子（*Lespedeza bicolor*）、荆条、黄蔷薇（*Rosa hugonis*）、沙棘（*Hippophae rhamnoides*）、麻栎（*Quercus acutissima*）等灌木一起散生于暖温带东部地区，包括辽宁、河北、北京西山低山、丘陵，陕西关中、渭北黄土丘陵等地的以白羊草、黄背草（*Themeda japonica*）、大油芒（*Spodiopogon sibiricus*）、野古草（*Arundinella anomala*）、穗序野古草（*A.Chenii*）、野青茅（*Deyeuxia arundinacea*）、白茅为建优种的灌草丛中。大多是森林遭受破坏后的次生植被。

山西、陕西、甘肃南部已经是我国暖性灌草丛的分布西界。宁夏境内基本上已经没有此类草地的存在。但在个别生境略显适宜的小环境，可于局部小面积保留，像贺兰山麓的酸枣灌丛、隆德黄土丘陵的山桃-白羊草群落片段，可以透视出与适温、喜半湿润生境的暖性灌草丛的某些连带关系，似乎是暖性灌草丛从其分布西界向西作最后的微弱延伸。

在宁夏贺兰山东麓的银川市镇北堡，贺兰金山、崇岗，石嘴山沿山的洪积扇扇缘地带，虽然气候仍然干旱，年降雨量仅有 200mm 左右，然而山麓临山地带有山体较多的降雨，雨季又有山洪的流水滋补，以及土壤具沙质土层与砾石覆盖，有较好的保持水分的条件，而于当地强旱生草本植被中散生了以旱中生灌木酸枣为主的一种特殊的具旱中生落叶灌丛的荒漠草原群落。群落内植物较为稀疏，仍以旱生、强旱生成分占优势，具明显的荒漠草原特征。有调查记载，群落有植物 30 余种，其中多年生草原种占 50%，荒漠性一年生草本占 40% 左右。群落盖度 30%~50%，种饱和度 12 种/m²。灌木层片以酸枣为单优种，偶尔有少量沙拐枣（*Calligonum mongolicum*）伴生。酸枣株高 45~65cm，最高可达 2m，分盖度 25%~30%，密度 40 株/100m²。草原性小半灌木层片有刺旋花、猫头刺、牛枝子等，多年生草本层片主要有匍根骆驼蓬、短花针茅、细弱隐子草、中亚白草、阿尔泰狗娃花、银灰旋花、兔唇花等。一年生草本种类繁多，有三芒草、冠芒草、锋芒草、狗尾草、小画眉草、地锦、蒺藜、刺蓬、绳虫实（*Corispermum declinatum*）、虎尾草等。可称为具酸枣的荒漠草原，或具酸枣的灌丛化荒漠草原。

酸枣为中等饲用植物。春季直至花期羊、牛、马、驼可采食其当年生嫩枝，此后因多刺家畜多不采食；叶片可采集喂猪；果实羊、猪喜食。群落中多种草本植物可供家畜放牧。酸枣核果可制果酱，可酿酒，可做蜜饯，果核可制作活性炭。又是嫁接大枣的砧木，可做绿篱，是主要的蜜源植物。种子入中药。

酸枣-杂类草型 分布于石嘴山尾闸以西，面积 1857.0hm²，为黄河高阶地。土壤沙砾质。酸枣稀疏生长，分盖度 25%，多度 23 株/4m²，频度 10%，高度 23cm。其余植物有牛枝子、糙叶黄芪、匍根骆驼蓬、沙拐枣、猫头刺、三芒草、稗（*Echinochloa crusgalli*）、蒺藜、猪毛蒿、大蓟（*Cirsium japonicum*）等。盖度 30%，种饱和度 11 种/m²。鲜草产量 1702.5kg/hm²。放牧每羊需草地 1.1hm²，每公顷可养羊 0.9 只。属四等六级草地，中度退化。

酸枣-短花针茅+刺蓬型 分布于银川镇北堡附近，面积 1594.0hm²。

酸枣-赖草-匍根骆驼蓬型 分布于平罗西大滩崇岗乡以南，面积 389.0hm²。

酸枣-冠芒草型 面积 1091.0hm²。

（二）山地荒漠草原亚类

1. 矮禾草组（同前）

短花针茅（*Stipa breviflora* Griseb.）系（同前）

短花针茅+披针叶黄华+蓍状亚菊+猫头刺型 分布于中卫香山红泉西南、景庄东南部的山坡地，面积 40 158.5hm²。建群种短花针茅多度 176 株/4m²，分盖度 16%；相应值披针叶黄华 42 株/4m²，10%；蓍状亚菊 92 株/4m²，2%；猫头刺 8 株/4m²，6%。伴生赖草、冷蒿、短翼岩黄芪、栉叶蒿、阿尔泰狗娃花、光药大黄花、铁杆蒿、驼绒藜、山苦荬等，并有藏青锦鸡儿稀疏分布。群落盖度 40%，草层高 6~15cm。鲜草产量 883.5kg/hm²，可利用率 65%。放牧每羊需草地 1.6hm²，每公顷可养羊 0.6 只。属四等七级草地，中度退化。

短花针茅＋蒙古沙葱＋硬质早熟禾＋杂类草型　分布于海原蒿川北部砾石质低山坡地。除短花针茅外，草群中蒙古沙葱分盖度 10%，多度 43 株/4m^2，频度 90%。伴生植物有硬质早熟禾、菁状亚菊、西山委陵菜、蚓果芥、银灰旋花、宿根亚麻、皱黄芪、大针茅、冷蒿等。种饱和度 12 株/4m^2，盖度 55%，鲜草产量 1047.8kg/hm^2，合干草 325.5kg/hm^2，可利用率 70%。放牧每羊需草地 1.2hm^2，每公顷可养羊 0.8 只。属二等七级草地，中度退化。

短花针茅＋菁状亚菊＋红砂型　分布于中卫香山北麓。菁状亚菊大量存在，分盖度 7%，多度 124 株/4m^2，频度 80%。另有红砂稀疏分散在草群中，与刺旋花共同组成明显的小灌木层片。伴生长芒草、刺旋花、北芸香、糙叶黄芪、皱黄芪、阿尔泰狗娃花、细叶韭、星毛短舌菊（*Brachanthemum pulvinatum*）等。盖度 30%，草层高度 7～19cm，鲜草产量 645.8kg/hm^2，其中灌木占 27.3%，草本 72.7%。可利用率 67.6%。放牧每羊需草地 2.1hm^2，每公顷可养羊 0.5 只。属三等八级草地，重度退化。

短花针茅＋猫头刺＋猪毛蒿型　分布于灵武石沟驿东南部，中卫香山红泉、景庄之间。为缓坡丘陵或山地，地面具浮沙。短花针茅分盖度 8.5%，多度 211 株/4m^2，频度 90%～100%；猫头刺相应值为 15%，2 株/4m^2，100%；猪毛蒿为 8.5%，118 株/4m^2，80%。伴生牛枝子、短翼岩黄芪、菁状亚菊、刺蓬、藏青锦鸡儿、细弱隐子草、银灰旋花、小画眉草、锋芒草、栉叶蒿、匍根骆驼蓬等。样地登记植物 28 种，种饱和度 11～12 种/m^2，盖度 40%。鲜草产量 1760.3kg/hm^2，其中禾本科占 22.6%，豆科 54.5%，菊科 16.5%，其他杂类草 6.4%，可利用率 60%。放牧每羊需草地 0.9hm^2，每公顷可养羊 1.1 只。属三、四等六、七级草地，轻至中度退化。

短花针茅-藏青锦鸡儿-长芒草型　分布于中卫香山红泉附近的山地，面积 8916.5hm^2。土壤表层多砾石。藏青锦鸡儿呈大盘状散布于短花针茅中；伴生植物有长芒草、菁状亚菊、刺旋花、西藏点地梅（*Androsace mariae*）、披针叶黄华、短翼岩黄芪、松叶猪毛菜、猪毛蒿、多根葱等。盖度 40%，鲜草产量 592.5kg/hm^2，可利用率 68%。放牧每羊需草地 1.6hm^2，每公顷可养羊 0.6 只。

短花针茅-甘蒙锦鸡儿（*Caragana opulens*）-松叶猪毛菜型　分布于石嘴山西北部及简泉农场北部的贺兰山浅山山地和山麓洪积坡地。地面石质化，布满大小不等的卵石。常见植物还有狗尾草、菁状亚菊、蒿子（*Artemisia* sp.）等。盖度 30%，鲜草产量 1014.0kg/hm^2，可利用率 66%。放牧每羊需草地 2.2hm^2，每公顷可养羊 0.5 只。属三等八级草地，中度退化。

短花针茅＋铁杆蒿＋藏青锦鸡儿型　分布于中卫香山西南部。

短花针茅＋珍珠柴＋合头藜型　分布于石嘴山石炭井西南部马槽子沟。

短花针茅＋荒漠锦鸡儿-蒙古扁桃型　分布于平罗白芨沟，面积 153.5hm^2。

短花针茅＋荒漠锦鸡儿＋红砂型　分布于石嘴山石炭井东北部。与短花针茅-冠芒草＋银灰旋花型呈复合存在。

短花针茅-沙冬青-松叶猪毛菜型　分布于石嘴山西北部柳条沟一带，面积 1438.0hm^2。与短花针茅-甘肃锦鸡儿＋荒漠锦鸡儿型组成复合群落。

短花针茅-三芒草-内蒙野丁香型　分布于石嘴山西北部。

短花针茅-冠芒草＋银灰旋花型　分布于石嘴山石炭井东北、小榆树沟一带。

2. 小灌木、小半灌木组（同前）

松叶猪毛菜（*Salsola laricifolia* Turcz. ex Litv.）系

松叶猪毛菜是藜科旱生小半灌木。株高 20～40cm，最高可达 80cm。叶肉质化、半圆柱状。习生于地表有石块、碎石或砾石的棕钙土、淡灰钙土、灰棕荒漠土。习见于半荒漠地带的石质低山、残丘，是典型的石质生境的草原化荒漠建群种。其主要分布在内蒙古鄂尔多斯西部的阿拉巴素山、阿拉善东缘的狼山、贺兰山北部低山区、东阿拉善南部的雅布赖山等地，也习见于宁夏贺兰山东麓洪积扇、灵武横山等地。分布区海拔 1100～1900m。也零星地出现在荒漠带的山地，譬如在新疆东部，松叶猪毛菜-戈壁针茅荒漠草原就出现于北疆荒漠区边缘地带的山地。在内蒙古，主要有两种群落类型，一是松叶猪毛菜-西北针茅半荒漠，分布于阿拉巴素山、狼山；二是具霸王（Zygophyllum xanthoxylum）的松叶猪毛菜-小针茅半荒漠，偏西分布于雅布赖山，并伸入荒漠区的低山残丘。伴生红砂、中亚紫菀木、合头藜、短叶假木贼等超旱生小灌木。

据记载，灵武横山海拔 1230m 缓坡丘陵的松叶猪毛菜群落有植物 29 种，种饱和度 2～3 种/m²，盖度 25%。松叶猪毛菜分盖度 7%～20%，株高 15cm。鲜草产量 562.5kg/hm²。伴生种主要有红砂、猫头刺、刺旋花、斑子麻黄（Ephedra lepidosperma）、珍珠柴、牛枝子、著状亚菊，还有多根葱、二色矶松（Limonium bicolor）、戈壁天门冬、银灰旋花等；一年生草本有刺蓬、地锦、冠芒草、小画眉草、锋芒草等。

松叶猪毛菜为低等饲用植物，枝条强木质化，叶量较少，只有山羊、骆驼采食其当年生枝条，其他家畜多不采食，冬季可吃其果实。群落内的多年生、一年生草本可供家畜放牧采食。

松叶猪毛菜 + 红砂-短花针茅型　　分布于中卫景庄乡以西的香山山地西端，面积 19 983.6hm²。石质山地，地表为砾石基质。伴生细弱隐子草、匍根骆驼蓬、卵穗薹草、多根葱，一年生植物有锋芒草、白茎盐生草、栉叶蒿、狗尾草、地锦等。盖度 25%，鲜草产量 955.5kg/hm²。其中禾本科占 7.7%，藜科 66.8%，其他杂类草 25.5%，可利用率 48%。放牧每羊需草地 2.0hm²，每公顷可养羊 0.5 只。属三等七级草地，中度退化。

松叶猪毛菜 + 著状亚菊 + 短花针茅型　　分布于石嘴山大武口西北，面积 3728.0hm²。与著状亚菊 + 短花针茅 + 杂类草荒漠草原呈复区存在。

松叶猪毛菜-冠芒草-短花针茅型　　分布于贺兰金山与暖泉农场以西的贺兰山东麓洪积扇，面积 6403.0hm²。

著状亚菊 + 短花针茅 + 阿尔泰狗娃花 + 猫头刺型　　分布于中卫景庄东北部的香山山地。伴生披针叶黄华、光药大黄花、蚓果芥、猪毛蒿、荆芥、短翼岩黄芪、中亚白草、皱黄芪、长芒草等。盖度 60%，草层高 4～10cm，鲜草产量 932.3kg/hm²，可利用率 63%。放牧每羊需草地 1.6hm²，每公顷可养羊 0.6 只。属三等七级草地，中度退化。

3. 垫状小半灌木组（同前）

刺旋花 + 荒漠锦鸡儿型　　分布于海原甘盐池北山唐家坡一带阳山坡，面积 1133.0hm²。与阴坡的冷蒿 + 星毛委陵菜-大针茅典型草原呈复区存在。

4. 蒿类矮草本组

冷蒿-铁杆蒿 + 短花针茅 + 长芒草型　　分布于同心小罗山，面积 2502.2hm²。

5. 具刺灌木组（同前）

藏青锦鸡儿（Caragana tibetica Kom.）系（同前）

藏青锦鸡儿 + 短花针茅 + 著状亚菊型　　分布于中卫香山主峰以东的山坡地，面积 7594.7hm²。伴生长芒草、匍根骆驼蓬、短翼岩黄芪、赖草、细叶韭等。盖度 40%，鲜草产量 1146.8kg/hm²，可利用率 40%。放牧每羊需草地 2.0hm²，每公顷可养羊 0.5 只。属四等七级草地，中度退化。

藏青锦鸡儿 + 短花针茅型　分布于中卫天景山刘武井附近，面积 1433.4hm²。

藏青锦鸡儿 + 长芒草 + 短花针茅型　分布于同心新庄集东南大、小罗山之间的鞍部，石质山地，面积 1341.9hm²。

（铁杆蒿）+ 藏青锦鸡儿 + 杂类草型　分布于中卫环绕香山主峰下部的山坡，面积 1566.1hm²。与（灰枸子 + 蒙古绣线菊-铁杆蒿-薹草）具灌丛的草原呈复区存在。

荒漠锦鸡儿 + 短花针茅型　分布于石嘴山简泉农场以北，面积 8233.0hm²，为贺兰山的最北段，地面有大小不等的石块覆盖，石缝中有土的地方生长草本植物及小灌木。荒漠锦鸡儿分盖度 5%，频度 90%；短花针茅相应值为 7%，100%。伴生藏青锦鸡儿、松叶猪毛菜、黑沙蒿、细弱隐子草、小叶锦鸡儿、菁状亚菊、狗尾草、蒙古扁桃等。盖度 25%，鲜草产量 1244.3（904.0～1555.4）kg/hm²，可利用率 48.0%。放牧每羊需草地 1.5hm²，每公顷可养羊 0.7 只。属四等七级草地，中度退化。

6. 具疏林、灌丛组[①]

由旱生灌木蒙古扁桃为背景植物的荒漠草原，分布在宁夏北部贺兰山地海拔 2000m 以下浅山带的干燥山坡、山谷中。蒙古扁桃是非常适应干旱生境的灌木，生长在旱生甚至强旱生的生境，但主要是以干旱地区的石质化山地最为适宜。常与狭叶锦鸡儿、内蒙野丁香、荒漠锦鸡儿、沙冬青等旱生植物相结合，下层以旱生、强旱生多年生草本或小半灌木占优势，如刺旋花、松叶猪毛菜、菁状亚菊、冷蒿、冬青叶兔唇花、细弱隐子草、短花针茅、匍根骆驼蓬、中亚白草、多根葱等，一年生夏雨型草本发育也较好，大多为荒漠草原。

蒙古扁桃［*Amygdalus mongolica*（Maxim.）Ricker］系

蒙古扁桃是蔷薇科旱生落叶灌木，株高 1～1.5m，多分枝，小枝顶端具刺。耐旱，亚洲中部荒漠特有种。蒙古扁桃灌丛是灌丛中最为旱生的类型。分布于内蒙古西部，宁夏北、南部山地，陕西榆林、神木地区，甘肃河西走廊。习生于干旱地区山地一定高度垂直带。在内蒙古境内贺兰山西麓南段见于海拔 1600～1900m 阴坡（阳坡 2000m）的草原化荒漠基带以上的山地草原带及 2500m 以下的阳坡的森林、灌丛带。

在宁夏境内贺兰山东麓，以蒙古扁桃单优群落或与内蒙野丁香（*Leptodermis ordosica*）、几种锦鸡儿共同形成的山地灌丛，常见分布于海拔 2000m 以下的低山带石质化陡坡。生境干旱，基岩裸露，植被稀疏。常与短花针茅等山地草原群落呈复区相间分布。在贺兰山北段海拔 1500～2000m 的浅山带分布较为集中。大多坡度 20°～40°，群落盖度 15%～30%。伴生的植物还有狭叶锦鸡儿、松叶猪毛菜、冷蒿、菁状亚菊、短花针茅等。据调查，群落内有植物 54 种，种饱和度 7～13 种/m²。蒙古扁桃株高 1m 左右，分盖度 10%，密度 5～11 株/100m²。群落地上部鲜重 1500kg/hm²，蒙古扁桃当年嫩叶鲜重 1500kg/hm²。有时会加入金露梅（*Potentilla fruticosa*）、互生叶醉鱼草（*Buddleja alternifolia*）、酸枣、灰枸子（*Cotoneaster acutifolius*）、小叶忍冬（*Lonicera microphylla*）、紫丁香（*Syringa oblata*）、鼠李（*Rhamnus davurica*）等偏中生灌丛；干旱山坡则有霸王、刺旋花、黑沙蒿、藏青锦鸡儿、猫头刺混生；多年生草本有冬青叶兔唇花、银灰旋花、

[①] 由灌丛或疏林层片和草原旱生多年生草本、小半灌木层片共同组成的草地类型，可称为"具灌丛（或疏林）的草原或荒漠草原"。在宁夏典型草原中有具中生灌木灰枸子、蒙古绣线菊、小叶金露梅、山桃、叉子圆柏等的草原，分布在贺兰山、香山、六盘山、南华山等山地中低山带；在荒漠草原中有具蒙古扁桃的灌丛或具灰榆疏林的荒漠草原，分布在贺兰山浅山区的山坡、山谷中。生长地经常基岩裸露，地表强烈石质化，土壤为粗骨土。也有具酸枣灌丛的荒漠草原，分布在贺兰山东麓银北一带的沟谷、洪积扇下缘。鉴于蒙古扁桃群落多处于干旱生境，群落下层植物具明显的旱生、强旱生性质，可标记为（蒙古扁桃）-××荒漠草原，称为具蒙古扁桃灌丛的××荒漠草原，或灌丛化荒漠草原。

糙隐子草、蒙古沙葱、匍根骆驼蓬、短花针茅、沙生针茅、多根葱、冰草、串铃草（*Phlomis mongolica*）、荒漠石头花（*Gypsophila desertorum*）等草原种。蒙古扁桃常也作为习见伴生种，混生于贺兰山东麓浅山地带的内蒙野丁香灌丛或灰榆疏林下的杂灌木丛中。

除习见于大山垂直带以外，蒙古扁桃灌丛在陕北也出现在黄土丘陵梁峁与固定沙地、沙丘顶部，更多出现于内蒙古西部乌兰察布市、巴彦淖尔市、鄂尔多斯市、阿拉善盟的干旱石质低山、剥蚀残丘、碎石戈壁、山间干河床上。生境为漠钙土、石质漠钙土，地面多裸岩、碎石。在阿拉善左、右旗分布较多的蒙古扁桃-红砂-戈壁针茅群落，盖度 5%～15%，草层高度 6～20cm，种饱和度 6～11 种/m²。地上部干重 18.1kg/hm²。放牧每羊需要草地 6.2hm²。

蒙古扁桃为中等饲用植物，嫩枝叶羊、牛、马、驴、骆驼采食，冬春季或干旱年份骆驼尤其乐于采食，是半荒漠地区重要的饲用灌木，有固土、园林绿化的价值。种子含油，可供食用或工业用。为国家二级保护植物。

蒙古扁桃-短花针茅型　分布于石嘴山西部贺兰山低山带，面积 6678.0hm²。生于山谷中，地面有卵石或砾石覆盖。蒙古扁桃形成明显的灌木层片，高约 90cm，分盖度 12%～13%，频度 70%～100%；下层为草本及小半灌木层，以短花针茅占优势，高度 9～11cm，分盖度 5%，频度 100%。伴生著状亚菊、猫头刺、戈壁针茅、匍根骆驼蓬、冬青叶兔唇花、合头藜、多根葱等。盖度 20%～25%，鲜草产量 1167.9kg/hm²，其中禾本科占 50.1%，菊科 9.0%，杂类草 40.9%，可利用率 49%，放牧每羊需草地 1.6hm²，每公顷可养羊 0.6 只。属四等七、八级草地，轻度退化。

蒙古扁桃 + 杂类草型　广泛分布于银川、贺兰、平罗、石嘴山等县市西部，贺兰山海拔 1200～2000m 的浅山区，面积 58 608.3hm²。通常与（杂灌木）-牛尾蒿 + 铁杆蒿型、（灰榆）-杂灌木型具疏林、灌丛草原形成复合群落。土壤为粗骨土，地表多有岩石风化形成的岩屑碎片。植被稀疏，盖度 15%～30%，个别条件较好处达 70%。蒙古扁桃多度 0.2～0.4 株/m²，株高 1m 左右。伴生的灌木、小灌木有狭叶锦鸡儿、荒漠锦鸡儿、甘蒙锦鸡儿（*Caragana opulens*）、内蒙野丁香、松叶猪毛菜等；水分条件较好，有时则有小叶金露梅、互生叶醉鱼草、酸枣、灰枸子、忍冬（*Lonicera japonica*）、丁香、鼠李（*Rhamnus davurica*）等中生灌木混生；下层的草本和小灌木、小半灌木层主要有短花针茅、戈壁针茅、著状亚菊、银灰旋花、细弱隐子草、冬青叶兔唇花、多根葱、匍根骆驼蓬、中亚白草等。有时会有牛尾蒿（*Artemisia dubia* var.*chinensis*）、串铃草（*Phlomis mongolica*）。耐旱的一年生植物层片发育较好，主要有冠芒草、三芒草、狗尾草、小画眉草、刺蓬、星状刺果藜、地锦、蒺藜等。鲜草产量 1480.5kg/hm²，可利用率 48%。放牧每羊需草地 1.3hm²，每公顷可养羊 0.8 只。属四等七级草地。

蒙古扁桃-著状亚菊 + 杂类草型　分布于平罗石桌子山附近的贺兰山低山带，面积 12 169.5hm²，为石质的山坡地。灌木层除蒙古扁桃外还有沙冬青、小叶金露梅、狭叶锦鸡儿；下层半灌木和草本有著状亚菊、短花针茅、多根葱、小画眉草、狗尾草、猪毛蒿等。盖度 20%～25%，可利用鲜草产量 1420.9（1089.8～1968.8）kg/hm²，其中灌木占 71.5%，草本 28.5%，可利用率 49%。放牧每羊需草地 1.3hm²，每公顷可养羊 0.8 只。属三、四等六、七级草地，中度退化。

蒙古扁桃 + 狭叶锦鸡儿 + 荒漠锦鸡儿型　分布于平罗红果子沟炭沟台子，面积 12 745.0hm²，为贺兰山浅山的石质山地，半阳坡。土壤为粗骨质，地面有大量的岩石风化碎屑。蒙古扁桃分盖度 8%，多度为 0.1 株/4m²，频度 80%，株高 110cm。其余植物有狭叶锦鸡儿、荒漠锦鸡儿、内蒙野丁香及少量的灰榆。样地登记植物 8 种，盖度 30%，鲜草产量 937.4kg/hm²，可利用率 58%。放牧每羊需草地 1.7hm²，每公顷可养羊 0.6 只。属四等八级草地，中度退化。

（灰榆）-蒙古扁桃-狭叶锦鸡儿-著状亚菊型　分布于贺兰崇岗以西的贺兰山浅山半阳坡，

面积 11 755.0hm²，为贺兰山浅山的石质山地半阳坡。土壤为粗骨质，地面有大量的岩石风化碎屑。蒙古扁桃生于石质的山坡地，地面为岩石风化形成的岩屑碎石。在蒙古扁桃、狭叶锦鸡儿灌丛中，稀疏地生长少量灰榆，形成乔木层片。伴生松叶猪毛菜、箸状亚菊、短花针茅、中亚白草、狗尾草、兔唇花、地锦等。样地登记植物 18 种，盖度 35%。灌木层高 90～100cm，鲜草产量 1807.5kg/hm²，其中灌木占 94.5%，草本 5.5%。可利用率 46%。放牧每羊需草地 1.1hm²，每公顷可养羊 0.9 只。属三等六级草地，中度退化。

蒙古扁桃-荒漠锦鸡儿-短花针茅 + 箸状亚菊型　分布于平罗西北部白芨沟一带，面积 4150.4hm²。

蒙古扁桃-狭叶锦鸡儿-短花针茅型　分布于石嘴山西部贺兰山山地，面积 9655.0hm²。

蒙古扁桃 + 内蒙野丁香-箸状亚菊型　分布于平罗西北部龟头沟一带，面积 9435.0hm²。

蒙古扁桃-三芒草型　分布于石嘴山大武口西南的贺兰山浅山带，面积 6584.0hm²。与（杂灌木）-箸状亚菊型相复合存在。

（杂灌木） + 蒙古扁桃-箸状亚菊型　分布于平罗汝箕沟煤矿东南、大风沟附近的贺兰山浅山带，面积 2432.0hm²。为石质的山地，生境干燥，地面多砾石及岩屑，土壤粗骨质。植被稀疏，生长耐旱植物女蒿、蒙古扁桃、狭叶锦鸡儿、牛尾蒿、铁杆蒿、箸状亚菊、松叶猪毛菜、狗尾草等。盖度 15%，灌丛高度 30～50cm，下层草本、小半灌木高 6～22cm。鲜草产量 930.0kg/hm²，可利用率 40%。放牧每羊需草地 2.5hm²，每公顷可养羊 0.4 只。属三等八级草地，中度退化。

（杂灌木） + 蒙古扁桃-牛尾蒿 + 铁杆蒿型　分布于平罗、贺兰、银川西部贺兰山低山带。与蒙古扁桃 + 杂类草型、（灰榆） + 杂灌木型呈复合存在。

（灰榆-杂灌木）-阿拉善鹅观草（*Roegneria alashanicus*）型　分布于平罗、贺兰、银川西部贺兰山低山带，面积 45 208.3hm²。与蒙古扁桃 + 杂类草型、（杂灌木 + 蒙古扁桃）-牛尾蒿 + 铁杆蒿型复合存在。

（三）沙地荒漠草原亚类

1. 豆科草组

甘草（*Glycyrrhiza uralensis* Fisch）系（同前）

甘草 + 短花针茅 + 杂类草型　分布于盐池鸦儿沟附近、高沙窝乡北部，面积 10 744.0hm²，为缓坡丘陵或丘间平地。地表疏松沙质，具厚沙或有沙丘分布。建、优种甘草、短花针茅的分盖度为 7%、8%，多度为 6 株/4m²、21 株/4m²，频度 100%、100%。伴生蒙古冰草、牛枝子、二裂委陵菜、细弱隐子草、中亚白草、猫头刺、短翼岩黄芪、冷蒿、细叶车前、狭叶米口袋、赖草、老瓜头，一年生植物有小画眉草、锋芒草、蒺藜、地锦、刺蓬等。种饱和度 13～14 种/m²，盖度 45%，草层高 7～12cm，甘草高 40cm 以上。鲜草产量 1952.6kg/hm²，其中禾本科占 17.5%，豆科 53.5%，藜科 7.5%，杂类草 14.8%，老瓜头一般占 6.7%，可利用率 50%，放牧每羊需草地 1.0hm²，每公顷可养羊 1.0 只。属三等六、七级草地，中度退化。

甘草 + 中亚白草型　分布于盐池高沙窝以南平坦浮沙地，面积 15 405.0hm²。伴生小画眉草、狗尾草、地锦、虫实等。盖度 45%，鲜草产量 1919.3kg/hm²，可利用率 50%。放牧每羊需草地 1.0hm²，每公顷可养羊 1.0 只。属四等六级草地，中度退化。本型在草群重量组成中豆科植物占 88.8%，以甘草为主，是当地群众的打贮冬草的草场。

甘草 + 苦豆子型　分布于盐池柳杨堡以北，面积 1628.0hm²。

甘草 + 大苞鸢尾 + 杂类草型　分布于灵武马家滩北面，面积 6612.0hm²。

甘草 + 葡根骆驼蓬型　分布于盐池县高沙窝,面积 1714.0hm²。

甘草 + 猪毛蒿 + 长芒草型　分布于盐池高沙窝西北部,面积 1038.0hm²。

2. 蒿类半灌木、草本组

是分布在本区荒漠草原地带沙地上的、以蒿类沙生半灌木黑沙蒿为建群种的草地。

黑沙蒿(*Artemisia ordosica* Krasch.)系

黑沙蒿又名油蒿、鄂尔多斯蒿。菊科旱生、沙生半灌木。株高 50～100cm,分枝多,形成密丛。习生于半荒漠地带海拔 1000～1700m 的固定、半固定沙地或沙砾质土上,地面具较厚浮沙,可进入荒漠区东边缘沙地。耐旱、耐贫瘠土壤,喜温也耐寒,可忍受冬季–30℃低温,但不耐持续干旱,遇大旱之年会成片枯死;不耐涝;具明显的适沙特性;叶片分裂成线性,减少水分蒸腾;主根深 1～2m,最深可达 3～4m,直径 4cm,根系水平延伸达 1～1.3m;耐沙埋,幼株经沙埋后生不定根,再生、繁殖能力都强,当年幼株于秋霜后形成营养枝,翌年萌发,2～3 年后开花结实,结实盛期可维持 4～8 年。每株约有花序 2.5 万枚,结实率 70% 以上;其瘦果的壁具胶质,遇水黏着沙粒呈球状,不易随风刮走;也可进行分株繁殖。抗病、虫害能力也强;又能忍受沙地地表温度的极端变化。以上各种适沙特性与强生命力,加上沙地较厚覆沙有一定保水性,下层沙土保水性也较好,使黑沙蒿可以在固定沙丘(地)定居、发育,使沙丘(地)逐渐固定,成为固沙先锋植物。黑沙蒿群落因而成为温带南部草原、半荒漠沙地的主体成分和优势类型[①]。

黑沙蒿是鄂尔多斯、阿拉善地区特有种,其分布以内蒙古鄂尔多斯高原为中心,广布于内蒙古阴山山麓和山南黄土丘陵沙地,鄂尔多斯高原,东、西阿拉善,陕北毛乌素沙地,宁夏河东沙区。往往作为建群或共建种组成沙地半荒漠亚类的黑沙蒿荒漠草原、黑沙蒿-沙鞭(*Psammochloa villosa*)或具锦鸡儿的黑沙蒿荒漠草原及柠条锦鸡儿-黑沙蒿草原化荒漠,沙柳草原化荒漠。作为伴生种也散生于白沙蒿或沙拐枣-沙鞭荒漠中。

在宁夏,黑沙蒿群落主要分布于中、北部荒漠草原带的河东沙区,包括灵武大部、陶乐镇南部、盐池东南部连片的大面积沙地;也散布于黄灌区的农田间局部地段,构成地带性沙地半荒漠亚类的主体类型。据调查,黑沙蒿群落在半固定沙地有植物 10～35 种,在固定沙地有植被 50～70 种,鲜草产量 1350.0～2625.0kg/hm²。群落中最具适沙特性的植物除黑沙蒿外,有唐古特白刺、驼绒藜、甘草、蒙古沙葱、中亚白草等,约 20 种,占 37% 左右;具草原特性的植物有长芒草、短花针茅、阿尔泰狗娃花、细弱隐子草、短翼岩黄芪、牛枝子、赖草、蒙古冰草等,约 13 种,占 22% 左右;一年生草本有刺蓬、地锦、狗尾草、小画眉草、蒺藜等。

黑沙蒿为中等饲用植物。春季萌发早,可供家畜抢春放牧。生长期因有蒿子气味,适口性降低,花后至果期适口性又增强。当年生枝条羊、驼乐食,马、牛也吃,可供家畜抓秋膘。冬季保存良好,是半荒漠地区家畜的重要牧场,旱年更显重要。黑沙蒿也是固沙先锋植物,近些年在沙区大量进行人工栽培。对于这类草场应掌握适当放牧,加强防护,做到防沙、固沙与合理利用相结合,走发展生态畜牧业的正确途径。

----

① 鉴于黑沙蒿群落具有明显的适沙又耐旱的双重特性,在建群种、群落结构、植被演替、经营利用方式诸方面与典型的荒漠草原类型不同。作为建群种的黑沙蒿实质上不是强旱生植物,但是群落内有许多荒漠草原地带的区系成分,加上其在半荒漠地带分布广泛,目前植物地理学界将其专门划分出一个"草原带沙生植被"的类型,有时也称为"草原植被的沙生变体",是过牧、沙化的植被演替产物。由于这种植被也可在其他植被类型的沙地出现,因而认为是一种"半隐域性"植被类型。草学方面则将这种发育在半荒漠地带沙地的,由各种适沙、耐旱植物占优势组成的群落统称为"沙地荒漠草原亚类"或"沙地草原化荒漠亚类"。在这些半荒漠的沙地亚类中,黑沙蒿群落是最为优势的群落。

黑沙蒿型　分布于中卫沙毛羊场东面与中宁县交界处,灵武石沟驿南部苦水河东岸,陶乐镇红崖子以南,石嘴山北部落石滩等地,面积 24 914.8hm^2。多为固定沙丘或平铺沙地。黑沙蒿占绝对优势,下层伴生牛枝子、短花针茅、多根葱、细弱隐子草、中亚白草、小画眉草、刺蓬、沙蓬等。盖度 14%～87%,样地登记植物 11～17 种。黑沙蒿半灌木层高 40～48cm,下层草本高 5～13cm。鲜草产量 911.3(637.5～1484.3)kg/hm^2,可利用率 43.0%。放牧每羊需草地 2.1hm^2,每公顷可养羊 0.5 只。属三等七、八级草地,牛枝子等优良牧草较多时为二等七级草地,不同程度沙化。

黑沙蒿-赖草型　分布于盐池南部苏步井以西,高沙窝西部,马儿庄西部、西南部等地,面积 79 829.0hm^2,为黄河阶地上的风积沙丘或平沙地,连片分布,面积较大。黑沙蒿分盖度 10%,次为赖草,分盖度 1.5%,伴生棉蓬、刺蓬等草本植物。群落盖度 15%,草层高 18～35cm。鲜草产量 1592.3(1035.0～2808.8)kg/hm^2。其中半灌木占 64.0%,草本 36.0%,可利用率 53%,放牧每羊需草地 1.1hm^2,每公顷可养羊 0.9 只。属二等七级或三等六级草地,退化较重。因植被盖度小,地表沙丘移动,风蚀强烈。

黑沙蒿-苦豆子型　分布于灵武南部、马家滩至石沟驿之间、盐池高沙窝以北、柳杨堡以南、惠安堡以西、苏步井西北等地,面积 127 699.8hm^2。多为固定沙丘,间有流动沙丘或半固定沙丘,丘间低地有植被着生或为平铺沙地,一般沙层较厚,有时地面带有小的砾石。黑沙蒿分盖度 29%(13%～42%),多度 5～20 株/4m^2,频度 99%;苦豆子相应值为分盖度 5%～25%,多度 2～84 株/4m^2,频度 90%。常见伴生种有甘草、披针叶黄华、中亚白草、牛枝子、细弱隐子草、刺蓬、冠芒草、猪毛菜、棉蓬等。样地登记植物 14 种,种饱和度 9 种/m^2,盖度 36%。黑沙蒿高 27～64cm,其下苦豆子、甘草高 33cm,组成第二层,其余草本植物高 5～15cm,成为第三层。鲜草产量 2187.8(1409.3～2808.8)kg/hm^2,可利用率 40%,放牧每羊需草地 1.1hm^2,每公顷可养羊 0.9 只。属三等六、七级草地,不同程度退化。

黑沙蒿-甘草型　分布于同心新庄集北部、西北部,青龙山北部,盐池惠安堡西南、东南部,马儿庄北部等地,面积 27 240.4hm^2。多为平坦开阔的滩地,地表有较厚的沙。植被覆盖不良。黑沙蒿分盖度 85%,多度 0.6 株/4m^2,频度 100%;甘草分盖度 5%,多度 10 株/4m^2,频度 100%。伴生牛枝子、棉蓬、小画眉草、芨芨草、老瓜头等。盖度 12%,种饱和度 3～6 种/m^2,草层高 58cm。鲜草产量 2772.0(1589.3～3007.5)kg/hm^2,可利用率 40%,放牧每羊需草地 0.8hm^2,每公顷可养羊 1.2 只。属三等五、六级草地,中度退化。

黑沙蒿 + 中间锦鸡儿 + 杂类草型　分布于灵武磁窑堡西南,面积 957.5hm^2。处于流动沙丘的边缘地带,为半固定沙丘。生长黑沙蒿、中间锦鸡儿、甘草、刺蓬、老瓜头、星状刺果藜、小画眉草、地锦等。盖度 20%,黑沙蒿高 54.5cm,中间锦鸡儿高 122cm,下层草本层高 35～40cm,矮草本层高 1～3cm。鲜草产量 1048.1kg/hm^2,其中灌木占 78.0%,草本 22.0%,可利用率 48%。放牧每羊需草地 1.8hm^2,每公顷可养羊 0.6 只。属三等七级草地,中度退化。

黑沙蒿 + 唐古特白刺型　分布于陶乐镇与高仁镇之间,面积 3581.1hm^2。

黑沙蒿-猪毛蒿 + 老瓜头型　分布于灵武磁窑堡以东和以北,面积 9212.2hm^2。处于沙区边缘地带,为固定沙丘。伴生植物有甘草、棉蓬、披针叶黄华、小画眉草、星状刺果藜等。盖度 54%。鲜草产量 2079.3kg/hm^2,可利用率 40%。放牧每羊需草地 1.1hm^2,每公顷可养羊 0.9 只。属三等六级草地,中度退化。

(刺蓬)-黑沙蒿-棉蓬型　分布于灵武石沟驿东北和磁窑堡以南,盐池城关、马儿庄附近,面积 8442.6hm^2。地形为缓坡丘陵或丘间平地、固定或半固定沙丘或平铺沙地。刺蓬数量很多,多度达 61 株/4m²，黑沙蒿 2～18 株/4m²，棉蓬也为数甚多。伴生赖草、甘草、沙蓬、地锦、蒙古冰草、狗尾草、小画眉草等。盖度 20%～40%，样地登记植物 14（12～17）种，种饱和度 7（6～8）种/m²。鲜草产量 1925.6kg/hm²，其中半灌木占 65.8%，草本 34.2%，可利用率 40%。放牧每羊需草地 1.2hm²，每公顷可养羊 0.8 只。属三等六级草地，中度退化。

黑沙蒿 + 杂类草型　分布于盐池青山东北部，少量分布在石嘴山西北部，面积 4648.0hm²。

黑沙蒿 + 藏青锦鸡儿型　分布于石嘴山仓布滩，面积 331.0hm²。

黑沙蒿-沙柳型　分布于盐池王乐井哈巴湖，面积 3143.0hm²。

四、草原化荒漠类

草原化荒漠类草地是以强旱生、超旱生小灌木、小半灌木或灌木为优势种，混生相当数量的强旱生多年生草本植物或直接以强旱生草本植物为优势种的草地类型，是半干旱至干旱地带过渡性的草地类型。在宁夏存在于生境较严酷的中、北部地区，如中卫、中宁北部，青铜峡西部，也局部地分散于自永宁至石嘴山西部的贺兰山东麓洪积扇地区及黄河东面的吴忠、灵武、原陶乐局部地区。在这些自南向北由草原向荒漠的过渡地带里，往往与荒漠草原类草地镶嵌存在，分布在干燥的丘陵、山地阳坡强砾石质、石质、沙质或盐渍化的生境，总面积 258 002.3hm²。

草原化荒漠类草地植被稀疏，草群不能郁闭，时常有较大面积的裸地。平均盖度 10%～30%，种饱和度 7～16 种/m²。平均鲜草产量 1371.8kg/hm²，一般灌木、半灌木占 81.7% 左右，多年生草本 8.0%，一年生草本 10.3%。平均干草产量 713.3kg/hm²，冷季前、后期枯草贮积量 42.8kg，可利用率 38%。本类草地载畜能力为平均每羊单位放牧需草地 1.8hm²，每公顷可放牧 0.6 只。

（一）丘陵、平原草原化荒漠亚类

1. 灌木组

以强旱生灌木沙冬青、唐古特白刺为建群种。

（1）沙冬青 [*Ammopiptanthus mongolicus* (Maxim. ex Kom.) Cheng f.] 系

沙冬青又名蒙古黄花木，为豆科沙冬青属强旱生常绿灌木；分布于亚洲中部，向北延伸入蒙古国荒漠带南端的阿拉善戈壁区，向南分布到甘肃兰州北部中条山附近，最东端可达鄂尔多斯中部的苦水沟，最西段抵近额济纳低山、丘陵前的干河床上。有鉴于其主要出现在腾格里沙漠东南缘、乌兰布和沙漠、亚马雷克沙漠、乌布齐沙漠西端等沙漠外围的半固定沙地，很少进入荒漠带腹地，不能忍受过分严酷的干旱生境，其在沙漠内部只在低山、残丘作带状、片段状分布，在阿拉善北部一些低山、残丘间的干河床内仅有零星植丛散生，可以认为基本上是半荒漠草地的群落类型。沙冬青草地也见于狼山、贺兰山山前洪积扇、冲积平原。基质为沙质、沙砾质或黏土质而地表有少量覆沙，潜水水位较深。根据对内蒙古境内沙冬青-短花针茅草地的调查记载，群落中典型荒漠植物较少，半荒漠植物较多，具明显的草原化特征。沙冬青高 40～70cm，分枝较多，冠幅直径 90～160cm，密度为 10～15 株/100m²。群落盖度 30%，种饱和度 5～6 种/m²。地上部干重 340kg/hm²，其中沙冬青占 50.5%，其他灌木、小半灌木 7.1%，多年生草本 10.1%，一年生草本 32.3%。放牧每羊需草地 5.9hm²。

在宁夏沙冬青草地可见于贺兰山及灵武、平罗、原陶乐、同心、中卫、固原须弥山等地。在贺兰山北段的石质浅山区可形成以沙冬青为建群种的单优势群落，或与松叶猪毛菜（*Salsola laricifolia*）共同组成半荒漠类草地。伴生刺旋花、蒙古扁桃、荒漠锦鸡儿、甘肃锦鸡儿（*Caragana kansuensis*）、短花针茅、无芒隐子草、异刺鹤虱（*Lappula heteracantha*）、薷状亚菊、冠芒草、锋芒草等。

沙冬青为低等饲用植物。春季山羊、绵羊、马、驼少吃其花，夏季多不被采食，入秋后羊群偶吃其叶片。群落下层的小半灌木、草本植物可供家畜放牧。属四、五等草地。沙冬青是少有的荒漠性常绿灌丛，是沙漠边缘重要的固沙、绿化、观赏及药用植物，值得扩大繁殖和加强保护。

沙冬青-短花针茅-杂灌木型　分布于石嘴山西部低山丘陵坡地，面积 2681.0hm²。建群种沙冬青分盖度 5%～12%，多度小于 1 株/4m²，频度 100%；短花针茅相应值为 2%～4%，25～30 株/4m²，100%。伴生种有薷状亚菊、蒙古扁桃、刺旋花、松叶猪毛菜、藏青锦鸡儿、狭叶锦鸡儿、冠芒草、三芒草、砂引草（*Messerchmidia sibilica*）、鹤虱、远志（*Polygala tenuifolia*）等。盖度 10%～17%，灌木层高 90cm，草本层高 5～15cm。鲜草产量 2512.5（1635.0～3390.0）kg/hm²，可利用率 28%。放牧每羊需草地 1.3hm²，每公顷可养羊 0.8 只。属五等七级草地，中度退化。

沙冬青-松叶猪毛菜型　分布于石嘴山西北部，与狭叶锦鸡儿-短花针茅型荒漠草原呈复区并存。面积 2068.0hm²。

（2）唐古特白刺（*Nitraria tangutorum* Bobr.）系

唐古特白刺又名白刺，蒺藜科耐盐灌木。潜水旱生植物，半荒漠、荒漠地带盐化沙地群落的建群种。以唐古特白刺单优或与小果白刺（*Nitraria sibirica*）、齿叶白刺（*N. roborowskii*）为共建种的草地是荒漠地带盐湿荒漠类草地的主要类型。习生于湖盆边缘、河谷阶地、风蚀沙地、常沿湖盆作环形分布。喜潜水，又具强旱生适应性。根系发达，根深达 13～14m，侧根分布达 6～7m，根幅为冠幅的 14 倍。根基及植株下部形成 2～5m 高的沙丘。耐盐土，可适应土壤 0.10%～0.23%的含盐量。

唐古特白刺草地主要分布于甘肃河西走廊、祁连山、阿尔金山的山前洪积扇平原，走廊北山的剥蚀残丘地带，青海柴达木、格尔木等地的河流冲积平原，内蒙古阿拉善盟、宁夏、新疆天山东段山前洪积平原及塔里木盆地等。草群高 15～35cm，盖度 15%～35%。

据调查，唐古特白刺分布于宁夏中北部、河东沙区、银北西大滩盐渍化低洼地段、白僵土积沙地带，可为以单优群落或与小果白刺为共建种的群落。群落内有植物 35 种，盖度 15%～40%，种饱和度 5～10 种/m²，唐古特白刺基部有 0.5～2.0m 高的沙包，沙包上植株高 30～60cm，分盖度 10%～40%，每 100 平方米有唐古特白刺 10～20 丛。其他优势植物有芨芨草、苦豆子、盐爪爪（*Kalidium foliatum*）、披针叶黄华、黑沙蒿、老瓜头等。另伴生中亚白草、细弱隐子草、芦苇、溚草（*Koeleria cristata*）、牛枝子、西伯利亚蓼（*Polygonum sibiricum*）、黄花矶松、甘草、匍根骆驼蓬、木地肤（*Kochia prostrata*）、白茎盐生草（*Halogeton arachnoideus*）等。

此外，唐古特白刺还常伴生于内蒙古西部、宁夏中北部、甘肃河西走廊、青海柴达木盆地、新疆南北疆盆地边缘的珍珠柴、红砂荒漠，石桌子白沙蒿荒漠，早蒿、驼绒藜（*Ceratoides latens*）荒漠，多枝柽柳（*Tamarix ramosissima*）、盐穗木（*Halostachys caspica*）盐荒漠中。

唐古特白刺为中等饲用植物。夏秋季山、绵羊乐食其当年生枝叶，骆驼喜食，牛、马一般不吃，羊、骆驼喜食其果实。唐古特白刺草地是羊、驼的全年放牧地。果入中药。春季花期是蜜、粉源植物，也是重要的固沙植物。

唐古特白刺型　分布于石嘴山市镇以南，原陶乐以北及以南，高仁镇以北，平罗县城以西，贺兰崇岗乡以东等地。为黄河冲积平原阶地，地表沙质、盐渍化，有半固定沙丘起伏密布。伴生植物主要有戈壁针茅、荒漠锦鸡儿、细枝盐爪爪、藏青锦鸡儿、三芒草及松叶猪毛菜、薯状亚菊、刺旋花等。盖度 15%～17%，鲜草产量 2874.8（2200.5～3106.5）kg/hm²。可利用率 38%，放牧每羊需草地 0.8hm²，每公顷可养羊 1.2 只。属四等五级或四等八级草地。

唐古特白刺＋芨芨草型　分布于平罗火车站以北和西北、县农场以北，贺兰崇岗乡以南，银川、贺兰西干渠一带，同心也有分布，面积 13 515.6hm²。土壤为白僵土，地表沙质，有白色的白僵。属轻度碱化土裸地。唐古特白刺株高 15cm，分盖度 7%～15%，频度 50%～80%；芨芨草高 60cm，分盖度 2%～10%，多度 1.3 株/4m²，频度 10%～90%。伴生芦苇、匍根骆驼蓬、苦豆子、黑沙蒿、蓼子朴（*Inula salsoloides*）、披针叶黄华、白茎盐生草、碱蒿（*Artemisia anethifolia*）等。样地植物 8～13 种，种饱和度 10 种/m²，盖度 20%～23%。鲜草产量 2163.8kg/hm²，其中豆科占 1.2%，藜科 4.4%，杂类草 94.4%。可利用率 43%。放牧每羊需草地 1.0hm²，每公顷可养羊 1.0 只。属三等六、七级或四等二、八级草地。

唐古特白刺-披针叶黄华型　分布于贺兰山山前、西干渠以西一带，面积 290.0hm²。

唐古特白刺＋杂草型　面积 2946.0hm²。

刺针枝蓼＋红砂＋杂类草型　分布于青铜峡西南部广武园林场西南，面积 2530.4hm²。为黄河高阶地，地势平坦，地面稍带浮沙。灌木刺针枝蓼高 28～40cm，为第一层；红砂高 19～20cm，与猫头刺组成下层小半灌木层片；多年生草本有短花针茅、多根葱、冬青叶兔唇花（*Lagochilus ilicifolius*）、银灰旋花、中亚白草等；一年生草本有三芒草、草霸王（*Zygophyllum muceronatum*）、锋芒草、小画眉草、狗尾草、地锦、虎尾草等。盖度 12%，样地植物 23 种，种饱和度 20 种/m²。鲜草产量 1504.5kg/hm²，可利用率 48%。放牧每羊需草地 1.3hm²，每公顷可养羊 0.8 只。属三等六级草地，一级退化，沙化，为缺水草场。

沙柳型　分布于盐池哈巴湖，生长在固定、半固定沙丘上，面积 141.4hm²。原为流动的沙带，经人工栽植，进行沙丘治理，已经蔚然成林。以沙柳（*Salix cheilophila*）为主，伴生乌柳（*Salix cheilophila*）、黑沙蒿、羊柴（*Hedysarum laeve*）及少量的小叶杨（*Populus simonii*）、沙枣（*Elaeagnus angustifolia*）等乔木。下层草本有沙芥（*Pugionium cornutum*）、草木樨状黄芪（*Astragalus melilotoides*）、蓼子朴、芦苇、沙蓬（*Agriophyllum squarrosum*）、刺蓬、铁线莲（*Clematis* sp.）、问荆（*Equisetum arvense*）、苦豆子、蒙古沙葱、直立黄芪（*Astragalus adsurgens*）、泽漆（*Euphorbia helioscopia*）等。因封育草生茂盛。在保护沙生植物的前提下可适当开放供牛、绵羊有组织地放牧，或打贮干草。应提倡合理利用，林木结合，兼顾并存。

2. 小灌木、小半灌木组（同前）

本组草地由不同程度耐盐的小灌木、小半灌木构成建群种，往往带有咸味。宁夏主要有珍珠柴、红砂、合头藜（*Sympegma regelii*）、松叶猪毛菜、斑子麻黄（*Ephydra lepidosperma*）等。

（1）珍珠柴（*Salsola passerina* Burge.）系

珍珠柴是藜科猪毛菜属强旱生小半灌木，荒漠、半荒漠习见建群种。时常与强旱生多年生草本植物组成草原化荒漠类草地。分布于内蒙古乌兰察布、阿拉善等地及贺兰山山间盆地，宁夏中北部，甘肃河西走廊、祁连山麓。其分布主要是山前丘陵、洪积扇、洪积砾石坡地。分布区海拔自东向西为 1500～2400m。土壤为灰棕荒漠土、灰钙土、淡灰钙土。群落内珍珠柴每公顷 200～800 株，呈均匀状分布。珍珠柴高 10～17cm，群落盖度 8%～20%，地上部干重 351.0kg/hm²。

在宁夏，珍珠柴半荒漠是本地区小半灌木半荒漠面积较大的类型，面积 72 877.9hm²。主要分布于灵武横山，吴忠孙家滩，同心下流水、喊叫水，青铜峡枣胡子梁，中卫大草朵山，及平罗、陶乐镇等地海拔 1250～1580m 的低山丘陵阴坡、半阴坡、滩地，常插花分布于荒漠草原草地之间。土壤一定程度盐渍化，地表有砾石；但不宜多石生境，在重盐土上则被红砂荒漠替代。珍珠柴荒漠植被稀疏，据调查，有植物 53 种，盖度 25%～35%，种饱和度 2～4 种/m²，珍珠柴分盖度 10%～20%。地上部鲜重 750.0～1387.5（480.0～1920.0）kg/hm²。

珍珠柴荒漠适应年积温 2500～3000℃，年降水量 100～200mm 的生境。种子发芽率不高，水分好时靠珠芽落地繁殖，也可以根蘖繁生，其地上部生长比较缓慢。

珍珠柴为中等饲用植物，属四、五等草地。当年嫩枝羊乐食，干枯后则不吃，马、牛少食。冬季保留良好，骆驼四季喜食。群落内的多年生、一年生草本植物可供家畜牧食。

珍珠柴 + 红砂型　分布于中宁南部陈麻井以西大战场山前倾斜平原，面积 31 655.3hm²。珍珠柴分盖度 7%，多度 9 株/4m²，频度 65%，重量 60g/m²。红砂分盖度为 9%，多度 8 株/4m²，频度 75%，重量 25g/m²。伴生种有刺蓬、冠芒草、短花针茅、蓍状亚菊、卵穗薹草（*Carex duriuscula*）、细弱隐子草、松叶猪毛菜、草霸王、多根葱、猪毛菜（*Salsola collina*）、狭叶米口袋（*Gueldenstaedtia stenophylla*）、星状刺果藜（*Bassia dasyphylla*）、狗尾草等。样地有植物 27（18～36）种，种饱和度 13（12～15）种/m²。盖度 23%～26%，草层高 12～19cm。鲜草产量 690.0（570.0～1283.3）kg/hm²。其中禾本科占 3.2%，菊科 2.3%，藜科 69.8%，莎草科 5.2%，其他杂草类 19.5%。可利用率 52%。放牧每羊需草地 2.5hm²，每公顷可养羊 0.4 只。属二等七、八级草地，中至重度退化。

珍珠柴 + 红砂-多根葱型　分布于中宁陈麻井附近，吴忠牛首山以东等地的缓坡丘陵，面积 41 222.5hm²。珍珠柴分盖度 10%～17%，多度 5～7 株/4m²，频度 50%～100%；优势种红砂、多根葱分盖度分别为 7%～12% 和 2%～3%，多度 3～13 株/4m² 和 74～93 株/4m²，频度 50%～90% 和 90%～100%。伴生种有白茎盐生草、虎尾草、星状刺果藜、草霸王、刺蓬、地锦、银灰旋花、大苞鸢尾、细弱隐子草、卵穗薹草、锋芒草、小画眉草、冠芒草等。样地有植物 15～21 种，种饱和度 13（11～16）种/m²，盖度 30%～32%，草层高 20～27cm。鲜草产量 1165.5（1064.3～1365.8）kg/hm²。其中藜科 38.4%，其他科 61.6%。可利用率 50%。放牧每羊需草地 1.6hm²。每公顷可养羊 0.6 只。属二或三等七级草地。

（2）红砂 [*Reaumuria songarica*（Pall.）Maxim.] 系

红砂是柽柳科红砂属超旱生、盐生矮灌木。红砂荒漠是我国荒漠区分布最广的一个类型。自内蒙古鄂尔多斯西部，向西经阿拉善，宁夏中北部，甘肃河西走廊南、北侧低山带，青海柴达木盆地，东疆哈顺戈壁、天山南坡，乃至准格尔、塔里木盆地。在这一辽阔地带的山区、丘陵、剥蚀残丘、山麓洪积扇、洪积冲积平原几乎到处有其分布。分布区土壤为灰棕荒漠土、棕色荒漠土、淡棕钙土、灰钙土，表面多砾石或沙砾质，低平处常呈不同程度盐渍化，有时富含石膏。

红砂株高 20～40cm，在极度干旱的盐化戈壁上则呈现低矮、稀疏、枯黄状。具深根，生活力甚强，耐沙埋。其枝条遇雨可生出不定根，又可从根基劈裂行无性繁殖。每到秋霜以后植株会变成深浅不等的红紫色，构成群落的特殊季相。

红砂半荒漠常呈现为单优种群落；也会与超旱生植物珍珠柴、绵刺（*Potaninia mongolica*）、泡泡刺（*Nitraria sphaerocarpa*）、膜果麻黄、无叶假木贼（*Anabasis aphylla*）、梭梭、盐爪爪、唐古特白刺（*Nitraria tangutorum*）、囊果碱蓬（*Suaeda physophora*）、小叶碱蓬（*S.microphylla*）等组成不同的荒漠群落。

在宁夏，红砂半荒漠也是半荒漠类草地面积最大的类型。主要分布在宁夏中部及贺兰山东麓洪积扇、洪积冲积坡地一带。包括中卫三眼井，中宁城关、枣园、菊花台、茇茇沟、石空、恩和、新堡，石嘴山落石滩，永宁十里墩至玉泉营三台山洪积扇，原陶乐石门坎，红墩子，青铜峡狼卜井子、马家滩，平乐西大滩园林场等地。位于海拔 1200～1660m 的低山、丘陵阴、阳坡及滩地、洪积扇等。土壤为淡灰钙土、山地灰钙土、淡灰钙土性山地粗骨土、盐土等，地表多碎石、砾石或浮沙。

据调查，红砂荒漠类草地有植物 48 种，盖度 15%～30%，种饱和度 2～4 种/m²。红砂分盖度8%～10%，株高 10～20cm。群落地上部鲜重 750.0～1875.0kg/hm²，群落中多年生草本占 57.3%，一年生草本 24.0%，小灌木、小半灌木 18.7%，显示处于我国荒漠地带东边缘而呈现不同程度的草原化特征。有红砂单优种群落，也有与猫头刺、唐古特白刺、珍珠柴、多根葱、细弱隐子草、银灰旋花等共同组成的群落。一年生植物种类繁多，有白茎盐生草、刺蓬、冠芒草、地锦、狗尾草、锋芒草、棉蓬（Corispermum sp.）、星状刺果藜、三芒草、虎尾草、小画眉草、猪毛蒿（Artemisia scoparia）、栉叶蒿（Neopallasia pectinata）等。

红砂为中等饲用植物，适口性良好，多年生枝条羊采食，骆驼春、夏、秋季均喜食。冬季保留良好，羊、驼乐食，马少采食，牛基本不吃。干旱缺草年份是驼、羊的主要度荒饲草。红砂荒漠类草地是较好的冬春放牧草场，灰分含量较高，放牧家畜可补充钙质和盐分，对提高食欲有帮助。

红砂-细弱隐子草型　分布于中卫干塘以东及北部，面积 19 456.7hm²。地面较平坦，地表有浮沙。红砂的分盖度 8%～10%，多度 9～14 株/4m²，频度 60%～100%；次为无芒隐子草，相应值为 2%～8%，17 株/4m²，90%～100%。伴生短花针茅、唐古特白刺、匍根骆驼蓬、卵穗薹草、草霸王、戈壁天门冬（Asparagus gobicus）、狭叶锦鸡儿等。种饱和度 8 种/m²，盖度18%～25%，草层高度 11～28cm。鲜草产量 747.8（744.0～1090.0）kg/hm²，可利用率 50%。放牧每羊需草地 2.4hm²，每公顷可养羊 0.4 只。属三等八级草地，优等草占 20.9%，良等草占8.1%，中等草占 53.5%，低等草占 17.5%，重度退化。

红砂＋珍珠柴型　分布于中宁西北部，青铜峡西部贺兰山余脉低山丘陵及中卫香山南坡、深井以南。红砂的分盖度为 6%，多度 9 株/4m²，频度 55%；珍珠柴相应数值为 4%，5 株/4m²，20%。伴生植物有多根葱、白茎盐生草、小画眉草、刺蓬、草霸王、虎尾草、冠芒草、卵穗薹草、银灰旋花、星状刺果藜、细弱隐子草、锋芒草、地锦等。盖度 23%～25%，样地有植物12（7～17）种，种饱和度 8（7～9）种/m²。鲜草产量 1030.5kg/hm²，其中禾本科占 0.2%，菊科 0.2%，藜科 55.0%，莎草科 0.2%，其他杂类草 44.4%。可利用率 50%。放牧每羊需草地1.9hm²，每公顷可养羊 0.5 只。属三等七级草地，草群重量组成中优等草占 1.7%，良等草 1.7%，中等草 62.4%，低等草 34.2%，中度或重度退化。

红砂-冠芒草型　分布于中宁石空北面、碱沟山煤矿以南，面积 20 164.3hm²。为低山丘陵坡地，地面多砾石及石块。群落中有大量的冠芒草；伴生珍珠柴、刺旋花、细弱隐子草、戈壁针茅、狗尾草、薯状亚菊、地锦、锋芒草、刺蓬等。盖度 18%～27%，草层高度 9～12cm。鲜草产量 894.0kg/hm²，可利用率 50%。放牧每羊需草地 2.0hm²，每公顷可养羊 0.5 只。属三等七级草地，中度退化。

红砂-牛枝子-短花针茅型　分布于石嘴山北部，面积 3721.0hm²。

红砂-银灰旋花＋细弱隐子草型　分布于原陶乐北部、红崖子东北，面积 4605.0hm²。

红砂-唐古特白刺-草霸王型　分布于原陶乐稍墩子，面积 170.0hm²。

合头藜＋红砂型　分布于原陶乐南部的低山丘陵，面积 11 352.0hm²，土壤表层沙质。合头藜、红砂占据优势，其次为细弱隐子草；伴生刺蓬、草霸王、戈壁天门冬、银灰旋花、猪毛蒿、狗尾草、皱黄芪（Astragalus tataricus）、冠芒草、泽漆等。盖度 15%，草层高度 20～

22cm。鲜草产量 945.0kg/hm^2。可利用率 48%。放牧每羊需草地 2.0hm^2，每公顷可养羊 0.5 只。属四等八级草地，中度退化。

松叶猪毛菜-多根葱-珍珠柴型　分布于灵武横山东南部。伴生细叶车前（*Plantago minuta*）、刺蓬、草霸王等。盖度 25%，种饱和度 11 种/m^2。鲜草产量 1518.0kg/hm^2，其中藜科占 97.9%，可利用率 46%。放牧每羊需草地 1.3hm^2，每公顷可养羊 0.8 只。属三等六级草地。

斑子麻黄-冠芒草-短花针茅型　分布于永宁西北及银川平吉堡以西，贺兰山麓洪积扇上部，面积 2954.0hm^2。地面多石块。斑子麻黄盖度 4%～15%，多度 1 株/4m^2，频度 90%～100%，次为冠芒草，上述相应值分别为 1%，20 株/4m^2，100%，短花针茅相应值分别为 1%，14 株/4m^2，100%。伴生植物有箸状亚菊、乳白花黄芪（*Astragalus galactites*）、猫头刺、刺旋花、地锦、细弱隐子草、狗尾草、松叶猪毛菜等。盖度 30%，鲜草产量 1175.3kg/hm^2，可利用率 47%。放牧每羊需草地 1.7hm^2，每公顷可养羊 0.6 只。属五等八级草地，中度退化，属缺水草场。

3. 垫状小半灌木组（同前）

以坐垫状生活型的有刺小灌木，主要以猫头刺为建群种，并与红砂、刺针枝蓼、刺旋花等组成占优势的强旱生小灌木、小半灌木层片。

猫头刺（*Oxytropis aciphylla* Ledeb.）系（同前）

猫头刺 + 红砂-冠芒草型　分布于宁夏中宁石空以北，面积 7240.4hm^2。地形为低山丘陵，地表有 3～8cm 直径的砾石分布。猫头刺分盖度 7%～8%，多度 13～18 株/4m^2，频度 90%～100%；红砂分盖度 6%～8%，多度 3～4 株/4m^2，频度 20%～70%；冠芒草分盖度 5%，多度 44 株/4m^2，频度 100%。伴生种有小画眉草、刺旋花、牛枝子、锋芒草、草霸王、虎尾草、戈壁天门冬、蒺藜、细弱隐子草、匍根骆驼蓬、细叶车前、地锦、白茎盐生草、黄芪等。盖度 25%，草层高度 8～16.5cm，种饱和度 25 种/m^2。鲜草产量 713.3kg/hm^2，可利用率 50%。放牧每羊需草地 2.6hm^2，每公顷可养羊 0.4 只。属四等七级草地。草群中良等草占 33.3%，中等草 27.6%，低等草 39.1%，呈中至重度退化。

猫头刺-狭叶米口袋-猪毛蒿 + 杂类草型　分布于灵武横山堡东南，面积 619.4hm^2。

猫头刺-刺针枝蓼-细弱隐子草型　分布于青铜峡西南部广武一带，面积 3548.3hm^2。

4. 杂类草组

以强旱生杂类草匍根骆驼蓬、栉叶蒿、多根葱为建群种的草地组，同时群落中有由红砂、珍珠柴、猫头刺组成的小灌木、小半灌木层片。

（1）匍根骆驼蓬（*Peganum nigellastrum* Bunge.）系

匍根骆驼蓬 + 猫头刺-细弱隐子草型　分布于中卫镇罗北部。地形为贺兰山余脉低山丘陵，面积 33 153.0hm^2。地表浮沙。伴生赖草（*Leymus secalinus*）、狗尾草、蒺藜（*Tribulus terrester*）、短翼岩黄芪（*Hedysarum brachypterum*）、老瓜头、草霸王、中亚白草、棉蓬（*Corispermum* sp.）、燥原芥（*Ptilotrichum caescens*）等。盖度 15%，草层高度 13～15cm。鲜草产量 738.8kg/hm^2，其中禾本科占 2.7%，豆科 35.3%，杂类草 62.0%。可利用率 55%。放牧每羊需草地 2.3hm^2，每公顷可养羊 0.4 只。属四等八级草地，轻度退化。

匍根骆驼蓬-唐古特白刺型　分布于中卫镇罗等地，面积 477.1hm^2。

（2）栉叶蒿 [*Neopallasia pectinata*（Pall.）Poljak.] 系

栉叶蒿又名篦齿蒿，菊科栉叶蒿属一二年生草本植物。以其叶有 1～2 回栉齿型羽状分裂为特征。广泛分布于我国东北、西北、内蒙古、四川、云南、西藏等地，尤以草原、半荒漠地带较多见，宁夏全区分布。作为干旱地区荒漠性夏雨型一年生草本在群落中随雨而生，其物候期依每年降雨迟早而变化。多雨年份大量繁生，在群落中占据优势，形成背景植物。因其对砂质、沙砾质及盐碱土生境的适应性，并且结籽多，繁殖力强，在过牧退化草地、老撂荒地常常数量繁多，成为群落优势种。平均盖度12%～40%，草层高度17～21cm。平均鲜草产量1878.8kg/hm²，可利用率40%。放牧每羊单位需草地1.2hm²，每公顷可养0.8个羊单位。

栉叶蒿作为群落伴生种，也时常出现于宁夏的冷蒿-百里香草原，内蒙古境内的小叶锦鸡儿（*Caragana microphylla*）、狭叶锦鸡儿、冷蒿草原，女蒿（*Hippolytia trifida*）、冷蒿、小针茅（*Stipa* sp.）等荒漠草原及蒙古扁桃、红砂、松叶猪毛菜等草原化荒漠中。在内蒙古贺兰山山前洪积平原，甘肃北部的藏青锦鸡儿、小针茅草原化荒漠及内蒙古西端，西达新疆天山南坡的合头藜草原化荒漠中也不乏栉叶蒿作为伴生种的广泛分布。

栉叶蒿为低等饲用植物，春绿时具蒿子气味，家畜仅少量采食，枯萎后变干硬，春冬季可以保留，仅羊、驼吃，牛、马一般不吃。

栉叶蒿-猫头刺＋杂类草型　分布于青铜峡西南部石质低山、丘陵坡地，面积5740.7hm²，有斑状裸岩散布。伴生红砂、牛枝子、短花针茅、长芒草、草霸王、阿尔泰狗娃花、光药大黄花（*Cymbaria mongolica*）、锋芒草、星状刺果藜、刺蓬、银灰旋花、小画眉草、狗尾草、多根葱等。盖度12%，鲜草产量1114.5kg/hm²，可利用率57%。放牧每羊需草地1.5hm²，每公顷可养羊0.7只。属三等七级草地，为缺水草地，轻度退化。

栉叶蒿-珍珠柴＋红砂型　分布于吴忠南端孙家滩附近，面积2141.9hm²。

多根葱-红砂＋珍珠柴型　分布于青铜峡广武园林场西部黄河阶地，面积4873.6hm²。伴生猫头刺、乳白黄芪（*Astragalus galactites*）、银灰旋花、草霸王、锋芒草等。盖度20%，小半灌木层高20～26cm，草本层高4～8cm。鲜草产量691.5kg/hm²，可利用率67%。放牧每羊需草地2.0hm²，每公顷可养羊0.5只。属三等八级草地，轻度退化及沙化。

5. 一年生小禾草组

本组以一年生夏雨型禾草冠芒草[*Enneapogon borealis*（Griseb.）Honda]、三芒草（*Aristida adscensionis* L.）为建群种。

冠芒草-短花针茅型　分布于银川西郊干沟沟口附近，面积500.0hm²。为贺兰山洪积扇，地表多砾石。伴生牛枝子、狗尾草、猪毛蒿、小画眉草、细弱隐子草等。盖度15%，草层高度5～8cm。种饱和度7种/m²。鲜草产量589.5kg/hm²，可利用率80%。放牧每羊需草地2.0hm²，每公顷可养羊0.5只。属二等八级草地，中度退化。

三芒草-短花针茅-银灰旋花型　分布于银川镇北堡，为撂荒地，面积160.0hm²。

（二）山地草原化荒漠亚类

小灌木、小半灌木组（同前）

珍珠柴-细弱隐子草-短花针茅型　分布于石嘴山石炭井附近，贺兰山山间盆地，面积3703.0hm²。珍珠柴在群落中占绝对优势，次为细弱隐子草、短花针茅。伴生种有草霸王、红砂等。盖度17%，鲜草产量1150.5（1064.3～1365.8）kg/hm²，可利用率50%。放牧每羊需草地1.6hm²，每公顷可养羊0.6只。属二或三等七级草地，轻度退化。

红砂＋珍珠柴型　分布于中宁西北部，青铜峡西部贺兰山余脉低山丘陵及中卫香山南坡、深井以南，面积26 992.7hm²。红砂、珍珠柴在群落内占据优势，分盖度分别为6%、4%，多度9株/4m²、5株/4m²，频度55%、20%。伴生植物有多根葱、白茎盐生草、小画眉草、刺蓬、草霸王、虎尾草、冠芒草、卵穗薹草、银灰旋花、星状刺果藜、细弱隐子草、锋芒草、地锦等。盖度 23%～25%，样地植物 12（7～17）种，种饱和度 7～9 种/m²。鲜草产量 993.8（966.8～1014.0）kg/hm²，其中禾本科占 0.2%，菊科 0.2%，藜科 55.0%，莎草科 0.2%，其他杂类草 44.4%。可利用率 50%。放牧每羊需草地 1.9hm²，每公顷可养羊 0.5 只。属三等七级草地。草群重量组成中优等草占 1.7%，良等草 1.7%，中等草 62.4%，低等草 34.2%，中度或重度退化。

（三）沙地草原化荒漠亚类

1. 灌木组（同前）

唐古特白刺型　分布于石嘴山镇以南，原陶乐北部和南部、高仁镇以北，平罗县城以西、崇岗以东等地，面积 5333.0hm²。地貌为黄河冲积平原阶地，地表沙质、盐渍化，半固定的沙丘起伏密布。伴生植物主要有戈壁针茅、荒漠锦鸡儿、细枝盐爪爪、藏青锦鸡儿、三芒草、松叶猪毛菜、菁状亚菊、刺旋花等。盖度 15%～17%。鲜草产量 2874.8（2200.5～3106.5）kg/hm²。放牧每羊需草地 0.8hm²，每公顷可养羊 1.2 只。属四等五级或四等八级草地。

2. 具刺灌木组

中间锦鸡儿型　分布于原陶乐东部和东北部、桌子山以南，面积 4046.0hm²。地表为半固定或流动沙丘，有砾石，植被稀疏。中间锦鸡儿（*Caragana microphylla* var. *tomentoaa*），分盖度 15%，多度 0.1 株/4m²，频度 10%。伴生有黑沙蒿，上述数值相应为 8%，0.03 株/4m²，8%；沙冬青上述数值相应为 2%，0.01 株/4m²，1%。尚有细弱隐子草、蒺藜、沙蓬、地锦、冠芒草、狗尾草等，样地植物 9 种，盖度 30%。鲜草产量 2119.5kg/hm²，可利用率 40%。放牧每羊需草地 1.1hm²，每驼需草地 7.5hm²，每公顷可牧养羊 0.9 只，驼 0.14 峰。属三等六级草地，退化严重。

五、荒漠类

在十分严酷的生境条件下形成的典型荒漠草地，以超旱生或耐盐碱的旱生灌木、半灌木、小灌木、小半灌木、小乔木，有时候可能是适应雨季生长发育的短营养期一年生植物为建群种。植被稀疏，区系简单，盖度低，草群不能郁闭，常有大量裸露地表。分布区年降水量为 100～150mm，蒸发量为降水量的 10 倍以上。土壤为砂质、砂壤质淡灰钙土、棕钙土、粗骨土。

荒漠带在中国集中分布于西北部干旱地区。从内蒙古乌兰察布以西，经西阿拉善、甘肃河西走廊西北部、走廊北山、祁连山山前洪积扇；向南经青海柴达木盆地西北部，至新疆准格尔、塔里木的冲积平原、盆地、天山南、北坡、昆仑山北坡部分山前低山带，西至伊犁谷地、塔城盆地；含东疆伊吾、巴里坤、吐鲁番盆地的荒漠草地，是中国西北大片荒漠分布区。宁夏有少量荒漠草地处于其东南边缘。

宁夏荒漠类草地主要是发育在盐渍化较重的盐土或轻度碱化（半白僵土）土壤上、干旱区沙地或洪积区新积土上的一些草地。分布在宁夏中、北部干旱地区，如银北灌区，贺兰山东麓洪积扇，盐池惠安堡，青铜峡西部，灵武东、南部，中卫陶乐沙区，固原彭堡等地，面积 55 039.7hm²。

荒漠类草地一般盖度 15%～30%，草层高度各组不同，10～40cm，种饱和度 2～17 种/m²。平均鲜草产量 1522.5kg/hm²。重量组成中往往灌木、一年生草本占绝对优势，多年生草本退居不显著地位。可利用率平均为 35%，放牧每个羊单位需草地 1.7hm²，每公顷可牧羊 0.6 只。本类草地冷季前后期枯草贮积量平均为 561.8kg/hm² 和 186.8kg/hm²，暖冷季比为 1∶0.3。

（一）丘陵、平原荒漠亚类

灌木组（同前）

以盐生灌木小果白刺、细枝盐爪爪为建群种。处在土壤含大量可溶盐类的生境中，由于土壤溶液浓度过大，形成生理干旱，只有盐生植物能适应这样的严酷生境。

（1）小果白刺（*Nitraria sibirica* Pall.）系

小果白刺又名西伯利亚白刺，蒺藜科耐盐、旱生、潜水旱生矮灌木。常在荒漠草原带的沙质盐碱地、湖盆周围形成单优种群落，或与唐古特白刺共同组成沙质盐湿荒漠。其生态适应性比唐古特白刺广泛，分布于荒漠、半荒漠，并少量进入草原区，甚至可远抵东部海滨盐化沙地，成为低湿地盐生草甸草地的建群种。所处土壤为白疆土或盐化草甸土。地下水多在 1～4m，潜水位于 3～4m 以下的往往会生长衰弱、稀疏。其具体分布区为东北西辽河平原，蒙古高原东部，乌兰察布、阴南黄土丘陵，鄂尔多斯高原，东、西阿拉善，额济纳及我国河北、西北地区。常见于轻、重盐化沙地、湖盆、干河床边缘、浅沟中，是戈壁滩低地的景观植物，也见于荒漠化的芨芨草盐生草甸。小果白刺根基形成高 40～100cm、直径 1～3m 的风蚀沙堆，株高 0.5～1.0m。群落中散生芨芨草丛。群落盖度 50%～70%。伴生植物有赖草、多根葱、蒙古沙葱（*Allium mongolicum*）、苦豆子、黄花矶松、披针叶黄华、盐生车前（*Plantago maritima* var. *salsa*）、白沙蒿（*Artemisia sphaerocephala*）、星状刺果藜、西伯利亚滨藜（*Atriplex sibirica*）、刺蓬等。

在陕北沙区盐湿滩地、湖盆外围、芨芨草滩地中也习见小果白刺草地。除了作为群落建群种、共建种，小果白刺也常作为伴生种出现于内蒙古、甘肃河西走廊、宁夏境内的盐爪爪（*Kalidium foliatum*）、尖叶盐爪爪（*K. cuspidatum*）、珍珠柴、红砂等草原化荒漠、新疆南北疆盐化地段的盐爪爪、多枝柽柳、盐穗木盐荒漠和芨芨草盐化草甸中。小果白刺草地饲用特点、经济用途与唐古特白刺基本相同。

小果白刺型 分布于平罗西大滩及盐池惠安堡附近，面积 11 001.0hm²，土壤为白僵土。植被甚稀疏，仅有小果白刺和芨芨草。盖度 9%，种饱和度 2 种/m²。鲜草产量 726.0kg/hm²，可利用率 55%。放牧每羊需草地 2.3hm²，每公顷可养羊 0.4 只。属四、五等八级草地，严重退化。

小果白刺＋芨芨草型 分布于盐池惠安堡东南芨芨滩及青铜峡火车站正西，面积 6869.1hm²。小果白刺分盖度 30%～31%，多度 4 株/4m²，频度 10%；芨芨草相应值为 6%，2 株/4m²，10%。伴生种有中间锦鸡儿、老瓜头、猫头刺、长芒草、小画眉草、地锦、三芒草、糙叶黄芪（*Astragalus scaberrimus*）、细弱隐子草、锋芒草、狗尾草等。群落盖度 41%，样地植物 13～17 种，种饱和度 2～11 种/m²。草层高 10～30cm，其中芨芨草、中间锦鸡儿高 80～110cm。鲜草产量 2865.8（1681.5～3605.3）kg/hm²，可利用率 30%。放牧每羊需草地 1.0hm²，每公顷可养羊 1.0 只。属三、四、五等四、五、六级草地，因地而异。

小果白刺-细枝盐爪爪型 分布于原陶乐西南部，面积 2809.2hm²。

小果白刺-细枝盐爪爪-芨芨草型 分布于灵武马家滩以南与盐池交界处，面积 2457.1hm²。

小果白刺-碱蓬型 分布于灵武磁窑堡梅花井附近，面积 1684.2hm²。

小果白刺＋芨芨草-细枝盐爪爪型 分布于原陶乐五滩子附近，面积 3262.0hm²。

（2）细枝盐爪爪（*Kalidium gracile* Fenzl.）系

细枝盐爪爪是蒺藜科多年生盐生肉质叶小灌木，盐湿荒漠草地重要的建群或共建种之一。亚洲中部荒漠区特有种。习生于半荒漠、荒漠地带沟谷盐碱地、低洼滩地、盐化沙地、河谷低地、盐湖周围，可沿盐化低地进入草原地带。分布于我国内蒙古西部、陕北、甘肃西部、青海柴达木、新疆准噶尔盆地东部。分布地区海拔 1150～2000m，所处地下水深 1～3m。土壤多为重盐渍化的湿盐土，含盐量 10%～30%，地表具盐结皮或白色盐结晶。

在宁夏，细枝盐爪爪群落多分散分布于中、北部的湖滩盐碱地，也偶见于宁夏南部的低洼盐碱地、黄土丘陵沟谷底部。常为单优种群落或与尖叶盐爪爪（*Kalidium cuspidatum*）形成共建种。群落结构比较简单，据调查记载约有 10 种植物，种饱和度 2~3 种/m²，盖度 40%~50%。地上部鲜重 1875.0~6000.0kg/hm²。细枝盐爪爪株高 20~30cm，平均多度 2 丛/m²；群落中时而有小果白刺散生。另伴生黄花矶松、小芦苇、西伯利亚蓼、蒙古鸦葱（*Scorzonera mongolica*）、白茎盐生草、碱地风毛菊（*Saussurea runcinata*）、碱蓬等，生长比较稀疏。

细枝盐爪爪主根深 80~145cm，根幅 112~115cm。除作为盐湿地荒漠类草地建群种以外，细枝盐爪爪也习见于甘肃河西，内蒙古阿拉善，宁夏中、北部，新疆天山山前平原、塔里木盆地等的唐古特白刺荒漠中；有时则作为稳定伴生成分，习见于各地芨芨草盐化草甸内。

细枝盐爪爪为低等饲用植物。幼嫩时羊、驼采食，干枯后仅骆驼吃，羊少吃，马偶尔少吃，牛不吃。其枝体含一定盐分，可供畜群定期放牧。工业上可提取碳酸钠、钾、硫酸钠等无机盐。所处盐湿地在条件许可时可通过排水洗盐加以改良，用来种植人工饲草或作物。

细枝盐爪爪型 分布在沿银北黄河冲积平原的低地盐渍化土壤上，分散分布于平罗、石嘴山、贺兰、银川、原陶乐等地的黄灌区，少量见于固原清水河流域的彭堡附近，面积 4350.8hm²。细枝盐爪爪分盖度 33%，多度 1~2 株/4m²，频度 10%~90%。伴生植物有尖叶盐爪爪，分盖度 13%，多度 0.2 株/4m²，频度 10%。还有小芦苇（株高 15cm）、西伯利亚蓼、二色矶松（*Limonium bicolor*）。盖度 45%~50%。鲜草产量 2565.0（2014.5~3157.7）kg/hm²，其中禾本科占 11.1%，藜科 86.7%，其他杂类草 2.2%，可利用率 30%。放牧每羊需草地 1.0hm²，每公顷可养羊 1.0 只。属四等草地，产量各地不同，可为二级或五、六级。轻度退化。

细枝盐爪爪-小果白刺-苦豆子型 分布于石嘴山大武口东南部、平罗北部一带，面积 278.0hm²。

细枝盐爪爪-芨芨草型 分布于固原头营以西，面积 683.0hm²。

（二）沙地荒漠亚类

1. 中禾草
以沙地芦苇为建群种。

沙地芦苇型 分布于原陶乐五堆子一带，面积 11 596.0hm²。处在鄂尔多斯台地下部，黄河高阶地上。生长地为沙丘连绵的沙区，芦苇生长在沙丘间的平地上，地表略显盐渍化。芦苇株高 40cm，分盖度 18%，频度 100%。伴生匍根骆驼蓬、星状刺果藜、草霸王、沙蓬等。盖度 20%，鲜草产量 641.3kg/hm²，可利用率 58%。放牧每羊需草地 2.5hm²，每公顷可养羊 0.4 只。属二等八级草地，优质而低产。

2. 一年生小禾草组（同前）
为荒漠性一年生小禾草聚生的群落。其中也混生多量的一年生杂类草及少量强旱生小半灌木。其生长强度取决于当年降水的多少，一般年份生长矮小，组成很不稳定。

三芒草（*Aristida adscensionis* L.）系
三芒草为禾本科一年生草本植物，旱生、荒漠草原种。主要分布于荒漠草原、荒漠地带，是干旱、半干旱地区习见的夏雨型一年生草本植物层片的主要组成成分。分布于自东北大兴安岭南部山地，向西经乌兰察布高原、阴山、鄂尔多斯高原、东西阿拉善，直至龙首山、额济纳及我国西北、西南诸省（自治区）。习见于小灌木荒漠类草地，分布区海拔 600~2800m。生于沙区、沙化地区的沙丘（地）、石质低山丘陵、沙砾质浅沟、干河床、戈壁浅洼地。喜沙质、砂壤质淡灰钙土、棕钙土、多砾石的粗骨土。

在宁夏，三芒草分布于贺兰山东麓、平罗、灵武、盐池、同心、原陶乐等地。习见于细弱隐子草、砂珍棘豆（*Oxytropis racemosa*）、冬青叶兔唇花、乳白花黄芪、刺蓬、蒺藜、冠芒草等混生于短花针茅、沙生针茅（*Stipa glareosa*）、冷蒿、狭叶锦鸡儿、刺旋花、匍根骆驼蓬半荒漠草地，组成群落中的荒漠性一年生草本层片。雨水好时，滋生繁盛，以其所具适沙特性和所处草地严重侵蚀、过牧等情况，借助其种群优势可形成优势层片或群落内的建群种。其株高可达 39cm，丛径 62cm，根幅达 1m 左右。

三芒草是干旱地带许多草地的伴生植物。譬如在内蒙古境内习见伴生于老瓜头、岩蒿（*Artemisia rupestris*）、达乌里胡枝子、盐蒿（*Artemisia halodendron*）、中亚白草、草麻黄（*Ephedra sinica*）、糙隐子草（*Cleistogenes squarrosa*）、羊草（*Leymus chinensis*）及沙生针茅等草原中，或者冷蒿、小针茅、多根葱、黑沙蒿等荒漠草原中，或者藏青锦鸡儿、合头藜草原化荒漠中；梭梭、珍珠柴、短叶假木贼（*Anabasis brevifolia*）荒漠、柠条锦鸡儿（*Caragana korshinskii*）-黑沙蒿沙质半荒漠中。在宁夏北部贺兰山东麓的沙冬青-短花针茅草原化荒漠中也不乏三芒草作为伴生种的分布。

三芒草为中、良等饲用植物，抽穗前草质柔嫩，适口性好，放牧羊喜食，牛、马乐食，骆驼常年采食。其特点为随雨而生，旱年生长矮小，多雨时生长旺盛，冷季保留良好，有利于家畜抓秋膘和冬春季放牧保膘。结籽后植株变得粗糙，适口性降低，且果实所具硬质基盘和具刺尖的芒会黏于羊绒，对绒用绵羊、山羊的绒毛产品质量造成不利影响。

三芒草+一年生小禾草型　分布于贺兰、平罗交界处贺兰山插旗口以东的洪积扇上，面积 1420.0hm^2。一年生小禾草有锋芒草、冠芒草、狗尾草、小画眉草、虎尾草等。此外，还伴生有蒺藜、地锦、刺蓬、猪毛蒿等，大多为一年生植物，少量混生有松叶猪毛菜、猫头刺、菁状亚菊等小半灌木。群落盖度 15%，鲜草产量 1159.5kg/hm^2，可利用率 50%。放牧每羊需草地 1.6hm^2，每公顷可养羊 0.6 只。属二、三等七级草地。

（酸枣）-三芒草+杂类草型　分布于平罗、贺兰西部贺兰山洪积扇，面积 574.0hm^2。

3. 蒿类半灌木、草本组

白沙蒿（*Artemisia sphaerocephala* Krasch.）系

白沙蒿又名籽蒿，是蒿属超旱生、沙生灌木，荒漠、半荒漠地带流动、半固定沙丘最普遍的草地类型。常以小面积零星分布。主要分布于内蒙古阿拉善左、右旗，乌拉特中、后旗，额济纳旗的沙漠地带，甘肃河西走廊中、西部沙质区，新疆库尔班通古特西北、东南部边缘地带，宁夏中、北部，青海柴达木盆地北部、西部边缘，是阿拉善流动沙丘上分布最普遍的类型。也零星分布于陕北榆林一带。作为流动性沙丘的先锋植物其分布区主要在我国沙区的中西部。向东至西辽河流域的科尔沁草地，让位于乌丹蒿（*Artemisia wudanica*），向西至新疆北疆、伊塔盆地则让位于沙蒿（*A.desertorum*）和白茎绢蒿（*Seriphidium terrae-albae*）。在宁夏可见于中卫北部腾格里沙漠边缘地带和原陶乐南部沙区。

白沙蒿群落因处境严酷，往往组成贫乏，仅有 10 种左右植物。草群高 45～95cm，分布稀疏，草本层高 15～25cm，盖度 15%～25%。白沙蒿草地习见于具流动性的初期半固定沙地及遭受风蚀、干燥的丘间洼地和部分迎风坡。在生境干燥、贫瘠、温差大、经受大风不断吹蚀的极端生境，其他沙生植物多不能存活，白沙蒿以其强度耐旱、耐贫瘠、抗风蚀、沙埋的特有生性，依靠贫乏的大气降水和沙层凝结水赖以生存。其根部具有钙质胶结物的"根套"，能防高温；在 20～70cm 沙层，侧根可横伸 10m 左右，根幅为冠幅的 7～8 倍，可吸取短暂降水；白沙蒿繁殖力甚强，结籽繁多，种皮具胶质，遇水可黏着沙土呈球状，以利发芽。一般种子发芽率在 80% 以上，实生苗 3～4 年进入壮龄期，盛产种籽持续达 7～8 年。

白沙蒿为中等饲用植物。春季幼嫩期羊、驼采食，霜后适口性增加，山、绵羊喜食，牛、马也吃，骆驼终年乐食。冬季保留良好，为家畜乐食。因为系流沙固沙治沙先锋植物，采种较容易，宜实施轻牧保护，并通过封育建立采种基地，采得种子可进行人工或飞机播种，对沙漠、沙地进行固沙改良。

白沙蒿型 分布于中卫北部腾格里沙漠边缘地带，面积 8055.4hm^2，地形为平滩沙地、略见波状起伏的低矮沙丘。白沙蒿为群落的单优势种，株高 45～100cm 以上，盖度 15% 左右。鲜草产量 832.5（746.3～1054.5）kg/hm^2，可利用率 45%。放牧每羊需草地 2.4hm^2，每公顷可养羊 0.4 只。属三、四等七、八级草地，中度退化。

六、草甸类

以多年生中生草本植物为主体的草地类型为草甸类草地。主要是在丘陵、平原低洼地或中高山地有大气降水、地面径流、地下水或雪融水等不同来源的水分充分供应，形成适中的湿度条件下发育起来的。其建、优植物可能是中生植物，湿中生植物，也可能是嗜盐、耐盐的盐中生植物等，都属草甸类草地范畴。

草甸类草地为隐域性草地类型。低地草甸亚类草地全国各地都有分布。山地草甸主要分布在北方温带、暖温带东北，华北中、低山，西北各大型山地，青藏高原东部山地，喜马拉雅山南坡。在南方亚热带的湖北、云贵高原北部、四川西中部及盆地周围，台湾中部山地也有少量分布。草甸分布区土壤层较为深厚，富含有机质，肥力较高，主要为草甸土、山地草甸土、亚高山草甸土、高山草甸土、泛滥地草甸土、盐化草甸土、碱化草甸土、潜育化草甸土、黑土等。除了过分干旱的荒漠化或较重盐渍化生境，草甸类草地一般植物比较丰富，类型较多，有时候还会按具体生境不同，优势种生态类型不同，划分为中生草甸（典型草甸）、沼泽化草甸、盐生草甸、亚高山草甸、高寒草甸等不同变体和类型。在宁夏草地分类中划分为丘陵、平原草甸和山地草甸两个亚类。

（一）丘陵、平原草甸亚类

丘陵、平原草甸亚类是在地势低平的中生生境下发育的，以中生植物组成的草地类型。此地往往地下水位较高，或者经常有周围地表径流补给。土壤为草甸土，时常因水分过多或土壤盐渍化而产生沼泽化或盐渍化的变体。

宁夏的丘陵、平原低湿地草甸主要分布在黄河、清水河冲积平原及其阶地，以银川以北，尤其是平罗县为最多，有时也少量见于盐池、固原等地的丘陵间低洼地形、湖滨或冲沟底部泉水露头处附近。

本亚类草地平均鲜草产量 5077.5kg/hm^2，冷季前后期为 1091.3kg/hm^2 和 846.8kg/hm^2。草地平均可利用率 36%。平均放牧每羊需草地 0.5hm^2，每牛需 2.5hm^2，每马需 2.3hm^2，每公顷每年可牧羊 2.0 只，牛 0.4 头，马 0.4 匹。

1. 中禾草组

是以中生的中等高度多年生禾草为建群种的草甸类草地。宁夏主要是假苇拂子茅、赖草。

（1）假苇拂子茅 ［*Calamagrostis pseudophragmites*（Hall. F.）Koel.］系

假苇拂子茅是禾本科中生具根茎的多年生草本，河漫滩草甸类草地的主要建群或共建种之一。在我国主要分布于内蒙古、宁夏、甘肃、新疆等省（自治区）。习见于各大河流域河漫滩、阶地，也习见于沙漠淡水湖盆周围，有少量生于阴湿地带山地低、中山带、山丘坡地。土壤多为原始冲积性草甸土，偏沙质，地表偶有盐霜。地下水深 1m 左右，洪水季节常有水泛、水浸，生境潮湿。假苇拂子茅可为单优种，或与拂子茅（*C. epigeios*）形成共建种。群落结构比较简单，草层高 60～90cm，盖度 30%～60%。伴生植物有芦苇、小香蒲（*Typha minima*）、薹草（*Carex* sp.）、苦豆子、蓟（*Cirsium* sp.）等。

在宁夏，假苇拂子茅草甸集中分布于银川、银北黄河河漫滩，在黄河河漫滩草甸中占优势，是黄河河漫滩草甸类草地的代表类型。土壤为沙质浅色草甸土。地下水矿化度不高；经常受黄河水季节性浸湿，表土全盐含量在 0.3%以下，个别地段地表有白色盐霜。除作为单优群落外，有时也与芦苇、狭叶香蒲（*Typha angustifolia*）形成群落。据调查，通常有植物 35 种，种饱和度 7 种/m²，盖度 80%～90%。地上部鲜重 7500.0～9750.0kg/hm²。假苇拂子茅株高 1m 左右，分盖度 50%～80%。伴生芦苇、中亚白草、苦荬菜（*Ixeris polycephala*）、苦豆子、蒲公英（*Taraxacum mongolicum*）、苣荬菜（*Sonchus arvensis*）、苍耳（*Xanthium sibiricum*）、小花棘豆（*Oxytropis glabra*）、小蓟（*Cirsium setosum*）、水蓼（*Polygonum hydropiper*）、问荆等。部分盐化地段有西伯利亚滨藜、碱蓬、西伯利亚蓼等，有时有柽柳（*Tamarix chinensis*）、旱柳（*Salix matsudana*）等乔木散生。

假苇拂子茅地理分布甚为广泛，除作群落建群种以外，也常以稳定成分伴生于如黑龙江的小叶章沼化草甸，华北、西北各地的拂子茅低湿草甸、赖草低地盐化草甸等类草地中。

假苇拂子茅为中等饲用植物，幼嫩植株羊、牛、马乐食，抽穗前是良好的割草场，抽穗后变得粗糙，适口性降低，家畜多不采食。而且具柔毛的花序易存留于羊只，特别是羔羊胃内难以消化，严重时需要开胃取出。针对假苇拂子茅草甸，有些地方可以通过排水、耕作、施肥等加以改造，使其成为优良的人工、半人工割草场。

假苇拂子茅+杂类草型　分布于平罗、原陶乐黄河两岸河漫滩，面积 8722.0hm²。地面平坦，表土沙质。假苇拂子茅分盖度 67%（45%～82%），多度 cop3，频度 70%～100%，伴生种占优势的有芦苇，分盖度 9%（3%～25%），多度 20 株/m²，频度 80%～100%；小香蒲（*Typha minima*），分盖度 77%，多度 63 株/m²，频度 100%。其余有苦苣菜（*Sonchus oleraceus*）、稗（*Echinochloa crusgalli*）、苍耳、碱蓬、车前（*Plantago asiatica*）、问荆等。种饱和度 7～11 种/m²，盖度 80%～90%，草层高 40～65cm。鲜草产量 5885.3kg/hm²，其中禾本科占 53.4%，菊科等杂类草 46.6%，可利用率 43%。放牧每羊需草地 0.4hm²，每牛需 1.8hm²，每马需 1.7hm²，每公顷可牧羊 2.5 只，或牛 0.6 头，或马 0.6 匹。属三等六级草地，轻度退化。有毒草小花棘豆分布。

假苇拂子茅+赖草+杂类草型　分布于平罗渠口东南黄河河漫滩，面积 457.0hm²。地面平坦。赖草、假苇拂子茅为优势种，次为芦苇、苦苣菜、蒲公英、稗草、蓟、苍耳等，有时有旱柳分散在草层上。盖度 85%～90%，草层高 37～47cm，种饱和度 8～10 种/m²。鲜草产量 3801.8kg/hm²，可利用率 58%。放牧每羊需草地 0.4hm²，每牛需 2.1hm²，每马需 1.9hm²，每公顷可牧羊 2.5 只，或牛 0.5 头，或马 0.5 匹。属三等五级草地，轻度退化。

假苇拂子茅+狭叶香蒲+杂类草型　分布于平罗头闸东南部黄河河漫滩，面积 630.0hm²。与假苇拂子茅-杂类草型镶嵌存在。狭叶香蒲占明显优势，伴生有中亚白草、苍耳、苦马豆（*Swainsona salsula*）等。盖度 86%，鲜草产量 8969.3kg/hm²，可利用率 40%。放牧每羊需草地 0.2hm²，每牛需 1.2hm²，每马需 1.1hm²，每公顷可牧羊 5.0 只，牛 0.8 头，马 0.9 匹。属三等或五等草地，轻度退化。

（2）赖草［*Leymus secalinus*（Georgi）Tzvel.］系（同前）

赖草＋乳苣（*Mulgedium tataricum*）＋稗草型　分布于石嘴山黄河河漫滩，为农田撂荒地，面积 157.0hm²。

赖草＋艾蒿＋杂类草型　分布于隆德张程附近，面积 1228.5hm²。

2. 高禾草组

以禾本科中生高大草本植物为建群种的草甸类草地。

（1）芦苇［*Phragmites australis*（Cav.）Trin. ex Steud.］系

芦苇是大型多年生根茎性禾本科草。湿生植物，低地沼泽草甸、盐化草甸类草地建群种。通常是低地盐化草甸中分布最广、面积最大的类型。也生于重盐土或流沙地，但植株发育受阻，变得矮小、粗糙。在我国，芦苇广布于东北、华北、宁夏、甘肃河西走廊、青海柴达木、新疆等地。常生于山麓洪积扇缘、平原低地、河漫滩洼地、干枯的老河床、湖泊周围的沼泽草甸、盐化沼泽草甸中。所处土壤主要为盐化草甸土、草甸盐土或典型盐土。在常年积水的生境则形成芦苇沼泽。

芦苇的生态适应幅度甚广，生命力强，可以于不同的生境形成不同的群落。例如，在我国西北干旱地区发育在砂壤、壤质轻盐化草甸土上，生成株高 1.2～1.5m 的纯芦苇草甸。往往地下水位深 2～3m，群落盖度 40%～60%，混生胀果甘草（*Glycyrrhiza inflata*）、大叶白麻（*Poacynum hendersonii*）、假苇拂子茅、拂子茅、赖草、苦马豆等。在强盐渍化的盐化草甸土上，与小獐茅（*Aeluropus litoralis* var. *sinansis*）组成盐化草甸群落共建种。盖度 20%～50%。伴生拂子茅（*Calamagrostis epigeios*）、赖草、芨芨草、花花柴（*Karelinia caspia*）及耐盐灌木铃铛刺（*Halimodendron halodendron*）、小果白刺、黑果枸杞（*Lycium ruthenicum*）等。在草甸盐土、典型盐土上生长低矮，株高 20～70cm，群落较为稀疏。

宁夏也有以小芦苇为建群种的盐化草甸，分布于引黄灌区含盐较多的低洼地。地下水位高、土壤盐化较重，小芦苇甚至株高仅 10～20cm，生长稠密，盖度 85%。可为单优群落，或为小芦苇-碱蓬共建种的群落。伴生西伯利亚蓼、水麦冬（*Triglochin palustre*）、扁秆藨草（*Scirpus planiculmis*）、假苇拂子茅、芨芨草、苦苣菜等。宁夏原陶乐境内的沙化地段，在流动沙丘间水分较好的低平地，沙土表面有一定盐化现象，这里的芦苇盐化草甸盖度 20%，种饱和度 4 种/m²。伴生匍根骆驼蓬、草霸王、星状刺果藜、沙蓬等，呈现明显荒漠化现象。

除经常构成群落建群、共建种外，芦苇还以其生态适应广幅性，常作为伴生种混生于各种不同类型的草地。例如，在宁夏常伴生于黄河沿岸具旱柳的假苇拂子茅、拂子茅河漫滩草甸；在低洼湿润的造林弃荒地、农田撂荒地上伴生于次生的赖草-杂类草草甸。在盐池哈巴湖固定、半固定沙丘间平地，与假苇拂子茅、苦豆子、黑沙蒿一起伴生于沙柳、乌柳沙地灌丛中，也会伴生于宁夏中北部盐碱湖滩地的细枝盐爪爪，平罗西大滩、河东沙区唐古特白刺盐生荒漠或草原化荒漠草地中。

芦苇也经常伴生于内蒙古东部的羊草-杂类草低地草甸。在我国北方经常伴生于大河河漫滩假苇拂子茅草甸类草地，各地河滩、沟谷、湖盆外围，沙丘间低地的星星草（*Puccinellia tenuiflora*）-杂类草盐化草甸、小獐茅盐化草甸、荒漠绿洲的马蔺（*Iris lactea* var. *chinensis*）盐化草甸中。

芦苇为中等饲用植物。抽穗前家畜乐食，可作为刈牧兼用草场。结实后叶片变得粗硬坚韧，羊、马、牛等家畜仍乐食。冬季保留良好，可用于四季放牧。刈割晒干后的芦苇经碾压、铡短或粉碎可作为枯草季补饲家畜的粗饲料，但必须去掉带柔毛的花序。新疆塔里木河流域牧民利用深翻、灌水，两年后可使草群得以改善。

芦苇草甸类草地还可以固堤、防风，也是湿地重要的景观植物。大面积芦苇草地用于造纸、人造丝、人造棉、编织、做建材、制芦席；叶片可包粽子，根条含淀粉，可熬糖、酿酒、并可入中药。

芦苇-碱蓬型　分布于石嘴山下营子西南部，面积 445.0hm²。

(柽柳)-芦苇型　面积 150.0hm²。

(稗草) + 芦苇型　分布于平罗头闸，面积 1021.0hm²。一年生的稗草占绝对优势，伴生大车前（*Plantago major*）、苍耳、狗尾草、虎尾草、角果碱蓬、艾蒿（*Artemisia argyi*）、野西瓜苗（*Hibiscus trionum*）、问荆、画眉草、苦苣菜、宽叶独行菜（*Lepidium latifolium*）等。样地植物 19 种，种饱和度 14 种/m²，盖度 80%，草层高 25cm 左右。鲜草产量 4342.5kg/hm²，其中禾本科占 89.7%，豆科 4.2%，杂类草 6.1%，可利用率 58%。放牧每羊需草地 0.4hm²，每牛需 1.8hm²，每马需 1.7hm²，每公顷可牧羊 2.5 只，牛 0.6 头，马 0.6 匹。属一等五级草地，轻度退化。

（2）芨芨草 [*Achnatherum splendens*（Trin.）Nevski] 系

芨芨草是禾本科多年生盐生、旱中生高草本植物，低湿地盐化草甸习见的建群种。芨芨草草甸是欧亚大陆温带干旱、半干旱地区特有的盐化草甸类草地，有时可稀疏散生于针茅草原，一般不进入半湿润、湿润地区。在半干旱、干旱地区，强烈蒸发，缺乏足够的雨水淋洗，低湿地段土壤不同程度地盐渍化，普遍产生盐化草甸。群落组成常以芨芨草占优势，混生耐盐杂类草、小灌木、小半灌木及一年生盐生植物，大多具特殊的适盐生理功能，如叶肉质化可以储水，具泌盐功能，可排出盐分，或具深根系以吸收土壤深层低矿化度水分等。

芨芨草盐化草甸广泛分布于我国内蒙古全境及陕西、宁夏、甘肃、青海、新疆、西藏等地。其生境主要为河漫滩、干河谷、山麓洪积扇缘低地、湖盆洼地、丘间低地等，往往会形成大面积的芨芨草优势群落。地下水深 1～4.5m，为淡水或矿化度甚低。土壤为盐化草甸土或草甸盐土，质地为壤质或砂壤质，地表常有覆沙。芨芨草丛株高 80～100cm，叶层高 60～80cm，生殖枝高 150（120～200）cm，根深 3m 左右，达地下潜水。群落植物一般有 10 种左右，盖度 40%～60%。因生境、地下水位深浅不同，土壤盐化程度也有不同，而有不同的群落组成。例如，在排水良好的低洼地，土壤为中度盐化的草甸土，混生赖草、少量小獐茅、芦苇、鹅绒委陵菜（*Potentilla anserina*）、樟味藜（*Camphorosma monspeliaca*）等，盖度 30%～40%；在山麓洪积扇缘低地盐化草甸土上，地下水供应充足，土壤弱盐化，芨芨草、芦苇、赖草高 60～80cm 以上，下层草本高 30～50cm。伴生苦豆子、苦马豆、甘草、大叶白麻、盐生车前（*Plantago maritima* var. *salsa*）、小獐茅、碱蓬、木地肤等。在土壤盐渍化加重的地段，则与多汁盐生草本、灌木混生，有向盐柴类荒漠过渡的趋势。

在宁夏，芨芨草盐生草甸习见于贺兰山东麓洪积扇缘与黄河冲积平原交会处的低地、湖泊洼地，以银川、银北分布较多。分布区地面较平坦，地下水位 1.5m 左右，土壤为盐化草甸土或盐土，地面有白色盐壳或盐结晶。贺兰山洪积扇缘地带土壤沙砾质，含盐分少，但因气候干旱，群落稀疏，盖度 30%～50%，种饱和度 12 种/m²。据调查，芨芨草一般高 1～1.5m，分盖度 20%～25%。伴生植物有匍根骆驼蓬、短花针茅、长芒草、糙隐子草、牛枝子、阿尔泰狗娃花、糙叶黄芪等草原成分，并有刺蓬、虎尾草、小画眉草、狗尾草、地锦、三芒草、砂蓝刺头（*Echinops gmelini*）等多种荒漠性一年生草本，呈现出明显的草原化特征。在平罗西大滩碱化盐土上，芨芨草与唐古特白刺、细枝盐爪爪、小芦苇组成盐化草甸类草地。盖度 50%～70%，种饱和度 5～12 种/m²。伴生苦荬菜、西伯利亚蓼、苦豆子、盐地风毛菊（*Saussurea salsa*）、匍根骆驼蓬等。在固原彭堡盐湖周边，土壤盐化较重，芨芨草与细枝盐爪爪组成盐化草甸。盖度 50%，种饱和度 6 种/m²。伴生二色矶松、苦苣菜、小芦苇、小果白刺等。

除了作为建群种，芨芨草依其生态广幅适应性，在我国西部地区的山地西北针茅（*Stipa krylovii*）草原，大苞鸢尾（*Iris bungei*）荒漠草原，蒿叶猪毛菜（*Salsola abrotanoides*）-红砂荒漠，唐古特白刺、大白刺（*Nitraria roborowskii*）、细枝盐爪爪盐生荒漠，以及我国东北、河北、内蒙古、甘肃、青海的星星草、小獐茅盐化草甸中都有分布。

芨芨草为中等饲用植物。春季幼嫩植株牛、骆驼乐食，羊、马少吃。夏季多不为家畜采食。抽穗前可割制优良青贮饲料，夏秋季也可刈制干草。冬季保留良好，大雪后可供家畜牧食充饥，在干旱地区对家畜保膘尤其重要。曾有过试验，冬季或早春返青前有控制地烧去宿留枯草，可促使提前返青，有效提高其适口性和生活力。此外，芨芨草茎叶可以造纸、制人造丝。全株可制作扫帚，也可用于编制生活用具。在库渠堤坝上芨芨草丛有保持水土的作用。花期为粉源植物；茎基、花入中草药。

芨芨草-芦苇型　分布于平罗火车站西部的轻碱化土上，面积 564.0hm²，地表有龟裂纹。伴生植物有唐古特白刺、尖叶盐爪爪、卵穗薹草、赖草、乳苣（*Mulgedium tataricum*）、匍根骆驼蓬、蒙古鸦葱（*Scorzonera mongolica*）、蒲公英、海乳草（*Glaux maritima*）、小花棘豆等，盖度 40%～45%。草层高度由于生境盐碱化，芨芨草仅 75cm，芦苇 11.5cm。种饱和度 11～14 种/m²。鲜草产量 2487.8kg/hm²，可利用率 47%。放牧每羊需草地 0.8hm²，每牛需 4.0hm²，每马需 3.6hm²，每公顷可牧羊 1.2 只，或牛 0.3 头，或马 0.3 匹。属二等六级草地，轻度退化。

芨芨草-匍根骆驼蓬型　分布于贺兰金山以南，面积 4537.0hm²。处于黄河高阶地，地表平坦，表土沙质，有较厚的浮沙。伴生植物有苦豆子、阿尔泰狗娃花、长芒草、短花针茅、小画眉草、刺蓬、虎尾草、狗尾草、藜、冠芒草、披针叶黄华、白茎盐生草、细枝矶松（*Limonium tenellum*）、锋芒草等。盖度 30%～35%，样地植物 17～22 种，种饱和度 12～13 种/m²。草层高一般 18～20cm，芨芨草高 144cm。鲜草产量 1659.0kg/hm²，可利用率 51%。放牧每羊需草地 1.1hm²，每牛需 5.4hm²，每马需 4.9hm²。每公顷可牧羊 0.9 只，或牛 0.2 头，或马 0.2 匹。属三、四等六、七级草地。中度退化。

3. 小型莎草组

小型莎草组是以莎草科薹草属的矮生薹草（包括中亚薹草、卵穗薹草）为建群种或二者为共建种的草甸类草地。

矮生薹草（*Carex* spp.）系[①]

据《内蒙古植被》记载，在我国东北、华北、青海祁连山、新疆、西藏羌塘南部分布有以多年生根茎性矮生薹草为建群种的矮生薹草草甸。分别由耐旱、适轻度盐碱土生境的中亚薹草（*C. stenophylloides*）或者卵穗薹草（*C. duriuscula*）为建群种，有时也可由二者混生为共建种。宁夏暂缺调查资料，以此资料作参考。此两种薹草都是薹草属中生态幅度最广、最耐旱的种。习生于沙质草原、山地草原或干旱地区的低山盐生草甸。常伴生在羊草、小禾草、小针茅草原中，为恒有成分。有时在群落中生长旺盛，能形成次优势层片。在过度放牧、强

---

① 有关矮生苔草的两个建群种《宁夏植物志（第二版）》只收入了中亚苔草一个种，且未提及其生境有低湿地草甸。《宁夏植被》没有对这一草甸类型作描述。根据《内蒙古植被》的介绍，内蒙古境内有二者分别为建群种及二者并存共建的低地盐化草甸植被类型。同时提及此种矮生苔草也广泛分布于草甸草原、典型草原中，在长期过牧、强烈践踏的放牧地，可演变成为由矮生苔草占优势的群落变体。宁夏黄河河漫滩及宁东毛乌素沙区沙丘间滩地也有这种矮生苔草草甸。

烈践踏的牧地则会演变成为以矮生薹草占据优势的次生演替群落，并可进入相邻的荒漠草原中。此类矮生薹草具有一定的中生、耐盐性，常可生于低湿地段，成为低地盐化草甸的建群或共建种。各地群众常俗称为"寸草滩"。

据调查，分布于内蒙古境内以卵穗薹草为建群种的盐生草甸伴生植物有蒲公英、海乳草、水麦冬、委陵菜（*Potentilla chinensis*）、碱茅（*Puccinellia distans*）、长叶碱毛茛（*Halerpestes ruthenica*）等。草层高 3～30cm，盖度 30%～80%，种饱和度 8～10 种/m^2。属三等草地，草质良好，各种家畜春、夏、秋季皆可放牧利用。另外也有记载称中亚薹草草甸分布于内蒙古草原带沙区的沙丘间低湿地、外流河河漫滩、阶地。土壤为轻度盐化草甸土，具一定程度盐生草甸性质，也是草甸植被的一个主要类型，往往生境较潮湿，地下水位 1m 左右，潜水矿化度小，土壤为沙质草甸土或苏打轻盐化草甸土。群落内中亚薹草占绝对优势，草层高 7cm，盖度 70%～90%，伴生长叶碱毛茛、赖草、华蒲公英（*Taraxacum sinicum*）、碱茅、拂子茅等。生长季可供马、骡、牛、羊等放牧利用。

除了作为群落建群种，上述矮生薹草还在内蒙古经常混生于各地芨芨草盐生草甸、大叶章沼化草甸中；也习见于尖叶胡枝子（*Lespedeza hedysaroides*）、贝加尔针茅（*Stipa baicalensis*）、多叶隐子草（*Cleistogenes polyphylla*）、线叶菊（*Filifolium sibiricum*）等草甸草原，大针茅（*Stipa grandis*）-羊草、冷蒿-羊草、西北针茅、糙隐子草、达乌里胡枝子典型草原及具小叶锦鸡儿的短花针茅-冷蒿荒漠草原中，成为稳定伴生种。

矮生薹草草甸类草地草群密集，群落组成稳定，耐牧、耐踏，适于骡、马、牛、羊等家畜放牧采食。草地质量较好，适口性高，是良好的春、夏、秋季放牧草场。但产量较低；有条件时，可以有计划地开垦改良，实行人工种植，但一定要有防涝措施。

矮生薹草-赖草-鹅绒委陵菜型　分布在固原彭堡乡阎堡村附近，面积 192.6hm^2。土壤为盐渍化草甸土。伴生植物有苦苣菜、芦苇、海乳草、水芹（*Oenanthe javanica*）等。盖度 50%。鲜草产量 2493.8kg/hm^2，其中禾本科占 20.9%，莎草科 34.8%，杂类草 44.3%，可利用率 40%。放牧每羊需草地 0.9hm^2，每公顷可养羊 1.1 只。属二等六级草地，中度退化。

矮生薹草＋蒲公英＋长叶碱毛茛型　分布于原陶乐五堆子倒泉附近，面积 60.0hm^2。

4. 杂类草组

本组以盐中生植物碱蓬为建群种，生长在草甸盐土上。

碱蓬（*Suaeda glauca* Gge.）系

碱蓬又名灰绿碱蓬，藜科耐盐的一年生草本。盐生草甸的建群或共建种或恒有的伴生成分。高 30～80cm，叶稍肉质化。产于我国东北、华北、宁夏、甘肃、青海、陕西、山东、河南、江苏、浙江、西藏等地。宁夏主要分布于引黄灌区及盐池、同心、中卫、固原、海原的扬黄灌区。

碱蓬具有广泛的生态适应性，广布于我国北方温带、暖温带的森林、草原、半荒漠、荒漠地带。生于各种盐湿生境，包括河谷、湖滨湿沙地、灌溉农田低洼处、沟渠边、园林地、村落、庭院、畜圈附近。也分布于我国东部海滨。土壤一般含盐 0.5%～3%。群落盖度 50%～70%，伴生植物在华北有芦苇、矶松（*Limonium bicolor* L. *aculeata*）等；在内蒙古东部有碱蒿（*Artemisia anethifolia*）、地肤（*Kochia scoparia*）、西伯利亚蓼（*Polygonum sibiricum*）、西伯利亚滨藜、星星草、羊草等。

碱蓬盐化草甸在陕西关中、陕北也有分布，常以盐地碱蓬（*Suaeda salsa*）、角果碱蓬（*S. corniculata*）为共建种。土壤含盐 0.5%～3%，盖度 50%～70%。

在青海柴达木盆地，碱蓬盐生草甸是分布最广的主要草地类型之一，多生于海拔 2600～2800m 的盐湖外缘与砾石戈壁之间。碱蓬也作为伴生种广泛分布于东北、华北、甘肃、青海等地盐地碱蓬等低地盐化草甸群落；在西藏日喀则地区海拔 4000～4800m 的湖盆、滩地的高寒草甸内；在内蒙古、宁夏、甘肃河西走廊还伴生于盐爪爪（*Kalidium foliatum*）、珍珠柴草原化荒漠、细枝盐爪爪荒漠、唐古特白刺盐生荒漠中。

碱蓬为低等饲用植物。骆驼乐食，春季幼嫩叶子猪放牧少吃，山、绵羊少食，牛、马一般不吃。干枯后家畜多不采食。种子含油，可制肥皂、油漆、油墨，榨制后的油饼可做粗饲料或肥料。

碱蓬+芦苇型　分布于石嘴山筒泉农场东北部，面积 6419.0hm^2。为贺兰山洪积扇泄洪区的边缘地带。盖度 60%。碱蓬分盖度 45%，多度为 350 株/m^2，频度 80%；芦苇分盖度 15%，多度 15 株/m^2，频度 100%。鲜草产量 2622.0kg/hm^2，可利用率 35%。放牧每羊需草地 1.0hm^2，每公顷可养羊 1.0 只。属二、三等六级草地，轻度退化。

碱蓬-小果白刺型　分布于盐池柳杨堡东北部，面积 4874.0hm^2。位居盐渍化的起伏滩地。伴生碱地肤（*Kochia sieversiana*）、小画眉草、锋芒草（*Tragus mongolorum*）、碱蒿等。盖度 24%，草层高度 27～45cm。鲜草产量 4893.0kg/hm^2，其中禾本科占 2.2%，菊科 24.3%，藜科 71.9%，杂类草 1.6%，可利用率 30%，放牧每羊需草地 0.6hm^2，每公顷可养羊 1.6 只。属四等四级草地，重度退化。

碱蓬型　分布于石嘴山黄牛改良站附近，贺兰立岗以北及南梁台子，面积 2154.2hm^2。

碱蓬-卵穗苔型　分布于贺兰县习岗镇黎明村，面积 42.0hm^2。

（二）山地草甸亚类

山地草甸亚类是在山地湿润的中生环境下形成的，以中生植物占优势的草地类型。群落内可混生数量不等的旱中生、中旱生或少量旱生植物，而使其有时候呈现草原化特征。土壤为山地草甸土、山地灰褐土、山地暗灰褐土等。

宁夏的山地草甸亚类草地主要分布于六盘山及其支脉瓦亭梁山、小黄峁山及月亮山、南华山、大罗山等山地。大都在山地森林分布带内，常为森林植被遭受破坏后的次生类型。

与丘陵、平原草甸有所不同，维持山地草甸赖以发育的中生环境一般不与地下水的补给有联系，而是因地势升高，山脉连绵、峰峦叠嶂，阻挡住了自海洋方向吹过来的湿气团，形成频繁的地形雨、季风雨，维持较高的大气湿度，加上山地森林、灌丛的分布又起到了涵养水源的作用，使中、低山带全年大部分时段，特别是植物生长季节降水充足，生境温和湿润，有利于中生、旱中生植物的繁衍生长。当上升至亚高山带，在寒冷而湿润的生境下，草甸群落以耐寒中生植物占优势，形成亚高山草甸类草地，发育在山地森林分布的上限附近。

1. 矮禾草组

矮禾草组以生于阴湿山地的中生禾本科多年生草本为建群种的山地草甸，宁夏主要是紫羊茅。

紫羊茅（*Festuca rubra* L.）系

紫羊茅又称红狐茅，禾本科羊茅（狐茅）属多年生根茎性草本植物。株高 30～60cm；小穗淡绿或深紫色。耐寒中生草甸种。生河滩草甸、山地草甸、山地林缘灌丛草甸。分布于我国东北、西北、西南。是我国南、北各大山区亚高山地带常见的草地类型。集中分布于西藏昌都地区海拔 3500~3900m 的宽谷地；甘南山地、祁连山东段山地也有以紫羊茅为建群种的大面积群落分布。草层高 15~20cm，盖度 70%~84%。地上部干重 1120.0kg/hm²。牧地品质良好，为一等草地，多冷季放牧利用。

宁夏的紫羊茅+杂类草亚高山草甸分布于六盘山海拔 2600~2700m 的亚高山带山坡地，在现存的山地次生林林线以上。面积有 4000 余公顷。群落有植物 50 种，紫羊茅占据绝对优势，伴生珠芽蓼、禾叶风毛菊（Saussurea graminea）、紫苞风毛菊（S. iodostegia）、发草、火绒草、中国香青（Anaphalis sinica）、乳白香青（A. lactea）、薹草、紫花地丁（Viola philippica）、少叶早熟禾（Poa paucifolia）、小米草（Euphrasia pectinata）、轮叶马先蒿（Pedicularis verticillata）、椭圆叶花锚、多毛并头黄芩（Scutellaria scordifolia var. villosissima）、东方草莓（Fragaria orientalis）、垂穗披碱草（Elymus nutans）、秦艽、苇状看麦娘（Alopecurus arundinaceus）、毛茛（Ranunculus japonicus）、瞿麦（Dianthus superbus）、柴胡（Bupleurum sp.）、牛扁（Aconitum barbatum var. hispidum）、角盘兰（Herminium monorchis）、野罂粟（Papaver nudicaule subsp. rubro-aurantiacum）、问荆等，上层有高山柳（Salix cupularis）、绣线菊（Spiraea sp.）、黄蔷薇（Rosa hugonis）形成灌木层片。种饱和度 19~20 种/m²，地上部鲜重 4125.0~4875.0kg/hm²。紫羊茅高 20~30cm，分盖度 20%~30%，多度 20~30 株/m²，地上部鲜重 750.0kg/hm²。

除作为建群种外，紫羊茅还以伴生种分布于川西北、甘南高原、祁连山、祁连山、五台山、太白山及青藏高原、新疆各山地的亚高山、高山带的高寒草甸中。

紫羊茅为优质饲用植物，叶量丰富，草质柔嫩，抽穗前后家畜都喜食。耐牧，再生快，是良好的春、夏季放牧草场。各季保留良好，家畜赖以放牧保膘。但群落内有较多山地杂类草，属中等草地。

紫羊茅-发草-珠芽蓼型 分布于泾源西部六盘山 2700m 以上的山坡地，面积 3050.1hm²。位于较高海拔的亚高山地带，环境寒冷而湿润。土壤为山地草甸土。建优种都是耐寒的亚高山或高山植物。紫羊茅分盖度 30%，多度 33 株/m²，频度 100%；发草分盖度 15%，多度 20 株/m²，频度 100%；珠芽蓼分盖度 5%，多度 31 株/m²，频度 90%。其余植物有薹草、紫苞风毛菊、中国马先蒿（Pedicularis chinensis）、早熟禾、毛茛、七重楼（Paris polyphylla）、卷耳（Cerastium arvense）、苇状看麦娘、椭圆叶花锚、艾蒿、龙胆（Gentiana scabra）、风毛菊（Saussurea japonica）、东方草莓、中国香青等。样地植物 30 种，种饱和度 18 种/m²，盖度 90%，草层高度 19~35cm。发草生殖枝高 50cm。鲜草产量 6628.5kg/hm²，其中禾本科占 36.7%，莎草科 9.0%，豆科及杂类草 54.3%，可利用率 70%。放牧每羊需草地 0.2hm²，每牛需 1.0hm²，每马需 0.9hm²，每公顷可牧养羊 5.0 只，或牛 1.0 头，或马 1.1 匹。属三等三级草地。草群重量组成中良等草占 45.7%，中等草 10.0%，低等草 2.9%，是三等偏好的草场。因海拔较高，一般不呈现退化，常年有牛群放牧之处，仅出现轻度退化。

紫羊茅+杂类草型 分布于隆德东南部六盘山山地，面积 969.0hm²。以紫羊茅、中国香青、薹草占优势，伴生蕨、珠芽蓼、柴胡、紫苞风毛菊、火绒草（Leontopodium leontopodioides）、东方草莓、紫花地丁、扁蓿豆（Melissitus ruthenicus）、艾蒿、狼毒、苍耳、苇状看麦娘、毛茛等。盖度 85%，草层高 15~30cm，种饱和度 23 种。鲜草产量 2373.8kg/hm²，其中禾本科占 24.0%，菊科 7.2%，莎草科 8.1%，其余杂类草 60.7%。可利用率 67%。放牧每羊需草地 0.2hm²，每牛需 1.1hm²，每马需 1.0hm²，每公顷可牧养羊 5.0 只，或牛 0.9 头，或马 1.0 匹。属三等三级草地，常年放牧过重，重度退化。

2. 小型莎草组（同前）

以小型莎草科植物为建群种。宁夏主要为异穗薹草。

异穗薹草（*Carex heterostachya* Bge.）系

异穗薹草是莎草科中生矮薹草，具匍匐根状茎。生山坡阴湿草地、水沟边、路旁。分布于我国东北、华北及山东、河南、四川、陕西、甘肃、青海等地。

据调查，在宁夏原陶乐五堆子倒江沟，地下水位 30～50cm 的草甸群落以异穗薹草为建群种，长叶碱毛茛（*Halerpestes ruthenica*）为次优势种。草层高 5～10cm，盖度 70%～90%，种饱和度 8 种/m²。鲜草产量 1500.0～1875.0kg/hm²。其中异穗薹草高 5cm，分盖度 30%～90%，地上鲜重 600.0kg/hm²。伴生鹅绒委陵菜、海乳草（*Glaux maritima*）、海韭菜（*Triglochin maritimum*）、水麦冬、苦荬菜、假苇拂子茅、赖草、角果碱蓬、小芦苇等。

另记载有分布于宁南固原、隆德、泾源境内的异穗薹草-杂类草山地草甸。生境为六盘山海拔 2000～2600m 的山坡地。植物十分丰富，约有 145 种。群落稠密，盖度达 90%～95%，种饱和度 18～25 种/m²。地上鲜重 5250.0～7500.0kg/hm²。异穗薹草高 10～20cm，分盖度 20%～40%，多度 50～60 株/m²。地上部鲜重 375.0～975.0kg/hm²。种类繁多的杂类草还有唐松草、歪头菜、柴胡、地榆（*Sanguisorba officinalis*）、续断（*Dipsacus japonicus*）、小红菊（*Dendranthema chanetii*）、牛扁、蓬子菜、轮叶马先蒿、山黧豆、东方草莓、紫花地丁、中国香青、风毛菊、南牡蒿、费菜（*Sedum aizoon*）、小银莲花（*Anemone exigua*）、小花草玉梅（*A. rivularis*）、问荆、山苦荬（*Ieridium chinense*）、秦艽、美头火绒草、乳白香青、麻花头（*Serratula centauroides*）、野豌豆（*Vicia sativa*）、瞿麦、白花枝子花（*Dracocephalum heterophyllum*）、茜草（*Rubia cordifolia*）、毛茛、紫穗鹅观草（*Roegneria purpurascens*）、龙牙草（*Agrimonia pilosa*）、多毛并头黄芩、红轮狗舌草（*Tephroseris flammea*）、艾蒿等。兼有扁蓿豆、溚草、百里香、茭蒿、鳞叶龙胆（*Gentiana squarrosa*）、长芒草、达乌里胡枝子、大针茅等草原种。有时会有箭叶锦鸡儿、绣线菊、小檗（*Berberis* sp.）、金露梅（*Potentilla fruticosa*）、银露梅（*P. glabra*）等中生灌木散生其中。

异穗薹草杂类草草甸，含多种品质良好的饲用植物，质量可以为中等，适合羊、大畜放牧。应注重适度利用，注意防治其中黄花棘豆、狼毒等毒草的滋生。异穗薹草草甸在其生长地有潜在的水土保持作用，又富含药用及其他资源植物，应注重保护。如能采取有效措施对草群加以改良，可望培育成为优质放牧地或割草场，做到良性发展，可持续利用。

异穗薹草＋杂类草型 分布于泾源南部泾河源东、西部山地，海原红羊南部月亮山山坡，隆德大庄附近山地，面积 4931.5hm²。多处于 2000～2600m 的中山带。异穗薹草分盖度 28%（25%～35%），多度 82（49～143）株/m²，频度 100%。伴生大量的中生、旱中生杂类草。主要有紫苞风毛菊、风毛菊（*Saussurea japonica* var. *alata*）、中国香青、短柄草、风毛菊、扁蓿豆、铁杆蒿、草地风毛菊（*S. amara*）、蕨等。样地植物 31（28～34）种，种饱和度 16～17 种/m²，盖度 81%（70%～92%）。分为二亚层，第一亚层蕨、中国香青等高 25～30cm；第二亚层异穗薹草、扁蓿豆等高 10～20cm。鲜草产量 7135.5（7050.8～9583.5）kg/hm²，其中禾本科占 13.1%，菊科 21.5%，莎草科 9.4%，其余杂类草 53.3%，毒草 2.7%，可利用率 61%。放牧每羊需草地 0.2hm²，每牛需 1.1hm²，每马需 1.0hm²。每公顷可牧羊 5.0 只，或牛 0.9 头，或马 1.0 匹。属三等三、五级或四等二级草地。三等草地中良等草占 40.0%，中等草 26.0%，低等草 28.3%，劣等草 5.7%；四等草地中良等草 6.4%，中等草 5.7%，低等草 83.0%，劣等草 4.9%。呈中度至重度退化，有毒草狼毒、伏毛铁棒锤（*Aconitum flavum*）分布。

异穗薹草-蓬子菜 + 铁杆蒿-星毛委陵菜型　分布于海原杨明李家山，面积 1740.4hm²。

异穗薹草-无毛牛尾蒿 + 大针茅 + 杂类草型　分布于泾源泾河源，面积 2398.7hm²。

异穗薹草-铁杆蒿 + 杂类草型　分布于隆德山河，面积 2340.7hm²。

3. 杂类草组

杂类草组是中生杂类草组成的山地草甸，有时较难分清优势亚优势种，可称为"五花杂类草甸"。有些情况下可以分出占优势的建群种，如风毛菊、紫苞风毛菊等。

（1）风毛菊 [*Saussurea japonica*（Thunb.）DC.] 系

风毛菊是菊科二年生中生草本植物，株高 30～40cm。生于草原、半荒漠地带山地，也见于河谷、干河床、沙地、较湿润的路边、田埂、渠沟边、撂荒地。广布于我国东北、华北、西北、华东、华南等地。据调查，宁夏山地风毛菊分布较多的草地类型有两种。

1）山地杂类草草甸。分布于宁夏南部六盘山、南华山、海拔 1800～2500m 的中山带。由多种中生植物组成，缺乏明显的建优种，多为山地森林遭破坏而次生生成。风毛菊是其中的主要成分。组成群落的植物种类丰富，夏、秋季节多种双子叶植物开花时草地变得五颜六色、绚丽多姿，有时也称为"五花杂类草草甸"。群落内约有植物 55 种，种饱和度 16～18 种/m²，草层高 50cm 左右。其中有蕨、风毛菊、紫苞风毛菊、草地风毛菊、中国香青、地榆（*Sanguisorba officinalis*）、乳白香青、中国马先蒿、东方草莓、多毛并头黄芩、牛扁、小银莲花、唐松草、伏毛铁棒锤、美头火绒草、黄花棘豆、异穗薹草等中生植物，种类繁多；也混生少量如甘青针茅、百里香等草原植物。有时含有少量绣线菊等山地灌丛混生其中。

2）蕨-杂类草山地草甸。分布于宁南六盘山、南华山海拔 1900～2300m 的中山带阴山坡。蕨为群落的优势种，风毛菊为亚优势种。群落内有植物 60 余种，生长茂密，盖度 90%～95%，种饱和度 15～20 种/m²。蕨株高 50cm，分盖度 10%～20%；风毛菊分布均匀，株高 15cm，分盖度 7%，多度 cop1。另有北方拉拉藤（*Galium boreale*）、艾蒿、小红菊、唐松草、山丹（*Lilium pumilum*）、蓬子菜（*Galium verum*）、玉竹（*Polygonatum odoratum*）、掌叶橐吾（*Ligularia przewalskii*）、地榆、火绒草（*Leontopodium* sp.）、山黧豆、续断等，也混生达乌里胡枝子、甘青针茅、大针茅、溚草、百里香、扁蓿豆等草原植物，有时有黄瑞香（*Daphne giraldii*）灌丛散生其间。

在宁夏，除前面所述及的两种风毛菊占优势的山地草甸群落外，风毛菊还习见伴生于固原六盘山海拔 2000～2600m 山坡的异穗薹草-杂类草、巨序剪股颖（*Agrostis gigantea*）-杂类草山地草甸中。还分布于贺兰山中山带阴坡峨眉蔷薇山地灌丛、六盘山杨、桦、栎林林缘的川榛（*Corylus heterophylla* var. *sutchuenensis*）灌丛、胡枝子（*Lespedeza bicolor*）灌丛、旱柳（*Salix matsudana*）-华西箭竹（*Fargesia nitida*）灌丛及箭竹单优种群落内。构成具灌丛的山地草甸下层中生杂类草层片的恒有成分。

风毛菊为中等饲用植物。生长期内叶多质嫩，羊乐食，牛、马也吃。花序牛、羊喜食。冬季保留良好，可作为家畜的冬季放牧地。也可于夏、秋季割制干草，羊、牛乐食。花期的风毛菊是山地蜜源植物；地上部分入中药。

风毛菊-披针薹草 + 杂类草型　分布于隆德峰台茅麻垧马场附近，面积 2928.6hm²。建群种风毛菊，优势种为披针薹草，次为紫羊茅、火绒草。伴生植物有大针茅、狼毒、多毛并头黄芩、远志、扁蓿豆、山萝卜（*Scabiosa comosa*）、紫苞风毛菊、唐松草、地榆、黄花棘豆、柴胡、紫花地丁、小红菊、东方草莓、青甘韭（*Allium przewalskianum*）、蒲公英、短柄草、苇状看麦娘、鹅观草（*Roegneria* sp.）、垂穗披碱草、歪头菜、急折百蕊草（*Thesium refractum*）等。样地植物 30 种，种饱和度 19 种/m²，盖度 92%，草层高 16～29cm。鲜草产量 9289.5kg/hm²，可利用率 52.1%。放牧每羊需草地 0.2hm²，每牛需 1.0hm²，每马需 0.9hm²，每公顷可牧羊 5.0 只，或牛 1.0 头，或马 1.1 匹。属三等四级草地，轻度退化，有狼毒、黄花棘豆等毒草分布。

风毛菊-铁杆蒿＋杂类草型　分布于泾源北部、固原什字南部，面积 426.7hm²。出现于阴坡，与阳坡的无毛牛尾蒿＋杂类草山地草甸呈复区存在。伴生狭叶艾（*Artemisia lavandulaefolia*）、披针薹草（*Carex lanceolata*）、短柄草、小红菊、扁蓿豆、东方草莓、紫花地丁、南牡蒿、艾蒿、唐松草、鼠掌老鹳草（*Geranium sibiricum*）、茜草、山蒽豆、麻花头、紫苞风毛菊等，盖度 90%，草层高度 34～36cm。种饱和度 19 种/m²。鲜草产量 10 145.3kg/hm²，可利用率 50.0%。放牧每羊需草地 0.2hm²，每牛需 0.9hm²，每马需 0.8hm²，每公顷可养羊 5.0 只，或牛 1.1 头，或马 1.2 匹。

风毛菊＋杂类草型　分布于西吉月亮山东台湾，面积 692.9hm²。

（2）紫苞风毛菊（*Saussurea iodostelgia* Hance）系

紫苞风毛菊是菊科多年生耐寒的中生草本植物。具横生根茎；茎单生、直立，高 30～50cm；头状花序的草质总苞片边缘或全部呈暗紫色。生于山顶或山地林缘、湿润山坡，是山地草甸、亚高山草甸、高寒草甸的习见伴生种，较少为优势种；有时也伴生于山地草甸草原群落。分布于我国东北、华北、陕西、宁夏、甘肃、青海、四川、西藏等地。在宁夏多见于六盘山、南华山、月亮山等山地。分布地区海拔 2000～2900m，在较高山地可上升至 3200～3900m。据资料介绍，在宁夏，紫苞风毛菊草群中占据相对优势地位的有以下两种群落。

1）同风毛菊。习见于六盘山、南华山海拔 1800～2500m 中山带的山地杂类草草甸类草地。由多种中生杂类草组成，缺乏明显的建优种。多由山地森林遭受破坏次生而成，一般称其为"五花杂类草甸"。据调查，群落有植物 55 种，种饱和度 16～18 种/m²。几种风毛菊（紫苞风毛菊、风毛菊、草地风毛菊）在群落中占据显著地位。草层高约 50cm。伴生蕨、地榆、中国香青、乳白香青、中国马先蒿、东方草莓、并头黄芩、牛扁、小银莲花、唐松草、伏毛铁棒锤、火绒草、黄花棘豆、异穗薹草等；也混生少量如甘青针茅、扁蓿豆、铁杆蒿、溚草、狼毒、百里香等草原种；并时常有少量峨眉蔷薇、绣线菊等山地灌丛夹生其中。

2）紫苞风毛菊-杂类草山地草甸。分布于六盘山海拔 2400～2500m 的较高山地，群落盖度 90%～95%，紫苞风毛菊高 21cm，分盖度 25%，多度 45 株/m²，地上部鲜重 2002.5kg/hm²。伴生植物有狭叶艾、小红菊、火绒草、无毛牛尾蒿、秦艽、东方草莓、紫花地丁（*Viola philippica*）、乳白香青、车前（*Plantago asiatica*）、茜草、山蒽豆、蒲公英、角盘兰、唐松草、麻花头、蓬子菜、歪头菜、地榆、小银莲花、轮叶马先蒿、红轮狗舌草、短柄草、紫羊茅等，混生铁杆蒿、百里香、狼毒、扁蓿豆等草原成分。

此外，紫苞风毛菊还在六盘山海拔 2000～2600m 山坡的异穗薹草-杂类草山地草甸、海拔 2600～2700m 山坡的紫羊茅-杂类草亚高山草甸中占据次优势地位；在泾源境内六盘山地狭叶艾-杂类草草甸中为伴生种。紫苞风毛菊也混生于贺兰山海拔 3000～3400m 山坡的箭叶锦鸡儿、六盘山海拔 2900m 的银露梅、高山绣线菊（*Spiraea alpina*）亚高山灌丛等，以及六盘山、贺兰山、罗山中山带以灰栒子（*Cotoneaster acutifolius*）、小檗（*Berberis* sp.）、忍冬（*Lonicera* sp.）、黄瑞香为主的山地杂灌木丛中，组成下层草本层片，成为具灌丛的山地或亚高山草甸类草地的习见伴生种。另外，在陕西太白山、青海、西藏等山地的亚高山带，紫苞风毛菊习生于当地呈现酸性反应，地表多岩石、碎石的草毡土、毛毡土或高山草甸土、高山灌丛草甸土的高山草甸中。

紫苞风毛菊为中等饲用植物。叶量较多，草质柔软，叶和花蕾羊、牛乐食。夏秋后适口性略差，家畜也采食。冬季保留良好，可供家畜放牧。伴生有紫苞风毛菊的高山草甸处山地高寒处，利用多不充分。紫苞风毛菊花期为辅助蜜粉源。

紫苞风毛菊 + 杂类草型 分布于隆德陈荆，泾源泾北、关山分水岭等山地，面积1091.4hm²。紫苞风毛菊分盖度34%（24%～45%），多度144（84～204）株/m²，频度100%。伴生中国香青、紫羊茅、珠芽蓼、披针薹草、百里香、艾蒿、狼毒、火绒草、柴胡、直穗鹅观草、东方草莓、银莲花（Anemone sp.）、蒲公英、西藏点地梅（Androsace mariae）、野豌豆、歪头菜等。种饱和度 20（18～23）种/m²，盖度 85%～95%，草层高 14～22cm。鲜草产量8175.0kg/hm²，其中禾本科占 6.5%，菊科88.4%，莎草科5.1%，可利用率53%。放牧每羊需草地 0.2hm²，每牛需 1.1hm²，每马需 1.0hm²，每公顷可牧养羊 5.0 只，或牛 0.9 头，或马 1.0 匹。属四等三级草地，轻或中度退化，有毒草狼毒分布。

紫苞风毛菊 + 风毛菊 + 杂类草型 分布于固原什字西南部六盘山地，面积 60.1hm²。

紫苞风毛菊 + 紫羊茅 + 杂类草型 分布于隆德陈靳民联村、月牙山、六盘山地，面积491.0hm²。

蕨 + 杂类草型 分布于固原东南小黄卯山、西吉白崖沙沟一带山地，面积 4263.7hm²。在西吉山地，与具虎榛子灌丛的山地草甸和茭蒿-铁杆蒿草原呈复区分布。也少量地见于海原南华山五桥沟及灵光寺附近。蕨组成群落的背景植物，伴生短柄草、大针茅、铁杆蒿、风毛菊、中国香青、掌叶橐吾（Ligularia przewalskii）、薹草、地榆、二色棘豆、扁蓿豆、歪头菜、柴胡、小米草、短翼岩黄芪（Hedysarum brachypterum）、牻牛儿苗（Erodium stephanianum）等。样地植物 23（17～30）种，种饱和度 15（14～16）种/m²，草群盖度 93%～95%，草层高 30～40cm。鲜草产量 5659.5（3966.0～10 050.0）kg/hm²，其中禾本科占 14.2%，豆科 3.2%，菊科46.6%，杂类草 36.0%，可利用率46.2%。放牧每羊需草地 0.4hm²，每牛需 1.8hm²，每马需 1.6hm²，每公顷可养羊 2.5 只，牛 0.6 头，马 0.6 匹。属四等二级或五级草地，轻度退化。有时有毒草狼毒、黄花棘豆分布。

杂类草型 分布于六盘山主、余脉，小黄峁山，南华山等山地 1900～2000m 以上的山坡；大罗山 2000m 以上的阴坡、半阴坡，面积 35 558.2hm²。作为山地五花杂类草草甸，由多种适应山地的中生、旱中生杂类草组成，种类繁多不易分辨出明显的建群种。常见植物有珠芽蓼、紫苞风毛菊、草地风毛菊、铁杆蒿、扁蓿豆、蕨、短柄草、东方草莓、甘青针茅、披针薹草、艾蒿、火绒草、紫花地丁、鹅绒委陵菜、小红菊、广布野豌豆、柴胡、唐松草、马先蒿、地榆、紫羊茅、歪头菜、椭圆叶花锚、黄花棘豆等。样地植物 22～34 种，种饱和度 13～15 种/m²，盖度 90%～95%，草层高度 24～47cm。鲜草产量 6746.3（2919.8～16 797.8）kg/hm²，其中禾本科占 6.1%，豆科 3.9%，菊科 24.6%，杂类草 48.4%，毒草 17%，可利用率46.1%。放牧每羊需草地 0.3hm²，每牛需 1.5hm²，每马需 1.4hm²，每百亩可养羊 3.5 只，牛 0.7 头，马 0.7 匹。属四等一、二或六级草地。轻度退化，部分呈重度退化。有毒草狼毒、黄花棘豆分布。

4. 蒿类半灌木、草本组（同前）

以中生的菊科蒿属植物无毛牛尾蒿和蒙古蒿为建群种的山地草甸草地。

无毛牛尾蒿[*Artemisia dubia* Wall. ex Bess var. *subdigitata*（Mattf.）Y. R. Ling]系

无毛牛尾蒿又名牛尾蒿、指叶蒿。菊科蒿属多年生草本植物。茎直立，丛生或单一，高60～100cm。基叶、茎下部叶羽状 5 深裂，两面无毛。中生植物。分布于我国华北、宁夏、陕

西、甘肃、四川、湖南、云南、贵州等地。习生于森林草原、草原带山地、生于海拔 2000m
左右的山坡林缘草甸、路边、山谷、河边，为山地草甸、河谷草甸习见伴生种，进入阔叶林
下、山地灌丛中。局地可形成群落建、优种。

宁夏以无毛牛尾蒿为建群种的山地草甸类草地主要分布于固原南部与泾源海拔 1800～
2300m 的半阴湿山地，见于瓦亭梁山、小黄峁山和泾源县南端。生境比较湿润，但有旱季相间。
群落中以中生山地草甸植物为主，也伴生一定数量的草原植物，呈现微弱草原化特征。植被甚为
茂密，盖度 70%～80%，草层高 60～85cm，种饱和度 18～21 种/m²。无毛牛尾蒿分盖度 30%，
多度 55～139 株/m²，频度 80%～100%。鲜草产量 4614.8（4627.5～5283.0）kg/hm²。放牧每羊
需草地 0.4hm²，每牛需 1.9hm²。也有资料记载了分布于陕西省的两个牛尾蒿为建优种的山地
草甸群落，现列如下：

1）牛尾蒿山地草甸。分布于太白山中山带海拔 1300～1800m 的山地阴坡、沟谷中，是山
地草甸常见的类型。土壤为山地褐土，生境较湿润，牛尾蒿发育良好，常呈现单优种群落。
群落植物有 40 种，以中生植物为主，混生一定数量的旱中生、中旱生植物。

2）牛尾蒿-大籽蒿山地草甸。分布于秦岭山地南坡、洵河流域中游海拔 1000～1800m 的
山地栎林、杨桦林林缘、林隙地。牛尾蒿高 1.7～2.0m，大籽蒿高 0.8m，群落盖度 30%。

除构成群落建群种以外，无毛牛尾蒿也常常作为伴生种出现在宁夏六盘山、贺兰山、罗
山等山地中山、亚高山带或山前具中生落叶灌丛的山地草甸，或亚高山草甸群落，包括虎榛
子、川榛灌丛下，宁南黄土丘陵、山地河谷溪流边、河漫滩及阶地的沙棘灌丛下及六盘山地
阴山坡的风毛菊-杂类草山地草甸中。也有资料介绍，在陕北子午岭、渭北、秦岭山地的美丽
胡枝子（*Lespedeza formosa*）、黄栌（*Cotinus coggygria* var. *graucophylla*）-黄蔷薇、木姜子（*Litsea
pungens*）、酸枣-马棘（*Indigofera pseudotinctoria*）、秦岭柳（*Salix wuiana*）、球花荚蒾（*Viburnum
sp.*）、栓皮栎（*Quercus variabilis*）-冻绿（*Rhamnus utilis*）等山地落叶灌丛下面，也都有无毛
牛尾蒿伴生。

无毛牛尾蒿为中等饲用植物，青绿时牛、羊少量采食，时而采食其花序；秋霜后羊采食
其叶和籽实。山区群众常于夏末秋初刈割晒制成干草，供冷季补饲家畜。此外，无毛牛尾蒿
也是药用植物，地上部入中草药，也是藏医常用的藏药。

无毛牛尾蒿＋铁杆蒿＋杂类草型　分布于固原河川、古城和泾源马鞍桥一带，面积
26 407.1hm²。分布区海拔 1800～2300m，为半阴湿山地。因有旱年或旱季，群落内除无毛牛
尾蒿和多量中生杂类草外，还有铁杆蒿等中旱生、旱中生或广旱生植物类群。草群茂密，草
层较高，一般为 60cm 左右，盖度 73%（60%～86.7%）。样地植物 24 种，种饱和度 18 种/m²。
草群中以无毛牛尾蒿、铁杆蒿、小颖短柄草（*Brachypodium sylvaticum* var. *breviglume*）、大针
茅、甘青针茅等组成高草本层片，下层为长芒草、薹草、阿尔泰狗娃花、篷子菜、潏草等，
组成第二亚层，以矮草本二裂委陵菜、多裂委陵菜（*Potentilla multifida*）、鳞叶龙胆、光药大
黄花等组成第三亚层。鲜草产量 4627.5～75 283.0kg/hm²，合干草 1684.8kg/hm²，可利用率 50%。
放牧每羊需草地 0.4hm²，每牛需 1.9hm²，每公顷可养羊 2.5 只，牛 0.5 头。属三等三、四、五
级草地，退化程度或轻或重。有毒草黄花棘豆、狼毒等分布。

无毛牛尾蒿＋杂类草型　分布于泾源惠台与固原什字之间的瓦亭梁山，固原开城以东的
小黄峁山，面积 1293.1hm²。无毛牛尾蒿分盖度 30%，多度 55～139 株/m²，频度 90%（80%～
100%）。伴生铁杆蒿、薹草、长芒草、牛枝子、小红菊、阿尔泰狗娃花、狭叶艾、鹅绒委陵菜、
蒲公英、紫花地丁、风毛菊、短柄草、异叶败酱（*Patrinia heterophylla*）等。盖度 80%，草层

高度 85～100cm，种饱和度 18～21 种/m²。鲜草产量 6837.9（6399.8～7674.8）kg/hm²，可利用率 52%。放牧每羊需草地 0.3hm²，每牛需 1.3hm²，每马需 1.2hm²，每公顷可养羊 3.3 只，牛 0.8 头，马 0.8 匹。属三等三级草地，中度退化。毒草有狼毒。

蒙古蒿（*Artemisia mongolica*）+ 杂类草型　分布于泾源南端六盘山地，面积 2313.9hm²。草群中蒙古蒿盖度 20%，多度 32 株/m²，频度 100%。伴生植物有薹草、早熟禾、女娄菜（*Melandrium aprica*）、中国香青、飞廉（*Carduus nutans*）、蒲公英、车前、马先蒿、直穗鹅观草、柴胡、山黧豆、西藏点地梅（*Androsace mariae*）等。盖度 82%，种饱和度 22 种/m²，草层高度 44～57cm。鲜草产量 15 754.5kg/hm²，可利用率 48%。放牧每羊需草地 0.1hm²，每牛需 0.6hm²，每马需 0.5hm²，每公顷可养羊 10.0 只，牛 1.6 头，马 2.0 匹。属三等一级草地，轻度退化。

5. 具疏林-灌丛组

具疏林-灌丛组是由中生灌木及中生杂类草组成的具疏林灌丛的草甸类草地。

虎榛子［*Ostryopsis davidiana*（Baill.）Decne.］系

虎榛子是桦木科喜光的山地中生灌木。分布于我国辽宁、内蒙古、河北、山西、陕西、宁夏、甘肃、河南、四川等地，以黄土高原为分布中心。生于海拔 1000～2500m 的低、中山带的山坡，常形成群落建、优种，是我国西北、华北山地林缘灌丛的代表种，也进入山地森林中为森林下木，或者混生于山地杂灌木丛中成为伴生种。在草地分类中归属于林缘灌丛或具疏林、灌丛的山地草甸类型。

有调查记载，在东北大兴安岭南部、阴山、贺兰山、河北西部、山西北部、陕北黄土高原等山地广泛分布的虎榛子灌丛，土壤为棕色森林土或褐色土，不同的山地生境有不同的群落组成。中山带土壤水分较好的地段，拥有十分茂盛的中生草本层片，主要有山丹、野豌豆、地榆、铃兰（*Convallaria majalis*）、黄精（*Polygonatum sibiricum*）、藜芦（*Veratrum nigrum*）、歪头菜、龙芽草（*Agrimonia pilosa*）、野罂粟等，群落盖度 80% 以上。低山带接近草原基带的地段，生境较干旱，草本层片加入较多的草原种，如线叶菊、铁杆蒿、冷蒿、柴胡、远志、鸦葱（*Scorzonera austriaca*）及贝加尔针茅、糙隐子草、冰草（*Agropyron cristatum*）、潜草、羊草等。群落盖度 80% 以下。分布在陕北黄土高原海拔 1100～1600m 的山地阴坡、半阴坡，盖度 90%。上层有时散生杜梨（*Pyrus betulifolia*）、榆（*Ulmus pumila*）、山杨（*Populus davidiana*）、侧柏（*Platycladus orientalis*）、辽东栎（*Quercus liaodungensis*）等乔木，呈现出可以向山杨、栎林演替的倾向。

在宁夏具虎榛子灌丛的山地草甸类草地常见于六盘山、贺兰山、大罗山等山地的中山带。据调查，群落盖度 90% 以上，植物生长茂盛，分灌木、草本两个层片。地上部鲜重 7500.0～15 000.0kg/hm²，种饱和度 20～30 种/m²。虎榛子可以与山地中生杂类草或披针薹草、蕨形成不同的群落。虎榛子高 50cm，分盖度 40%～80%，多度 40 株/m²，地上部鲜重 6000.0kg/hm²。伴生灌木还有绣线菊、丁香、山桃、灰栒子等，有零星散生的山杨、辽东栎等乔木。下层为中生杂类草草甸，含蕨、披针薹草、北方拉拉藤、歪头菜、火绒草、小红菊、无毛牛尾蒿、草地风毛菊、艾蒿、唐松草、东方草莓、黄花棘豆、柴胡、篷子菜、龙胆等，夹生草原种铁杆蒿、扁蓿豆、潜草、大针茅、达乌里胡枝子、阿尔泰狗娃花、狼毒等。在接近亚高山、高山地段，另有珠芽蓼、禾叶风毛菊、紫羊茅等耐寒植物加入。

除作为群落建、优种外，虎榛子还以伴生种混生于山地的不同草地类型中。譬如在辽宁、华北、河南、陕西的低、中山带伴生于具灌丛中华绣线菊（*Spiraea chinensis*）、山桃（*Amygdalus davidiana*）、胡枝子、连翘（*Forsythia suspensa*）、木姜子等具灌丛的山地草甸中，有时也伴生于荆条（*Vitex negundo* var. *heterophylla*）-酸枣-黄背草（*Themeda japonica*）、黄蔷薇-蒿类-大油芒等温性灌草丛类草地中。

在宁夏也多见虎榛子伴生于贺兰山低、中山交接处小面积杜松（*Juniperus rigida*）林下，株高通常 0.7m，分盖度 5%，多度 SP。其下草本层盖度 85%，以阿拉善鹅观草（*Roegneria alashanica*）为主，分盖度达 60%～70%，堪称具疏林、灌丛的阿拉善鹅观草山地草原类草地①。

虎榛子为低等饲用植物。羊群采食其幼嫩枝叶，大畜一般不吃。山区农民于秋季搜集其落叶，冬春补饲家畜或可粉碎来喂猪。种子含油可食用或制肥皂；树皮可用来制栲胶；枝条可用来编制农具；花期是粉源植物；具虎榛子灌丛的草甸在山坡地有良好的水土保持效应，加以保护，可望向山地次生阔叶林演变。

（虎榛子）-铁杆蒿＋杂类草型　分布于西吉白崖、沙沟一带山地阴坡、半阴坡，面积 1644.1hm²。常与蕨＋杂类草型山地草甸及阳坡的茭蒿-星毛委陵菜、铁杆蒿-长芒草型草原呈复区存在。虎榛子为群落的优势种，株高约 50cm，分盖度 40%～45%，常与少量的金樱子（*Rosa laevigata*）、绣线菊（*Spiraea* sp.）、灰栒子等共同组成灌木层片。灌丛以下生长大量铁杆蒿及中生、旱中生草甸草本层片，如大针茅、藏异燕麦、唐松草、匍匐委陵菜（*Potentilla reptans*）、长柱沙参、薹草、小红菊、无毛牛尾蒿、风毛菊、山紫苑（*Aster* sp.）、东方草莓、白羊草（*Bothriochloa ischaemum*）、潜草、扁蓿豆、篷子菜、北方拉拉藤等。草本层高 20～40cm，盖度 95%～98%。鲜草产量 5344.5kg/hm²。其中虎榛子枝叶占 78%，草本层占 72%～92%，可利用率 47%。放牧每羊需草地 0.4hm²，每牛需 1.8hm²，每公顷可养羊 2.5 只，牛 0.6 头。属四等四级草地，退化不明显。有毒草狼毒、黄花棘豆分布。

（虎榛子）＋杂类草型　分布于固原西部红庄以北的六盘山余脉山坡。沿山地阴坡呈岛状分布，与阳坡、半阳坡的杂类草山地草甸、甘青针茅草甸草原、茭蒿草原在不同的坡向组成复合类型；也见于西吉月亮山主峰以南的山地阴坡、半阴坡，面积 6659.9hm²。虎榛子高 65～100cm，分盖度 40%～80%，在重量组成中比例达 75%。灌木层中尚有毛榛（*Corylus mandshurica*）、绣线菊、金樱子、灰栒子、峨眉蔷薇、丁香（*Syringa* sp.）、矮锦鸡儿（*Caragana pygmaea*）、杜松、小叶忍冬（*Lonicera microphylla*）等，其下草本层主要有藏异燕麦、肃草（*Roegneria stricta*）、大针茅、拂子茅、块根老鹳草（*Geranium dahuricum*）、砧草、长柱沙参（*Adenophora stenanthina*）、歪头菜、篷子菜、东方草莓、续断、中国香青、薹草、蕨、无毛牛尾蒿、小红菊、穗花马先蒿（*Pedicularis spicata*）、火绒草（*Leontopodium* sp.）、地榆、鹅观草（*Roegneria* sp.）等。盖度 60%～100%。鲜草产量 12 450.0～27 375.0kg/hm²，其中虎榛子可达 10 500.0kg/hm²，可利用率 40%。放牧每羊需草地 0.2hm²，每牛需 0.9hm²，每公顷可养羊 5.0 只，牛 1.1 头。属四等一级草地，有毒草狼毒分布。

（杂灌木）＋杂类草型　分布于固原西、南部的六盘山主支脉，海拔 2000～2700m 的山坡地及贺兰山、大罗山山地，面积 2393.2hm²。以蒿店西南、南部的山地为主要分布地区。系山地森林遭受破坏后的次生类型；在固原西部半阴湿山地，呈岛状地分布于山地的阴坡。主要灌木有平枝栒子（*Cotoneaster horizontalis*）、沙棘、绣线菊、暴马丁香（*Syringa reticulate* var. *amurensis*）、金樱子、卫矛（*Euonymus alatus*）、毛榛、虎榛子、小檗、峨眉蔷薇、山桃等。各地树种不一，有时散生少量乔木，如白桦、山杨等，其下为山地五花草甸类草地。灌丛盖度 60%～90%，草本层盖度 30%～78%。鲜草产量 12 165.0kg/hm²，可利用率 42%。

---

① 贺兰山草地因属于山地禁牧林区，未计入宁夏可利用的草地类型中。

放牧每羊需草地 0.2hm^2，每牛需 0.9hm^2，每公顷可养羊 5.0 只，牛 1.1 头。属四等一级草地。灌丛分盖度 50%～60%，夏季可于边缘地带放牧牛、羊，低山地带冬季放牧利用。灌丛较多，过于稠密的，人畜难以通行，无法放牧。

箭叶锦鸡儿（*Caragana jubata*）+杂类草型　分布于六盘山海拔 2900m 以上及贺兰山海拔 3000～3400m 的亚高山带，面积 467.8hm^2。常呈片状分布。盖度 95%～100%，箭叶锦鸡儿生长疏密不一，分盖度达 30%～70%，高度 40～50cm。灌丛下部为耐寒的亚高山草甸草本层片，分布均匀，群落几乎全郁闭，层盖度达 80%，高度 20～30cm。在六盘山以珠芽蓼、薹草、早熟禾、中国香青、东方草莓、白花枝子花、鹅绒委陵菜、鹅观草（*Roegneria* sp.）、大针茅、薹草（*Carex* sp.）、艾蒿、风毛菊、百里香、秦艽、柴胡、小飞燕草（*Consolida ajacis*）等为主；在贺兰山有地榆、小丛红景天（*Rhodiola dumulosa*）、早熟禾（*Poa* sp.）、珠芽蓼、紫苞风毛菊、高山嵩草（*Kobresia pygmaea*）、矮生嵩草（*K. humilis*）、嵩草（*K. bellardii*）、紫啄薹草（*Carex cerreana*）、禾叶风毛菊等。鲜草产量 10 665.0kg/hm^2，可利用率 42%。放牧每羊需草地 0.2hm^2，每牛需 1.0hm^2，每公顷可养羊 5.0 只，牛 1.0 头。

七、沼泽类

沼泽类是湿生、沼生植物组成的草地类型。主要分布在本区黄灌区各地的低洼积水或过分潮湿的生境，又以银北黄河两岸为多见。其分布比较分散，面积较小，呈隐域性。在固原一带只见于冲沟底部或湖、堰、水库的边缘地带，面积 9234.0hm^2。组成沼泽类草地的植物以芦苇、水葱、狭叶香蒲等为主，常伴生少量的水生植物。平均盖度为 15%～30% 或 50%～85%，一般情况下草群高大，产草量高，株高 1～3m，鲜草产量 11 662.5kg/hm^2，放牧平均每羊需草地 0.3hm^2，每公顷可养羊 3.3 只。一般仅作为家畜季节性的辅助放牧地。组成宁夏沼泽类草地的只有丘陵、平原沼泽 1 个亚类。

丘陵、平原沼泽亚类

1. 高禾草组（同前）

以湿生禾本科植物芦苇为建群种。分布于永宁、银川、贺兰等地的湖泊周围浅水区或有季节性浅积水的低洼地。芦苇在沼泽水分充分的湿中性生境可达 2.0～2.5m，甚至 3.0m。一般生长茂盛。

芦苇［*Phragmites australis*（Cav.）Trin. ex Steud.］系

芦苇是禾本科多年生根茎性草本植物。具有广幅生态适应性。除极地和高山带外，芦苇广布于地球各温度带，为全球广布种。生态适应性方面既是中生、潜水中生草甸植物、沼泽化草甸的湿中生植物、轻盐化草甸的盐中生草甸植物，又是常年积水的低地沼泽的湿生植物。在十分干旱的荒漠地带它也会生长在地下水位较高的盐渍化地段，形成矮小的荒漠草甸类草地。

草本沼泽类草地是在地表积水、土壤过湿、常有泥炭积累的生境，以湿生草本植物为主形成的一类隐域性草地类型。因水源补给充足、地表积水、土壤通气不良、微生物分解缓慢，有利于草根层泥炭的积累，以土壤为沼泽土、泥炭沼泽土、盐化沼泽土为基本特征。其中芦苇沼泽在我国各地均有分布，是我国分布最广、面积最大的草本沼泽类草地类型。在东北三江平原、川北若尔盖高原及新疆伊犁河谷、塔里木河、玛纳斯河、博斯腾湖滨有较大面积分布。一般处于平原低地、湖泊、池沼、洼地周围、河流两岸滩地。多为常年积水的水泛地，水深 30～50cm，河流汛期可达 1m。水质中性、微碱性，pH 7.0～7.8。土壤为腐殖质沼泽土。芦苇具发达的根状茎，常形成单优群落，株高 1.5～4.0m，盖度 70%～90%。伴生沼生植物菱笋（Zizania caduciflora）、水烛（Typha angustifolia）、狭叶甜茅（Glyceria spiculosa）、水葱（Scirpus tabernaemontani）、藨草（S. triqueter）、水蓼（Polygonum hydropiper）、两栖蓼（P. amphibium）等，另有水生植物苦草（Vallisneria gigantea）、水车前（Ottelia alismoides）、狐尾藻（Myriophyllum spicatum）、槐叶苹（Salvinia natans）等。

　　宁夏各地都有芦苇沼泽分布，比较集中分布于永宁、银川、贺兰、平罗等地。生于低洼、积水湖浅水区域及干渠堤坝附近渗漏积水的局部低洼地。水深 1m 以下，水质较好，pH 8.7，属非矿化或轻碱化水。建群种芦苇生长茂盛，株高可达 4～5m，盖度 80%～90%，种饱和度 4～8 种/m²。伴生狭叶香蒲、水葱、扁杆藨草及水生植物荇草（Nymphoides peltatum）、金鱼藻（Ceratophyllum demersum）、眼子菜（Potamogeton distinctus）、穿叶眼子菜（P. perfoliatus）、角果藻（Zannichellia palustris）等。

　　芦苇是优良饲草，但位于沼泽草地，因地面常年积水，一般不作放牧地；小面积水浅的，偶见牛、马、骡等大畜涉水牧食。可以在抽穗前刈割调制成优良干草。大面积的多作为造纸和人造纤维等制造业原料基地而让位于工业需要。更大面积的又常作为湿地景观植物受到特殊保护。面积小的也多用作房建、编织用；芦根、根茎入中药。

　　芦苇型　零星分布于永宁胜利乡以东及东北，银川掌政乡、红花乡附近，贺兰丰登与西湖农场附近，通义以南，潘昶以东，平乐周城西北及原陶乐黄河滩地等局部低洼地。或为季节性积水的浅水湖泊，面积 5109.0hm²。芦苇在群落中占绝对优势，分盖度 80%，多度 136 株/m²，频度 100%。其次为狭叶香蒲，分盖度 3%，多度 20 株/m²，频度 90%。伴生种有水葱、三棱草、荇菜、金鱼藻、眼子菜、角果藻、穿叶眼子菜等。样地植物 4～8 种，盖度 53%（22%～85%），草层高 4～5m，鲜草产量 5448.0～54 060.0kg/hm²。放牧每羊需草地 0.2hm²，每公顷可养羊 5.0 只。属二等一、二级草地。主要生产工业、建筑业原料，一般不做打草场。早春有时放羊，作短暂利用。

　　芦苇+稗草型　分布于陶乐红崖子以北，面积 160.0hm²。

　　2. 大型莎草组

　　以大型莎草水葱为建群种，面积小而分散。

　　水葱（Scirpus tabernaemontani Gmel.）系

　　水葱又名水葱藨草，莞。莎草科藨草属多年生根茎性草本。湿生、沼生种。具粗壮匍匐根状茎，秆直立，丛生，圆柱形，高 40～120cm。分布于我国东北、华北、江苏、陕西、宁夏、甘肃、新疆等地。多生于常年积水、水深 10～50cm 的湖沼、水库边缘或水沟；也见于盐化沼泽，沼泽化草甸中。不能生长于深水。适腐殖质沼泽土、弱盐化沼泽土，pH 7.0～8.0。水葱再生力强，于地下 10～20cm 处有横行根茎，可分生新植株。喜光照，耐夏日炎热，又耐冬日严寒，在冬季−40℃低温的寒带水中也可生长。在我国温带、亚热带湖滨、池塘里都可以见到。主要分布在东北三江、松嫩平原等沼泽发育的地区。

　　水葱一般面积不大，分布零星。群落盖度 70%～90%，水葱高 1.3～2.0m，常为单优种，有时也与芦苇群落复合存在。伴生三棱草（Scirpus maritimus）、粗脉薹草（Scirpus rugulosa）、花蔺（Butomus umbellatus）、水麦冬、海乳草、草地风毛菊等。水葱除作为建群种以外，也常伴生于其他湿地群落，如内蒙古东部的具柳灌丛的大叶章（Deyeuxia langsdorffii）低湿地灌丛、芦苇沼化草甸、乌拉草（Carex meyeriana）-香蒲（Typha sp.）沼泽，广布我国北方各地的香蒲沼泽。

也习见于引黄灌区积水湖边缘浅水区域，以银北平罗多见。水深 0.5m 左右，为单优群落。水葱分盖度 10%～30%，高 130cm。伴生芦苇，扁秆藨草，共同组成沼泽草地；或混生于野慈姑（*Sagittaria trifolia*）水生植被中。土壤可为腐殖质沼泽土、弱盐化沼泽土，pH 7.0～8.0。

水葱为低等饲用植物，抽穗开花前青嫩时羊、牛、马采食，放牧的猪也采食。可刈割干草。开花后茎叶粗硬，适口性降低，家畜一般不吃。水葱的茎叶可作编织材料。地下部入中药。

水葱＋芦苇型　分布于平罗姚伏及前进农场附近的渔湖周围浅水区，面积 1700.0hm²。水深 0.5m 左右。水葱分盖度 7%～21%，频度 90%～100%，株高 100～130cm；芦苇分盖度 3%，频度 30%～100%，株高 100～200cm。伴生藨草、金鱼藻、眼子菜、盐角草（*Salicornia herbacea*）等。盖度 10%～15%。鲜草产量 2562.0kg/hm²。放牧每羊需草地 0.4hm²，每公顷可养羊 2.5 只。属五等或七级草地。

水葱＋藨草型　分布于贺兰西岗石家庄东，面积 214.0hm²。

3. 杂类草组

以湿生杂类草狭叶香蒲为建群种，与湿生、水生植物组成的沼泽草地。

狭叶香蒲型　分布于平罗火车站东北明水湖，大武口附近及各地的小面积浅水湖泊和浅水沟渠中，面积 351.0hm²。水深 1m 左右。狭叶香蒲分盖度 60%，多度 153 株/m²，频度 100%。伴生芦苇、藨草、眼子菜、浮叶眼子菜（*Potamogeton natans*）、水葱等。盖度 65%（50%～80%）。狭叶香蒲高 1.4～2.0m，芦苇高 1.0m 左右。鲜草产量 8499.0（2058.8～10 800.0）kg/hm²。放牧每羊需草地 0.6hm²，每公顷可养羊 1.8 只。属三、四等一或四级草地。

第三节　草地营养

天然草地是由各种草地植物及其生长地组成的。植物每年生长期内，在日光的作用下，通过光合作用合成各种化学物质，组成植物体，将日光能转化为化学能储藏于自身的各部分中。当草地在为畜牧业所利用的时候，植物地上部分含有的这些物质和能量，一定程度地提供给家畜，变成了畜体和畜产品，为人类所利用。

不同类型不同地区的草地含有数量不同的化学物质，包括对家畜有营养作用的物质和没有营养作用的物质，相应地也就含有一定数量的对家畜有用或无用的能量，这样就构成了各类型草地不同的营养价值。

各类草地营养物质、能量的生产能力及其沿土壤—牧草—家畜—畜产品既定系统中的转化关系，是草地营养学（或草地化学）的研究内容。还包括化学成分与总能量的测定，各种家畜消化、代谢和生成不同产品的转化效率等。

进行草地调查，也应当触及草地的营养价值，以配合草地面积、生产力等的统计分析，揭示不同类型草地实际的饲用价值、生产能力及其转化效率，从而为合理的家畜饲养提供科学依据。

一、总的评价

将宁夏不同地区、不同类型草地的各种化学成分含量（样品数量 444 个）求出算数平均值，并与常见的 5 种禾本科牧草（赖草、羊草、短花针茅、蒙古冰草、狗尾草），6 种豆科牧草（披针叶黄华、小叶锦鸡儿、狭叶锦鸡儿、紫花苜蓿、扁蓿豆、红三叶）生长前、后期的营养物质含量平均值比较（表 3-1）。

表 3-1　宁夏天然草地营养物质含量与几种牧草的比较

		营养成分含量（占干物质的百分数，%）												
		粗蛋白质		粗脂肪		粗纤维		无氮浸出物		粗灰分		钙		磷	
均值		11.09	100	3.60	100	21.72	100	48.22	100	15.20	100	1.30	100	0.34	100
禾本科	前	12.19	109.9	3.28	91.1	34.60	159.3	42.03	87.1	8.37	55.1	0.94	72.3	0.23	67.6
	后	6.85	61.8	2.50	69.4	35.37	162.8	44.68	92.7	10.42	68.6	1.50	115.0	0.08	23.5
豆科	前	19.79	178.4	2.68	74.4	29.34	135.1	40.04	83.0	8.77	57.7	2.09	185.0	0.32	94.1
	后	11.64	104.7	3.05	84.7	31.27	144.0	45.78	94.9	8.39	55.2	2.88	221.5	0.23	67.6

注：表中的百分数是以宁夏草地平均值为 100，分别计算出牧草一年中生长前、后期的数值

1）粗蛋白质。比正处幼嫩期、富含蛋白质的生长前期豆科牧草低 78.4 个百分点；比生长前期的禾本科牧草、生长后期的豆科牧草分别低 9.9 和 4.7 个百分点；比生长后期的禾本科牧草高 38.2 个百分点，令人满意。

2）粗脂肪。含量较高。比生长前、后期的禾本科牧草分别高 8.9 和 30.6 个百分点；比生长前、后期的豆科牧草高 25.6 和 15.3 个百分点。

3）粗纤维。含量偏低。比生长前、后期的禾本科牧草、豆科牧草分别低 59.3、62.8、35.1 和 44.0 个百分点。

4）无氮浸出物。含量较高。比生长前、后期的禾本科牧草分别高 12.9 和 7.3 个百分点；比生长前、后期的豆科牧草高 17.0 和 5.1 个百分点。

5）粗灰分。含量偏高。分别比生长前、后期的禾本科牧草分别高 44.9、31.4 个百分点；比生长前、后期的豆科牧草分别高 42.3、44.8 个百分点。

6）钙。含量偏低。除比生长前期的禾本科牧草高 27.7 个百分点外，分别比生长后期的禾本科牧草低 15.0 个百分点，比生长前、后期的豆科牧草分别低 85.0 和 121.5 个百分点。

7）磷。含量偏高。比生长前期的禾本科、豆科牧草分别高 32.4 和 5.9 个百分点；比生长后期的禾本科、豆科牧草分别高 76.5 和 32.4 个百分点。

基于上述分析获得的总印象是宁夏天然草地在概略营养成分含量方面属于品质中等偏好的自然饲料资源。

二、草地营养物质含量的地带性

表 3-2、表 3-3 是根据 189 个草地类型的样本分析所得的不同草地类型各种营养物质含量的算术平均值。不难看出，宁夏不同草地类型的营养物质含量具有如下的地带性规律。

表 3-2　宁夏各类草地营养物质含量比较

草地类型	营养成分含量（占干物质的百分数，%）									
	粗蛋白质		粗脂肪		粗纤维		无氮浸出物		粗灰分	
具灌丛草甸	8.33	100	2.87	100	25.21	100	54.13	100	9.46	100
山地草甸	10.63	127.61	4.76	165.85	18.77	74.45	53.00	97.58	12.81	135.41
草甸草原	9.98	119.81	3.31	115.33	22.07	87.54	53.33	89.52	11.31	119.56
具灌丛草原	10.46	125.57	3.79	132.06	21.35	84.69	42.46	78.44	17.04	180.13
典型草原	11.18	134.21	4.14	144.25	21.93	86.99	48.59	89.77	13.68	144.61

草地类型	营养成分含量（占干物质的百分数，%）									
	粗蛋白质		粗脂肪		粗纤维		无氮浸出物		粗灰分	
荒漠草原	12.18	146.22	3.72	129.62	23.46	93.06	45.55	84.15	15.36	162.37
草原化荒漠	11.64	139.74	3.30	114.98	18.31	72.63	48.00	88.68	18.75	198.2
荒漠	13.54	162.55	3.32	115.68	20.28	80.04	43.80	80.92	19.06	201.48
低湿地草甸	11.84	142.14	3.27	113.94	24.09	95.65	41.28	76.26	19.33	204.33

注：相对百分数以具灌丛草甸为 100 相互比较

表 3-3　各类草地粗灰分、钙、磷含量

草地类型	营养成分			
	粗灰分含量/%	钙含量/%	磷含量/%	钙：磷
具灌丛草甸	9.46	1.29	0.25	5.16：1
山地草甸	12.81	1.11	0.25	4.44：1
草甸草原	11.31	1.15	0.29	3.97：1
典型草原	13.68	1.00	0.52	1.92：1
荒漠草原	15.36	1.34	0.73	1.84：1
具灌丛草原	17.04	1.39	0.22	6.32：1
草原化荒漠	18.35	1.36	3.04	0.45：1
荒漠	19.06	0.92	0.22	4.18：1
低湿地草甸	19.33	0.58	0.22	2.64：1

1）粗蛋白质和无氮浸出物。表现出由湿润生境向干燥生境的递变。其中粗蛋白质含量明显由湿润向干燥递增。例如，具灌丛草甸 8.33%，草甸草原 9.98%，山地草甸 10.63%，到典型草原为 11.18%，荒漠草原 12.18%，草原化荒漠 11.64%，荒漠为 13.54%。上述属于偏湿润的 3 个类型（具灌丛草甸、草甸草原、山地草甸）的粗蛋白质含量平均为 9.65%，属于偏干旱的 4 个类型（典型草原、荒漠草原、草原化荒漠、荒漠）的粗蛋白质含量平均为 12.14%，后者比前者高 2.49 个百分点。

无氮浸出物含量则相反，由湿润生境向干旱生境递减。由具灌丛草甸的 54.13%，草甸草原的 53.33%，山地草甸的 53.00%，到典型草原的 48.59%，荒漠草原的 45.55%，草原化荒漠的 48.00%，荒漠的 43.80%。上述偏湿润的具灌丛草甸、草甸草原、山地草甸 3 类草地平均含无氮浸出物 53.49%，偏干旱的典型草原、荒漠草原、草原化荒漠、荒漠 4 类草地平均含无氮浸出物 46.48%，前者比后者高 7.01 个百分点（作为隐域性类型的低湿地草甸类草地例外）。

草地粗蛋白质和无氮浸出物含量随地带递变的规律与草地畜牧业生产的畜群配置有一定关联。湿润地带草地含有较丰富的无氮物质——碳水化合物，适宜牧养肉用品种的牛、羊等家畜；干旱地带草地富含粗蛋白质，适宜牧养以生产皮、毛、绒为主的绵、山羊、骆驼等。

2）粗灰分。其含量由湿润生境向干旱生境递增，其地带性规律也较明显。此现象与宁夏地带性土壤盐类的淋溶、淀积相关联。宁夏南部雨量较多地区土壤所含可溶盐类能随降水淋溶到土壤深层，难溶的碳酸钙也有向下层累积的趋势。比较干旱的中北部地区因雨水逐渐减少，土壤盐类淋溶减弱，随地面强烈蒸发而不断上升，积聚于植物根系分布的土壤表层，并时常在浅层土壤即出现碳酸钙、硫酸钙的积累，促使植物吸收留存，甚至在生境的长期选择作用下，形成了不少嗜盐、泌盐的盐生植物，使植物的粗灰分含量随地区的干旱化而增加。

低湿地草甸类草地因处于低湿生境，在干旱、半干旱地区常常也伴随着不同程度的盐渍化，因而粗灰分的平均含量也比较高。

3）钙。大致表现为发育在非钙质土壤上的偏湿润类型（山地草甸、具灌丛草甸、草甸草原、低湿地草甸）含量较低，在 1.30% 以下，平均为 1.03%；而偏干燥的类型（荒漠草原、草原化荒漠、具灌丛草原等），因为发育在灰钙土、淡灰钙土上，含钙在 1.30% 以上，平均为 1.37%，宁夏典型草原类草地土壤主要为黑垆土，草群含钙量不高，为 1.00%。

4）磷。属干燥类型的典型草原、荒漠草原磷含量明显较高，分别为 0.52% 和 0.73%，平均为 0.63%；而属于偏湿润类型的山地草甸、具灌丛草甸、草甸草原则较低，分别为 0.25%、0.25% 和 0.29%，平均为 0.26%。

5）钙、磷比。偏湿润的类型较大，如山地草甸、具灌丛草甸、草甸草原为（3.97~5.16）∶1，平均 4.52∶1；偏干燥的类型较小，如典型草原、荒漠草原为（1.92~1.84）∶1，平均 1.88∶1。钙、磷是动物非常重要的营养元素，为其正常生理活动和维持高产所不可缺少。但是除要求饲草料中有丰富的含量外，还要求二者有适当的比例，才能为动物所吸收利用，此比例一般要求为（1.5~2.1）∶1 为宜。由此看来，占本区草地绝大多数的典型草原和荒漠草原草地，钙、磷含量比例协调，对放牧家畜的健康是有利的；南部湿润、半湿润地区的草地含钙多、磷少，需要适当补喂谷类、麸皮等含磷丰富的饲料以补充磷的不足。

6）粗纤维。不同草地类型及相应地带无明显规律性。不过总体来讲，宁夏天然草地粗纤维含量较低，全区草地平均含量为 21.72%，其中具灌丛草甸最高，为 25.21%，以草原化荒漠最低，为 18.31%，这对于家畜的放牧采食也是有利的。

第四节　草地分布的地带性

一、天然草地分布的地带性规律

在宁夏 $5.18 \times 10^4 km^2$ 的土地上，从南到北分布着上述七类草地，它们以一定的格局互相组合在不同的地域生境中，形成一定的生态地理分布规律。

草地类型按不同地区、不同生境组合的地理规律，主要受地球不同经纬度和海拔所具有的热量和水分两个环境因素所制约。在地球水平表面，地理纬度自赤道向两极逐渐增加，地面所承受的太阳辐射热量逐渐减少；在地球的南、北半球都分为热带、亚热带、暖温带、温带、寒温带和寒带。相应地分布着不同的土壤和植被。地球水平表面的水分状况则随距离海洋远近、大气环流、洋流冷暖等因素而变化。我国的大部分地区主要受东南太平洋季风的影响，大气水分由沿海向内陆递减，气候的干燥度等值线大致沿着东北—西南走向，倾斜地由东南和东部沿海地区渐向内陆增加，气候由湿润趋于干燥。植被的分布，随着上述东北—西南走向的大气干燥度等值线的递增，自东向西由森林带通过一条狭窄的森林草原过渡带，向内陆渐次为典型草原带、荒漠草原带、草原化荒漠带和荒漠带。西南部的青藏高原，因地势强烈抬升而具独特的高原气候条件，其广阔的天然草地独具高寒植被的特点。

除此之外，地球表面热量与水分的组合，还往往依具体地理部位、地势的高低而发生有规律的变化。特别在山地，因气温降低、蒸发减少、空气的相对湿度增加，以及迎风面由于阻挡季风湿气流而形成地形雨，促成山地生境自下至上趋于湿润，此现象在半干旱或干旱地区尤其明显。因而形成了与地势抬升发生直接联系的草地植被的垂直带状分布的地带性规律。

在植物地理学中，一般将上述地球植被水平分布的规律性（包括纬度地带性和经度地带性）及山地植被垂直分布的规律性（垂直地带性）总称为"三向地带性"，它们是形成陆地植被地理地带性分布的普遍性规律。

除此之外，鉴于植被发生、发展的生境条件是复杂多样的，处在同一大气候笼罩下的植被，由于地壳的地质构造、地形（特别是中、小地形引起的排水状况）、地表组成物质（基质的沙化或石质、砾石化等）、土壤、水文（地表水与潜水）、盐碱、局部气候及其他有关生态因素的差异，往往出现一系列与反映大气候的地带性植被不尽相同或完全不同的类型，构成超地带分布的隐域性植被类型，形成植被分布的非地带性规律。

一般地讲，草地作为陆地植被的一部分，其分布的水平地带性和垂直地带性，毫无例外地遵循地球植被分布的基本规律，其中垂直地带性常受所处水平地带的制约和影响，对于水平地带而言有一定的从属性；隐域分布的草地类型，在草地的分带中对于所处水平带来讲，更是具有从属的性质。宁夏草地的分布，也反映了上述植被分布的一般性地理分布规律。

二、宁夏草地的水平地带性

宁夏地域面积较小，其地理纬度南北仅有 3°53′之差，全区基本上同属于中纬度温带的南端。因而决定草地植被水平带性分布的纬度地带性因素在草地分布上不起明显作用。与此同时，本区地势南高北低，两端相差 900～1000m，使热量的分布呈现与地球气候带相倒置的特殊情况，年平均气温自南端隆德、西吉县的 5℃，至中北部灵武、中宁县的 9℃，相差 4℃左右，这致使由南北纬度差带来的微小差别被地势南高北低引起的热量逆差所抵消。因此更使热量在地理纬度上对于草地分布的影响不甚显著，而经度的地理性规律，因东南季风的微弱影响，顺着东北—西南走向的迎风面，即与东南季风相垂直的方向，由东南向西北形成多条斜向的年降水量和干燥度的等值线。本区大致年降水量自南端的 650～600mm，逐渐减少至中、南部的 550～450mm，至中部的 350～250mm，最北部降低为 180mm；干燥度由南部<1，至中部 3～4，北部 5～5.5，造成地带性土壤和相应的草地类型的水平分布也呈现渐次递变，就草地类型而言，在南北约 450km 的距离内，由湿润的具灌丛草甸和草甸草原向半干旱的典型草原、荒漠草原乃至干旱的草原化荒漠、荒漠呈明显带状过渡。这种地带性分布，乍看起来似乎是沿南北向的，似乎是以纬度因子的作用为主导，然而如上所述，纬度的作用在本区不能显著影响植被的分布，实质上是以发生于东北—西南走向偏斜的经向地带性因素的作用为主，有时候某地局部地势升高，可能在小范围内对生境干湿起到一定的作用。例如，在南部黄土丘陵的草地，可能会由于处在高丘陵上部，而出现垂直地带性分布与水平地带性分布的综合作用，造成分析草地分布规律的复杂性，然而，这种干扰毕竟是局部的，相对来讲有局限性，不能完全掩盖本区草地明显偏斜的径向地理分布规律性。

在宁夏的草地水平分带中，自东南向西北，依次可以划分为森林草原（灌丛草原）草地带、典型草原草地带、荒漠草原草地带、草原化荒漠草地带等，其中以典型草原草地带、荒漠草原草地带占据本区草地的最大面积，构成了本区天然草地的主体。

（一）森林草原草地带

本带也可以称作灌丛草原草地带。位于本区南部，包括原州区南半部、西吉、海原县南部及泾源、隆德二县的全部。地处黄土高原，海拔 1800～2000m。年降水量 550～400mm。地带性土壤为黑垆土，一部分为山地灰褐土，自本草地带向南，跨越甘肃的渭河，即与我国的落叶阔叶林带相连接；向北接典型草原带。本地带实际是森林带向草原带的一个狭窄过渡带。历史上此地带的丘陵阴坡曾经密布灌丛和岛状森林。若干世纪以来，历经人为破坏，形成了现代的草地植被，阴坡主要是以铁杆蒿、无毛牛尾蒿、甘青针茅、长芒草及多种中生杂类草组成的草甸草原，与阳坡含一定中生杂类草的长芒草、茭蒿、甘肃蒿、百里香、星毛委陵菜等草原相结合。在水分条件稍好的丘陵坡地上，不时地还可遇到小面积残留下来的沙棘、蕤核、文冠果、蒙古绣线菊、山毛桃等中生灌丛，不过都是饱经人为摧残破坏而勉强残存的群落片段。偶尔还可以见到野生的乔木疏丛或残株。例如，河北杨、甘肃山楂、鄂李等是受到人们特殊保护而留下来的，这些中生乔灌木的存在，可证明本地带在历史上曾经拥有名副其实的森林草原景观。虽然大量的丘陵阴坡多已开垦，然而从田边地埂及保留的小片荒丘坡地来看，本带草甸草原普遍地出现在大量的丘陵阴坡、半阴坡，属水平分布的地带性和景观性植被。加上上述野生乔、灌木经多年的人畜破坏仍能顽强残存等现象，应当将本草地带划归森林草原（灌丛草原）草地带。

（二）典型草原草地带

此带包括原州区北部、海原县中北部、西吉县西部及盐池县、同心县南部等地，占据了宁夏南部黄土高原的北半部。海拔 1400～1800m。气候为典型的半干旱气候，年降水量 300～400mm，地带性土壤以浅黑垆土、侵蚀黑垆土为主，北部边缘有少量灰钙土。地带性草地为典型草原，以长芒草、短花针茅、冷蒿、糙隐子草、阿尔泰狗娃花、大针茅等为主要建、优植物。草地受人为作用，许多丘陵、滩地已垦为农田、林地，现存草地多为次生植被。此带的北界，大约与 300mm 年平均降水等值线相吻合，在同心县东部略显北移，抵罗山山麓。向北部即与荒漠草原草地带相连接。

（三）荒漠草原草地带

分布在上述草原带的西北部，本草地带包括盐池县、同心县的中北部、海原县北部及沿黄河两岸各县的黄河阶地、丘陵、盆地，贺兰山东麓洪积扇和山前倾斜平原地带。年降水量 200～300mm，地带性土壤为灰钙土、淡灰钙土。草地植被以荒漠草原为主体，包括短花针茅、戈壁针茅、沙生针茅、冷蒿、菵状亚菊、刺旋花、猫头刺、藏青锦鸡儿、荒漠锦鸡儿、狭叶锦鸡儿、松叶猪毛菜、珍珠柴、红砂等相结合的荒漠草原，以及由匍根骆驼蓬、多根葱、大苞鸢尾、牛枝子、蒙古冰草、细弱隐子草为建、优种的荒漠草原。本带北部的沙带和沙化地段上，由黑沙蒿、中亚白草、甘草、苦豆子、中间锦鸡儿等草地所占据。组成草群的多为强旱生和广、超旱生植物，耐旱的小灌木、小半灌木在草群中的比例由南向北逐渐增加。本带的南部，有时候荒漠草原与草原交错分布，在丘陵，低山阴、阳坡呈现按坡向的复合，北部则常常与草原化荒漠草地相嵌分布，说明了本草地带属于从草原带向荒漠带的过渡地带。

（四）草原化荒漠草地带

宁夏北部边缘地带，包括中卫市中宁县的黄河以北部分，青铜峡市西南角，以及石嘴山市北端，陶乐镇的鄂尔多斯台地部分。年降水量 180～190mm，土壤为淡灰钙土。由于气候的进一步干旱化，在贺兰山低山、丘陵及山前洪积坡地、黄河河谷阶地上，发育了以强旱生、超旱生小灌木、小半灌木或灌木的珍珠柴、红砂、合头藜、松叶猪毛菜、猫头刺、刺旋花、沙冬青、木贼麻黄及唐古特白刺为建群种的草原化荒漠、荒漠草地，草群中伴生大量荒漠性一年生禾本科或藜科等草本植物。同时又或多或少地具有多年生强旱生草本层片，使本带的荒漠草地具一定的草原化色彩。本带与贺兰山以西的东阿拉善草原化荒漠带相连接，在植被分带上已进入了我国的荒漠地带，属于中纬度温带荒漠植被区的东边缘。

三、宁夏草地的垂直地带性

宁夏是一个以丘陵和平原为主的省区，二者总计占全区面积的 70.3%，然而在丘陵和平原之外，自南向北有大小不等的一些中低山，山地面积约占全区土地总面积的 16.4%。比较重要的有知名的贺兰山、六盘山，其次有大罗山、香山、南华山、西华山、月亮山、云雾山，再次有小罗山、青龙山、牛首山、烟筒山，米钵山、天景山、黄峁山、瓦亭梁山、炭山、麻黄山、卫宁北山、马鞍山、猪头岭等。这些山地，一方面受到山体大小、高度、走向、中（小）地形、基质等的影响，另一方面又受到所处水平地带的制约，进而决定了是否存在草地垂直带状分异及其垂直带谱结构，以及每一带的草地类型组合。大致高、中山地都具有各自特有的植被垂直带谱，彼此间并不完全一样，然而大体上约属于我国西北内陆干旱区山地植被的垂直带分布类型。鉴于本自治区南北气候和基带水平植被带的差别，概可再划分为两个山地垂直带系列。

这里只是叙述宁夏天然草地实有的垂直带状分布。1988 年、2002 年，贺兰山、大罗山被批建成国家级森林保护区，实行封山禁牧，故相应的山地草地均未列入全区草地类型。宁夏各水平地带草地的山地植被垂直带谱如图 3-1 所示。

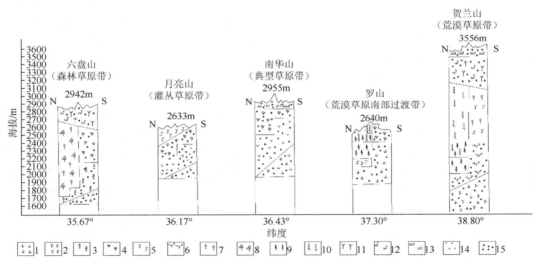

图 3-1　宁夏各水平地带草地的山地植被垂直带谱

1. 针茅属、蒿属典型草原；2. 具锦鸡儿属、蒙古扁桃灌丛化的典型草原或灌丛草原；3. 铁杆蒿、牛尾蒿草甸草原；4. 中生杂类草山地草甸；5. 中生灌丛（虎榛子、峨眉蔷薇、灰枸子、忍冬、丁香、绣线菊等）；6. 灰榆疏林；7. 山柏林；8. 杨、桦、栎、椴、槭落叶阔叶林；9. 油松林；10. 青海云杉林；11. 箭叶锦鸡儿（或兼有高山柳）亚高山灌丛；12. 珠芽蓼、嵩草亚高山草甸；13. 嵩草、薹草高寒草甸；14. 异穗薹草草甸草原；15. 放牧场。

（一）森林草原与典型草原草地带山地垂直带系列

包括本区南部的六盘山，位于原州区的黄峁山、瓦亭梁山，海原的南华山，西吉的月亮山等。上述山地处于森林草原带或森林草原带与典型草原带的交界。现以六盘山山地植被垂直分带为代表作一分析。

六盘山

坐落在宁夏南部的黄土高原上，是一座石质的中山。基带海拔东部 1700～1800m、西部2000m，主峰2942m，相对高差 300～942m。基带为丘陵、沟壑地貌，水平地带性草地为丘陵阴坡的草甸草原和阳坡的典型草原相结合的草原植被。山中年降水量650～700mm。自下而上的植被垂直带谱列如下。

（1）阳坡

1）1700～1900m。低山典型草原带：由旱生植物长芒草、茭蒿、百里香、星毛委陵菜、铁杆蒿等组成的典型草原，土壤为黑垆土。

2）1900～2200m。低山草甸草原带：由铁杆蒿、无毛牛尾蒿、异穗薹草、甘青针茅等组成的草甸草原，土壤为山地灰褐土。

3）2200～2600m。由折苞风毛菊、大披针苔、紫苞风毛菊、地榆、细株短柄草、唐松草、巨序剪股颖、蕨、紫羊茅、垂穗披碱草、无芒雀麦及其他多种中生杂类草组成的山地草甸，土壤为山地灰褐土。

4）2600～2942m。由箭叶锦鸡儿及紫羊茅、紫苞风毛菊、发草、珠芽蓼、薹草、马先蒿等组成的亚高山具灌丛草甸和山地草甸，土壤为山地草甸土。

（2）阴坡

1）1700～1900m。由铁杆蒿、无毛牛尾蒿、异穗薹草、风毛菊、甘青针茅组成的草甸草原，土壤为山地灰褐土。

2）1800～2700m。低中山落叶阔叶林带是以杨、桦、栎和多种械树为主的山地落叶阔叶次生林，局部山陵崖坡有华山松与落叶阔叶林混交。下木或森林破坏地段有以华西华桔竹、川榛、满榛、莱莸、忍冬、茶藨子、五加、峨眉蔷薇、小檗、绣线菊等中生杂灌木丛及下层中生杂类草组成的具灌丛草甸。

3）2700～2942m。以箭叶锦鸡儿与紫羊茅、紫苞风毛菊等为建、优植物组成的亚高山灌丛草甸及山地草甸带。

（二）荒漠草原带山地垂直带系列

以大罗山、贺兰山为代表。处于荒漠草原带或荒漠草原带与草原带接壤的边缘地带。

1. 大罗山

位于同心县境，是处在荒漠草原带的南部，与草原带交界处的一座中山。基带海拔 1900m左右，山脊海拔 2500m，主峰海拔 2624m，相对高差 724m。虽山体较小，海拔较低，但植被垂直分带仍很明显，且森林植被占据优势。自下而上植被垂直带谱如下。

（1）阳坡

1）1900～2400m。低山草原带，长芒草、甘肃蒿、冷蒿、铁杆蒿、大针茅为建优植物的草原带，土壤为山地灰钙土。

2）2400～2624m。中山山地草甸带，大披针苔、星毛委陵菜、小红菊、美头火绒草、狼毒、扁蓿豆、蓬子菜、长芒草等组成山地草甸，局地因生境较干旱而常具草原化特征，土壤为山地灰褐土。

（2）阴坡

1）1900～2100m。低山草原带，铁杆蒿、长芒草、甘肃蒿草原，伴生较多种的中旱生，或中生植物。土壤为山地灰钙土。

2）2100～2200m。中山中生灌丛带，以虎榛子、峨眉蔷薇、小叶忍冬、紫花丁香、绣线菊、灰栒子、山柳等为主。灌丛生长稠密、郁闭度达100%。土壤为山地灰褐土。

3）2200～2625m。山地针叶林带，其中2200～2400m为油松林亚带，土壤为山地灰褐土。2400～2500m为油松、青海云杉混交林亚带，土壤为山地灰褐土。2500m以上为青海云杉纯林亚带，土壤为山地中性灰褐土。

2. 贺兰山

贺兰山是位于宁夏西北边缘的山地。山体较大，在本自治区内山体南北长约160km，可分北、中、南三段。汝箕沟以北，三关以南的南、北两段基本上属于石质、砾石质中、低山丘陵，中段为石质高山。整个山体坐落在荒漠草原与西北部东阿拉善草原化荒漠地带交界线上。基带海拔在本区的东麓为1250～1500m，在阿拉善左旗的西麓为1700m，山脊2400～3000m，主峰3556m。与大罗山同处于荒漠草原带，一在此带的南端，一在此带的北部，二者具有颇为类似的土壤和植被垂直带谱。

贺兰山山体的北、南二段山势较矮、气候干旱，基带的半荒漠植被类型向山地伸延，山坡及沟谷主要为具灌丛的荒漠草原、草原化荒漠或偏旱生灌木为建优种的具灌丛草原，看不出垂直带状的分异；主峰位于中段，山峰高耸、气候湿凉，植被、土壤均呈明显垂直带状分布。

（1）阳坡

1）1500～2000m。低山具灌丛山地草原，具短花针茅、蓍状亚菊、冷蒿、刺旋花、木贼麻黄荒漠草原，或具荒漠锦鸡儿、狭叶锦鸡儿、蒙古扁桃的具灌丛荒漠草原或草原，土壤为山地灰钙土。

2）2000～2400m。低、中山灰榆疏林带，土壤为山地灰褐土。

3）2400～3000m。中山中生灌丛、山杨疏林带：灰栒子、丁香、小叶金露梅疏灌丛，局部为山杨疏林。

4）3000～3556m。亚高山、高山植被带、山地草甸土。其中3000～3400m为箭叶锦鸡儿、高山柳亚高山灌丛与珠芽蓼、嵩草复合的亚高山草甸带。3400～3556m为嵩、薹草（矮生嵩草、紫喙薹草、鹤果薹草）高寒草甸带。

（2）阴坡

1）1500～1800m。低山为具灌丛草原带，蒙古扁桃、灰栒子、小叶金露梅、小叶忍冬、绣线菊、狭叶锦鸡儿、荒漠锦鸡儿具灌丛草原，下层为铁杆蒿、牛尾蒿草甸草原，或冷蒿、长芒草草原、山地灰钙土。

2）1800～2000m。低山为灰榆疏林带，下木为灰栒子、丁香、小叶金露梅灌丛与铁杆蒿、牛尾蒿、蓍状亚菊、阿拉善鹅观草、西山委陵菜等组成的草甸草原，土壤为山地灰钙土。

3）2000～3100m。中山针叶林带、山地灰褐土，2600m以上为山地中性灰褐土。其中2000～2200m为油松纯林亚带。2200～2400m为油松、青海云杉混交林亚带。2400～3100m为青海云杉纯林亚带。

4）3100～3556m。亚高山、高山植被带，山地草甸土。其中3100～3400m为亚高山灌丛、草甸亚带、箭叶锦鸡儿、高山柳亚高山灌丛与珠芽蓼、嵩草亚高山草甸复合。3400～3556m为嵩草、薹草高寒草甸亚带。

将上述处于半湿润区森林草原带的六盘山和处于半干旱区荒漠草原带的大罗山、贺兰山等山地草地植被垂直带谱进行比较，可看出以下几点规律性。

1）山体的基带。在六盘山为阴坡的草甸草原与阳坡的典型草原相结合，大罗山、贺兰山均为荒漠草原。

2）低山带的植被。六盘山为典型草原和草甸草原或草甸草原与落叶阔叶林相结合；大罗山则由山地典型草原所占据；在贺兰山情况比较复杂，为其多种灌丛的典型草原或荒漠草原与具灌丛草原的复合体，另外还多一个在阴、阳山坡上都有分布的具灰榆疏林草地带。

3）三山的中山带。阴坡同为山地森林带，但是处在森林草原带的六盘山为以杨、桦、辽东栎为主的温性落叶阔叶林；处在荒漠草原带的大罗山、贺兰山为寒温性的油松、青海云杉针叶林。山地森林的下限，六盘山为1800m，贺兰山为2000m，大罗山上升至2200m。

4）山地的亚高山、高山带。森林上限在六盘山为2600（阳坡）～2700m（阴坡），在贺兰山为3000（阳坡）～3100m（阴坡）。此与山地森林本身的生态习性有直接的关系（六盘山为温性的杨、桦林、贺兰山则为寒温性的青海云杉林）。与此同时，受山体绝对高度的制约，六盘山山顶只有亚高山带，植被相应为亚高山灌丛和亚高山草甸；贺兰山顶峰除3000～3400m亚高山带分布着亚高山灌丛、草甸植被外，上部尚有面积不大的嵩草、薹草高寒草甸，分布于高山带，直至山巅；大罗山则因高度有限，山顶未达亚高山带，因此云杉林一直分布到山顶，阳坡则为山地草甸所占据，缺少亚高山植被。

5）从草地植被的性质做一理论分析，三山的山地植被中属于草地的部分，在六盘山包括低山区阴、阳坡的典型草原、草甸草原草地，中山区阳坡的山地草甸和亚高山的具灌丛草甸草地等；大罗山包括低山区阴、阳坡的典型草原草地和中山山地草甸草地；在贺兰山包括低山区阴、阳坡的具灌丛山地草原和具灰榆疏林等草地，以及亚高山、高山带的亚高山草甸和高寒草甸草地。其中六盘山和大罗山山地阳坡自山脚至山顶都可做天然草地，唯有贺兰山有2400～3000m中山阳坡的中生密灌丛、山杨疏林带，使可做山地牧场的草地拦腰中断。追溯本区沿山一带群众历来的放牧习惯也是只利用低山区放牧家畜，在林间或亚高山、高山带草地放牧的情况历史上也是很少见的。

四、非地带性草地的分布

在宁夏草地各水平带的局部，常因生境条件的种种特化现象，发育着一些隐域性的草地类型。这些草地与所在草地带的地带性草地性质明显不同，为非地带性草场。主要包括以下几种。

（一）河漫滩低湿地草甸草地

发育在黄河两岸有季节性水泛条件的滩地。少量见于清水河等较大河流的局部低平地，以假苇拂子茅、芦苇、赖草、稗草等为主。也出现于贺兰山洪积扇扇缘带和各地丘陵、平原局部低洼地，生长卵穗薹草、角果碱蓬、芨芨草、芦苇、赖草、马蔺等。土壤为浅色草甸土、盐化草甸土，常伴随不同程度的盐渍化。

（二）沼泽草地

分布于黄河冲积平原局部积水洼地或沙漠湖盆区，排水不良，土壤为沼泽土或湖土，发育了以水葱、狭叶香蒲、芦苇、扁秆藨草、针蔺等湿生植物组成的沼泽类草地，甚或为狐尾藻、眼子菜等水生植被。

（三）盐化荒漠、盐化草原化荒漠草地

典型草原或荒漠草原带内基质为盐土或轻白僵土（柱状碱土）的干旱、盐碱化生境，分

布有盐爪爪、细枝盐爪爪、小果白刺、红砂、珍珠柴等隐域分布的盐化荒漠、盐化草原化荒漠草地。

（四）沙质荒漠类草地

本区中，北部沙区的流动或半固定沙丘链或平铺沙地上，分布有柠条锦鸡儿、白沙蒿等沙质荒漠类草地，出现于非典型荒漠带，属于因基质特化所产生的非地带性草地，镶嵌地穿插于地带性的草原化荒漠或荒漠草原草地之中。此外，宁夏中、北部分布面积广阔的黑沙蒿、甘草、苦豆子、披针叶黄华、中亚白草等草地，常常是荒漠草原沙化后次生而成，也有人认为应属于半隐域性的沙质草地类型。

第五节 草地资源的自然经济特点

宁夏回族自治区的草地资源，概括起来有以下 7 个方面的特点。

一、生物气候和植被类型明显的过渡性

宁夏地处我国西北内陆的东边缘，是半湿润区向半干旱区、干旱区的过渡地带。在大约南北 450km 的地理距离内，年降水量由 676.9mm 减少到 173.2mm，年平均相对湿度由 68% 减少到 51%，干燥度由不到 1.0 增加到 5.1。随着气候自南向北的渐变，草地植被也发生相应的递变，依次由山地草甸、草甸草原、典型草原，演变为荒漠草原、草原化荒漠、荒漠。草地类型的组合具有明显的地带性分布规律。

各地区地带性草地类型的群落结构由南向北也有明显的变化，见表 3-4。

表 3-4 宁夏南北各地草地群落特征

分布地点及坡向	草地地带	海拔/m	草地类型		群落特征		
			类型	盖度/%	产草量/(kg/hm²)	种饱和度/(种/m²)
隆德县苏台乡、黄草沟药厂 坡向：S	森林草原带 山地森林亚带	2500	草甸草原	铁杆蒿-紫苞风毛菊+杂类草	90	63 750	25
西吉县夏寨乡、东路村 坡向：S78°E	森林草原 灌丛草原亚带	1940	典型草原	阿尔泰狗娃花+长芒草-星毛委陵菜	75	12 300	20
海原县西安乡园河水库东南 坡向：W	典型草原带	1830	典型草原	长芒草+阿尔泰狗娃花+杂类草	50	11 850	17
中宁县新堡、刘营四个窑 坡向：N65°E	荒漠草原带	1520	荒漠草原	蓍状亚菊+短花针茅-珍珠柴	30	663	13
石嘴山市阿木乌素墩墩 坡向：平滩地	草原化荒漠带	1120	草原化荒漠	红砂-牛枝子-短花针茅	15	256	10

这些特点，再加上山地植被有规律的垂直分带，促成本区草地类型多样化，草地类共 7 个（加上未列入的贺兰山林线以上的高寒草甸则为 8 个）。不同类型的草地相应地适合饲养不同的家畜，为各类家畜的放牧提供了丰富多样的草地，也为围绕草地生产开展试验研究提供了广阔的园地。此特点还表明宁夏草地畜牧业具有明显的地区差异，须搞好区划，合理配置相应的家畜种类和品种，因地制宜制定发展方针、采取不同的措施，扬长避短，发挥地区优势。

二、水、热、光照资源的相对优越性

宁夏南北各地年平均气温 5.8～8.2℃，≥10℃年积温 1925.0～3400.0℃，最冷月平均温度 −7.2～9.4℃，年日照时数 2247.2～3083.5h，日照百分率 51%～70%，平均年降水量 650.9～183.3mm，干燥度 1.0～5.1。全区气候虽然总的特点是光照充裕而水分不足，然而与我国一部分重点牧区相比较，尚属优越，就其热量资源而言，更是绝无逊色，或具有明显的优势，详见表 3-5。

表 3-5　宁夏与全国主要牧区气候条件比较

地区 项目	甘肃 天祝	内蒙古 锡林浩特	内蒙古 呼伦贝尔	四川 阿坝	青海 玉树	宁夏	
						固原	盐池
年均温/℃	1.2	1.8	−2.1	3.3	2.7	6.2	7.7
≥10℃积温/℃	869.9	2271.7	1958.9	722.9	688.0	2280.0	2949.9
无霜日/d	101	114	104	27	46	146	140
日照时数/h	2259.4	2869.8	2873.6	2343.6	2476.6	2518.1	2867.9
日照百分率/%	59	65	65	53	56	57	65
年平均降水量/mm	251.3	269.3	323.3	715.5	488.4	481.6	296.5

宁夏所处温带半干旱的气候条件，使天然草地的培育改良、人工饲草的栽培比较易于进行（相对来讲南部比北部好）；除海拔较高的山地外，大部分地区家畜可以常年放牧，产羔期可以安全接羔、保羔；冷季相对比较短，与我国主要牧区相比，放牧家畜的冷季补饲时间和数量少 1/4～1/3。

三、大部分草地的低产优质性

本区草地资源的类型组成中，低质高产的山地草甸、灌丛草甸类占全区草地总面积的 2.1%，低质低产的灌丛草原和大部分荒漠、草原化荒漠类，优质或低质高产而利用率不高的沼泽类草地占全区草地面积的 0.25%。绝大部分属于优质低产的典型草原、荒漠草原类草地，占全区草地总面积的 79%，组成了宁夏天然草地的主体。一般年份鲜草产量 810.0～1777.5kg/hm²，理论载畜能力为每公顷草地可养绵羊 0.5～1.1 只；另外，草群的质量偏好（营养成分见表 3-6），良、中等草地分别占全区总草地面积的 19.7%和 54.9%，合计为 74.6%。一般情况下，此类草地的草群中优、良、中等牧草在重量组成中占 55%以上。饲用价值较好的禾本科牧草，包括针茅属、隐子草属、早熟禾属、冰草属、狼尾草属、赖草属、顿基草属、细柄茅属、冠芒草属、狗尾草属、画眉草属、三芒草属等，在草原中平均占草群重量组成的 17.3%。此外，还有一定数量的优良豆科牧草，如胡枝子属、棘豆属、黄芪属、扁蓿豆属、岩黄芪属、米口袋属等，在草原中常能占重量组成的 10.8%，而在荒漠草原占 40.1%左右。本区典型草原、荒漠草原各种营养成分平均含量，相当于生长后期的优良禾本科牧草，低于幼期的禾本科牧草，或略低于后期豆科草，远比稻草、麦草为好。

表 3-6　宁夏典型草原、荒漠草原类草地营养成分（占干物质百分数，%）

类型（种类）	粗蛋白质	粗脂肪	粗纤维	无氮浸出物	粗灰分	钙	磷
典型草原	11.18	4.14	21.93	48.59	13.68	1.00	0.52
荒漠草原	12.18	3.72	23.46	45.55	15.36	1.34	0.73

四、天然草地饲草供应的季节不平衡性

本区地处地球的北温带,天然草地随冷暖季节变化,而发生所谓"离离原上草,一岁一枯荣"的青草期、枯草期周期性更替。每年冬春季,枯草期在宁夏中北部约自11月上、中旬至次年4月上、中旬,有五个月到五个半月;宁夏南部约自10月中、下旬至次年4月中、下旬,有五个半月到六个月,此期间,天然草地的枯草贮积量仅相当于夏秋季节草地产草量(折成干草)的32%~44%,草地的营养价值一般仅为夏秋季节的15%~20%。家畜在放牧中每年均有半年不饱期,处在半饥饿状态,形成所谓的"夏壮、秋肥、冬瘦、春乏"的普遍性规律。放牧家畜每到冬春半饱期的末期,由于长期处于饥饿状态,病、虫侵袭,从而引起大量死亡。据盐池县调查统计,每年因冬春饥饿和寄生虫感染导致羊只的死亡率平均为6.7%。此外,过冬家畜普遍掉膘。天然饲草供应的季节不平衡性,是本区草地畜牧业发展中需要攻克的一个大关。

五、农、牧、林业相互错综交织性

宁夏在近代虽属我国大西北经济滞后地区,但在历史上,却是开化较早,曾几度盛极一时的。宁夏引黄灌区自秦朝开始,即兴起了荒地的垦殖。修渠引水,灌溉农田。至西夏建国,前后约二百年,黄河两岸灌溉农业已经十分兴隆。据记载,固原地区,种植业的始兴是在明朝中期,从那时起宁夏南部逐渐成为半农半牧地区。但是盐池、同心、中卫香山、海原和固原北部较干旱地带,1949年前始终保留了广阔的天然草场,放牧畜牧业是当时的主要经济命脉。

1949年以后,随着人民群众生活条件的改善,人口逐渐增长,农田种植业也相应地扩大面积,增加比例,使得本来的牧区渐渐变成了半农半牧区。与此同时,1949年以来,在政府"绿化祖国""实行大地园林化"的大力号召下,年年开展群众性的植树造林运动,特别是随着西部开发,退耕还林还草等项目工程的实施,全区林业也有了迅速的发展,出现了农、林、牧业错综交织,全面发展的形势,这是本区草地畜牧业的又一个突出特点。

种植业的发展,一方面带来了许多有利的因素,造成了"以农养牧"的条件。例如,本区的各种农作物秸秆可供畜牧业用作饲料的总计6.8亿kg,提供占全区总绵羊单位30.5%的饲草量。随着农业构成的改革,许多坡耕地将逐步退耕还牧,为大力种草提供了现成的土地条件,在条件具备的地区还可以实行草田轮作等;但是另一方面,也出现了彼此的冲突和矛盾。例如,随着人口增长和家畜饲养头数的日益增加,对粮、料的需求日渐增多,造成盲目垦荒,广种薄收,而使大面积的草场受到人为破坏。与此同时,又有一些地方过分造林、挤牧,同样破坏草地,引起土壤侵蚀,导致不同程度草地退化面积占草地总面积的90%以上,生态平衡破坏,适口性良好的禾本科、豆科牧草减少,适口性不良的杂类草、毒害草增加,成为本区草地利用的存在问题之一。例如,原州区严重退化草地产草量较未退化草地降低了67.0%,适口性良好的禾本科、豆科牧草大幅减少,见表3-7。

表3-7　原州区长芒草退化草地草群变化

	鲜草产量/(kg/hm²)	禾本科/(kg/hm²)	占草地面积百分数/%	豆科/(kg/hm²)	占草地面积百分数/%	杂类草/(kg/hm²)	占草地面积百分数/%	毒害草/(kg/hm²)	占草地面积百分数/%
未退化草地	5823.0	5202.0	89.3	600.0	10.3	19.5	0.3	1.5	-
III级退化草地	1671.0	40.5	2.4	70.5	4.2	1534.5	91.6	30.0	1.8

注:未退化草地为长芒草+大针茅型,III级退化草场为百里香+星毛委陵菜-长芒草型

六、草地水源的地区不平衡性

宁夏大部分面积因处在半干旱、干旱地带，气候干燥，降水量不足，加上雨热不同期，年降水量的 60% 以上集中在 9～11 月，牧草生长期内经常受到干旱的威胁。此外降水年变率较大。以盐池县为例，2000～2021 年，年降水量最低的年份仅 160.8mm，最高的年份达402.8mm，丰、平、歉年草地产草量相差 0.98～1.5 倍。干旱仍是本区草地畜牧业的主要矛盾。

本区草地的水资源条件，各地区情况有所不同。固原地区南部除天然降水比较充沛（年降水量 450～650mm 以上）外，还可以辅助以打井、掏泉、修水库、涝坝、水窖等，除少部分地区外，草地水源不缺乏；北部黄河流域各县的川区（黄河冲积平原），地下水位较高，一般埋深 1～2m，加上黄河之利，井渠密布、水源充裕；贺兰山东麓洪积扇及洪积冲积坡地，地下水蕴藏量比较丰富，有 1.06～1.33 亿 m^3，可供放牧饮水和草地灌溉，此外还有着扬黄、蓄洪等水利措施的潜在可能性。唯有中部盐、同、黄灌区各县的山区和固、海北部一带风多雨少，气候干燥，地下水埋藏颇深，一般在 200～300m，常常水量很小；又因处在苦水分布带，地下水矿化度高（>3g/L），仅有一部分可供家畜饮用，此一带草地缺乏灌溉水源，使草地改良受到限制。

七、天然草地生产力低

新中国成立以来，宁夏的农牧业生产有了很大的进步，这是有目共睹的事实。然而，由于人口增加过快，粮食生产供不应求，因此到处盲目垦荒、广种薄收、草地相应减少、受到严重破坏；同时放牧家畜头数大量增长，造成草地的超载过牧，发生广泛的退化、沙漠化，使本区草地第一性生产力处在较低水平。按调查实测结果，占全区草地面积 87.1% 的典型草原、荒漠草原、草原化荒漠等类草地，平均鲜草产量为 816.0kg/hm²，严重退化草地仅 420.0kg/hm²。

第六节　草地的综合顺序分类法

基于综合顺序分类法的热量级和湿润度级指标（表 3-8、表 3-9），根据宁夏各地 30 年气象资料的分析，宁夏草地≥0℃的积温（∑θ）1300～3980℃，属于寒温、微温、暖温 3 个热量级；降水量由北向南为 180～650mm，K 值 0.5～4.5，相当于干旱、微干、微润、湿润、潮湿5 个级别，自然景观主要为半荒漠、典型草原、森林、森林草原、草甸等。

表 3-8　我国草原分类的热量级及相当的热量带

热量级	≥0℃∑θ	代码	相当的热量带
寒冷	<1300	I	寒温带
寒温	1300～2300	II	寒温带
微温	2300～3700	III	中温带
暖温	3700～5300	IV	暖温带
暖热	5300～6200	V	亚热带
亚热	6200～8000	VI	亚热带
炎热	>8000	VII	热带

表 3-9　我国草原分类的湿润度级及相应的自然景观

湿润度	K 值	代码	相应的自然景观
极干	<0.3	A	荒漠
干旱	0.3～0.9	B	半荒漠
微干	0.9～1.2	C	典型草原、干生阔叶林、稀树草原
微润	1.2～1.5	D	森林、森林草原、草原、稀树草原、草甸
湿润	1.5～2.0	E	森林、草甸、冻原
潮湿	>2.0	F	森林、草甸、冻原

资料来源：胡自治等，1995

根据综合顺序分类法分类原则及方法，可将宁夏草地分为八大类。

一、暖温干旱半荒漠类

暖温干旱半荒漠类主要分布在银北（除石嘴山市）地区，银南的吴忠、青铜峡、灵武、中宁等县（市）除黄灌区以外的地区，同心县的北部（韦州以北），西至贺兰山麓。$\sum\theta$ 值 3700～3980℃，K 值 0.5～0.7。气候温暖而干燥，年均温度 8～10℃，年降水量 200mm 左右，无霜期 180～210d。土壤主要是淡灰钙土。植被以旱生多年生草本植物占优势，但旱生半灌木在组成中也具有很大比例。草本主要有戈壁针茅（*Stipa tianschanica*）、短花针茅（*S. breviflora*）、沙生针茅（*S. glareosa*）等。小半灌木有白沙蒿（*Artemisia sphaerocephala*）、刺旋花（*Convolvulus tragacanthoides*）、木本猪毛菜（*S. arbuscula*）、蓍状亚菊（*Ajania achilleoides*）、猫头刺（*Oxytropis aciphylla*）、油蒿（*Artemisia ordosica*）等。在草原化荒漠地带上还分布着红砂（*Reaumuria songarica*）、刺针枝蓼（*Atraphaxis purgens*）、珍珠柴（*S. passerinum*）等。

该类草地植被生长稀疏，盖度 10%～30%，群落结构简单，草地低质低产。自然生境严酷、超载过牧和人为因素的破坏，风蚀严重，致使植被退化、沙化严重。家畜分布以滩羊、马、牛和骆驼为主。

二、微温干旱半荒漠类

微温干旱半荒漠类主要分布在石嘴山市、永宁县、沙坡头区及盐池县、海原县两县北部和同心县中北部等除黄灌区以外的地区。$\sum\theta$ 值 3300～3700℃，K 值 0.5～0.8。干旱大陆性气候，年均温度 6.5～8℃，年降水量 250～300mm，无霜期 120～140d。土壤主要是灰钙土。植被以小型旱生多年生草本植物占优势，并伴生有大量的旱生半灌木。草本主要有短花针茅、沙生针茅、细弱隐子草（*Kengia gracilis*）等。小半灌木有刺旋花、猫头刺、老瓜头（*Cynanchum komarovii*）、狭叶锦鸡儿（*Caragana stenophylla*）、冷蒿（*Artemisia frigida*）等。

该类草地草层稀疏，盖度 30%～50%，群落结构简单，草地草质较好但产量低。由于过度放牧和人为因素的作用，植被退化、沙化严重。家畜分布以滩羊、马、牛为主。

三、微温微干典型草原类

微温微干典型草原类主要分布在宁南黄土丘陵地区，包括盐池、同心、海原等县南部和西吉、隆德、固原等县的大部分干旱地区。$\sum\theta$ 值 2600～3300℃，K 值 0.9～1.2。气候温和而干燥，年均温度 6.5～7.5℃，年降水量 300～400mm，无霜期 120d 以上。土壤以黑垆土为主，局部地区为灰钙土。植被以丛状禾草占优势，混生有一定数量的旱生杂草或灌丛。草本主要有长芒草（*S. bungeana*）、短花针茅、大针茅（*Stipa grandis*）、糙隐子草（*K. squarrosa*）、百里香（*Thymus serpyllum* var. *mongolicus*）、阿尔泰狗娃花（*Heteropappus altaicus*）、铁杆蒿（*Artemisia gmelinii*）等。小半灌木主要有冷蒿、蓍状亚菊、茭蒿（*A. giraldii*）等。

该类草地牧草种类较多，盖度 30%～60%，草地草质优但产量低，是宁夏的主要牧业基地。但由于垦殖率高，地貌千沟万壑，是宁夏水土流失最严重的地区。家畜分布以马、牛和羊为主。

四、微温微润草甸草原类

由于长期以来的垦荒种地，该类草地残存下来的零星分布在宁夏黄土高原中部。$\sum\theta$ 值 2300～3700℃，K 值 1.2～1.6。气候较为湿润，年均温度 6.5～7.0℃，年降水量 350～450mm，无霜期 120d 以上。土壤以淡黑垆土和山地草甸土为主。植被以旱生草本占优势，并有相当数量的中生草本。主要有短花针茅、大针茅、铁杆蒿、牛尾蒿（*A. subdigitata*）、赖草（*Leymus secalinus*）等。

该类草地立地条件较好，牧草种类较多，盖度 50%～70%，是良好的放牧地或割草地。垦殖时间长，造成了严重的水土流失，目前残留下来的草地都存在一定程度的退化。家畜分布以马、牛为主。

五、微温湿润森林草原、落叶阔叶林类

微温湿润森林草原、落叶阔叶林类主要分布在泾源县、彭阳县、原州区南部、隆德县山区及东部、西吉县少部分地区。$\sum\theta$ 值为 2400～2900℃，K 值 1.6～2.0。气候温和而湿润，年均温度 5～7℃，年降水量 400～500mm，无霜期 120～150d。土壤以黑垆土和山地灰褐土为主，局部地区为山地草甸土。本类草地是森林草原向森林过渡的植被，但人为采伐和破坏的原因，使森林保存下来的很少，而灌丛和草本植物分布较广泛。乔木主要有山杨（*Populus davidiana*）、桦木（*Betula*）、辽东栎（*Quercus liaotungensis*）等。草本主要有风毛菊（*Saussurea japonica*）、薹草（*Carex* sp.）、蕨（*Pteridium aquilinum* var. *latiusculum*）、铁杆蒿等。灌木主要有虎榛子（*Ostryopsis davidiana*）、榛（*Corylus heterophylla* var. *sutchuenensis*）、紫丁香（*Syringa oblata*）等。

该类草地盖度 60%～80%，森林、草地遭到破坏，造成了严重的水土流失。家畜分布以马、牛和改良羊为主。

六、微温潮湿针叶阔叶混交林类

微温潮湿针叶阔叶混交林类主要分布在六盘山的丘陵地区，在贺兰山也有少量分布。$\sum\theta$ 值 2300～3300℃，K 值＞2.0。气候温和而潮湿，年均温度 5～6℃，年降水量 500～650mm，无霜期 90～100d。土壤以山地灰褐土为主。植被主要是针叶-阔叶混交林。乔木主要有山杨、桦木、辽东栎、华山松（*Pinus armandii*）、油松（*P. tabuliformis*）等。林下灌木主要有箭竹（*Sinarundinaria nitida*）、川榛、忍冬（*Lonicera japonica*）、高山绣线菊（*Spiraea alpina*）等。林下草本主要有玉竹（*Polygonatum odoratum*）、珍珠柴（*Caroxylon passerinum*）、蕨等。

该类草地盖度在 80%左右。目前存在的主要问题是毒草面积逐渐扩大、鼠害多。家畜分布以马、牛为主。

七、寒温潮湿针叶林类

寒温潮湿针叶林类主要分布在贺兰山高山及贺兰山、罗山中山的阴坡。$\sum\theta$ 值为 1700～2300℃，K 值为 2.0～4.5。气候寒冷而潮湿，年均温度 2～4℃，年降水量 600mm 左右，无霜期不足 100d。土壤以山地草甸土和山地灰褐土为主。植被主要是阴暗针叶林。乔木主要有油松、云杉（*Picea asperata*）、青海云杉（*P. crassifolia*）等，混生有山杨、辽东栎。林下草本主要有薹草、小红菊（*Dendranthema zawadckill* var. *latiloba*）、黄芪（*Astragalus hoantchy*）等。林下灌木主要有虎榛子、高山绣线菊、栒子（*Cotoneaster hissaricus*）等。

该类草地盖度在 80%～90%，林下牧草适口性差。家畜分布以马、牛为主。

八、寒温带草甸类

寒温带草甸类主要分布在贺兰山、六盘山、马万山等山的山顶部。$\sum\theta$ 值 1300～1700℃。气候寒冷而潮湿，温度变化剧烈，年均温度<1℃，年降水量 400mm 以上，无绝对无霜期。土壤以山地草甸为主。植被以冷中生植物为主，耐寒性强。草本主要有紫苞风毛菊（*Saussurea iodostegia*）、紫羊茅（*Festuca rubra*）、紫喙薹草（*Carex serreana*）、珠芽蓼（*Polygonum viviparum*）、火绒草（*Leontopodium leontopodioides*）等。此外，尚有高山绣线菊、高山柳（*Salix takasa-goalpina*）、黄蔷薇（*Rosa hugonis*）等中生灌木生长。

该类草地盖度在 90%以上。如能限制载牧量，对毒草进行防除，将是很好的天然牧场。家畜分布以藏系绵羊、犏牛和牦牛为主。

主要参考文献

陈山. 1994. 中国草地饲用植物资源. 沈阳：辽宁民族出版社.
甘肃省草原总站. 1999. 甘肃草地资源. 兰州：甘肃科学技术出版社.
高正中，戴法和. 1988. 宁夏植被. 银川：宁夏人民出版社.
郭思加. 1989. 宁夏草地资源与牧草种植. 银川：宁夏人民出版社.
胡自治. 1997. 草原分类学概论. 北京：中国农业出版社.
胡自治，高彩霞. 1995. 草原综合顺序分类法的新改进. 草原学报，4（3）：1-7.
江源，康慕谊，黄永梅，等. 2020. 植物地理学. 5 版. 北京：高等教育出版社.
雷明德. 1999. 陕西植被. 北京：科学出版社.
李克昌，郭思加. 2012. 宁夏主要饲用与有毒有害植物. 银川：黄河出版传媒集团阳光出版社.
廖国藩. 1996. 中国草地资源. 北京：中国科学技术出版社.
马毓泉. 1977. 内蒙古植物志（第三卷）. 呼和浩特：内蒙古人民出版社.
马毓泉. 1982. 内蒙古植物志（第六卷）. 呼和浩特：内蒙古人民出版社.
吴征缢. 1980. 中国植被. 北京：科学出版社.
许鹏. 1994. 新疆草地资源及其利用. 乌鲁木齐：新疆科技卫生出版社.
章祖同. 1996. 内蒙古草地资源. 呼和浩特：内蒙古人民出版社.
中国科学院内蒙古宁夏综合考察队. 1980. 内蒙古植被. 北京：科学出版社.
周兴民. 1986. 青海植被. 西宁：青海人民出版社.
邹厚远，陈国良等. 1989. 中国草业科学与草地发展. 北京：科学出版社.
邹厚远，关秀琦，张信，等. 1994. 黄土高原草地生产持续发展研究-IV. 更新芽保护与草地合理、永续利用关系. 水土保持研究，1（3）：69-71，86.

第四章　宁夏草地资源与评价

　　草地资源除具有一般资源所具有的自然特点和经济特性外，还具有可再生性和特有的生态功能。对草地资源进行科学、系统、全面的评价是实现科学利用和保护草地的基本需要。

　　宁夏的自然植被有森林、灌丛、草甸、草原、荒漠和沼泽等基本类型。其中草地植被是主体，面积占自然植被的 59.5%。草地有七大类，包含除森林，灌丛，大面积供工业、人类生活、旅游业所用的沼泽以外的各种以草本、灌木、半灌木、小灌木、小半灌木为主的植被类型。在草地植被中，典型草原和荒漠草原是面积最大的代表性草地植被，也是草地畜牧业生产的主要基地，孕育了以"宁夏滩羊"和"中卫山羊"为代表的被国家重点保护的地方裘皮羊品种，形成了驰名中外的"宁夏滩羊"原产地品牌。以"宁夏滩羊"为代表的肉羊产业是宁夏草地畜牧业的支柱产业，在当地农牧民脱贫致富中发挥着重要作用。自 2003 年 5 月 1 日起，宁夏全境天然草地实现全面禁牧封育，其基本功能由以生产为主转向以生态为主，出现历史性的转变。本章将从禁牧封育前后两个不同的时间段，分别对全区草地资源进行综述和评价。

第一节　禁牧封育前草地资源与评价

一、1981 年全区草地资源普查的天然草地面积与生产力

普查结果（表 4-1）显示，全区天然草地面积为 301.4 万 hm^2，总载畜量为 294.85 万羊单位。

表 4-1　宁夏天然草地类型面积与生产力

天然草地类型	草地面积/hm^2	平均可利用草产量/(kg/hm^2)	载畜量/羊单位	载畜能力/$(hm^2/羊单位)$
总面积合计	3 014 000.1		2 948 474.0	
I　草甸草原类	21 469.2		76 782.0	
Ia 丘陵、平原草甸草原亚类	8 182.9		35 337.0	
1. 蒿类半灌木、草本组	8 182.9		35 337.0	
（1）铁杆蒿系	8 182.9		35 337.0	
铁杆蒿＋杂类草	5 670.0	3 053.3	20 056.0	0.28
铁杆蒿＋狭叶艾＋杂类草	2 512.9	5 312.3	15 281.0	0.16
Ib 山地草甸草原亚类	13 286.3		41 445.0	
1. 蒿类半灌木、草本组	11 624.4		37 769.0	
（1）铁杆蒿系	11 624.4		37 769.0	
铁杆蒿＋杂类草				
铁杆蒿＋狭叶艾＋杂类草				
铁杆蒿-风毛菊＋杂类草	4 408.6	1 612.5	7 680.0	0.57

续表

天然草地类型	草地面积/ hm²	平均可利用 草产量/ (kg/hm²)	载畜量/ 羊单位	载畜能力/ (hm²/羊单位)
铁杆蒿 + 蕨 + 杂类草	5 780.0	3 562.5	23 220.0	0.25
铁杆蒿 + 香薷 + 杂类草	513.8	3 633.8	1 993.0	0.26
铁杆蒿-紫苞风毛菊 + 杂类草	922.0	4 785.0	4 876.0	0.19
2. 中禾草组	1 661.9		3 676.0	
甘青针茅 + 风毛菊 + 杂类草	1 661.9	2 047.5	3 676.0	0.45
Ⅱ 典型草原类	731 196.8		907 557.0	
Ⅱa 丘陵、平原草原亚类	668 772.2		828 871.0	
1. 矮禾草组	271 960.9		358 397.0	
（1）长芒草系	271 960.9		358 397.0	
长芒草 + 硬质早熟禾-铁杆蒿	7 589.9	1 575.0	12 428.0	0.61
长芒草-牛枝子 + 杂类草	64 332.2	1 000.5	60 293.0	1.07
长芒草-百里香	12 857.6	1 170.0	16 458.0	0.78
长芒草 + 阿尔泰狗娃花 + 杂类草	22 838.0	945.0	23 007.0	0.99
长芒草 + 星毛委陵菜 + 杂类草	51 993.0	1 029.0	56 229.0	0.92
长芒草 + 杂类草	26 980.3	1 768.5	46 563.0	0.58
长芒草 + 冷蒿 + 杂类草	39 261.9	1 356.8	54 829.0	0.72
长芒草 + 女蒿 + 杂类草	12 097.0	675.0	7 476.0	1.62
长芒草-甘肃蒿	5 513.6	1 308.8	7 473.0	0.74
长芒草 + 甘草	3 398.1	1 132.5	3 824.0	0.89
长芒草 + 铁杆蒿-甘肃蒿-短花针茅	3 192.5	914.8	2 849.0	1.12
长芒草 + 猪毛蒿 + 杂类草	15 467.7	1 000.5	60 293.0	0.26
长芒草	132.4	1 755.0	242.0	0.55
（猪毛蒿）+ 长芒草 + 甘青针茅	6 306.7	1 005.0	6 433.0	0.98
2. 中禾草组	810.0		835.0	
中亚白草 + 赖草	810.0	1 125.0	835.0	0.97
3. 豆科草组	16 140.7		12 962.0	
（1）牛枝子系	10 537.7		8 209.0	
牛枝子-长芒草 + 阿尔泰狗娃花	1 808.0	852.0	1 413.0	1.28
牛枝子 + 甘肃蒿-长芒草	3 194.0	778.5	2 281.0	1.40
牛枝子-猪毛蒿 + 阿尔泰狗娃花 + 杂类草	3 820.7	805.5	3 141.0	1.22
（猪毛蒿）-牛枝子 + 杂类草	1 715.0	873.8	1 374.0	1.26
（2）甘草系	5 603.0		4 753.0	
甘草 + 长芒草 + 蒙古冰草-细弱隐子草	3 437.0	582.8	1 836.0	1.87
甘草-牛枝子-长芒草	2 166.0	1 469.3	2 917.0	0.74
4. 杂类草组	81 497.2		106 337.0	
（1）星毛委陵菜系	3 587.5		4 714.0	

续表

天然草地类型	草地面积/ hm²	平均可利用 草产量/ (kg/hm²)	载畜量/ 羊单位	载畜能力/ (hm²/羊单位)
星毛委陵菜-茭蒿				
星毛委陵菜+百里香+杂类草	3 587.5	1 433.3	4 714.0	0.76
（2）百里香系	57 581.5		83 609.0	
百里香-长芒草	15 064.0	1 410.0	22 220.0	0.68
百里香	4 950.1	1 035.0	5 326.0	0.93
百里香+星毛委陵菜-长芒草	6 522.6	1 567.5	10 640.0	0.61
百里香-铁杆蒿	491.5	1 845.0	980.0	0.50
百里香-茭蒿	30 553.3	1 387.5	44 443.0	0.69
（3）阿尔泰狗娃花系	20 328.2		18 014.0	
阿尔泰狗娃花+长芒草	4 894.3	746.3	4 081.0	1.20
阿尔泰狗娃花-冷蒿+甘肃蒿	6 253.5	809.3	5 166.0	1.21
阿尔泰狗娃花+猪毛蒿-冷蒿	9 180.4	936.0	8 767.0	1.05
5. 蒿类半灌木、草本组	120 685.8		153 803.0	
（1）茭蒿系	103 002.5		132 690.0	
茭蒿	40 969.9	1 440.0	61 677.0	0.66
茭蒿-长芒草	12 443.1	1 028.3	13 324.0	0.93
茭蒿-大针茅+长芒草	13 473.1	985.5	12 969.0	1.04
茭蒿+杂类草	20 462.5	1 311.8	26 278.0	0.78
茭蒿+冷蒿	15 653.9	1 182.0	18 442.0	0.85
（2）铁杆蒿系	17 683.3		21 113.0	
铁杆蒿-冷蒿-短花针茅	16 866.6	1 123.5	19 008.0	0.89
铁杆蒿-百里香+杂类草	816.7	2 356.5	2 105.0	0.39
6. 蒿类矮草本组	177 677.6		196 537.0	
（1）冷蒿系	112 687.1		122 321.0	
冷蒿-长芒草	46 118.8	1 013.3	47 707.0	0.97
冷蒿-短花针茅	17 096.6	1 293.8	22 575.0	0.76
冷蒿+牛枝子-长芒草	6 130.7	1 447.5	9 238.0	0.66
冷蒿-阿尔泰狗娃花	9 843.5	1 207.5	12 379.0	0.80
冷蒿+甘肃蒿	10 766.1	1 233.0	8 002.0	0.14
冷蒿-铁杆蒿+杂类草	5 938.6	1 105.5	6 403.0	0.93
（猪毛蒿）-冷蒿-长芒草+杂类草	9 904.0	858.75	7 800.0	1.27
冷蒿-长芒草+荒漠锦鸡儿+杂类草	165.9	898.5	146.0	1.14
冷蒿-大针茅+阿尔泰狗娃花	3 135.4	1 272.8	3 899.0	0.80
冷蒿+杂类草	3 587.5	1 268.3	4 172.0	0.86
（2）甘肃蒿系	64 990.5		74 216.0	
甘肃蒿-长芒草	18 274.9	1 202.3	23 275.0	0.79

续表

天然草地类型	草地面积/ hm²	平均可利用 草产量/ (kg/hm²)	载畜量/ 羊单位	载畜能力/ (hm²/羊单位)
甘肃蒿-长芒草+杂类草	46 715.6	1 171.5	50 941.0	0.92
Ⅱb 山地草原亚类	62 424.6		78 686.0	
1. 矮禾草组				
（1）长芒草系				
长芒草-星毛委陵菜+杂类草				
长芒草-冷蒿+杂类草				
2. 杂类草组	27 980.7		33 935.0	
（1）星毛委陵菜系	27 980.7		33 935.0	
星毛委陵菜-长芒草+杂类草	18 834.5	1 245.8	23 582.0	0.80
星毛委陵菜-茭蒿	9 146.2	1 158.0	10 353.0	0.88
阿尔泰狗娃花+长芒草				
3. 蒿类半灌木、草本组	25 504.1		35 317.0	
（1）茭蒿系	11 636.6		14 407.0	
茭蒿+铁杆蒿+大针茅	6 146.6	1 345.5	8 846.0	0.69
茭蒿-星毛委陵菜-铁杆蒿+长芒草	5 490.0	888.0	5 561.0	0.99
（2）铁杆蒿系	13 867.5		20 910.0	
铁杆蒿+大针茅+杂类草	13 050.8	1 472.25	18 805.0	0.69
铁杆蒿-冷蒿-短花针茅				
铁杆蒿-百里香+杂类草	816.7	2 356.5	2 105.0	0.39
4. 蒿类矮草本组	1 132.0		1 651.0	
（1）冷蒿系	1 132.0		1 651.0	
冷蒿-铁杆蒿+杂类草				
冷蒿-星毛委陵菜-大针茅	1 132.0	1 495.5	1 651.0	0.69
5. 具疏林、灌丛组	7 807.8		7 783.0	
（灰栒子+绣线菊）-铁杆蒿-臺草	1 979.9	1 098.9	2 112.0	0.94
（小叶金露梅）-针茅+杂类草	4 600.0	680.3	3 038.0	1.51
（山桃）-铁杆蒿-百里香+杂类草	69.9			
（叉子圆柏+蒙古扁桃）-阿尔泰狗娃花	1 158.0	1 872.0	2 633.0	0.44
Ⅲ 荒漠草原类	1 806 982.7		1 374 185.6	
Ⅲa 丘陵、平原荒漠草原亚类	1 191 777.0		871 181.6	
1. 矮禾草组	236 530.4		162 330.0	
（1）短花针茅系	209 866.1		139 111.0	
短花针茅+长芒草+杂类草	2 941.9	678.0	1 946.0	1.51
短花针茅-甘草+长芒草+猪毛蒿	4 849.0	714.8	3 174.0	1.53
短花针茅-细弱隐子草+杂类草	11 487.0	614.3	6 464.0	1.78
短花针茅-牛枝子+杂类草	10 921.3	851.1	8 689.0	1.26

续表

天然草地类型	草地面积/ hm²	平均可利用 草产量/ (kg/hm²)	载畜量/ 羊单位	载畜能力/ (hm²/羊单位)
短花针茅 + 披针叶黄华 + 杂类草	15 846.8	935.2	14 440.0	1.10
短花针茅 + 蒙古沙葱 + 硬质早熟禾 + 杂类草	7 519.3	755.2	5 545.0	1.36
短花针茅-银灰旋花-松叶猪毛菜	5 044.0	597.4	2 773.0	1.82
短花针茅-冷蒿 + 杂类草	4 589.0	744.0	3 331.0	1.38
短花针茅 + 蓍状亚菊	2 357.2	840.8	1 924.0	1.23
短花针茅 + 蓍状亚菊 + 杂类草	2 023.0	762.0	1 501.0	1.35
短花针茅 + 蓍状亚菊 + 红砂	26 068.8	436.9	11 063.0	2.36
短花针茅 + 红砂	16 573.3	417.8	6 804.0	2.44
短花针茅-红砂-酸枣-三芒草	1 346.0	490.1	534.0	2.52
短花针茅 + 珍珠柴 + 红砂	16 886.1	641.0	9 896.0	1.71
短花针茅-珍珠柴 + 合头藜	1 634.0	802.4	1 061.0	1.54
短花针茅 + 刺旋花-冠芒草	1 781.0	443.0	638.0	2.79
短花针茅 + 猫头刺 + 猪毛蒿	17 043.4	1 083.9	17 933.0	0.95
短花针茅 + 猫头刺-牛枝子	5 321.4	596.6	3 152.0	1.69
短花针茅 + 荒漠锦鸡儿 + 杂类草	12 919.0	1 221.3	15 390.0	0.84
短花针茅-荒漠锦鸡儿 + 红砂	1 236.5	785.0	785.0	1.58
短花针茅-甘蒙锦鸡儿 + 荒漠锦鸡儿	1 438.0	428.2	498.0	2.89
短花针茅-甘蒙锦鸡儿 + 松叶猪毛菜	1 518.5	673.7	856.0	1.77
短花针茅-三芒草-内蒙野丁香	1 748.0	473.6	670.0	2.61
短花针茅-冠芒草 + 杂类草	1 236.5	518.6	519.0	2.38
短花针茅 + 刺蓬-细弱隐子草	2 197.6	871.2	1 695.0	1.30
短花针茅 + 刺蓬-卵穗薹草	4 255.3	438.2	1 589.0	2.68
短花针茅 + 刺蓬 + 杂类草	4 268.0	685.5	2 681.0	1.59
（茭蒿）+ 短花针茅 + 长芒草 + 蓍状亚菊	3 160.0	823.8	2 527.0	1.25
（冠芒草）-短花针茅 + 杂类草	974.0	435.8	412.0	2.36
（刺蓬）+ 短花针茅 + 杂类草	7 399.0	614.3	4 166.0	1.78
（栉叶蒿）+ 短花针茅 + 杂类草	8 072.0	592.5	4 383.0	1.84
（2）细弱隐子草系	26 664.3		23 219.0	0.00
细弱隐子草-短花针茅-牛枝子	13 949.5	848.6	11 563.0	1.21
细弱隐子草-甘草 + 大苞鸢尾	1 936.0	943.5	1 674.0	1.16
细弱隐子草-珍珠柴 + 短花针茅 + 猪毛蒿	10 778.8	954.0	9 982.0	1.08
2. 中禾草组	69 958.1		67 386.0	
（1）中亚白草系	47 004.1		48 206.0	
中亚白草 + 苦豆子	16 703.0	1 371.0	20 997.0	0.80
中亚白草 + 甘草	20 400.5	948.2	17 734.0	1.15

天然草地类型	草地面积/hm²	平均可利用草产量/(kg/hm²)	载畜量/羊单位	载畜能力/(hm²/羊单位)
中亚白草+老瓜头+猫头刺	1 969.5	886.1	1 732.0	1.14
中亚白草-黑沙蒿-甘草	5 363.2	1 187.1	5 837.0	0.92
（猪毛蒿）+中亚白草+藏青锦鸡儿	1 800.0	708.0	1 168.0	1.54
中亚白草-芨芨草	767.9	990.5	738.0	1.04
（2）赖草系	22 954.0		19 180.0	
赖草+短花针茅-牛枝子	5 075.0	680.3	3 163.0	1.60
赖草+猪毛蒿+中亚白草	1 773.0	1 161.8	1 889.0	0.94
（刺蓬）+蒙古冰草	16 106.0	956.9	14 128.0	1.14
3. 豆科草组	145 145.4		158 666.0	
（1）牛枝子系	57 271.1		52 922.0	
牛枝子-冷蒿-菁状亚菊+短花针茅	7 809.8	976.4	7 402.0	1.06
牛枝子-猫头刺+蒙古冰草+杂类草	22 497.0	1 065.8	21 985.0	1.02
（猪毛蒿）-牛枝子+杂类草	19 787.0	948.2	17 200.0	1.15
牛枝子-短花针茅+棉蓬+杂类草	1 509.9	969.0	1 420.0	1.06
牛枝子-甘草+长芒草+杂类草	807.0	709.5	525.0	1.54
牛枝子+杂类草	466.5	1 030.4	469.0	0.99
牛枝子-猫头刺+猪毛蒿+赖草	120.2	640.7	72.0	1.67
牛枝子-棉蓬+猫头刺	2 028.7	1 159.6	2 283.0	0.89
（刺蓬）-牛枝子+杂类草	2 245.0	761.3	1 566.0	1.43
（2）甘草系	11 248.4		9 222.0	
甘草+刺蓬-牛枝子	4 729.7	1 057.9	4 857.0	0.97
甘草+沙蓬+苦豆子	5 238.5	632.6	3 217.0	1.63
（刺蓬）+甘草+猫头刺+大苞鸢尾	1 280.2	978.5	1 148.0	1.12
（3）苦豆子系	76 625.9		96 522.0	
苦豆子+中亚白草	18 110.0	1 051.0	17 449.0	1.04
苦豆子+赖草-黑沙蒿	39 056.0	1 603.5	57 426.0	0.68
苦豆子+猪毛蒿	3 820.0	1 173.0	4 108.0	0.93
苦豆子+刺蓬+中亚白草	2 042.0	1 361.3	2 550.0	0.80
（猪毛蒿）+苦豆子+杂类草	1 644.0	1 122.0	1 691.0	0.97
披针叶黄华-冷蒿-短花针茅+杂类草	11 953.9	1 137.9	13 298.0	0.90
4. 杂类草组	51 288.1		45 447.0	
（1）老瓜头系	13 113.9		11 107.0	
老瓜头+大苞鸢尾+杂类草	6 537.2	655.7	4 132.0	1.58
老瓜头	157.0	822.6	124.0	1.27
（沙蓬）+老瓜头	6 419.7	1 099.4	6 851.0	0.94
（2）匍根骆驼蓬系	10 917.8		7 819.0	

续表

天然草地类型	草地面积/hm²	平均可利用草产量/(kg/hm²)	载畜量/羊单位	载畜能力/(hm²/羊单位)
匍根骆驼蓬+杂类草	2 697.0	578.6	1 373.0	1.96
匍根骆驼蓬-赖草+藏青锦鸡儿+杂类草	2 974.5	928.1	2 531.0	1.18
匍根骆驼蓬+三芒草-蓍状亚菊	1 454.0	395.2	465.0	3.13
匍根骆驼蓬+栉叶蒿+杂类草	3 309.3	952.1	3 058.0	1.08
匍根骆驼蓬+猪毛蒿	465.0	855.3	386.0	1.20
（刺蓬）+匍根骆驼蓬+甘草	18.0	339.0	6.0	3.00
（3）多根葱系	4 311.2		3 926.0	
多根葱+短花针茅+刺蓬	2 321.6	819.8	1 889.0	1.23
多根葱+蒙古沙葱+红砂	1 989.6	1 031.6	2 037.0	0.98
（4）大苞鸢尾系	22 945.2		22 595.0	
大苞鸢尾+中亚白草-芨芨草	5 373.4	1 685.9	8 794.0	0.61
大苞鸢尾+猫头刺+杂类草	5 254.3	718.7	3 539.0	1.48
大苞鸢尾+匍根骆驼蓬-细弱隐子草+牛枝子	6 127.6	914.9	5 563.0	1.10
大苞鸢尾-栉叶蒿+杂类草	1 525.7	820.1	1 214.0	1.26
（刺蓬）+大苞鸢尾+匍根骆驼蓬	40.0	512.1	20.0	2.00
（刺蓬）-燥原荠-刺旋花	4 624.2	879.5	3 465.0	1.33
5. 小灌木、小半灌木组	314 338.5		195 321.0	
（1）珍珠柴系	127 248.8		95 437.0	
珍珠柴+短花针茅+红砂	18 581.7	648.2	11 514.0	1.61
珍珠柴+短花针茅	11 657.9	978.0	11 086.0	1.05
珍珠柴-细弱隐子草	19 603.4	671.9	12 784.0	1.53
珍珠柴-卵穗臺草+细弱隐子草	11 814.2	837.7	9 664.0	1.22
珍珠柴+猪毛蒿+红砂	20 678.7	669.5	13 439.0	1.54
珍珠柴+猪毛蒿-细弱隐子草	16 917.4	888.5	14 592.0	1.16
珍珠柴+红砂-细弱隐子草	1 544.3	673.8	1 033.0	1.49
珍珠柴+多根葱-卵穗臺草	334.0	383.1	124.0	2.69
珍珠柴+多根葱+红砂	2 202.3	562.35	1 229.0	1.79
珍珠柴+大苞鸢尾+红砂	777.0	574.05	380.0	2.04
（卵穗臺草）-珍珠柴+杂类草	23 137.9	876.0	19 592.0	1.18
（2）红砂系	97 838.0		47 646.0	
红砂+短花针茅	15 614.6	369.6	5 629.0	2.77
红砂+短花针茅+珍珠柴+杂类草	12 781.1	521.7	6 616.0	1.93
红砂-细弱隐子草	18 574.9	401.8	6 644.0	2.80
红砂+大苞鸢尾+短花针茅	11 710.0	462.7	5 283.0	2.22
红砂+刺旋花-细弱隐子草	13 521.8	554.9	7 446.0	1.82
红砂+猫头刺+杂类草	9 882.5	581.6	4 897.0	2.02

天然草地类型	草地面积/hm²	平均可利用草产量/(kg/hm²)	载畜量/羊单位	载畜能力/(hm²/羊单位)
（刺蓬）-红砂＋短花针茅	7 964.9	858.0	5 927.0	1.34
红砂＋短花针茅-珍珠柴	2 215.7	384.3	845.0	2.62
红砂＋大苞鸢尾＋猫头刺	3 584.0	547.9	1 948.0	1.84
（刺蓬-卵穗苔）＋红砂	1 988.5	1 222.2	2 411.0	0.82
（3）薯状亚菊系	89 251.7		52 238.0	
薯状亚菊＋短花针茅＋杂类草	36 829.6	646.5	22 613.0	1.63
薯状亚菊＋短花针茅＋珍珠柴	9 596.9	566.5	4 632.0	2.07
薯状亚菊＋红砂＋多根葱＋杂类草	8 603.5	548.6	4 477.0	1.92
薯状亚菊＋斑子麻黄＋短花针茅	8 260.0	664.4	5 031.0	1.64
薯状亚菊＋大针茅＋短花针茅-冷蒿	3 683.3	741.5	2 664.0	1.38
薯状亚菊＋猫头刺＋短花针茅	1 098.2	556.4	593.0	1.85
薯状亚菊＋短花针茅＋阿尔泰狗娃花＋猫头刺	21 180.2	594.8	12 228.0	1.73
6. 垫状小半灌木组	199 645.6		137 708.6	
（1）刺旋花系	38 738.1		14 950.6	
刺旋花＋短花针茅＋杂类草	25 447.6	411.8	10 255.0	2.48
刺旋花＋短花针茅＋红砂	7 834.0	319.4	2 444.0	3.21
刺旋花＋荒漠锦鸡儿	1 133.0	825.2	912.0	1.24
刺旋花＋薯状亚菊＋长芒草	2 250.5	608.7	1 330.0	1.69
刺旋花-冠芒草-松叶猪毛菜-细弱隐子草	2 073.0	450.1	9.6	2.06
（2）猫头刺系	160 907.5		122 758.0	
猫头刺＋短花针茅＋杂类草	37 522.5	841.3	34 563.0	1.09
猫头刺-牛枝子	15 822.3	917.3	14 089.0	1.12
猫头刺＋老瓜头	41 789.7	324.7	12 530.0	3.34
猫头刺-黑沙蒿-中亚白草＋棉蓬	4 497.7	574.3	2 371.0	1.90
（刺蓬）＋猫头刺	33 202.0	1 529.3	49 290.0	0.67
猫头刺＋长芒草＋苦豆子	1 198.0	844.5	927.0	1.29
猫头刺-中亚白草＋甘草	2 660.5	465.2	1 135.0	2.34
猫头刺-芨芨草	1 776.8	509.0	771.0	2.30
猫头刺-银灰旋花-刺针枝蓼	4 634.0	491.4	2 211.0	2.10
猫头刺＋杂类草	204.0	523.4	104.0	1.96
猫头刺-黑沙蒿	5 276.0	360.0	18.3	288.31
猫头刺＋藏青锦鸡儿＋棉蓬	60.1	721.8	43.0	1.40
猫头刺-冠芒草-刺旋花	2 174.1	321.5	663.0	3.28
猫头刺＋棉蓬＋甘草	4 127.1	673.1	2 547.0	1.62
（猪毛蒿）＋猫头刺	3 284.2	786.9	25.7	127.79
猫头刺＋刺蓬＋猪毛蒿	2 678.5	598.8	1 470.0	1.82

续表

天然草地类型	草地面积/hm²	平均可利用草产量/(kg/hm²)	载畜量/羊单位	载畜能力/(hm²/羊单位)
7. 蒿类矮草本组	80 402.3		56 763.0	
（1）冷蒿系	78 257.7		55 064.0	
冷蒿-短花针茅＋杂类草	16 287.7	761.6	12 077.0	1.35
冷蒿-甘草	5 968.8	1 614.8	10 297.0	0.58
冷蒿-大苞鸢尾＋短花针茅	25 515.7	923.2	22 866.0	1.12
冷蒿-藏青锦鸡儿＋短花针茅	21 380.1	861.2	1 787.0	11.96
冷蒿-大苞鸢尾＋长芒草＋猫头刺	2 761.0	982.5	2 486.0	1.11
冷蒿-刺旋花	2 122.7	707.9	1 459.0	1.45
冷蒿-猪毛蒿-牛枝子	4 221.7	998.5	4 092.0	1.03
（2）甘肃蒿系	2 144.6		1 699.0	
甘肃蒿＋冷蒿-短花针茅	998.6	955.0	964.0	1.04
甘肃蒿＋冷蒿＋细弱隐子草＋杂类草	1 146.0	699.8	735.0	1.56
8. 具刺灌木组	89 537.6		44 340.0	
（1）中间锦鸡儿系	21 417.6		8 974.0	
中间锦鸡儿-苦豆子＋刺蓬＋杂类草	4 475.0	1 006.5	4 128.0	1.08
中间锦鸡儿-黑沙蒿	5 989.0			
中间锦鸡儿＋黑沙蒿-甘草	8 054.0	418.4	3 089.0	2.61
中间锦鸡儿-猫头刺＋棉蓬	939.6	625.6	539.0	1.74
（猪毛蒿）-中间锦鸡儿-牛枝子	1 960.0	678.0	1 218.0	1.61
（2）狭叶锦鸡儿系	1 986.0		598.0	
狭叶锦鸡儿-短花针茅				
狭叶锦鸡儿-三芒草＋牛枝子	1 986.0	372.2	598.0	
（3）藏青锦鸡儿系	66 134.0		34 768.0	
藏青锦鸡儿＋短花针茅-猪毛蒿	25 959.6	316.8	7 983.0	3.25
藏青锦鸡儿＋蓍状亚菊	7 841.1	769.5	6 972.0	1.12
藏青锦鸡儿＋猫头刺＋杂类草	14 868.2	664.1	9 094.0	1.63
（刺蓬）＋藏青锦鸡儿＋短花针茅	13 646.5	530.7	7 185.0	1.90
藏青锦鸡儿-黑沙蒿	465.0	1 526.5	574.0	0.81
藏青锦鸡儿＋猪毛蒿＋杂类草	218.0	1 075.1	234.0	0.93
荒漠锦鸡儿-冷蒿-蓍状亚菊	3 135.6	889.5	2 726.0	1.15
9. 具疏林、灌丛组	4 931.0		3 220.0	
（1）酸枣系	4 931.0		3 220.0	
酸枣-杂类草	1 857.0	819.3	1 231.0	1.51
酸枣-短花针茅＋刺蓬	1 594.0	717.5	1 048.0	1.52
酸枣-赖草-匍根骆驼蓬	389.0	968.3	366.0	1.06
酸枣-冠芒草	1 091.0	543.2	575.0	1.90

天然草地类型	草地面积/ hm²	平均可利用 草产量/ (kg/hm²)	载畜量/ 羊单位	载畜能力/ (hm²/羊单位)
Ⅲb 山地荒漠草原亚类	288 065.3		211 025.0	
1. 矮禾草组	50 666.5		28 250.0	
（1）短花针茅系	50 666.5		28 250.0	
短花针茅＋披针叶黄华＋蓍状亚菊＋猫头刺	40 158.5	573.3	22 349.0	1.80
短花针茅＋蒙古沙葱＋硬质早熟禾＋杂类草				
短花针茅＋蓍状亚菊＋红砂				
短花针茅＋猫头刺＋猪毛蒿				
短花针茅-藏青锦鸡儿-长芒草	8 916.5	588.2	5 091.0	1.75
短花针茅-甘蒙锦鸡儿-松叶猪毛菜				
短花针茅＋铁杆蒿＋藏青锦鸡儿	5 211.2	409.6	2 072.0	2.27
短花针茅＋珍珠柴＋合头藜				
短花针茅＋荒漠锦鸡儿-蒙古扁桃	153.5	1 457.1	259.0	0.59
短花针茅＋荒漠锦鸡儿＋红砂				
短花针茅-沙冬青-松叶猪毛菜	1 438.0	474.0	551.0	2.61
短花针茅-三芒草-内蒙野丁香				
短花针茅-冠芒草＋银灰旋花				
2. 小灌木、小半灌木组	34 174.0		15 340.0	
（1）松叶猪毛菜系	34 174.0		15 340.0	
松叶猪毛菜＋红砂-短花针茅	19 983.6	452.9	8 785.0	2.27
松叶猪毛菜＋蓍状亚菊-短花针茅	3 728.0	371.5	1 120.0	3.33
松叶猪毛菜-冠芒草-短花针茅	6 403.0	427.7	2 658.0	2.41
蓍状亚菊＋短花针茅＋阿尔泰狗娃花＋猫头刺型	4 059.4	704.2	2 777.0	1.46
3. 垫状小半灌木组	1 133.0		912.0	
刺旋花＋荒漠锦鸡儿	1 133.0	825.2	912.0	1.24
4. 蒿类矮草本组	2 502.2		2 431.0	
冷蒿-铁杆蒿＋短花针茅＋长芒草	2 502.2	1 000.7	2 431.0	1.03
5. 具刺灌木组	20 169.1		10 307.0	
（1）藏青锦鸡儿系	20 169.1		10 307.0	
藏青锦鸡儿＋短花针茅＋蓍状亚菊	7 594.7	471.6	3 477.0	2.18
藏青锦鸡儿＋短花针茅	1 433.4	336.4	411.0	3.49
藏青锦鸡儿＋长芒草＋短花针茅	1 341.9	1 164.6	1 517.0	0.88
（铁杆蒿）＋藏青锦鸡儿＋杂类草	1 566.1	593.0	902.0	1.74
荒漠锦鸡儿＋短花针茅	8 233.0	600.8	4 000.0	2.06
6. 具疏林、灌丛组	179 420.5		153 785.0	
（1）蒙古扁桃系	179 420.5		153 785.0	
蒙古扁桃-短花针茅	6 678.0	574.0	3 101.0	2.15

天然草地类型	草地面积/ hm²	平均可利用 草产量/ (kg/hm²)	载畜量/ 羊单位	载畜能力/ (hm²/羊单位)
蒙古扁桃 + 杂类草	58 608.3	713.3	48 384.0	1.21
蒙古扁桃-菭状亚菊 + 杂类草	12 169.5	692.4	9 853.0	1.24
蒙古扁桃 + 狭叶锦鸡儿 + 荒漠锦鸡儿	12 745.0	540.9	5 576.0	2.29
（灰榆）-蒙古扁桃-狭叶锦鸡儿-菭状亚菊	11 755.0	827.6	11 260.0	1.04
蒙古扁桃-荒漠锦鸡儿-短花针茅 + 菭状亚菊	4 150.4	834.5	4 009.0	1.04
蒙古扁桃-狭叶锦鸡儿-短花针茅	9 655.0	1 556.1	12 153.0	0.79
蒙古扁桃 + 内蒙野丁香-菭状亚菊	9 435.0	683.8	7 467.0	1.26
蒙古扁桃-三芒草	6 584.0	413.7	2 554.0	2.58
（杂灌木）+ 蒙古扁桃-菭状亚菊	2 432.0	376.7	1 060.0	2.29
（杂灌木）+ 蒙古扁桃-牛尾蒿 + 铁杆蒿				
（灰榆-杂灌木）-阿拉善鹅观草	45 208.3	713.3	48 368.0	1.93
IIIc 沙地荒漠草原亚类	327 140.4		291 979.0	
1. 豆科草组	37 141.0		37 089.0	
（1）甘草系	37 141.0		37 089.0	
甘草 + 短花针茅 + 杂类草	10 744.0	954.5	9 401.0	1.14
甘草 + 中亚白草	15 405.0	879.0	12 418.0	1.24
甘草 + 苦豆子	1 628.0	1 254.0	1 872.0	0.87
甘草 + 大苞鸢尾 + 杂类草	6 612.0	1 336.1	8 126.0	0.81
甘草 + 匍根骆驼蓬	1 714.0	2 768.4	4 606.0	0.37
甘草 + 猪毛蒿 + 长芒草	1 038.0	699.8	666.0	1.56
2. 蒿类半灌木、草本组	289 999.4		254 890.0	
（1）黑沙蒿系	289 999.4		254 890.0	
黑沙蒿	24 914.8	440.9	10 246.0	2.43
黑沙蒿-赖草	79 829.0	839.7	62 040.0	1.29
黑沙蒿-苦豆子	127 699.8	850.7	132 004.0	0.97
黑沙蒿-甘草	27 240.4	1 101.1	28 816.0	0.95
黑沙蒿 + 中间锦鸡儿 + 杂类草	957.5	502.1	441.0	2.17
黑沙蒿 + 唐古特白刺	3 581.1	1 753.1	3 865.0	0.93
黑沙蒿-猪毛蒿 + 老瓜头	9 212.2	811.4	6 921.0	1.33
（刺蓬）-黑沙蒿-棉蓬	8 442.6	765.3	5 923.0	1.43
黑沙蒿 + 杂类草	4 648.0	814.5	3 472.0	1.34
黑沙蒿 + 藏青锦鸡儿	331.0	1 024.1	274.0	1.21
黑沙蒿-沙柳	3 143.0	329.3	888.0	3.54
IV 草原化荒漠类	258 002.4		124 625.0	
IVa 丘陵、平原草原化荒漠亚类	217 927.7		103 076.0	
1. 灌木组	24 172.4		18 713.0	

天然草地类型	草地面积/hm²	平均可利用草产量/(kg/hm²)	载畜量/羊单位	载畜能力/(hm²/羊单位)
（1）沙冬青系	4 749.0		2 781.0	
沙冬青-短花针茅-杂灌木	2 681.0	728.3	1 579.0	1.70
沙冬青-松叶猪毛菜	2 068.0	718.5	1 202.0	1.72
（2）唐古特白刺系	19 423.4		15 932.0	
唐古特白刺				
唐古特白刺＋芨芨草	13 515.6	948.8	12 143.0	1.11
唐古特白刺-披针叶黄华	290.0	914.3	257.0	1.13
唐古特白刺＋杂类草	2 946.0	590.3	1 688.0	1.75
刺针枝蓼＋红砂＋杂类草	2 530.4	734.3	1 844.0	1.37
沙柳	141.4			
2. 小灌木、小半灌木组	135 300.8		58 166.0	
（1）珍珠柴系	72 877.8		33 418.0	
珍珠柴＋红砂	31 655.3	363.8	10 363.0	3.05
珍珠柴＋红砂-多根葱	41 222.5	592.5	23 055.0	1.79
（2）红砂系	62 423.0		24 748.0	
红砂-细弱隐子草	19 456.7	380.3	6 783.0	2.87
红砂＋珍珠柴				
红砂-冠芒草	20 164.3	444.0	8 500.0	2.37
红砂-牛枝子-短花针茅	3 721.0	330.0	994.0	2.74
红砂-银灰旋花＋细弱隐子草	4 605.0	397.5	1 776.0	2.59
红砂-唐古特白刺-草霸王	170.0	360.0	59.0	2.88
合头藜＋红砂	11 352.0	459.8	5 063.0	2.24
斑子麻黄-冠芒草-短花针茅	2 954.0	559.5	1 573.0	1.88
3. 垫状小半灌木组	11 408.1		4 930.0	
（1）猫头刺系	11 408.1		4 930.0	
猫头刺＋红砂-冠芒草	7 240.4	355.5	2 441.0	2.97
猫头刺-狭叶米口袋-猪毛蒿＋杂类草	619.4	564.0	339.0	1.83
猫头刺-刺针枝蓼-细弱隐子草	3 548.3	610.5	2 150.0	1.65
4. 杂类草组	46 386.3		20 891.0	
（1）匍根骆驼蓬系	33 630.1		12 618.0	
匍根骆驼蓬＋猫头刺-细弱隐子草	33 153.0	405.0	12 305.0	2.69
匍根骆驼蓬-唐古特白刺	477.1	715.5	313.0	1.52
（2）栉叶蒿系	12 756.2		8 273.0	
栉叶蒿-猫头刺＋杂类草	5 740.7	637.5	3 633.0	1.58
栉叶蒿-珍珠柴＋红砂	2 141.9	1 116.8	2 374.0	0.90
多根葱-红砂＋珍珠柴	4 873.6	468.8	2 266.0	2.15

天然草地类型	草地面积/ hm²	平均可利用 草产量/ (kg/hm²)	载畜量/ 羊单位	载畜能力/ (hm²/羊单位)
5. 一年生小禾草组	660.0		376.0	
冠芒草-短花针茅	500.0	465.0	213.0	2.35
三芒草-短花针茅-银灰旋花	160.0	1 114.5	163.0	0.98
Ⅳb 山地草原化荒漠亚类	30 695.7		14 235.0	
1. 小灌木、小半灌木组	30 695.7		14 235.0	
珍珠柴-细弱隐子草-短花针茅	3 703.0	567.75	1 701.0	2.18
红砂＋珍珠柴	26 992.7	495.75	12 534.0	2.15
Ⅳc 沙地草原化荒漠亚类	9 379.0		7 314.0	
1. 灌木组	5 333.0		3 895.0	
唐古特白刺	5 333.0	1 096.5	3 895.0	1.37
2. 具刺灌木组	4 046.0		3 419.0	
中间锦鸡儿	4 046.0	870.5	3 419.0	1.18
Ⅴ 荒漠类	55 039.8		30 394.0	
Ⅴa 丘陵、平原荒漠亚类	33 394.4		21 973.0	
1. 灌木组	33 394.4		21 973.0	
（1）小果白刺系	28 082.6		17 412.0	
小果白刺	11 001.0	405.8	4 295.0	2.56
小果白刺＋芨芨草	6 869.1	939.0	6 061.0	1.13
小果白刺-细枝盐爪爪	2 809.2	907.5	2 376.0	1.18
小果白刺-细枝盐爪爪-芨芨草	2 457.1	885.0	2 074.0	1.18
小果白刺-碱蓬	1 684.2	384.0	592.0	2.84
小果白刺＋芨芨草-细枝盐爪爪	3 262.0	648.0	2 014.0	1.62
（2）细枝盐爪爪系	5 311.8		4 561.0	
细枝盐爪爪	4 350.8		4 005.0	1.09
细枝盐爪爪-小果白刺-苦豆子	278.0		123.0	2.26
细枝盐爪爪-芨芨草	683.0		433.0	1.58
Ⅴb 沙地荒漠亚类	21 645.4		8 421.0	
1. 中禾草组	11 596.0		4 235.0	
沙地芦苇	11 596.0	376.1	4 235.0	2.74
2. 一年生小禾草组	1 994.0		1 223.0	
（1）三芒草系	1 994.0		1 223.0	
三芒草＋一年生小禾草	1 420.0	596.3	822.0	1.73
（酸枣）-三芒草＋杂类草	574.0	719.5	401.0	1.43
3. 蒿类半灌木、草本组	8 055.4		2 963.0	
（1）白沙蒿系	8 055.4		2 963.0	
白沙蒿	8 055.4	385.5	2 963.0	2.72

天然草地类型	草地面积/hm²	平均可利用草产量/(kg/hm²)	载畜量/羊单位	载畜能力/(hm²/羊单位)
Ⅵ 草甸类	133 775.4		424 520.4	
Ⅵa 丘陵、平原草甸亚类	31 653.3		55 830.0	
1. 中禾草组	11 194.5		26 734.0	
(1) 假苇拂子茅系	9 809.0		23 842.0	
假苇拂子茅 + 杂类草	8 722.0	2 541.0	20 562.0	0.42
假苇拂子茅 + 赖草 + 杂类草	457.0	2 226.0	987.0	0.46
假苇拂子茅 + 狭叶香蒲 + 杂类草	630.0	3 749.3	2 293.0	0.27
(2) 赖草系	1 385.5		2 892.0	
赖草 + 乳苣 + 稗草	157.0	771.8	98.0	1.60
赖草 + 艾蒿 + 杂类草	1 228.5	2 110.5	2 794.0	0.44
2. 高禾草组	6 717.0		8 102.0	
(1) 芦苇系	1 616.0		3 729.0	
芦苇-碱蓬	445.0	3 015.8	1 085.0	0.41
(柽柳) -芦苇	150.0	1 174.5	143.0	1.05
(稗草) + 芦苇	1 021.0	2 523.8	2 501.0	0.41
(2) 芨芨草系	5 101.0		4 373.0	
芨芨草-芦苇	564.0	1 175.3	643.0	0.88
芨芨草-匍根骆驼蓬	4 537.0	856.5	3 730.0	1.22
3. 小型莎草组	252.6		234.0	
(1) 矮生薹草系	252.6		234.0	
矮生薹草-赖草-鹅绒委陵菜	192.6	997.5	186.0	1.04
矮生薹草 + 蒲公英 + 长叶碱毛茛	60.0	828.0	48.0	1.25
4. 杂类草组	13 489.2		20 760.0	
(1) 碱蓬系	13 489.2		20 760.0	
.碱蓬 + 芦苇	6 419.0	896.3	5 530.0	1.16
碱蓬-小果白刺	4 874.0	1 440.0	6 435.0	0.76
碱蓬	2 154.2	4 227.8	8 737.0	0.25
碱蓬-卵穗苔	42.0	1 431.0	58.0	0.72
Ⅵb 山地草甸亚类	102 122.1		368 690.4	
1. 矮禾草组	4 019.1		20 504.0	
(1) 紫羊茅系	4 019.1		20 504.0	
紫羊茅-发草-珠芽蓼	3 050.1	4 623.8	16 142.0	0.19
紫羊茅 + 杂类草	969.0	4 073.5	4 362.0	0.22
2. 小型莎草组	11 411.3		48 785.0	
(1) 异穗薹草系	11 411.3		48 785.0	
异穗薹草 + 杂类草	4 931.5	4 341.8	23 933.0	0.21

天然草地类型	草地面积/hm²	平均可利用草产量/(kg/hm²)	载畜量/羊单位	载畜能力/(hm²/羊单位)
异穗薹草-蓬子菜+铁杆蒿-星毛委陵菜	1 740.4	2 040.0	3 810.0	0.46
异穗薹草-无毛牛尾蒿+大针茅+杂类草	2 398.7	5 310.0	14 579.0	0.16
异穗薹草-铁杆蒿+杂类草	2 340.7	2 530.5	6 463.0	0.36
3. 杂类草组	45 512.6		143 984.4	
(1) 风毛菊系	4 048.2		21 060.0	
风毛菊-披针薹草+杂类草	2 928.6	4 840.5	15 631.0	0.19
风毛菊-铁杆蒿+杂类草	426.7	5 061.0	2 472.0	0.17
风毛菊+杂类草	692.9	3 614.3	2 957.0	0.23
(2) 紫苞风毛菊系	41 464.4		122 924.4	
紫苞风毛菊+杂类草	1 091.4	4 323.1	5 198.0	0.21
紫苞风毛菊+风毛菊+杂类草	60.1	4 880.25	336.0	0.18
紫苞风毛菊+紫羊茅+杂类草	491.0	5 131.5	2 784.0	0.18
蕨+杂类草	4 263.7	2 608.5	128.4	33.21
杂类草	35 558.2	3 107.3	114 478.0	0.31
4. 蒿类半灌木、草本组	30 014.1		97 204.0	
(1) 无毛牛尾蒿系	30 014.1		97 204.0	
无毛牛尾蒿+铁杆蒿+杂类草	26 407.1	2 477.4	71 828.0	0.37
无毛牛尾蒿+杂类草	1 293.1	3 572.3	5 287.0	0.24
蒙古蒿+杂类草	2 313.9	7 584.8	20 089.0	0.12
5. 具疏林-灌丛组	11 165.0		58 213.0	
(1) 虎榛子系	11 165.0		58 213.0	
(虎榛子)-铁杆蒿+杂类草	1 644.1	2 552.3	4 954.0	0.33
(虎榛子)+杂类草	6 659.9	5 139.8	37 579.0	0.18
(杂灌木)+杂类草	2 393.2	5 160.0	13 376.0	0.18
(箭叶锦鸡儿)+杂类草	467.8	4 560.0	2 304.0	0.20
Ⅶ 沼泽类	7 534.0		10 410	
Ⅶa 丘陵、平原沼泽亚类	7 534.0		10 410	
1. 高禾草组	5 269.0		9 672.0	
(1) 芦苇系	5 269.0		9 672.0	
芦苇	5 109.0	315.8	9 315.0	0.55
芦苇+稗草	160.0	2 298.0	357.0	0.45
2. 大型莎草组	1 914.0		477.0	
(1) 水葱系	1 914.0		477.0	
水葱+芦苇	1 700.0	2 562.0	470.0	3.62
水葱+藨草	214.0	407.3	7.0	30.57
3. 杂类草组	351.0		261.0	
狭叶香蒲	351.0	1 613.3	261.0	1.34

二、草地资源等级评价

（一）评价标准

宁夏草地类型等级划分是按照"北方草场资源调查大纲和技术规程"中规定的以质定等、以量定级的原则进行的。

1. 等——表示草群品质的优劣

根据草地植物适口性、利用程度、营养价值可以划分为优、良、中、低、劣五等，依它们在草群中所占重量的百分比为划分等的主要依据。具体指标如下：

Ⅰ等草地：优等牧草占 60% 以上。

Ⅱ等草地：良等牧草占 60%，优等及中等占 40%。

Ⅲ等草地：中等牧草占 60%，良等及低等占 40%。

Ⅳ等草地：低等牧草占 60%，中等及劣等占 40%。

Ⅴ等草地：劣等牧草占 60%。

2. 级——表示草群地上部分的产草量

1 级草地：亩产鲜草 800kg 以上。

2 级草地：亩产鲜草 800～600kg。

3 级草地：亩产鲜草 600～400kg。

4 级草地：亩产鲜草 400～300kg。

5 级草地：亩产鲜草 300～200kg。

6 级草地：亩产鲜草 200～100kg。

7 级草地：亩产鲜草 100～50kg。

8 级草地：亩产鲜草 50kg 以下。

（二）宁夏草地等、级评价

按照上述草地资源等、级评价标准，全区天然草地等级评价结果如下。

1. 草地的等

由表 4-2 可见，全区天然草地中Ⅲ等草地的比例最大，占天然草地总面积的 54.09%。Ⅲ等草地大多是由铁杆蒿为主的草甸草原，长芒草、茭蒿、甘肃蒿、甘草为主的典型草原，短花针茅、耆状亚菊、甘草、牛枝子、黑沙蒿为主的荒漠草原，以及珍珠柴、红砂等为主的草原化荒漠，紫羊茅、凤毛菊、无毛牛尾蒿为主的山地草甸。

Ⅱ等草地占总面积的 18.97%，是由冷蒿、牛枝子为建群种的典型草原及冷蒿、牛枝子、短花针茅为建群种的荒漠草原。

Ⅳ等草地占总面积的 22.67%，主要有以刺旋花、苦豆子、锦鸡儿属小灌木为主的荒漠草原，唐古特白刺、小果白刺为主的草原化荒漠和荒漠，中生杂类草、蕨为主的山地草甸，以百里香为优势种的典型草原和杂灌木组成的具灌丛草原。

劣等草地很少，仅占全区草地面积的 3.16%，多由猫头刺＋老瓜头，或猫头刺＋刺旋花＋老瓜头为主的荒漠草原，盐爪爪＋白刺荒漠，水葱为主的沼泽等。属于优等的Ⅰ等草地更少，仅占全区草地总面积的 1.11%。

表 4-2　宁夏各等草地面积比例表

项目	I 等	II 等	III 等	IV 等	V 等
面积/万 hm²	3.35	57.18	163.02	68.33	9.52
占比/%	1.11	18.97	54.09	22.67	3.16
排序	5	3	1	2	4

2. 草地的级

全区天然 6、7 级草地面积分别占草地总面积的 37.18% 和 38.90%。这两级草地主要分布于典型草原和荒漠草原，植被盖度一般为 25%～70%，植被组成以矮丛生禾草、旱生蒿类半灌木、小半灌木和旱生杂类草及旱生豆科草为主体，6、7 级草地虽然产量低，但牧草含水少，营养价值高。

其次为 8 级草地，占全区草地总面积的 14.67%。主要分布于在荒漠草原和草原化荒漠类，植物组成多属强旱生小半灌木及强旱生杂类草，植被盖度一般为 20%～40%。

5 级草地占全区草地总面积的 4.93%，主要分布在草甸、沼泽类草地，植物组成多以中生蒿类、大型禾草为主。

4 级草地占全区草地总面积的 1.5%，主要分布在以铁杆蒿为建群种的草甸草原、湿生禾草为主的沼泽、一年生盐生植物为主的低湿地草甸。

1、2、3 级草地，本区分布面积不大，合计占全区草地面积的 2.82%。1 级草地主要分布在以湿生杂类草为主的沼泽、具中生灌木的具灌丛草甸，表现为高产低质的特点，家畜放牧的利用率较低。2、3 级草地主要分布在草甸草原和山地草甸中，是产草量最高的草地，但面积不大（表 4-3）。

表 4-3　宁夏各级草地面积比例表

项目	1 级	2 级	3 级	4 级	5 级	6 级	7 级	8 级
面积/万 hm²	2.50	3.68	2.32	4.52	14.86	112.06	117.24	44.22
占比/%	0.83	1.22	0.77	1.50	4.93	37.18	38.90	14.67
排序	7	6	8	5	4	2	1	3

3. 等、级配合评价

从草地等与级的配合来看，宁夏大部分草地为 III 等 6、7 级，属中等草地，分别占草地总面积的 22.37%、23.40%，II 等 6、7 级的低产优质草地分别占草地总面积的 7.89% 和 8.26%，III 等 8 级的低产中等草地占全区草地总面积的 6.17%，低产低质的 IV 等 6、7、8 级草地分别占全区草地总面积的 6.65%、6.95% 和 5.25%（表 4-4）。

表 4-4　宁夏天然草地等级面积表

等	总计		1 级		2 级		3 级		4 级		5 级		6 级		7 级		8 级	
	面积/万 hm²	占比/%	面积/万 hm²	占比/%	面积/万 hm²	占比/%	面积/万 hm²	占比/%	面积/万 hm²	占比/%	面积/万 hm²	占比/%	面积/万 hm²	占比/%	面积/万 hm²	占比/%	面积/万 hm²	占比/%
I	3.35	1.11	—		—				—		3.34	1.11	—		0.01		—	
II	57.18	18.97	0.50	0.17	0.03	0.01	—	—	0.03	0.01	2.34	0.77	23.78	7.89	24.89	8.26	5.61	1.86
III	163.02	54.09	0.50	0.17	0.57	0.19	2.07	0.69	3.26	1.08	0.06	0.02	67.43	22.37	70.52	23.40	18.61	6.17
IV	68.33	22.67	1.30	0.43	3.08	1.02	0.24	0.08	1.12	0.37	5.78	1.92	20.04	6.65	20.96	6.95	15.81	5.25
V	9.52	3.16	0.20	0.07	—		0.01		0.11	0.04	3.34	1.11	0.81	0.27	0.86	0.28	4.19	1.39
总计	301.40	100.00	2.50	0.83	3.68	1.22	2.32	0.77	4.52	1.50	14.86	4.93	112.06	37.18	117.24	38.90	44.22	14.67

三、草地资源的退化现状及分级

（一）草地退化分级标准

按照我国北方草场资源调查办公室印发的《重点牧区草场资源调查技术规程》要求，结合宁夏天然草地的退化状况，制定了三级分级标准，具体分级标准如下。

1. 轻度退化（Ⅰ级）

草地型原有建群种仍占绝对优势，生长季适口性较好的牧草略有减少，中、低等草开始增加，毒害草或以偶见种出现，草群的盖度和产量略有下降，土壤表层侵蚀不明显，看不出畜蹄践踏的痕迹。

2. 中度退化（Ⅱ级）

原建群种未变，但有明显生长不良，生长季适口性较好的牧草进一步减少，中、低等牧草与毒害草显著增多，不同地区草地退化的指示植物如匍根骆驼蓬、银灰旋花、猪毛蒿、栉叶蒿、冷蒿、甘肃蒿、薏状亚菊、星毛委陵菜、百里香、阿尔泰狗娃花等开始出现，盖度和产草量下降，土壤侵蚀加重，畜蹄践踏痕迹明显。

3. 重度退化（Ⅲ级）

原建群种显著减少，为低、劣牧草所替代，或仍保留原建群种但草层低矮、稀疏，产草量、盖度显著降低，退化标志草种大量出现，毒害草显著增加，土壤侵蚀相当严重，畜蹄践踏的沟纹密布，草地破坏已达十分严重的程度。

为了进一步对天然草地的退化分级给予明确的指标，便于对草地的退化现象和程度进行综合量定，给予正确评价，我们在进行外业工作时，初步拟定了一个草地退化程度的十项综合评定方法，仅供参考，附于本节之末。

（二）草地退化现状分析

从宁夏各类草地的退化程度看（表 4-5），除具灌丛草甸和具灌丛草原退化较轻外，其余各类草地退化面积都占总面积的 90%以上，而草甸草原、草原化荒漠、低湿地草甸、具疏林草原均达 100%的退化。可见凡是常年放牧利用的草地，都出现明显退化。从各类草地分布区域分析，以偏干旱类型的荒漠类、草原化荒漠类退化最严重。其中荒漠类重度退化占该类草地总面积的 64.7%，中度退化的占 21.6%，轻度退化的占 13.7%。草原化荒漠类重度退化的占 29.8%，中度退化的占 47.7%，轻度退化的占 22.5%。分布于较湿润区的具灌丛草甸和具灌丛草原退化现象较轻，退化面积分别占草地总面积的 27.3%和 60.3%。

就草地类型的退化程度分析看出，典型草原中度退化的占 57.5%，荒漠草原中度退化的占 67.3%，因这些类型草地在全区草地中占主要地位，退化程度决定了全区草地以中度退化为主的客观现实；全区草地重度退化面积占总面积的 16.9%，中度退化的占 60.6%，轻度退化的占 22.5%，也体现了以中度退化为主的基本特征。偏湿润类型的草甸草原、低湿地草甸、具灌丛草原退化较轻与利用率低有关。山地草甸类，虽为偏湿润的类型，草群的适口性并不算好，但是因为大面积的分布区主要在六盘山及其余、支脉以及月亮山、南华山等地（分布在贺兰山、大罗山处林带中的面积不大），在本区作为主要大家畜的常年放牧地，表现为中度退化占较大比例，重、中、轻度退化比例分别为 7.0%、64.9%和 26.3%。

表 4-5　宁夏各类草地退化现状

类型	草地面积/万 hm²	退化草地		面积与程度					
		面积/万 hm²	占比/%	轻度		中度		重度	
				面积/万 hm²	占比/%	面积/万 hm²	占比/%	面积/万 hm²	占比/%
草甸草原	5.4	5.4	100.0	4.3	79.6	0.4	7.4	0.7	13.0
典型草原	72.3	71.7	99.2	18.1	25.2	41.2	57.5	12.4	17.3
荒漠草原	166.1	165.0	99.3	30.1	18.2	110.9	67.3	24.0	14.5
草原化荒漠	26.2	26.2	100	5.9	22.5	12.5	47.7	7.8	29.8
荒漠	5.5	5.1	92.7	0.7	13.7	1.1	21.6	3.3	64.7
低湿地草甸	3.2	3.2	100.0	2.1	65.6	0.4	12.5	0.7	21.9
山地草甸	5.8	5.6	98.3	1.5	26.8	3.7	66.1	0.4	7.1
沼泽	0.8	0.7	87.5	0.7	100.0	0.0		0.0	
具灌丛草原	1.1	0.3	27.3	0.3	100.0	0.0		0.0	
具灌丛草甸	15.1	9.1	60.3	2.0	22.0	7.0	76.9	0.1	1.1
具疏林草原	0.0	0.0	100.0	0.0		0.0		0.0	

注：宁夏天然草地退化等级综合评定标准如下。根据宁夏草地退化的原因，拟定了 10 项具体评分，每项分为四级，即，

0 级：正常，未出现引起退化的异常情况，评 10 分；Ⅰ 级：表现异常，评 7.5 分；Ⅱ 级：明显表现异常，评 5.0 分；Ⅲ 级：极度表现异常，评 2.5 分。

1）放牧程度：适度 0，10 分；稍重 Ⅰ，7.5 分；重 Ⅱ，5 分；极重 Ⅲ，2.5 分。

2）人为破坏：无 0，10 分；轻 Ⅰ，7.5 分；中 Ⅱ，5 分；重 Ⅲ，2.5 分。

3）草层高度：正常 0，如长芒草叶丛高 13～15cm，10 分；稍低 Ⅰ，9～12cm，7.5 分；低 Ⅱ，5～8cm，5 分；几近地面 Ⅲ，<4cm，2.5 分。

4）盖度：正常 0，如典型草原 70%～85%，10 分；稍低 Ⅰ，50%～70%，7.5 分；低 Ⅱ，40%～50%，5 分；甚低 Ⅲ，30%～40%，2.5 分。

5）植被组成：正常 0，10 分；稍有变化 Ⅰ，原有优良牧草稍见减少，保留 80%～90%，仍占优势，低劣草增加 10%～20%，7.5 分；明显变化 Ⅱ，原有优良牧草减少显著，仅留 50%～70%，尚占优势，低劣草增加 30%～50%，5 分；极度变化 Ⅲ，原有优良牧草保留 <50%，低劣草占优势，增加 >50%，2.5 分。

6）毒害草：无 0，10 分；少 Ⅰ，相当于 un，7.5 分；多 Ⅱ，相当于 sol，5 分；甚多 Ⅲ，相当于 sp 以上，2.5 分。

7）土壤侵蚀：无 0，10 分；轻 Ⅰ，出现小片状剥蚀，或刚显水蚀的痕迹，7.5 分；中 Ⅱ，出现较大的片状剥蚀，土壤淀积层开始裸露，或出现水蚀的细沟，部分表土侵蚀，5 分；重 Ⅲ，表土完全剥蚀，淀积层几乎全部裸露地面，出现风蚀墩坎，沙地形成沙丘，沙垄，或流水侵蚀成浅沟，植被根部裸露，2.5 分。

8）地面有沟纹：正常，无，10 分；放牧羊蹄印稍见 Ⅰ，7.5 分；踩踏蹄印较多 Ⅱ，5 分；风蚀痕迹密布 Ⅲ，2.5 分。

9）病虫害：无 0，10 分；轻 Ⅰ，7.5 分；中 Ⅱ，5 分；重 Ⅲ，2.5 分。

10）兔、鼠、害：无 0，10 分；轻 Ⅰ，7.5 分；中 Ⅱ，5 分；重 Ⅲ，2.5 分。

　　将十项综合评定，得出总的退化等级，即

　　0 级：正常未退化，总分 100 分。

　　Ⅰ 级：轻度退化，总分 50～99 分。

　　Ⅱ 级：中度退化，总分 25～49 分。

　　Ⅲ 级：重度退化，总分 <25 分。

　　进行草地调查时，采取凭实地观察所得印象做综合估计，得出一个总的概念，获得最后的综合评价

　　在宁夏，造成天然草地如此广泛而严重退化的原因主要是农业结构失调，长期以来过于重视农、林而轻草牧。在家畜加速发展的情况下，草地面积相对减少，势必超载过牧，造成天然草地植被的全面退化。与此同时，干旱、风沙、暴雨等自然灾害，草地的鼠、虫危害，加上无计划地采集、挖药材，甚至成片地挖草根作饲料或烧柴等人为破坏，形成了对自然资源的掠夺式利用，也都是造成草地退化的种种诱因。

四、草地资源的分布状况

（一）分布区域

宁夏天然草地为 301.4 万 hm²，占全区土地总面积的 58%。其中盐池是国家确定的宁夏唯一牧区县，草地面积为 55.7 万 hm²，占全区草地总面积的 18.5%。两个半牧区县分别是同心县和海原县，草地面积分别是 44.4 万 hm² 和 30.0 万 hm²，占全区草地总面积的 14.7% 和 9.9%。草地面积占比较大的还有中卫市、灵武市；天然草地面积最小的隆德和泾源县，分别占全区草地面积的 0.7% 和 0.6%。

（二）连片分布草地

经调查统计，全区连片分布的天然草地共计 1515 块，平均每块面积为 0.2 万 hm²。其中面积在 6666.7hm² 以上的有 22 块，共计 249.6 万 hm²，占全区草地面积的 82.81%，构成了宁夏天然草地连片分布的主体；草地面积在 3333.3～6666.7hm² 的有 14 块，共计 7.25 万 hm²，占全区草地面积的 2.41%；1666.7～3333.3hm² 的有 50 块，共计 11.16 万 hm²，占全区草地面积的 3.70%；666.7～1666.7hm² 的有 144 块，共计 14.73 万 hm²，占全区草地面积的 4.89%；666.7hm² 以下的共计 1285 块，面积 18.66 万 hm²，占全区草地面积的 6.19%（表 4-6）。

表 4-6　宁夏连片草地面积比例与分布

面积范围/hm²	块数	面积/万 hm²	占比/%	分布地点
<33.3	273	0.69	0.23	固原地区、银川石嘴山
33.3～66.7	299	1.83	0.61	固原地区、银川石嘴山
66.7～133.3	261	2.50	0.83	固原地区、银川石嘴山
133.3～333.3	284	6.07	2.01	固原地区、银川石嘴山
333.3～666.7	168	7.57	2.51	固原地区、银川石嘴山
666.7～1666.7	144	14.73	4.89	固原地区、银川石嘴山
1666.7～3333.3	50	11.16	3.70	固原、海原、西吉、泾源、吴忠
3333.3～6666.7	14	7.25	2.41	海原、固原、西吉、吴忠、银川、平罗、陶乐
>6666.7	22	249.6	82.81	除西吉、隆德、泾源外，其他县市均有分布
总计	1515	301.4	100	

连片草地的分布有三种基本形式：6666.7hm² 以上的大规模连片草地，主要分布在典型草原和荒漠草原带，包括盐池、同心、海原 3 县及中卫、中宁、吴忠、灵武、青铜峡等川区县市的山区，永宁、贺兰、银川市郊区，平罗、石嘴山市各县，贺兰山东麓洪积扇及陶乐东部等宁夏主要的草地放牧区；3333.3～6666.7hm² 中等规模连片草地，主要分布在固原地区和石嘴山市；66.7hm² 以下的小面积草地，分布在固原、西吉、隆德等县。由于地处半阴湿区，农、林、牧用地矛盾突出，开垦严重，天然草地破碎。银川、石嘴山两市 66.7hm² 以下的小面积草地多属于农区的盐碱地和湖泊周围盐分含量较高的区块。

（三）各地区草地资源

1. 固原地区的草地资源

固原地区天然草地面积为 68.2 万 hm²，占土地总面积的 40.6%，有缺水草地 11.8 万 hm²，退化草地 65.2 万 hm^2，有毒、害草地 47.0 万 hm^2，分别占该地区草地面积的 17.3%、95.6%、68.9%。

按全国气候区划，固原地区属温带半湿润向半干旱过渡地带，气候具有湿润至半干旱、干旱的各种类型；加上六盘山的隆起，使水热指标与大的气候带发生差异，从而形成了草地类型的多样性，包括山地草甸、草甸草原、典型草原、具灌丛草原、低湿地草甸、盐荒漠、荒漠草原、具灌丛草原等 8 个草地类型，以典型草原和荒漠草原面积最大，分别占全地区草地面积的 65.3% 和 16.8%，其次为山地草甸和草甸草原类型，分别占 8.1% 和 8%，低湿地草甸、盐荒漠零星分布在低湿或强盐渍化生境中。

典型草原草地：广泛分布于原州区北部，海原县中部，西吉大坪、田坪一线以南，隆德观庄、大庄一线东部，大部分草原草群低矮，牧草干物质多，适合放牧羊只，可利用鲜草产量 535.5～3072.0kg/hm^2，正常年份 0.8hm^2 可养 1 个羊单位，属Ⅱ、Ⅲ、Ⅳ等 5、7 级草地。

荒漠草原草地：分布于海原县干盐池三个井一蒿川一关桥一高崖的北部，多属Ⅱ、Ⅲ等 7、8 级草地，可利用鲜草产量 525.0～975.0kg/hm^2，平年放牧 1.2hm^2 能养 1 只绵羊。

山地草甸草地：分布于六盘山、南华山中低山带，植物种类丰富，中生杂类草较多，盖度 85%～95%，可利用鲜草产量 3635.0kg/hm^2，正常年份放牧 0.3hm^2 可养 1 只绵羊。

草甸草原草地：分布于六盘山、月亮山、南华山及其支脉，原原州区冯庄、河川，西吉县大坪、田坪以东及隆德县部分地区，草群平均盖度 75%～85%，可利用鲜草产量 233.0～950.0kg/hm^2，平年放牧 0.4hm^2 可养 1 只绵羊。

低湿地草甸草地：占全地区草地面积的 0.2%，零星分布在各地冲沟底部、河滩、水库和湖滩周围，为隐域性植被，植物以中生、湿中生植物及小型莎草为主，盖度 50%，草层高 3～15cm 可利用鲜草产量 2111.0kg/hm^2，放牧 0.5hm^2 可养 1 只绵羊属三等 5、6 级草地。

具灌丛草甸草地：分布在六盘山南端，泾源县东部，以及月亮山、黄峁山 1900m 以上的山地阴、半阴、半阳坡，六盘山中、北段的阴坡上，多温性落叶阔叶灌木，属森林破坏后形成的次生植被，群落总盖度 60%～95%，灌丛郁闭度 0.5%～0.6%，草层高 15～60cm，可利用鲜草产量 2550.0～5160.0kg/hm^2，正常年份放牧 0.2hm^2 可养 1 只绵羊，属三、四等 1、2 级草地。

盐荒漠草地：分布于原州区冬至河水库以南与海原县园子河、甘盐池湖滩地的盐渍土上，总盖度 45%～50%，高度 8～13cm，平年可利用鲜草产量 151.0kg/hm^2，约 6.8hm^2 能养 1 只绵羊。

具灌丛草原类草地：仅见于隆德桃山乡红崖王家背面山坡，建群种为山桃，分布着沙棘、虎榛子、枸子、甘肃山楂、小檗、玫瑰等。

固原地区有毒草草地面积较大，是宁夏草地毒草危害最严重的地区，主要毒草有狼毒、黄花棘豆（马绊肠）、醉马草、伏毛铁棒锤，淡味獐牙菜（乏羊草）及蕨（蕨毛），多分布于阴湿、半阴湿区，以南华山、月亮山、云雾山、六盘山山地草甸和草甸草原区最多。淡味獐牙菜、狼毒等耐旱毒草在过度放牧下，也大量出现在黄土丘陵草原，在许多地方加重了草地退化，成为草地建设的严重问题，海原 1m^2 毒草产量占该型产量的 7.2%，南华山部分地段高达 20%，固原、彭阳的毒草产量达到 22%，泾源的草甸草原区毒草产量占比可达 27%。

固原地区的缺水草地占草地面积的 17.3%，其中海原县面积最大，为 8.8 万 hm^2，占该县草地面积的 29.5%，主要分布在蒿川、兴仁、兴隆、李旺、罗川及高崖西北部，关桥北部，杨坊东部，郑旗的东北部，原州区草庙、罗洼、高岔、三营以北、黑城、七营、双井等地，缺水多以冬春为主。

2. 银南地区的草地资源

根据调查全地区天然草地面积为191.9万 hm^2，占全地区土地总面积的71.0%，是全自治区天然草地最集中、面积最大的地区，以盐池、同心、中卫、灵武、青铜峡草地面积最大，分别占全地区草地面积的29.0%、23.0%、16.0%、14.9%和6.0%。

该地区天然草地类型以典型草原、荒漠草原为主体，分别占草地总面积的63.9%和12.5%，是宁夏滩羊的集中产区，其他草地类型有草原化荒漠、荒漠。草地植被特征是植物种类较少，毒草不甚严重，群落结构简单，大多数牧草具有较高的抗旱性，草地产量低、品质优，并具有宁夏滩羊和中卫山羊最适应的生态环境条件，草地植被盖度为25%～60%。

典型草原草地：主要分布在盐池县红井子、后洼、萌城、麻黄山，同心县田老庄、新庄集、窑山、王团一线以南地区。盖度30%～60%，鲜草产量1639.1kg/ hm^2。以多年生草本植物、小灌木、小半灌木占优势，正常年份放牧0.8hm^2草地可养一个绵羊单位。

荒漠草原草地：分布于全地区，包括盐池中北部，同心北部，中卫、中宁、灵武大部分地区。受西北蒙古高原高压冷气流的影响，自然气候的大陆度较强，呈现植被稀疏，植物种类较少，以强旱生的小灌木、小半灌木为主。一般盖度25%～40%，鲜草产量1347.0kg/ hm^2，正常年份放牧1.3hm^2可养1只绵羊。属二、三、四等七、八级草地。

大罗山由于海拔较高，植被的垂直分布明显，山麓为荒漠草原，再上继出现典型草原和森林，规划为山地森林自然保护区，未放牧利用。

草原化荒漠草地：主要分布在中卫的三眼井、黄河以南及干塘、照壁山一带，中宁县黄河以北部分地区及卫宁北山，灵武县横城，吴忠牛首山东部。本类草地面积为万亩，植被低矮，群落结构简单，以盐柴类、强旱生半灌木、小半灌木、刺灌木为主，盖度15%～30%，可利用鲜草产量330.0～675.0kg/ hm^2，放牧1.3～2.8hm^2草地可养1只绵羊。

香山、米钵山等山地，也分布着草原化荒漠草地，因土层较薄，质地多为轻壤，并有砾石，气候干燥，生态环境严酷，植物低矮，牧草种类少，以小灌木、小半灌木为主，宁夏著名的中卫山羊就是在这种条件下形成的。

地处引黄灌区的中宁、灵武、吴忠、青铜峡等，农田间穿插有小面积的盐碱地和农田防护林间草地及"村、田、房、林、路、沟、渠、圈、湖、库"，近旁的"十边地"有5.6万 hm^2，其中中宁县1.6万 hm^2，占该县草地面积的10%，灵武市1.1万 hm^2，占该市草地面积的4.2%，青铜峡市1.7万 hm^2，占该市草地面积的14%，吴忠市1.1万 hm^2，占该市草地面积的24.5%。

本地区多年垦荒种地、打沙蒿、挖甘草、过牧等人为活动频繁，导致草地沙化、退化严重，草地沙化面积达65.4万 hm^2，占本地区草地面积的34.1%。沙化严重的为盐池，达31.5万 hm^2，占该县草地面积的56.0%，灵武市20.4万 hm^2，占该市草地面积的71.0%，其次为同心县，沙化面积达8.1万 hm^2。

本地区有毒草存在的草地面积为76.4万 hm^2，以老瓜头为多，危害不大。这种植物夏季牲畜不食，霜后少食。它们大量存在，影响草地质量，反映了草地的日益沙化和退化，不过该草也是一种很好的蜜源植物，每年为区内外蜂群的放养提供了重要蜜源。

本地区有缺水草地65.6万 hm^2，主要分布在盐池后洼、麻黄山、萌城、大水坑、红井子东南部，同心县的马家大山、老爷山、窑山、马高庄、张家塬、下流水等及卫宁北山。

本地区盐灵一带，不同程度沙化的荒漠草原，是重要的中药材甘草的集中分布区，资源丰富，质量优良，共计 27.0 万 hm²，平均产草量 2091.0kg/hm²，受到中外药商和收购部门的重视。

本地区种植业发达，农副产品和农作物秸秆资源丰富。挖掘这些饲草资源并合理利用来发展农区畜牧业有广阔前途。

3. 银川市的草地资源

银川市天然草地面积为 15.4 万 hm²，占该市土地面积的 44.2%。本市草地主要分布在贺兰山洪积扇和浅低山地带，洪积扇多为荒漠草原、草原化荒漠，低浅山为具灌丛草原，河漫滩地有一定面积的低湿地草甸，灌区有面积不大的沼泽类草地零星分布。

荒漠、草原化荒漠草地类分布于贺兰山东麓，由于地处草原向荒漠过渡的地带，地形、基质、盐碱化程度等呈现荒漠、草原化荒漠互相错综交织。其中荒漠草原居多，占 88%，这两类草地植物种类稀少，多以强旱生灌木、半灌木为主，植物盖度 15%～30%，可利用鲜草产量 375.0～1125.0kg/hm²，正常年份放牧 0.7～2.4hm² 草地可养 1 只绵羊。荒漠草原和草原化荒漠所处环境，地下水较丰富，有开发利用的前途。

具灌丛草原草地类处于贺兰山低山山地草原带，多以蒙古扁桃、灰榆、杂灌木为主，植被稀疏，利用价值不高，鲜草产量 675.0～825.0kg/hm²，正常放牧 1.0～1.3hm² 草地可养 1 只绵羊。

沼泽类草地多分布于灌区的湖盆和低洼积水地带，以大型禾草芦苇、香蒲、水葱等沼生植物为主体，常不用作放牧，或偶尔有农户养殖的农耕家畜放牧。

据调查本市农耕区间零星小片草地有 6.3 万 hm²，占全市天然草地面积的 40.9%，其中永宁县有 1.2 万 hm²，贺兰县有 5.1 万 hm²，草地植物组成主要有赖草、小芦草、中亚白草及其他杂类草，平均可利用鲜草产量 712.5kg/hm²，是农区利用方便且有挖掘潜力的一类草地。

银川市草地退化十分严重，退化草地约占草地总面积的 74.0%，达到 11.4 万 hm²，主要分布在贺兰山东麓。草地沙化面积约 4.1 万 hm²，主要分布在永宁县黄羊滩，贺兰县的洪广、于祥，银川平吉堡芦草洼部分地区。据调查，银川市天然草地可利用总产草量为 1 亿 kg，可饲养 11.4 万羊单位。

4. 石嘴山市的草地资源

石嘴山市天然草地面积为 25.9 万 hm²，占该市土地总面积的 48.8%，其中石嘴山郊区 9.6 万 hm²，平罗县 9.8 万 hm²，陶乐镇 6.5 万 hm²。石嘴山郊区草地主要分布在贺兰山洪积扇，面积为 2.1 万 hm²，贺兰山浅、低山区，面积为 5.0 万 hm²。平罗县草地分布在贺兰山洪积扇的有 0.7 万 hm²，浅、低山区有 6.8 万 hm²，黄河滩地有 2.1 万 hm²。

贺兰山浅、低山草地类型主要是以旱生灌木和杂灌木为主体的具灌丛草原，盖度为 15%～40%，可利用鲜草产量 375.0～900.0kg/hm²，正常放牧 1.1～2.5hm² 草地能养 1 只绵羊。贺兰山东麓洪积扇石嘴山北部的草地，以草原化荒漠植被为主体，盖度 15%～45%，可利用鲜草产量 330.0～750.0kg/hm²，放牧 0.9～1.2hm² 草地可养 1 只绵羊。

除贺兰山东麓洪积扇有小面积的分布外，大面积的荒漠草原分布在陶乐镇，面积为 1.6 万 hm²，盖度 30%～40%，可利用鲜草产量 1115.6kg/hm²，载畜能力为正常，放牧 1.7hm² 可养 1 只绵羊。

低湿地草甸草地主要分布在黄河滩地，面积为 2.1 万 hm²，草地植物以假苇拂子茅、赖草、小芦草为主体，可利用鲜草产量 750.0～3000.0kg/hm²，载畜能力为 0.3～1.2hm²，可放牧 1 只绵羊。本类草地因过度放牧，退化严重。平罗县五香、灵沙等黄河滩地及崇岗有 0.5 万 hm² 含小花棘豆等毒草的草地，如不及时根除，会造成放牧家畜误食中毒，严重危害畜牧业生产。

五、草地生产力评价

（一）草地生产力的表示方法与计算

草地既是一项重要的农业自然资源，又是人类的一种特殊生产资料，无论对于放牧畜牧业或半舍饲畜牧业，都是必需的生产基地，其生产能力的大小直接决定着草地畜牧业的生产效率和经营水平。

草地生产能力可概括为初级生产能力与次级生产能力两个过程。本书采用"草地产草量"和"可利用产草量"代表草地的初级生产能力，采用"草地载畜量"代表草地的次级生产能力。

1. 草地产草量和可利用产草量

（1）草地产草量

以野外对各草地类型的产草量实测数据为基础（测产时间在七、八月牧草最盛时期，较早测定的已做适当调整），所测鲜重按实测风干重之比换算为干重，即得样地实测鲜草、干草产量。野外样地实测产草量（即样方本上登记的样地平均产草量）须经过 3 次校正才是草地的产草量。

1）测产前已食草的校正。宁夏绝大部分草地都是不分季节常年放牧利用。因此调查时的测产必须把测产以前，自牧草返青开始已放牧采食的草补算到草地产草量中去。我们采取生物学方法，将放牧羊单位按牧草返青后抢青期、饱青期不同的日食量，计算出总采食牧草量，再按实有草地可利用面积平均到每公顷，结合调查实测产量相加。

2）再生草的校正。比较干旱的典型草原、具灌丛草原、荒漠草原、草原化荒漠、荒漠等草地类型，一般秋季测产后当年不能产生有用的再生草，不加校正；对于比较湿润的山地草甸、低湿地草甸、草甸草原、具灌丛草甸、沼泽等草地类型，测产后可以再长出一次可利用的再生草，参照一般草原学书籍介绍的理论校正系数加以校正。

3）丰、平、歉年的校正。根据测产当年的气候状况，按丰、平、歉年的校正系数统一折算为平年产草量。此校正系数是根据各县气象部门的有关指标，结合当年农作物产量和当地群众的经验制定。

（2）可利用产草量

可利用产草量是上述各草地类型的产草量（实测产量经上述三次校正）分别乘以不同类型草地的实际可利用率所得。各类型草地的实际可利用率，是根据典型样方中各种牧草的组成比例及其可食性百分率计算得来，遇到半干旱和干旱的草地类型、计算所得实际利用率过高时，则以不超过 65%为利用率极限，加以控制，以体现比较合理的草地利用率。

（3）各类、组的平均产草量和可利用产草量

系以所含各组、型的产草量和可利用产草量的算术平均数为准；计算类、组的载畜能力，采用所含各组、型的可利用产草量，与可利用草地面积加权平均，以加权平均数为准。

2. 草地载畜量

载畜量的计算，同时使用"家畜单位"和"草地单位"两种表示方法。

（1）家畜单位

全区统一用"绵羊单位"表示。即一定时间内，单位面积草地上可牧养的绵羊单位数，具体化为每公顷草地可牧养多少个绵羊单位（或多少只绵羊）。

（2）草地单位

草地单位为每 1 头家畜（或折合为绵羊单位，即为每 1 个绵羊单位）放牧 1 年实际所需要的草地面积。具体化为每 1 绵羊单位（或每羊、牛、马）1 年中放牧实际所需的草地面积。

计算草地载畜量时，草地面积可利用折皱面积，1 个绵羊单位的年食草量各地不一，计算时以各地 1 年中实际放牧天数和四季的实际日食草量为准。宁夏各地基本上都属于半农半牧地区，各种家畜采用放牧、舍饲、半舍饲饲养方式，根据情况和实地调查结果，采取因地制宜，区别对待的办法，采用不同的指标。

（二）各草地类产草量

1. 总产草量

根据调查，宁夏天然草地平均每公顷产鲜草为 2479.5kg，产可利用鲜草为 994.5kg，可利用率 40%。

2. 各草地类产草量

在各类草地中，可利用鲜草产量以具灌丛草甸、沼泽、山地草甸、草甸草原等草地为最高；低湿地草甸、具疏林草原、典型草原次之；产量较低的有荒漠草原、具灌丛草原，而以荒漠和草原化荒漠产草量最低（表 4-7）。

表 4-7　宁夏各草地类鲜草产量　　　　　（单位：kg/hm²）

草地类	平均产草量/(kg/hm²)	平均可利用产草量/(kg/hm²)	利用率/%	排序
草甸草原	5 520.0	2 881.4	52.2	4
典型草原	1 783.5	1 175.3	65.9	7
荒漠草原	1 540.5	791.8	51.4	8
草原化荒漠	1 372.5	521.6	38.0	11
荒漠	1 524.0	518.2	34.0	10
山地草甸	8 445.0	3 631.3	43.0	3
沼泽	11 662.5	3 732.0	32.0	2
低湿地草甸	5 080.5	1 956.0	38.5	5
具灌丛草甸	11 745.0	4 698.0	40.0	1
具灌丛草原	2 518.5	755.6	30.0	9
具疏林草原	3 375.0	1 350.0	40.0	6

（1）草甸草原类

在宁夏多分布在阴湿、半阴湿山地，一般植被生长茂密，平均鲜草产量 5520.0kg/hm²，可利用鲜草 2881.4kg/hm²。多由多年生中旱生或旱中生植物组成，铁杆蒿、甘青针茅等作为建群种，群落中优质的禾本科、豆科植物较少，以蒿类为建群种的中旱生蒿类半灌木组，鲜草产量可达 7762.5kg/hm²，最高 10 702.5kg/hm²，属中等饲用品质，利用率为 56%。与草甸草原处在同一地区的山地草甸类草地，其中无毛牛尾蒿中生蒿类的草群较茂密，群落中有一定数量的禾本科植物，多为杂类草，鲜草产量 4500.0～5250.0kg/hm²，属中等品质，利用率为 50%。由五花杂类草组成，小型莎草、紫羊茅、蒙古蒿为建群种的草地面积较小。本类草地的特点是产草量高而饲用质量不良，鲜草产量 8445.0kg/hm²，可利用鲜草 3631.3kg/hm²，利用率为 43.0%，其中由杂类草组成的草地产量最高可达 16 797.0kg/hm²。

宁夏产草量最高的一类草地是具灌丛草甸类草地，鲜草产量 11 745.0kg/hm²，多以虎榛子、多种山地杂灌木组成上层灌丛层片，下层草甸层片由中生杂类草组成，饲用价值不高，利用率为 40.1%。其中中生灌木——杂类草组是本类草地的主体，鲜草产量 10 125.0kg/hm²，可利用鲜草 4657.5kg/hm²，利用率为 46.6%。虎榛子 + 杂类草型鲜草产量 12 450.0～13 687.5kg/hm²，其中虎榛子产量可达 10 500.0kg/hm²。

（2）典型草原类

典型草原类是本区分布较广，产草量中等，饲用品质优良，可利用率最高的一类草地，由真旱生多年生草本或旱生蒿类半灌木、小半灌木为建群种，矮丛生禾草常常在群落中占优势，平均鲜草产量 1783.5kg/hm²，可利用鲜草产量 1175.3kg/hm²，利用率为 65.9%。

长芒草草原构成了宁夏草原的主体，具有较高的饲用价值，鲜草产量 4079.5kg/hm²，可利用鲜草 2447.7kg/hm²，利用率为 68.0%。组成旱生蒿类草原的茭蒿、铁杆蒿属中等饲草，常作冬春放牧场，鲜草产量 5085.0kg/hm²，可利用鲜草 2542.5kg/hm²，利用率为 50%。冷蒿草原鲜草产量 3495.0kg/hm²，可利用鲜草 2271.7kg/hm²，利用率为 65%，为较好的羊群放牧草场，具有产草量低而质量较好的特点。

旱生杂类草草原一般为低质、低产草地，鲜草产量 4243.5kg/hm²。以旱生豆科植物牛枝子、甘草为建群植物的典型草原，鲜草产量 3157.5kg/hm²。牛枝子草原是重要的放牧场，甘草草原是为数不多的打草场，利用率一般为 55%～70%。

（3）荒漠草原类

荒漠草原类是本区面积最大的一类天然草地，分布地区属半干旱气候，比草原分布区干燥，也是本区产量较低、质量较好、牧草含水量较少、干物质较多的一类草地。平均鲜草产量 1540.5kg/hm²，利用率 51.4%。

荒漠草原的主要建群种有矮丛生禾草短花针茅、细弱隐子草、蒙古冰草等。以细弱隐子草为优势种的草地，在宁夏属于细草地，产草量低而草质较好，鲜草产量 1129.5kg/hm²，可利用鲜草 677.7kg/hm²，利用率为 60%左右。

垫状刺灌木组荒漠草原，主要是刺旋花、猫头刺，虽然产草量与矮禾草荒漠草原相似，但建群植物低矮多刺，适口性不好，具有三、四等的饲用价值，利用率为 40%～50%。本组中很大一部分草地型可利用产草量低，为 315.0～487.5kg/hm²。

强旱生小半灌木、盐柴类小半灌木、有刺灌木荒漠草原，都是以小半灌木、灌木与多种多年生旱生小草本植物共同组成的荒漠草原。可利用鲜草产量为 600.0kg/hm²左右，是本类中产草量最低的 3 类草地。强旱生矮草本冷蒿荒漠草原利用率最高可达 70%。

本类草地每公顷产草量最高的为旱生豆科草荒漠草原，平均鲜草产量 2000.3kg/hm²，可利用鲜草 1060.2kg/hm²，利用率为 53%。其中牛枝子草原是本区的优良草地之一，利用率在 60%以上；甘草荒漠草原可利用鲜草产量最高达 2760.9kg/hm²。

（4）草原化荒漠类

处在草原向荒漠过渡地带的草原化荒漠草地类是本区产草量最低的一类草地，鲜草产量 1372.5kg/hm²，可利用鲜草 521.6kg/hm²，利用率约只有 38%。

盐柴类小半灌木组是草原化荒漠中面积最大的一组，可利用鲜草产量 472.5kg/hm²，其中红砂 + 珍珠柴草地，可利用鲜草产量仅 360.0kg/hm²。

强旱生杂类草组，多以匍根骆驼蓬、多根葱为建群种，分布在中卫沙坡头北部赵壁山和青铜峡广武一带，生境极干旱，鲜草产量 981.7kg/hm²，可利用鲜草 412.3kg/hm²，利用率为 42%。

（5）荒漠类

本类草地是在极严酷的生境条件下形成的，植被稀疏，区系简单，草层不能郁闭，有大量的裸露地面。鲜草产量 1524.0kg/hm²，以细枝盐爪爪、小果白刺等盐生灌木为优势种，饲用品质不良，利用率约为 34%，可利用鲜草产量 518.2kg/hm²。

（6）沼泽类

鲜草产量 11 662.5kg/hm²。

（7）低湿地草甸类

鲜草产量 5080.5kg/hm²。

（8）具疏林草原类

鲜草产量 3375.0kg/hm²。

（9）具灌丛草原类

鲜草产量 2518.5kg/hm²。

六、饲草资源与供需平衡

宁夏除引黄灌区外，大部分地区为半农半牧区，这决定了本区饲草来源的多途径性。

（一）天然草地产草量与载畜量

宁夏天然草地广阔，为放牧畜牧业提供了丰富的饲草资源。据调查计算，全区正常年景天然草地全年生产可利用牧草 26.8 亿 kg，占总饲草来源的 49.5%。其中银南地区可利用总产草量为 13.6 亿 kg，占全区天然草地总产量的 50%；固原地区为 10.5 亿 kg，占全区天然草地总产量的 37.7%；银川市为 1.0 亿 kg；石嘴山市为 0.8 亿 kg。全区天然草地总载畜量为 288.47 万羊单位。

（二）可饲用农作物秸秆等副产品与载畜量

宁夏不但有广阔的天然草地，种植业也十分发达。盛产玉米、小麦、水稻、莜麦、糜谷、荞麦、豌豆等农作物，这些作物的秸秆等副产品为畜牧业生产提供了数量可观的饲草料。根据社会经济资料和补充调查，全区可用来饲喂家畜的农作物秸秆达 7.00 亿 kg，占总饲草资源的 32.2%。其中引黄灌区农作物秸秆等副产品占总饲草资源的 50.0%以上，如银川市占 64.6%，永宁县占 76.6%，银南地区的吴忠市（现属利通区）占 67%。

（三）林果业提供的饲草量和饲养量

林果业的发展也给家畜提供了一部分饲草资源。据不完全统计，全区可作饲草用的树叶产量有 0.5 亿 kg（干重）。可饲养 14.8 万羊单位，占全区饲草总量的 2.6%。

（四）"十边地"提供的饲草量和饲养量

含村、田、房、林、路、沟、渠、圈、湖、库边的小面积草地，数目很多，利用方便，常常成为养殖户用来刈割圈养或放牧家畜的"方便草"，全年可产饲草 2.6 亿 kg，养畜 28 万羊单位，占全区总饲草资源的 4.8%。

综上所述，宁夏常年可利用饲草资源为 53.50 亿 kg（鲜重），总计可饲养 582.5 万羊单位，与全区 1980 年实有羊单位 514.2 万比，还有发展潜力 68.3 万羊单位。

第二节　禁牧封育后草地资源与评价

一、天然草地植被盖度和高度

（一）综合植被盖度

草地资源综合植被盖度指某一区域各主要草地类型的植被盖度与其所占面积比例的加权平均值。它是定量反映大尺度范围内草地生态质量状况，直观表现较大区域内草地植被疏密程度的指标。

根据国家《生态文明建设目标评价考核办法》的要求，国家发展改革委、国家统计局、原环境保护部、中组部等联合制定并下发了《绿色发展指标体系》和《生态文明建设考核目标体系》，作为评价考核生态文明建设的依据。农业部从 2016 年起，将草地综合植被盖度列为考核自治区和各省（市）政府的约束性指标。依照上述考核办法、目标和指标体系，宁夏草地综合植被盖度的测算公式如下：

$$G = \sum_{k=1}^{n} G_k \cdot I_k$$

式中，G 为全区综合植被盖度；G_k 为某县（区）的综合植被盖度；I_k 为某县（区）综合植被盖度的权重；k 为某县（区）的序号；n 为参与计算县（区）的总数。

$$I_k = \frac{M_k}{M_1 + M_2 + \cdots + M_n}$$

式中，M_k 为某县（区）的天然草地面积。

依据 2015 年全区草地监测数据测算，草地综合植被盖度为 52.01%，其中彭阳县、西吉县、隆德县草地综合植被盖度均在 80.00% 以上，青铜峡市最低为 8.70%，平罗县、灵武市、红寺堡区和中宁县草地综合植被盖度较低。自治区草原工作站根据历年监测数据，依照草地综合植被盖度计算公式，对 2003 年至 2015 年的草原综合盖度进行测算评价。2003 年到 2013 年的 10 年间，草地综合植被盖度持续增加，10 年间增加了 18.43 个百分点，较 2003 年增长了 52.7%。2014 年全区草地综合植被盖度达到最高，为 54.14%。2015 年与 2013 和 2014 年相比有所下降，从气象资料分析，下降的原因是当年牧草生长季节降水量与往年同期相比明显减少，导致天然草地植被生长缓慢所致。从天然草地所处的生态环境因素分析，宁夏天然草地以荒漠草原和典型草原为主，分布于干旱、半干旱地区，年降水量多数年份在 300mm 以下，受水分生态的制约，数据波动也属正常。应当肯定的是，天然草地植被经过 10 多年的禁牧封育，休养生息，得到了显著的改善，初步实现了"绿起来"的目标。

（二）草地植被盖度及其年际变化

天然草地植被盖度是在当年草地植被生长的最好季节（7、8 月）实地监测获得的盖度。监测结果显示，1981～2015 年主要草地类型植被盖度年际间变化幅度见表 4-8。

表 4-8　宁夏天然草地植被盖度年际间变化情况

年度	草甸草原	典型草原	荒漠草原	草原化荒漠	荒漠	综合盖度
1981	81.00	55.00	35.00	20.00	22.50	
2002	80.00	59.02	39.00	28.00	42.00	32.00

续表

年度	草甸草原	典型草原	荒漠草原	草原化荒漠	荒漠	综合盖度
2010	92.10	74.46	49.56	36.94	52.22	47.50
2011	91.49	73.20	50.85	29.09	40.92	48.70
2012	96.79	75.14	60.53	42.38	47.65	51.58
2013	92.67	75.69	54.86	38.16	47.61	53.43
2014	92.57	75.09	55.16	39.26	46.71	54.14
2015	92.53	74.15	28.54	1.64	6.86	52.01

草地植被盖度是反映一定时间内草地景观、质量和生态效益的重要指标。下面以表 4-8 数据为基础，分别就 1981 年、2010 年和 2015 年 3 个典型时间段，5 个主要草地类型的植被盖度的动态变化进行比较分析。

草甸草原类：1981～2010 年的 29 年间植被盖度增加了 11.1 个百分点，年均增加 0.38 个百分点；2010～2015 年植被盖度仅增加了 0.43 个百分点，年均不到 0.10 个百分点，说明草甸草原的植被盖度自 2010 年后恢复到趋于稳定的状态。

典型草原类：植被盖度由 1981 年的 55.0%增加到 2010 年的 74.46%，29 年增加了 19.46 个百分点，年均增加 0.67 个百分点；2010 至 2015 年的 5 年间出现负增长，说明典型草原在全面禁牧封育期间植被得到了良好的恢复，轻微波动属于常态。

荒漠草原类：2010 年比 1981 年植被盖度增加了 14.56 个百分点，年均 0.50 个百分点；2015 年比 2010 年下降了 21.02 个百分点，年均下降 4.20 个百分点。这主要是 2015 年宁夏中部在牧草生长季节遭受持续干旱，导致植被盖度大幅度下降。

草原化荒漠类：植被盖度 2010 年比 1981 年增加了 16.94 个百分点，年均增加 0.58 个百分点；干旱的 2015 年比 2010 年下降了 35.30 个百分点。

荒漠类：2010 年与 1981 年相比增加了 29.72 个百分点，年均增加超过 1.00 个百分点，是各类草地中增加幅度最大的类；但干旱的 2015 年比 2010 年下降了 45.36 个百分点，可谓大起大落。草原化荒漠与荒漠 2010～2015 年间植被盖度下降的主要原因与荒漠草原相似，都是牧草生长季节降水量大量减少所致。

（三）草地植被的草层高度

草地植被高度反映的是各类牧草在一定时间内生长旺盛与否及草地植物生活类型的组成情况，如表 4-9 所示。草甸草原植被的草层平均高度显著高于其他 4 类草地，比草原化荒漠平均高 12.2cm。荒漠的草层高于典型草原、荒漠草原和草原化荒漠，反映出荒漠植被是以株型相对高大的灌木和半灌木为主构成的。

从年际间的草层高度看，除草甸草原外，其余 4 类草地草层高度有明显差距的是 2015 年。从综合草层高度值看，2010～2015 年为 22.25～16.90cm，其中 2010～2014 年间仅差 0.72cm。草层最高为 2010 和 2012 年，均为 22.25cm。牧草生长季持续干旱导致 2015 年草层综合高度仅为 16.90cm，相当于最高年份的 76%。草层综合高度的降低，直接造成产草量和利用率降低，也影响饲草的供给数量和质量，影响放牧家畜的采食率和打草场收割牧草的质量与产量。

二、草地面积与生产力

（一）不同年度草地面积与产草量比较

对草地生产力监测和评价是全面客观反映草地经济特性的一项基础工作，是实现以草定畜，科学利用的基本前提。草地生产力评价的指标较多，本节主要从产草量、载畜量、载畜能力、等级、退化情况等方面进行综述和评价（表4-9）。

表4-9　主要类草地年际间草层高度变化情况　　　　　（单位：cm）

年份	草甸草原	典型草原	荒漠草原	草原化荒漠	荒漠	综合盖度
2003	25.11	17.56	15.45	12.94	19.50	
2010	26.90	21.30	18.50	14.30	28.10	22.25
2011	29.51	22.70	21.76	18.91	29.04	21.10
2012	30.20	22.90	22.00	17.22	28.10	22.25
2013	29.00	19.20	18.00	17.00	21.00	22.14
2014	27.84	16.09	14.72	16.78	15.69	21.53
2015	26.73	20.87	9.16	12.93	9.79	16.90
平均	27.90	20.09	17.08	15.73	21.66	

注：2003年数据为当年自治区草原工作站测定数据；2010～2015年均引自自治区草原工作站编《宁夏草原资源监测报告》

由表4-10数据可见在三个时间段全区天然草地面积与生产力的变化情况。一是1981～2002年的21年间，天然草地面积由301.40万hm²减少至244.33万hm²，减少了57.07万hm²，草地面积占宁夏国土总面积的比例由58%降至47%，降低了11.0个百分点，年均减少2.71万hm²。相应地，年产草量由1981年的747.4万t减至2002年的291.05万t，减少了456.35万t，减少了61.1%，载畜量由288.46万个羊单位减至189.19万个，减少34.4%。二是2002到2010年8年间，草地面积保持了稳定，此期间，从2003年起全区天然草地实行全面禁牧封育，草地鲜草产量2010年比2002年增加了108.97万t，增加37.44%，可食干草产量增加了47.7%，相应地载畜量增加了47.3%，年均增长5.9个百分点以上，载畜量增加的比例大于产草量，说明可食牧草量增加了。三是2010年至2015年的5年间，草地鲜草产量基本稳定在400～450万t之间，年载畜在10万个羊单位左右变动，说明天然草地经过禁牧封育措施后，生产能力和质量基本达到了相对稳定的状态。草地产草量和载畜量的小幅度波动是年际间天然降水丰、歉等因素影响的结果（图4-1）。

表4-10　1981～2015年天然草地生产力统计表

年份	面积/万hm²	鲜草产量/万t	干草产量/万t	可食干草/万t	载畜量/(万个羊单位)
1981	301.40	747.4			288.46
2002	244.33	291.05	125.20	124.31	189.19
2010	244.33	400.02	192.32	183.61	278.78
2011	244.33	390.98	187.97	179.02	272.48
2012	244.33	451.81	203.01	197.6	300.76
2013	244.33	447.3	200.20	196.1	298.48
2014	244.33	445.5	195.30	194.1	295.4
2015	244.33	401.4	191.59	189.15	287.9

注：1981年数据取自当年全区草地资源调查资料；2002年数据为当年自治区草原工作站测定数据；2010～2015年均引自自治区草原工作站编《宁夏草原资源监测报告》；2010～2015年载畜量依据《天然草原合理载畜量的计算》（NY/T635-2000）标准计算，1个标准羊单位为1只体重50千克，日食可食干草1.8千克的成年母绵羊

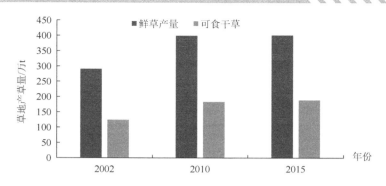

图 4-1　2002 年、2010 年、2015 年草地鲜草和可食干草产量

（二）草地载畜能力

草地载畜能力反映的是在正常年份，以放牧为利用方式可以养活 1 个羊单位所需的草地面积。1981 年全区天然草地资源调查结果显示，全区 301.4 万 hm² 天然草地，平均 1.04hm² 可饲养 1 个羊单位。到 2002 年，全区天然草地面积降至 244.3 万 hm²，平均 1.3hm² 可饲养 1 个羊单位。与 1981 年相比，正常年份每羊单位需草地增加了 0.3hm²。说明天然草地出现了严重退化，载畜能力下降了 24.4%。2003 年全区天然草地实施禁牧封育措施后，同时开展了围栏封育和退化草地补播改良等措施，到 2010 年，天然草地载畜能力平均 0.9hm² 可饲养一个羊单位，与 2002 年比载畜能力提高了 32.6%，说明禁牧封育和补播改良明显见效。同时也说明，在禁牧封育期间，草地得到休养生息，生产能力得到了显著提升。2011～2015 年，天然草地载畜量为 272.5～300.78 万个羊单位，幅度为 28.28 万个羊单位，每羊单位需草地为 0.8～0.9hm²，这种小幅波动基本符合宁夏天然草地年际间降水丰、歉的实际状况。

（三）草地资源等级

草地资源等级的评价属于生产力和质量评价的内容之一。禁牧封育后的天然草地从等级变化看出现了积极向好的态势。2002 年全区天然草地以 6 级为主，占比达到了总面积的 77.0%，其次为 5 级和 7 级，分别占 10.6% 和 7.8%，5、6、7 级合计占总面积的 95.4%，说明自 1981 年后的 21 年间，草地产草量有所提高。到 2010 年，6 级草地的占比与 2002 年相比降低了 15 个百分点，同时 5、4、3 级草地占比明显增加，合计占比达到了 28.0%，说明草地产量整体得到了明显提高。2011～2014 年草地等级变化相对稳定，与 2010 年比 6 级草地显著降低，7 级草地明显增加，其余各类草地的占比也有不同程度增加，说明草地生产力向全面均衡发展。

2015 年干旱使草地产草量整体大幅下降，8 级草地占比达到了 48%，加上 6、7 级草地的占比，达到了 80.0%。但 1、2、3、4 级草地的占比也有一定提高，说明当年的干旱对少数草地的产量影响不明显。

从草地级的分布区域看，1、2 级草地主要分布于宁夏南部的六盘山、月亮山、南华山等山地的草甸草原、山地草甸。3 级草地主要分布在南华山、月亮山低山坡地和阳坡的草原。4、5 级草地主要位于彭阳、隆德、海原等县黄土丘陵坡地上的草原。6 级草地主要分布在海原县中部、原州区北部、同心县南部的草原和荒漠草原。7、8 级草地主要分布于海原县北部、同心县、盐池县、中卫市沙坡头区、中宁县、灵武市和石嘴山市的荒漠草原、草原化荒漠（表 4-11）。

表4-11　2002年、2010年、2015年草地分级面积百分比示意图

年份	1级草地	2级草地	3级草地	4级草地	5级草地	6级草地	7级草地	8级草地
2002	0.9	0.7	1.3	1.7	10.6	77	7.8	0
2010	2	2	7	8	13	63	5	0
2015	4	2	4	4	6	12	20	48

注：1级草地（≥4000kg/hm²）；2级草地（3000～4000）kg/hm²；3级草地（2000～3000kg/hm²）；4级草地（1000～2000kg/hm²）；5级草地（1000～1500kg/hm²）；6级草地（500～1000kg/hm²）；7级草地（250～500kg/hm²）；8级草地（≤250kg/hm²）

三、草地退化与沙化状况

（一）草地植被退化程度降低

宁夏自2003年以来开展了全区草地资源、植被、生产力监测评估工作。监测结果显示，全区天然草地各级别退化面积占草地总面积的比例由20世纪80年代的97.0%降至88.1%，减少了8.9个百分点；相应地，中度退化面积比例由20世纪80年代的60.6%减少至27.0%，减少了33.6个百分点；轻度退化面积比例由22.8%增加到26.1%，增加了3.3个百分点；重度退化较20世纪80年代的16.9%增加了18.1个百分点，但天然草地整体退化的趋势得到了遏制，草地植被得到了全面恢复。

（二）天然草地沙化面积减少

从图4-2所反映的指标看，天然草地沙化面积快速减少，由2003年的36.8万hm²减少到2017年的14.9万hm²，14年间减少了21.9万hm²，减少了59.5%，年均减少1.6万hm²。草地牧草产量直线上升，总产草量由2003年的299.1万t增加到2017年的448.4万t，增加了49.9%，年均增加3.6个百分点。与此同时，草地载畜量上了两个台阶，由2003年的192.0万个羊单位上升到2011年的272.5万个羊单位，增长41.9%；2017年较2011年又增加36.8万个羊单位，天然草地的总载畜能力突破300万个羊单位，达到历史最高水平。

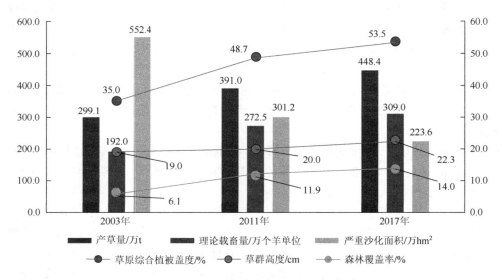

图4-2　宁夏天然草地生态综合评价指标图示

（三）草地综合植被盖度提高

天然草地综合植被盖度由 2003 年的 35.0%提高到 2017 年的 53.5%，提高了 18.5 个百分点。天然草地草群高度也出现了缓慢提高。与此同时也从草地监测等有关资料中得知，天然草地的多样性指数、物种丰富度、均匀度分别比 2003 年前提高了 15%、22%、45%。

四、各县市草地资源的变动

（一）草地资源面积减少

20 世纪 80 年代宁夏进行的草地资源调查结果是全区天然草地面积为 301.4 万 hm²，占土地总面积的 58%，此次调查数据被自治区计划和统计部门采用至 2000 年。2001 年，自治区原国土资源部门开展了全区土地资源普查，并与农业行政主管部门等会商，认定全区天然草地面积为 244.33 万 hm²，并纳入国民经济年度统计，比 20 世纪 80 年代面积减少了 57.0 万 hm²，减少 18.93%。

全区天然草地面积减少的途径归纳起来主要有以下几方面：一是 2009 年国土二调采用的土地分类标准将灌木盖度 40%的灌丛和 10%的疏林地统一划成灌木林地和林地，从草地中分出，总面积约 16 万 hm²。二是自治区政府开展土地综合开发区全部占用天然草地。20 世纪 80 年代以来，宁夏先后在黄河滩地、扬程低于 50m 的黄河阶地进行土地开发，建设固（原）海（原）扬水工程、盐（宁夏盐池）环（甘肃环县）定（陕西定边）扬水工程、红寺堡引黄灌区移民开发、宁夏中南部贫困地区生态移民、异地搬迁等国家和自治区重点项目，开垦天然草地约 33.33 万 hm²。三是设立森林自然保护区和国家森林公园占用天然草地。20 世纪 80 年代以来，先后设立了贺兰山、灵武市白芨滩、盐池县哈巴湖、罗山、南华山等国家级森林、草地自然保护区，将 20.67 万 hm² 天然草地划归相应的保护区，作为宜林地造林或草地进行保护。四是工业（矿区）建设、交通道路、城镇化建设等用地大量征用、使用天然草地。

（二）行政区划调整导致草地资源重新分配

从 1984 年开始，宁夏先后进行了多次不同规模的行政区划调整，撤地设市，撤并县市，以适应改革开放以来的经济发展、扶贫开发、高效管理。截至 2010 年，宁夏回族自治区行政区划建制由 4 个地级市增至 5 个地级市，18 个县（市）增加到 22 个县（市、区），行政区划和建制调整前后全区各县（市、区）天然草地资源面积发生变化（表 4-12）。

表 4-12 宁夏天然草地面积变动统计

2010 年			1981 年		
行政区	天然草地面积/万 hm²	占全区面积百分数/%	行政区	天然草地面积/万 hm²	占全区面积百分数/%
银川市小计	27.07	11.08	银川市小计	15.41	5.11
兴庆区	2.00		银川郊区	5.87	
西夏区	1.60		贺兰县	4.87	
金凤区	0.00		永宁县	4.67	
永宁县	0.47		石嘴山市小计	25.93	8.60

续表

2010 年			1981 年		
行政区	天然草地 面积/万 hm²	占全区面积 百分数/%	行政区	天然草地 面积/万 hm²	占全区面积 百分数/%
贺兰县	4.40		平罗县	9.80	
灵武市	18.60		石嘴山	9.60	
石嘴山市小计	6.67	2.73	陶乐镇	6.53	
大武口区	0.00		银南地区小计	191.87	63.65
惠农区	3.60		盐池县	55.67	
平罗县	3.07		同心县	44.47	
吴忠市小计	106.86	43.74	沙坡头区	30.87	
利通区	7.80		灵武县	28.53	
红寺堡区	13.93		中宁县	15.60	
盐池县	47.73		青铜峡市	12.00	
同心县	26.67		吴忠市	4.73	
青铜峡市	10.73		固原地区小计	68.25	22.64
固原市小计	21.19	8.67	原州区	28.20	
原州区	8.53		海原县	30.00	
西吉县	5.93		西吉县	6.00	
隆德县	1.53		隆德县	2.05	
泾源县	0.33		泾源县	2.00	
彭阳县	4.87				
中卫市小计	79.27	32.44			
沙坡头区	30.20				
中宁县	22.27				
海原县	26.80				
农垦系统小计	3.27	1.34			
全区合计	244.33	100	全区合计	301.40	100

注：20 世纪 80 年代数据依据全区草地资源调查数据；2010 年数据为自治区国土和草原主管部门使用数据，行政区划截至 2010 年

行政区划调整后，各县（市、区）的天然草地资源重新分配结果为：银川市出现市（县、区）建制、草地面积和占比都有增加，县（市、区）建制比原来增加了 1 倍，天然草地面积增加了 11.66 万 hm²，占全区草地面积的比例由 5.11%提高到 11.09%，增加了 5.98 个百分点，是原来占比的 1.36 倍。体现了自治区党委政府建设大银川的战略思路。

石嘴山市行政建制数量未变，草地面积由 25.93 万 hm² 减少至 6.67 万 hm²，占全区草地的比例由 8.60%降至 2.73%，降低了 5.68 个百分点，属于变动最小的区域。

吴忠市的行政建制由 7 个减少至 5 个，草地面积由 191.87 万 hm² 减少到 106.86 万 hm²，草地面积减少 85.01 万 hm²，占全区草地面积比例由 63.66%降至 43.76%，降低了 19.9 个百分点。但就绝对数和相对数看，吴忠市依然是全区天然草地分布面积最多，资源最丰富的地区，也是宁夏肉羊产业发展的中心区和宁夏滩羊地方良种保种的核心区。

固原市行政建制由 6 个减少至 5 个，草地面积由 68.20 万 hm² 减少至 21.19 万 hm²，减少了 68.93%，占全区草地的比例由 22.60%降至 8.66%，是全区行政建制、草地面积和占比都下降的地区，而且降幅最大。

新设立的中卫市，建制虽少，但天然草地面积总量和占比仅次于吴忠市，位居全区第二，总面积 79.20 万 hm²，占全区草地总面积的 32.44%。中卫市是"中卫山羊"国家级良种裘皮山羊的核心分布区和集中保护区，草地畜牧业特色明显，优势突出。

从各县市区草地变动情况看，盐池属于全国传统意义上的牧区县，海原、同心属于半牧区县。行政区划调整后的草地变化情况为：盐池县由 55.67 万 hm² 减少至 47.73 万 hm²，减少了 7.94 万 hm² 和 14.3%。减少的原因与盐环定扬水工程建成后新开发耕地增加和城镇、公路、铁路等基础建设有直接关系。

半农半牧区的海原县和同心县，草地面积分别减少了 3.2 万 hm² 和 17.8 万 hm²、10.6%和 40%。同心县减少的原因主要是红寺堡区的 13.93 万 hm² 草地绝大多数来自同心县。海原县草地面积减少主要是将兴仁、蒿川、兴隆等草地面积较多的乡镇划归中宁、沙坡头等县区所致。整体看，即使行政区划调整，盐池、同心和海原三县的天然草地面积依然在全区占主要地位，面积为 101.07 万 hm²，占全区草地的比例为 41.4%。从农区的县、市区看，草地面积相对稳定的有固原市的西吉县，中卫市的沙坡头区（原中卫县），银川市的贺兰县和吴忠市的青铜峡市。

第三节　草地生态系统服务价值评估

一、草地生态系统服务价值评估的意义

草地生态系统是我国陆地上面积最大的生态系统，对发展畜牧业、维护生态平衡有重大的作用和价值。草地生态系统服务功能是指草地生态系统及其生态过程中所形成及维持的人类赖以生存的自然环境条件与效用。

生态系统服务的概念最早由 Holdren 和 Ehrlich 提出。1997 年，Caims、Daily 和 Costanza 等先后对其进行了论述。生态系统服务是以生态系统服务功能为基础的。生态系统服务一般是指生命支持功能（如净化、循环、再生等），不包括生态系统功能及生态系统提供的产品。生态系统功能是构成生物有机体生理功能的过程，是维持为人类提供各种产品和服务的基础，因此 Costanza 等把生态系统提供的产品和服务统称为生态系统服务。目前，关于草地生态系统的服务功能及其价值评价的研究开展得不多，仅在一些区域生态系统服务功能中有所体现。例如，Sala 等在 *Ecosystem Services in Grasslands* 中专门就草地生态系统服务功能的特点进行总结探讨，其间主要针对草地生态系统中没有市场价值同时存在评价困难的服务功能展开，阐述了草地在维持大气成分（固定 C、N，减缓温室效应）、基因库、改善小气候、土壤保持四个方面的功能并对部分功能的生态经济价值进行了评价。Costanza 等利用基于全球静态部分平衡模型，在将生态系统服务划分成 17 个主要类型的基础上，以生态系统服务供求曲线为一条垂直曲线的假定条件下，逐项估计各种生态系统类型的年均服务价值，选定了气体调节、水分调节、控制侵蚀和保持沉积物、土壤形成等 9 种草地生态系统服务功能并给出了其基于全球尺度的单位面积平均价值，其中得出草地生态系统服务功能的价值为 9.06×10^{10} 美元/年，占全球总值的 2.72%，占陆地生态系统总价值的 7.30%。国内许多学者也对我国或某个地区草地生态系统服务功能的价值进行了评估。

草地生态服务价值的评估研究，从理论上阐明了草地有很多的生态系统服务功能，表明草地生态系统服务功能是其他生态系统无法代替的，即使是人工草地，也无法代替天然草地，如传粉、基因资源、栖息地、游憩与娱乐、文化等服务功能。这样，有助于提高人们对草地生态系统服务及其自然资本的认识，提醒和警示人类重视这个问题，加大对草地保护和建设的力度，为进一步科学研究提供依据。

生态系统价值研究可以为生态资源的合理定价、有效补偿、科学管理和持续发展提供理论依据。生态系统服务估价较好地反映了生态系统及其自然资本的价值，评估从实践上确定了草地生态系统自然资本的具体价值，使以前仅知道概念而无数据的这一问题更加明确和清晰。

草地资源是我国自然生态资产的重要宝库，人们已认识到这一生态系统的重要性，提出了一系列保护和合理利用草地资源的规划建议与法制保障。为了保证草地资源的可持续利用和发展，有必要进一步明确并深刻认识草地生态系统的价值，从而进一步增强草地生态系统建设和提高管理水平。随着人类对生态系统的强化利用，生态资源的逐渐耗竭，生态系统服务的价值将越来越高。为此，从保护草地自然资本和可持续发展的需要出发，任何一个与草地有关的建设项目的规划和设计，都必须经过对生态环境影响价值的评估和核算，如果项目对草地生态系统服务造成较大的不利影响，则应慎重批准和执行，以免受到难以弥补的损失。草地生态系统服务价值的研究可为项目规划设计中有关草地生态环境的评估提供可操作的统一标准，促进环境核算，将其纳入国民经济核算体系，促进建立循环经济和绿色 GDP 的观念。

二、评估方法

（一）生态服务价值当量因子表的制定

谢高地等针对 Costanza 等研究上的不足，同时参考其可靠的部分成果，在对我国 200 位生态学者进行问卷调查的基础上，制定出我国生态系统生态服务价值当量因子表（表 4-13）。

表 4-13　中国陆地生态系统单位面积生态服务价值当量因子表

服务功能	森林	草地	农田	湿地	水体	荒漠
气体调节	3.50	0.80	0.50	1.80	0.00	0.00
气候调节	2.70	0.90	0.89	17.10	0.46	0.00
水源涵养	3.20	0.80	0.60	15.50	20.38	0.03
土壤形成与保护	3.90	1.95	1.46	1.71	0.01	0.02
废物处理	1.31	1.31	1.64	18.18	18.18	0.01
生物多样性保护	3.26	1.09	0.71	2.50	2.49	0.34
食物生产	0.10	0.30	1.00	0.30	0.10	0.01
原材料	2.60	0.05	0.10	0.07	0.01	0.00
娱乐文化	1.28	0.04	0.01	5.55	4.34	0.01

生态系统生态服务价值当量因子表的特点为：①生态服务被划分为气体调节、气候调节、水源涵养、土壤形成与保护、废物处理、生物多样性保护、食物生产、原材料、娱乐文化共九类。其中气候调节功能的价值中包括了 Costanza 等（1997）体系中的干扰调节，土壤形成与保护包括了 Costanza 等（1997）体系中的土壤形成、营养循环、侵蚀控制 3 项功能；生物

多样性保护中包括了 Costanza 等（1997）体系中的授粉、生物控制、栖息地、基因资源 4 项功能。②生态系统生态服务价值当量因子是指生态系统产生生态服务相对贡献大小的潜在能力，定义为 1hm² 全国平均产量的农田每年自然粮食产量的经济价值。以此可将权重因子表转换成当年生态系统服务单价，并经过综合比较分析，确定 1 个生态服务价值当量因子的经济价值量等于当年全国平均粮食单产市场价值的 1/7。

本研究用如下的方法计算出了 2005 年全国平均粮食（稻谷、小麦、玉米）单产市场价值和 1 个生态服务价值当量因子的经济价值量 M。

$$m = (a + b + c)/3$$

式中，m 为粮食单价；a 为 2005 年稻谷的销售价格；b 为 2005 年小麦的销售价格；c 为 2005 年玉米的销售价格。2005 年稻谷的销售价格为 1.4 元/kg，小麦的销售价格为 1.34 元/kg，玉米的销售价格为 1.15 元/kg。

$$n = (d \times 15)/2$$

式中，n 为 2005 年全国 1hm² 农田自然粮食的平均产量；d 为 2005 年我国粮食平均亩产。2005 年我国粮食平均亩产 619g。

$$M = (m \times n)/7$$

式中，M 为 1 个生态服务价值当量因子的经济价值量；$m \times n$ 为 2005 年全国平均粮食单产市场价值。

根据以上的研究得出了 2005 年全国草地生态系统服务价值的单价（表 4-14）。

表 4-14　草地生态系统单位面积生态服务价值表

草地生态系统服务	服务价值单价/(元/hm²)
气体调节	687.98
气候调节	773.97
水源涵养	687.98
土壤形成与保护	1676.94
废物处理	1126.56
生物多样性保护	937.37
食物生产	257.99
原材料	43.00
娱乐文化	34.40

（二）天然草地生态系统服务价值单价订正及价值计算

表 4-14 仅提供了一个全国平均状态的草地生态系统生态服务价值的单价，但是，生态系统的生态服务功能大小与该生态系统的生物量有密切关系，一般来说，生物量越大，生态服务功能越强。对于草地生态系统而言，其服务功能价值与不同草地类型的生产性能有直接的关系，即生态服务价值的大小取决于各草地类型生物量的高低。为此，假定草地生态服务功能强度与生物量呈线性关系，提出生态服务价值的生物量因子按下述公式来进一步修订草地生态服务单价。

$$p_{ij} = (b_j / B)P_i$$

式中，p_{ij}为订正后j草地类的i类生态服务单位面积的价值，$i=1,2,\cdots,9$，分别代表气体调节、气候调节、水源涵养、土壤形成与保护、废物处理、生物多样性保护、食物生产、原材料、娱乐文化等不同类型的生态系统服务价值，$j=1,2,\cdots,9$，分别代表草甸草原、草原、荒漠草原、草原化荒漠、荒漠、低湿地草甸、山地草甸、沼泽、具灌丛草甸9种不同的草地类型，P_i为表4-14中草地生态系统服务价值基准单价，b_j为j类草地的生物量，B为宁夏草地单位面积的平均生物量。

j类草地生态系统服务总价值：

$$V_j = \sum_{i=1}^{9} A_j p_{ij}$$

式中，V_j为上述j类草地生态系统服务总价值；A_j为j草地类的面积。

区域草地生态系统服务功能计算如下：

$$V = \sum_{i=1}^{9} \sum_{j=1}^{9} A_j p_{ij}$$

式中，V为区域草地生态系统服务总价值；A_j为j草地类的面积。

三、不同年份主要天然草地生态系统服务价值

图4-3反映的是1985～2005年的20年间宁夏主要天然草地生态系统服务价值的变化情况，由图可见，20年间天然草地总生态系统服务价值逐渐降低，到2004年，天然草地生态系统服务价值仅相当于1985年的1/3。除草地资源总面积减少外，生态系统服务价值也持续下降，整体功能存在全面退化，生态系统十分脆弱。也说明宁夏回族自治区党委、政府对天然草地实施禁牧封育的决策是完全必要的、及时的。

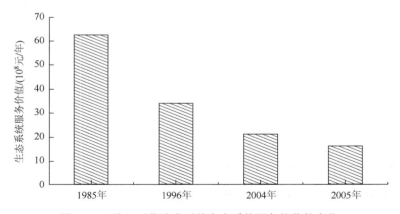

图4-3　5种主要草地类型总生态系统服务价值的变化

分别从五大类天然草地作进一步的分析看，同样是逐年下降，只是程度不同而已。

（一）草甸草原类

从图4-4可见，1985年最高，10年后的1996年出现明显降低，2004年较1996年有所上升，2005年又有所下降。相关数据显示，1985年草甸草原草地属轻度退化，1996年为严重退化，所以生态系统服务价值明显降低；2004年是宁夏实行禁牧封育的第二年，草甸草原草地

的生态条件较好，又是雨水较丰富的年份，草地生物量有所增加，尽管总草地面积比 1996 年有所下降，但其生态系统服务价值却有所增加；2005 年大旱导致草甸草原的生物量明显下降，生态系统服务价值随之降低。

（二）典型草原类

本类草地是宁夏第二大类草地，对生态系统总服务价值贡献也较大。如图 4-5 所示，从 1985～2004 年，生态系统服务价值快速下降，2004～2005 年下降速度减缓。原因是 1985～2005 年，草原草地资源面积下降了 18.02%，产草量下降了 60.37%。2005 年因大旱所致，生态系统服务价值比 2004 年仍有下降。

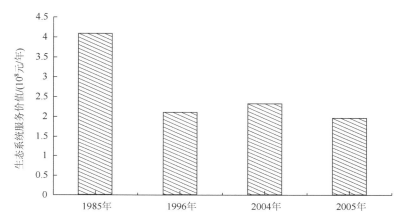

图 4-4　草甸草原生态系统服务价值的变化

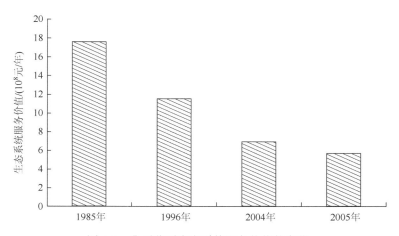

图 4-5　典型草原生态系统服务价值的变化

（三）荒漠草原类

本类草地是宁夏面积最大的草地类型，对生态系统总服务价值的贡献也最大。如图 4-6 所示，1985～2005 年生态系统服务价值总体呈逐年下降趋势。1985～2004 年下降幅度较大，2004 年的生态系统服务价值仅相当于 1985 年的 1/3；2005 年与 2004 年相比下降幅度开始减缓。

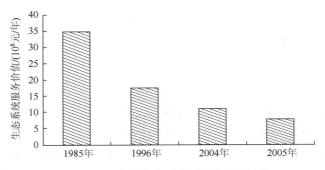

图 4-6　荒漠草原生态系统服务价值的变化

（四）草原化荒漠类

如图 4-7 所示，2004 年草原化荒漠草地的生态系统服务价值约为 20 世纪 80 年代的 1/5，约为 20 世纪 90 年代的 1/2，这说明温性草原化荒漠草地生态系统严重退化。禁牧封育后，2005 年与 2004 年相比，下降速度明显减缓。

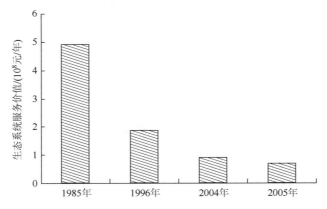

图 4-7　草原化荒漠生态系统服务价值的变化

（五）荒漠类

1996 年与 1985 年相比生态系统服务价值减少了约 1/3；2004 年与 1996 年比下降幅度达 1/6。2005 年与 2004 年相比下降幅度不大，说明干旱因素对荒漠草地生态服务价值影响不明显，见图 4-8。

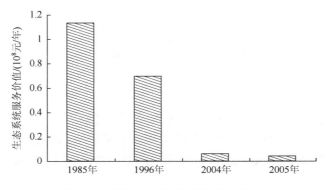

图 4-8　荒漠生态系统服务价值的变化

四、天然草地生态系统服务价值和经济服务价值

（一）天然草地经济服务价值的计算方法

2003 年 5 月 1 日起，宁夏对天然草地全面封育禁牧，进入以生态服务为主体的时代。禁牧封育前的 1996 年全区实际放牧羊单位为 312 万个，2002 年放牧羊为 380 万只。按每只羊产值 200 元计算，全年产值 7.6×10^8 元，可作为 2002 年宁夏天然草地的经济服务价值。1985 年、1996 年、2004 年和 2005 年的天然草地的经济服务价值也按 2002 年每只羊 200 元的标准计算。据此得出 1985 年天然草地经济服务价值为 5.77×10^8 元，1996 年天然草地的经济服务价值为 6.24×10^8 元。天然草地生态系统服务价值的单价以 2005 年全国平均粮食单产市场价值为基础的计算结果见表 4-15。

表 4-15 宁夏不同年限草地生态系统服务价值与经济服务价值

年份	生态系统服务价值/ (10^8 元)	生态系统经济服务价值/ (10^8 元)	生态系统经济服务价值占总价值的比例/%	生态系统服务价值占总价值的比例/%
1985	80.67	5.77	7.15	92.85
1996	43.96	6.24	14.19	85.81
2004	21.22	7.60	35.82	64.18
2005	16.28	7.60	46.68	53.32

注：2004 年和 2005 年天然草地的生态系统服务价值为 5 种主要草地类型的生态系统服务价值，其他草地类型的生态系统服务价值未计算在内

（二）计算结果分析

如表 4-14 所示，宁夏天然草地生态系统服务价值受面积的减少而快速下降，占总价值的比例由 1985 的 92.85% 降至 2005 年的 53.32%，下降近 50%；相反经济服务价值在逐年增加，占比由 1985 年 7.15% 增加到 2005 年的 46.68%，增长了 5 倍多。上述结果说明，天然草地生态系统服务价值随经济服务价值的增加而降低，生态系统服务价值大于经济服务价值，所以，在管理天然草地时要始终把生态价值放在第一位，经济价值放在第二位，经济活动要服从生态系统安全和可持续性目标。

主要参考文献

杜青林，尹成杰，张宝文.2006. 中国草业可持续发展战略—地方篇. 北京：中国农业出版社.

黄文广，王蕾.2021.宁夏草原资源. 银川：黄河出版传媒集团阳光出版社.

胡自治.2005. 草原生态系统服务Ⅲ：价值和意义. 草原与草坪，（2）：3-7.

李克昌，吴源清.2007. 宁夏草业科学研究. 银川：宁夏人民出版社.

马建军.2012. 宁夏草业研究 2005～2010. 银川：黄河出版传媒集团阳光出版社.

马瑞文，王宁，钱根芳，等.2006. 科学利用草原研究. 银川：宁夏人民出版社.

农业部草原监理中心.2015. 中国草原监测. 北京：中国农业出版社.

欧阳志云，王如松，赵景柱.1999. 生态系统服务功能及其生态经济价值评价. 应用生态学报，10（5）：635-640.

潘纪民，贾红邦，赵建仁，等.1998. 宁夏年鉴. 北京：中国统计出版社.

王洪波，杨发林.2005. 宁夏草业 1995～2004. 银川：宁夏人民出版社.

谢高地，鲁春霞，冷允法，等. 2003. 青藏高原生态资产的价值评估. 自然资源学报，18（2）：189-196.

张箭鸿. 2006. 2005 年种粮效益分析. 四川省情，9：36.

赵爱桃，郭思加. 1996. 宁夏草地类型、特点及其利用. 中国草地，37（6）：17-21.

赵勇，于钊. 2016. 宁夏草原监测. 银川：黄河出版传媒集团阳光出版社.

邹声文，田雨. 2006. 去年我国粮食亩产再创新高. 新华每日电讯，2-26（001）.

第五章 宁夏草地区划

第一节 草地区划的原则和分级

一、草地区划的原则

在深入研究草地类型组合的区域特性及其反映的农业生产特征的基础上，将一定地区的草地划分出高、中、低各级的草地地理区域，即草地区划。进行草地区划时所划分的各级区、片，其内部应具有自然、经济特点的相对一致性，在不同的区、片之间则具有不同的自然经济特征，因而在生产方向、具体建设方针和生产的关键技术措施等方面表现出一定的差异性。

草地区划，一方面应当根据草地类型在空间分布的地理规律性，反映出地区性的草地类型组合特点，另一方面还要强调反映草地畜牧业的生产条件、经济规律及草地经营、畜牧业发展方向的异同性，使其具有指导生产的现实意义。因此，须重视研究天然草地三向（即经向、纬向、垂直）分布的地带性原则，以及在局部的非地带性分布的规律性，研究这些地理地带性规律是在天然草地类型分布上的客观反映。在考虑草地地理分布规律性的时候，应遵循非地带性从属地带性、垂直地带性从属水平地带性原则。

进行草地区划时，还要注意研究一定地理区域草地发生与演变所依附的生态因素和生境条件。草地区划经常以一些重要的生态气候指标，如气温、积温、生长季、枯草期、无霜期、降水量与季节分配、干燥度或湿润系数作为必需的参考数据；相应的地区性土壤类型及其组合的地理规律，也常作为草地区划的重要参考特征。有时候，在一定程度上，草地分布要与相应的气候、地貌、土壤等自然地理要素的区划单位相对应。

一般地讲，在进行草地区划时总是以天然草地的现状植被为主要依据，同时又以植被的历史沿革作为必要的参考。各地区农、林、牧业资源利用布局和栽培牧草的区域适应性等特点对草地区划也具有重要参考价值。

草地区划中各级分区依据的指标，应当力求同级指标的同一化，不同级则采取不同的指标。

草地的分区应当尽量地保持连片，以反映草地区划单位在空间上的连续性、完整性和不重复性。在可能的情况下，区界应尽量与行政区划分界相符，以便于各种统计资料的直接引用和指导生产。但是也应避免过于强求与高级行政区划相一致（必要时可符合于低级行政区划界线），以免出现过分的人为性，起不到自然区划应有的作用。

二、草地区划的分级

草地区划有全国的、省（自治区）的、市县级的区划等。一般讲，各级的区划应当彼此能够承上启下，上下呼应，因而应遵循一定的区划原则，制定统一的区划分级，掌握一定的区划标准。

20世纪80年代我国的草地区划工作处于起步阶段,在初步提出的全国范围的草地区划方案中,有北京农业大学贾慎修教授的三级[区、(亚区)、带、段]划方案(1984),内蒙古农牧学院章祖同教授的四级(地区、地带、地段、地片)区划方案(1984),甘肃农业大学牟新待副教授的三级(区、亚区、片)区划方案(1982)。可供参考的还有《中国植被》编辑委员会的我国植被区划方案(1980)。该方案将全国植被区划单位划分为四级(植被区域、植被地带、植被区、植被小区),必要时还各设亚区。

我们认为在制定统一的全国草地区划方案的时候,上述全国的植被区划是可以提供参考的。它是统观全球,联系世界植被,全面研究中国植被类型的地理分布规律、组合特点、群落结构及各种生态关系,自上而下综合而成的,比较系统全面且有稳定的理论基础。我们大可参考其有用的区划原则、系统分级标准、命名方法等。然而,毕竟学科不同,植被区划不能包含草地区划的含义和要求。草地区划分级时,要以采用优势草地类型及其组合规律为主,参考气候、地貌、土壤等因素,突出草地的畜牧业生产特征和发展方向的地域性,并考虑农、林、牧、副各业的资源利用特点等,分级系统力求简单明确。

与此同时还应注意,一方面草地区划在本学科中带有一定的综合性,不同于草地植物区系成分的区划或栽培牧草的品种区划等单项因子的区划;另一方面又要强调草地区划作为单项专业区划相对的单纯性,它不能代替有关的草地畜牧业生产区划,也不应当与其他综合性农业区划相混同。

遵循上述的草地区划原则,结合这些基本精神,全国草地区划分为四级:草地区、草地亚区、草地分区、草地小区。小区是全国草地区划的低级单位,同时是省(自治区)级草地区划的高级单位。

第二节 宁夏草地资源区划及分级

一、宁夏在全国草地区划中的位置

随着《中国草地资源》一书的出版,中国草地区划已经在有关专家的集体编汇下,发表在该书的第十七章"中国草地资源分区论述"中。在其中全国草地共分为7个不同类型的草地区。

Ⅰ 东北温带半湿润草甸草原和草原区。

Ⅱ 蒙宁甘温带半干旱草原和荒漠草原区。

Ⅲ 西北温带、暖温带干旱荒漠和山地草原区。

Ⅳ 华北暖温带半湿润、半干旱暖性灌草丛区。

Ⅴ 东南亚热带、热带湿润热性灌草丛区。

Ⅵ 西南亚热带湿润热性灌草丛区。

Ⅶ 青藏高原高寒草甸和高寒草原区。

宁夏地处其中的Ⅱ 蒙宁甘温带半干旱草原和荒漠草原区。进一步来看,该区下分为几个亚区。

（一）锡林郭勒高平原草原亚区

1)乌珠穆沁、阿巴嘎高平原大针茅、羊草、杂类草小区。

2)阴山南、北丘陵、平原小叶锦鸡儿、克氏针茅、冷蒿小区。

（二）乌兰察布高平原荒漠草原亚区

1）苏尼特高平原小针茅、多根葱小区。

2）乌兰察布高平原小针茅、旱生杂类草小区。

（三）晋西北、鄂尔多斯东部、陕甘宁青黄土高原丘陵草原亚区

1）晋西北、陕北高原长芒草、西北针茅、百里香小区。

2）宁南、陇东黄土丘陵长芒草、蒿类小区。

3）祁连山东段、黄土丘陵针茅、芨芨草草原和蒿草草甸小区。

（四）鄂尔多斯西部、宁西北、陇中高平原荒漠草原亚区

1）河套平原芨芨草、盐生杂类草小区。

2）鄂尔多斯西部高平原小针茅、短花针茅、油蒿（黑沙蒿）小区。

3）宁西北、陇中黄土高原丘陵短花针茅、猪毛菜、红砂小区。

可是，宁夏仅处于其中晋西北、鄂尔多斯东部、陕甘宁青黄土高原丘陵草原亚区（含宁夏固原市5个县、区）的宁南、陇东黄土丘陵长芒草、蒿类小区（含宁夏中卫市的海原，固原市的原州、隆德、西吉、泾源、彭阳）和鄂尔多斯西部、宁西北、陇中高平原荒漠草原亚区（含宁夏石嘴山市、银川市、吴忠市和中卫市的部分地区）的宁西北、陇中黄土高原丘陵、短花针茅、猪毛菜、红砂小区（含宁夏银川市区和永宁、贺兰、灵武，石嘴山市的惠农、大武口区和平罗，吴忠市的利通区、青铜峡、同心、盐池等地，中卫市的沙坡头、中宁）。

宁夏的草地区划，在最高级"区"之下，继续划分为亚区、分区、小区和片等二、三、四、五级区划单位。

二、宁夏草地区划的命名

根据草地区划的原则，宁夏各级草地区划单位的命名法则如下。

（一）草地区

热量带 + 占优势的地带性草地型或其组合 + "草地区"。

（二）草地亚区

省（自治区）级地理分区名 + 大地貌单元 + 优势草地型或亚型及其组合 + "草地亚区"。

（三）草地分区

县、市级地理分区或自然区名称 + 大地貌单元 + 优势草地亚型及其组合 + "草地分区"。

（四）草地小区

代表性的地名 + 大地貌类型 + 具代表性的优势草地型及其组合 + "草地小区"。

（五）草地片

具体地名 + 大、小地貌类型 + 优势草地型 + "草地片"。同一草地片更具相同的利用、改良的现实条件。

下面列出完整的宁夏草地区划（划分至草地小区）。

三、宁夏草地区划

（一）温带草原草地区

1. 宁南黄土高原南部森林草原草地亚区
（1）西吉、隆德、彭阳森林草原草地分区
1）西吉东部、隆德、黄土丘陵甘肃蒿、长芒草草原、铁杆蒿草甸草原草地小区。
2）孟塬、城阳黄土丘陵残塬茭蒿、百里香草原、铁杆蒿草甸草原草地小区。
（2）西吉西部、原州具灌丛草原草地分区
1）田坪、大坪黄土丘陵茭蒿草原草地小区。
2）云雾山、罗洼黄土丘陵低山长芒草草原草地小区。
（3）南华山、六盘山、泾源山地森林草原草地分区
1）六盘山中段林间草地、杂类草山地草甸草地小区。
2）六盘山北段、火石寨虎榛子、杂灌木具灌丛草甸、蕨山地草甸草地小区。
3）月亮山、南华山蕨、杂类草、异穗薹草山地草甸草地小区。
2. 宁南黄土高原北部草原草地亚区
（1）海原黄土丘陵草原草地分区
1）西华山低山长芒草、大针茅草原、铁杆蒿草甸草原草地小区。
2）海原、罗川黄土丘陵茭蒿草原草地小区。
（2）原州北部、同心南部、麻黄山草原草地分区
1）预旺、双井黄土丘陵长芒草、冷蒿草原草地小区。
2）萌城、麻黄山黄土丘陵长芒草、牛枝子草原草地小区。
3. 宁中、北部洪积、冲积平原、山间盆地、缓坡丘陵荒漠草原草地亚区
（1）海原北部、同心、盐池荒漠草原南部草地分区
1）兴仁、同心山间盆地、黄土丘陵冷蒿、蓍状亚菊、短花针茅荒漠草原草地小区。
2）大罗山冷蒿、铁杆蒿山地草原、林间草地小区。
3）马儿庄、王乐井缓坡丘陵短花针茅、黑沙蒿、苦豆子荒漠草原草地小区。
（2）宁中、宁北中低山丘陵荒漠草原草地分区
1）香山短花针茅、猫头刺荒漠草原草地小区。
2）陈麻井、滚泉低山缓丘珍珠柴、短花针茅、红砂荒漠草原草地小区。
3）石沟驿、磁窑堡缓坡丘陵黑沙蒿、苦豆子荒漠草原草地小区。
4）原陶乐缓坡丘陵合头藜、中间锦鸡儿草原化荒漠草地小区。
（3）黄河冲积平原、贺兰山东麓洪积扇荒漠草原草地分区
1）黄河平原假苇拂子茅、芨芨草低湿地草甸草地小区。
2）贺兰山东麓洪积扇刺旋花、松叶猪毛菜、红砂、短花针茅荒漠草原草地小区。
（4）贺兰山具疏林、灌丛草原、高寒草甸草地分区
1）贺兰山中段中、高山蒙古扁桃、短花针茅具灌丛草原、灰榆疏林、嵩草高寒草甸草地小区。
2）贺兰山北段低山蒙古扁桃、短花针茅具灌丛荒漠草原草地小区。

（二）温带荒漠草地区

宁西北边区低山丘陵、山前洪积平原草原化荒漠草地亚区

（1）卫宁北山、广武草原化荒漠草地分区

1）甘塘、沙坡头流动、半固定沙地红砂、细弱隐子草草原化荒漠草地小区。

2）照壁山、碱沟低山丘陵红砂、猫头刺草原化荒漠草地小区。

（2）惠农北部草原化荒漠草地分区

沙巴台、落石滩红砂、沙冬青草原化荒漠草地小区。

第三节　各类草地区概况和草地建设、畜牧业发展方向

一、温带草原草地区

宁夏的草原草地属于我国温带草原东南部黄土高原草原类草地的一部分。我国的黄土高原草原类草地与处于北部蒙古高原的草原类草地共同组成了我国广大的草原类草地。我国的这一片大草原，西面与横跨北温带欧亚两大洲的欧亚大草原相连接，是世界著名的欧亚大草原的一个组成部分。

宁夏的草原草地区处在我国草原草地区的西北端，构成了宁夏天然草地的主体。本草地区西北边缘的卫宁北山南麓与贺兰山山峰是草原草地区与荒漠草地区的分界线。

本草地区内的主要地貌单元有宁夏南部的黄土高原、宁夏东部的鄂尔多斯台地、宁夏中部同心、兴仁等间山盆地、卫宁、银川黄河冲积平原，以及六盘山、月亮山、南华山、西华山、大小罗山、青龙山、香山、天景山、烟筒山、牛首山、米钵山、马鞍山、猪头岭等山地。其中贺兰山、大罗山、六盘山、月亮山、南华山为本区主要的高、中山，其余都是低山，而且山体独立，面积较小。

本草地区地势呈南高北低，大致海拔六盘山基带为 1900～2200m，黄土高原 1600～2000m，鄂尔多斯台地 1300～1900m，同心盆地 800～1400m，黄河冲积平原 1090～1300m。境内最高点为贺兰山主峰敖包疙瘩，海拔 3556m。

本草原草地区为中温半干旱大陆性气候，但因处于我国西北内陆干燥区的东缘，夏秋季节仍可蒙受东南海洋季风的微弱影响，加上六盘山、月亮山、南华山等山体连绵分布，使本区南端气候的湿润性有一定程度的增加，向北部则渐趋干燥，自南向北呈现中温半湿润向半干旱乃至干旱气候的过渡。使本草地区的各种气象指标显现一定的变动范围，年平均气温 5.2～8.0℃，≥0℃积温 2600～3900℃，植物生长期 180～200d，年平均降水量 650～200mm，干燥度 1.0～4.0。

随着上述气候的南北变化，地带性土壤与植被也自南向北随之递变，呈现为宁南黄土高原南端年降水量 500～600mm，主要为黑垆土和山地灰褐土区，相应的植被以山地草甸、中生灌丛、灌丛草甸和草甸草原为优势类型，局部还残留天然乔木群落的片段，为森林草原植被带。其中六盘山、南华山等山地有森林、灌丛、草甸与草甸草原植被；宁南黄土高原北部，年降水量 300～500mm，地带性土壤为浅黑垆土，植被以典型草原为主，为典型草原植被带。宁中、北部降水量 200～300mm，地带性土壤为灰钙土、淡灰钙土，发育着各种荒漠草原类草地，属荒漠草原植被带。向北部，植被中出现了一定数量的荒漠成分，呈现出逐渐向荒漠植被过渡的特征。

本草地区内的中、高山地，土壤和植被具有明显的垂直分带结构。其中处在半湿润气候区的六盘山、月亮山、南华山，表现出具温带湿润区山地模式的垂直带谱，以具有温性落叶阔叶林为基本特征，山地森林遭受破坏后的次生植被为山地中生灌丛或草甸，林线以上为亚高山灌丛、亚高山草甸，没有山地草原带；贺兰山、大罗山则表现出具有温带半干旱区山地模式的垂直带谱，以具有山地寒温性、温性针叶林及少量针阔混交林为特征，林线以上有亚高山灌丛、草甸和高山草甸，林线以下分布着旱生灌丛化的山地草原带。

占宁夏绝大部分境域的草原草地区，是宁夏天然草地的主要分布区，也是畜牧业生产的主要基地，主要饲养"宁夏滩羊"和"中卫山羊"，南部以肉用羊为主，先后引入了多胎性的小尾寒羊、萨夫特、陶赛特等多胎和产肉性能好的羊种进行改良，发展肉羊产业；环六盘山等阴湿、半阴湿山区为全区的肉牛养殖生产区，以泾源黄牛为母本引进秦川牛、利木赞、夏洛莱和安格斯等优质肉用牛种进行杂交改良，发展肉牛产业；隆德县及部分汉族居住区则以养猪为主；广大乡村居民也习惯居家养鸡、鸭、兔等，多为舍饲饲养，靠山地区有少量汉族农家放牧养猪。

宁夏草原草地区气候的半湿润、半干旱特点，决定了农、牧、林业在大部分地区都有发展的条件，因而农、林、牧业生产方向和资源的利用规划成为当地农业生产建设的一个突出问题。这一地区，曾经很长一段时期过分地强调"以粮为纲"，造成重农作、轻林牧，致使原生的草原大部分在人为垦耕下受到破坏，天然草地因而更加重载过牧，草地普遍退化，土壤侵蚀严重。北部草地沙化面积扩大，南部草地水土流失严重，草地产草量很低，暖、冷季和年际间饲草供应不平衡，畜牧业生产很不稳定。因此，推行各种草地保护措施，包括实行季节畜牧业，有计划地推行家畜的舍饲、半舍饲，以减轻天然草地的放牧压力，进一步做到以草定畜，合理放牧，并通过不同方式的封育改良，促使自然植被得到恢复，是本草地区草地培育和畜牧业发展的必经途径，同时也是防止草地进一步破坏，维护生态平衡的重要关键性措施。本草地区自南向北，又划分为三个草地亚区。

（一）宁南黄土高原南部森林草原草地亚区

宁南黄土高原南部森林草原草地亚区位于宁夏最南部，其北界为原州区双井马渠，向西经炭山、黑城、沿寺口子以北六盘山余脉北麓、南华山北麓至海原关庄一线。包括泾源、隆德、西吉三县的全部，固原南部、南华山及月亮山等地区。区内以黄土丘陵、低山、沟壑地貌为主。中、低山地有六盘山、月亮山、南华山、小黄峁山、云雾山、炭山等，本区的东南部还有少量的黄土残塬。区内主要水域有清水河、葫芦河、茹河、红河、泾河等形成宽窄不等的河谷平原。地带性土壤以黑垆土和山地灰褐土为主，黑垆土中大部分为浅黑垆土和侵蚀黑垆土，南部有一小部分地区为普通黑垆土，山地另有山地棕壤、山地草甸土。

本草地亚区内年平均气温 5.3～6.1℃，≥0℃积温 2590～2760℃。年平均降水量 400～550mm，干燥度 1.0～2.0。其中山地各项气象指标中温度较此为低，水分较此为高（见下面2.），南华山、六盘山、泾源山地草原草地分区。

本草地亚区的地带性优势草地类型以具一定数量中生杂类草的长芒草、茭蒿、百里香、甘肃蒿草原为主，往往在丘陵阴坡中生杂类草增多，而使本区的草原带有不同程度的草甸化。本草地区的南半部气候进一步趋于湿润化，阳坡为含多量中生杂类草的典型草原所占据，阴坡渐成为铁杆蒿、杂类草为主的草甸草原，海拔稍高处有甘青针茅草甸草原。并时常在黄土丘陵阴坡、半阴坡残留一些地带性的中生灌丛，呈岛状地散聚在各处。在本草地区北半部，这些灌木种类主要是具有一定耐旱特性的种，如文冠果（*Xanthoceras sorbifolium*）、蕤核（*Prinsepia uniflora*）、蒙古绣线菊（*Spiraea mongolica*）、毛脉小檗（*Berberis giraldii*）、沙棘（*Hippophae rhamnoides*）等，海拔略高出 200～300m 的阴坡还可见到丁香（*Syringa* sp.）、栒子（*Cotoneaster* sp.）、木梨（*Pyrus xerophila*）等。本草地区南半部的丘陵阴坡、半阴坡有山桃（*Amygdalus davidiana*）、山杏（*Armeniaca sibirica*）、红花忍冬（*Lonicera rupicola* var. *syringantha*）、虎榛子（*Ostryopsis davidiana*）、毛榛（*Corylus mandshurica*）、灰栒子（*Cotoneaster acutifolius*）、酸枣（*Ziziphus jujuba* var. *spinosa*）等灌丛群落的残存片段，局部偶尔可有河北杨、山杨、木梨等天然疏林分布。据陈加良等考证，本区的西吉县境偏城、硝河、蒙宣一线以南和固原沈家河水库一带秦汉时期曾有松、云杉等天然林生长。可见，本草地区在某种程度上具备森林草原带的某些自然条件、植被综合特征及其发生历史，应属森林草原带。但是我国西北内陆在气候上较东北、华北为干旱，使得同属一个自东北向西南延续而来的森林草原带，在西北黄土高原因气候的旱化加上人为的破坏，表现为阴坡的森林为灌丛所替代，而呈现灌丛草原的景观。

1. 西吉、隆德、彭阳森林草原草地分区和西吉西部、固原具灌丛草原草地分区

以上两个分区同处宁南黄土高原南部森林草原草地亚区水平带上，即本草地亚区之黄土高原部分，两个分区的分界线为彭阳县小岔—王洼—原州区河川—原州区市区—西吉县城区—大坪—三合一线。此二草地分区具有以下的自然经济特点。

1）草地植被以旱生多年生草本和蒿类小半灌木为主，低产而质优，适宜羊只放牧。

2）水、热条件较好，然而大部分为黄土丘陵、沟壑，如利用不当，容易造成严重的水土流失。

3）农、林、牧业互相交织，需科学规划，因地制宜，避免农、林、牧业发生矛盾。

4）缺乏三料（肥料、燃料、饲料），有时群众挖草根、铲草皮，严重破坏草场。

5）近代牲畜增多，草地减少，普遍超载过牧。加上毒草——主要是淡味獐牙菜、狼毒、醉马草普遍存在，鼠害——主要是蒙古黄鼠、长爪沙鼠、子午沙鼠危害也较严重，加重了草地的普遍退化。

鉴于上述特点，此二分区要做到草地的合理利用，应当在搞好农业区划的基础上，本着因地制宜，适当集中，一业为主多种经营的原则，促进畜牧业和农、林业的综合开发，全面发展，充分利用川、塬、盆、墒（墒地）、台（沟台地）、壕（侵蚀浅沟）、墕（皱谷）地发展种植业，加强农田基本建设，深耕、蓄雨保墒、增施肥料，提高作物单产。丘陵山坡地退耕还牧，或发展隔坡梯田。大种人工饲草，实行草田轮作。结合水土保持，提倡灌木上山、乔木进沟，广种饲料——薪炭林。配合草地逐片轮流封育，补播耐旱优良牧草，消灭毒草，防治鼠害，适当地趁雨施肥，尽量提高草地的产量和质量，逐步发展半人工草地。

此外，可大力提倡村旁屋后、渠坝田埂、沟壁坡脚广种柠条、酸刺、紫穗槐、沙柳、柽柳等灌木和草木樨、沙打旺等高株牧草，解决一部分饲料和燃料。高丘陵、山地的大针茅、甘青针茅草地放牧绵羊时，宜采取早期放牧或先刈后牧，以避免生长后期颖果基盘坚硬化对羊群的危害。

2. 南华山、六盘山、泾源山地森林草原草地分区

南华山、月亮山、六盘山等山系及周围的丘陵、低山，彼此间断性连接，呈舌状由东南至西北方向伸出，形成一个完整的、独具自然、经济特点的自然区域，因而单独划为一个分区。

本分区包括海原的杨明、红羊、关庄、树台等乡，西吉的火石寨、白崖、沙沟、偏城和

新营乡的一部分，隆德的观庄、大庄、好水、峰台、陈靳、山河、苏台等临山乡镇，固原的红庄、张易、黄铎堡、中河位于西山区的部分，开城、大湾、什字、蒿店等乡和泾源全部。大地貌为低、中山及其周围的山前丘陵。东缘海拔1900m，西缘海拔2200m，北缘海拔2000m。本分区气候年平均气温5～6℃，≥0℃积温2000～2674℃，年平均降水量北段400～450mm，中段450～500mm，南段550～700mm，干燥度1.0～1.4。山地土壤呈垂直带状分布，自下而上为山地灰褐土、山地中性灰褐土、山地棕壤、山地草甸土，山前丘陵为黑垆土。

此分区为坐落在森林草原带的一系列山地，因地势升高，地形雨降落频繁，湿润程度比周围丘陵地区显著增加。此一带历史上曾经是阴坡密布森林的典型森林草原景观。后经历代的砍伐、火烧等人为破坏，目前大部分为山地灌丛、草甸、具灌丛草甸和草甸草原所代替，天然落叶阔叶林仅分布在西兰公路以南的六盘山低、中山带，南华山林冲寺、灵光寺也残留小面积山林地。森林群落大多出现在1900～2600m的山地阴坡，阳坡为中生灌丛或草甸；2600～2700m及以上为亚高山灌丛和草甸；海拔较低处为草甸草原。西兰公路以北至黄铎堡、寺口子、白崖、偏城一线以南为本分区的中段，草地以阴坡的无毛牛尾蒿中生杂类草山地草甸、虎榛子灌丛和阳坡的铁杆蒿、甘青针茅、杂类草草甸草原与相当程度草甸化的茭蒿草原相结合。此线以北的南华山、月亮山等山地为本草地分区的最北段，植被以阴坡蕨或杂类草草甸、铁杆蒿杂类草草甸草原和阳坡星毛委陵菜、百里香、甘青针茅组成的草甸草原相结合。海拔较低处为长芒草、大针茅草原，北边缘2000m以下即进入草原草地区。

本草地分区草群平均盖度85%～95%，平均鲜草产量8248.5kg/hm²，约0.2hm²可养一只绵羊，或0.9hm²可养一头牛。草地生产具有下列的自然经济特点。

1）产草量高，多中生杂类草，适宜牧牛，也可放牧马。

2）地处山地，气候寒冷湿润，土壤有机质层较厚，土质较肥。

3）山地环境，宜林、宜牧，处理不好林、牧业有时发生矛盾。

4）部分地区草地鼠害严重，主要是甘肃鼢鼠，达乌尔鼠兔；毒草——主要是黄花棘豆、伏毛铁棒锤也是草地利用的一个突出问题。

根据上述特点，本草地分区是宁夏的一片珍贵的山地草地资源，具有我国北方草山的一般特点，气候比较优越，是发展大家畜的主要基地。应当进一步摸清资源现状及生产潜力，重点发展肉乳兼用牛（可适当搭配马、羊）。草地的培育无论是耕翻播种还是治标改良都比较易于进行。应着重进行防除鼠害、毒草，结合补播适宜的优良禾本科、豆科牧草，提高草地的产量、质量。坡度较缓的山间平地，山谷地可耕翻播种优良牧草，加速建立高产稳产的人工草地。

本分区半阴湿区林牧双宜的山坡地，宜以林草结合，带状配置，起到共同防治水土流失，综合开发利用山区土地资源的多重效益。

（二）宁南黄土高原北部草原草地亚区

本草地亚区位于宁南黄土高原的北半部，南界为上述马渠—炭山—黑城—寺口子北山、南华山北麓至关庄一线。此线以南与森林草原草地亚区为邻；北部以自盐池县营盘台沟—大水坑—同心县下马关—王团—海原县蒿川—三个井一线与宁中、北部荒漠草原草地亚区分界。

本草地亚区为宁夏典型草原草地分布区。主要地貌为黄土丘陵、沟壑，本区的北边缘差不多与黄土地貌的北缘相吻合。其间有西华山、青龙山等低山分布于东、西两侧，中部清水河南北向贯穿于中间。区内地势仍为南高北低，海拔 1300～1800m。

本草地亚区气候为年平均气温 5～7℃，≥0℃积温 2930～3100℃，年降水量 300～400mm，干燥度 2.0～2.6。地带性土壤以浅黑垆土为主，北部有少部分灰钙土。区内草地类型以典型草原占绝对优势，其中又以长芒草草原为地带性草地的主体类型。常常与硬质早熟禾、阿尔泰狗娃花、星毛委陵菜、百里香等耐旱杂类草或牛枝子、甘草等豆科牧草，或冷蒿、茭蒿、铁杆蒿等蒿类组成各种草地型；在放牧过度的丘陵坡地，可与一年生的猪毛蒿组成过牧演替的类型。在本草地亚区北部的固原北部、同心、盐池南部，草原群落内出现短花针茅、薯状亚菊等强旱生优势植物，而略显荒漠化色彩，阳坡甚至有薯状亚菊、荒漠锦鸡儿、藏青锦鸡儿、红砂等荒漠草原草地存在；部分沙化地段可能为蒙古冰草、甘草等荒漠草原草地类型；西段海原境内，有大面积的茭蒿草原分布于生境干燥的黄土丘陵坡地；西华山阳坡、坡顶为大针茅或长芒草、铁杆蒿草原与阴坡铁杆蒿杂类草草甸草原相复合。在本草原亚区长期放牧过重的丘陵、山地，出现以阿尔泰狗娃花、星毛委陵菜、百里香、冷蒿等为建群种的退化演替类型。上述各种草原类草地的草层均以真旱生草本植物为主体，并常常有一定数量的强旱生小半灌木混生。与南部森林草原草地区相比较，草原区的草地含中生杂类草甚少，因而不具备草甸化性质。

宁南黄土高原北部草原草地亚区是本区主要牧区之一。一般草地的草群平均盖度为35%～75%，平均鲜草产量 2088.8kg/hm^2，约 0.7hm^2 可养一只绵羊。

本草地亚区具有与黄土高原南部森林草原草地亚区（除山地分区外）近似的自然经济特点，但是也有自身一定的特性。

1）植被仍以旱生多年生草本植物和蒿类为主，适宜改良种毛肉兼用绵羊的放牧；但是本区北部气候干旱、风沙多，草层稀疏，产量波动大，使细毛绵羊适应性受到限制，群众仍喜欢饲养滩羊或肉毛兼用的寒滩杂种羊。

2）土壤侵蚀具水蚀、风蚀两重性，生态系统比较脆弱。

3）林牧矛盾相对缓和，农牧矛盾仍然突出，种植业生产因气候干旱限制性增大，收成更无保证。开垦草地往往造成更大的破坏。

4）也存在"三料"缺乏现象，但是本区邻近煤矿较多，燃料问题较易解决。

鉴于以上特点，本草地亚区宜明确强调以牧为主的生产方针，以农、林业服从牧业的发展，为牧业服务。作物种植应限制在河谷、川、台地，加强农田建设，达到稳产高产。实行改灶烧煤及利用太阳能，发展沼气能源。禁止采樵破坏，配合合理封育，保护天然草场。实行总增高、质量高、商品率高和周转快的"三高一快"，提高转化效益，逐步建立现代化畜牧业生产体系。

（三）宁中、北部洪积、冲积平原、间山盆地、缓坡丘陵荒漠草原草地亚区

宁中、北部洪积、冲积平原、间山盆地、缓坡丘陵荒漠草原草地亚区位于宁夏中、北部，南界以上述营盘台至三个井一线与宁南黄土高原北部典型草原草地亚区接壤，北部达卫宁北山南麓、贺兰山和石嘴山北部落石滩。包括中卫、中宁黄河以南部分，青铜峡（广武乡除外）、吴忠、灵武、永宁、银川、贺兰、平罗、原陶乐等全部和盐池县中、北部，石嘴山大部。

区内地貌类型比较复杂，包括南部由多座低、中山环绕的同心间山盆地，东部的鄂尔多斯台地边缘部分，黄河冲积平原及其阶地，贺兰山、大、小罗山、香山、天景山、牛首山、烟筒山、米钵山等中低山地。黄河像一条锦带自西向东，又转向北，系于本区中间，形成宽

阔坦荡的河谷冲积平原。向南有其支流清水河、苦水河流经同心县和灵武、吴忠二县的交界，各有宽窄不等的河谷发育。本草地区地带性土壤以灰钙土、淡灰钙土为主，山地有山地灰钙土、山地灰褐土、山地中性灰褐土、山地草甸土及半风化的山地粗骨土。黄河冲击平原有浅色草甸土、盐土、湖土和少量白僵土。川区农田为各种灌淤土。本草地亚区气候处在半干旱向干旱区过渡的地段，具明显的大陆性特点。年平均气温 8.0～9.5℃，≥0℃积温 3560～3780℃，年平均降水量 200～300mm，干燥度 2.6～4.0。

本草地亚区分布范围广，从北纬 36°40′～38°00′，占据了宁夏中、北部半壁境域，天然草地植被受人为放牧、垦殖和其他经济活动的影响，其类型组合比较复杂多样。典型的地带性草地类型以矮禾草短花针茅（有时常伴生戈壁针茅或沙生针茅）荒漠草原为主。在各种不同的生境，短花针茅分别与蒿类矮草本、旱生杂类草或多种强旱生的小半灌木组成各种不同的荒漠草原草地类型。此外，本草地亚区还有旱生豆科植物牛枝子、甘草、苦豆子、披针叶黄华为建群种的荒漠草原，分布于盐池、同心及相邻的地区。以大苞鸢尾、牛心朴子、匍根骆驼蓬、多根葱等强旱生杂类草为建群种和以中亚白草、赖草为建群种的荒漠草原，广泛分布于北部，或多或少地与土壤表层的沙质化或砾石生境相联系。中、北部干旱而盐渍化或强砾质化的生境，还广泛分布有以珍珠柴、红砂、松叶猪毛菜、猫头刺、刺旋花、藏青锦鸡儿为建群种，同时混生多种针茅属、细柄茅属、隐子草属以及乳白花黄芪、牛枝子、阿尔泰狗娃花、银灰旋花等多年生旱生草本的荒漠草原，或为分布在具砾石基质的剥蚀丘陵坡地上的带有狭叶锦鸡儿、荒漠锦鸡儿的短花针茅荒漠草原。有时候在同心、中宁、吴忠等县还见有由广旱生的卵穗薹草为建群种，而与珍珠柴、红砂、多根葱等共同组成的荒漠草原。在盐池、吴忠、灵武、中宁、青铜峡、平罗、原陶乐一带的砂壤质撂荒地上，常混生大量刺蓬、白茎盐生草等，成为具有一年生杂类草的各种荒漠草原草地类型，在本区占有相当面积。此外，中、北部因自然或人为活动引起沙化的地段分布有以黑沙蒿为代表的沙地荒漠草原，广泛分布于本草地亚区东部鄂尔多斯台地边缘部分与从石嘴山至中宁一带的黄河阶地上，成为此地区的景观性草地类型。

此外，在本草地亚区的某些特殊化生境，还分散地分布着各种非地带性或半地带性的草地。例如，部分沙化、石质化基质或土壤盐化、碱化地段、黄河河漫滩分布有假苇拂子茅、赖草、细齿草木樨等为代表的低湿地草甸，冲积平原盐渍化草甸土上分布有芨芨草盐化草甸，银北贺兰山东麓洪积冲积坡地局部轻白僵土上分布有小果白刺或唐古特白刺盐化荒漠草地、低洼湖滩地分布有细枝碱蓬、芦苇为主的盐化低湿地草甸，积水湖泊周围分布的芦苇、水葱、狭叶香蒲沼泽草地等。

本草地亚区的山地，分布着以寒温性青海云杉林、温性油松林等针叶林为主的，包括灌丛化山地草原、灰榆疏林、山地中生灌丛和高山柳、箭叶锦鸡儿亚高山灌丛、嵩草、小嵩草、珠芽蓼高寒草甸组成的山地植被垂直结构。

本草地亚区除黄河平原灌溉农业区外，历史上曾为宁夏的主要草地畜牧业地区，包括贺兰山、罗山等山地，历来都是当地家畜常年或季节性的放牧场，这种半荒漠地带的特殊生态环境，孕育了著名的宁夏滩羊、沙毛山羊、贺兰山黑山羊等地方家畜品种。可是 1949 年以来，人口增加很快，土地垦殖率急剧增长，渐渐地变成了农、牧业交叉发展的半农半牧区；山地则成为封山育林的自然保护区。

本草地亚区草群的平均盖度为 15%～45%，平均鲜草产量 1334.3kg/hm^2，可利用鲜草 736.5kg/hm^2，约 1.2hm^2 可牧养一只绵羊。

本草地亚区草地的主要特点如下。

1）大部分草地草层低矮，产量不高，但作为滩羊、沙毛山羊的原产地，有适合这些优良裘皮羊放牧生息的特殊生态条件，与这些优良的家畜品种资源休戚相关。

2）大部分地区光热资源丰富，但气候较干燥，农牧业用水不足（贺兰山东麓洪积扇和扬黄工程受益地区除外）。

3）干旱、风蚀为突出矛盾，放牧过重或垦殖不当，土地容易沙化。

4）长期轻牧重农，不适当地毁草营林及人为采樵、挖药等，严重破坏草地，引起草地退化，破坏生态环境的平衡。

针对这些特点，草地的利用和培育应当着重贯彻以牧为主的方针，以解决冷季和旱年饲草的缺乏为主攻方向，以划管和围栏并举，推行草地的封育，以灌、草（沙生灌木和牧草）、乔（杨、沙棘、榆、梭梭等耐旱乔木）相结合防风固沙，防止草地进一步沙化。以草定畜，合理放牧，通过对草地有计划地管、建、用和对家畜严格地选优淘劣，推行科学的畜群结构和先进的放牧制度，实行季节畜牧业，做到草地的合理利用。

同时应大力推广种植苜蓿、草木樨、沙打旺、苏丹草等人工饲草，夏秋季大力打贮野草，贮草备冬、备荒，解决冷、暖季及年际间饲草供应的不平衡。

本草地亚区内的（3）黄河冲积平原、贺兰山东麓洪积扇荒漠草原草地分区，北起石嘴山、南至中卫，包括全部黄河灌溉区，为宁夏的重点农业地区，同时也是宁夏名贵家畜良种滩羊的中心产地，现有天然草地 25.3 万 hm²，分布在山麓洪积扇、山前倾斜平原、黄河河谷阶地及河漫滩；银北尚有盐渍化低洼农田撂荒地 8.0 余万 hm²，经过改良可望建成人工草地，本草地分区的特点如下。

1）地势平坦，适于机耕，有黄河之利，热量、光照资源丰富，为农牧业的发展提供了比较优越的条件。

2）种植业在本草地分区占农业总产值的 70%以上，可充分利用大量的农业副产物发展畜牧业，做到以农养牧，农牧业相结合。

3）地下水资源较丰富，加上扬黄、引洪等可能性，为改良天然草地，发展人工草地提供充裕的水利条件。

4）土壤贫瘠，缺乏有机质，严重的风蚀，易于沙漠化、北部次生盐渍化（表土含盐量在 1%以上），部分地区有白僵土或半白僵土分布，山麓洪积扇多砾石、卵石等，都是草地建设的不利因素。

本草地分区发展畜牧业的途径应该一方面走农区发展畜牧业的道路，充分利用大量的农副产品饲料资源，采用粗料加工新技术，大力发展草食家畜，不同地区可因地制宜试行粮、草、饲间复套种，生产优质饲草料；另一方面，宜充分利用可供开发的水利条件，营造防护林网，重点建设草、水、林、机配套的人工、半人工草地，发展高产的良种家畜，逐步达到集约化经营，争取向现代化先行一步。盐渍化的低洼农田宜采取灌排配套、精耕细作、去表留底、施有机肥等综合措施，重点研究耐盐、抗冻牧草、饲料作物的栽培。

总之，本草地分区有靠近城市、工矿区，交通比较发达等特点，是发展城郊工矿区畜牧业的重点地区。应当采取适合当地条件的各种先进技术措施，建设成为经济有效的现代化商品畜牧业基地，以满足城郊、工矿区人民日益增长的对肉、乳等畜产品的需要，为实现社会主义现代化提供一条可行的途径。

二、温带荒漠草地区

本草地区的温带荒漠草地属我国荒漠草地区的东部亚区域。宁夏最西北的边界，刚刚跨上其东部的边缘。包括本区的中卫、中宁境内的黄河以北、青铜峡西南部广武一带和石嘴山北部地区，面积不大，南界为中卫、中宁境内的黄河以北，自腾格里沙漠南缘向东沿卫宁北山南麓，至青铜峡广武又斜向西北，于庙山湖以南接古长城，然后沿贺兰山分水岭向北，至正谊关沟折向东北，达石嘴山钢厂。

本草地区的荒漠草地区因处我国荒漠区的东边缘，气候干旱程度较荒漠腹地相对为好，因而荒漠草地带有明显的草原化特征。区内气候年平均气温 8.0～9.5℃，≥0℃积温 2582～3980℃，年降水量 180～200mm，干燥度 5.0 左右，土壤以淡灰钙土及山地粗骨土为主，最西部腾格里沙漠边缘有半固定或流动沙丘分布。天然草地以强旱生、超旱生的小灌木、小半灌木为主，伴生一定数量的强旱生多年生草本植物，并生长大量的夏雨型一年生草本植物，多为东部荒漠区的常见种。本草地带以红砂草原化荒漠草地为地带性的代表类型，并以红砂、沙冬青、霸王、四合木、短叶假木贼等植物为本地带的标志种。本草地区包括下列一个草地亚区。

宁西北边区低山丘陵、山前洪积平原草原化荒漠草地亚区

如上所述，包括南部的腾格里沙漠南缘，卫宁北部低山丘陵，广武山前砾石洪积坡地和北部的沙巴台、落石滩一带贺兰山尾部低山残丘及山前沙砾质倾斜平原，中间为贺兰山隔断。海拔 1300～1600m，亚区内草地以红砂、珍珠柴草原化荒漠为代表类型，分布于低山丘陵坡地。其中优势植物常见有猫头刺、刺针枝蓼、刺旋花、无芒隐子草、细柄茅、冠芒草、卵穗薹草等，其中经常有一定数量的短花针茅、戈壁针茅、大苞鸢尾、多根葱、乳白花黄芪、戈壁天冬等强旱生草本植物伴生。分布于山间平原的还有匍根骆驼蓬或小果白刺草原化荒漠草地；在山前平原的草原化荒漠草地之间，有时有猫头刺和短花针茅组成的荒漠草原群落自南部的荒漠草原草地区向北深入。北部往往在低山阳坡分布有沙冬青、松叶猪毛菜草原化荒漠草地，与阴坡具刺旋花、狭叶锦鸡儿、短花针茅荒漠草原相结合。山前砾质洪积平原，为红砂、多根葱、无芒隐子草草原化荒漠，常大量生长冠芒草、锋芒草、草霸王等荒漠一年生草本，植被十分稀疏低矮，具明显的荒漠化特征。

宁夏的荒漠草地区，面积很小，气候干旱多风沙或石质、砾石生境条件决定了本草地区的植被稀疏、区系贫乏、结构简单、生产力甚低等特点。一般鲜草产量为 1371.8kg/hm^2，折可利用鲜草为 520.50kg/hm^2，草层盖度 10%～30%，平均 1.8hm^2 可养一只绵羊。本草地区饲养以滩羊和贺兰山一带的黑山羊为主，另有少量骆驼，以使役为主要用途，家畜均系蒙古区系生态类群。

主要参考文献

甘肃省草原总站. 1999. 甘肃草地资源. 兰州：甘肃科技技术出版社.

高正中，戴法和. 1988. 宁夏植被. 银川：宁夏人民出版社.

雷明德. 1999. 陕西植被. 北京：科学出版社.

廖国藩. 1996. 中国草地资源. 北京：中国科学技术出版社.

吴征缢. 1980. 中国植被. 北京：科学出版社.

许鹏. 1994. 新疆草地资源及其利用. 乌鲁木齐：新疆科技卫生出版社.

章祖同. 1996. 内蒙古草地资源. 呼和浩特：内蒙古人民出版社.

第六章 宁夏人工草地

第一节 人工草地的重要性

人工草地质量好，有保障，供冬春季节、灾年补饲；可以草田轮作；特别适合实行封育；群众历来习惯种植。

一、牧草饲料作物是发展现代畜牧业的物质基础

畜牧业是国民经济的重要组成部分，与国民经济的可持续发展密不可分。受人口增长和经济发展影响，增加畜牧业生产，持续、大幅度提高动物产品总量已经成为我国农业发展的基本特征。现代畜牧业是集约化经营的草地畜牧业，在整个生产流程中，草料生产是基础，它限制和规定了畜牧业发展的规模和速度，也制约着草地畜牧业的集约化程度。尽管草料生产有天然草场、人工草地和农副产品三个途径，但由于天然草场受自然条件和经营条件所限，加上保护和培育林草植被，维护生态安全，21世纪政府对草原等全面实行禁牧封育的战略决策，牲畜只能"下山入圈"，实行舍饲圈养，导致天然草地难以在现代草地畜牧业的集约化经营中有较大贡献；粮食作物对水热条件要求严格，其所需的条件得不到满足时，会严重影响产量，甚至颗粒无收。同时单位面积所含营养物质不及牧草，至于农副产品因受自身品质和加工技术的限制，也难以在现代草地畜牧业的集约化经营中发挥多大作用。只有人工草地不仅产量高、稳定，而且营养丰富，富含畜禽所需的蛋白质、维生素和其他营养物质，粗纤维含量低、柔嫩多汁、适口性好、易消化。可青饲、青贮、糖饲；可调制干草、草粉、草块、颗粒饲料和放牧，可提取叶蛋白，其籽粒还可代替粮食作精料，均为各种畜禽所喜食。更充分地利用气候资源、土地资源和生物资源，使生物量和营养物质大幅度提高。人工种草选用了优良牧草种和品种，采用了技术密集型栽培措施，使得产投比得到最高回报，从而获得高额效益。国内外的经验告诉我们，解决草畜矛盾的根本出路在于建立稳产、高产、优质的人工草地。发达国家实现畜牧业现代化无一不是建立在大力发展人工草地基础之上的。因此，从中长远发展来看，解决饲草料需求的任务必将越来越多地落在人工栽培生产方面。

二、牧草绿肥是保障现代农业可持续发展的基础资源

农业是国民经济的基础，农业的可持续发展制约着国民经济的可持续发展，而农业的可持续发展又取决于农田地力的可持续利用。土壤是农作物的立地基础，人们从事农业生产，要充分利用土地获得高产、优质、高效益，而要达到两高一优，就要不断保持和培肥地力，这是保持农业持续增产的根本。人工种植草地，特别是豆科牧草，是积极养地的有效途径。土壤肥力的中心是有机质，增加土壤有机质的措施，除施用有机肥料和实行秸秆还田外，种植牧草收后能给土壤留下大量含有丰富的有机质、氮素和其他养分的根茬和枯枝落叶。从而可以提高耕层土壤的有效养分含量，以保证持续均衡地供应农业生产的需要。

三、草田轮作

轮作的作用早被我国人民熟知，远在公元 500 年间北魏时期贾思勰所撰《齐民要术》中就有"谷田必须岁易"的总结。至今各地关于轮作已有许多成功的经验和总结，生产实践表明，合理轮作是保证作物全面、稳定丰产的最重要、最基本措施。依现代农业观点，从栽培实践来看，实行轮作的作用主要体现在以下几方面。

（一）联系农牧结合的纽带

尤其是草田轮作，是提高种植业和畜牧业生产率的基本方法之一。草田轮作中，安排有多年生牧草，特别是在豆科牧草和禾本科牧草混播的情况下，不仅能显著提高地力，改良土壤理化性质，而且可获得高产优质的牧草，并可在冷季放牧牲畜，这样在发展畜牧业的同时，农业又可得到大量的优质厩肥。这种通过草田轮作实现农牧并举、互相促进、共同发展的生产方式在旱作农区和半农半牧区具有极其重要的发展前景。

（二）充分用地养地

不同作物对土壤中各种营养元素有不同的需求，而且对不同土层营养元素的利用能力及不同形态营养元素的利用能力也有差异。如小麦、玉米、甜菜等只能利用易溶性的磷，而豆类、马铃薯、燕麦等却能靠自身根系分泌的有机酸溶解难溶性的磷供自己利用；禾谷类作物因根系分布较浅，多数只能利用耕作层的表墒和养分，而棉花、大豆、苜蓿的根系分布较深，可以利用深层土壤水分和养分；豆科作物或牧草通过固氮可补充土壤中氮素营养，同时通过多年积累的大量根系能增加土壤有机物质，通过发达的根系生长发育能改善土壤结构和理化性质。因此，合理的轮作能够更好地利用和平衡土壤中的养分和水分。

（三）减轻病虫草害

农田中的许多杂草往往与一定的作物有着密切的伴生或寄生关系，如水稻与稗子、谷子与谷莠子、小麦与燕麦草、大豆（或苜蓿）与菟丝子等。如果连作这些作物，则那些伴生或寄生的杂草必然会泛滥起来，从而与作物争夺养分和水分，致使作物生长受阻，产量下降。如果进行轮作，不同作物生物学特性及耕作管理技术的不同，导致杂草因寄主的不断更替而没有生存繁殖的环境，从而有效控制了杂草的发生。许多危害作物的病菌和害虫与杂草一样，也有各自的寄主和一定的寿命，通过一定时期的轮作，使这些病菌和害虫因找不到合适的寄主而自行消亡。因此，轮作在防治病虫草害方面具有重要的作用，是一项基本措施。

（四）降低生产成本

在安排轮作时，应统筹兼顾土地、资金、人力、机具等资源的有效配置。合理的轮作能够均衡、有效地使用人力和机具等设备，从而提高劳动生产率，提高产品的产量和质量，达到降低生产成本的目的。

四、群众习惯种植的饲草作物

饲草在草原文明和农耕文明中扮演着重要的角色，饲草的种类、高度、盖度、产量决定着草原的生态状况和发展畜牧业的能力。历年来群众习惯种植的饲草作物按系统划分为三类。

（一）豆科牧草

豆科牧草是栽培牧草中最重要的一类牧草，因其含有丰富的蛋白质、钙和多种维生素。开花前粗蛋白质占干物质的 15% 以上，在 100kg 饲草中，可消化蛋白质达 9～10kg。其鲜草含水量较高，草质柔嫩，大部分草种的适口性强。生长点位于枝条顶部，可不断萌生新枝，耐刈割，再生能力较强，开花结实期至种子成熟后茎叶仍呈绿色，故可利用期长，为各类家畜所喜食。调制成干草粉的豆科牧草因纤维素含量低，质地绵软，可代替部分豆粕和麸作精料饲用。同时其特有的固氮性能和改土效果，使得其早在远古时期就用于农业生产中。尽管豆科牧草种类不及禾本科牧草多，但因其富含氮素和钙质而在农牧业生产中占据重要地位。目前生产上应用最多的豆科牧草有紫花苜蓿、杂种苜蓿、白花草木樨、沙打旺、红豆草、白三叶、红三叶、毛苕子、箭筈豌豆、光叶紫花苕、小冠花、紫云英、山黧豆、柠条、羊柴、胡枝子、紫穗槐等。

（二）禾本科牧草

禾本科牧草栽培历史较短，但种类繁多，占栽培牧草的 70% 以上，因其产量高和含有丰富的营养成分，特别是富含糖类及其他碳水化合物，在放牧条件下，禾本科牧草可满足家畜对各种营养的要求，是建立放牧刈草兼用人工草地的主要牧草。目前人工草地利用较多的禾本科牧草有无芒雀麦、披碱草、老芒麦、冰草、羊草、多年生黑麦草、苇状羊茅、鸭茅、碱茅、小糠草、象草、御谷、苏丹草及玉米、高粱、黍、粟、谷、燕麦等。

（三）其他科牧草

其他科牧草指不属于豆科和禾本科的牧草，无论是种类数量上，还是栽培面积上，都不如豆科牧草和禾本科牧草。但某些种在农牧业生产上仍很重要，如菊科的苦荬菜和串叶松香草，苋科的千穗谷和籽粒苋，紫草科的聚合草，蓼科的酸模，藜科的饲用甜菜、驼绒藜和木地肤，伞形科的胡萝卜，十字花科的芜菁等。

第二节　主要饲用植物简介

一、禾本科饲用植物

（一）高粱

【学　名】*Sorghum vulgare* Pers.

【英文名】sorghum

【别　名】蜀黍、草高粱、禾草（固原、海原）

【分　布】全区栽培。我国东北、华北及西部地区都有栽培。原产于非洲、亚洲，现全球温带区都有栽种。

【特　征】一年生草本，高 3～4m。秆直立，直径约 2cm。叶鞘无毛或被白粉；叶片狭披针形，长达 50cm，宽约 4cm。圆锥花序长达 30cm，分枝轮生，每分枝含 1～5 节的总状花序；小穗孪生，无柄小穗卵状椭圆形，长 5～6mm，成熟时下部硬革质，光滑无毛，具光泽；第 1 外稃膜质，第 2 外稃端 2 裂，芒自裂齿间伸出，或全缘无芒；颖果倒卵形，成熟后露出颖外。有柄小穗雄性，不孕。

【特　性】较耐旱，适宜年降水量 400～800mm 地区旱作栽培，发育期日均温 20℃利于茎叶生长，夏季 35℃以上生长加速，抽穗。适宜土壤 pH 在 6.5～8.0，pH 在 8.5 时也生长良好。前期不耐盐碱，后期抗性增强；耐涝，水淹 20～30 天不死，可在低洼地栽种。有一定再生力，可 2 次青刈高粱。茎叶含氢氰酸，其含量普通高粱比甜茎高粱高，幼苗比老株多，叶比茎多，上部叶比下部叶多，分枝比主茎多，晴朗干燥比阴雨天气多，新鲜茎叶比经过晾晒的多，青贮后可使氢氰酸大为减少，甚至消失；籽粒含单宁，可增加耐贮性。

【饲用价值】优等饲用植物。整个生育期适口性均很好，叶量丰富，籽实和茎秆产量都很高。马、牛、羊喜食，猪也采食；青喂、青贮、调制干草都有良好的营养价值。宁夏南部山区群众多在夏季种植，称"草高粱"或"禾草"，初秋青刈、铡短与青燕麦或箭筈豌豆一起饲喂家畜，容易长膘。抽穗以后秸秆变粗硬，宜压扁或铡短以提高利用价值。籽实是家畜良好的精饲料，整粒可饲喂马、驴、骡，粉碎与干草混合喂牛、羊，农牧民也常煮成高粱粥饲喂幼畜、病畜和体弱畜。籽实含粗蛋白质 8%～11%、粗脂肪 3%、粗纤维 2%～3%，淀粉 65%～70%；所含氨基酸中亮氨酸和缬氨酸略高于玉米，而精氨酸含量略低于玉米。其他氨基酸的含量与玉米大致相等。

（二）苏丹草

【学　名】*Sorghum sudanense*（Piper）Stapf.

【英文名】sudan grass

【分　布】全区均有栽培。我国东北、华北、西北、长江以南都有种植。原产于非洲的苏丹，后相继传入美国、巴西、阿根廷、澳大利亚、俄罗斯和中国。

【特　征】染色体数：$2n = 2x = 20$。一年生草本，高 1～2.5m。秆直立，自基部分枝。叶片线形或线状披针形。圆锥花序直立，疏松，长 15～30cm，分枝半轮生，下部 1/2 或 1/3 裸露；小穗孪生，无柄小穗长圆形或长椭圆状披针形，长 6～7.5mm，宽 2mm；第 1 外稃透明膜质，第 2 外稃顶端具 0.5～1mm 的裂齿，自裂齿间伸出长 10～16mm 的芒，膝曲，下部扭转；有柄小穗宿存，雄性或中性，成熟时连同穗轴节间与无柄小穗一起脱落。颖果绿黄色、橙红色或紫褐色。

【特　性】短日照旱中生植物。喜暖，生育期需要 ≥10℃积温 2200～3000℃，发芽适温 20～30℃，最低温 8～10℃，怕霜冻，苗期 3～4℃受冻害。根入土达 3m 以上，耐旱；对土壤要求不严。5 月中旬播种，9～10 日齐苗，6 月上旬分蘖，6 月下旬拔节，7 月上旬抽穗，出苗至抽穗 50 余天。再生力强，株高 1m 左右即可刈割，水肥充足年可刈割 3 次，再生草高于第 1 次产量。已培育出许多新品种，本区盐池草原实验站及宁夏大学草业科学研究所也培育出了多个优良新品种。

【饲用价值】优等饲用植物。整个生育期叶量丰富，马、牛、羊喜食，猪也采食；青喂、青贮、调制干草都有良好的适口性。与高粱相比其茎秆较细，可作放牧地，耐牧性较其他一年生牧草好，更宜调制青干草。与一年生豆科草混播，割制青干草，可增加营养价值；混合粉碎可作猪的粗饲料。收获籽粒后的秸秆经压扁粉碎饲喂牛、羊，适口性也好。据测定，苏丹草青绿期粗蛋白质消化率 44%，粗脂肪 57%，粗纤维 64%。胡萝卜素含量较高，为 223.5～443.9mg/kg。

（三）玉蜀黍

【学　名】*Zea mays* L.

【英文名】maize

【别　　名】玉米、苞谷、苞米、老玉米、棒子

【分　　布】全国农区均有栽培，主产东北、华北、西北和西南山区。分布于两半球亚热带、温带，南、北纬 30°～50°。除我国外，以美国、巴西、墨西哥、南非、印度、罗马尼亚等国最多。

【特　　征】一年生高大草本，高 1～4m。秆直立，通常不分枝，基部各节具气生支柱根。叶鞘具横脉，叶片扁平、宽大，边缘波状褶皱，中脉粗壮。雌雄同株，雄性圆锥花序顶生，大型；雄性小穗孪生，含 2 花，1 花无柄，1 花具短柄；两颖及外内稃皆膜质。雌花序腋生，被多数宽大的鞘状苞片所包藏，具短总梗，细长丝状的花柱伸出在外，淡黄色，成熟时深褐色；雌小穗 1 花（2 花孪生但 1 花不育），成 16～18 纵行排列于粗壮的海绵状穗轴上；第 1 外稃膜质，有或无内稃，第 2 外稃具内稃。颖果球形或扁球形，成熟后露出颖片和稃片之外。

【特　　性】中生、短日照、C_4 植物。雨多，光照不足易倒伏、多杂草、罹患病害。种子发芽温度为 6～10℃；苗期耐短期−3～−2℃低温；生长期适温为 28～35℃、无霜期 120～180d，适宜降水量 410～640mm；生育期需≥10℃早熟品种积温 2000～2200℃，中熟品种 2300～2600℃，晚期品种 2500～2800（3000）℃。适宜沙质壤土，pH 以 6～8 为宜，苗期土壤含 NaCl 0.2%可以生长，超过 0.3%则生长不良，乃至死亡。喜肥，主要在抽穗期前 10 天至抽穗后 25～30d，N、P、K 需要量占总需要量的 60%～75%；抽穗前后各 10 天需水最多。目前青饲、青贮、饲用、粮用兼用等类型都有许多优良品种，可供不同地区选择引用。

【饲用价值】优质高产饲料植物，称为"饲料之王"。产量高、适口性好、籽实和茎叶营养丰富，是各类畜、禽的优质饲草料，全株均可以利用。幼苗期各类家畜喜食，猪也采食；青饲、青贮、调制干草其适口性均很好，特别是用青贮专用品种带棒青贮饲喂奶牛、肉牛、育肥羊效果好。青贮时宜在蜡熟期收割，此时全株营养价值和生物产量达到最高，植株含水量为 75%左右，适宜制作青贮。其饲用谷粒收获后秸秆仍保持青绿色，可制作青干草。为保持叶片与茎秆同步干燥，宜将茎秆压扁。目前，国内用于饲料方面的品种主要有'吉青 7 号''龙牧 1 号''中原单 31 号''黑饲 1 号'和'新沃 1 号'等。

（四）燕麦

【学　　名】*Avena sativa* L.

【英文名】Oats

【别　　名】铃铛麦、有皮燕麦

【分　　布】全区均有栽培。我国燕麦主要分布于东北、华北和西北的高寒牧区。其中以内蒙古、河北、甘肃、山西种植面积最大，新疆、青海、陕西次之，云南、贵州、西藏和四川山区也有少量种植。近年来，随着人工草地的建立，燕麦开始在牧区大量种植，发展很快，已成为高寒牧区枯草季节的重要饲草来源。

【特　　征】燕麦为禾本科燕麦属一年生草本植物。须根系入土深度达 1m 左右。株高 80～150cm。叶片宽而平展，长 15～40cm，宽 0.6～1.2cm；无叶耳，叶舌大，顶端具稀疏叶齿。圆锥花序，穗轴直立或下垂，每穗具 4～6 节，节部分枝，下部节与分枝较多，向上渐减少，小穗着生于分枝的顶端，每小穗含 1～2 朵花，小穗近于无毛或稀生短毛，有纵沟。谷壳率占籽粒重量的 20%～30%。外颖具短芒或无芒，内外稃紧紧包被着籽粒，不易分离。颖果纺锤形，宽大，具簇燕麦属全世界共有 16 个种，其中栽种较普遍的有裸燕麦（*Avena nuda* L.）、地中海燕麦（*A. byzantina* C. Koch.）、粗燕麦（*A. strigosa*）和长颖燕麦（*A. ludoviciana* Dur.），

其余多为野生种或田间杂草。比较常见的野生燕麦有普通燕麦（*A. fatua* L.）。

【特　性】燕麦生长期因品种、栽培地区和播种期而异。一般春播的生长期为 75～125d，而秋播的可达 250d 以上。华北燕麦皆为春播，生长期为 90～115d。甘肃省大多在 90～110d。春播燕麦早熟品种生育期为 75～90d，其植株较矮，籽粒饱满，适于作精饲料栽培；晚熟品种的生育期为 105～125d，其茎叶高大繁茂，主要用作青饲和调制干草；中熟品种的生育期为 90～105d，株丛高度介于早熟和晚熟品种之间，属兼用型燕麦。

【饲用价值】燕麦籽粒中含有较丰富的蛋白质，一般含量为 10%～14%，裸燕麦的蛋白质含量在 15%左右，脂肪含量超过 4.5%。燕麦籽粒粗纤维含量高，是各类家畜特别是马、牛、羊的良好精料。燕麦的秸秆与稃壳的营养价值较其他麦类作物高，蛋白质含量为 1.3%，而小麦和黑麦则分别为 1.1%和 0.6%。燕麦稃壳中蛋白质含量为 3.0%，小麦则为 2.3%。因此，适于饲喂牛、马。燕麦是一种优良的草料兼用作物，籽实产量一般每万亩 2250～3000kg。青饲料每公顷产量 15 000～22 500kg。吉林省复种燕麦每万亩鲜草产量 7500kg，秸秆每万亩产 5250～6000kg。燕麦叶多，叶片宽长，柔嫩多汁，适口性强，消化率高，是一种极好的青刈饲料。青刈燕麦可鲜喂，但主要供调制青贮料和制干草用。根据国外资料，利用燕麦地放牧，肉牛平均每日增重 550g，如利用燕麦—毛苕子混播地放牧，则平均日增重 815g。

（五）大麦

【学　名】*Hordeum vulgare* L.

【英文名】barley

【别　名】牟麦、饭麦、赤膊麦

【分　布】全区均有栽培。我国各地栽培，东北及内蒙古、山西、甘肃、青海、新疆、西藏种植春大麦；河北及其以南地区、东南沿海、贵州等地种植冬大麦。

【特　征】一年生栽培作物，高 50～100cm。秆直立，与叶鞘皆无毛；叶鞘顶端具叶耳，叶舌膜质。穗状花序，每节着生 3 个完全发育的小穗，通常均无柄；颖线形或线状披针形，先端常延伸成芒；外稃先端延伸成长 8～13cm 的芒；内稃与外稃等长。颖果成熟后黏着内外稃不易脱落。自花授粉植物。

【特　性】大麦生育期较短，一般为 160～250d，种子萌发的最低温度为 0～3℃，最适温度为 18～25℃。分蘖发生的适宜温度为 13～15℃，最低 3℃。生长最低温度为 3～4.5℃，最适为 20℃，最高为 28～30℃；成熟期以不低于 17～18℃为适宜，高于 25℃易早衰，影响灌浆。大麦根系较弱，在土壤田间最大持水量为 70%左右，根际温度为 14～18℃时最利于根系的生长。早晨 6～8 时与午后 3～5 时开花为多，中上部小花先开，然后向上、向下依次开花。一朵花开放时间为 20～30min，全穗小花经 3～4d，单株各穗经 7～9d 开花完毕。大麦以种植在排水良好的肥沃砂壤土或黏壤土为好，宜中性略偏微碱，pH 以 6～8 为适宜。耐酸性、耐湿性与苗期抗寒性均比小麦弱，耐盐碱性与抗旱性则较强。

【饲用价值】大麦为优质饲料作物，叶量较多，秸秆柔软，适口性好，各类家畜四季喜食。青嫩期各类家畜都喜食；未抽穗前草质青嫩，营养丰富，刈割青饲或放牧均可；开花后生殖枝变硬，适口性降低。农民反映，与其他农作物秸秆混合饲喂牛、羊、马，能提高其他秸秆的采食率。不足之处是穗状花序芒长而粗硬，影响饲喂价值。据分析，大麦秸秆含粗蛋白质 5.79%，可消化蛋白质 17g/kg。籽实可做精饲料，粗蛋白质含量一般在 12%～14%，可消化蛋白质为 90～120g/kg。

（六）黑麦草

【学　　名】*Lolium perenne* L.

【英文名】ryegrass

【别　　名】多年生黑麦草

【分　　布】宁夏有栽培，作饲草或草坪草。我国各地作草坪种植。

【特　　征】染色体数：$2n = 2x = 14$，$2n = 4x = 28$。多年生草本。疏丛生，具根茎，高 30～40（60）cm，具 3～4 节。叶片较柔软，长 10～20cm，宽 3～6cm。穗状花序，穗轴节间长 5～10mm；小穗含 5～11 小花，以其背面对向穗轴；第 1 颖除顶生小穗外均退化，第 2 颖位于背轴一方，短于小穗，长于第 1 小花，5 脉，边缘狭膜质；外稃披针形，5 脉，无芒或具短芒；内稃脊具短纤毛。

【特　　性】中生植物，喜暖而夏季凉爽的生境。生长期适宜温度 20℃左右，高于 35℃不能越夏，低于 15℃也难越冬，适宜南方山地种植。宁南固原市原州区庭院种植的可以越冬，银川、大武口也可以在庭院或运动场栽种其耐寒的冷季型草坪品种。作牧草有分蘖多、生长快、草层茂密、再生性强等优点，3 月末至 4 月初返青，5 月开花，6～7 月结籽成熟。

【饲用价值】优等饲用植物。叶量丰富，茎秆柔软，再生性强，耐践踏，是刈、牧皆宜的牧草。牛、羊、马放牧于混播草地，不仅增膘长肉快、产奶多，还能节省精料。青刈可饲喂各种家畜、禽和草食鱼类。粗蛋白质含量高达 25%以上，可调制成优良青干草、干草粉、草块、草饼等，供冬春饲喂家畜。

（七）谷子

【学　　名】*Setaria italica*（L.）Beauv.

【英文名】foxtail millet

【别　　名】粟、小米、草谷子、禾草（固原、海原）

【分　　布】全区栽培。全国分布，主要在北方。北起阴山及黑龙江以南，西至甘肃河西走廊以东，南至秦岭、淮河，包括内蒙古的农区。

【特　　征】一年生栽培草本，秆粗壮，直立，高 50～100cm。叶片先端尖，基部钝圆。圆锥花序穗状，呈圆柱形或近纺锤形，通常下垂，基部多少有间断，长 10～40cm，宽 1～5cm，因品种而异；主轴密生柔毛；小穗椭圆形或近圆球形，黄色、橘红色或紫色，其下托以数根刚毛（退化小枝），刚毛长于小穗，黄色、褐色或紫色；成熟后小穗脱落于颖上，即第 1 外稃与颖分离而脱落。

【特　　性】耐旱的中生植物。喜光照、温暖、干燥，适宜在气温为 25～35℃，年降水量为 400～600mm 的地区种植。适宜 pH 为 6～7 的中性土，不耐盐碱，在土壤含盐 0.4%时变枯黄。宁夏山区群众常旱作用来青饲或晒制干草，饲喂家畜。秸秆、籽粒比为 1：（1～2）。种子千粒重 2.4～2.7g。

【饲用价值】优等饲用植物。叶量丰富，秸秆柔软，适口性好，各类家畜四季喜食。宁夏南部山区普遍作为青饲料种植，抽穗后收获调制成青干草，冬季饲喂怀孕、产羔母羊或母牛、犊牛。收获籽实后的秸秆经碾压、铡短与其他秸秆混合饲喂大家畜，适口性也好。

（八）稷

【学　　名】*Panicum miliaceum* L.

【英文名】broomcorn millet

【别　名】黍、糜子、黄米（宁夏）

【分　布】全区栽培。原产我国北方，已有 3000 多年的栽种历史，现东北、西南及河北、山西、山东、内蒙古、陕北、甘肃普遍栽培。宁夏山区有逸出为半野生者，分布于低山、丘陵坡地、山前冲击地、农田附近。

【特　征】一年生栽培草本，高 40～120cm。秆直立，单生或少数丛生。叶片线状披针形。圆锥花序开展或较紧密，成熟时下垂，下部裸露，上部密生小枝与小穗；小穗卵状椭圆形，脱节于颖之下；颖纸质，无毛，第 1 颖长为小穗的 1/2～2/3，顶端尖；第 2 颖与小穗等长，顶端成喙状；第 1 外稃形似第 2 颖；内稃透明膜质，短小。谷粒圆形或椭圆形。

【特　性】短日照植物。喜温、早熟、耐轻盐碱、耐旱，抗病虫害。发芽需 14℃，分蘖需温 15～20℃，气温 17℃以上开花；适宜 pH 为 8～9。单株分蘖 1～5 个。五月上、下旬播种，9 月上旬种子成熟，生育期 106～127d。

【饲用价值】优等饲用植物，叶量丰富，秸秆柔软，适口性好，各类家畜均喜食。籽实也可以作精饲料饲喂羊、马、猪和鸡。秸秆在固原地区群众叫"糜草"，经碾压后铡短与其他秸秆混合饲喂大家畜，适口性良好。

（九）湖南稷子

【学　名】*Echinochloa crusgalli*（L.）Beauv. var. *frumentacea*（Roxb.）W. F. Wight.

【英文名】Japanese millet

【别　名】稗子、家稗

【分　布】全区均有栽培。原产印度和热带非洲，印度、东南亚、朝鲜、日本、澳大利亚，北美洲作饲料栽培。

【特　征】染色体数：$2n = 4x = 36$，$2n = 6x = 54$。一年生草本，秆粗壮，高 100～150cm，径 5～10mm。叶片扁平，质较柔软，无毛。圆锥花序直立，长 10～20cm；主轴粗壮，具疣基长刺毛，分枝微呈弓状弯曲；小穗卵状椭圆形或椭圆形，长 3～5mm，绿白色，无疣基毛或疏被硬刺毛，无芒；第 1 颖长为小穗的 1/3～2/5；第 2 颖稍短于小穗。谷粒露出颖外。

【特　性】中生植物，在年降水量为 300mm 左右，或有灌溉条件的地区生长良好。由于根系发达，能耐一定程度的干旱，在 pH 为 5～6 的盐碱地种植，能降低盐碱。从出苗到抽穗需 90～100d，抽穗到成熟需 35～45d，生育期川区 120～130d，山区 130～145d，从出苗到成熟需大于 7℃的有效积温 1455℃。可以和一年生豆科牧草混播，建设高产人工草地。

【饲用价值】优等饲用植物。青嫩期或调制成干草，马、驴、牛、羊喜食，也可喂草食性鱼。茎、叶营养丰富，分蘖力和再生力强，茎秆和籽实产量均高，适宜刈割、铡短青喂或调制青干草。做青贮料可单独或与高粱、玉米等混合青贮，适口性优于苏丹草。

（十）青稞

【学　名】*Hordeum vulgare* L. var. *nudum* Hook. f.

【英文名】highland barley

【别　名】裸麦（变种）、裸大麦

【资源类别】引进种质资源

【分　布】宁夏全区有栽培。主要分布在青海、甘肃西南部、四川西北部、云南西北部、西藏，在 4400m 左右的高海拔地区为主要农作物。

【特　征】颖果成熟后不与内外稃黏着，较肥大，易脱落。

【特　性】分为春性、冬性不同类别。在青藏高原又分早熟（生育期少于 100d）、晚熟（生育期 130～150d 以上）等品种。海拔 4000m 以下适种中、晚熟品种。喜肥沃中性、微碱性土，不耐酸性土及重沙质土。

【饲用价值】优等饲用植物，营养价值与大麦相似，不同的是，青稞外稃无芒，麦壳可以饲喂家畜，粉碎后可做猪粗饲料。籽实可做高原居民主食，可制青稞酒。

（十一）稗

【学　名】*Echinochloa crusgalli*（L.）Beauv.

【英文名】barnyard grass

【别　名】稗草、野稗、稗子（宁夏）

【分　布】产全区。全国分布，北方较多。

【特　征】一年生草本，高 50～150cm，直立，基部倾斜或膝曲。叶片线形，扁平。圆锥花序直立，较开展，由数个偏于一侧的穗形总状花序组成。总状花序分枝斜上举或贴向主轴，有时再分小枝，小穗卵形，第 1 小花外稃草质脉上具疣基刺毛，顶端延伸成一粗壮的芒，芒长 5～15（30）mm；内稃薄膜质，狭窄。

【特　性】湿中生植物，农田杂草。生于稻田河畔、沟渠边、低地沼泽、沼泽化草甸。根系发达，再生能力强，分蘖强，单株可有分蘖 50 个左右。8 月上旬抽穗，8 月中旬开花，9 月中、下旬种子成熟，生育期 120～140d。

【饲用价值】良等饲用植物。株型高大，叶量丰富，茎叶柔软，营养丰富，分蘖能力强，种子、茎叶产量高，各类家畜四季喜食。种子可做家畜精料，茎叶可青饲。

（十二）莜麦

【学　名】*Avena nuda* L.

【英文名】naked oat

【别　名】裸燕麦、莜麦子（宁夏）

【分　布】宁夏固原市各县均有栽培。我国华北、西北各地均有栽培。

【特　征】一年生草本，高 60～80cm，直立，丛生。叶鞘松弛，基生者常被微毛；叶舌透明膜质，长约 3mm，叶片扁平，长 8～18cm，宽 3～9mm，微粗糙，基部边缘有时疏生纤毛。圆锥花序开展，金字塔形，长 15～20cm，分枝具角棱，刺状粗糙；小穗含 3～6 花，长 2～4cm，小穗轴坚韧，无毛，常弯曲，第 1 节间长达 1cm，颖草质，几相等，长 1.5～2.5cm，具7～11 脉；外稃无毛，草质较柔软，具 9～11 脉，基盘无毛，先端通常 2 裂，第 1 外稃长 2.0～2.5cm，背部无芒或上部 1/4 以上伸出 1 芒，芒长 1～2cm，细弱，直立或反曲；内稃甚短于外稃，脊上具纤毛；颖果与内稃分离。

【特　性】中生植物。喜气候凉爽、日照不强、中性、微碱性土壤。北方 4 月末播种，6 月末抽穗，7 月中旬开花，8 月结籽成熟；南方可栽培于海拔 2100m 的山地，秋种，春刈，青饲年可刈割 2 次，刈后如追肥，再生良好。

【饲用价值】优等饲用植物，叶量丰富，茎秆柔软，各类家畜四季喜食。不论放牧、青刈饲喂，还是调制青干草，适口性均好。裸燕麦可做小杂粮食用，常做成燕麦片。

（十三）小黑麦

【学　名】×*Triticosecale Wittmack*

【英文名】triticale

【分　布】全区种植，中国八倍体小黑麦栽培地区现主要分布在西南、西北高寒瘠薄山区。自然条件较复杂：海拔 800～3000m，年平均气温 2～14℃及以上，年降水量和无霜期长短不一，耕作栽培技术也不相同。一年一熟制地区一般在 8 月底至 10 月初播种，7 月成熟，全生育期 270～320d。中国在 20 世纪 70 年代育成的八倍体小黑麦，表现出小麦的丰产性和种子的优良品质，又保持了黑麦抗逆性强和赖氨酸含量高的特点，且能适应不同的气候和环境条件，是一种很有前途的粮食、饲料兼用作物。

【特　征】外部形态介于双亲之间，偏于小麦。须根系和分蘖节较小麦发达，增强了植株的耐旱耐瘠能力。茎分蘖节成球状体，贮藏营养物质多，分化健壮新器官的潜力也比小麦强；各节长度和直径一般大于小麦。叶片较小麦长而厚，叶色较深，被茸毛，叶鞘有蜡粉层。麦穗比小麦大，小花数多，每一小穗有 3～7 朵小花，一般基部 2 朵小花结实，芒较小麦长。颖果较小麦大，红色或白色，角质或半角质。果皮和种皮较厚，因而休眠期长于小麦，一般遇雨不易在穗上发芽，且对胚和胚乳有较强的保护作用。

【特　性】耐寒性较强，在海拔 2400m 的西南高寒地区能安全越冬。耐瘠、耐旱、耐干热风和耐阴力强，在气候条件多变、水肥条件较差的高寒地区，能显示其稳产优势，产量高于小麦。抗病性也较小麦强，中国 20 世纪 70 年代育成的小黑麦'2 号''3 号''73 号'等对白粉病都是免疫的。但因植株高，在肥、水条件好的平原地区易倒伏。另外还存在成熟晚和难脱粒的缺点。

【饲用价值】饲用小黑麦生物产量及粗蛋白质含量高，植株鲜嫩多汁、适口性好、消化率高，牛羊喜食。饲用小黑麦叶量大，秸秆中粗蛋白质含量为 4.61%，粗脂肪为 2.24%，粗纤维为 33.46%，无氮浸出物为 42.5%，钙为 0.37%，磷为 0.1%。小黑麦秸秆营养价值高于小麦和燕麦，蛋白质和糖分含量高于小麦和燕麦，做青贮时，收割期以乳熟或灌浆期为宜，亩产鲜草可达 1111.4kg，比小麦增产 34.35%，比燕麦增产 25.7%，蛋白质含量为 11.37%（小麦 7.9%，燕麦 8.14%）。糖分含量为 10.27%～12.24%（小麦 9.09%，燕麦 2.94%）。试验证明秸秆经 40d 活杆菌微贮后，采样分析化验结果：粗蛋白质含量为 4.5%，粗脂肪为 3.38%，粗纤维为 35.09%，无氮浸出物为 43.33%，钙为 0.41%，磷为 0.09%。微贮秸秆色泽为金黄色，果香气味，手感松散，质地柔软湿润，pH 为 4.5。经喂饲试验证明，牛羊喜食，小黑麦青贮在我省一般在 7 月上、中旬进行，比玉米、高粱青贮提前 2 个月左右，因此种植小黑麦是解决我省大部分地区牛、羊等草食家畜冬季无青贮难题的最有效途径。饲用小黑麦茎秆，营养价值高、易消化吸收、家畜喜食。利用小黑麦秸秆调制干草及干草粉可以增加冬季粗饲料的储备。经测定：小黑麦干草粉中含粗蛋白质 10.43%，粗脂肪 3.07%，粗纤维 21.12%，无氮浸出物为 50.98%，钙为 0.4%，磷为 0.19%。经饲养试验证明，小黑麦干草及干草粉适口性好，牛、羊喜食。

二、豆科饲用植物

（一）紫花苜蓿

【学　名】*Medicago sativa* L.

【英文名】alfalfa or lucerne

【别　名】紫苜蓿、苜蓿

【分　布】全区栽培，有逸出成半野生者。原产伊朗，现遍及全球温带及亚热带边缘地区。公元前 126 年汉武帝时张骞出使西域，带回我国。现广布于黄河流以北、江苏、湖北、四川、云南也试种成功。此外，因栽培逸出及草地补播，在新疆、四川、云南、西藏山地，有野生者伴生于海拔 1500～3000m 的天然草地中。

【特　征】染色体数：$2n = 4x = 32$。多年生草本，茎直立，四棱形，高 30～100cm。羽状三出复叶，小叶长卵形、倒长卵形至线状卵形，叶缘上 1/3 处有锯齿。总状花序叶腋生，萼钟形，花冠紫色或深紫色；子房线形；花柱短阔，柱头点状。荚果螺旋形，1～3 回旋转，成熟时棕色；种子肾形，黄褐色，有光泽。

【特　性】为原产北方的长日照植物。生长适温 25℃左右，成株能耐冬季-30～-20℃低温，-40℃有雪覆盖也不致冻死；高寒地带如无冬雪，或北纬 40°以北，须选抗寒品种，并保护越冬。较抗旱，适宜年降水量为 300～500mm 地区，雨量过多对结籽繁殖和调制干草均不利。适宜土壤 pH 为 6～8，成株可耐土壤含盐 0.3%，不适低湿、地下水位过浅，或强酸、重盐碱的生境；地面积水会大量死亡。种苜蓿可培肥地力，轮作倒茬能提高后茬作物单产 15%～20%。

【饲用价值】优等饲用植物。被誉为"牧草之王"和蛋白质饲草。营养价值高，适口性好，初花期粗蛋白质含量在 18% 以上，现蕾期达 20% 左右；氨基酸含量较高，赖氨酸含量为 1.05%～1.38%，可消化总营养成分为大麦籽实的 55%；干物质消化率为 60%（55%～64%）。在奶牛饲料中添加 15%～20% 的苜蓿青干草，可提高产奶量和奶蛋白含量。以苜蓿为原料开发的草产品有草粉、草颗粒、草块、草捆等，广泛用于各国羊、肉牛、奶牛、猪、鸡等家畜家禽业和特种养殖业中。青嫩期的苜蓿勿让反刍家畜牧食或过量喂给，最好与禾草或干草混合饲喂，以免引发瘤胃臌胀。苜蓿茎叶的幼嫩尖梢可作蔬菜，种子发芽可作芽菜。

（二）红豆草

【学　名】*Onobrychis viciifolia* Scop.

【英文名】sainfoin or holyclover

【别　名】驴食豆、驴喜豆

【分　布】银川、盐池、固原、泾源曾引种栽培。我国吉林、辽宁、内蒙古、河北、北京、陕西、甘肃、青海、新疆也曾引入栽种；新疆天山、阿尔泰山有逸出成野生的，伴生于海拔 1100～2200m 的山地草甸、灌丛中。

【特　征】染色体数：$2n = 2x = 14$，$2n = 4x = 28$。多年生草本。高 30～120cm，主根细长，侧根发达。茎直立，多分枝，粗壮，中空，具纵条棱，疏生短柔毛。奇数羽状复叶，有小叶 13～27 对，长圆形、长椭圆形或披针形，长 1～2.5cm，宽 0.3～1.0cm，先端圆钝或尖，基部楔形，全缘，上面无毛，下面被长柔毛；托叶三角形膜质，褐色。

【特　性】旱中生、中生植物。生于森林、森林草原、草原地带。喜暖，耐旱性比苜蓿强，耐寒性略逊于苜蓿。因具有播种当年生长快、早春萌发早、反刍动物食后不发生臌胀、调制干草脱叶较少、抗病、抗虫能力强等优点，可与苜蓿混播，互相取长补短。再生力中等，年可刈 2 次，寿命为 6～7 年，生境条件好时可延至 10 年以上。一般播后 5 年产生群体自疏，高产年限为 4～5 年。该种经国家审定登记的栽培品种有 2 个。

1）甘肃红豆草（*Onobrychis viciifolia* Scop.cv.Gansu），适宜在甘肃、河北、内蒙古、山西

等气候温凉且有灌溉条件的地区种植。

2）蒙农红豆草（*Onobrychis viciifolia* Scop. cv. Mengnong），适宜在内蒙古中、西部干旱、半干旱地区及宁夏等地种植。

【饲用价值】优等饲用植物，各类家畜喜食，是很好的蛋白质饲草。与苜蓿和三叶草比，优点是反刍动物采食不发生瘤胃臌胀。茎中空柔软，叶量多，无论青绿期、结实期、枯草期都有良好的适口性。花期长，蜜粉丰富，是良好的蜜、粉源植物。

（三）小冠花

【学　名】*Coronilla varia* L.

【英文名】crown vetch

【别　名】多变小冠花

【分　布】原产南欧地中海地区，北非、亚洲西部、美国、加拿大有栽培。1973年引入南京、山西、陕西、北京等地。20世纪80年代初引入宁夏，在银川及宁南山区均生长良好。

【特　征】一年生草本，茎直立，高25～40cm，具分枝。基生叶具长柄，大头羽状深裂，顶裂片近卵形，边缘波状或具不规则锯齿，侧裂片椭圆形，全缘、波状或具不规则锯齿；茎生叶羽状深裂，向上渐小，近无柄。总状花序顶生，花后伸长；萼片直立；花瓣十字形，先端微凹，基部具长爪，黄色，具褐色脉纹；雄蕊4长2短，离生。长角果直立，圆柱形，先端具剑形扁平长喙；种子近球形，淡黄褐色。

【特　性】再生力强，盖度大，寿命长达60余年。喜高温，耐寒性较差，喜光照，不耐阴；抗病虫，耐旱，但旱作生长缓慢。适宜排水良好的中性肥沃土，耐贫瘠；不耐酸性土；不耐水淹；耐盐极限为0.25%～0.28%。

目前经审定登记品种有4个，宾吉夫特多变小冠花（*Coronilla varia* L. cv. Pengjift），产干草0.9万～1.35万 kg/hm^2，适宜在黄土高原丘陵沟壑地区及水土流失严重地区种植；宁引多变小冠花（*Coronilla varia* L. cv. Ningyin），产干草3.0万～4.5万 kg/hm^2，种子产量225kg/hm^2，适宜黄土高原华北平原及长江中下游地区种植。绿宝石多变小冠花（*Coronilla varia* L. cv. Emerald），产干草1.05万～1.35万 kg/hm^2，种子产量300kg/hm^2，适宜黄土丘陵地区种植；西辐多变小冠花（*Coronilla raria* L. cv. Xifu），产干草4500～9000kg/hm^2，种子产量150kg/hm^2，适宜在西北、华北、西南、华南等地种植。

【饲用价值】良等饲用植物。草质柔软，盛花期茎叶含粗蛋白质为22.04%，粗脂肪为1.84%，粗纤维为32.28%，无氮浸出物为34.18%，粗灰分为9.66%，钙为1.63%，磷为0.24%，为反刍动物蛋白质补充饲料。可青饲、制干草或青贮。因含有毒物质B-硝基丙酸，不宜饲喂单胃家畜或家禽。

（四）箭筈豌豆

【学　名】*Vicia sativa* L.

【英文名】common vetch

【别　名】巢菜、野豌豆、建设豆

【分　布】全区产。原产欧洲南部、亚洲西部。我国各地均有栽培：江苏、江西、台湾、陕西、甘肃、青海、云南有野生的，生于山坡、河谷平原草甸、灌丛中，也生于路旁、田间地埂。20世纪50年代我国曾自苏联、罗马尼亚、澳大利亚引入优良品种，在甘肃、青海试种，适应性强，引入河北、长江流域，生长良好。

【特　征】染色体数：$2n = 2x = 12$。一年生草本，茎斜升或攀缘，长 30～80cm，被微柔毛。偶数羽状复叶，小叶 2～7 对，长椭圆形或近心形，先端截形或微凹，具短尖头，基部楔形。花单生叶腋，萼钟形；花冠紫红色或红色；子房线形，微被柔毛，花柱上部被淡黄色髯毛。荚果线形，扁平，长 4～6cm，成熟时背腹开裂，果瓣扭曲。种子圆球形，棕色或黑褐色。

【特　性】喜温凉，生长期需活动积温 1500～2000℃；冬季耐–20℃低温。喜水，也耐旱；对土壤要求不严。6～7 月开花，7～8 月结荚，生育期因品种而异，为 84～122d。

【饲用价值】优等饲用植物。各类家畜长年喜食。产量高，叶量大，茎秆柔嫩，生长快，适口性好，干草产量可达 6000kg/hm² 以上，是建设人工割草地的良好草种。宁南山区常用来与草高粱、草谷子等混播，饲喂大家畜。花期有蜜有粉，以采粉为主。全草入中药。

（五）百脉根

【学　名】*Lotus corniculatus* L.

【英文名】birdsfoot

【别　名】五叶草、牛角花

【分　布】原产欧亚大陆温带地区，中国河北、云南、贵州、四川、甘肃等地均有野生种分布。

【特　征】多年生草本，高 15～50cm，全株散生稀疏白色柔毛或秃净。具主根。茎丛生，平卧或上升，实心，近四棱形；羽状复叶小叶 5 枚；叶轴长 4～8mm，疏被柔毛；顶端 3 小叶，基部 2 小叶呈托叶状，纸质，斜卵形至倒披针状卵形，长 5～15mm，宽 4～8mm，中脉不清晰；小叶柄甚短，长约 1mm，密被黄色长柔毛。伞形花序，总花梗长 3～10cm；花 3～7 朵集生于总花梗顶端，长（7）9～15mm；花梗短，基部有苞片 3 枚；苞片叶状，与萼等长，宿存；萼钟形，长 5～7mm，宽 2～3mm，无毛或稀被柔毛，萼齿近等长，狭三角形，渐尖，与萼筒等长；花冠黄色或金黄色，干后常变蓝色，旗瓣扁圆形，瓣片和瓣柄几等长，长 10～15mm，宽 6～8mm，翼瓣和龙骨瓣等长，均略短于旗瓣，龙骨瓣呈直角三角形弯曲，喙部狭尖；雄蕊两体，花丝分离部略短于雄蕊筒；花柱直，等长于子房成直角上指，柱头点状，子房线形，无毛，胚珠 35～40 粒；荚果直，线状圆柱形，长 20～25mm，径 2～4mm，褐色，二瓣裂，扭曲。有多数种子，种子细小，卵圆形，长约 1mm，灰褐色；花期 5～9 月，果期 7～10 月。

【特　性】百脉根喜欢温暖湿润的气候，适宜生长温度为 18～25℃；幼苗不耐寒，成株耐寒力稍强，但低于 5℃茎叶枯黄。百脉根对土壤要求不高，但在肥沃排水性良好的土壤中生长良好。百脉根为长日照植物，不耐阴，日光充足能促进开花。

【饲用价值】百脉根茎细叶多，产草量高，一般鲜草产量 2.25 万～4.50 万 kg/hm²，高者可达 6.00 万 kg/hm²，刈割后再生缓慢，一般每年刈割 2～3 次。营养含量居豆科牧草的首位，特别是茎叶保存养分的能力很强，在成熟收种后，蛋白质含量仍可达 17.4%，品质仍佳。刈割利用时期对营养成分影响不大，因而饲用价值很高。其茎叶柔软，细嫩多汁，适口性好，各类家畜均喜食。可刈割青饲，可调制青干草，加工草粉和混合饲料，还可用作放牧利用。用于青饲或放牧时，其青绿期长，含皂素低，耐牧性强，不会引起家畜膨胀病，为一般豆科牧草所不及。因其耐热，夏季一般牧草生长不良时，百脉根仍能良好生长，延长利用期。

（六）红三叶

【学　名】*Trifolium pratense* L.

【英文名】red clover

【别　名】红车轴草、红荷兰翘摇

【分　布】黄灌区有栽培，多用于园林绿化。原产小亚细亚及伊朗里海南部，现欧洲地中海沿岸、高加索、印度、中亚、俄罗斯、北美洲、澳洲都有栽培。其野生种在我国分布于东北大兴安岭、新疆额尔齐斯河、伊犁河流域、天山北坡、阿尔泰山及鄂西山地、云贵高原。现全国均有栽培。

【特　征】染色体数：$2n = 2x = 14$。多年生草本，茎具棱，直立或平卧上升；掌状三出复叶，小叶卵状椭圆形至倒卵形，叶面上有"V"形斑纹；花序密集呈球状或卵状，顶生；花萼钟形，被长柔毛；花冠红色至淡红色；子房椭圆形，花柱细长；荚果倒卵形，通常含 1 粒扁圆形种子。

【特　性】中生植物。适宜年降水量＞1000mm、冬日温和、夏不炎热的气候，生长适温为 15～25℃，＞40℃易干枯死亡。喜排水良好、含钙肥沃、中性、微酸性、pH 为 5.5～7.5 黏壤土；不适贫瘠沙土、含盐＞0.3%的盐碱土、强酸化土、地下水位过高的生境。适宜我国南方山地栽种；北京春播越冬率仅 55%，秋播不能越冬。银川可栽种在具温和小气候的庭院背风向阳处，越冬尚好。4 月中旬萌发，7～8 月开花，8～9 月结荚，有冬雪覆盖对越冬有利。再生性良好，耐践踏。北方年可刈 3～4 次，南方 5～6 次。叶多，茎叶比花前为 1：1，花期茎与花叶比为 1：（1.7～2）。属短寿命植物。

目前国内审定登记的栽培品种有 3 个，分别如下。

1. 巴东红三叶（*Trifolium pratense* L.cv. Badong）

巴东红三叶为早花型和晚花型混合品种，以早花型为主。早花型生长发育快，再生性差，抗热性强，较耐旱；晚花型生长发育慢，植株粗矮，分枝多，花期长，耐寒性强；略耐酸性，易患白粉病。

2. 岷山红三叶（*Trifolium pratense* L.cv. Minshan）

本品种抗寒，早熟，较耐涝和热，不易染病或遭受虫害，抗旱性较差；叶量丰富，适口性好。

3. 巫溪红三叶（*Trifolium pratense* L.cv. Wuxi）

该品种青草期长达 300d；分枝多，耐刈割，耐牧性强；还耐瘠薄，竞争力强，耐寒性强，再生性好，耐热性稍差。

【饲用价值】优等饲用植物。各类草食家畜均喜食，猪也爱吃。春季返青早，叶量丰富，茎秆柔软，生育期长，秋霜后还显绿色，是很好的放牧型牧草。其与黑麦草混播草地是质量最好的人工刈、牧兼用型草地。因含皂苷，反刍动物采食过多会引发瘤胃臌胀，症状较苜蓿为轻。夏季蜜源植物。全草、根入中药。可用于庭院绿化。

（七）白三叶

【学　名】*Trifolium repens* L.

【英文名】white clover

【别　名】白花三叶草、车轴草、荷兰翘摇、白车轴草

【分　布】黄灌区有栽培。原产欧洲，现非、亚、澳、美洲广泛栽培，英国、荷兰、俄罗斯、澳大利亚、新西兰、日本、美国有大面积栽种。我国东北、华北、西北、华中、华南、西南各地均有栽培。另外在黑龙江、吉林、广西、福建、湖南、湖北、四川、贵州、云南及新疆山地都发现有野生种，生于山地、亚高山草甸，也见于河谷低地及河漫滩草甸，土壤为山地黑钙土、亚高山草甸土。

【特　征】染色体数：$2n = 4x = 32$。多年生草本，茎匍匐蔓生，上部稍上升，高 10～30cm；节上生根。掌状三出复叶，小叶倒卵形至近圆形，叶面具"V"形白斑。花序球形，顶生；花萼钟形；花冠白色、乳黄色或微淡红色；子房线状长圆形，花柱略长于子房。荚果长圆形，种子通常 3 粒，阔卵形。

【特　性】寒中生、中生植物。分布区海拔 1000～3200m，在四川山地可上升到 3600m，年降水量 800～1200mm，气温 19～24℃，夏季 35℃为宜，能耐短期 39℃高温。喜光；喜温凉、湿润气候。适宜 pH 为 4.5～8 的酸、中性土，pH 为 6～6.5 对形成根瘤有利。当前多栽植于庭院、公园、街心花园，用于城镇绿化。4 月上旬萌发，6～7 月开花，花期约 2 个月，8 月结荚。寿命可长达 10 年以上。有大叶、小叶和中间型等生态类型，小叶型的更耐寒、热、旱，耐踏，耐牧。

目前，国内申报审定登记的品牌品种有 4 个，分别如下。

1. 鄂牧 1 号白三叶（*Trifolium repens* L.cv. Emu No1）

鄂牧 1 号白三叶为育成品种。品质优良，适应性广，产鲜草 6.0 万～7.5 万 kg/hm²。

2. 贵州门三叶（*Trifolium repens* L.cv. Cuizhou）

贵州门三叶为野生栽培品种，耐寒，再生性强，青绿期 280d，产鲜草 3.0 万～4.5 万 kg/hm²。营养高，粗蛋白质含量达 19.30%。

3. 胡依阿门三叶（*Trifolium repens* L.cv. Hia）

胡依阿门三叶为引进品种，适应性较强，产鲜草 3.0 万～5.2 万 kg/hm²，品质好。

4. 川引拉丁诺白三叶（*Trifolium repens* L.cv. Chuanyin Ladino）

品质好，再生力强，年可刈割 3～4 次，产鲜草 6.0 万～7.5 万 kg/hm²。

【饲用价值】优等饲用植物，茎秆柔软，叶量丰富，适口性好，不论青饲或调制成干草，各类家畜均喜食。鸡也啄食其嫩叶，猪喜食叶片和花序。匍匐茎上可生出新根，繁殖快，耐践踏，属于很好的放牧型牧草。春季萌发早，生长快，绿期长，全生长期营养成分变化不显著，粗蛋白质含量在 30%以上，干物质消化率在 80%以上。庭院草坪植物。花量大，花期流蜜 30d，为良好辅助蜜源植物。

第三节　各年份种植情况

宁夏 2016 年紫花苜蓿留床面积 41.75 万 hm²，收获干草 251 万 t。当年种植一年生牧草 6 种，包括青贮专用玉米、青贮青饲高粱、燕麦、苏丹草、'冬牧 70'黑麦和草谷子，种植面积 13.61 万 hm²，其中青贮专用玉米 6.06 万 hm²、青贮青饲高粱 2.80 万 hm²、燕麦 2.49 万 hm²、苏丹草 1.27 万 hm²、'冬牧 70'黑麦 0.11 万 hm²、草谷子 0.88 万 hm²。收获干草 162 万 t，其中青贮专用玉米 111 万 t、青贮青饲高粱 21 万 t、燕麦 13 万 t、苏丹草 11 万 t、'冬牧 70'黑麦 1 万 t、草谷子 5 万 t。

2017 年紫花苜蓿留床面积 36.42 万 hm²，收获干草 328 万 t。当年种植一年生牧草 6 种，包括青贮专用玉米、青贮青饲高粱、燕麦、苏丹草、'冬牧 70'黑麦和草谷子，种植面积 11.76 万 hm²，其中青贮专用玉米 4.04 万 hm²、青贮青饲高粱 3.29 万 hm²、燕麦 2 万 hm²、苏丹草 0.53 万 hm²、'冬牧 70'黑麦 0.30 万 hm²、草谷子 1.20 万 hm²。收获干草 207 万 t，其中青贮专用玉米 86 万 t、青贮青饲高粱 99 万 t、燕麦 14 万 t、'冬牧 70'黑麦 3 万 t、苏丹草和草谷子 5 万 t。

2018 年紫花苜蓿留床面积 34.62 万 hm²，收获干草 207 万 t。当年种植一年生牧草

6 种，包括青贮专用玉米、青贮青饲高粱、燕麦、苏丹草、'冬牧 70' 黑麦和草谷子，种植面积 14.79 万 hm²，其中青贮专用玉米 9.11 万 hm²、青贮青饲高粱 1.18 万 hm²、燕麦 2.88 万 hm²、苏丹草 0.73 万 hm²、'冬牧 70' 黑麦 0.22 万 hm²、草谷子 0.67 万 hm²。收获干草 153 万 t，其中青贮专用玉米 122 万 t、青贮青饲高粱 9 万 t、燕麦 14 万 t、苏丹草 3 万 t、'冬牧 70' 黑麦和草谷子 5 万 t。

2019 年紫花苜蓿留床面积 33.21 万 hm²，收获干草 174 万 t。当年种植一年生牧草 7 种，包括青贮专用玉米、青贮青饲高粱、燕麦、苏丹草、小黑麦、'冬牧 70' 黑麦和草谷子，种植面积 12.97 万 hm²，其中青贮专用玉米 8.74 万 hm²、青贮青饲高粱 0.55 万 hm²、燕麦 1.90 万 hm²、苏丹草 0.93 万 hm²、小黑麦 33.33 hm²、'冬牧 70' 黑麦 0.27 万 hm²、草谷子 0.58 万 hm²。收获干草 168 万 t，其中青贮专用玉米 140 万 t、青贮青饲高粱 8 万 t、燕麦 10 万 t、苏丹草 5 万 t、小黑麦和 '冬牧 70' 黑麦 2 万 t、草谷子 3 万 t。

2020 年多年生牧草留床面积 37.15 万 hm²，其中紫花苜蓿 34.02 万 hm²、冰草 1.24 万 hm²、沙打旺 1.85 万 hm²、胡枝子和草木樨分别 0.02 万 hm²。收获干草 190 万 t，其中紫花苜蓿 187 万 t、沙打旺 2 万 t、冰草、胡枝子和草木樨 1 万 t。当年种植一年生牧草 7 种，包括青贮专用玉米、青贮青饲高粱、燕麦、苏丹草、小黑麦、'冬牧 70' 黑麦和草谷子，种植面积 17.51 万 hm²，其中青贮专用玉米 10.38 万 hm²、青贮青饲高粱 0.92 万 hm²、燕麦 4.80 万 hm²、苏丹草 0.66 万 hm²、小黑麦 0.20 万 hm²、'冬牧 70' 黑麦 0.27 万 hm²、草谷子 0.28 万 hm²。收获干草 248 万 t，其中青贮专用玉米 197 万 t、青贮青饲高粱 18 万 t、燕麦 23 万 t、苏丹草 4 万 t、小黑麦和 '冬牧 70' 黑麦 3.9 万 t、草谷子 1.3 万 t（表 6-1～表 6-6）。

表 6-1　宁夏 2016～2020 年多年生牧草留床面积及干草产量

地级行政名称	年份	品种	留床面积/万 hm²	干草产量/万 t
固原市			23.60	152
中卫市			7.11	31
吴忠市	2016	紫花苜蓿	9.71	53
石嘴山市			0.47	5
银川市			0.86	10
		合计	41.75	251
固原市			22.56	273
中卫市			4.92	23
吴忠市	2017	紫花苜蓿	7.84	19
石嘴山市			0.38	4
银川市			0.72	9
		合计	36.42	328
固原市			20.86	122
中卫市			4.92	30
吴忠市	2018	紫花苜蓿	7.72	40
石嘴山市			0.46	5
银川市			0.66	10
		合计	34.62	207

续表

地级行政名称	年份	品种	留床面积/万 hm²	干草产量/万 t
固原市			19.14	103
中卫市			4.06	25
吴忠市	2019	紫花苜蓿	8.92	34
石嘴山市			0.45	4
银川市			0.64	8
		合计	33.21	174
固原市			19.37	120
中卫市			4.64	22
吴忠市	2020	紫花苜蓿	8.50	27
石嘴山市			0.75	7
			0.76	11
		合计	34.02	187
		冰草	1.24	
银川市	2020	胡枝子	0.02	1
		草木樨	0.02	
		沙打旺	1.85	2
		总计	37.15	190

表 6-2　宁夏 2016 年一年生牧草种植面积及干草产量

地级行政名称	品种	种植面积/万 hm²	干草产量/万 t
固原市		1.97	36
中卫市		0.90	19
银川市	青贮专用玉米	1.31	25
吴忠市		1.47	24
石嘴山市		0.41	7
合计		6.06	111
固原市		2.77	20.5
银川市	青贮青饲高粱	0.02	0.3
吴忠市		0.01	0.2
合计		2.80	21
固原市		0.89	5
中卫市	燕麦	0.47	2
吴忠市		1.13	6
合计		2.49	13
固原市	苏丹草	0.60	5
吴忠市		0.67	6
合计		1.27	11

续表

地级行政名称	品种	种植面积/万 hm²	干草产量/万 t
中卫市	'冬牧 70' 黑麦	0.02	0.3
银川市		0.09	0.7
	合计	0.11	1
中卫市	草谷子	0.88	5
	总计	13.61	162

表 6-3　宁夏 2017 年一年生牧草种植面积及干草产量

地级行政名称	品种	种植面积/万 hm²	干草产量/万 t
固原市		0.67	12
中卫市		0.20	9
银川市	青贮专用玉米	1.09	23
吴忠市		1.49	26
石嘴山市		0.59	16
	合计	4.04	86
固原市		3.20	96
中卫市	青贮青饲高粱	0.07	1
银川市		0.02	2
	合计	3.29	99
固原市		0.95	7
中卫市		0.67	3
银川市	燕麦	0.10	1.2
吴忠市		0.61	2
石嘴山市		0.07	0.8
	合计	2.40	14
吴忠市	苏丹草	0.53	0.8
中卫市		0.02	0.2
银川市		0.17	1.6
吴忠市	'冬牧 70' 黑麦	0.09	0.8
石嘴山市		0.02	0.4
	合计	0.30	3
固原市	草谷子	0.05	0.2
中卫市		1.15	4
	合计	1.20	4.2
	总计	11.76	207

表 6-4　宁夏 2018 年一年生牧草种植面积及干草产量

地级行政名称	品种	种植面积/万 hm²	干草产量/万 t
固原市		3.95	42
中卫市		1.72	24
银川市	青贮专用玉米	1.10	18
吴忠市		1.53	25
石嘴山市		0.81	13
	合计	9.11	122
固原市		1.12	8
中卫市	青贮青饲高粱	0.05	1
吴忠市		0.01	
	合计	1.18	9
固原市		0.89	4
中卫市	燕麦	1.33	7
吴忠市		0.65	3
石嘴山市		0.01	
	合计	2.88	14
中卫市	草谷子	0.62	3
吴忠市		0.05	0.3
	合计	0.67	3.3
银川市		0.13	1
吴忠市	'冬牧 70' 黑麦	0.08	0.7
石嘴山市		0.01	
	合计	0.22	1.7
吴忠市	苏丹草	0.73	
	总计	14.80	153

表 6-5　宁夏 2019 年一年生牧草种植面积及干草产量

地级行政名称	品种	种植面积/万 hm²	干草产量/万 t
固原市		3.47	51
中卫市		1.33	22
吴忠市	青贮专用玉米	2.02	33
石嘴山市		0.80	14
银川市		1.12	20
	合计	8.74	140
固原市		0.47	2.8
中卫市	燕麦	1.40	7
银川市		0.03	0.2
	合计	1.90	10

续表

地级行政名称	品种	种植面积/万 hm²	干草产量/万 t
固原市	青贮青饲高粱	0.54	8
吴忠市		0.01	
	合计	0.55	8
固原市	草谷子	0.01	
中卫市		0.51	3
吴忠市		0.06	
	合计	0.58	3
中卫市	'冬牧70'黑麦	0.02	
银川市		0.09	2
吴忠市		0.14	
石嘴山市		0.02	
	合计	0.27	2
吴忠市	苏丹草	0.93	5
石嘴山市	小黑麦	0.00	0.035
	总计	12.97	168

表6-6 宁夏2020年一年生牧草种植面积及干草产量

地级行政名称	品种	种植面积/万 hm²	干草产量/万 t
固原市	青贮专用玉米	4.77	86
中卫市		1.83	45
吴忠市		1.77	30
石嘴山市		0.44	9
银川市		1.57	27
	合计	10.38	197
固原市	燕麦	0.47	2
中卫市		1.23	5
吴忠市		3.04	16
石嘴山市		0.03	
银川市		0.03	
	合计	4.80	23
固原市	青贮青饲高粱	0.70	10
中卫市		0.21	
吴忠市		0.01	8
石嘴山市		0.00	
	合计	0.92	18

续表

地级行政名称	品种	种植面积/万 hm²	干草产量/万 t
中卫市		0.03	
吴忠市	小黑麦	0.02	0.8
石嘴山市		0.03	
银川市		0.12	0.9
合计		0.20	1.7
吴忠市		0.49	2.6
中卫市	苏丹草	0.17	1.4
银川市		0.00	
合计		0.66	4
中卫市	草谷子	0.08	1.3
吴忠市		0.20	
合计		0.28	1.3
银川市	'冬牧 70' 黑麦	0.22	3
吴忠市		0.05	
合计		0.27	3
总计		17.51	248

▌▌▌第四节　各地区种植情况

固原市 2016 年紫花苜蓿留床面积 23.60 万 hm²，收获干草 152 万 t；种植 4 种一年生牧草（青贮专用玉米、青贮青饲高粱、燕麦和苏丹草）6.23 万 hm²，收获干草 66.5 万 t。2017 年紫花苜蓿留床面积 22.56 万 hm²，收获干草 273 万 t；种植 4 种一年生牧草（青贮专用玉米、青贮青饲高粱、燕麦和草谷子）4.87 万 hm²，收获干草 115.2 万 t。2018 年紫花苜蓿留床面积 20.86 万 hm²，收获干草 122 万 t；种植 3 种一年生牧草（青贮专用玉米、青贮青饲高粱和燕麦）5.96 万 hm²，收获干草 54 万 t。2019 年紫花苜蓿留床面积 19.14 万 hm²，收获干草 103 万 t；种植 4 种一年生牧草（青贮专用玉米、青贮青饲高粱、燕麦和草谷子）4.49 万 hm²，收获干草 53.8 万 t。2020 年紫花苜蓿留床面积 19.37 万 hm²，收获干草 120 万 t；种植 3 种一年生牧草（青贮专用玉米、青贮青饲高粱和燕麦）5.94 万 hm²，收获干草 99 万 t。

中卫市 2016 年紫花苜蓿留床面积 7.11 万 hm²，收获干草 31 万 t；种植 4 种一年生牧草（青贮专用玉米、草谷子、燕麦和'冬牧 70'黑麦）2.27 万 hm²，收获干草 26 万 t。2017 年紫花苜蓿留床面积 4.92 万 hm²，收获干草 23 万 t；种植 5 种一年生牧草（青贮专用玉米、青贮青饲高粱、'冬牧 70'黑麦、燕麦和草谷子）2.11 万 hm²，收获干草 18 万 t。2018 年紫花苜蓿留床面积 4.92 万 hm²，收获干草 30 万 t；种植 4 种一年生牧草（青贮专用玉米、草谷子、青贮青饲高粱和燕麦）3.72 万 hm²，收获干草 34 万 t。2019 年紫花苜蓿留床面积 4.06 万 hm²，收获干草

25 万 t；种植 4 种一年生牧草（青贮专用玉米、'冬牧 70'黑麦、燕麦和草谷子）3.26 万 hm²，收获干草 32 万 t。2020 年紫花苜蓿留床面积 4.64 万 hm²，收获干草 22 万 t；种植 6 种一年生牧草（青贮专用玉米、青贮青饲高粱、草谷子、小黑麦、苏丹草和燕麦）3.55 万 hm²，收获干草 59 万 t。

吴忠市 2016 年紫花苜蓿留床面积 9.71 万 hm²，收获干草 53 万 t；种植 4 种一年生牧草（青贮专用玉米、青贮青饲高粱、燕麦和苏丹草）3.28 万 hm²，收获干草 36 万 t。2017 年紫花苜蓿留床面积 7.84 万 hm²，收获干草 19 万 t；种植 4 种一年生牧草（青贮专用玉米、'冬牧 70'黑麦、燕麦和苏丹草）2.72 万 hm²，收获干草 30 万 t。2018 年紫花苜蓿留床面积 7.72 万 hm²，收获干草 40 万 t；种植 6 种一年生牧草（青贮专用玉米、青贮青饲高粱、苏丹草、'冬牧 70'黑麦、草谷子和燕麦）3.06 万 hm²，收获干草 32 万 t。2019 年紫花苜蓿留床面积 8.92 万 hm²，收获干草 34 万 t；种植 5 种一年生牧草（青贮专用玉米、青贮青饲高粱、'冬牧 70'黑麦、苏丹草和草谷子）3.15 万 hm²，收获干草 40 万 t。2020 年紫花苜蓿留床面积 8.50 万 hm²，收获干草 27 万 t；种植 7 种一年生牧草（青贮专用玉米、青贮青饲高粱、'冬牧 70'黑麦、草谷子、苏丹草、小黑麦和燕麦）5.26 万 hm²，收获干草 47 万 t。

石嘴山市 2016 年紫花苜蓿留床面积 0.47 万 hm²，收获干草 5 万 t；种植 1 种一年生牧草（青贮专用玉米）0.41 万 hm²，收获干草 7 万 t。2017 年紫花苜蓿留床面积 0.38 万 hm²，收获干草 4 万 t；种植 3 种一年生牧草（青贮专用玉米、'冬牧 70'黑麦和燕麦）0.68 万 hm²，收获干草 18 万 t。2018 年紫花苜蓿留床面积 0.46 万 hm²，收获干草 5 万 t；种植 3 种一年生牧草（青贮专用玉米、'冬牧 70'黑麦和燕麦）0.83 万 hm²，收获干草 13 万 t。2019 年紫花苜蓿留床面积 0.45 万 hm²，收获干草 4 万 t；种植 4 种一年生牧草（青贮专用玉米、'冬牧 70'黑麦和小黑麦）0.82 万 hm²，收获干草 14 万 t。2020 年紫花苜蓿留床面积 0.75 万 hm²，收获干草 7 万 t；种植 4 种一年生牧草（青贮专用玉米、青贮青饲高粱、小黑麦和燕麦）0.50 万 hm²，收获干草 10 万 t。

银川市 2016 年紫花苜蓿留床面积 0.86 万 hm²，收获干草 10 万 t；种植 3 种一年生牧草（青贮专用玉米、青贮青饲高粱和'冬牧 70'黑麦）1.42 万 hm²，收获干草 26 万 t。2017 年紫花苜蓿留床面积 0.72 万 hm²，收获干草 9 万 t；种植 4 种一年生牧草（青贮专用玉米、青贮青饲高粱、燕麦和'冬牧 70'黑麦）1.37 万 hm²，收获干草 27 万 t。2018 年紫花苜蓿留床面积 0.66 万 hm²，收获干草 10 万 t；种植 3 种一年生牧草（青贮专用玉米、'冬牧 70'黑麦和苏丹草）1.23 万 hm²，收获干草 19 万 t。2019 年紫花苜蓿留床面积 0.64 万 hm²，收获干草 8 万 t；种植 3 种一年生牧草（青贮专用玉米、'冬牧 70'黑麦、燕麦）1.24 万 hm²，收获干草 20 万 t。2020 年 5 种多年生牧草（紫花苜蓿、沙打旺、草木樨、胡枝子和冰草）留床面积 3.22 万 hm²，收获干草 14 万 t；种植 5 种一年生牧草（青贮专用玉米、'冬牧 70'黑麦、小黑麦、苏丹草和燕麦）1.94 万 hm²，收获干草 31 万 t。

第五节　科研成果

1）李满有等研究了干旱地区滴灌条件下燕麦与光叶紫花苕、毛苕子、箭筈豌豆 3 种豆科牧草不同混播方式对草地生产性能和牧草品质的影响。结果表明，燕麦与光叶紫花苕间行混播明显优于同行、交叉和条撒混播，燕麦与箭筈豌豆交叉混播优于同行、间行和条撒混播，而燕麦与光叶紫花苕混播优于与毛苕子、箭筈豌豆混播。

2）李满有等研究了宁夏引黄灌区滴灌条件下'巨能 7'与'三得利'苜蓿不同播种量下同行、间行混播模式及不同行比对草地生产性能和牧草品质的影响。结果表明，2 个品种 18.0kg/hm² 播种量同行混播草地综合性状表现最好，干草产量达 16.79t/hm²，相对饲喂价值为 156.87；'三得利'与'巨能 7'1∶1 混播，干草产量达 16.15t/hm²，相对饲喂价值为 184.97。

3）沙栢平等研究了宁夏引黄灌区滴灌条件下水肥互作模式对紫花苜蓿生产性能及营养品质的影响。结果表明，灌水量为 6000m³/hm²，肥料：N 为 30kg/hm²，P_2O_5 为 45kg/hm²，K_2O 为 60kg/hm² 的水肥模式能够获得较高的干草产量（19 831.83kg/hm²）和蛋白质含量（19.27%），还有利于提高灌溉水分利用效率（3.8kg/m³）和肥料片生产力（146.9kg/kg）。

4）李小云等研究了覆膜种植对宁夏干旱区苜蓿种子产量及构成因素的影响，为苜蓿种子生产提供适宜的种植方式，结果表明，覆膜处理下的种子产量及构成因素均高于不覆膜，且白膜的效果优于黑膜。

5）王欣盼等对引进的 8 个青贮玉米品种的农艺性状和营养成分进行综合评价。结果表明，'中玉 335'和'宁单 34'表现较优，适宜在宁夏雨养区推广种植。

6）黄薇等为了筛选出生产性能与营养品质表现优良的无芒雀麦种质材料，测量和分析了国内外 16 份无芒雀麦种质资源生产性能和营养品质的相关指标。结果表明，Q6、Q4、Q10、Q16、Q2、Q8 综合表现最好，可为无芒雀麦品种改良和新品种培育提供基础材料。

7）余淑艳等以"盐池沙芦草"新品种为材料，研究了干旱、盐及旱盐复合胁迫对沙芦草光合和生理的影响。结果发现，沙芦草具有一定的耐盐性，并且在旱盐复合胁迫下表现出一定交叉适应性。

8）刘磷等研究了不同水肥处理下苜蓿地土壤颗粒分形特征和养分变化规律，结果表明，当灌溉量为 6000 m³/hm²，施肥量为 585 kg/hm² 时，土壤结构较为稳定。

9）王斌等研究了深松浅旋和补播禾草对半干旱区退化苜蓿草地的改良效果，结果表明，深松 40cm、浅旋 10cm 和补播苇状羊茅对退化紫花苜蓿草地改良效果最优。

10）王斌等研究了不同播种量和行距配置对紫花苜蓿草地生产性能和牧草品质的影响，结果表明，宁夏引黄灌区紫花苜蓿最佳播种量为 18.0kg/hm²，行距配置为 15cm + 15cm + 20cm，干草产量达到 18.41t/hm²，粗蛋白质含量达到 21.0% 以上。

11）王斌等研究了宁夏干旱区滴灌条件下燕麦与毛苕子不同混播模式，结果表明，间行混播模式下干草产量高达 11 164.47kg/hm²。

12）王斌等通过研究拉巴豆不同播量与青贮玉米混播对草地生产性能和牧草品质的影响试验，结果表明，22.5kg/hm² 为拉巴豆最佳播种量，混播草地鲜草产量达到 82.09t/hm²。

第六节　栽培区划

牧草的区划是科学种植牧草的前提，对引种栽培建立人工草地具有直接指导作用，对草业生产和发展畜牧业具有重要的现实意义。

我国草产业在 20 世纪 80 年代之后迅速发展，但在快速发展的同时也出现了许多不利于生产发展的现象。例如，各地饲草种植进展不平衡，同畜牧业生产的衔接不够紧密，缺乏统一规划；在自然条件相同或近似的地区之间，对引种选育等试验研究存在着重复现象，生产上草种繁殖和购销存在脱节现象，甚至因盲目引种栽培而导致失败。各分布区域如下。

一、六盘山沙打旺、老芒麦、无芒雀麦、（紫花苜蓿）、燕麦、青贮玉米、甜高粱区

本区位于宁夏最南端，包括泾源县全部，隆德县大部，原州区南部，彭阳县西南部及西吉、海原两县的一部分。土地面积为 46.9 万 hm²，占自治区总面积的 9.08%。

本区地貌类型属六盘山地，多为山地和丘陵，海拔 2000～2955m。土壤主要为山地土壤，有山地草甸土，山地棕壤，山地灰褐土，还有黑垆土等。土壤结构良好，有机质含量较高（1%～3%）。年平均气温<6℃，年降水量 500～650mm，是自治区降雨最多的地区，干燥度 1～1.4，≥10℃的年积温低于 1900℃，生长季（日平均气温稳定通过 0℃的开始日期至最低气温≤2℃的初日，下同。）天数 180d，无霜期 120d 左右。最热月平均气温≤17℃，全年日照时数≤2200h。

本区气候湿润，雨量充沛，植被发育良好，盖度大，土壤潜在肥力高。因地势高，温度低，无霜期短，日照条件差，霜冻、冰雹等自然灾害频繁，对农作物稳产高产的限制因素多，但对以收获营养体为主的牧草的生长却十分有利。

二、南黄土高原紫花苜蓿、沙打旺、红豆草、青贮玉米、甜高粱区

本区位于宁夏南部，包括隆德、西吉的西部，固原的中北部，海原的中南部，同心、盐池的部分地区，即从甘肃省靖远县的蒋庄起，向东经自治区海原的兴仁、同心的下马关、盐池的红井子至陕西省定边县的红柳沟一线以南地区，土地面积为 155.1 万 hm²，占自治区总面积的 29.99%。

本区是我国黄土高原的一部分，地貌类型以黄土覆盖的丘陵为主，间有川、台、盆、塬，除局部山地外，海拔 1500～2000m，主要土壤自南向北有黑垆土、浅黑垆土及缃黄土。土层深厚，土质较好，有机质含量 1%左右。年平均气温 6～7℃。年降水量 300～500mm，干燥度 1.6～2.2。年日照 2500h，≥10℃的年积温 1900～2600℃，生长季天数 180～190d，无霜期 130～150d。

本区土层深厚，结构疏松，热量条件好，是水热比较协调的旱作农业区，由于盲目开荒，土地利用不合理，耕作粗放，用养失调，水土流失严重，粮食产量低而不稳。要想从根本上改变本区面貌，应扩大内涵，广种豆科牧草或豆类作物，用地与养地结合，以草为纽带，促进农牧协调发展。

三、宁中北沙打旺、蒙古冰草、苏丹草区

本区位于自治区中北部，除黄河灌区以外的全部地区，土地面积 230.8 万 hm²，占自治区总面积的 44.63%。

本区地貌类型复杂。苦水河以东为鄂尔多斯西南缓坡丘陵，地势较平坦，多平岗、浅洼及沙丘。苦水河以西有罗山、香山、牛首山、烟筒山等中低山，各山之间有川、盆地及河谷平原。清水河两侧为梁峁，黄土丘陵。银川平原以西为贺兰山及山前洪积扇和下部的洪积冲积平原。区内土壤以灰钙土为主，南部低山丘陵地区有少量黄土，贺兰山有山地草甸土，罗山分布有山地灰褐土，在湖泊低洼处尚有小面积盐土等。年平均气温 6.5～9.4℃，年降水量 200～300mm，由南向北递减，年际间变率大，季节分布不均匀、多集中于 7～9 月，干燥度 2.1～3.4，年日照 2800～3000h，≥10℃的年积温 2600～3200℃。生长季天数 190～200d，无霜期 140～170d，由于气候干旱，风、沙、冻害严重，旱作农业极不稳定，是自治区以牧为主的地区。

四、宁夏引黄灌溉紫花苜蓿、湖南稷子区

本区包括自治区中北部的中卫、中宁、同心、灵武、永宁、贺兰山、平罗、陶乐八县及青铜峡、吴忠、银川、石嘴山四市的引黄或扬黄灌溉部分。土地面积为 85.3 万 hm^2，占自治区总面积的 16.49%。

本区主要地貌为黄河冲积平原，海拔 1070～1250m，地势南高北低比较平坦，南部坡降较大，排水条件好；北部坡降小，排水不畅，成零星低洼湖地。耕地土壤主要是长期灌溉形成的灌淤土，土壤深厚，肥力较好。

本区属温带干旱荒漠气候，干旱少雨，日照充足，热量资源比较丰富。年平均气温 8.2～9.2℃。年降水量 180～220mm，干燥度 4。年日照 3000h 左右，≥10℃的年积温 3200～3400℃。生长季天数 200～210d，无霜期 145～170d。此区降水量少，但有黄河灌溉之方便，盛产稻麦，是自治区的主要商品粮基地，粮食产量占全自治区粮食总产量的 2/3 以上。由于农副产品丰富，圈养牲畜生产效率较高，1984 年灌区牧业产值 7421.8 万元，占全自治区牧业总产值的 57.5%。畜牧业的发展促使粮草轮作、粮草间作套种、粮后复种牧草和新开发地区单种牧草的面积都在不断扩大。

主要参考文献

黄薇，常巍，余淑艳，等.2021. 16 份无芒雀麦种质资源生产性能与营养品质的综合评价. 草业科学，38（11）：2237-2246.

李满有，李东宁，王斌，等.2022. 不同苜蓿品种混播和播种量对牧草产量及品质的影响. 草业学报，31（5）：61-75.

李满有，蒙向武，王斌，等.2021. 燕麦-豆草混播组合对草地生产性能的影响. 草业科学，38（6）：1147-1155.

李小云，余淑艳，黄薇，等.2022. 覆膜对宁夏干旱区苜蓿种子产量及构成因素的影响. 西北农林科技大学学报：自然科学版，50（2）：67-74.

刘麟，沙柏平，高雪芹，等.2021. 宁夏引黄灌区水肥耦合对苜蓿地土壤分形特征和养分的影响. 草地学报，29（11）：2538-2546.

王斌，董秀，李满有，等.2021. 不同播量拉巴豆与青贮玉米混播对草地生产性能及牧草品质的影响. 草地学报，29（4）：828-834.

王斌，李满有，李小云，等.2021. 宁夏干旱区滴灌条件下燕麦与毛苕子的混播方式. 草业科学，38（7）：1329-1338.

王斌，李满有，王欣盼，等.2022. 深松浅旋对半干旱区退化紫花苜蓿人工草地改良效果研究. 草业学报，31（1）：107-117.

王斌，杨雨琦，李满有，等.2022. 不同播种量下行距配置对紫花苜蓿产量及品质的影响. 草业学报，31（2）：147-158.

王欣盼，兰剑，时兴伟.2021. 宁夏雨养区不同青贮玉米品质生产性能及营养价值综合评价. 草原与草坪，41（6）：9-14.

余淑艳，周燕飞，黄薇，等.2021. 干旱、盐及旱盐复合胁迫对沙芦草光合和生理特性的影响. 草地学报，29（11）：2399-2406.

第七章　宁夏草地保护

第一节　草地有害啮齿动物监测与防控

一、研究综述

在我国，据《史记》记载，约公元前 100 年的西汉时就有鼠疫发生。《黄帝内经》中记述的恶核病的症状，被鼠疫学界公认的对腺鼠疫的科学描述，也是世界医学史上最早的记录之一。宁夏较早记录鼠疫的发生情况，零星出现在公元 15 世纪的《宁夏志》《（弘治）宁夏新志》（1501 年）、《（嘉靖）宁夏新志》（1522～1566 年）、《（万历）朔方新志》（1573～1619 年）、《（乾隆）银川小志》《（乾隆）宁夏府志》（1736～1759 年）、《（民国）朔方道志》（1926 年）等方志和历史文献中。

宁夏对啮齿动物与防治的研究起步于自治区成立后。20 世纪 60 年代初，宁夏回族自治区卫生防疫站在盐池、灵武和石嘴山等地进行鼠疫疫源调查，记录了啮齿动物 10 多种。1982 年秦长育等发表了《宁夏哺乳动物名录》，报道了啮齿动物 34 种。从 60 年代到 80 年代中期，先后有兰州大学生物系、陕西师范大学生物学院、原宁夏农学院、原宁夏林业局和银川市绿化局、宁夏卫生防疫站、中国科学院西北高原生物研究所及东北林学院等教学、科研部门的相关学者对宁夏啮齿动物进行过调查研究。1987 年以来，宁夏草原工作站对全区草原（草地）啮齿动物及危害进行了普查，同时建立了固定监测点，开展了草原（草地）优势鼠害监测预报与防治研究。1988 年王香亭主编的《宁夏脊椎动物志》出版，共记载啮齿动物 37 种，包含 2 目 8 科 24 属 39 种（亚种）。

从许多书籍、民间记载可知，人类很早就和鼠害进行着斗争，并且发明了多种灭鼠方法以控制鼠害。20 世纪 50 年代后，人民政府把灭鼠和控制鼠害工作提到了议事日程，采取了一系列重大措施，取得了可喜的成就。几十年来，宁夏农牧、卫生、林业等部门在灭鼠研究和控制鼠害方面做了大量工作，积累了丰富的经验，取得了明显效果。1992 年秦长育和李克昌主编的《宁夏啮齿动物资源与防治》出版，系统总结了宁夏啮齿动物防控的经验和成果。2005 年，宁夏草原工作站试验成功将人工饲养的银黑狐经过野化训练后，投放到鼠类危害严重的草原以控制鼠害，得到了国家农业部主管部门的重视，作为北方天然草原（草地）生物控制鼠害新技术先后在宁夏、四川、内蒙古、新疆等省（自治区）推广。

啮齿动物属于草地生态系统的初级消费者，焦点是与草食家畜争夺牧草，从而影响草地畜牧业的持续稳定发展。同时还有盗窃粮食、毁害农作物、传播疾病等危害。据联合国粮农组织报道，全世界每年因鼠害损失的粮食达 5000 万 t。我国每年因鼠害损失的粮食约 1500 万 t。据测算宁夏每年因鼠害损失的粮食约 3 万 t，损失的牧草约 170 万 t。因此，对啮齿动物及其危害的防治研究对生产发展、人民健康，以及环境保护等具有重要理论意义和实际作用。

二、草地啮齿动物区系

宁夏地貌、气候特征和植被有利于啮齿动物的繁衍生息。所以，啮齿类动物资源丰富，计有 2 目 8 科 23 属 39 种。约占全国啮齿动物种数的 1/6。啮齿目 34 种，其中仓鼠科最多，16 种，占宁夏啮齿动物种类的 41%，鼠科 7 种、松鼠科 4 种、跳鼠科 6 种、林跳鼠科 1 种、睡鼠科 1 种；兔形目 4 种，其中兔科 1 种、鼠兔科 3 种。种类分布特征为古北界种类 32 种，占 82.1%；东洋界 4 种，占 10.2%；广布种 3 种，占 7.7%。按照动物的地域分布同生态适应相结合及动物同温度和湿度的关系，除广布的人类伴生种小家鼠、褐家鼠和引种放养的麝鼠外，可将宁夏的啮齿动物分为 9 种类型。①北方寒湿型 3 种：花鼠（*Tamias sibiricus*）、根田鼠（*Microtus oeconomus*）、高山鼠兔（*Ochotona alpina* Pallas），占宁夏啮齿动物总数的 7.7%。②欧亚温湿型 1 种：黑线姬鼠（*Apodemus agrarius*），占 2.6%。③亚洲温湿型 4 种：豹鼠（*Tamiops swinhoei*）、社鼠（*Niviventer niviventer*）、中华姬鼠（*Apodemus draco*）、东方田鼠（*Microtus fortis*），占 10.3%。④亚洲温旱型 8 种：大仓鼠（*Tscherskia tritonde* Winton）、黑线仓鼠（*Cricetulus barabensis*）、子午沙鼠（*Meriones meridianus* Pallas）、鼹形田鼠（*Ellobius talpinus*）、大林姬鼠（*Apodemus peninsulae*）、三趾跳鼠（*Dipus sagitta*）、达乌尔鼠兔（*Ochotona dauurica*）和草兔（*Lepus capensis*），占 20.5%。⑤蒙新温旱型 7 种：小毛足鼠（*Phodopus roborovskii*）、达乌尔黄鼠（*Spermophilus dauricus*）、长爪沙鼠（*Meriones unguiculatus*）、长尾仓鼠（*Cricetulus longicaudatus*）、五趾心颅跳鼠（*Cardiocranius paradoxus*）、三趾心颅跳鼠（*Salpingotus kozlovi*）、巨泡五趾跳鼠（*Allactaga bullata*），占 17.9%。⑥中国温湿型 5 种：岩松鼠（*Sciurotamias davidianus*）、林跳鼠（*Eozapus setchuanus* Pousargues）、黄胸鼠（*Rattus flavipectus*）、洮州绒鼠（*Caryomys eva*）、六盘山毛尾睡鼠（*Chaetocauda sichuanensis*），占 12.8%。⑦中国温旱型 4 种：甘肃鼢鼠（*Eospalax rothschildi*）、中华鼢鼠（*Myospalax fontanieri*）、斯氏鼢鼠（*Myospalax smithi*）、贺兰山鼠兔，占 10.3%。⑧蒙新-哈萨克温旱型 3 种：五趾跳鼠（*Allactaga sibirica*）、短尾仓鼠（*Cricetulus eversmanni*）、羽尾跳鼠（*Stylodipus telum* Lichtenstein），占 7.7%。⑨都兰-西南亚温旱型 1 种：灰仓鼠（*Cricetulus migratorius*），占 2.5%。

三、草地啮齿动物的地理分布

（一）水平分布

宁夏水平分布的啮齿动物有小家鼠（*Mus musculus*）、褐家鼠（*Rattus norvegicus*）、草兔等，全区各县（市、区）均有分布。达乌尔黄鼠、五趾跳鼠、黑线仓鼠、灰仓鼠、子午沙鼠、长爪沙鼠等全区大部分地区都有分布。其他种类分布地区相对较小。

（二）垂直分布

宁夏的地貌发育，受稳定的古老鄂尔多斯地台、活动的祁连山地槽和六盘山褶皱带地质构造运动的控制，同时北部有干燥剥蚀、堆积作用及风蚀作用，南部有流水侵蚀作用等外营力的影响，致使全区的自然景观呈现出垂直地带性，啮齿动物也表现出了垂直分布的差异。按照地理景观，宁夏由高到低大体可分为山地森林、草甸、草甸草原（海拔 2300～3500m），高原丘陵、草原（海拔 1300～2300m），丘陵、平原荒漠草原（海拔 1000～1300m）。前者分布着甘肃鼢鼠等 20 种，后者分布着长爪沙鼠等 18 种，而高原丘陵草原分布着达乌尔黄鼠等 20 种。

四、草地啮齿动物的危害

啮齿动物的危害非常广泛，涉及国民经济的许多领域。在一定程度上影响着农业、林业、牧业、卫生、工业、商业、交通、军事等的发展和人民健康，并造成巨大的经济损失。

（一）对农业的危害

啮齿动物大量盗窃粮食，毁坏农作物。据联合国世界粮农组织估计，1975 年，全世界因鼠害对农业造成的损失约为 170 亿美元，相当于 25 个最贫困国家的年国内生产总值之和。全世界每年因鼠害损失的粮食达 5000 万 t。在一般情况下，农田鼠害可使谷物减产 5%。据估计，我国每年因鼠害损失的粮食约 150 亿 kg。1975 年，仅宁夏陶乐镇五堆子乡，鼠害严重，使 60.3hm² 农作物受害，粮食减产 22 485.0kg。1974 年该县农场和马太沟乡有 61.7hm² 小麦受害，大片麦穗被鼠盗窃，估计减产 3 余万 kg。后组织人员从鼠洞内挖回小麦 10 825.0kg。一农民种胡麻数亩，被长爪沙鼠将播种的胡麻种子全部盗食，粒苗未出。1985 年，贺兰县立岗乡一块玉米田，玉米被褐家鼠毁掉 1/2 以上。1972 年，盐池县麻黄梁村种糜子 6.7 余万 hm²，成熟季节几乎全被长爪沙鼠盗食，基本无收获。春季，经常有人挖掘长爪沙鼠的窝仓取粮，仅 1969 年，灵武横山农民就挖出糜子 5000 余 kg。甘肃鼢鼠对土豆危害特别严重，在成熟季节大量盗贮，固原地区每年因其损失难以估量。贺兰县在 1982~1984 年，每年捕获各种鼠类 120 多万只，全县每年有 200 多万 kg 粮食被鼠耗掉。估计宁夏每年被啮齿动物耗掉的粮食为 3000 余万 kg。

（二）对草地的危害

1. 啃食牧草，与畜争食，减少草地载畜量

啮齿动物主要采食植物的绿色部分和种子，而且大多是牲畜喜食的优良牧草。有些害鼠还在秋季贮积大量牧草及种子以备过冬。

达乌尔黄鼠在典型草原、荒漠草原、农田数量较多。在宁夏，其分布面积约为 $3.0 \times 10^6 \text{hm}^2$。根据调查，按平均密度 1.58 只/hm² 计算，全区有 474 万只。经试验观察，每只日食草量 79.8g，全年除其冬眠时间外，每鼠 7 个月可采食鲜草 16.76kg。这样，宁夏全年被达乌尔黄鼠吃掉的牧草大约为 $7.9 \times 10^7 \text{kg}$。

长爪沙鼠分布在荒漠草原及其周围农作区，面积大约为 $2 \times 10^6 \text{hm}^2$，按平均密度 2 只/hm² 计算，全区有 400 万只。根据试验观察，每只日食草量 26g，每鼠每年可食牧草 9.5kg，全区每年可被长爪沙鼠食掉 3800 万 kg 牧草。另外，按每只鼠每年采食牧草种子 1.8kg（每鼠日食量为 4.95g），全年可损失牧草种子 $3.8 \times 10^7 \text{kg}$。严重影响了草地植被的更新和牧草的繁衍。

甘肃鼢鼠主要分布在黄土高原及山地，分布面积约 $8.0 \times 10^5 \text{hm}^2$，试验观察每鼠每天食草 71.5g，估算宁夏全年被其消耗的牧草达 $1.0 \times 10^8 \text{kg}$ 以上。草兔、达乌尔鼠兔、东方田鼠、五趾跳鼠每年采食牧草约 $1.0 \times 10^8 \text{kg}$ 以上。这样，连同其他种类，全区啮齿动物仅采食，每年可使 $4.0 \times 10^8 \text{kg}$ 牧草损失掉。

2. 打洞推土造丘，破坏草地植被

啮齿动物由于打洞破坏植被生长土层的结构，并切断、损伤牧草根系。有的还推土造丘，影响了牧草的生长和发育，并造成牧草、禾苗或树苗成片死亡。在其严重危害区，可使每公顷年产草量下降 1635kg，全区每年约可使草地减少产草量 $2.00 \times 10^9 \text{kg}$。

其采食、掘洞等活动引起草地植被退化而逆行演替。南部黄土高原山地、丘陵，以甘肃

鼢鼠、达乌尔黄鼠和达乌尔鼠兔为主的危害区，在地表形成了许多"黑土滩"，其上形成以密花香薷（*Elsholtzia densa*）为建群种的优势群落。据 1981 年调查，亩产可食性鲜草 2317.5kg/hm²，其中莎草科占总产量的 50%，毒草只占 3.3%，有鼢鼠土丘覆盖的草地面积占 27.4%。但因鼠类的不断侵害，草地日趋退化，到 1986 年，鼢鼠土丘覆盖草地面积增加到 40.97%。具有较强抗旱力的多年生直根系丛生草本植物——黄花棘豆和狼毒等毒草在草地上大量孳生蔓延，很快覆盖了草地，其产草量占牧草总产量的 81.76%。植被相似性系数为 0.406，严重地区达 0.211。这种以适应土壤理化性质递变引起的不同生活型植物群落的依次更替，如不被啮齿动物继续侵扰，植被的恢复过程较为简单，并逐渐恢复至原始群落，一般需 7~8 年时间。但在啮齿动物继续破坏下，在植被尚未恢复前又遭其破坏，使旧土丘上又有新土丘，大大地推迟了植被的恢复速度。啮齿动物的这些活动，使整个植物群落处在不断恶化的过程中，使草地从斑块状裸露到连片裸露，破坏了植物的正常生长和演替。

另外，啮齿动物的活动，可引起水土流失，沙化加剧。在宁夏南部山地草场，其洞道纵横交错，草地被破坏，其推出的土被雨水冲刷形成了许多纵沟，使草山支离破碎。在北部荒漠草原，干旱加上鼠类采食和掘洞破坏地表，使牧草植被盖度减小，草地植被退化而引起大面积沙化，如盐池县自 20 世纪 60 年代以来，沙化面积平均每年以 1.15×10⁴hm² 的速度扩展，形成了新平沙地和流沙丘。

（三）危害人民健康

啮齿动物可以传播鼠疫、流行性出血热、钩端螺旋体病、兔热病、森林脑炎、蜱传性回归热、狂犬病、恙虫病、土拉伦菌病、鼠咬热、血吸虫病、结核病、流行性乙型脑炎、李司忒菌病、布鲁氏杆菌病、皮肤利什曼原虫病、炭疽、口蹄疫、类丹毒病等 60 多种疾病。啮齿类又是许多自然疫源性疾病的贮存宿主。自然疫源性疾病是由病原体、媒介和宿主通过"食物链"所构成的生物群落在某些地区得以长期保存。

危害人类最严重的烈性传染病鼠疫，历史上曾引起三次世界性大流行。第一次在公元 6 世纪（520~565 年），流行中心在中、近东地中海沿岸，流行持续了多年，几乎蔓延到当时所有著名的国家，死亡约 1 亿人。第二次遍及欧洲、亚洲和非洲北海岸，尤以欧洲为甚，死亡达 2500 万人，占当时人口的 1/4。第三次始于 19 世纪末叶（1894 年），波及 32 个国家，死亡约 1500 万人。近年来，世界各地虽无大规模鼠疫的暴发流行，但在有鼠疫自然疫源地的国家中，鼠疫对人类仍然是严重的威胁。我国鼠疫自然疫源地面积广大，类型复杂，已知达乌尔黄鼠、长爪沙鼠、布氏田鼠、喜马拉雅旱獭、长尾旱獭、灰旱獭、草原旱獭、青海田鼠、大绒鼠、齐氏姬鼠、黄胸鼠为我国 11 块鼠疫疫源地的主要储存宿主。宁夏有南部黄鼠鼠疫自然疫源地、北部长爪沙鼠鼠疫自然疫源地。由于啮齿动物的大量存在，宁夏的动物鼠疫经常发生。1962 年海原县发生了人间鼠疫，死亡 4 人。卫生部门每年要投入相当的人力和物力对鼠疫进行监测和防治。

另外，伴人鼠类小家鼠和褐家鼠以其粪便、尿和分泌物污染粮食和食物，传染多种疾病，给人民的健康也带来很大的危害。

黑线姬鼠和褐家鼠等为流行性出血热的疫源动物，在泾源、原州、隆德等地已构成了疫区，对人民健康威胁很大。综上所述，鼠类对人类的危害是严重的。因此，控制鼠害，减少其对人类造成的损失是一项科学的长期工作。

五、危害区域划分

根据宁夏草地鼠类分布、数量和生态特点，除城乡居民点以小家鼠和褐家鼠危害为主外，按其危害情况，可将宁夏分为 7 个危害区。

（一）六盘山地

甘肃鼢鼠（*Eospalax rothschildi*）、大林姬鼠（*Apodemus peninsulae*）、黑线姬鼠（*Apodemus agrarius*）危害区[次要害鼠为达乌尔鼠兔（*Ochotona dauurica*）、大仓鼠（*Tscherskia tritonde Winton*）、草兔（*Lepus capensis*）、花鼠（*Tamias sibiricus*）、斯氏鼢鼠（*Myospalax smithi*）、长尾仓鼠（*Cricetulus longicaudatus*）等]。本危害区包括泾源县全部、隆德县大部、原州区南部、彭阳县南部、西吉、海原两县部分地区。

（二）宁南黄土高原

达乌尔黄鼠（*Spermophilus dauricus*）、甘肃鼢鼠（*Eospalax rothschildi*）、中华鼢鼠（*Myospalax fontanieri*）、达乌尔鼠兔危害区（次要害鼠为花鼠、草兔、长尾仓鼠、大仓鼠等）。本危害区包括西吉、隆德的西部，原州的中、北部，海原的中、南部，同心的东、南部和盐池的南部地区。

（三）宁中黄土丘陵

达乌尔黄鼠、长爪沙鼠（*Meriones unguicrlatus*）危害区[次要害鼠为五趾跳鼠（*Allactaga sibirica*）、三趾跳鼠（*Dipus sagitla*）、子午沙鼠（*Meriones meridianus Pallas*）、黑线仓鼠（*Cricetulus barabensis*）等]。本危害区包括同心大部、红寺堡、中卫南部、中宁南部、青铜峡南部、利通部分地区。

（四）鄂尔多斯高原

长爪沙鼠危害区[次要害鼠为五趾跳鼠、三趾跳鼠、子午沙鼠、达乌尔黄鼠、草兔、小毛足鼠（*Phodopus roborovskii*）、黑线仓鼠等]。本危害区包括盐池中、北部、灵武大部、原陶乐西部、石嘴山部分地区。

（五）宁中、北黄灌区

东方田鼠、长爪沙鼠、草兔危害区（次要害鼠为黑线仓鼠、五趾跳鼠、子午沙鼠等）。本危害区包括中卫、中宁、青铜峡、利通、灵武、银川、永宁、贺兰、平罗、惠农、石嘴山等黄河灌溉地区。

（六）贺兰山地、腾格里沙漠东南缘

达乌尔黄鼠、五趾跳鼠、三趾跳鼠危害区（次要害鼠为子午沙鼠、长爪沙鼠、黑线仓鼠等）。本危害区包括永宁、银川、贺兰、平罗、石嘴山、惠农西部的贺兰山地及中卫、中宁、青铜峡北部的腾格里沙漠东南缘地区。

六、鼠类主要天敌

（一）鼠类天敌

根据《宁夏脊椎动物志》记载，宁夏啮齿类动物的天敌共有 30 种，隶属 17 属 7 科 3 目 3 纲（爬行纲、鸟纲和哺乳纲）。其中爬行纲蛇目 2 科，8 种，占种数的 27%；鸟纲隼目 2 科，

8 种，占种数的 27%；哺乳纲食肉目 3 科，14 种，占种数的 46%。

食肉兽：包括食肉目鼬科、猫科和犬科，有黄鼬（黄鼠狼）、艾虎、虎鼬、香鼬、赤狐、沙狐、兔狲、豹猫及家猫等。

猛禽：包括隼形目鹰科和隼科，有雕鸮、小鸮、长耳鸮、鸢、苍鹰、大狂、草原雕、红脚隼、燕隼、红隼、猎隼。

蛇类：包括蛇亚目蟒科和蝰科，有沙蟒、白条锦蛇、虎斑游蛇、花条蛇、高原蝮蛇、蝮蛇等（详见表 7-1）。

表 7-1　宁夏草地啮齿动物天敌统计

纲	目	科	属	种名	俗名	学名	分布
爬行	蛇	游蛇	游蛇	黄脊游蛇	黄脊游	*Coluber spinalis*（Peters）	固原、海源和泾源等
				白条锦蛇	长虫、麻蛇	*Elaphe dione*（Pallas）	银川平原
				双斑锦蛇	麻长虫	*Elaphe bimaculata* Schmidt	固原和泾源等
			花条蛇	虎斑游蛇	红斑游蛇、竹竿青	*Natrix tigrina*（Boie）	银川、贺兰、永宁海源和固原等地
				花条蛇		*Psammophis lineolatus*（Brandt）	银川、贺兰和泾源等
		蝰科	蝮属	高原蝮	七寸子	*Agkistrodon strauchii* Bedriaga	六盘山区泾源县
				蝮蛇	草上飞、七寸子	*Agkistrodon halys*（Pallas）	六盘山区泾源县
				中介蝮	七寸子	*Agkistrodon intermedius*（Strauch）	六盘山区泾源县
鸟	隼形	鹰	蜂鹰	蜂鹰	猫头鹰	*Pernis ptilorhyncus*（Temminck）	六盘山区泾源县
			鸢	鸢	黑鹰、老鹰、鹞鹰	*Milvus korschun*（Gmelin）	六盘山区、泾源县
		隼	隼	红隼	茶隼、红鹰、黄鹰	*Falco tinnunculus* Linnaeus	六盘山区泾源县
	鸮形	鸱鸮	鵰鸮	鵰鸮	猫头鹰	*Bubo bubo*（Linnaeus）	六盘山、中卫、贺兰山
			小鸮	纵纹腹小鸮	小猫头鹰	*Athene noctua*（Scopoli）	宁夏全境，多见于六盘山区
			耳鸮	长耳鸮		*Asio otus*（Linnaeus）	中卫和银川
				短耳鸮		*Asio scops*（Pontoppidan）	分布于中卫
			角鸮	红角鸮	猫头鹰，王刚鸟	*Otus scops*（Linnaeus）	分布于泾源县
哺乳	肉食	犬	犬	狼	灰狼	*Canis lupusLinnaeus*	见于宁夏全区
			狐	赤狐	狐狸、红狐	*Vulpes vulpes*（Linnaeus）	贺兰、同心、灵武、青铜峡、中卫和中宁
				沙狐	沙狐、狐子	*Vulpes vulpes*（Linnaeus）	西吉，海原、固原、盐池、灵武等地。
		貂	石貂	石貂	扫雪、岩貂	*Martes foina*（Erxleben）	盐池、银川、永宁及贺兰等地
		鼬	香鼬	香鼬	香鼠	*Mustela altaica* Pallas	分布于西吉、泾源等
			黄鼬	黄鼬	黄鼠狼	*Mustela sibirica* Pallas	分布全区
			艾鼬	艾鼬	艾虎、地狗	*Mustela eversmanni* Lesson	青铜峡、银川、盐池等地
		虎鼬	虎鼬	虎鼬	花地狗、臭狗子	*Vormela peregusna*（Guldenstaedt）	固原市、同心、盐池、灵武
		獾	狗獾	狗獾		*Meles meles*（Linnaeus）	遍布宁夏全区

续表

纲	目	科	属	种名	俗名	学名	分布
哺乳	肉食	猫	猫	荒漠猫		*Felis bieti* Milne-Edwards	分布于中卫
			兔狲	兔狲	玛瑙、羊猞猁	*Felis manul*-Pallas	见于隆德、固原、贺兰等地
			豹猫	豹猫		*Felis bengalensis* Kerr	见于泾源、隆德等地
			猞猁	猞猁	猞猁狲、马猞猁、	*Lynx lynx*（Linnaeus）	固原市、中卫、贺兰等
			豹	豹	金钱豹	*Panthera pardusx*（Linnaeus）	固原市、中卫等

（二）利用鼠类天敌防控

2001 年，宁夏平罗县在黄河两岸以防洪堤为主线，建设了黄河防护林带 4000hm²，长爪沙鼠、东方田鼠等野鼠和草兔的危害，对黄河防护林带的树木和草地造成严重破坏。经进行毒饵灭鼠，取得了明显效果。但却杀灭了苍鹰等天敌，使野鼠和野兔数量又得以回升。后放养 10 只沙狐于林中，1 个多月后，野鼠和野兔数量明显减少。

2003 年，宁夏草原工作站将银黑狐进行野化训练，投放鼠害严重的草原控制鼠害，同样取得了很好的效果。当年 10 月在盐池城郊乡四尔滩投放 5 只经人工野化训练的银黑狐（3 雌狐，2 雄），跟踪观察 5 个月，银黑狐健康成长，活动范围由投放初期的 200hm² 扩大到 500～600hm²；由在村庄周围活动，偷吃农户的鸡、鸭转向草原和林地活动；数量由 5 只增加到 6 只（其中 1 只为野生的赤狐）。来年据 3 月中旬调查，狐狸投放地区草原长爪沙鼠有效洞口由420 个/hm² 下降到 0 个/hm²；草兔的密度由 1 只/hm² 下降到 0.3 只/hm²，下降了 70%。

七、草地主要鼠害防控

（一）长爪沙鼠危害防控

1. 分布与危害

在宁夏，长爪沙鼠分布于盐池、原陶乐、石嘴山、灵武、银川、平罗、贺兰、永宁、吴忠、中宁、中卫、同心、海原、原州区等地，是宁夏分布最广泛的鼠类之一（图 7-1），是半干旱、干旱地带典型草原、荒漠草原、农田、林地的优势鼠类。在全区的分布面积约有2.00×10⁶hm²。按照调查密度计算，全区共有长爪沙鼠 780 万只，按每鼠日食量 26g 计，每鼠年可食牧草 9.5kg，全年可食掉牧草 7402 万 kg。严重影响了草地植被的更新和牧草的繁衍。另外，长爪沙鼠传播多种疾病，为鼠疫的主要贮存宿主，对人民健康有很大威胁。

2. 防治阈限

防治阈限是个经济指标，指害鼠所造成的损失与采取防治措施所花费等价的害鼠数量。正确掌握害鼠的经济阈限，可找出杀灭的最佳密度，减少灭鼠工作的盲目性，提高经济效益，天然草地的经济阈限为 10.1 只/hm²。

3. 生物控制技术

生物控制技术是利用鼠类的天敌如狐狸、鼬类等食肉兽和猛禽经过驯养后投放到草原以控制害鼠数量。在两年多的试验研究中，为了有效巩固试验区的防治效果，宁夏采用放养银狐和招引猛禽等措施，取得了明显效果。在盐池县架设了 30 个招鹰架，一年来，有招鹰架草场上的鼠密度，由原来 483 个/hm² 有效洞口数，降到 269 个/hm² 有效洞口数，降低了 44%。

图 7-1　长爪沙鼠及其对草地植被的危害状况

4. 综合防治对策

对鼠害已经超过防治指标的草地，使用化学药物使害鼠的密度在短期内降低危害后，可以采用生物的、生态工程等综合措施来巩固防治效果（图 7-2）。

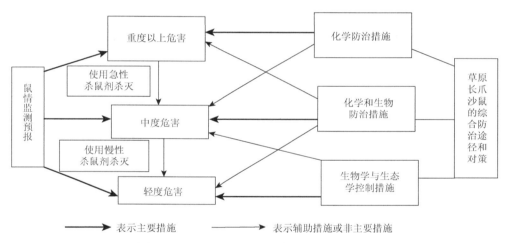

图 7-2　长爪沙鼠综合防治途径、对策示意图

（二）甘肃鼢鼠危害防控

1. 分布与危害

甘肃鼢鼠分布以六盘山、月亮山、南华山山脉为主，构成了重度危害区，面积约 $2.00 \times 10^{7} hm^{2}$，平均密度 42 只/$hm^{2}$。按每鼠日食量 76.4g 计算，2003 年 10 月在南华山等距离取样调查，无甘肃鼢鼠危害地段与有甘肃鼢鼠危害地段植被组成发生明显变化，植被盖度由 100% 下降到 55%，严重地段达 35%；单位面积牧草产量由 2700kg/hm^{2} 下降到 613.5kg/hm^{2}，下降了约 77.28%，危害严重地段牧草产量为 496.8kg/hm^{2}，下降了 81.6%（表 7-2）。

表 7-2　甘肃鼢鼠土丘对天然草地破坏调查

样地号	土丘数/(个/hm^2)	土丘覆盖草场面积/m^2	测定土丘数/个	百米样线土丘/(个/100m)	百米样线破坏率/%
1	824	3.66	5	18	32.1
2	848	3.51	8	17	31.96
3	1174	4.3	8	22	44.57

续表

样地号	土丘数/(个/hm²)	土丘覆盖草场面积/m²	测定土丘数/个	百米样线土丘/(个/100m)	百米样线破坏率/%
4	776	3.47	6	14	23.03
5	516	2.23	8	11	21.94
平均	821.6	3.4	7	16.4	30.72

甘肃鼢鼠的危害，导致草地植被发生逆行演替，质量变劣（图7-3）。

图7-3　甘肃鼢鼠及其对草地植被的危害状况

根据对宁夏海原南华山两类草地的观测，草地植被的演替过程如图7-4所示。

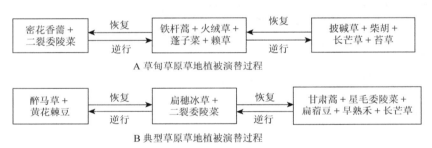

图7-4　草原植被演替过程

甘肃鼢鼠对农作物的危害表现为在早春主要危害小麦和豌豆，夏秋主要危害土豆等块根、块茎类作物及葱、蒜、糜、荞麦、油料等作物，可使农作物减产5.0%～12.5%。

2. 防治阈限

根据试验、示范和危害调查结果等相关数据，得到天然草地与人工草地的经济阈限值如下：

T（天然草地）＝11.2/(0.275×14.33×0.85)＝3.44 只/hm²

T（人工草地）＝18.05/(0.1×128.06×0.85)＝1.66 只/hm²

根据上述测算结果，当甘肃鼢鼠危害区天然草地鼢鼠的绝对密度达到3.44 只/hm²，苜蓿人工草地达到1.66 只/hm²时，就可采取防治措施。在此密度之下可暂不考虑防治。

2001～2003 年结合"农田草原鼠害综合防治技术研究课题"和"草原无鼠害示范区建设"，采取化学药物、生物制剂、驯放狐狸、架设鹰架、围栏封育草地及人工扫残等综合防治措施，基本达到了控制甘肃鼢鼠数量及危害的目的。综合防治措施如图7-5所示。

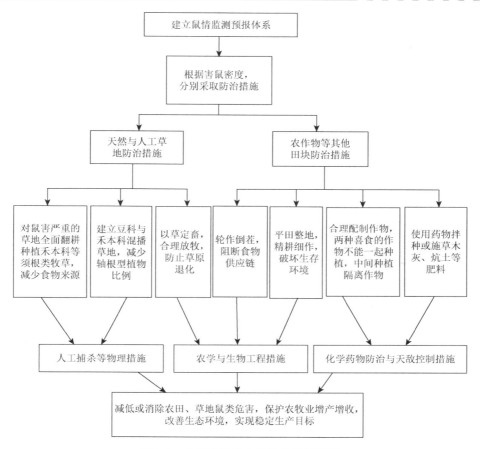

图 7-5　甘肃鼢鼠综合防治措施示意图

第二节　草地虫害监测与防治

草地作为宁夏面积最大的土地类型和主要的可更新资源，其由于生态环境的特殊性和多样性，成为昆虫资源库，物种资源非常丰富。经鉴定，目前在宁夏草地发生的昆虫种类共有18 目 226 科 1750 种。其中，害虫 1118 种。长期以来，受全球气候变暖等自然因素的影响，加上工业化、农业产业化发展，开垦草地和过度放牧等不合理的利用模式严重破坏了草地，草地不断退化，生态持续恶化，使草地生态环境巨变，物种多样性减少，导致草地虫害发生日趋复杂，突发性、暴发性虫灾增多，草地虫灾连续大面积暴发，且呈逐年加剧之势。目前有关宁夏草地害虫的研究做了很多工作，主要有种类记述、某一类群群落结构、草地昆虫对环境的指示作用，重大害虫生物学，生态学特性和重大害虫防控等方面，具体研究结果如下。

一、不同草地类型昆虫组成与群落结构

（一）荒漠草原昆虫组成

宁夏荒漠草原昆虫共鉴定出 13 目 183 科 1041 种，物种丰富度极高，占宁夏草地昆虫已知总种数的 59.49%。荒漠草原昆虫各目按科数量排列为：鞘翅目＞半翅目＞鳞翅目＞膜翅目＞双翅目＞直翅目＞蜻蜓目＞脉翅目＞螳螂目＞缨尾目、螳螂目、革翅目、蛇蛉目。各目按种数量排列为：鞘翅目＞鳞翅目＞半翅目＞双翅目＞膜翅目＞直翅目＞蜻蜓目＞脉翅目＞螳螂

目、螳螂目＞缨尾目、革翅目、蛇蛉目。优势目为鞘翅目、鳞翅目、半翅目、双翅目和膜翅目，5个目的科数占宁夏草地昆虫已知总科数的69.03%，鞘翅目、鳞翅目、半翅目3个目的种数占宁夏草地昆虫已知总种数的43.37%。

从科级水平看出，宁夏荒漠草原昆虫平均每科有5.7种，其中15种以上的科有16个，依次为夜蛾科（111种）、叶甲科（55种）、拟步甲科（43种）、螟蛾科（37种）、象甲科（31种）、卷蛾科（26种）、食蚜蝇科（24种）、瓢甲科（21种）、步甲科（21种）、木虱科（20种）、蝽科（20种）、斑翅蝗科（19种）、寄蝇科（17种）、天牛科（16种）、盲蝽科（16种）、叶蝉科（16种），此16个科的物种数占总物种数的28.17%，是优势科。

（二）典型草原昆虫组成

宁夏典型草原昆虫共鉴定出10目105科386种，占宁夏草地昆虫已知总种数的22.06%。昆虫各目按科数量排列为：鞘翅目＞半翅目＞鳞翅目＞膜翅目＞直翅目、双翅目＞脉翅目、螳螂目、蜻蜓目、蜚蠊目。各目按种数量排列为：鞘翅目＞鳞翅目＞半翅目＞直翅目＞双翅目＞膜翅目＞脉翅目＞螳螂目、蜻蜓目、蜚蠊目。优势目为鞘翅目、鳞翅目、半翅目和直翅目，4个目的科数占宁夏草地昆虫已知总科数的29.32%，4个目的种数占宁夏草地昆虫已知总种数的18.68%。

从科级水平看出，宁夏典型草原昆虫平均每科有3.7种，其中10种以上的科有7个，依次为夜蛾科（33种）、步甲科（27种）、叶甲科（17种）、芫菁科（13种）、网翅蝗科（12种）、螟蛾科（11种）、食蚜蝇科（10种），此7科的物种数占总物种数的7.03%，是优势科。

（三）草原化荒漠昆虫组成

宁夏草原化荒漠昆虫共鉴定出12目110科454种，占宁夏草地昆虫已知总种数的25.94%。昆虫各目按科数量排列为：鞘翅目＞半翅目＞鳞翅目＞直翅目＞膜翅目＞双翅目＞蜻蜓目＞脉翅目＞螳螂目、革翅目、蜚蠊目、襀翅目。各目按种数量排列为：鞘翅目＞鳞翅目＞半翅目＞直翅目＞膜翅目＞双翅目＞脉翅目＞螳螂目＞蜻蜓目、蜚蠊目、襀翅目。优势目为鞘翅目、鳞翅目、半翅目、直翅目和脉翅目，5个目的科数占宁夏草地昆虫已知总科数的41.59%，5个目的种数占宁夏草地昆虫已知总种数的24.11%。

从科级水平看出，宁夏草原化荒漠昆虫平均每科有4.1种，其中10种以上的科有9个，依次为夜蛾科（61种）、拟步甲科（33种）、叶甲科（24种）、螟蛾科（23种）、象甲科（16种）、斑翅蝗科（12种）、瓢甲科（12种）、木虱科（12种）、芫菁科（10种），此9科的物种数占宁夏已知草地昆虫总物种数的11.6%，是优势科。

（四）草甸草原昆虫组成

宁夏草甸草原昆虫共鉴定出16目153科1044种，占宁夏草地昆虫已知总种数的59.66%。宁夏草甸草原昆虫各目按科数量排列为：鳞翅目＞鞘翅目＞半翅目＞双翅目＞膜翅目＞直翅目＞脉翅目＞革翅目＞螳螂目、蜚蠊目、蜻蜓目、弹尾目、缨尾目、广翅目、长翅目、毛翅目。各目按种数量排列为：鳞翅目＞鞘翅目＞半翅目＞双翅目＞直翅目＞膜翅目＞脉翅目＞革翅目＞螳螂目、长翅目＞蜚蠊目、蜻蜓目、弹尾目、缨尾目、广翅目、毛翅目。优势目为鳞翅目、鞘翅目、半翅目、双翅目和膜翅目，5个目的科数占宁夏草地昆虫已知总科数的56.64%，5个目的种数占宁夏草地昆虫已知总种数的55.31%。

从科级水平看出，宁夏草甸草原昆虫平均每科有6.8种，其中15种以上的科有16个，依次为夜蛾科（119 种）、尺蛾科（72 种）、卷蛾科（63 种）、叶甲科（63 种）、舟蛾科（32 种）、盲蝽科（26 种）、象甲科（25 种）、食蚜蝇科（25 种）、蝽科（23 种）、蛱蝶科（23 种）、瓢甲科（21 种）、螟蛾科（19 种）、叶蝉科（18 种）、鳃金龟科（18 种）、网翅蝗科（17 种）、天蛾科（17 种），此 16 科的物种数占总物种数的 33.2%，是优势科。

（五）宁夏不同草地类昆虫群落结构特征

四类草地丰富度变化较大，荒漠草原和草甸草原的种类和丰富度均明显高于典型草原和草原化荒漠，草甸草原丰富度指数最大，多样性指数最高，均匀性指数较低；典型草原均匀性指数最高，集中性概率指数最低；草原化荒漠集中性概率指数最高。

二、草地主要害虫发生规律

（一）白纹雏蝗生物学和生态学特性

1. 白纹雏蝗生活史

在宁夏草地上白纹雏蝗越冬虫卵每年有两次孵化高峰期，第 1 批越冬虫卵 4 月中下旬开始孵化，5 月中下旬达到第 1 次孵化高峰期，6 月下旬至 7 月上旬逐步羽化为成虫后开始交配产卵，7 月中下旬达到交配产卵高峰期，此时间段的白纹雏蝗称为"夏蝗"；第 2 批越冬虫卵 6 月中下旬开始孵化，7 月中下旬达到第 2 次孵化高峰期，8 月中下旬羽化为成虫交配产卵，一直延续到 9 月底，10 月田间仍然有少量白纹雏蝗成虫，此时间段的白纹雏蝗称为"秋蝗"。

2. 形态特征

雄成虫：体长 18mm，前翅长 10mm。触角剑状，长达前胸背板后缘。头三角形，中部有一纵向棕黄色条带，条带两侧各有一油棕色斑点围成的弧形条带，斑点较雌虫密。前胸背板近长方形，前缘平直，后缘钝角形，中隆线明显，侧隆线在中部凹入，前胸背板中部具明显的黄白色"X"形纹，周围具黑色饰边。前翅略长于后翅，前翅中脉域具 1 列大黑斑，前缘脉域具白色纵纹。后足棕红色，后足股节内侧具 2 条黑斜纹。雌成虫：体长 28mm，前翅长 13mm，其余同雄成虫（图 7-6A）。

卵囊：大小为 5.0mm×10.0mm，在卵囊中有 17～23 粒不等的卵粒，平均 18 粒卵，卵粒并列抱团；卵：长椭圆形，浅黄色，长轴长（3.83±0.05）mm，短轴长（1.04±0.06）mm（图 7-6C）。

若虫：共 5 龄。1 龄若虫，体长 6mm，宽 1mm。头顶锐角形，头大于前胸背板。前胸背板平坦，前缘直，后缘钝圆，中隆线明显，俯观头、胸、腹中部有一纵向白带。触角短粗，达到前胸背板中部。后足股节内侧有一横向里纹条带，胫节外侧有 9 根刺，内侧有 9 根刺。2 龄若虫，体长 7mm，宽 1.5mm，俯观体中部有一纵向白带。前胸背板中部白色，前缘有 7 个纵向黑斑，前角钝圆，后缘有 5 个纵向黑斑。前、中、后足各节白色，表面密布黑色斑点。后足股节内侧有横向的黑色条带，后足胫节内、外端刺各 11 个。3 龄若虫，体长 10mm，宽 2mm，俯观体中部有一纵向白色条带，前胸背板中部有一"X"状白色条带，两侧黑色。前、中、后足各节表面密布黑色斑点，后足股节内侧有一横向的黑色条带和两个纵向浅黑色条带，后足胫节内、外端刺各 11 个。4 龄若虫，体长 11mm，宽 3mm，俯观体中部有一纵向绿色条带。前胸背板中部有一"X"状白色条带，两侧黑色。后胸背板有小翅芽，长 1mm。前、中、后足各节表面密布黑色斑点，后足股节内侧有一横向的黑色条带，后足胫节内、外端刺各 11 个。5 龄若虫，体长 19～21mm，宽 4～6mm。触角剑状，长达前胸背板中部至后缘。前胸背板近长方形，前缘平直，后缘钝角形。中隆线明显，侧隆线在中部呈钝角形凹入，前胸背板具明显的黄白色"X"形纹，中部有一黑色斑点带，侧隆线具黑色饰边。后足股节内侧基部具2条黑斜纹，头三角形，中部密布黑色斑点，中部有一白色纵条纹，两边各有一内凹的弧形棕色条带，翅芽呈三角形，基部有一横向的白色斑点，腹部黄色（图7-6D）。

图7-6　白纹雏蝗（*Chorthippus albonemus* Cheng et Tu，1964）成虫、卵及若虫

A. 雌雄成虫；B. 雌虫产卵；C. 卵；D. 若虫

3. 寄主选择性

白纹雏蝗对长芒草、赖草、星毛委陵菜、阿尔泰狗娃花、牛枝子、稗草、冷蒿及猪毛蒿8种植物的取食频率分别为0.51、0.26、0.09、0.07、0.07、0.07、0.02和0.003，其嗜食长芒草，喜食赖草，少食星毛委陵菜、阿尔泰狗娃花、牛枝子和稗草，偶食冷蒿和猪毛蒿。因此，说明白纹雏蝗对长芒草和赖草有较强的选择性。

4. 食量

白纹雏蝗的日食量和近似消化力均随着龄期的增长而增大，且雌成虫的日食量和近似消化力比雄成虫大。3龄、4龄、5龄若虫及雄成虫和雌成虫的日食量分别为1.86mg、2.45mg、5.16mg、5.93mg和6.52mg，3龄、4龄、5龄若虫及雄成虫和雌成虫的近似消化力分别为1.49%、6.28%、16.51%、25.49%、29.10%。

5. 发育历期、发育起点温度和有效积温

低温不利于白纹雏蝗发育，若虫在13℃下不能蜕皮发育，成虫在18℃下不能交配产卵。在18～33℃，白纹雏蝗1～5龄若虫的发育历期随着温度的升高而缩短，18℃恒温条件下，各龄若虫发育历期最长，33℃恒温条件下，各龄若虫发育历期最短。在温度相差15℃的情况下，18℃白纹雏蝗各龄若虫的发育历期是33℃的3.09～4.93倍。1龄、2龄、3龄、4龄、5龄若虫及产卵前期的发育起点温度分别为17.24℃、20.19℃、18.06℃、16.82℃、15.39℃、18.10℃，有效积温分别为94.12日·度、45.87日·度、68.24日·度、94.74日·度、89.71日·度、169.71日·度。

（二）短星翅蝗生物学和生态学特性

1. 短星翅蝗生活史

短星翅蝗属于广布种，各类草地上均有发生，其中典型草原发生最重。年发生 1 代，以卵在土中越冬。越冬虫卵于翌年 6 月中、下旬开始孵化出土，6 月中、下旬为 1 龄蝗蝻发生盛期；2 龄蝗蝻于 6 月下旬开始出现，至 7 月上旬达到数量高峰；7 月上旬开始出现 3 龄蝗蝻，盛期在 7 月中旬；7 月中、下旬是 4 龄蝗蝻发生时期；5 龄蝗蝻 7 月下旬开始出现，至 8 月上旬达到数量高峰。8 月上旬始见成虫，8 月中旬至下旬进入羽化盛期，8 月下旬开始交配，9 月上、中旬为交配盛期，并逐渐开始产卵。10 月中、下旬以后种群数量急剧下降，至 11 月中旬田间基本不见成虫，以卵进行越冬。

2. 形态特征

成虫：雄虫体长 20mm，前翅长 11mm；雌虫体长 30mm，前翅长 19mm。头大而短，颊区中部有一近椭圆形凹陷。触角剑状，触角长达前胸背板后缘。前胸背板前缘直，后缘钝角形或钝圆形；中隆线明显，侧隆线向外呈弧形弯曲。前后翅发达，达不到或刚达腹端，前翅具黑褐色花斑，后翅无色。后足股节粗壮，有 3 条黑褐色横带，外侧上、下隆线上各具 1 列黑色小点，内侧红色，具 2 个不完整的大黑斑。后足胫节红色，外侧具 8 根刺，内侧 9 根刺（图 7-7A、B）。

卵囊：大小为 0.6cm×1.2cm，在卵囊中有 18～25 粒不等的卵粒，平均 23 粒卵，卵粒并列抱团。卵：长椭圆形，鲜黄色，长轴长（4.65±0.05）mm，短轴长（1.36±0.05）mm（图 7-7C）。

A　　　　　　　　B　　　　　　　　C

D　　　　　　　　E

图 7-7　短星翅蝗（*Calliptamus abbreviatus* Ikonnikov，1913）各虫态形态特征

A. 雄成虫；B. 雌成虫；C. 卵和卵囊；D. 3 龄若虫；E. 4 龄若虫

若虫：共 5 龄。1 龄若虫，体长 6mm，宽 2mm。头部黑色。头略宽于前胸背板，前胸背板乳白色略带黄色小斑点，表面有 5 排黄色短毛，前缘直后缘钝圆。前、中足及腹板 1、2 节乳白色略带黄褐色斑点；后足股节外侧有 3 条褐色条带，外侧上、下隆线具 1 列黑色小点，后足胫节内侧具 9 根刺，外侧具 8 根刺。腹部仅到达后足股节。2 龄若虫，体长 8.8mm，宽 2.5mm。头部黑色。前胸背板紫红色，中部隆起，前缘直后缘钝圆。前、中足股节、胫节、跗节表面淡紫红色，密布黑色斑点；后足股节外侧有 3 条黑色条带；后足胫节内侧具 9 根刺，外侧具 8 根刺。3 龄若虫，体长 10mm，宽 3mm。头部颅顶黑色，表面有稀疏白点。前胸背板棕黄色略泛白，中部隆起，前缘直后缘钝圆。后胸背板可见一短黄色翅芽。前、中足各节表面棕黄色泛白，密布黑色斑点；后足股节外侧有 3 条黑色条带；后足胫节内侧具 9 根刺，外侧具 8 根刺（图 7-7D）。4 龄若虫，体长 13mm，宽 4mm。头部棕色表面密布黑色斑点。前胸背板棕色、密布黑色斑点，前缘直后缘钝圆，中部隆起。后胸背板可见刀片状翅芽。前、中足各节表面棕色密布黑色斑点；后足股节外侧有 3 条黑色条带；后足胫节内侧具 9 根刺，外侧具 8 根刺（图 7-7E）。5 龄若虫，体长 17mm，宽 4.5mm。头部棕色表面密布黑色斑点。前胸背板背面棕色、密布黑色斑点，前缘直，后缘钝圆，中部隆起。前、中足各节白色，表面密布黑色斑点；后足股节外侧有 3 条纵向黑色条带；后足胫节内侧具 9 根刺，外侧具 8 根刺。

3. 寄主选择性

短星翅蝗喜食冷蒿、星毛委陵菜、阿尔泰狗娃花，少食牛枝子，偶食猪毛蒿，不食长芒草、赖草、稗草等禾本科植物。

4. 食量

短星翅蝗的日食量和近似消化力均随着龄期的增长而增大，雌成虫的日食量和近似消化力显著高于雄成虫，5 龄若虫和雄成虫日食量和近似消化力很接近。3 龄、4 龄、5 龄若虫及雄成虫和雌成虫的日食量分别为 18.66mg、30.89mg、60.45mg、62.39mg 和 130.50mg，3 龄、4 龄、5 龄若虫及雄成虫和雌成虫的近似消化力分别为 46.75%、47.02%、55.45%、58.15%、81.39%。

5. 发育历期、发育起点温度和有效积温

高温和低温均不利于短星翅蝗发育，若虫在 13℃下不能蜕皮发育，成虫在 18℃下不能交配产卵，而成虫在 33℃下的产卵前期比 28℃下延长 5d。在 18～33℃，短星翅蝗 1～5 龄若虫的发育历期随着温度的升高而缩短，18℃恒温条件下，各龄若虫发育历期最长，33℃恒温条件下，各龄若虫发育历期最短。在温度相差 15℃的情况下，18℃短星翅蝗各龄若虫的发育历期是 33℃的 2.91～4.59 倍。1 龄、2 龄、3 龄、4 龄、5 龄若虫、整个若虫期及产卵前期的发育起点温度分别为 15.85℃、18.23℃、18.48℃、19.44℃、19.89℃、15.37℃、22.22℃，有效积温分别为 88.32 日·度、52.42 日·度、65.94 日·度、67.25 日·度、74.09 日·度、445.27 日·度、110.59 日·度。

（三）沙蒿金叶甲生物学和生态学特性

1. 田间种群动态

沙蒿金叶甲 5 月上旬越冬幼虫开始羽化逐渐有成虫出土，5 月中下旬开始大量出土，并爬到黑沙蒿（*Artemisia ordosica*）上为害。7 月中旬达到种群最高峰，并在 8 月上旬开始交配产卵，成虫数量逐步下降，到 9 月底基本不见成虫。8 月下旬开始有幼虫孵化，幼虫期一直持续到 11 月上旬，10 月下旬老熟幼虫逐渐入土化蛹越冬。幼虫是 9～11 月危害沙蒿的主要虫态。

2. 形态特征

卵：椭圆形，灰白色至深灰色，长轴长（1.86±0.13）mm，短轴长（0.85±0.05）mm，卵壳上有横纵脊纹（图7-8A、B）。

1龄、2龄幼虫：体色为黑褐色，头部黑色，足黑褐色，3对，足趾钩为红色，体表散布黑点状毛疣。每疣生1白色短毛（图7-8C、D）。

3龄幼虫：褐色，毛疣和白色短毛退化，5条黑灰色背线，体型逐渐变胖（图7-8E）。

4龄老熟幼虫：土黄色，体型肥短。头部黑褐色，口器黄褐色，前胸背板灰褐色，中线淡色，较细，两侧有1月形纹，中后胸两侧各有1弯形黑斑。腹部各节背中央有1横皱，将各节分为前后两半，端部两节背板黑褐色，下生一吸盘。胸足黑褐色，气孔黑色。腹部腹面淡黄色，两侧和中部各有一群黑点。整个幼虫期头前部左右各有一突起，腹部呈环纹状（图7-8F）。

蛹：裸蛹，金黄色透明蛹壳（图7-8G）。

成虫：卵圆形，长5～8mm，宽4.6～5.3cm，翠绿至紫黑色，有金属光泽。触角黑褐色，着生白色微毛，端半部各节较膨大。前胸背板横宽，密列短白毛，背面密布细刻点，体型较宽，淡黄色，头、胸及腹部密生黄褐色毛，腹端有1黑色尖刺（图7-8H）。

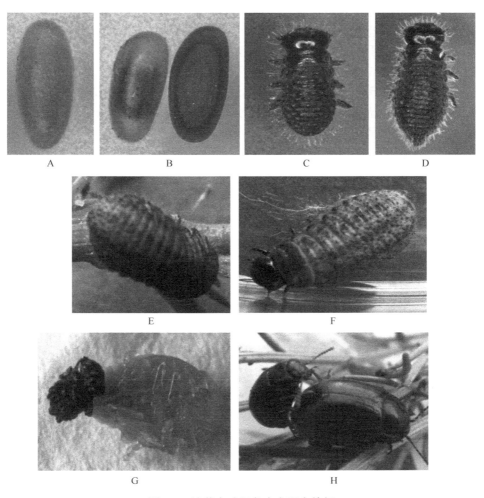

　　　　A　　　　　　　　B　　　　　　　　C　　　　　　　　D

　　　　　　　E　　　　　　　　　　　　　F

　　　　　　　G　　　　　　　　　　　　　H

图 7-8　沙蒿金叶甲各虫态形态特征

A. 初产卵；B. 即将孵化卵；C. 1龄幼虫；D. 2龄幼虫；E. 3龄幼虫；F. 4龄幼虫；G. 蛹；H. 成虫

3. 温度对沙蒿金叶甲各虫态（龄）生长发育历期的影响

在 13～28℃，沙蒿金叶甲均能完成发育，且发育历期随温度的上升而缩短，各处理间差异显著。13℃恒温条件下，各虫态发育历期最长；28℃时各虫态发育历期最短。在温度相差15℃的情况下，13℃沙蒿金叶甲卵及各龄幼虫的发育历期是 33℃的 1.86～4.62 倍。当温度为33℃时，沙蒿金叶甲可由卵正常发育至 4 龄幼虫，进入 4 龄后随即入土，入土后一部分不能化蛹而死亡，一部分化蛹后不能羽化而死亡，即不能完成发育；虽然卵期比其他温度下发育历期短并达到显著差异水平，但 1、2 和 3 龄及整个幼虫的发育历期显著高于 23℃和 28℃时。

4. 沙蒿金叶甲不同虫态的发育起点温度和有效积温

沙蒿金叶甲各虫态中卵的发育起点温度最高，为 9.72℃，幼虫期最低，为 7.11℃；（蛹＋4 龄幼虫）期发育所需要的有效积温最高，为 448.40 日·度，卵最低，为 115.36 日·度。在沙蒿金叶甲幼虫各发育阶段，3 龄幼虫的发育起点温度最低，为 5.99℃，2 龄幼虫次之，为 7.34℃，1 龄幼虫最高，为 8.06℃；3 龄幼虫完成发育所需要的有效积温最高，为 156.34 日·度，2 龄幼虫次之，为 145.26 日·度，1 龄幼虫最低，为 139.57 日·度。

5. 温度对沙蒿金叶甲种群存活率的影响

温度对沙蒿金叶甲的存活率有显著影响，温度过低或过高均不利于沙蒿金叶甲的存活。低温对卵的存活率影响最大，13℃时卵的孵化率最低，只有 67.92%；而高温对蛹的存活率影响最大，33℃时不能羽化为成虫，28℃时羽化率也仅为 9.62%；卵对温度的适应范围最广，在 13～33℃，存活率在 67.92%以上。就沙蒿金叶甲世代存活率而言，23℃时的存活率最高，达到 66.67%，其次为 18℃，存活率为 40.74%，28℃时存活率最低，仅为 5.00%。由此可见，沙蒿金叶甲的最适发育温度为 18～23℃，高温、低温均不利于沙蒿金叶甲的生长发育。

6. 温度对沙蒿金叶甲成虫寿命和繁殖力的影响

沙蒿金叶甲成虫寿命在 13～23℃随温度的升高而延长，23℃时成虫寿命最长，为 50.28d。而在 28℃时成虫寿命明显缩短，仅为 20.10d。单雌平均产卵量在 13℃时最低，仅有 143.25 粒，而 28℃时单雌平均产卵量最大，达到 237.30 粒，是 13℃时产卵量的 1.66 倍。各温度处理间的单雌平均产卵量存在极显著差异。

（四）巨膜长蝽生物学和生态学特性

1. 生活史

巨膜长蝽在宁夏中部干旱带一年发生 2 代，以成虫在土缝中、石块下越冬，翌年 4 月初随着气温的升高，越冬成虫开始活动，交尾产卵，产卵持续到 5 月下旬。第 1 代若虫 4 月中旬出现，持续到 6 月上旬，第 1 代成虫开始于 5 月上旬，5 月中旬虫口发生达到高峰期，卵、若虫、越冬成虫和 1 代成虫，世代重叠。6 月中旬至 8 月中旬以成虫进入滞育状态，8 月下旬至 9 月上旬成虫开始交尾产卵，10 月中下旬达到第 2 个发生高峰期，卵、若虫和成虫，各虫态重叠，到 10 月下旬 1 代成虫基本结束，11 月下旬以 2 代成虫开始越冬。在田间自然条件下，巨膜长蝽的产卵期 10～30d，卵孵化期 2～7d，若虫期 4～11d，完成一个世代需 2～36d。生境及危害相关植物（图 7-9A、B、C、D）。

2. 形态特征

巨膜长蝽属于不完全变态类型，有卵、若虫（3 龄）和成虫 3 个虫态。

卵：初产乳白色，椭圆形，长约 0.3mm，卵面有微细网纹，产后 3d 呈淡黄色至红色，近孵化时，在卵的一端出现深红色两个眼点（图 7-9E、F）。

若虫：共 3 龄。1 龄若虫红色，体长约 1.2mm，头呈尖形，胸部较细，腹部宽圆，无翅芽（图 7-9G、H）。2 龄若虫红色，体长约 2mm，中后胸背板两侧后角白色，明显后突，翅芽明显（图 7-9I、K）。3 龄若虫体淡红色，体长约 2.5mm，足和翅芽呈灰黑色，翅芽长达腹部第 3、4 节后缘（图 7-9L、M）。

图 7-9　巨膜长蝽的形态、习性、危害性状

A. 巨膜长蝽的生境及主要寄主植物；B. 巨膜长蝽对瓜苗的危害；C. 巨膜长蝽对枸杞的危害；D. 巨膜长蝽对锁阳的危害；E. 巨膜长蝽初产的卵；F. 巨膜长蝽近孵化的卵——卵的一端出现深红色两个眼点；G. 巨膜长蝽 1 龄若虫（背面观）；H. 巨膜长蝽 1 龄若虫（腹面观）；I. 巨膜长蝽 2 龄若虫（背面观）；K. 巨膜长蝽 2 龄若虫（腹面观）；L. 巨膜长蝽 3 龄若虫（背面观）；M. 巨膜长蝽 3 龄若虫（腹面观）；N. 巨膜长蝽成虫（背面观）；O. 巨膜长蝽成虫（腹面观）；P, Q. 巨膜长蝽的交尾

成虫：体长 2.7～3.0mm（至翅端），雌虫较大，长圆形，黄褐色，前翅革质。触角 4 节，第 1 节较粗，长微超头端，第 2 节最长，约等于 3、4 节之和，末端黑褐色，基部淡色。复眼黑色，两眼距宽于前胸前缘，头胸小盾片背面及腹面密附白色鳞毛。前胸背板侧缘中略缢缩，胝区暗褐色，前区只质革而隆起，淡黄褐色，4 条纵脉呈棱状突起，各脉上有黑色条点，脉间

散布淡灰褐色斑纹；内侧二脉于近末端处汇合。前翅爪片狭尖，几于末端平齐，革片形状与爪片相似，表面及后缘均列有白色鳞毛。雌虫腹面淡黄色，雄虫为黑褐色（图7-9N、O）。

3. 温度对巨膜长蝽各虫态发育历期的影响

温度对巨膜长蝽各虫态的发育历期影响显著，若虫期、产卵前期和世代发育历期在不同温度间差异极显著（$P<0.05$）。在13～37℃，巨膜长蝽发育历期随温度的升高而逐渐缩短，在13℃时完成一个世代发育需要82.63d，而在37℃下只需要14.61d。卵历期在13℃，为13.07d，随温度升高发育历期迅速缩短，33℃发育历期最短，为1.85d，28℃之后随着温度的升高发育历期的差异不显著（$P<0.05$）；产卵前期的发育速率在13～23℃差异显著（$P<0.05$），13℃为24.2d，37℃历期最短，为4.9d。

4. 发育起点温度和有效积温

巨膜长蝽各虫态中，卵的发育起点温度最高，为10.91℃，产卵前期发育起点温度最低，为7.42℃；有效积温卵的最低，为60.08日·度，若虫期为393.43日·度，产卵前期为175.53日·度，成虫期为366.98日·度。世代发育起点温度8.30℃，有效积温555.77日·度，根据宁夏气象局提供的气象资料，推算出巨膜长蝽在宁夏一年可发生2代，这与田间调查的结果一致。

5. 温度对巨膜长蝽存活率的影响

温度对巨膜长蝽的存活率有显著的影响。低温不利于巨膜长蝽的存活，13℃卵的存活率为11.2%，世代存活率仅为0.4%，13℃与18℃之间各虫态的存活率都很低，且各虫态的存活率差异不显著；33℃下卵、1龄若虫、3龄若虫和世代的存活率最高，分别为82.41%、35.5%、95.2%和35.44%；2龄若虫和产卵前期存活率在28℃时最高，分别为55%和95.8%；35℃和37℃下各虫态存活率较33℃有所下降，但与33℃下的存活率差异不显著。各虫态中理论存活率最高的是产卵前期在30.47℃下，为98.48%，理论存活率最低的是1龄若虫在32.87℃下，存活率为39.65%。

6. 温度对巨膜长蝽成虫产卵量的影响

温度对巨膜长蝽成虫产卵量有显著影响。在13℃、18℃、23℃、28℃、33℃、35℃和37℃温度条件下巨膜长蝽的平均产卵量分别为：0.15℃、2.3℃、6.6℃、10.2℃、15.65℃、16.15和12.6粒。随着温度的升高巨膜长蝽平均产卵量先增加后降低。13℃几乎不产卵，18～28℃产卵量较低，28～37℃产卵量增加到10粒以上，35℃下产卵量最大，33℃与35℃之间没有显著差异（$P>0.05$），显著高于其他温度（$P<0.05$）；其他温度间产卵量差异极显著（$P<0.01$），37℃下产卵量有所下降。温度（T）与巨膜长蝽单雌平均产卵量（Y）的关系式为：$Y=-0.0038T^3+0.2776T^2-5.5627T+34.2679$（$R^2=0.9718$，$P=0.008$），雌虫产卵最适温度为34.59℃，其产卵量最高可达16.73粒/♀。

三、草地昆虫调查方法

宁夏农林科学院植物保护研究所自"十二五"以来，依据草地主要害虫田间发生规律的不同，建立了不同的田间系统调查方法，并颁布实施地方标准《宁夏草原昆虫调查技术规范（DB64/T949—2014）》。具体调查方法如下。

（一）扫网法

随机五点取样，每点扫网30复网，统计记载昆虫种类和数量。主要调查芫菁、瓢虫、蝽、蝉、飞虱及蝶蛾等类昆虫。

（二）目测法

随机五点取样，每点统计记载 1m² 地面及草丛中的昆虫种类及数量，重复 5 次。主要调查象甲。

（三）目测法结合扫网法

随机五点取样，每点统计记载 1m² 地面及草丛中的蝗虫混合种群数量，重复 5 次；每点扫网 30 复网，统计记载昆虫种类和数量，主要调查蝗虫。数据统计公式如下。

某种蝗虫虫口密度（头/m²）＝（30 复网某种蝗虫数量/30 复网蝗虫混合种群数量）×目测蝗虫混合种群平均数量/m²

（四）直接观察法

随机五点取样，每点调查 5 株寄主，记录每株寄主上各虫态及其虫口数量。主要调查叶甲、象甲及天牛等类昆虫。

（五）陷阱诱捕法

随机五点取样，每点设 5 个诱集罐，棋盘式布置，罐间间距约 3m。用一次性塑料杯（高 9cm，口径 7.5cm）作为诱集罐，罐内灌 40～60mL 重量比为 2∶1 的水和乙二醇的混合物引诱剂，收集罐内所有昆虫，冲洗干净晾干后，统计记载昆虫种类和数量。主要调查地表甲虫、天牛等类昆虫。

（六）灯诱法

每样点设 1 个灯诱点，1 次 3 晚，4h/晚，时间为 21∶00～次日 01∶00，统计记载每晚诱集蛾种类和数量；主要调查地老虎、八字白眉天蛾和沙蒿木蠹蛾等蛾类。

（七）百步惊蛾法

每点"Z"字形走 100 步，统计记载惊起的蛾种类和数量。主要调查螟蛾类。

（八）其他

巨膜长蝽：随机五点取样，每点取 5 丛白茎盐生草，统计每丛下各虫态及虫口数量。

四、草地主要害虫分布特点

在明确宁夏不同草地类型昆虫种类组成、群落特征及优势害虫种类的基础上，选择地形因素（海拔、坡度、坡向）、地上生物量、草地类型、土壤类型、年平均降水量、年平均温度 8 个主要生态因子，开展了多次全区草地蝗虫系统调查和数据采集，通过空间运算划分出天然草地蝗虫及其类群宜生区及其面积。综合宜生指数和害虫虫口密度，划分了宁夏草地主要害虫，蝗虫和沙蒿金叶甲的分布区及发生面积。

（一）蝗虫分布

宁夏天然草地蝗虫宜生区面积为 $4.58×10^5hm^2$，占草地面积的 18.73%，其中，极适宜蝗虫发生面积为 $3.34×10^5hm^2$，分为 8 个蝗虫宜生区，依次为盐池县、同心县、原州区、彭阳县典型草原蝗虫区，贺兰山沿线的温性荒漠草原蝗虫区，沙坡头区、中宁县的荒漠草原蝗虫区。

在主要草原蝗虫宜生区基础上，划分出 8 个蝗虫类群分布区，分别为盐池县南部典型草原区白纹雏蝗、短星翅蝗、裴氏短鼻蝗分布区，面积为 $5.21 \times 10^4 hm^2$；贺兰山荒漠草原区裴氏短鼻蝗、黑翅痂蝗、宽翅曲背蝗分布区，面积为 $1.81 \times 10^4 hm^2$；贺兰山温性荒漠草原区黑腿星翅蝗、黑翅痂蝗、裴氏短鼻蝗分布区，面积为 $2.29 \times 10^4 hm^2$；沙坡头区香山荒漠草原区黑翅痂蝗、黄胫痂蝗、黑腿星翅蝗分布区，面积为 $7.21 \times 10^4 hm^2$；海原县南华山典型草原区白纹雏蝗、亚洲小车蝗、赤翅皱膝蝗分布区，面积为 $1.42 \times 10^4 hm^2$；同心县张家塬典型草原区短星翅蝗、白纹雏蝗分布区，面积为 $9.87 \times 10^4 hm^2$；原州区云雾山典型草原区日本菱蝗、亚洲小车蝗分布区，面积为 $6.13 \times 10^3 hm^2$；彭阳县典型草原区亚洲小车蝗、黄胫小车蝗分布区，面积为 $1.09 \times 10^4 hm^2$。

（二）沙蒿金叶甲分布

宁夏天然草地沙蒿金叶甲宜生区面积为 $1.95 \times 10^5 hm^2$，划分为 5 个分布区，主要为盐池县、灵武市、同心县、红寺堡区、兴庆区等荒漠草原区。

五、草地主要害虫综合防治技术

在明确草地害虫天敌资源、优势天敌直角通缘步甲对蝗虫种群的控制作用及对优势种白纹雏蝗的捕食作用的基础上，探讨了基于生境管理下的蝗虫种群控制研究；研制和筛选出适合在宁夏草地虫害发生区使用的生物制剂和高效低毒化学农药，集成建立了宁夏草地虫害综合防治技术体系，颁布实施了《宁夏蝗虫综合防控技术规程》（DB64/T950—2014）、《沙蒿金叶甲防控技术规程》（DB64/T948—2014）两项地方标准。

（一）提出草地主要害虫生物防治技术

1. 草地害虫天敌资源

经过系统调查，共采集草地害虫天敌 55 种，天敌资源较为丰富，天敌亚群落结构复杂，种群数量较多的天敌共有 15 种，分别为稠纹虎甲（*Cicindela lunulata*）、星斑虎甲（*Cicindela raleea*）、双斑猛步甲（*Harpalus* sp.）、直角通缘步甲（*Pterostichus gebleri*）、蒙古伪葬步甲（*Pseudotaphoxenus mongolicus*）、短翅伪葬步甲（*Pseudotaphoxenus brevipennis*）、多异瓢虫（*Hippodamia variegate*）、七星瓢虫（*Coccinella septempunctata*）、龟纹瓢虫（*Propylaea japonica*）、黑食蚜盲蝽（*Deraeocoris punctulatus*）、燕麦蚜茧蜂（*Aphidius avenae*）、草间小黑蛛（*Erigonidium graminicolum*）、星豹蛛（*Pardosa astrigera*）、三突花蛛（*Misumenops tricuspidatus*）及黑腹狼蛛（*Lycosa coelestis*），其余天敌在个别区域种群数量较大，各种不同生活习性及行为特点的天敌混合分布。

通过巴氏罐诱集调查，发现地表天敌有步甲科、虎甲科、芫菁科 3 科 22 种，天敌资源较为丰富，优势种明显。其中，步甲科有直角通缘步甲（*Pterostichus gebleri*）、麻步甲（*Carabus brandti*）、短翅伪葬步甲（*Pseudotaphoxenus brevipennis*）、刘氏三角步甲（*Lanchnocrepis prolixa*）等 13 种；虎甲科有芽斑虎甲（*Cicindela gemmata*）和云纹虎甲（*Cicindela elisae*）2 种；芫菁科有西伯利亚豆芫菁（*Epicauta sibirica*）、黑头豆芫菁（*Epicauta dubia*）、中国豆芫菁（*Epicauta chinensis*）、大头豆芫菁（*Epicauta megalocephala*）、红斑芫菁（*Mylabris speciosa*）、苹斑芫菁（*Mylabris calida*）及绿芫菁（*Lytta caraganae*）7 种。优势种主要有直角通缘步甲（*Pterostichus gebleri*）、麻步甲（*Carabus brandti*）、短翅伪葬步甲（*Pseudotaphoxenus brevipennis*）3 种，占天敌总数的 89.22%。

2. 优势天敌直角通缘步甲对白纹雏蝗有明显的捕食作用

通过室内试验和田间调查研究，明确了宁夏草地优势天敌直角通缘步甲对蝗虫优势种白纹雏蝗各个虫态的捕食作用；建立了捕食功能反应模型，预测出直角通缘步甲 24h 对白纹雏蝗各个龄期的最大捕食量，对 1 龄至成虫的最大捕食量分别为 127 头、70 头、54 头、41 头、22 头及 10 头。经实地调查，理论值和实测值较为吻合。

3. 基于生境管理下的蝗虫种群控制技术研究

根据优势种蝗虫与植被的互作关系研究结果，通过多次补播和除草等措施，建成了以禾本科（长芒草）、菊科（阿尔泰狗娃花）、豆科（扁蓿豆）、蔷薇科（星毛委陵菜）等植物为优势种的试验区，分析发现菊科、豆科、蔷薇科试验区内的蝗虫种类逐渐演替为以短星翅蝗为主，而禾本科试验区蝗虫种类演替为以白纹雏蝗、亚洲小车蝗为主。该试验结果为利用草地补播技术进行草地蝗虫生态控制技术提供了重要依据。

（二）研制获得高杀虫活性的植物源制剂 2 个

以草地特色优势植物披针叶黄华、乳浆大戟中的杀虫活性物质及苦豆子为主要成分，针对草地蝗虫研发了 2 个具有自主产权的植物源农药——金雀花碱·苦参碱杀虫水乳剂和乳浆大戟杀虫水乳剂。草地蝗虫田间防治试验结果表明，对草地蝗虫有一定的控制作用，特别是金雀花碱·苦参碱杀虫水乳剂对蝗虫的控制作用达到 56.31%～78.56%。乳浆大戟杀虫水乳剂（授权号 ZL201110384518.6）、金雀花碱·苦参碱杀虫水乳剂（授权号 ZL201110384514.8）取得了发明专利授权。

（三）筛选出有效防治草地主要害虫的 5 个生物农药和 2 个高效低毒化学农药

1. 筛选出防治草地蝗虫的有效药剂

生物药剂金雀花碱·苦参碱杀虫水乳剂（宁夏农科院植保所）、0.5%印楝素乳油（泰国）和 1.2%烟碱·苦参碱乳油（赤峰市帅旗农药有限责任公司）对蝗虫均表现出较好的防治效果，用药后 1d 的防治效果分别为 56.31%、89.08%和 86.30%，用药后 30d 分别为 78.56%、56.30%和 47.56%，可替代化学药剂使用；生物药剂绿僵菌诱饵（中国农科院植保所）的速效性较差，但用药后 48d 达到了 64.81%。所选用的对照化学药剂 4.5%高效氯氰菊酯乳油（陕西恒田化工有限公司）和 48%毒死蜱乳油（陕西恒田化工有限公司）对蝗虫的防治效果显著，调查期间防治效果最低为 73.94%，可作为应急防治时使用。

2. 筛选出防治沙蒿金叶甲的有效药剂

生物农药 0.6%苦参碱水剂、0.01%斑蝥素水剂和 0.5%印楝素乳油对沙蒿金叶甲的防治效果较好，持效期长，7d 后的防治效果分别为 71.39%、59.41%和 47.38%；化学农药 4.5%高效氯氰菊酯乳油和 48%毒死蜱乳油对沙蒿金叶甲均表现出了极佳的防治效果和较长的持效期，调查期间防治效果最低为 62.31%，可作为应急防治使用药剂。

（四）集成建立了宁夏草地主要害虫综合防控技术

集成建立了草地主要害虫综合防治技术体系，制定颁布了《宁夏蝗虫综合防控技术规程》（DB64/T950—2014）、《沙蒿金叶甲防控技术规程》（DB64/T948—2014）两项地方标准，制定了《甘肃省草原蝗虫综合防治技术规程》。规范了宁夏草地主要害虫的防治区域、防治指标、防治适期、防治方法、防效评价等内容。该防治技术的建立提升了草地虫害防控技术水平，为农牧业安全生产和草地生态保护提供科技支撑。目前蝗害防治的主要策略是应急化学防治和可持续治理策略，前者主要是对突发、暴发成灾所采用的策略，而后者是预防性的策略，二者在适当时期和地区可以相互协调。

/// 第三节 栽培牧草病、虫、草害监测与防治

一、栽培牧草病害监测与防治

（一）栽培牧草病害发生种类与分布特点

宁夏地处我国西北大陆腹地的季风区西缘，大陆性特征十分典型。与气候、土壤区域相适应的草地植被的地带性分布，从南往北依次为森林草原（灌丛草原）带、典型草原带、荒漠草原带和草原化荒漠带。由于植被组成成分不同，气候、土壤等环境因素的差异性，各草地植被带牧草病害的发生种类和病原也有差别，基本形成了森林草原带以锈病、白粉病为主；典型草原带以白粉病、锈病、黑粉病、黑痣病和褐斑病为主；荒漠草原带主要是白粉病、锈病、花叶病、黑粉病、黑痣病、褐斑病、霜霉病、黑斑病、叶斑病等；草原化荒漠带主要是白粉病的发生区域。上述草地类型中以典型草原和荒漠草原带病害发生种类多，是宁夏牧草病害的多发区和重点为害区。病害不仅造成牧草产量和品质的下降，产生的有毒、有害物对家畜健康产生了影响，开展牧草病害绿色防控是保障优质饲草生产的重要环节。

已经确认宁夏栽培牧草病害发生种类共有 161 种（含少数饲用乔灌木），病原涉及真菌、细菌、病毒、瘿螨和菟丝子。其中，真菌病害最多 131 种，占病害总数的 81.4%，隶属 4 亚门，其中鞭毛菌亚门，含 2 属 6 种，子囊菌亚门，含 12 属 42 种，担子菌亚门，含 13 属 50 种，半知菌亚门，含 17 属 33 种。病原真菌中锈菌和白粉菌是宁夏栽培牧草的两大病原菌，占全区栽培牧草病害总数的 46%，为害的牧草达 70 余种，广泛分布在宁夏南北各草地类型区。其中锈菌发病率最高，占栽培牧草病害总数的 23.6%，感染的牧草近 40 种，主要以披碱草属（*Elymus*）、鹅冠草属（*Roegneria*）、赖草属（*Leymus*）等禾本科牧草为主。白粉病是仅次于锈病的第二大栽培牧草病害，占全区栽培牧草病害总数的 2.4%，感染的牧草近 40 种，主要是双子叶植物，尤以豆科中苜蓿属（*Medicago*）、草木樨属（*Melilotus*）、黄芪属（*Astragalus*）、槐属（*Sophora*）等属植物为主。

已知的栽培牧草病害以豆科和禾本科牧草发病率最高，分别占全区栽培牧草病害的 28% 和 22.4%，其次为菊科、蔷薇科和桑科。白粉病、锈病和黑粉病遍布各草地类型区，危害最大；黑痣病、褐斑病、菟丝子和斑点病的分布区域也较广泛；荒漠草原区是牧草病害的多发区，也是今后的重点防治区，其次是典型草原区，森林草原区的牧草病害相对较少，草原化荒漠病害最少。

栽培牧草中苜蓿病害发生最多，主要是褐斑病（*Pseudopeziza medicaginis*）、霜霉病（*Peronospora aestivalis*）、白粉病（*Erysiphe polygoni* DC.）、叶斑病（轮斑病）（*Stemphylium botryosum*）、轮纹病（*Phoma medicaginis*）、斑枯病（*Septoria medicaginis*）、花叶病（*Alfalfa mosaic virus*）、锈病（*Uromyces striatus*）、霉斑病（*Cercospora medicaginis*）、炭疽病（*Colletotrichum trifolii*）、黑斑病（*Alternaria tenuis*）、灰星病（*Pleosphaerulina briosiana*）、根腐病（*Rhizoctonia crocorum*；*Phytophthora megasperma*），饲用高粱为霜霉病。其中大面积发生并引起损失的主要病害为苜蓿褐斑病、霜霉病、白粉病和叶斑病。苜蓿白粉病主要发生在固原、海原、西吉、彭阳、隆德干旱区，发病程度重于阴湿区，石嘴山市沿山地带发生较重，水浇地发生较轻；

褐斑病主要分布在固原市、西吉、海原、彭阳、隆德、石嘴山市、贺兰、永宁；霜霉病主要分布在固原、西吉、海原、隆德、彭阳、永宁；苜蓿花叶病主要分布在固原、西吉、海原、隆德、彭阳、石嘴山市、贺兰、永宁。叶斑病（轮斑病）主要分布在灌区，固原市原州区、海原、彭阳、贺兰、西吉、石嘴山市；苜蓿霉斑病主要分布在固原、海原、彭阳、贺兰、灌区；根腐病为全区分布，苜蓿炭疽病主要分布在泾源、隆德、固原、海原、西吉、彭阳、贺兰、永宁；斑枯病主要分布在固原、彭阳、永宁；苜蓿锈病主要分布在固原、海原、彭阳、永宁；灰星病主要分布在固原；高粱霜霉病主要发生在宁夏中宁县和银川市郊区苗木场。

总之，连续多年的调查已基本摸清了全区栽培牧草病害的种类、发生发展规律、区系分布特点及主要病害的防治方法，为实施系统管理奠定了基础。

（二）牧草主要病害发生流行规律

宁夏全区大面积发生、危害严重并引起损失的主要病害有苜蓿褐斑病、霜霉病、白粉病、锈病、病毒病、叶斑病，不同的种植区表现出不同的流行规律。

苜蓿褐斑病发生与气候条件关系密切，南部山区发病主要集中在半阴湿地带，发病率为100%，泾源县发生最严重，7 月份开始发病，8 月中下旬褐斑病达到危害盛期，病情指数在65.5%～72.0%，对 2 茬苜蓿造成 20%～40%的产量损失，降雨频繁季节，褐斑病发生不仅提前，对山区 2 茬或 3 茬苜蓿造成 40%～50%的产量损失，品质严重下降。在石嘴山市发病面积为 40%左右。田间 6 月上旬始见发病，8 月下旬至 9 月上、中旬进入发生流行的高峰期，病情指数通常可达到 30%以上，对 2 茬或 3 茬苜蓿造成严重的产量损失，并造成苜蓿牧草品质下降。海原县，在干旱和无灌溉条件下的地区，发病较轻。海原县的九彩、草洼、红羊等降水量相对高的南部区域，苜蓿褐斑病的发病率增高，危害程度加大。不同环境条件同一苜蓿品种田间抗病性表现出较大的差异，固原苜蓿病情指数在干旱区为 4.69，半阴湿区为 18.23，阴湿区为 26.41；引进品种'阿尔冈金'苜蓿在干旱区为 13.82，半阴湿区病情指数高达 66.2。可以看出，褐斑病从阴湿区到干旱区，随着气候条件的改变，病情指数有显著减轻的趋势。引进品种'阿尔冈金''朝阳''威龙''美国 WIJ323'和地方品种'新疆大叶'在半干旱区的水浇地表现出较高的感病性，反映出褐斑病在较湿润环境的发生趋势较重。'宁苜 1 号'和'中苜 1 号'病情指数低于引进品种，与旱地病情指数相比，差异较小。紫花苜蓿白粉病形成闭囊壳越冬，成熟周期大概 1 周，闭囊壳形成的温度范围为 20～25℃，湿度范围为50%～70%，进一步证明自然条件下宁夏苜蓿白粉病菌不但可以形成闭囊壳，而且以该结构越冬成为翌年初侵染源。

（三）栽培牧草主要病害调查方法与监测技术

摸清栽培牧草病害发生流行规律离不开科学的调查方法。综合分析影响病害发生、发展、流行的各个因素，阐明彼此之间的相互关系并构建模型，并利用计算机进行模拟，建立栽培牧草病害早期监测体系，才可以有的放矢地指导防治工作。

针对流行性强，发生严重的苜蓿白粉病和褐斑病，重点开展了田间调查、监测预警和预测预报技术研究。我们在宁夏固原市原州区三营旱地人工栽培苜蓿地，设立系统调查点，定期监测。采用五点取样法，每样点为 1m×1m，随机摘取 10 个枝条，每个枝条自下而上随机取 10 个复叶调查，根据不同病害分级标准对叶片分级，计算病情指数，结合日均温、降水量、湿度等气候因子，应用 SPSS 分析软件，采用相关因子分析及多元逐步回归分析方法对苜蓿白粉病进行分析，得到苜蓿白粉病的预测模型为 $Y = 131.358 - 1.6663X_1$，利用该模型对 2002～

2005 年苜蓿白粉病病情指数进行回测，历史拟合率均为 100%，与实际情况相符。说明建立预测预报的方法是准确的，精度高且简便易行，可在实际生产中应用。

针对苜蓿褐斑病，在掌握其流行规律的基础上，分析病虫害发生与当地降水量、病原基数、相对湿度和日均温等因素之间的关系，对预报因子进行初选。采用 SPSS 软件，在 2002～2005 年苜蓿褐斑病预测模型建立的基础上，补充 2006～2008 年苜蓿褐斑病发生的系统调查数据。结合日均温、降水量、湿度及天敌等因子，对南部山区苜蓿褐斑病进行相关因子和多元逐步回归分析，确定影响苜蓿褐斑病发生的关键因子，改进和完善苜蓿主要病虫害的预测模型。初选了 4 个预报因子：7 月上中旬降水量为 X_1，日均温（℃）X_2，平均相对湿度为 X_3，7 月上旬病情指数为 X_4，因变量 Y 为病情预测值。应用 SPSS 分析软件进行回归分析，得到 2 个预测模型。通过逐步回归变量选择：经 t 检验，变量相对湿度 X_3 和 X_4 的 t 值均大于 $t_{0.05}$，进入回归式，获得预测模型。建立了苜蓿褐斑病预测模型：$Y = 2.758X_3 - 171.334$。所建立的回归模型显著性检验极为显著，历史拟合率均为 100%。说明建立预测预报的方法是准确的，精度高且简便易行，可在实际生产中应用。同时，形成了苜蓿褐斑病监测预报技术规程，规定了苜蓿褐斑病病害监测预报技术的术语和定义、病原特征、发生流行规律、发生程度分级标准、监测方法及预测依据。该地方标准的颁布为病害的统防统治和规范化防治提供了防治标准。

近年来，采用 3S（GPS、GIS 和 RS）等高新技术与现代农业技术相结合，定位、定时、定量地实施现代化农事操作技术与管理，促进了精准农业发展；通过物联网和互联网技术的应用，实现了远程监控植物生长；通过收集海量数据，分析环境因子、种植制度、防治措施等与病虫的关系，产量和市场的预测，无人机等施药和其他植保装置的研发，实现大数据分析已成为智能技术和精准植保技术有机结合的必然发展趋势。随着人工智能与信息技术、物联网等现代技术的融合，草地植物病害管理有望实现智能感知、智能预警、智能分析和智能决策。

（四）栽培牧草主要病害防治技术

栽培牧草病害防治，不能像对待农作物、果树、蔬菜那样可进行集约化管理，必须运用系统管理方法防治病害进而达到防病保产的目的。优先采取以生态保护和可持续发展为中心的生态调控策略，建立以预测预报技术为基础，充分应用抗性品种，结合良好农业栽培管理措施，辅助以药剂防治的多元化苜蓿病虫害综合防治体系，最大限度地保证牧草安全和保护天敌的生存环境，防止在产业化发展的始端由于不适当的化学防治造成抗药性、农药残留和害虫再猖獗的恶性后果，使这一生态建设科技支柱产业发展始终处于一个良性循环的平衡发展过程中。

建立苜蓿病虫害预测预报系统，做好预测预报工作是苜蓿病虫害综合防治的重中之重，也是病虫害防治技术研究的前提，对苜蓿病虫害长期有效的管理有着极其重要的作用。建立苜蓿病虫害早期监测体系，把握最佳防治时期，优化和制定防治策略，有的放矢地指导防治工作，将经济损失控制在最低限度。同时建立县、乡级苜蓿病虫害预测预报网点，加强病虫害发生和流行趋势的监测，及时得到准确的病虫害信息，服务于生产。

严把引进种子检疫这一关口，谨防危险性病虫害传入而导致更大的危害。加强对《种子检疫条例》等法规和苜蓿种子检疫工作重要性的宣传，增强人们对检疫工作的理解，并能够积极支持。加强源头管理，为了防止苜蓿病虫害随种子传入和蔓延，应加强种子生产、流通、管理、检疫等，推广种子播前处理和种子包衣技术，堵塞其传播渠道。同时注意品种的合理布局，避免同一品种在同一地区的大规模种植，是防止病虫害大范围蔓延和流行的有效措施。加强苜蓿产品的检验检疫和经营管理，是控制苜蓿病虫害的重要环节。开展苜蓿产品检疫是为了防止那些寄生或混杂在苜蓿种子、苜蓿草产品中的检疫对象，以及危险性的病、虫、杂草的人为传播蔓延，保障苜蓿产品质量，杜绝危险性病虫害入境，是保护本区苜蓿不受损害的有效手段。因此，苜蓿产品的生产、运输必须要经过当地植物检疫部门的检疫，严禁非检疫产品出入境。同时各市、县草原管理部门要严把苜蓿种子的生产、经营、贮藏、运输等环节，对苜蓿产品的质量加工环节、加工方法要进行科学指导、统一管理。

提前和及时刈割，可明显减轻病虫的发生危害，尤其对褐斑病效果较好，推迟刈割的苜蓿后期褐斑病等病害发生危害严重。通过刈割时间对苜蓿产草量影响的试验和大面积调查分析，5月底至6月上旬为宁南山区紫花苜蓿的最佳刈割期，2茬苜蓿的最佳刈割期在7月底至8月上旬。

应用抗性品种是综合防治栽培牧草病害的关键和基础。抗病品种可大大降低病原菌的侵染，有效避免农药的使用，并可防治病害危害引起的植物过早退化和生物量下降。因此，各县在引进苜蓿新品种的同时要考虑该品种抵抗病虫害的能力。要积极引进和培育能够抵抗褐斑病、霜霉病等病害的品种，通过品种合理布局，科学种植，同时要注重培育当地的抗性品种，广泛开展抗性品种的示范推广，增强当地苜蓿的病害抵抗能力。

合理增施磷、钾肥，补充微量元素，可使苜蓿根系发达，枝条粗壮，提高植株抗性，即使遭受病、虫危害，也易恢复生长能力，防止过早退化。

当以上措施的应用仍不能将病害水平压低到经济阈值之下时，必须根据防治指标使用药剂进行防治。要有针对性地使用高选择性的生物农药和高效、低毒、低残留的化学农药，禁止使用高毒有机磷农药，如氧化乐果、敌敌畏、对硫磷等；严格执行农药安全间隔期标准，最大限度地保证牧草安全，保护虫害天敌的生存环境。在药剂防治中，要注意提高施药技术和方法。另外，进行种子包衣或药剂处理，尤其是根瘤菌接种不仅能增加对病、虫害的抵抗能力，而且能提高栽培牧草产量和蛋白质含量，提高土壤肥力。

栽培牧草病害的防治必须坚持"预防为主、综合防治"的植保方针，本着"经济、安全、高效、节本、无公害"的原则，运用现代农业高新技术成果进行防治。采用低毒化学杀虫剂、生物农药、微生物制剂等，重视和推广常规农业综防措施；提倡调整播期，提前刈割、烧荒处理；同时要积极开展生物防治，保护和利用好天敌资源。在防治过程中要严格按照牧草病害防治的经济阈值指标防治，将病害造成的损失控制在经济阈值以下。

二、栽培牧草虫害监测与防治

（一）栽培牧草害虫发生种类与分布

1. 苜蓿草田害虫及天敌发生种类与分布

苜蓿草田被称为"昆虫资源库"，其因多年生、枝叶茂盛等生物学特性和生态学适应性形成的独特生态环境，不仅成为许多害虫和病原菌的广谱寄主，而且为大量的有益生物如天敌昆虫、传粉昆虫、螨类和蜘蛛等提供了一个稳定、适宜的生存环境，种类丰富的天敌资源为维持苜蓿草田生态平衡发挥着重要的作用。在美国，苜蓿草田调查发现有昆虫、螨类和其他节肢类生物近1000种，对苜蓿有严重经济影响的只有6、7种，而绝大多数种类对苜蓿是有益的或不产生经济影响。我国已记录报道的苜蓿害虫种类共有301种，隶属7目50科205属，其中鳞翅目15科87属121种，鞘翅目12科66属110种，半翅目10科29属35种，缨翅目、直翅目、双翅目和膜翅目四目害虫种类较少，苜蓿害虫的天敌共记录有 69 种，隶属 8 目 26 科 48 属，包括 59 种昆虫天敌和 10 种蜘蛛，其中鞘翅目的天敌种类最多，有 27 种，膜翅目和蜘蛛目分别有 13 种和 10 种，其余半翅目、脉翅目、双翅目、缨翅目等天敌不超过 20 种。宁夏农林科学院植物保护研究所自"十五"以来，长期从事草地昆虫方面研究工作，目前在宁夏苜蓿草田内发生的昆虫有 200 余种，其中，主要害虫有蚜虫、蓟马、蝽、象甲、草地螟、潜叶蝇、夜蛾等类群（表 7-3），主要天敌有瓢虫、草蛉、食蚜蝇、蚜茧蜂、蜘蛛等类群（表 7-4）。引起灾害性损失的害虫有蚜虫类、蓟马类、草地螟和叶象甲等。不同苜蓿种植区域具有不同的害虫和天敌种类，同类害虫和天敌在不同种植区域发生程度也不同。

表 7-3　宁夏苜蓿草田主要害虫种类和分布发生特点

种类	学名	分布	发生时期	危害程度
苜蓿斑蚜	*Therioaphis trifolii*	全区	4 月中旬～8 月上旬	+++
豌豆蚜	*Acyrthosiphon pisum*	全区	4 月中旬～9 月上旬	+++
苜蓿无网蚜	*Acyrthosiphon kondoi*	全区	4 月中旬～9 月上旬	++
豆蚜	*Aphis craccivora*	全区	5 月上旬～9 月上旬	++
牛角花翅蓟马	*Odontothrips loti*	全区	4 月中旬～9 月下旬	+++
苜蓿齿蓟马	*Odontothrips* spp.	全区	5 月上旬～9 月下旬	+++
普通蓟马	*Thrips vulgatissimus*	南部山区	5 月上旬～9 月上旬	++
大蓟马	*Thrips major*	全区	5 月上旬～9 月上旬	++
苜蓿盲蝽	*Adelphocoris lineolatus*	全区	4 月中旬～8 月上旬	+
牧草盲蝽	*Lygus pratensis*	全区	4 月中旬～8 月上旬	+++
草地螟	*Loxostege sticticalis*	全区	6 月上旬、7 月中旬、9 月上中旬	+
苜蓿夜蛾	*Heliothis dipsacea*	北部灌区	7 月上中旬	+
斑缘豆粉蝶	*Colias erate*	全区	8 月上中旬	+
苜蓿叶象甲	*Hypera postica*	全区	5 月中旬～9 月上旬	+++
甜菜象甲	*Bothynoderes punctiventris*	全区	5 月中下旬	+
潜叶蝇	*Phytomyza atricornis*	北部灌区	5 月上中旬	++
绿芫菁	*Lytta caragane*	全区	6 月下旬～7 月上旬	+
东方绢金龟	*Maladera orientalis*	全区	5 月上旬～6 月中旬	+
小地老虎	*Agrotis ispilon*	全区	5 月下旬～6 月上旬	+

注：+ 表示种群数量少，++ 表示种群数量中等，+++ 表示种群数量多。下同

表 7-4　宁夏苜蓿草田主要天敌种类和分布发生特点

种类	学名	发生地点	发生时期	天敌类别	种群数量
多异瓢虫	*Hippodamia variegate*	全区	5 月中旬～9 月上旬		+++
七星瓢虫	*Coccinella septempunctata*	全区	5 月中旬～9 月上旬		+++
龟纹瓢虫	*Propylaea japonica*	全区	6 月上旬～8 月上旬	捕食性天敌	+++
二星瓢虫	*Adalia bipunctata*	全区	6 月上旬～8 月上旬		+
中华草蛉	*Chrysoperla sinica*	全区	4 月～8 月		+++

续表

种类	学名	发生地点	发生时期	天敌类别	种群数量
叶色草蛉	*Chrysopa phyllochroma*	南部山区	5 月～8 月		+
淡色姬蝽	*Nabis palifer*	全区	5 月～8 月		+++
黑食蚜盲蝽	*Deraeocoris punctulatus*	全区	5 月～8 月		+++
大眼长蝽	*Geocoris* spp.	南部山区	5 月～8 月		+
小花蝽	*Orius similis*	全区	5 月～8 月		+++
黑带蚜蝇	*Episyrphus balteatus*	全区	4 月中旬～9 月上旬	捕食性天敌	+++
大灰优蚜蝇	*Eupeodes corollae*	全区	4 月中旬～9 月上旬		+++
细腹食蚜蝇	*Sphaerophoria philanthus*	全区	4 月中旬～9 月上旬		+++
中华狼蛛	*Lycosa sinensis*	北部灌区	3 月～10 月		+++
三突花蛛	*Misumenops tricuspidatus*	全区	4 月～9 月		++
蚜茧蜂	*Aphidius* spp.	全区	5 月～7 月		+++
粉蝶白绒茧蜂	*Apanteles bicolor*	北部灌区	6 月～8 月	寄生性天敌	+++
粉蝶黄绒茧蜂	*Apanteles planus*	北部灌区	6 月～8 月		+

2. 禾本科栽培牧草害虫发生种类与分布

宁夏地区种植的禾本科栽培牧草种类主要有饲用燕麦、饲用高粱、青贮玉米等。危害饲用燕麦的害虫以蚜虫为主，包括麦长管蚜、麦二叉蚜、禾谷缢管蚜和麦无网长管蚜 4 种。危害饲用高粱的害虫主要有玉米蚜、禾谷缢管蚜、玉米螟、棉铃虫和双斑萤叶甲等。以上虫害在宁夏北部灌区及南部山区均有分布。

（二）栽培牧草主要害虫发生规律

1. 苜蓿草田主要害虫发生规律

（1）蚜虫类

在宁夏，危害苜蓿的蚜虫种类有苜蓿斑蚜、豌豆蚜、苜蓿无网蚜和豆蚜 4 种，4 种蚜虫在全区均有发生，尤其是苜蓿斑蚜和豌豆蚜是危害最严重的 2 种蚜虫，其发生和危害呈逐年上升趋势，发生面积占苜蓿总种植面积的 90%，严重危害面积从 20%增加到 42%，造成的产量损失在 20%～30%。2005 年之前，苜蓿斑蚜主要在南部山区发生危害，豌豆蚜主要在北部灌区发生危害，随着苜蓿种植面积的扩大和连年种植，目前两种蚜虫在全区均危害严重。蚜虫喜食苜蓿的嫩茎、嫩梢、幼芽和花器，以刺吸口器吸取苜蓿汁液。被害苜蓿植株生长矮小，叶片卷缩，变黄脱落，甚至全株死亡。蚜虫分泌的蜜露常引起苜蓿叶片霉病，直接影响了苜蓿营养价值和加工价值。此外，蚜虫能传播苜蓿花叶病毒病，促使苜蓿黑茎病发生等，对苜蓿能造成很大危害。

蚜虫年发生 20 多代，通常以雌蚜或卵在土壤表面和苜蓿根茎部越冬，春季苜蓿返青时成蚜开始出现。随着气温升高，虫口数量增加很快，每头雌蚜可产生 50～100 个胎生若蚜，虫口数量同气温和降水量关系密切，4 月底气温高，则蚜量迅速上升，对第 1 茬苗期苜蓿造成严重危害，同时，5 月至 6 月降雨减少，但蚜量持续上升，对第 1 茬和第 2 茬苜蓿造成严重危害。

（2）蓟马类

蓟马是我国北方地区苜蓿生产过程中危害严重的害虫类群之一。在宁夏苜蓿草田蓟马的种类主要以牛角花齿蓟马为主，其次还有普通蓟马、大蓟马、花蓟马、烟蓟马和端大蓟马等。蓟马类个体小、发育历期短、世代重叠严重，常见于花丛、嫩梢及幼果上不易发现，取食寄主汁液，被害处呈斑点或斑纹，造成花瓣褪色，叶片皱缩，甚至整株枯萎；有些种类还可以传播植物病毒，常给植物带来严重的危害。

全生育期发生 20 多代，4 月下旬苜蓿返青后开始出现。灌区苜蓿的每一茬蓟马都能形成一个高峰期，第 2 茬相对虫口密度最高，百枝条虫量近 400 头，但 7 月中旬第 2 茬苜蓿及时刈割，使第 3 茬虫口大幅度降低。山区 6 月上中旬虫口突增，百枝条虫量达到 500～600 头，第 1 茬苜蓿受害严重，2 茬苜蓿蓟马虫口也较高。因此，蓟马的危害期可从 6 月上旬持续至 9 月下旬，6～8 月为蓟马活动高峰期。有趋嫩习性，主要取食叶芽和花。

（3）盲蝽类

在宁夏危害苜蓿的盲蝽主要有苜蓿盲蝽和牧草盲蝽，年发生 3～4 代，完成一个世代需 4～6 周，以卵在苜蓿地残茬中越冬。5 月上中旬为卵孵化盛期，5 月下旬初花期前成虫开始大量出现，花期虫口迅速上升，主要取食花芽、花、种子和嫩梢等，对植株危害极大。苜蓿整个生育期均可见盲蝽活动，北部灌区盲蝽种群数量较低，山区有两个发生高峰期，分别为 6 月上中旬和 7 月中旬至 8 月中旬，第 2 茬受害程度重于第 1 茬。盲蝽寄主较为广泛，苜蓿是盲蝽最为喜好的寄主植物，飞行能力较强，很容易从成熟的杂草、牧草或其他作物上迁移到苜蓿地。

（4）蛾类

在宁夏危害苜蓿的蛾类害虫主要有草地螟、黄草地螟、苜蓿夜蛾和甜菜夜蛾等，其中以草地螟危害较严重。草地螟属草原突发性、多食性迁飞害虫，在我国北方年发生 2～3 代，因地区不同而不同，在宁夏北部灌区苜蓿上发生三代，幼虫期分别是 5 月下旬至 6 月上旬、7 月上中旬和 9 月中旬，南部山区在阴湿区未见发生，干旱区发生两代，分别为 6 月上中旬和 9 月上中旬，北部灌区和南部山区在 9 月上中旬均易暴发；以老熟幼虫在滞育状态下土中结茧越冬，幼虫共 5 龄，有吐丝结网的习性，1 龄～3 龄幼虫多群栖网内取食，4 龄～5 龄分散危害，遇触动则作螺旋状后退或呈波浪状跳动，吐丝落地，成虫白天潜伏在草丛及作物田内，受惊动时可做近距离飞移，具有远距离迁飞的习性，随着气流能迁飞到 200～300km 以外的地方，在迁飞过程中完成性成熟。在宁夏苜蓿夜蛾年发生 2 代，以蛹在土中越冬，第 1 代成虫 6 月出现，第 2 代成虫 8 月出现。甜菜夜蛾在北方地区年发生 4～5 代，遇气温偏高年份，发生 6 代，以蛹在表土层越冬，5 月中下旬始见越冬代成虫，高温干旱有利于甜菜夜蛾暴发，第 3、4 代发生程度与 7、8 月份气温高低呈正相关，与降水量呈负相关。

2. 禾本科栽培牧草主要害虫发生规律

禾本科栽培牧草主要害虫以蚜虫为主。饲用燕麦上发生数量较多的蚜虫主要有麦长管蚜、麦二叉蚜、麦无网长管蚜和禾谷缢管蚜 4 种。5 月上旬田间初现蚜虫，此时主要是麦长管蚜，5 月中下旬至 6 月上旬燕麦抽穗前期，麦长管蚜主要危害叶部，6 月中下旬燕麦抽穗后至灌浆期，蚜虫数量逐渐增加达到高峰，7 月上中旬燕麦灌浆至乳熟期，蚜虫集中在穗部危害；麦二叉蚜与麦长管蚜的发生规律相似，但麦二叉蚜的蚜量显著低于麦长管蚜，且主要危害燕麦中下部茎叶，聚集成群，吸食汁液；麦无网长管蚜在燕麦抽穗期少有发生，主要危害旗叶或叶鞘处，随着气温的上升，逐渐转移到上部危害叶片，到燕麦灌浆期以后逐渐减少；禾谷缢管蚜喜阴凉，主要在燕麦下部茎秆部位刺吸取食，发生时间从拔节期持续到抽穗期，抽穗后数量开始下降至消失。一般在温室内为优势种。

（三）栽培牧草主要害虫调查方法与监测技术

1. 苜蓿草田主要害虫调查方法与监测技术

宁夏农林科学院植物保护研究所自"十五"以来，依据苜蓿主要害虫田间发生规律不同，建立了不同的田间系统调查方法，同时根据系统调查数据，结合日均温、降水量、湿度及天敌等气候和天敌因子，建立了苜蓿蚜虫、蓟马、苜蓿褐斑病和苜蓿白粉病 4 个主要病、虫害监测预报技术，并进行了推广应用。

（1）苜蓿草田主要害虫调查方法

采用随机五点取样法进行，每样点依据不同害虫生活习性和危害特点，一般采取不同的调查方法。

1）百枝条法。蚜虫和蓟马调查采用此方法。田间虫害发生期间，每样点调查 5 个样方，每个样方调查 20 株，共 100 株，调查时用 A4 白纸作托盘，将 20 株苜蓿植株放在纸上抖动，然后统计纸上的蚜虫和蓟马的数量，并计算百枝条虫口密度。虫量单位为：头/百枝条。

2）网扫法。叶蝉、草地螟及夜蛾等害虫调查采用此方法。每点用十复网捕虫量表示害虫发生程度，统计害虫成虫和幼虫（若虫）的数量。

3）百步惊蛾法。蛾类害虫调查采用此方法。在蛾类各代成虫发生期，每点正常步幅走百步，目测统计惊起的蛾量。

4）陷阱诱捕法。地表甲虫类害虫调查采用此方法。每点 5 个罐，每个罐距离≥5m，每点距离≥50m。用一次性塑料口杯（高 9cm，口径 7.5cm）作为诱集罐，罐内灌 40～60mL 乙二醇（乙二醇与水体积比为 1：2），埋灌一周后，收集罐内所有昆虫，进行统计。

5）黑光灯诱捕法。采用多功能自动虫情测报灯（20W 黑光灯）诱捕，设置在视野开阔的地方，虫情测报灯的灯管下端与地表面垂直距离为 1.5m，20W 黑光灯管每年更换一次。每日上午检查灯下成虫数量、性比。

基于以上研究工作，宁夏农林科学院植物保护研究所颁布实施地方标准《苜蓿主要害虫调查技术规范》（DB64/T1258—2016）。

（2）苜蓿病虫害监测预报技术

1）苜蓿主要病虫害预测预报模型。依据苜蓿主要病虫害田间发生规律的系统调查数据，结合日均温、降水量、湿度及天敌等气候和天敌因子，对南部山区苜蓿斑蚜、蓟马和苜蓿褐斑病、苜蓿白粉病四个主要病虫害，进行了相关因子及多元逐步回归分析，确定了影响苜蓿主要病虫害发生的关键因子，建立了苜蓿主要病虫害的预测模型。苜蓿斑蚜预测模型为 $Y = 2320.881 - 22.184X_1 - 46.477X_3 + 1.473X_4$；苜蓿蓟马预测模型为 $Y = 1189.364 + 10.134X_1 - 63.893X_2$；苜蓿褐斑病预测模型为 $Y = 2.02X_3 + 0.25X_4 - 124.793$，$Y = -0.000\,34X_1 - 1.353X_2 + 1.451X_3 + 0.412X_4 - 60.865$；苜蓿白粉病菌预测模型为 $Y = 144.995 - 0.152X_1 - 1.872X_3 + 4.611X_4$，$Y = 389.259 - 0.098X_1 - 8.980X_2 - 3.311X_3 + 6.930X_4$。所建模型经复相关和方差分析，显著性检验均为极显著，历史拟合率为 100%，表明所建预测模型的方法准确，具有精度高且简单，在生产中应用性强的优点。

2）基于 GIS 的苜蓿主要病虫害预测预报技术方法。通过与美国爱达荷大学合作，借鉴美国先进的牧草预测预报技术方法，逐步以固原市原州区和固原市四县一区为研究区域，土地总面积为 11 286.4km²，苜蓿种植面积为 22.3 万 hm²，通过 GPS 定位布设了代表固原市苜蓿种植区分布的 48 个样点，在 6～9 月针对苜蓿斑蚜、蓟马、天敌瓢虫及苜蓿褐斑病进行了多次数据采集，建立了其属性数据库；通过与中国科学院地理科学与资源研究所合作，获取大量基础数据和资料，建立了原州区和固原市行政区划（乡村级）、土地利用、气候、地貌、数字高程等空间地理数据库；应用 ArcGIS 对以上三种病虫害及天敌瓢虫空间结构进行了系统的统计学分析，建立了苜蓿斑蚜基于指数模型（exponential）的 Ordinary Kriging 普通空间插值方法，蓟马基于球型模型（spherical）的 Ordinary Kriging 普通空间插值方法，苜蓿褐斑病基于球型模型（spherical）的 Disjunctive Kriging 离散空间插值方法，天敌瓢虫基于指数模型（exponential）的 Disjunctive Kriging 离散空间插值方法，分别进行了不同时期大尺度苜蓿斑蚜、蓟马、苜蓿褐斑病及天敌瓢虫空间分布模拟，经交叉验证样点分布合理，模拟结果精确。研究结果证明统计学和 GIS 能够为反映病虫害空间动态变化和扩散趋势提供强有力的工具，此研究结果为牧草病虫害区域化预测预报技术应用提供了技术方法。

3）基于 GIS 的苜蓿害虫种群发生适宜生境评估。依托项目组建立的基于 ArcGIS 支持下的原州区及固原市行政区划（乡村级）、土地利用、气候、地貌、数字高程等空间地理数据库，并将不同时期种植区苜蓿害虫种群分布插值图与生态气候图、数字高程图叠加处理，建立了苜蓿害虫密度与生境的相关数据，研究证实了苜蓿害虫的发生分布和发生程度与不同的气候、地貌及海拔相关。分析得出苜蓿斑蚜在原州区的适宜生境为海拔 1440～2000m 的半干旱川道区和半干旱丘陵区，最易暴发成灾的区域为海拔 1600～1800m 的半干旱川道区；在固原市的适宜生境是海拔 1501～2100m 的半干旱和干旱川道区，最易暴发成灾的区域为海拔 1700～2100m 的半干旱丘陵区。而苜蓿蓟马广泛分布在固原市的各个海拔区间，最适宜生境为海拔 1501～2300m 的半干旱丘陵区和半干旱川道区，比同期发生的苜蓿斑蚜适应海拔范围更广。

4）基于 GIS 的苜蓿病虫害区域化预测预报技术应用。依托建立的苜蓿病虫害区域化预测预报技术方法和苜蓿害虫种群发生适宜生境评估结果，自治区草原工作站启动了宁夏南部山区牧草病虫害预测预报体系，并将预测区域从固原市五县区扩展到中卫市海原县，预测区域总面积达到 18 265.6km^2，苜蓿种植面积 459 万亩，基本涵盖了南部山区各苜蓿主要种植区域，样点增加到 71 个。在 ArcGIS 的支持下构建了该预测区域空间地理数据库和病虫害属性数据库。宁夏南部山区各县草原工作站病虫害测报点分别于 6 月 12～13 日和 8 月 9～12 日及时准确地采集了 71 个样点的苜蓿斑蚜、蓟马及苜蓿褐斑病的数据，应用建立的基于 GIS 的苜蓿病虫害区域化预测预报技术对苜蓿病虫害的发生进行了空间格局分析和分布模拟，并结合改进完善的苜蓿病虫害预测模型，准确预测了南部山区苜蓿斑蚜和苜蓿褐斑病的发生程度及分布范围、重发区域位于何地，定量分析了病虫害不同发生程度的面积和比例。各县测报点对预测结果进行了田间取样实际验证，预警准确率达到 96.6%。预测结果为有关部门进行苜蓿病虫害宏观防治决策和及时有效防治提供了重要依据。

基于以上研究工作，宁夏农林科学院植物保护研究所颁布实施地方标准《苜蓿蓟马监测预报技术规程》（DB64/T946—2014）、《苜蓿褐斑病监测预报技术规程》（DB64/T947—2014）、《苜蓿蚜虫监测预报技术规程》（DB64/T951—2014）。

2. 禾本科栽培牧草主要害虫调查方法与监测技术

（1）调查方法

主要调查蚜虫，在田间设置小区，每小区采用随机 5 点取样法进行调查，每点选取 10 株，从田间初见蚜虫开始，每 7～10 天调查 1 次，每小区调查 50 株，记录每株植株上叶部、穗部和茎干上全部蚜虫的种类及数量。

（2）监测技术

建立禾本科栽培牧草蚜虫的预测预报体系是开展禾本科栽培牧草蚜虫有效防治的重要前提。蚜虫的预测预报主要包括发生期预测、发生量预测及现代监测技术应用。发生期预测是根据蚜虫防治对策的需要，预测某个关键虫期出现的时期，以确定防治的有利时期。在蚜虫发生期预测中，当季蚜虫累计发生量达到总发生量的 16%、50%、84% 的时间分别为始盛期、高峰期和盛末期。发生量预测就是预测害虫的发生程度或发生数量，用以确定是否有防治的必要。现代监测技术主要有地理信息系统、遥感技术和多媒体信息技术等。基于物联网及大数据的现代农业监测技术，实现了现代化的农事操作技术与管理，促进了农业的高质量发展。

（四）栽培牧草主要害虫防治

1. 苜蓿草田主要害虫防治

宁夏农林科学院植物保护研究所自"十五"以来，在重点对苜蓿主要害虫防治适期、防治指标、天敌效能和自然控制作用、刈割栽培防治技术、田间防治药剂筛选、苜蓿品种抗性评价、不同抗性品种混播及景观格局变化对苜蓿草地昆虫群落的影响等关键防治技术进行系统研究的基础上，建立了以预测预报技术为基础，根据防治指标，确定防治适期，采用适时刈割栽培防治技术，充分利用天敌的自然控制作用、品种混播和景观格局变化，辅助于药剂防治的苜蓿病虫害综合防治技术体系。

（1）苜蓿主要害虫防治适期和相应的防治策略

根据苜蓿主要害虫发生动态和流行规律，研究提出了山区和灌区苜蓿主要害虫防治适期和相应的防治策略。其中南部山区 6 月上旬及时刈割是防治第 1 茬苜蓿蚜虫、蓟马、草地螟和盲蝽的最适时期；7 月下旬及时刈割可有效防治蓟马、盲蝽对第 2 茬苜蓿的危害。北部灌区 4 月下旬和 6 月中下旬蚜虫对 1 茬和 2 茬苜蓿的危害、草地螟的暴发及蓟马全年危害都应加强早期监测，根据防治指标适时防治。

（2）苜蓿主要害虫防治指标

通过人工接虫，采取室内盆栽试验的方法，经过各种因素综合分析，确定了水地和旱地苜蓿斑蚜、蓟马、草地螟和黄草地螟四大害虫的经济允许损失水产（EIL），分别制定了水旱地苜蓿斑蚜、蓟马、草地螟和黄草地螟四大害虫的防治指标，即旱地苜蓿斑蚜的 EIL 分别为 6.00%、9.63% 时，防治指标分别为 1600 头/百枝条、2100 头/百枝条（第 2 茬）。水地苜蓿蓟马刈割 2、3 茬的 EIL 分别为 5.48% 和 9.73% 时，防治指标分别为 390 头/百枝条、580 头/百枝条；旱地苜蓿蓟马 EIL 为 9.38% 时，防治指标为 560 头/百枝条。旱地苜蓿草地螟刈割 2、3 茬的 EIL 分别为 8.90%、13.35% 时，防治指标分别为 10 头/百枝条和 14 头/百枝条；水地苜蓿草地螟 EIL 为 6.16% 时，防治指标为 7 头/百枝条。旱地苜蓿黄草地螟刈割 2、3 茬的 EIL 分别为 8.90% 和 13.35% 时，防治指标分别是 45 头/百枝条和 60 头/百枝条；水地苜蓿黄草地螟的 EIL 为 6.16% 时，防治指标是 36 头/百枝条。该防治指标的制定填补了国内苜蓿害虫研究的空白，对今后提高苜蓿害虫的综合防治水平和防治效益，减少盲目用药和保护天敌有着极其重要的意义。

（3）苜蓿害虫主要天敌效能研究

通过研究七星瓢虫、小十三星瓢虫及小姬猎蝽、黑食蚜盲蝽对苜蓿斑蚜的捕食功能反应、生境大小、温度对捕食功能的影响及天敌不同密度的干扰反应系列试验，确定了苜蓿斑蚜的优势天敌为七星瓢虫和小十三星瓢虫,其捕食功能模型分别为 $Na = 1.024N/(1 + 0.0033N)$、$Na = 0.967N/(1 + 0.0095N)$;最大捕食量 Na_{max} 分别为 313、102。同时证明天敌的捕食效能不仅与害虫虫口密度有关系,而且与温度条件、害虫分布及天敌不同密度有着密切的关系,并获得天敌捕食效能与温度的相关回归式,测得 25℃是七星瓢虫和小十三星瓢虫捕食的最适温度,捕食率达 95%;建立了七星瓢虫和小十三星瓢虫密度的干扰及反应数学模式。试验也表明,随着苜蓿叶片数的增多,天敌捕食率逐渐下降。通过以上的系统研究,明确了天敌瓢虫对苜蓿斑蚜的自然控制作用,只要在一定温度下,确定一定单位内斑蚜和瓢虫的虫口数量,就可以推算出 24h 内七星瓢虫和小十三星瓢虫对斑蚜的实际捕食量和捕食效能,应用性非常强,对在生产中利用天敌的自然控制作用具有重要的意义。

(4)刈割技术对苜蓿病虫害的防治作用研究

通过不同刈割期对苜蓿病虫害的防治作用及对苜蓿生长性状的影响试验研究,说明提前或及时刈割不仅可有效压低害虫虫口数量和降低田间菌原量,避开和阻止了病虫害高峰期的出现,对苜蓿蚜虫、蓟马和褐斑病具有明显的防治作用,而且有利于第 2 茬天敌瓢虫、捕食性螨种群数量的增加。同时提前和及时刈割有利于提高苜蓿植株的再生能力和再生速度的提高,对牧草产量没有影响。

(5)苜蓿主要病、虫害田间药剂筛选试验

通过田间试验,筛选出防治苜蓿害虫(蚜虫、蓟马、草地螟)和苜蓿褐斑病、叶斑病的高效、低毒化学农药和生物农药。经过不同农药防治效果的田间比较试验,筛选出了防治苜蓿蚜虫的化学药剂为 10%吡虫啉、3%苯氧威 BNO 和生物农药苯丙三氮唑 BtA,药后 10d 防治效果分别为 93.1%、86.9%、86.3%和 84.5%;防治蓟马的化学药剂为 4.5%高效氯氰菊酯、15%阿·毒和纯生物农药中农 1 号,药后 10d 防治效果分别为 92.3%、91.0%、85.4%。生物农药苦参素 3 号和 4 号防治速效性高,但持效性相对较差;防治草地螟的化学农药为 15%阿·毒、4.5%高效氯氰菊酯、中农 1 号、0.3%苦参素 4 号及 3 号,药后 15d 防治效果均达 100%,持效期长,效果显著;防治苜蓿褐斑病的农药为 50%多菌灵、70%代森锰锌和 20%三苯基酸锡,在发病盛期喷药一次,防治效果分别为 36.2%、32.9%和 30.5%,发病初期 3 种农药交替使用,防治 1~2 次,可获得理想的控制效果;防治苜蓿叶斑病的农药有 40%杜邦星、75%百菌清,防治效果分别为 54.62%和 47.83%。

(6)苜蓿品种抗虫性评价及机制研究

通过田间和室内双重评价,建立了苜蓿品种田间和室内抗蚜鉴定方法和评价标准,分别为蚜量比值法和模糊识别法。对我区主栽的'皇冠''WL343HQ''三得利''德宝''柏拉图''先行者''惊喜''中苜 3 号''甘农 4 号''皇后''MF4020''SR4030''甘农 5 号''甘农 6 号''甘农 9 号''WL354HQ''WL168HQ''WL298HQ''盐宝''DS310FY''BR4010''巨能 2''巨能 7''巨能牧歌 37CR''巨能耐盐之星''阿迪娜' 26 个苜蓿品种(品系)的抗蚜性进行了评价鉴定。结果表明,'盐宝'为高抗品种,'皇冠''三得利''皇后''SR4030''MF4020''甘农 9 号''巨能 2''甘农 5 号''甘农 6 号'和'WL298HQ' 10 个品种为抗蚜品种,'DS310FY''巨能耐盐之星''WL168HQ''BR4010''WL354HQ'和'先行者' 6 个品种为中抗品种,'阿迪娜''巨能 7'和'巨能牧歌 37CR' 3 个品种为低抗品种,'柏拉图''中苜 3 号''甘农 4 号' 3 个品种为感蚜品种,'惊喜''WL343HQ'和'德宝' 3 个品种为高感品种。此外,从形态特征、生理生化及电生理等方面开展了苜蓿品种抗蚜机制研究。结果表明,叶片茸毛密度越大,蜡质含量越高的苜蓿抗蚜性越强;蚜虫危害后不同苜蓿品种叶片内可溶性糖含量越低，苜蓿抗蚜能力越强，可溶性蛋白质含量与苜蓿抗蚜性无关，叶片内 PPO、POD、SOD 酶活性与苜蓿品种抗蚜性有关，而 PAL、CAT 酶活性与苜蓿品种抗蚜性无关，叶片内单宁含量较同期未接虫的含量高，抗虫品种极显著高于低抗品种；蚜虫在刺吸取食不同抗蚜苜蓿品种的过程中均产生 8 种波形，分别为非刺探波（np 波）、路径波（A、B、C 波）、pd 波、韧皮部分泌唾液波（E1 波）、韧皮部被动吸食（E2 波）及木质部主动吸食波（G 波），这 8 种波形在不同抗蚜苜蓿品种上持续的时间分别不同，在不同抗蚜苜蓿品种上刺吸取食过程中产生 E1 波持续时间差异显著（$P<0.05$），抗性越强的苜蓿品种，E1 波持续时间越长。

（7）景观格局变化对苜蓿草地昆虫群落的影响

利用苜蓿草地实验模型系统（EMS）构建了 36 个小区探讨了生境丧失与破碎化对昆虫群落的影响。结果表明，同等生境丧失程度下的破碎化小区物种数高于连续生境，80% 与 90% 生境丧失的小区的个体数显著低于对照，而且破碎化小区个体数低于连续小区，昆虫多样性在不同处理的小区差异不显著；昆虫群落在 80% 与 90% 生境丧失的破碎化小区难以恢复，物种数、个体数与多样性指数都显著低于对照；苜蓿草地生境丧失与破碎化后捕食性天敌难以恢复，植食性昆虫种群较容易恢复。这些研究对危害虫生态调控及退化草地的管理具有较大的意义。

目前，正在起草行业标准《苜蓿品种抗性鉴定 抗蚜性》。

2. 禾本科栽培牧草主要害虫防治

禾本科栽培牧草主要害虫的防治应坚持"预防为主、综合防治"八字植保方针。建立禾本科栽培牧草主要害虫监测预报体系，进行早期监测预报，准确把握最佳防治时期；加强种子检验检疫，确保种子质量安全；积极选育和利用抗病虫品种是防治病虫害最经济、安全、有效的措施之一，有利于保护天敌和环境，遵循了有害生物综合治理的原则，符合农业可持续发展的要求。合理的耕作制度与作物布局、合适的播种期与收获期、合理的施肥与灌溉、合理的密植等措施也是病虫害防治的基本保障；采用高效低毒的化学药剂、生物药剂等辅助进行适当的药剂防治，最大程度保证禾本科牧草的质量安全，减少对人畜及环境的影响。通过禾本科牧草与其他作物间作、邻作、混作的方式也可实现植被种类的多样化，可以有效进行病虫害防治。另外，利用生态调控将植物-有害生物-天敌及周围环境作为一个整体，对生态系统及其植物-有害生物-天敌食物链的功能进行合理的调节与控制，以达到有害生物治理的真正目的，即农业的可持续发展。

三、苜蓿地田间杂草防除

（一）苜蓿地田间杂草种类及分布

苜蓿苗期生长缓慢，与杂草相比竞争能力较弱，因此，很容易受到杂草的侵扰危害，轻者降低饲草产量和质量，重者导致建植失败而毁种。苜蓿田的杂草种类很多，不同地区杂草优势种群存在差异。苜蓿大面积建植时，极易受到杂草危害。杂草已经成为制约苜蓿产业化的瓶颈之一。通过对宁夏全区苜蓿田杂草种类的调查，发现我区苜蓿田杂草种类共有 14 科 43 种（表 7-5），优势科为藜科、菊科、苋科和禾本科，以双子叶杂草为主，优势种为灰绿藜、反枝苋、狗尾草及马齿苋。

表 7-5　苜蓿田杂草形态特征及分布

杂草种类	别名	拉丁文名	形态特征	分布区域
狗尾草	毛毛狗、狗尾巴草	*Setaria viridis* (L.) Beauv.	一年生草本，根为须状，高大植株具支持根。秆直立或基部膝曲。叶鞘松弛，边缘具较长的密绵毛状纤毛；叶舌极短，缘有长 1～2mm 的纤毛；叶片扁平，长三角状狭披针形，先端长渐尖，基部钝圆形	全区
稗	稗子、稗草	*Echinochloa crusgalli*	禾本科稗属一年生草本。植株高 50～150cm；须根庞大；茎丛生，光滑无毛；叶片主脉明显，叶鞘光滑柔软，无叶舌及叶耳；圆锥花序；小穗密集于穗轴一侧；颖果椭圆形、骨质、有光泽	全区
马唐	羊麻、羊粟、马饭、抓根草、鸡爪草、指草、蟋蟀草、抓地龙	*Digitaria sanguinalis* (L.) Scop.	禾本科马唐属一年生草本，高可达 80cm，叶鞘短于节间，叶片线状披针形，叶被长毛基部圆形，边缘较厚，微粗糙；茎直立或斜生，下部茎节著地生根，蔓延成片，难以拔出；总状花序；小穗椭圆状披针形，短三角形，无脉	引黄灌区
猫尾草	梯牧草、兔尾草、土狗尾、牛春花、猫尾射	*Uraria crinita* (L.) Desv. ex DC.	多年生疏丛型草本，高者达 150cm，须根发达。茎直立，节间短，下部节多斜生；叶片扁平细长，光滑无毛；圆锥花序；小穗紧密，每个小穗仅有一花；种子细小，近圆形，易与颖分离	全区
牛筋草	蟋蟀草	*Eleusine indica* (L.) Gaertn.	一年生草本。根系极发达；秆丛生，基部倾斜，叶鞘两侧压扁而具脊，松弛；叶片平展，线形；穗状花序；颖披针形，具脊，脊粗糙；囊果卵形，基部下凹，具明显的波状皱纹	全区
看麦娘	山高粱	*Alopecurus aequalis* Sobol.	一年生禾本科看麦娘属。秆少数丛生，细瘦，光滑，节处常膝曲，叶鞘光滑，短于节间；叶舌膜质，叶片扁平；圆锥花序圆柱状，灰绿色，颖膜质，基部互相连合；脊上有细纤毛，侧脉下部有短毛，花药橙黄色	六盘山、泾源、原州区、隆德
野生早熟禾	无	*Poa* Linn.	多年生草本植物，有些具匍匐根状茎，少数为一年生。叶鞘开放，或下部闭合；叶舌膜质，叶片扁平，对折或内卷；圆锥花序开展或紧缩；内稃等长或稍短于其外稃，两脊微粗糙，稀具丝状纤毛	全区
野燕麦	乌麦、燕麦草	*Avena fatua* L.	一年生燕麦属禾本科植物。须根较坚韧，秆直立，光滑无毛；叶鞘松弛，光滑或基部被微毛；叶舌透明膜质，叶片扁平，微粗糙；圆锥花序开展，金字塔形，分枝具棱角，粗糙；其柄弯曲下垂，顶端膨胀；颖果被淡棕色柔毛，腹面具纵沟	全区
雀麦	蔄、爵麦、杜姥草、牡姓草、牛星草、野麦、雀野大麦、山大麦、瞌睡草、山稷子	*Bromus japonicus* Thunb. ex Murr.	禾本科雀麦属一年生草本，秆直立，叶鞘闭合，被柔毛；叶舌先端近圆形，两面生柔毛；圆锥花序疏展，向下弯垂；分枝细，小穗黄绿色，颖近等长，脊粗糙，边缘膜质，外稃椭圆形，顶端钝三角形，芒自先端下部伸出，基部稍扁平；两脊疏生细纤毛；小穗轴短棒状	六盘山
画眉草	榧子草、星星草、蚊子草	*Eragrostis pilosa* (L.) Beauv.	一年生草本，高 20～60cm。叶鞘稍压扁，鞘口常具长柔毛；叶舌退化为 1 圈纤毛；叶片线形，背面光滑，表面粗糙；圆锥花序较开展，分枝腋间具长柔毛；小穗成熟后暗绿色或带紫黑色；颖披针形，颖果长圆形	全区
冰草	野麦子、扁穗冰草、羽状小麦草	*Agropyron cristatum* (Linn.) Gaertn.	多年生冰草属禾本科，旱生，秆成疏丛，上部紧接花序部分，质较硬而粗糙，常内卷，上面叶脉强烈隆起成纵沟，脉上密被微小短硬毛；穗状花序较粗壮，矩圆形或两端微窄；小穗紧密平行排列成两行，整齐呈篦齿状；颖舟形，脊上连同背部脉均被长柔毛，其略短于颖体的芒；外稃被有稠密的长柔毛或显著被稀疏柔毛，内稃脊上具短小刺毛	贺兰山、南华山、同心、盐池、中卫等
赖草	厚穗赖草、老披碱	*Leymus secalinus* (Georgi) Tzvel.	多年生草本，具下伸的根状茎；秆直立，较粗硬，单生或呈疏丛状，生殖枝高 45～100cm，营养枝高 20～35cm，茎部叶鞘残留呈纤维状；叶片深绿色；穗状花序直立；小穗轴被短柔毛，颖锥形，正覆盖小穗；外稃披针形，被短柔毛	全区
芦苇	苇、芦、芦芛、蒹葭	*Phragmites australis*	多年生，根状茎十分发达，秆直立，高 1～3m，直径 1～4cm，具 20 多节，基部和上部的间节较短，最长节间位于下部第 4～6 节，节下被蜡粉；叶鞘下部者短于其上部者，长于其节间；叶舌边缘密生短纤毛，两侧缘毛易脱落；叶片披针状线形，顶端长渐尖成丝形；圆锥花序大型，分枝多数，着生稠密下垂的小穗	全区

续表

杂草种类	别名	拉丁文名	形态特征	分布区域
碎米莎草	三方草	*Cyperus iria*	一年生草本，无根状茎，具须根；秆丛生，扁三棱形，基部具少数叶，叶短于秆；叶状苞片 3～5 枚，下面的 2～3 枚常较花序长；长侧枝聚缯花序复出，具 4～9 个辐射枝，每个辐射枝具 5～10 个穗状花序；小穗排列松散，斜展开	全区
藜	灰菜	*Chenopodium album* L.	一年生草本，高 30～150cm。茎直立，粗壮，多分枝；枝条斜升或开展。叶片菱状卵形至宽披针形，先端急尖或微钝，基部楔形至宽楔形，上面通常无粉，有时嫩叶的上面有紫红色粉，边缘具不整齐锯齿；叶柄与叶片近等长，或为叶片长度的 1/2	全区
灰绿藜	盐灰菜	*Chenopodium glaucum* L.	一年生草本，高 10～45cm。茎通常由基部分枝，平铺或斜升；有暗绿色或紫红色条纹，叶互生有短柄，叶片厚，带肉质，顶端急尖或钝，边缘有波状齿，基部渐狭，表面绿色，背面灰白色密被粉粒，中脉明显；叶柄短	全区
小藜	小叶藜	*Chenopodium serotinum* L.	一年生草本，高 20～50cm，茎直立，具条棱及绿色条条。叶片卵状矩圆形，通常三浅裂；中裂片两边近平行，先端钝或急尖并具短尖头，边缘具深波状锯齿；侧裂片位于中部以下，通常各具 2 浅裂齿；花两性，排列于上部的枝上形成较开展的顶生圆锥状花序；花被近球形，裂片宽卵形，不开展，背面具微纵隆脊并有密粉；雄蕊 5，开花时外伸；柱头 2，丝形	全区
马齿苋	马齿菜、五方草	*Portulaca oleracea* L.	一年生草本，全株无毛，茎平卧，伏地铺散，枝淡绿色或带暗红色；叶互生，叶片扁平，肥厚，似马齿状，上面暗绿色，下面淡绿色或带暗红色；叶柄粗短；花无梗，午时盛开；苞片叶状；萼片绿色，盔形；花瓣黄色，倒卵形；雄蕊花药黄色；子房无毛	全区
反枝苋	野苋菜、苋菜、西风谷	*Amaranthus retroflexus* L.	一年生草本，高 20～80cm，有时达 1m 多；茎直立，粗壮，单一或分枝，淡绿色，有时带紫色条纹，稍具钝棱，密生短柔毛；叶片顶端锐尖或尖凹，有小凸尖，基部楔形，全缘或波状缘，两面及边缘有柔毛，下面毛较密；叶柄有柔毛；圆锥花序顶生及腋生，直立，由多数穗状花序形成，顶生花穗较侧生者长	全区
凹头苋	野苋	*Amaranthus lividus* L.	苋科、苋属一年生草本，高 10～30cm，全体无毛；茎伏卧而上升，从基部分枝，淡绿色或紫红色；叶片卵形或菱状卵形；花成腋生花簇，直至下部叶的腋部，生在茎端和枝端者成直立穗状花序或圆锥花序；苞片及小苞片矩圆形，果熟时脱落	引黄灌区
刺苋	笏苋菜、勒苋菜	*Amaranthus spinosus*	苋科、苋属一年生草本，高 30～100cm，茎直立，圆柱形或钝棱形，多分枝，有纵条纹，绿色或带紫色，无毛或稍有柔毛；叶片菱状卵形或卵状披针形，顶端圆钝，具微凸头，基部楔形，全缘，无毛或幼时沿叶脉稍有柔毛	全区
刺儿菜	小蓟草	*Cirsium setosum* （Willd.）MB.	多年生草本，地下部分常大于地上部分，有长根茎；茎直立，幼茎被白色蛛丝状毛，有棱，上部有分枝；花序分枝无毛或有薄绒毛；叶互生，基生叶花时凋落，下部和中部叶椭圆形或椭圆状披针形，表面绿色，背面淡绿色，两面有疏密不等的白色蛛丝状毛，顶端急尖或钝，基部窄狭或钝圆，近全缘或有疏锯齿，无叶柄	全区
山苦荬	苦菜、节托莲、小苦麦菜、苦叶苗、败酱、苦麻菜、黄鼠草、小苦苣	*Ixeris chinensis*	多年生草本，高 10～30cm，全体无毛，茎少数或多数簇生，直立或斜生；基生叶莲座状，条状披针形、倒披针形或条形，先端尖或钝，基部渐狭成柄，全缘灰绿色；头状花序顶生，花冠黄色	全区
苣荬菜	荬菜、野苦菜、野苦荬、苦葛麻、苦荬菜、取麻菜、苣荬、曲麻菜	*Sonchus arvensis* L.	桔梗目菊科植物，多年生草本，全株有乳汁。茎直立，高 30～80cm。地下根状茎匍匐，多数须根著生	全区

杂草种类	别名	拉丁文名	形态特征	分布区域
苦苣菜	苦菜、苦荬菜	*Sonchus oleraceus* L.	菊科一年生或二年生草本，根圆锥状，垂直直伸，有多数纤维状的须根；茎直立，单生；基生叶羽状深裂，全形长椭圆形或倒披针形；头状花序少数在茎枝顶端排紧密的伞房花序、总状花序或单生茎枝顶端；全部总苞片顶端长急尖，外面无毛或外层或中内层上部沿中脉有少数头状具柄的腺毛；舌状小花多数，黄色	全区
苍耳	卷耳、葹、苓耳、地葵、枲耳、菜耳、白胡荽、常枲、爵耳	*Xanthium sibiricum* Patrin ex Widder	一年生草本，高可达 1m，全株有毒，以果实，特别是种子毒性较大	全区
黄花蒿	草蒿、青蒿、臭蒿、犾蒿、黄蒿	*Artemisia annua* Linn.	一年生草本，植株有浓烈的香气，根单生，垂直，狭纺锤形；茎单生，基部直径可达 1cm，有纵棱，幼时绿色，后变褐色或红褐色，多分枝；茎、枝、叶两面及总苞片背面无毛或初时背面微有极稀疏短柔毛，后脱落无毛	全区
猪毛蒿	滨蒿	*Artemisia scoparia* Waldst. et Kit.	多年生草本或近一、二年生草本，植株有浓烈的香气；主根单一，狭纺锤形、垂直，半木质或木质化；根状茎粗短，直立，半木质或木质，常有细的营养枝，枝上密生叶；茎通常单生，红褐色或褐色，有纵纹；常自下部开始分枝，下部分枝开展，上部枝多斜上展；茎、枝幼被带灰白色或灰黄色绢质柔毛，以后脱落	全区
茵陈蒿	因尘	*Artemisia capillaris*	半灌木状草本，植株有浓烈的香气；主根明显木质，垂直或斜向下伸长；根茎直立，稀少斜上展或横卧，常有细的营养枝；茎单生或少数，红褐色或褐色，有不明显的纵棱，基部木质，上部分枝多，向上斜伸展；茎、枝初时密生灰白色或灰黄色绢质柔毛，后渐稀疏或脱落无毛	全区
车前	车前草、车轮草	*Plantago asiatica* L.	二年生或多年生草本，须根多数；根茎短，稍粗；叶基生呈莲座状，平卧、斜展或直立；叶片薄纸质或纸质，宽卵形至宽椭圆形；花序梗有纵条纹，疏生白色短柔毛；穗状花序细圆柱状；苞片狭卵状三角形或三角状披针形；花具短梗；萼片先端钝圆或钝尖，龙骨突不延至顶端，前对萼片椭圆形	全区
铁苋菜	蚌壳草	*Acalypha australis* L.	大戟科、铁苋菜属一年生草本，高 20～50cm。小枝细长，被贴毛柔毛，毛逐渐稀疏；叶膜质，长卵形、近菱状卵形或阔披针形，雌雄花同序，花序腋生，稀顶生	引黄灌区
地锦	地绵草	*Euphorbia humifusa* Wild.	一年生草本，根细小，茎细，呈叉状分枝，表面带紫红色；质脆，易折断，断面黄白色，中空；单叶对生，具淡红色短柄或几无柄；叶片多皱缩或已脱落，展平后呈长椭圆形；绿色或带紫红色，通常无毛或疏生细柔毛；先端钝圆，基部偏斜，边缘具小锯齿或呈微波状；杯状聚伞花序腋生，细小；蒴果三棱状球形，表面光滑；种子细小，卵形，褐色	全区
酸模叶蓼	大马蓼、旱苗蓼、斑蓼、柳叶蓼	*Polygonum lapathifolium* L.	叶互生有柄；叶片披针形至宽披针形，叶上无毛，全缘，边缘具粗硬毛，叶面上常具新月形黑褐色斑块；托叶鞘筒形；花序穗状，顶生或腋生，数个排列成圆锥状；花被浅红色或白色，4 深裂；瘦果卵圆形，黑褐色	引黄灌区
萹蓄	扁竹	*Polygonum aviculare* L.	一年生草本，茎平卧、上升或直立，自基部多分枝，具纵棱；叶椭圆形、狭椭圆形或披针形，顶端钝圆或急尖，基部楔形，边缘全缘，两面无毛，下面侧脉明显；叶柄短或近无柄，基部具关节；托叶鞘膜质，下部褐色，上部白色，撕裂脉明显	全区
播娘蒿	大蒜芥、米米蒿、麦蒿	*Descurainia sophia* (L.) Webb. ex Prantl	一年生草本，高 20～80cm，有毛或无毛，毛为叉状毛，以下部茎生叶为多，向上渐少；茎直立，分枝多，常于下部呈淡紫色；叶为 3 回羽状深裂，末端裂片条形或长圆形，下部叶具柄，上部叶无柄	全区
荠	荠菜、菱角菜	*Capsella bursa-pastoris* (Linn.) Medic.	十字花科荠属一年生或二年生草本植物，高可达 50cm，茎直立，基生叶丛生呈莲座状，茎生叶窄披针形或披针形；总状花序顶生及腋生，萼片长圆形，花瓣白色	海原、固原

续表

杂草种类	别名	拉丁文名	形态特征	分布区域
独行菜	家独行菜、腺茎独行菜	*Lepidium sativum* L.	一年或二年生草本，基生叶莲座状，平铺地面，羽状浅裂或深裂；叶片狭匙形，茎生叶狭披针形至条形，有疏齿或全缘；总状花序顶生；花小，不明显；花梗丝状，被棒状毛；萼片舟状，椭圆形，具膜质边缘；花瓣极小，匙形，白色，有时退化成丝状或无花瓣；种子近椭圆形，棕色，具密而细的纵条纹	全区
猪殃殃	拉拉藤、爬拉殃、八仙草	*Galium aparine* L. var. *tenerum* （Gren.et Godr.） Rebb.	多枝、蔓生或攀缘状草本，通常高 30～90cm；茎有 4 棱角；棱上、叶缘、叶脉上均有倒生的小刺毛；叶纸质或近膜质，带状倒披针形或长圆状倒披针形，顶端有针状凸花尖头，基部渐狭，两面常有紧贴的刺状毛，常萎软状，干时常卷缩，近无柄；聚伞花序；花萼被钩毛，萼檐近截平；花冠辐状，裂片长圆形，镊合状排列；子房被毛，花柱 2 裂至中部，柱头头状	六盘山、南华山和隆德等
龙葵	野辣虎、野海椒	*Solanum nigrum* L.	一年生草本植物，全草高 30～120cm；茎直立，多分枝；卵形或心形叶子互生，近全缘；夏季开白色小花，聚伞花序；球形浆果，成熟后为黑紫色	全区
蚓果芥		*Torularia humilis* （C.A.Meyer）O.E. Schulz.	多年生草本，高 5～30cm，毛的分枝弯曲，茎自基部分枝，有的基部有残存叶柄；基生叶窄卵形，早枯；下部的茎生叶变化较大，叶片宽匙形至窄长卵形，顶端钝圆，基部渐窄，近无柄，全缘，或具 2～3 对明显或不明显的钝齿	贺兰山、罗山、南华山、盐池、同心、中卫、原州、西吉
田旋花	小旋花、中国旋花、箭叶旋花、野牵牛、拉拉菀	*Convolvulus arvensis* L.	多年生草质藤本，近无毛；根状茎横走；茎平卧或缠绕，有棱；叶片戟形或箭形，全缘或 3 裂，先端近圆或微尖，有小突尖头；中裂片卵状椭圆形、狭三角形、披针状椭圆形或线性；侧裂片开展或呈耳形；花梗细弱；苞片线性，与萼远离；萼片倒卵状圆形，无毛或被疏毛；缘膜质；花冠漏斗形，外面有柔毛，褶上无毛，有不明显的 5 浅裂；雄蕊的花丝基部肿大，有小鳞片；子房 2 室，有毛，柱头 2，狭长；蒴果球形或圆锥状，无毛；种子椭圆形，无毛	全区
打碗花	小旋花，面根藤、狗儿蔓、蒱秧、扶子苗	*Calystegia hederacea* Wall.	多年生草质藤本植物，全体不被毛，植株通常矮小，常自基部分枝，具细长白色的根；茎细，平卧，有细棱；基部叶片长圆形，顶端圆，基部戟形，上部叶片 3 裂，中裂片长圆形或长圆状披针形，侧裂片近三角形，叶片基部心形或戟形；花腋生，花梗长于叶柄，苞片宽卵形；萼片长圆形，顶端钝，具小短尖头，内萼片稍短；花冠淡紫色或淡红色，钟状，冠檐近截形或微裂；雄蕊近等长，花丝基部扩大，贴生花冠管基部，被小鳞毛；子房无毛，柱头 2 裂，裂片长圆形，扁平	全区
菟丝子	禅真、豆寄生、豆阎王、黄丝、黄丝藤、鸡血藤、金丝藤	*Cuscuta chinensis* Lam.	一年生寄生草本，茎缠绕，黄色，纤细，无叶；花序侧生，少花或多花簇生成小伞形或小团伞花序；苞片小，鳞片状；花梗稍粗壮；花萼杯状，中部以下连合，裂片三角状；花冠白色，壶形；雄蕊着生花冠裂片弯缺微下处；鳞片长圆形；子房近球形，花柱 2；蒴果球形，几乎全为宿存的花冠所包围	全区

（二）防除技术

1. 种子检疫

做好种子检疫工作是防范外来入侵杂草的首要工作之一。按照《豆科草种子质量分级》（GB 6141—2008）的规定，选用三级标准以上的苜蓿种子，严格检疫菟丝子种子，其形态特征为类球形，直径 1～1.5mm，表面灰棕色或棕褐色，粗糙，具细密突起的小点，一端有微凹的线形种脐。

2. 土壤耕作

灌溉地苜蓿播种前浇水诱发杂草萌发生长，杂草出苗后，浅翻耕破坏杂草生长或喷施灭生性除草剂以杀死出苗的杂草，翻地时不可深翻土壤，以免将下层未萌发的杂草种子翻上来，造成 2~3cm 土层杂草种子再次污染。在夏季苜蓿刈割后，由于气候条件非常适合杂草的生长，很容易造成草害。此时，刈割后沿条播方向采用旋耕机中耕一次，既能减轻杂草危害，又起到了松土保墒的作用。南部山区 4 月上旬返青前，结合施肥，应用平地镇压机沿条播方向耙地一次。

3. 播种期

苜蓿播种主要在春季、夏季和秋季三个时期，秋播苜蓿田中杂草的危害轻于春播和夏播田。秋播后，杂草处于幼苗期时即进入冬季，绝大部分杂草已进入生育末期即将死亡，第二年土壤表层的杂草种子量明显减少，因而杂草的危害减轻。而春季播种时，正是杂草萌发生长的高峰期，随着温度和水分的升高，杂草生长速度高于苜蓿的生长速度，因而很容易对苜蓿的出苗造成危害。

4. 轮作措施

采取轮作方式是治理草害的有效措施，特别是对一些难除杂草，其他方法难奏效时，可选择轮作的方法。包括双子叶作物和单子叶作物的轮作等。长期种植苜蓿的田中，由于生态选择和化学药剂选择的结果，双子叶杂草的数量逐渐增多，在苜蓿田中，双子叶杂草的防除较单子叶杂草要困难，如果与单子叶作物（小麦）轮作，小麦地中的双子叶杂草相对容易防除，这样就会大大降低土壤种子库中双子叶杂草的数量，从而减轻双子叶杂草对苜蓿的危害。

5. 化学方法

按照《农药合理使用准则（四）》（GB/T8321.4）和《农药安全使用规范总则》（NY/T1276）的规定和要求执行，根据苜蓿不同管理阶段，可选择（表 7-6）中除草剂和相应的杂草防除措施。

6. 苜蓿田除草剂的使用方法

（1）土壤处理

土壤处理即将除草剂喷施于土壤表面，又叫土壤封闭处理。这类处理主要是防除土壤中没有出苗或出苗早期的杂草。根据施用时间又可分成苜蓿播前土壤处理、苜蓿播后苗前土壤处理、苜蓿生长期（刈割后）土壤处理和苜蓿休眠期土壤处理四种。

1）苜蓿播前土壤处理。在整地后播种前于土壤表面喷施除草剂，然后再播种苜蓿。如整地浇水后，喷施仲丁灵或氟乐灵，施药后浅混土。2 周后即可播种苜蓿，对一年生禾本科杂草和大部分一年生阔叶形杂草有效。注意施药和播种的时间间隔，要求土壤保持一定湿度，才能发挥药效。

2）苜蓿播后苗前处理。苜蓿播种之后大约 1 周的时间才能出苗，利用苜蓿出苗前的这段时间喷施药剂。保持土壤湿润，苜蓿播种后出苗前，土壤喷施异丙甲草胺，可将地上植物不加选择地杀死，并对苜蓿种子的萌发和幼苗出土、生长无药害作用。

3）苜蓿生长期（刈割后）土壤处理。即在苜蓿生长过程中于土壤表面喷施除草剂。如喷施高效盖草能、百草枯等除草剂防除效果较好。

（2）茎叶处理

将除草剂直接喷洒到植物的茎、叶上，通过茎叶吸收而发挥除草作用的方法。根据施药时间茎叶处理又可以分为苜蓿苗前茎叶处理和苜蓿生长期茎叶处理两种。

1）苜蓿苗前茎叶处理。在苜蓿出苗前将除草剂喷施在土壤表面的方法。苜蓿在出苗前，由于温度和湿度条件合适，有些杂草已经出苗生长。该方法要求除草剂的杀草谱要广，土壤

表 7-6　苜蓿田除草剂种类及使用

使用方法	除草剂类型	类别	通用名	英文名	剂型	制剂量/(mL/hm²)	使用时期	使用方法	防除杂草种类
土壤处理	芽前除草剂	二硝基苯胺类	氟乐灵	trifluralin	48%乳油	1800~2500	播种前或返青前杂草未出苗	兑水750L，均匀施于土表，立即耙耱混土1~3cm，施药后5~7d播种	防除稗、马唐、牛筋草、大画眉草、早熟禾、雀麦等一年生单子叶杂草，及灰绿藜、藜、扁蓄、反枝苋、马齿苋等部分阔叶杂草
		二硝基苯胺类	仲丁灵	butralin	48%乳油	3750~4500	播种前，或返青前杂草未出苗	兑水600L，均匀施于土表，立即耙耱混土1~3cm，施药后5~7d播种	防除稗、马唐、牛筋草、大画眉草、早熟禾、雀麦等一年生单子叶杂草，及灰绿藜、藜、扁蓄、反枝苋、马齿苋等部分阔叶杂草，对菟丝子有较好的防除效果
		酰胺类	异丙甲草胺	metolachlor	72%乳油	1300~1500	播后苗前	兑水450L，均匀施于土表，立即耙耱混土1~3cm	防除稗、马唐、狗尾草、画眉草等一年生单子叶杂草及马齿苋、苋、藜等阔叶性杂草
	内吸型灭生性除草剂	有机磷类	草甘膦	glyphosate	41%水剂	4500~7500	播种前杂草已出苗	兑水450L，定向均匀喷雾，施药后5~7d播种。对于恶性杂草、冰草等多年生杂草根部死亡情况，视情况补喷1次	防除所有杂草，特别是芦苇、冰草等多年生杂草
茎叶处理	单子叶杂草除草剂	肟类	烯禾啶	sethoxydim	12.5%乳油	1350~1500	苜蓿生长期	兑水450L	防除稗、马唐、牛筋草、大画眉草、早熟禾、雀麦等一年生单子叶杂草
		苯氧羧酸类	高效氟吡甲禾灵	haloxyfop-P	10.8%乳油	450~600	苜蓿生长期	兑水450L	防除稗、马唐、牛筋草、大画眉草、早熟禾、雀麦等单子叶杂草，对芦苇、狗牙根等多年生杂草具有良好的防除效果
	选择性除草剂	咪唑啉酮类	咪唑乙烟酸	imazethapyr	5%水剂	1500~1800	苜蓿2~4复叶期，杂草1~3叶期前	兑水450L	防除灰绿藜、藜、反枝苋、龙葵、苍耳等阔叶性杂草及稗、狗尾草、马唐等一年生单子叶杂草

注：使用时加入适量有机硅助剂或洗衣粉可以显著提高药效；在晴天、高温时用药效果好，保持土壤湿润时药处理效果好，尽量选择无风的天气施药；施药时应避免药液漂移到邻近作物上，以防产生药害；喷雾器具使用后应反复冲洗干净

持效期短或无土壤持效期，对苜蓿出苗无抑制作用。这种方法的缺点是只能防除已经出苗的杂草，对未出苗的杂草无效。如苜蓿出苗前喷施草甘膦、百草枯除草剂，可将已经出苗的杂草有效除杀，不影响苜蓿的生长。

2）苜蓿生长期茎叶处理。如果苜蓿地只有单子叶杂草，茎叶处理剂可以选择盖草能等专门防除单子叶杂草的药剂，对禾本科杂草的防效较好。如果同时有大量的阔叶性杂草时，目前常用的茎叶处理剂主要有咪唑啉酮类的药剂普施特和高效氟吡甲禾灵。施药时要把握时机，不能等杂草太大时处理，否则，药效会大大降低。

基于以上研究工作，宁夏农林科学院植物保护研究所颁布实施行业标准《苜蓿田杂草防除技术规程》（DB64/T1259—2016）。

主要参考文献

曹永强，牛登林，田建成，等.2004.宁夏西吉县苜蓿病虫害的为害调查.草业科学，21（7）：55-56.

高粱霜，谢益书，张中义，等.1998.霉病发生危害与病原菌鉴定.植物保护，24（2）：23-25.

何嘉，高立原，张蓉，等.2014.巨膜长蝽的形态特征和生物学特性.应用昆虫学报，51（2）：534-539.

何嘉，高立原，张蓉，等.2014.温度对巨膜长蝽生长发育与繁殖的影响.昆虫学报，57（8）：938-942.

贺达汉，郑哲民，顾才东，等.1997.荒漠草原蝗虫群落空间格局的研究.生态学报，17（6）：660-665.

贺达汉，郑哲民.1997.草原不同沙化地段蝗虫与植物群落多样性的变化及相互关系的数值分析.应用与环境生物学报，3（1）：6-12.

贺达汉，郑哲民.1997.荒漠草原蝗虫营养生态位及种间食物竞争模型的研究.应用生态学报，8（6）：605-611.

贺达汉.1998.荒漠草原蝗虫群落特征研究.银川：宁夏人民出版社.

黄文广，于钊，张蓉，等.2014.宁夏天然草原蝗虫生物多样性及其对生境的指示作用.草业科学，31（1）：180-186.

李克昌，武新，马占鸿.1994.宁夏牧草病害的病原与分布.宁夏农学院学报，15（3）：8-12.

李克昌，武新.1994.宁夏草原的自然条件与牧草病害.宁夏农学院学报，15（3）：65-66.

李杨，史娟，崔娜娜，等.2017.苜蓿褐斑病对紫花苜蓿光合作用及草品质的影响.草业学报，26（10）：149-156.

马德滋，刘惠兰.1986.宁夏植物志（第一、二卷）.银川：宁夏人民出版社.

马占鸿，仁青峰，武新，等.1994.宁夏牧草病害动态监控系统管理模式初探.宁夏农学院学报，15（3）：23-27.

宁夏回族自治区质量技术监督局.DB64/T 947—2014苜蓿褐斑病监测预报技术规程.

秦长育，李克昌.2003.宁夏啮齿动物与防制.银川：宁夏人民出版社，83-85.

尚文静.1997.宁夏紫花苜蓿叶部病害调查和病原菌鉴定.草业科学，14（1）：23-25.

史娟，贺达汉，冼晨钟，等.2006.宁夏南部山区苜蓿褐斑病田间发生及流行动态.草业科学，23（12）：94-96.

汪玺，孟宪政.1992.草业技术生产手册.兰州：甘肃科学技术出版社.

王新谱，杨贵军.2010.宁夏贺兰山昆虫.银川：宁夏人民出版社.

魏淑花，黄文广，高立原，等.2014.DB64/T 948-2014沙蒿金叶甲防治技术规程.银川：宁夏回族自治区质量技术监督局.

魏淑花，黄文广，张蓉，等.2015.短星翅蝗生物学与生态学特性研究.应用昆虫学报，52（4）：998-1005.

魏淑花，张蓉，朱猛蒙，等.2013.温度对沙蒿金叶甲生长发育和繁殖的影响.昆虫学报，56（9）：1004-1009.

魏淑花，张宇，张蓉，等.2014.白纹雏蝗生物学与生态学特性研究.应用昆虫学报，51（6）：1633-1640.

魏淑花，朱猛蒙，张蓉，等.2013.沙蒿金叶甲形态特征及生物学特性.宁夏农林科技，54（4）：58-59.

冼晨钟，朱宏玲，张蓉，等.2009.宁夏苜蓿褐斑病预测预报模型的研究与建立.宁夏农林科技，（5）：14-22.

谢益书，张中义，关晓庆.1998.高粱霜霉病发生危害与病原菌鉴定.植物保护，2：23-25.

杨彩霞，高立原.1996.甘草萤叶甲的调查及初步研究.宁夏农林科技，（6）：21-23.

杨贵军，王新谱，仇智虎.2011.宁夏罗山昆虫.银川：阳光出版社.

杨彦淑.2009.宁夏海原县紫花苜蓿主要病虫害的调查及防治.养殖与饲料，11：7-59.

杨雨翠.2012.宁夏石嘴山市苜蓿病虫害发生规律、预测预报及防治方法研究.杨凌：西北农林科技大学硕士学位论文.

袁玉涛，史娟，马新，等.2020.紫花苜蓿白粉病病原菌鉴定及其生物学特性.微生物学通报，（11）：3539-3550.

张大治，陈曦，贺达汉. 2012. 荒漠景观拟步甲科昆虫多样性及其对生境的指示作用. 应用昆虫学报, 49（1）：229-235.

张蓉，李忠杰，曹永强，等. 2002. 宁夏固原地区苜蓿病虫害的发展趋势及防治对策. 草业科学, 19（9）：58-60.

张蓉，马建华，王进华，等. 2003. 宁夏苜蓿病虫害发生现状及防治对策. 草业科学, 20（6）：40-44.

张蓉，马建华，杨芳，等. 2004. 宁夏苜蓿主要病害田间发生规律的研究. 石河子大学学报（自然科学版）, 22（增刊）：168-171.

张蓉，魏淑花，高立原，等. 2014. 宁夏草原昆虫原色图鉴. 北京：中国农业科学技术出版社.

张蓉，朱猛蒙，魏淑花，等. 2014. DB64/T 950-2014 草原蝗虫防控技术规程. 银川：宁夏回族自治区质量技术监督局.

张知彬，王祖望. 1998. 农业重要害鼠的生态学及控制对策. 北京：海洋出版社.

张治科，南宁丽，张蓉，等. 2010. 防治甘草萤叶甲生物源农药筛选及其生物多样性的影响. 昆虫知识, 47（1）：110-114.

张治科，钱锋利，张蓉，等. 2009. 药剂与生物防治协调控制甘草萤叶甲和甘草蚜虫. 宁夏大学学报（自然科学版）, 30（3）：278-281.

张治科，杨彩霞，高立原，等. 2007. 不同温度下甘草萤叶甲实验种群生命表. 植物保护学报, 34（1）：5-9.

张治科，杨彩霞，高立原. 2004. 5种杀虫剂对甘草萤叶甲成虫的敏感性测定. 植物保护, 30（5）：78-79.

张治科，杨彩霞，高立原. 2004. 甘草萤叶甲发育起点温度与有效积温的研究. 宁夏大学学报（自然科学版）, 25（2）：164-166.

张治科，杨彩霞，高立原. 2005. 甘草萤叶甲空间分布型初步研究. 西北农业学报, 14（2）：74-77.

张治科. 2005. 甘草萤叶甲生物学、生态学特性及综合防治的研究. 银川：宁夏大学硕士学位论文.

赵彩兰. 2012. 宁夏山区紫花苜蓿草地病虫害防治对策. 畜牧兽医杂志, 31（1）：91-92.

赵桂芝，施大钊. 1992. 中国鼠害防治. 北京：农业出版社.

赵金霞，杨雨翠，侯晓凤. 2012. 宁夏石嘴山市苜蓿褐斑病发生规律及防治对策. 吉林农业, 268（6）：79-80.

朱猛蒙，马锐，张蓉. 2006. 刈割对紫花苜蓿病虫害的影响. 中国植保导刊, 26（12）：8-10.

DB64/T 1275-2016 饲用甜高粱生产技术规程. 宁夏回族自治区质量技术监督局，2016.

第八章　宁夏草地利用与改良

　　草地的合理利用即科学地利用草地资源，草地改良就是把草地的合理利用与科学的经营管理结合起来。作为一种可更新的自然资源，科学利用和管理草地，能有效地发挥天然草地自然生产的优势，反之则会造成草地退化。本章在介绍宁夏草地利用和改良概况的基础上，重点叙述草地放牧利用的基本理论，草地放牧的强度和放牧方式，草地主要灌、草饲用开发利用，退化草地生态恢复及培育改良等。

第一节　草地利用

一、概述

　　草地是草畜业发展的重要基地。我国草原每年提供的干草总量约为 3.05 亿 t，支撑了草食家畜的快速发展。草地合理放牧以其饲养成本低、有利于家畜健康和生产性能的保持等优点成为世界畜牧业发达国家家畜主要的饲养方式之一。放牧生态系统中家畜和植物之间存在较为复杂的关系。草地应有一个适宜的放牧强度和合理的放牧方式，才能实现草地的健康利用，保持草畜动态平衡、实现生态保护和草畜产业双赢。

　　国外对草地放牧的研究已有一百多年的历史，美国和世界其他地区的许多学者对放牧干扰下草地植被、土壤、家畜等方面进行比较全面深入的研究。我国自 20 世纪 80 年代起，也逐步深入开展了草地放牧研究。这些国内外研究普遍表明，合理的放牧可以起到恢复草地生机、提高草地生产效率、保持草地生态平衡和可持续发展的作用。改革开放以来，宁夏草地科学技术创新速度加快，在草地生态建设、牧草新品种选育和牧草栽培、草地合理利用等方面，研发集成创新了系列技术，并在生产中实现了良好应用，促进了宁夏草地利用和管理水平的提高。

　　多年来，我国实施的"草原公有，自由放牧"的制度在一定程度上调动了农牧民的生产积极性，草地畜牧业经济得到了长足发展。但是，这种"大锅饭"式的管理利用方式，也造成了草地有人利用，无人建设、管理的局面，草地乱垦、乱采挖、滥牧和超载放牧等不合理利用草地的现象长期得不到根本解决，造成草地退化、沙化。1983 年 9 月，《宁夏回族自治区草原管理试行条例》发布实施，使宁夏草地利用、建设与保护开始步入有法可依、依法管理的轨道。2002 年，自治区党委、政府把落实第二轮草原承包经营责任制作为封山禁牧的前提条件，宁夏较好地完成了第二轮草地承包工作，把草地的使用权、经营权承包到户，6 万多农户或联户占应承包面积的 90%以上，形成了建、管、用和责、权、利相统一的草地牧业生产新机制。草地建设、利用与保护管理迈上了一个新台阶，步入了新的发展阶段。

　　长期以来人为的不合理利用、传统落后的生产方式和发展模式，使得草地生态环境日益恶化。宁夏于 2003 年 5 月 1 日实行草地全面禁牧封育的决策。全区天然草地植被得到了有效恢复，退化草地开始出现逆转，植被盖度和产草量明显上升。为保障禁牧封育工作的顺利实施，宁夏先后实施"天然草原植被保护建设与项目""天然草原退牧还草工程""百万亩人工种草工程"等，有效地缓解了禁牧后群众面临的饲草料短缺等问题，促使了羊只的饲养管理方式由分散向集中、由依靠放牧向舍饲、半舍饲转变。但是，如何继续对退化草地进行修复、实现草地健康持续发展仍是生态保护和草畜产业双赢需要进一步解决的问题。

近年来，关于禁牧、草地合理利用方面的研究引起许多学者的关注。包括宁夏、青海、甘肃、内蒙古、新疆等省（自治区）相继开展了禁牧、放牧强度和放牧方式的试验。2004 年以来，宁夏科技人员在宁夏的盐池县、海原县及原州区开展了一系列相关放牧强度和放牧方式的研究，获得了一些重要成果。宁夏及其他地区大量研究均表明，超载过牧是导致草地严重退化的主要因素之一，禁牧确实可起到改善生态、恢复植被的积极作用，但科学的放牧强度和轮牧方式不仅不会引起草地退化，还可以维护草地生态的持续发展，降低草食家畜的饲养成本。

在国家长期科学与技术发展规划中，退化生态系统的恢复、重建和转型仍然是生态建设、环境保护与循环经济科技问题研究的重点领域等。近年来，国家陆续投资进行大规模的生态建设，生态和生产条件有了明显的改善，草地畜牧业生产方式也逐渐由连续放牧向舍饲、半舍饲、划区轮牧转变，由粗放型经营方式向集约化经营方式转变，由单一数量增长型向质量效益型转变。但生态与生产间的矛盾仍然比较突出。

2019 年，宁夏有天然草地 209 万 hm^2，占土地总面积的 40%，是宁夏的重要畜牧业基地和生态屏障。共有 1909 种植物，分布在 133 科 645 属，其中主要的饲用植物有 450 余种。温性草原和温性荒漠草原是宁夏草原的主体，分别占宁夏草地总面积的 24% 和 55%。荒漠草原独特的自然气候条件和草场植被培育造就了"滩羊"这一优秀地方裘皮羊品种。

近年来，在生态建设项目中，宁夏及一些地区在荒漠草原上补植了大量带状柠条灌木，以期望能防风固沙、保持水土。柠条为豆科锦鸡儿属的旱生灌木，既是防风固沙造林中的重要灌木树种，也是一种重要的饲料资源。如能将宁夏荒漠草原柠条资源科学平茬饲用，对缓解畜牧业饲草不足、维持当地生态建设具有重要意义。

草地资源合理利用的核心是强调草畜平衡、草畜高效耦合。通过适宜的放牧强度、利用方式等在维护草地生态功能的前提下，实现牧民收入提高，生产、生态全面协调发展。宁夏地处青藏高原、黄土高原与内蒙古高原的交会地带，是我国干旱与半干旱的过渡带、草原和荒漠的过渡区、半农半牧的过渡区，是我国十大牧区之一，农业和牧业矛盾尖锐、生态问题突出，在我国北方农牧交错带具有典型性和代表性。同时，宁夏处于丝绸之路经济带的重要节点上。草畜产业是宁夏的优势特色产业之一，也是宁夏党委政府确定的"1＋4"农业战略性主导产业。因此，深入开展草地资源可持续管理相关研究对加强草地生态建设、推动草地资源保护和可持续发展具有重要意义。

二、宁夏草地放牧利用

多年来，针对宁夏草地超载放牧、滥牧等不合理利用草地的现象，众多科技工作者围绕合理的草原利用强度、科学的草地利用方式、有效的草地利用管理制度等开展了深入探讨。先后对盐池、同心、海原及黄河东部沙区的草地资源进行调查研究，如以草地划管为形式的草地防护林、草地打井等相结合的草地利用样板建设，贺兰山东麓草场划区轮牧试验等。这些试验研究对当时草地畜牧业生产起到了示范和指导作用，其中草地利用样板建设被农业农村部推广到全国牧区。

放牧是草地主要的利用方式。放牧家畜通过选择采食、践踏和粪便归还而直接影响草地植物群落结构和土壤理化性质。草地是否可以持续利用取决于放牧强度对草地植物的影响。放牧强度调控在草畜平衡范围内，不仅是草地资源实现其生产功能的必要途径，也是维持草地生态功能持续发挥的关键。大量研究证明，适度放牧能增加草地植被的丰富度，有利于草地植被的稳定，能够提高草地的生产力；而过度放牧会使种群生境恶化，致使群落的种类多样性降低、结构简单化、生产力下降，引起草地不同程度的退化。过度放牧是引起干旱和半干旱地区草地退化最重要的原因之一。

草地全面禁牧封育以来，为了进一步做好草地保护和可持续发展、促进生态建设和草畜产业协调发展。2004 年，经自治区党委、政府批准，由自治区政协牵头，组织高校、科研和生产部门的科研及技术人员，开展了"宁夏中部干旱带禁牧封育草原利用方式试验研究"。在盐池、海原、原州三县（区）的 2 万亩荒漠草原和典型草原代表性地段开展不同放牧强度、放牧方式试验研究，取得了阶段性成果，为破解草地生态保护与发展畜牧业间的矛盾，从技术和管理等层面进行了系统研究和探索，取得了一些可供生产中借鉴的技术措施。

2006～2009 年进一步在盐池县大水坑全镇 6.3 万 hm^2 草地上扩大了综合示范推广，推行了草畜平衡、休牧和划区轮牧制度。将 14 个行政村 96 个自然村，分为 181 联牧组、674 个放牧小区，发放临时放牧证 181 个（联户组），放牧羊 47781 只。监测结果表明，禁牧草地可食牧草生物量为 85.40g/m²，轮牧区为 148.08g/m²，比禁牧草原提高了 73.39%。形成以行政村为管理主体，村民自我约束、互相监督，以自然村、联户（户）实施划区轮牧的草地利用方式。建立了草畜平衡制度，探索草地管、建、用和谐统一的草地畜牧业生产管理新机制，效果良好。

2009～2016 年，"中德财政合作中国北方荒漠化治理项目"在盐池县大水坑和冯记沟两个乡镇的局部地区进行了暖季划区轮牧利用模式。轮牧草地面积为 23.3 万亩，涉及 6 个行政村 23 个自然村（组成 68 个轮牧组）。监测结果表明，可食生物量风干重每亩年平均增加 12.8kg，放牧羊每只增加纯收入 270 元。该项目通过国际国内专家验收，认为初步达到草地植被逐渐恢复，草地资源得到可持续管理，农牧民收入增加的目的。

2012～2017 年，自治区科技支撑重大专项"荒漠草原滩羊轮牧试验研究"在盐池县荒漠草原进行了滩羊划区轮牧试验研究。结果发现暖季（5 月中旬～10 月中旬）实施 4 区轮牧的草地植被盖度、地上现存生物量与禁牧草地相比基本持平或稍有增加，轮牧草地净初级生产力比禁牧草地提高 34.4%，每只羊年饲养成本减少 354.2 元，节本增效达 39.5%，科学利用草地可实现经济效益和生态效应的双赢。

荒漠草原和典型草原是宁夏草地的主体，因此对宁夏有关草地的放牧利用研究、示范推广或实践主要在这两个草地类型上开展。

（一）宁夏草地放牧强度

1. 放牧强度对草地植被的影响

（1）放牧强度对荒漠草原植被的影响

宁夏荒漠草原地处典型的农牧交错区，是宁夏草地生态系统最为脆弱的地区之一。合理的放牧强度对宁夏荒漠草原资源的可持续利用具有重要意义。

放牧强度对宁夏荒漠草原各时期鲜草产量的影响见图 8-1。可以看出放牧强度对草地牧草的生活力有非常大的影响，随着放牧强度的增大，草地牧草生活力逐渐减弱，不同放牧强度对草地不同时期的产草量影响也是不同的。草地生产力随着放牧强度的增加，呈逐步下降的趋势。通常来讲放牧强度越大，家畜采食率越大。对于宁夏荒漠草原而言，当家畜采食量超过 50%时会引起草地的退化，因此要想实现草地资源的可持续利用，放牧家畜的采食量必须低于 50%。要想实现草地资源的可持续利用，宁夏荒漠草原的适宜放牧强度应为 0.75 只/hm²。

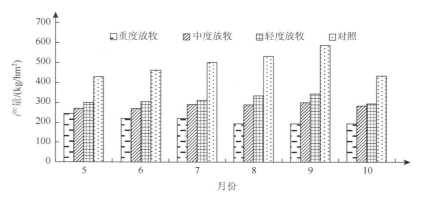

图 8-1　不同放牧强度下各时期鲜草产量（张虎等，2012）

　　放牧对荒漠草原植物群落结构和植被盖度产生很大的影响，放牧强度与植被总盖度之间存在极显著的负相关关系，即随着放牧强度的增大草地植被总盖度减小（图 8-2）。放牧强度对草地植物密度的影响是一个长期作用的结果，所以在一个放牧季内不能明显表现出来。短期内，草地植株密度与土壤水分有密切关系，土壤水分越大，密度越大。随着放牧强度的增加植物群落多样性呈先增加后降低的趋势，均一度与多样性的变化趋势相一致，生态优势度指数与多样性指数呈相反趋势。

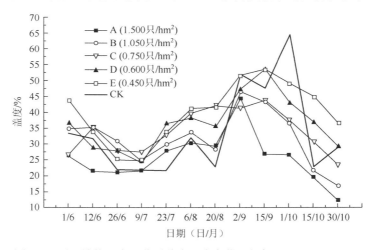

图 8-2　不同放牧强度下草群盖度动态变化（杨智明，2009）

　　不同放牧强度对宁夏荒漠草原地下生物量有重要的影响。不同放牧强度下，放牧强度与草地 0～30cm 土层根系总生物量之间存在极显著负相关关系，即草地 0～30cm 土层地下总生物量随着放牧强度的增大而减小（图 8-3）。

　　（2）放牧强度对典型草原植被的影响
　　宁夏典型草原区主要位于宁夏南部山区，该区地处黄土高原，地表支离破碎，水土流失严重，生态环境脆弱。研究放牧对宁夏典型草原的影响，了解典型草原在不同放牧强度下草地生态系统的变化规律，能为典型草原区草畜平衡、草地资源的可持续发展提供依据。

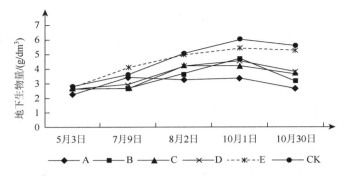

图 8-3　不同放牧强度下草地根系总生物量动态变化（杨智明等，2004）

CK. 不放牧（对照）；E. 轻度放牧（0.450 只/hm²）；D. 较轻度放牧（0.600 只/hm²）；C. 中度放牧（0.750 只/hm²）；B. 较重度放牧（1.050 只/hm²）；A. 重度放牧（1.500 只/hm²）

在宁夏典型草原放牧试验中发现，与重牧（1.200hm²/个羊单位）草地相比，中牧（0.866hm²/个羊单位）和轻牧（0.533hm²/个羊单位）草地当年秋季牧草平均现存量分别多 10.5%和 42.8%，优良牧草平均现存量分别多 13.9%和 65%；暖季后期羊只平均总增重和日增重分别多 3.05kg和 33.52g。兼顾有利于草地植被和提高畜牧业生产效率，以双回归直线交汇点确定宁夏典型草原适宜放牧强度为 0.760hm²/个羊单位。

不同放牧强度对宁夏典型草原的物种多样性和生产力的影响见图 8-4，可以看出，在重度和中度放牧强度下物种多样性随放牧时间基本上维持在一个相对稳定的低水平，而在轻度放牧强度下随放牧时间物种多样性呈增加的趋势。群落生产力在不同放牧强度下年际间的变化

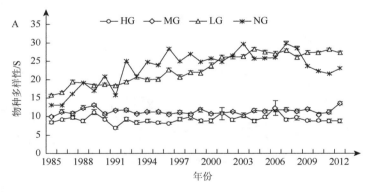

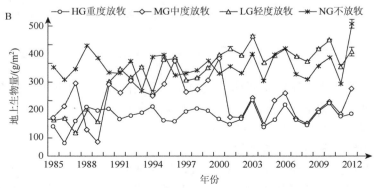

图 8-4　不同放牧强度物种多样性（A）和地上生物量（B）的变化（程积民等，2014）

幅度较大。总体来说，轻度放牧强度下群落生产力呈现增加的趋势，而在重度、中度放牧和对照区，群落生产力呈下降趋势。

放牧试验发现，在宁夏典型草原植物个体水平上，中度和轻度放牧利用对丛生禾草（大针茅、糙隐子草）株高影响较小，对根茎型禾草（羊草、黄囊薹草和米氏冰草）株高影响较大，且随植物株高的降低，植物个体的地上生物量呈现显著减少的状态。一些研究发现，随放牧强度的加大，典型草原建群种、优势种和群落的高度、盖度、产量呈降低趋势。但也有研究发现，中度放牧下典型草原物种多样性增加，首先牲畜的啃食抑制了优势种长芒草的生长，一些耐牧草种（扁穗冰草、铁杆蒿等）、耐践踏草种（星毛委陵菜）和牲畜不喜食的杂类草明显增加，即降低了优势种的竞争优势，拓宽了竞争力较弱物种的生存空间，提高了资源利用率，使物种在种类和数量配置上发生变化，增加了群落结构的复杂性，导致生物多样性发生变化。其次家畜在采食过程中可以帮助某些植物传播种子，扩大一些植物的分布面积。

目前不同放牧强度对于宁夏典型草原的地下生物量的影响研究较少。有研究发现，放牧使草地地下生物量的垂直分布呈典型的倒金字塔形或 T 字形的锯齿状，即地下生物量都随土层深度增加而降低、符合指数函数减小的规律，其中 0～10cm 土层与 20～30cm、30～40cm、40～50cm 土层差异达到极显著（$P<0.01$）。

2. 放牧强度对宁夏草地土壤性状的影响

（1）放牧强度对荒漠草原土壤性状的影响

放牧强度对土壤物理性质的影响程度有所不同，但总的趋势是随放牧强度的增加，土壤容重增大、硬度增大、透气性变差、含水量下降。并且，随土壤深度增加其影响减弱。但也有研究表明，放牧强度与宁夏荒漠草原土壤含水量之间存在正相关关系，即土壤含水量随着放牧强度的增大而增加。这种现象可能是该地区土壤物理组成为沙土及风沙土的缘故。随着放牧强度的增大，家畜对土壤不断的踏实，土壤颗粒间隙变小，有助于土壤毛管水分的保持，所以土壤含水量增加。

在宁夏毛乌素沙地荒漠草原研究发现，放牧和围栏封育对荒漠草原土壤养分及酶活性的影响见表 8-1。放牧干扰下土壤总磷在甘草、蒙古冰草和赖草群落中均显著升高，甘草与赖草群落土壤总氮含量也显著上升；赖草群落土壤碱性磷酸酶活性显著上升，蒙古冰草群落土壤脲酶活性显著下降。整体看，放牧与围栏对荒漠草原不同植被类型群落土壤养分的影响表现出差异性，应根据群落特性，有针对性地进行合理放牧，以利于植被恢复及保持土壤肥力。

表 8-1　放牧和围栏封育对荒漠草原土壤养分及酶活性的影响（刘学东等，2016）

植被类型	处理	有机碳/(g/kg)	全氮/(g/kg)	全磷/(g/kg)	碱解氮/(mg/kg)	速效磷/(mg/kg)	速效钾/(mg/kg)
蒙古冰草 Agropyron mongolicum	围栏	3.98±0.11a	0.42±0.00a	0.51±0.05b	19.30±1.50a	7.14±2.86a	120.00±26.45a
	放牧	3.88±0.37a	0.39±0.02a	0.59±0.01a	18.22±1.30a	6.49±1.53b	116.67±23.09a
甘草 Glycyrrhiza uralensis	围栏	5.18±0.57a	0.30±0.02b	0.43±0.04b	15.90±4.82a	6.80±1.74a	126.67±15.27a
	放牧	4.35±1.14b	0.38±0.03a	0.54±0.03a	16.02±2.52a	7.14±1.53a	113.33±5.77b
赖草 Leymus secalinus	围栏	2.81±0.23a	0.25±0.01b	0.36±0.02b	14.94±1.27a	12.30±2.68b	213.33±15.28a
	放牧	2.85±0.71a	0.35±0.03a	0.42±0.06a	14.83±2.80a	14.24±2.80a	186.67±23.09b

注：同列不同字母表示处理间差异显著（$P<0.05$）

一些研究发现，宁夏荒漠草原随着放牧强度的增加，土壤有机碳和 C/N 呈显著降低趋势，土壤全磷、速效磷和全钾含量呈线性增加趋势，而土壤全氮含量呈先增加后降低趋势。过度放牧导致荒漠草原土壤容重增加，水分、有机碳和养分含量下降，适度放牧可以改善荒漠草原土壤结构和养分性状，有利于遏制荒漠草原土壤的退化。

（2）放牧强度对典型草原土壤性状的影响

研究发现，宁夏典型草原放牧地的容重随土层深度的增加而降低。放牧强度的增加、牲畜的踩踏，使得表层土壤紧实度增加明显，加上其植被盖度小、地上生物量少，根系随之减少，土壤结构变差，说明放牧对上层土壤的压实作用更显著，土壤容重增加，导致孔隙度减少而水分含量相应减少（表 8-2）。

表 8-2　典型草原不同放牧强度下土壤含水率变化（陈卫民等，2005）

| 月份 | HG 重度放牧 | | | MG 中度放牧 | | | LG 轻度放牧 | | | RG 轮牧区 | | |
	0～10cm	10～20cm	20～30cm	0～10cm	10～20cm	20～30cm	0～10cm	10～20cm	20～30cm	0～10cm	10～20cm	20～30cm
6	5.84	7.45	10.11	9.44	10.05	6.23	11.76	8.72	9.44	6.19	11.99	9.56
7	10.68	10.25	7.43	11.93	11.54	11.26	11.6	13.04	11.23	14.09	9.84	8.26
8	14.29	15.28	15.36	14.9	16.48	19.24	15.07	16.69	17.08	18.48	12.13	18.21
9	9.06	10.54	10.21	9.10	8.81	9.30	9.40	10.94	9.88	12.15	12.60	11.76
10	10.28	10.49	12.97	10.70	11.26	11.11	11.14	11.74	11.96	11.20	10.46	10.09
平均	10.03	10.80	11.22	11.21	11.61	11.43	11.79	12.23	11.92	12.42	12.60	11.58

研究发现中度放牧对土壤碳储量的影响主要在表层。随着放牧强度增加，家畜对牧草的采食量增加，使植被盖度和地上生物量下降，枯落物减少，同时根系得不到养分供应，地下生物量也随之下降，从而使土壤有机碳的含量减少；特别是在冬春季节，植被层低矮、盖度小、土壤风蚀严重，加剧了土壤有机质的损失。

3. 放牧强度对家畜生产性能的影响

荒漠草原放牧强度的试验发现，总体上滩羊个体增重与放牧强度之间存在强负相关，单位草地面积增重与放牧强度之间呈强正相关，当放牧强度超过 0.75 只/hm² 以后，滩羊出现了空怀、产羔率降低和推迟怀孕的现象。典型草原的研究发现，以滩羊与小尾寒羊杂交的 F_1 代杂种母羊为放牧试验羊只，暖季放牧后期（6 月 1 日～8 月 31 日），羊只总增重表现为低放牧强度比高放牧强度高 3.05kg，日增重高出 33.52g，说明低放牧强度对放牧羊只保持良好体况有利（王进华等，2007）。

（二）宁夏草地放牧方式

放牧制度（方式）是草地用于放牧时的基本利用体系，它规定了家畜对放牧地利用的时间和空间上的通盘安排。目前，在定居放牧的前提下，从狭义范围讲有连续放牧和分（划）区轮牧两种放牧制度（方式）。划区轮牧所依赖的理论依据是草畜平衡理论。

1. 放牧方式对草地植被的影响

（1）放牧方式对荒漠草原植被的影响

1）对植物群落特征的影响。宁夏荒漠草原，在载畜率为 0.75 只/hm² 的水平下，以围封禁牧草地为对照（CK），对连续放牧（CG）、二区轮牧（TG）、四区轮牧（FG）、六区轮牧（SG）方式下，草地物种植被组成、群落盖度、地上生物量、净初级生产力进行了研究。结果表明，轮牧使荒漠草原优良牧草重要值下降，但可增加植物物种种类。增加轮牧分区有利于优良牧草和多年生草本重要值的保持，但对半灌木的影响较小。连续放牧（自由放牧），二区、四区和六区轮牧下荒漠草原植物群落盖度、植物地上生物量差异显著（图 8-5）。植被盖度以封育和四区轮牧较高，地上生物量和净初级生产力以四区和六区轮牧草地较高，草地凋落物量以封育草地较高（图 8-6）。

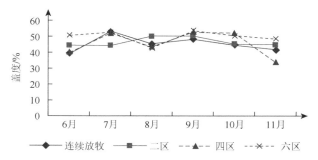

图 8-5　不同放牧方式植物群落总盖度季节变化（梁瑛，2006）

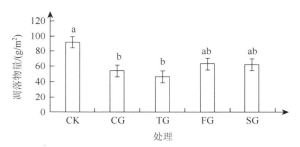

图 8-6　不同轮牧方式下群落的凋落物量（王晓芳等，2019）

肩注不同字母表示处理间差异显著（$P<0.05$）

2）对物种多样性和稳定性的影响。研究发现，轮牧方式对宁夏荒漠草原草地群落的多样性有显著的影响。连续放牧，二区、四区和六区轮牧的丰富度指数和多样性指数都显著高于围封禁牧草地（$P<0.05$），各轮牧区丰富度指数和多样性指数差异性不显著。均匀度指数呈现围封禁牧草地最高，二区轮牧次之，四区轮牧最低。优势度指数呈现围封禁牧草地最低，而在四种放牧方式下无显著差异。说明轮牧可增加物种丰富度、多样性和优势度，但使群落均匀度指数下降。各轮牧方式下植物群落均不稳定（表 8-3），相比之下，围封禁牧群落稳定性最高，连续放牧最低。综合植被特征和生产中的便利性，研究认为四区轮牧是研究区最适宜的轮牧方式。

表 8-3　不同轮牧方式下群落的稳定性（王晓芳等，2019）

处理	曲线方程	相关系数 R^2	交点坐标	结果
对照	$y=-0.0111x^2+1.9388x+13.707$	0.9884	(33.64, 66.36)	不稳定
连续放牧	$y=-0.0092x^2+1.813x+9.1168$	0.9963	(36.72, 63.28)	不稳定
二区轮牧	$y=-0.0106x^2+1.9063x+12.465$	0.9907	(34.45, 65.55)	不稳定
四区轮牧	$y=-0.0114x^2+2.0515x+6.8280$	0.997	(35.15, 64.85)	不稳定
六区轮牧	$y=-0.0111x^2+2.0502x+4.6955$	0.9992	(35.95, 64.05)	不稳定

3）对根系生物量的影响。在对连续放牧（自由放牧），二区、四区和六区轮牧下不同土层根系生物量的结果表明，无论何种放牧方式，根系生物量均表现为 0～10cm＞10～20cm＞20～30cm，表层根系以六区轮牧分布较多，10～20cm、20～30cm 以连续放牧分布较多（图 8-7）。

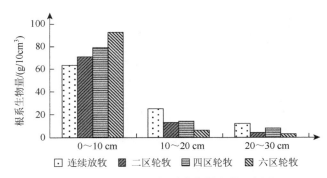

图 8-7　不同放牧方式下不同土层根系生物量变化（梁瑛，2006）

（2）放牧方式对典型草原植被的影响

在宁夏固原原州区典型草原研究发现，三区轮牧与连续放牧比较，秋季草场全量牧草和优良牧草平均现存量分别高 46.71%和 43.19%，主要牧草平均高度、盖度分别高 11.11%和 7.69%。显示在本地区可推行 3～4 区简易轮牧制（表 8-4）。在宁夏海原长芒草＋杂类草典型草原研究发现，暖季划区轮牧、连续放牧及围栏封育 3 种处理下，连续放牧区禾本科、豆科和杂类草等适口性较好的牧草比例下降，适口性较差的菊科植物比例增加，划区轮牧方式提高了禾本科牧草的质量百分比，降低了菊科牧草的比例，轮牧比对照草地生产力提高 73.84%，六区轮牧方式是当地科学利用该类草地的最佳方式。

表 8-4　不同放牧方式下宁夏典型草原秋季优良牧草现存量（王进华等，2007）

处理/ (hm²/个羊单位)		各样方优良牧草秋季现存量/(g/m²)										与四季禁牧 区比较/%
		1	2	3	4	5	6	7	8	9	10	平均	
全年禁牧		174	113	130	140	144	148	128	154	129	153	141.30	100
冷季放牧	0.53	211	126	190	92	115	80	106	93	95	102	121.00	85.63
	0.87	139	154	107	122	122	124	141	136	120	132	129.70	91.79
	1.20	223	139	198	213	191	138	109	123	158	205	169.70	120.1
全年放牧	0.53	67	56	97	84	81	65	22	67	53	65	65.70	46.50
	0.87	145	83	81	105	63	103	126	83	71	87	94.70	67.02
	1.20	120	95	94	112	104	137	123	80	104	134	110.30	78.06

2. 放牧方式对草地土壤性状的影响

（1）放牧方式对荒漠草原土壤性状的影响

1）对草地土壤物理性状的影响。放牧对表层土壤物理性质的影响较大，放牧家畜主要通过采食、践踏、排泄粪便影响草地土壤含水量。不同的轮牧方式将家畜限制在不同的活动范围内，改变家畜在空间中对采食的选择性，同时，减少了采食和游走的时间。不同轮牧方式下（图8-8），四区和六区轮牧0～40cm土壤粉粒较高，5～15cm土层含水率较高，连续放牧土壤砂粒含量最高，含水率最低；轮牧方式对土壤容重、孔隙度影响较小。禁牧草地土壤结皮总盖度最高，四区和六区轮牧有利于土壤物理结皮、地衣—藻类结皮的维持。

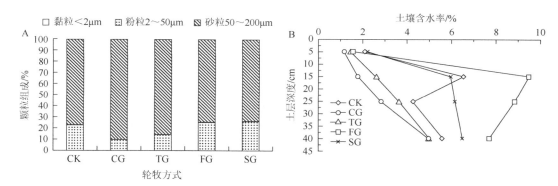

图8-8　不同放牧方式对荒漠草原土壤颗粒组成（A）和含水率（B）的影响（马静利等，2018）

CK. 禁牧；CG. 连续放牧；TG. 二区轮牧；FG. 四区轮牧；SG. 六区轮牧

2）对荒漠草原土壤化学性质的影响。研究发现，0～40cm土壤有机质受轮牧方式影响显著，有机质含量以连续放牧最低，禁牧和四区轮牧较高（$P<0.05$），各处理下有机质随着土层加深而降低。0～40cm土层全氮含量禁牧最高，但各处理间没有达到5%差异显著水平（表8-5）。0～40cm土层速效氮含量由高到低为四区轮牧＞二区轮牧≈六区轮牧≈连续放牧＞禁牧。0～40cm速效磷含量以禁牧和连续放牧最低，其他处理间差异不大。速效钾含量以禁牧最低，六区轮牧最高。

表8-5　不同轮牧方式对土壤有机质、全氮影响（马静利等，2018）

处理	土层深度/cm	禁牧	连续放牧	二区轮牧	四区轮牧	六区轮牧
有机质/(g/kg)	0～5	4.09±0.12a	2.80±0.29a	3.15±0.37a	4.23±0.15a	3.09±0.46a
	5～15	3.29±0.27ab	2.65±0.07a	3.01±0.23a	3.78±0.06a	2.96±0.18a
	15～25	2.90±0.07b	1.98±0.70a	2.52±0.06ab	2.31±0.08b	2.69±0.15a
	25～40	2.54±0.31b	1.87±0.40a	2.12±0.09b	2.40±0.32b	2.42±0.13a
	0～40	3.20±0.02A	2.32±0.36B	2.70±0.18AB	3.18±0.11A	2.79±0.23AB
全氮/(g/kg)	0～5	0.48±0.03a	0.41±0.01a	0.41±0.00a	0.49±0.04a	0.45±0.08a
	5～15	0.43±0.01ab	0.40±0.04a	0.34±0.01ab	0.38±0.11a	0.36±0.06a
	15～25	0.39±0.00ab	0.31±0.06ab	0.36±0.04a	0.36±0.10a	0.29±0.03a
	25～40	0.37±0.05b	0.24±0.04b	0.25±0.03b	0.33±0.03a	0.36±0.02a
	0～40	0.42±0.02A	0.34±0.03A	0.34±0.00A	0.39±0.07A	0.36±0.05A

注：同列数据后不同小写字母表示同一处理不同土层差异显著（$P<0.05$），同行不同大写字母表示处理间差异显著（$P<0.05$）

3）对荒漠草原土壤团聚体特征的影响。对围封禁牧、连续放牧、二区、四区及六区轮牧下0～30cm土壤团聚体分布特征、稳定性的研究发现，增加轮牧分区有利于表层土壤水稳性团聚体含量保持及大团聚体含量增加。土壤机械稳定性团聚体分形维数在连续放牧最大，增加轮牧分区其呈现减小趋势，但水稳性团聚体分形维数无明显变化规律；团聚体平均重量直径及几何平均直径在禁牧草地最大，且随着轮牧分区的增加而增大（图 8-9）。水稳定性大团聚体有机碳含量以六区轮牧和围封禁牧较高，二区轮牧和连续放牧较低。

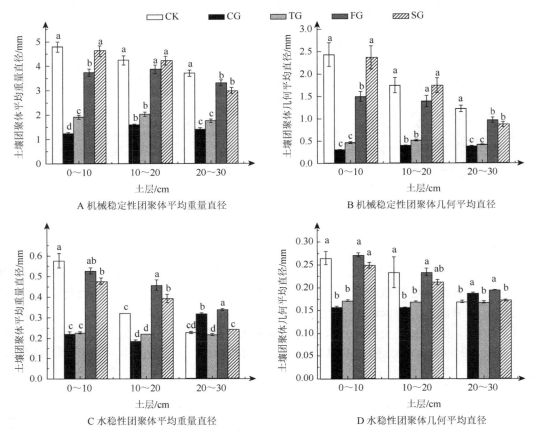

图 8-9　不同轮牧方式草地土壤机械稳定性团聚体、水稳性团聚体的平均重量直径和几何平均直径（陆琪等，2019）

CK. 禁牧；CG. 连续放牧；TG. 二区轮牧；FG. 四区轮牧；SG. 六区轮牧
同一土层肩注不同字母表示处理间显著差异（$P<0.05$）

（2）放牧方式对典型草原土壤性状的影响

对典型草原封育、放牧和水平沟改良管理方式下土壤微生物特征的研究发现，试验区 0～40cm 土层土壤微生物数量表现为细菌＞放线菌＞真菌；细菌和放线菌数量随封育年限增加呈增加趋势，真菌以封育 5 年草地最高；微生物总数量和微生物量碳和微生物量氮含量均表现为随封育年限增加而增加，放牧草地最低；水平沟改良草地微生物特征未表现出明显的优越性。土壤微生物数量与有机质含量之间存在极显著正相关关系。

3. 放牧方式对家畜生产性能的影响

研究发现，宁夏荒漠草原在载畜率为 0.75 只/hm² 的水平下，轮牧方式对滩羊牧食特征和增重产生了影响（图 8-10），相对于连续放牧，随轮牧分区增加，草地牧草采食率、滩羊采食时间和摄入的牧草粗蛋白质含量下降，但草地采食量，滩羊日采食量及摄入的干物质、粗蛋白质等营养物质总量增加。在适宜载畜率水平下，荒漠草原，划区轮牧没有提高滩羊繁殖性能，但更有利于滩羊体重增加。

对宁夏固原原州区典型草原研究发现，三区轮牧与连续放牧比较，放牧期羊只平均体重增加 1.55kg，产羔率、双羔率分别高 12.5 和 16.67 个百分点。在宁夏海原长芒草＋杂类草典型草原研究发现，暖季划区轮牧、连续放牧处理下，7～11 月份，羊只平均增重在轮牧区为 2.88kg、连续放牧区为 1.36kg，在霜降后的 10～11 月份，轮牧区羊只体重仍在增加，而连续放牧区羊只体重已有下降趋势，说明暖季轮牧降低了家畜对草地的践踏强度与频度，减少了家畜游走的体能消耗。

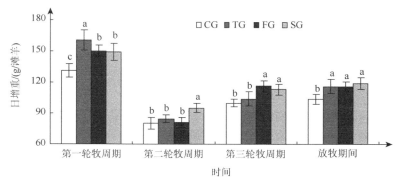

图 8-10　不同放牧方式下滩羊日增重（周静静等，2017）

CG. 连续放牧；TG. 二区轮牧；FG. 四区轮牧；SG. 六区轮牧

肩注不同字母表示处理间显著差异（$P<0.05$）

（三）放牧对宁夏草地土壤种子库的影响

放牧作为草地牧草资源利用的一种重要模式，对草地土壤种子库的影响是巨大的。放牧能有效地改变草地土壤种子库的大小、物种组成。对放牧条件下的土壤种子库的研究有助于对草地生产力的预测。有研究表明在荒漠草原土壤种子库物种多样性特征指数与土壤 pH、含水量、碱解氮呈正相关，与土壤电导率呈负相关，其中土壤 pH 和电导率对种子库物种多样性的影响较大。张蕊等以典型草原长期放牧草地为对象，研究封育、水平沟不同恢复年限下土壤种子库的特征，发现宁夏典型草原土壤种子库中种子数量在垂直分布上呈现出由表层土壤向深层逐层减少的变化规律，从返青期到枯黄期，放牧地土壤种子库的丰富度呈下降趋势。目前，有关放牧对宁夏草原种子库的影响报道较少，有待进一步的研究。

（四）放牧时间对宁夏草地的影响

草地的放牧时间有适宜于开始放牧的时期和适宜于结束放牧的时期。对宁夏荒漠草原而言，其干旱少雨，植被组成简单，生态系统脆弱。早期放牧，家畜采食刚刚返青的牧草，导致"跑青"。春季是牧草萌发的主要时期，春季休牧对草地植物群落产量、盖度等具有显著影响。早期放牧牧草返青时间短，放牧时间长，会使草地生物量下降，土壤遭到严重的破坏，影响牧草根系的生长，从而影响牧草的再生性。

以宁夏荒漠草原为对象，对不同轮牧开始时间下植物群落特征和可食牧草养分含量的研究发现，经过 2 年放牧，轮牧开始时间对植物物种组成影响较小。轮牧开始早的草地植物密度高于晚轮牧草地，但盖度和地上生物量相反；随轮牧开始时间推后，荒漠草原优势植物的重要值升高，不同物种的密度、盖度和地上生物量对轮牧开始时间的响应不同。晚开始轮牧草地植物物种优势度较早开始草地低，但均匀度和 Shannon-Wiener 多样性指数增加。随轮牧开始时间推后，草地采食率和牧草粗蛋白质含量下降（表 8-6）。研究认为，固定时间和顺序的轮牧方式会使草地植被异质性增加，应根据植被状况对轮牧时间作适当调整，年度间小区要以不同顺序进行轮牧。

表 8-6　不同轮牧开始时间下可食牧草营养成分含量（秦建蓉等，2016）

轮牧时间	粗蛋白质/%	粗脂肪/%	粗纤维/%	粗灰分/%	无氮浸出物/%	Ca/%	P/%
FG1	11.96±0.16a	4.5±0.68a	26.06±2.47c	7.21±1.62a	39.81±1.72a	0.58±0.09a	0.36±0.02c
FG2	10.95±0.21b	3.45±0.87b	27.58±1.95bc	6.95±0.88a	42.23±2.13a	0.24±0.02c	0.64±0.04b
FG3	9.84±0.03c	2.79±0.04c	29.53±1.83b	6.72±0.52a	43.65±3.02a	0.61±0.03a	0.89±0.02a
FG4	8.42±0.09d	1.98±0.06d	35.27±3.15a	7.45±0.89a	40.22±2.17a	0.50±0.01b	0.51±0.01bc

注：FG1 表示 5 月 17 日开始放牧，FG2 表示 5 月 29 日开始放牧，FG3 表示 6 月 10 日开始放牧，FG4 表示 6 月 22 日开始放牧

目前放牧时间对典型草原植被特征和土壤性质的比较研究，主要集中于内蒙古典型草原，其春季及初夏休牧不仅可以较好地保持群落物种的多样性，还会增加群落均匀度，并对表层土壤碳、氮、磷之间的比值起到促进作用。宁夏典型草原放牧时间目前研究较少，在这方面有待进一步探讨。

（五）宁夏草地放牧补偿性生长

放牧通过采食、践踏等行为对植物的正常生长产生影响，也可通过移去植物的顶端优势和衰老组织而刺激植物生长。众多试验研究表明，与不放牧相比，优化的放牧强度可消除植物的生长冗余，有利于植物增加净初级生产潜力（马红彬等，2006）。放牧地牧草在受到动物采食后，有生物、生理学方面的积极反应，一方面会引起植冠微气候状况的改善，提高地上部净光合效率，减少本身呼吸消耗，加速营养循环，从而增加无性繁殖器官的数量，增加分蘖，提高枝条水平的种群密度和高度，加快叶面积增长速度（白永飞等，1999），而且这种补偿性生长可以表现在营养器官、繁殖器官或整株水平，也表现在地下部分，从而刺激和提高草地的生物学产量（刘王锁，2008）。另一方面，放牧消除了限制植物生长的消极因素-立枯物、老叶片等冗余物的存留（张荣等，1998），草食动物的唾液、尿液中含有一些对植物生长有刺激作用的未知因子，能刺激植物加快被采食后的再生长。家畜放牧除了到处排泄粪尿为草地施肥以外，还通过践踏破坏植物残体，减少植冠盖度，增加表层土壤容重，从而提高土壤表面温度，有利于植物早春返青和残体分解，有助于碳元素和各种营养元素向土壤中转移，加速养分的循环过程；并且多途径地增加土壤有益微生物的生产力，提高硝化酶活性，促进氮素矿化，提高氮肥的有效性。还有研究表明，放牧后期可以增加禾本科牧草粗蛋白质含量，降低中性、酸性洗涤纤维等使牧草粗老化因素的含量，从而改善牧草的品质（韩建国等，2000；王艳芬等，1999）。可见，放牧既有抑制植物生长的机制，也有促进植物生长的机制，植物的补偿性生长取决于促进与抑制之间的净效应，而这种净效应与草地群落类型、放牧制度、放牧强度及环境条件等密切相关（汪诗平等，2001）。

研究发现，宁夏荒漠草原植物在放牧干扰下存在超补偿性生长情况（马红彬等，2008），植物补偿性生长的发生与放牧强度密切相关（表 8-7），降低放牧强度有利于植物产生超补偿或等补偿生长，同时补偿性生长受生长季降雨量、植物生物学特点及放牧史的影响。根据植物补偿性生长规律和生产实际，该地区荒漠草原的放牧强度不应高于 0.75 只羊/hm²。

表 8-7　不同放牧强度下植物的地上净初级生长量和采食率（马红彬等，2008）

放牧强度/ (只羊/hm²)	牧前生物量（DM，g/m²）		生长量（DM，g/m²）		净初级生长量（DM，g/m²）		采食率/%	
	2005	2006	2005	2006	2005	2006	2005	2006
CK	20.06±1.81aA	20.58±1.24aAB	22.73±1.82bAB	39.94±0.61cB	42.79±0.01bB	60.52±0.64cB	—	—
0.45	19.86±1.59aA	21.44±0.86aA	29.49±3.18aA	51.64±1.01aA	49.35±1.59aA	73.08±1.86aA	23.92	18.01
0.60	21.10±0.85aA	19.45±1.95aAB	20.33±0.39bBC	45.46±1.38bB	41.43±0.46bBC	64.90±0.57bB	35.68	25.90
0.75	19.79±1.98aA	18.56±0.56abAB	17.01±1.59bcBCD	39.81±0.10cB	36.80±0.39cCD	58.38±0.46cB	44.80	33.82
1.05	20.77±1.04aA	15.24±0.31bcBC	11.74±0.13cdCD	30.26±0.69dC	32.51±1.17dDE	45.50±0.99dC	62.47	53.45
1.50	21.58±0.44aA	12.35±0.25cC	9.65±0.57dD	24.87±1.75eC	31.23±1.00dE	37.22±1.99eD	81.84	73.92

注：同列不同小写字母表示 0.05 水平上差异显著（$P<0.05^*$），不同大写字母表示 0.01 水平上差异显著（$P<0.01^{**}$）

　　研究发现，群落净初级生产力与放牧强度呈显著回归关系（刘王锁，2008），随放牧强度梯度净初级生产力下降，二者符合 $Y=132.541-69.077X+63.373X^2-32.252X^3$（$0 \leqslant X \leqslant 1.50$）三次曲线模型。适度放牧有益于地下生物量的积累，适度放牧刺激长芒草、牛枝子根系生长并积累根系生物量，表现出根系补偿生长；而在重牧区，主要植物根系长度逐渐缩短至地表，根系生物量也逐渐显著下降，表现出欠补偿（表 8-8）。

表 8-8　放牧强度下不同土层草地地下生物量动态变化（刘王锁，2008）

土层/cm	处理	地下生物量/[(g/(10cm×20cm×30cm)]							均值±标准差
		6-1	6-20	7-10	8-1	8-20	9-10	10-1	
0～10	CK	12.36a	14.08a	17.25a	18.45a	22.78b	25.77b	24.13a	19.26±5.13a
	LG	11.86a	14.76a	17.12a	19.50a	22.36b	25.49b	23.98a	19.30±5.01a
	MG	12.30a	13.72a	16.29a	18.75a	27.77a	32.95a	25.00a	20.97±7.75a
	HG	12.81a	13.38a	16.52a	15.94b	17.65c	19.55c	16.57b	16.20±2.61a
10～20	CK	2.33a	2.80a	3.38a	4.09ab	4.23ab	4.87b	4.25ab	3.71±1.07a
	LG	2.50a	2.90a	3.02a	4.13ab	4.55a	4.95b	4.15b	3.75±1.07a
	MG	2.06a	3.07a	3.68a	4.67a	4.95a	5.78a	5.05a	4.18±1.46a
	HG	2.20a	3.03a	3.00a	3.63b	3.63b	3.66c	2.38c	3.08±0.53a
20～30	CK	1.96a	2.07a	2.86a	3.59a	3.76a	4.19a	4.04a	3.21±0.92a
	LG	2.16a	2.13a	3.19a	3.56a	3.83a	4.18a	3.81a	3.27±0.82a
	MG	1.98a	2.29a	3.38a	3.12a	3.81a	4.24a	4.21a	3.29±0.89a
	HG	2.17a	2.19a	2.74a	2.21b	2.27b	1.85b	1.76b	2.17±0.32b

注：①显著性水平 0.05，标相同字母为差异不显著，标不同字母为显著差异。②CK. 对照；LG. 轻度放牧；MG. 中度放牧；HG. 重度放牧

　　同时，研究发现，适度放牧可以提高长芒草根系代谢活力，表现出根系生理补偿；脯氨酸是植物抗性指标，在干旱与随放牧强度的双重胁迫下，长芒草与牛枝子脯氨酸含量较高（图 8-11），体现出放牧下牧草的适应机制；在适度放牧下，长芒草根系可溶性糖积累较多，具有根系生理补偿。

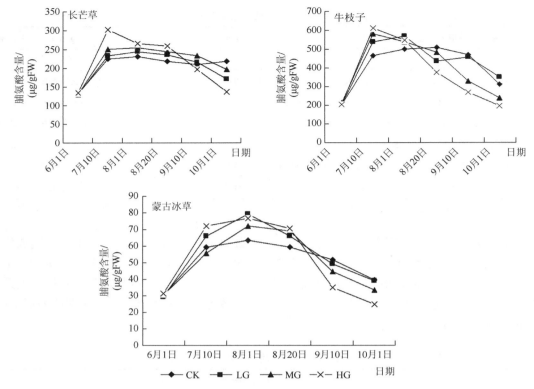

图 8-11　不同放牧强度下主要植物根系脯氨酸含量变化（刘王锁，2008）

CK. 对照；LG. 轻度放牧；MG. 中度放牧；HG. 重度放牧

（六）放牧对宁夏草地碳平衡的影响

土壤呼吸是草地生态系统碳输出的主要途径，土壤碳库中的碳素通过植物根系呼吸、土壤动物呼吸、土壤微生物呼吸和一些含碳的化学反应过程进入大气中，形成了碳素的大气植物土壤循环。在宁夏荒漠草原研究发现，不同放牧方式对土壤呼吸量影响的差异不大，也说明了土壤呼吸对放牧干扰不敏感。但整个放牧周期，围封禁牧、连续放牧、二区轮牧、四区轮牧和六区轮牧草地碳输入和碳输出量，得到净生态系统生产力（NEP）分别为–29.06g C/m²、–49.54g C/m²、–16.33g C/m²、29.22g C/m² 和 42.85g C/m²，表明四区轮牧和六区轮牧草地生态系统可以从大气中净吸收 CO_2，系统处于碳平衡状态（表 8-9）。可见，合理的放牧方式对荒漠草原碳的维持或增加有积极影响，科学的放牧方式有利于荒漠草原维持或增加碳汇。

表 8-9　不同轮牧方式下荒漠草原的碳平衡估算（俞鸿千，2014）

碳平衡/(g C/m²)	轮牧方式				
	CK	CG	TG	FG	SG
碳输入（NPP）	102.58	74.89	108.05	144.13	160.12
碳输出（Rm）	131.64	124.43	124.38	114.91	117.27
净生产力（NEP）	–29.06	–49.54	–16.33	29.22	42.85

注：CG. 连续放牧；TG. 二区轮牧；FG. 四区轮牧；SG. 六区轮牧；CK. 禁牧

（七）放牧对羊肉风味物质沉积的影响

研究发现，限时放牧对滩羊的风味物质沉积影响显著（王联联，2015），放牧因素促进了风味物质种类和数量的增加，而精料的饲喂促进了脂肪合成关键酶活性及关键基因的表达，从而使舍饲滩羊沉积更多脂肪，放牧降低了滩羊脂肪中对人体健康有害的饱和脂肪酸沉积，促进了有益脂肪酸沉积。

实践发现，凡在牧区、半牧区常年放牧的羊只，无论藏羊、蒙古羊、宁夏滩羊或是北方放牧的山羊，都有肉质良好、味道不膻的特点。有关试验研究已证明某些特种牧草如百合科的葱属、唇形科的地椒属植物中所含的活性有机物质，与影响羊肉品质的某些生化因子密切相关。研究发现，放牧家畜采食一定数量的蒙古沙葱中的烷烃和非杂环含硫有机物及一些带芳香气味的酚类、醛类（卢媛，2002），百里香（地椒属）中的烯烃和丁基羟甲苯，其肉中增加了含有这些成分的前体物质，在肉品加热烹制中，主要通过氨基酸与还原糖反应生成杂环化合物、脂质氧化和一些物质（如硫胺素）降解等过程，生成多种呈味物质，赋予肉食品各种风味。相反，常年舍饲的南、北方农区的羊只，与牧区所产羊肉在味道上不可同日而语。

在宁夏草地的放牧研究和示范推广证明，禁牧封育对退化草地生态恢复效果显著，但是草地并非禁牧时间越长越好，适当的放牧能够增加草地群落的多样性。放牧家畜一定的采食消除了限制植物生长的消极因素——立枯物、老叶片等冗余物，刺激植物再生增强，家畜排泄粪尿可为草地施肥、促进草地生产力的提高，保持了草地物质能量流动平衡和生态系统持续发展，这也符合生态学中的中度干扰理论。而且适度放牧可降低羊只饲养成本，有利于草地畜牧业的高质量发展。

三、草地灌、草资源开发利用

（一）柠条资源的饲用开发

近年来，宁夏生态建设项目中，天然草地上补植了大量柠条灌木林，为荒漠草原地区防风固沙、保持水土做出了贡献。截至目前，宁夏全区柠条资源面积已达 44.598 万 hm^2，地上部总生物量为 77.032 万 t，位于中部干旱带的盐池县柠条面积为 200 万亩左右。柠条属于豆科锦鸡儿属的旱生沙生灌木。既是防风固沙造林中的重要灌木树种，也是一种重要的饲料资源，其营养丰富，花期粗蛋白质含量可达 11.21%～36.27%，可作饲料。柠条按其经济生长期计算，必须3～5 年进行一次平茬复壮、抚育管理，才能保证其良好的生长趋势，促进生物量的积累，否则将会出现逐步退化，甚至枯死的现象。目前饲草资源不足是畜牧业发展的制约因素之一。如能将中部干旱带柠条资源科学饲用，对缓解畜牧业饲料不足，维持生态具有重要意义。

近年来，宁夏相关高校科研院所及产业部门开展了荒漠草原柠条平茬时期、留茬高度、平茬带间距等方面的研究，建立柠条科学平茬技术体系。研究发现（表 8-10、表 8-11、图 8-12）：①柠条蛋白质含量以 6 月份平茬柠条最高，再生性能以 5 月和 6 月平茬柠条再生较好。从饲用营养成分和柠条再生考虑，宁夏荒漠草原柠条最佳平茬时期为 6 月。②留茬高度对当年柠条生产无显著影响，考虑生产中的便利性，平茬适宜高度为近齐地平茬。③平茬密度越高，物种丰富度、多样性、均匀度越大，隔两行平一行 0～180cm 土壤含水量和土壤养分含量最高，风蚀量以隔一行平一行和隔两行平一行较低，综合植被特征、土壤水分、土壤养分及风蚀情况及收获柠条生物量看，平茬时可采用隔两行平茬一行的平茬方式。④平茬后，相对于 4m 和6m 带间距，8m 带间距人工柠条林种植间距对林间植被多样性增加、土壤质量改善更为有利，风蚀量最小。三种种植带间距中最适宜平茬饲用的种植间距是 8m 带间距。上述研究对宁夏中部干旱带的生态建设和柠条科学饲用具有重要意义。

表 8-10　不同平茬时期柠条的营养成分质量分数（周静静等，2017）

平茬月份	干物质	粗蛋白质	酸性洗涤纤维	中性洗涤纤维	粗脂肪	粗灰分
3	94.97±0.04c	11.96±0.08de	30.14±0.12b	49.24±0.36a	6.90±0.38a	10.65±0.04a
4	95.37±0.01d	11.23±0.06f	27.52±0.67e	45.46±1.25bc	7.14±0.30a	10.01±0.01bc
5	94.78±0.13c	12.61±0.23c	29.35±0.12c	45.83±0.80b	6.26±0.18b	9.73±0.04c
6	93.48±0.11d	15.38±0.30a	28.41±.07d	48.64±0.42a	6.04±0.04b	9.31±0.21d
7	92.39±0.24e	11.36±0.30ef	26.34±0.13f	44.32±0.13c	6.15±0.16b	6.20±0.11fg
8	95.90±0.03a	11.19±0.29f	29.66±0.08bc	49.42±0.02a	6.24±0.07b	6.44±0.17f
9	95.81±0.03a	12.27±0.34cd	29.63±0.31bc	41.63±0.34d	6.87±0.16a	7.39±0.12e
10	95.53±0.12b	11.66±0.54def	28.03±0.27de	48.39±0.25a	7.19±0.06a	10.14±0.21b
11	92.41±0.04e	14.40±0.08b	36.78±0.19a	48.20±0.15a	6.93±0.01a	6.05±0.06g

注：同列不同字母表示差异显著（$P<0.05$）

表 8-11　不同留茬高度下柠条冠幅、分枝数、生物量和返青率情况（周静静等，2017）

留茬高度	留茬 0cm	留茬 5cm	留茬 10cm	留茬 15cm
冠幅/cm	127.58±25.24ab	141.25±27.57a	129.17±21.00ab	120.33±18.72b
分枝数/枝	24.33±5.23a	26.67±8.26a	22.93±5.38a	22.67±6.15a
生物量/(kg/hm²)	1075.68±18.78a	1095.60±23.48a	1045.80±46.95a	1020.90±11.74a
返青率/%	97.58±0.82a	95.81±2.16ab	91.72±4.13b	82.01±4.62c

注：同行不同字母表示差异显著（$P<0.05$）

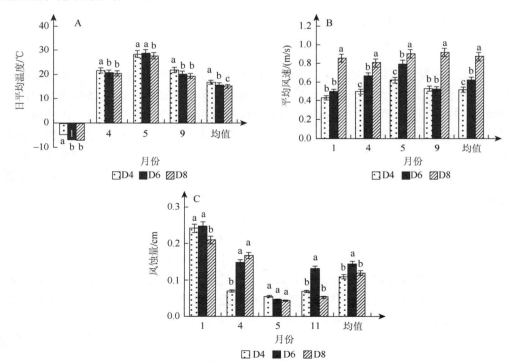

图 8-12　不同带间距柠条平茬后林间温度、风速及吹蚀量（周静静等，2017）

D4、D6、D8 分别表示种植带间距为 4m、6m 和 8m 的柠条林

通过研究构建了柠条饲草加工调制技术。研究发现外源性乳酸菌和复合菌对柠条青贮微生物含量和有氧稳定性更具优势，复合菌处理对柠条青贮有氧稳定性及营养成分具有积极改善作用（表 8-12）。可根据草食动物品种及不同生长阶段，按照草食家畜营养需求调制柠条发酵全混合日粮，为柠条饲草开发利用扩展了空间。

表 8-12　外源性添加剂对柠条青贮微生物含量及有氧稳定性的影响

项目	对照组	复合酶处理	乳酸菌处理	复合菌处理	SEM	P 值
乳酸菌/(10^{10}cfu/g)	7.02[a]	7.31[ab]	7.76[c]	7.54[b]	0.12	0.02
酵母菌/(10^6cfu/g)	7.39	6.73	7.03	6.85	0.42	0.13
霉菌/(10^5cfu/g)	3.11[bc]	2.67[b]	2.12[ab]	<1.81[a]	0.27	0.03
有氧稳定性/h	195.5	195.75	195.75	196	0.34	0.21

注：同行肩注不同字母表示处理间差异显著（$P<0.05$）

（二）其他灌、草资源的开发利用

除面积较大的柠条资源外，甘草、苦豆子、百里香等资源也作为药材或饲草进行了开发。一些科研院所和生产企业尝试用甘草、苦豆子、百里香开发出羊只功能性饲料，对拓展草地灌、草资源开发利用具有积极作用。

四、宁夏草地可持续利用对策

宁夏干旱少雨，草地生态系统脆弱，传统的不合理利用使草地退化严重，因此自治区政府自 2003 年起实施了完全禁牧措施。围栏禁牧是现阶段恢复天然草地植被的有效措施之一，也是国家实施退牧还草工程的主要建设内容。草地围栏建设有利于固定草地使用权，能有效控制草地放牧强度，便于放牧家畜的饲养管理和有计划放牧；有利于退化、沙化草地的休养生息与自然更新，起到改善生态、恢复植被的积极作用。合理规划、科学利用草地不仅不会引起草地退化，而且对进一步巩固生态保护与建设成果，发挥天然草地的生态和生产功能具有重要意义。

（一）坚持生态优先，分类指导，草地生态保护建设和科学利用并举

正确处理草地禁牧封育、生态保护和生态建设、科学利用的辩证关系，突出草地生态功能的主体地位。在保证天然草地生态安全、生物多样性保护、防风固沙、水土保持等功能的前提下，科学利用草地。要利用全区天然草地监测数据或对天然草地进行全面调查评价，根据草地生态现状、生产需要，结合国土规划对草地进行功能区划分，宜封则封，宜牧则牧，发展草地文化旅游等，分类指导，不搞"一刀切"。

2018 年，宁夏天然草地总产草量 454.36 万 t，理论载畜量达到 313.34 万羊单位，年产值约 21 亿元，完全禁牧后不仅牧草资源浪费，而且羊只饲养成本上升。对宁夏盐池县荒漠草原滩羊饲养成本的调查发现，全舍饲情况下，2012～2021 年，每只成年滩羊日饲料成本为 2.00～2.68 元，平均饲料成本为 2.36 元。若将用工计算在内，则除非制成分割肉进入中、高档羊肉市场或外贸出口，否则在经济上是并不划算的。

长期禁牧情况下，植物种没有家畜的采食等外界影响，完全处于自然竞争状态下，一些灌木、半灌木吸收的土壤水分更深，比一些草本更加抗旱，使一些当地的特有物种逐渐被排挤减少或消失。如目前一些灌木密度大的草地，由于土壤浅层水分的大量消耗，许多多年

生草本逐渐消失，被受降雨影响较大的一些一年生草本代替，这对草地物种多样性的保持及当地的特有物种保护极为不利。同时，多个研究发现，放牧的羊只肉质良好，味道不膻的特点与草地中存在某些特种牧草如百合科的葱属、唇形科的百里香属植物等有密切关系（卢媛，2002）。作为宁夏著名地方品种——滩羊，其肉质鲜美也与宁夏荒漠草原独特的植被和环境有关。禁牧后有理由质疑宁夏滩羊转为世代相继的舍饲后，会在肉的品质上产生退变的可能，如果这种退变以特定的基因遗传下去，有可能造成物种退化。

长期禁牧加大了草地工作部门的草原防火工作量。没有家畜适度的采食干预，草群高度明显升高，防火压力势必增大。据调查，典型草原区草产量比禁牧封育前提高近 3 倍，植被盖度亦显著增加，冬季枯草层厚度达 8～25cm，地上可燃物干重 135～273g/m^2，草原火险等级提高，发生火灾的潜在因素加大，草原防火形势严峻。

可见，"完全禁牧才能维护生态"并非科学理念。超载过牧导致严重退化的草场，短期禁牧确实可起到改善生态、恢复植被的积极作用，然而认定唯有长期禁牧甚至永远禁牧才是维护生态的最佳选择未免失之偏颇，并非科学。对于部分恢复情况良好的天然草场，如果不进行适度的干扰，不利于其生物多样性和生产力的提高，并且存在着草地资源的浪费。要在生态优先的基础上进一步完善禁牧、草畜平衡等相关政策和制度，科学规划、分类管理，应是宁夏草地今后可持续发展的方向。

（二）推行放牧与舍饲，草地禁、休、轮牧制度结合，促进草地资源可持续发展

推进种养结合、放牧与舍饲并举。基于当地资源禀赋和特点，坚持农牧结合、推进畜牧业适度规模化、标准化和良种化，推进草畜一体化建设，加强草畜关联。因地制宜实施暖季放牧冷季舍饲制度，降低饲养成本，推动草地畜牧业传统生产方式的转型升级，增加养殖收益。

积极探索推行草原禁、休、轮牧制度，建立草地资源可持续发展管理机制。对退化严重的草地、生态脆弱的草地实施长期禁牧或一定时期内禁牧；在草原畜牧业生产重点区域，对退化草地重点建设，通过补播等方式加快恢复生态。在一些植被恢复好的地区积极探索季节性休牧，季节性放牧、轮牧、延迟放牧和草畜平衡制度，有序利用生态恢复了的草原。将禁牧、休牧、以草定畜、划区轮牧、舍饲半舍饲、合理刈收灌、草资源等草地管理利用方式有机结合，做到草畜平衡发展，草地适应性精细管理，实现草地资源的可持续发展、生态和经济共赢。

（三）确定适宜的载畜量，以草定畜、草畜平衡，严防草原超载

以草定畜，草畜平衡是《草原法》规定的一项草地利用的基本制度，合理放牧的首要问题是确定合理的载畜量。这就要求保持单位草地内家畜规模与牧草产量之间的动态平衡，合理地测算和规定草地载畜量。

载畜量是以一定的草地面积，在放牧季内以放牧为基本利用方式，在放牧适宜的原则下，使家畜正常生长、发育及繁殖的放牧时间和放牧家畜头数。根据载畜量的含义，它所表述的草地生产力是由草地面积、放牧时间和家畜头数三个要素构成的，在这三个要素中只要有两个不变，一个为变数，即可以表示载畜量。因此，载畜量有家畜单位法、时间单位法和草地单位法三种表示方法。实际生产中，多用家畜单位法和面积单位法。

载畜量测算方法有可食牧草产量计算法、草地牧草可利用营养物质产量计算法、放牧试验法等。其中利用可食牧草产量来计算最为常用。

$$草地载畜量（时间单位法）= \frac{可食牧草产量×草地利用率×标准干草折算系数}{家畜日食量（1.9kg标准干草）}$$

$$草地载畜量（家畜单位法）= \frac{可食牧草产量×草地利用率×标准干草折算系数}{家畜日食量（1.9kg标准干草）×放牧天数}$$

$$草地载畜量（面积单位法）= \frac{草地总面积×家畜日食量（1.9kg标准干草）×放牧天数}{可食牧草产量×草地利用率×标准干草折算系数}$$

草地总面积，可食牧草产量、家畜日食量和放牧天数可实际测定或根据立地条件确定。

草地利用率就是适宜载畜量所代表的放牧强度。规定适宜的草地利用率比较复杂，它受牧草的耐牧性、生长期、地形、土壤、家畜种类和生产性能及对草地管理水平等诸多因素的影响。草地利用率具体表示方法如下

$$利用率 = 可采食掉的牧草量/牧草总产量×100\%$$

利用率是一个比较稳定的理论值，家畜的实际采食情况往往偏高或偏低，因此把家畜实际采食牧草的量占牧草总量的百分比（采食率）作为参照值，与利用率加以对比，更能真实表达草地的利用强度。

$$采食率 = 家畜实际采食量/牧草总产量×100\%$$

计算载畜量时草地利用率和标准干草折算系数可参考表 8-13 和表 8-14。

表 8-13　草地利用率

草地类型	暖季放牧利用率/%	春秋季放牧利用率/%	冷季放牧利用率/%	全年放牧利用率/%
低地草甸类	50～55	40～50	60～70	50～55
山地草甸类、高寒沼泽化草甸亚类	55～60	40～45	60～70	55～60
高寒草甸类	55～65	40～45	60～70	50～55
草甸草原类	50～60	30～40	60～70	50～55
草原类、高寒草甸草原类	45～50	30～35	55～65	45～50
荒漠草原类、高寒草原类	40～45	25～30	50～60	40～45
高寒荒漠草原类	35～40	25～30	45～55	35～40
沙地草原（包括各种沙地草原和沙地高寒草原）	20～30	15～25	20～30	20～30
荒漠类和草原化荒漠类	30～35	15～20	40～45	30～35
沙地荒漠亚类	15～20	10～15	20～30	15～20
高寒荒漠类	0～5	0	0	0～5
暖性草丛、灌草丛草地	50～60	45～55	60～70	50～60
热性草丛、灌草丛草地	55～65	50～60	65～75	55～65
沼泽类	20～30	15～25	40～45	25～30

资料来源：《天然草地合理载畜量的计算》（NY/T635—2015）

注：采用划区轮牧的草地，利用率取其上限，采用连续或连续放牧的草地，利用率取其下限；轻度退化的草地利用率按表中规定的利用率的80%计算，中度退化按50%计算，重度退化的应该停止利用，进行禁牧、休牧或休割

表 8-14　草地标准干草的折算系数

草地类型	标准干草折算系数	草地类型	标准干草折算系数
禾草草原和山地草甸	1.00	禾草高寒草甸	1.05
暖性草丛、灌草丛草地	0.85	禾草低地草甸	0.95
热性草丛、灌草丛草地	0.80	杂类草草甸和杂类草沼泽	0.80

续表

草地类型	标准干草折算系数	草地类型	标准干草折算系数
嵩草高寒草甸	1.00	禾草沼泽	0.85
杂类草高寒草地和荒漠草地	0.90	改良草地	1.05
禾草高寒草原	0.95	人工草地	1.20

资料来源：《天然草地合理载畜量的计算》（NY/T 635—2015）

放牧强度就是草地放牧利用的轻重程度。生产中适宜放牧强度可借助前人研究结果或试验确定，也可在利用率的标准确定以后，根据家畜实际的采食率来检验放牧强度。放牧强度在理论上的表现是：利用率＝采食率，放牧适宜；利用率＞采食率，轻度放牧；利用率＜采食率，过度放牧。

根据"宁夏中部干旱带禁牧封育草原利用方式试验研究"的结果，宁夏荒漠草原适宜载畜量为 0.75 个羊单位/hm²（1.33hm² 草地一个羊单位）。宁夏典型草原以 50%利用率计算，全年连续放牧下，平年载畜量为 1.15 个羊单位/hm²（0.87hm² 草地一个羊单位），歉年载畜量为 0.71 个羊单位/hm²（1.40hm² 草地一个羊单位）；暖季载畜量为 2.22 个羊单位/hm²（0.45hm² 草地一个羊单位）。

（四）采取合理的放牧制度（方式），划区轮牧优于自由（连续）放牧

草地放牧制度（方式）大体可分为连续放牧（自由放牧）、划区轮牧两大体系。连续放牧也称无系统放牧，指在整个放牧季，对放牧地不做划区轮牧规划，家畜始终保持在较大范围草地自由采食。该方法节省物力、财力的投入，但导致某些适口性好的植物被过度采食而适口性差的植物采食不足（牧草浪费）。划区轮牧是在季带划分的基础上，把每一季带分成若干轮牧分区，按照一定次序逐区轮回利用的一种放牧制度。相对于传统的连续放牧，划区轮牧虽需要进行围栏建设等额外投入，但其是一种有计划的放牧方式，能有效减缓草地退化，受到放牧管理者的青睐，是一种世界畜牧业发达国家广泛应用的先进放牧管理制度。

进行划区轮牧时，要考虑轮牧周期、放牧频率、小区的形状及轮牧方法等。其中，轮牧周期重点考虑了牧草的再生能力、气候特点、管理条件及利用时期；放牧频率是各小区可放牧的次数，也就是牧草可再生的次数；小区形状多为长方形，生产上也可以自然障碍物为分区边界，则小区形状可呈不规则状；小区布局以牲畜进出、饮水方便，不影响家畜健康和环境为原则。

根据我区草地生态现状和前期研究示范，在荒漠草原和典型草原可实施 3～4 区简易划区轮牧，轮牧草地面积在 3000 亩以内为宜。如实行四区轮牧，荒漠草原暖季传统放牧时期为 5 月中旬到 10 月上旬，全年可放牧 144d，每区放牧 12d，每个放牧周期为 48d，全年放牧频率（次数）为 3 次；典型草原自 5 月 25 日始牧，至 11 月 4 日停牧，暖季放牧 164d，每区放牧 8～9d，全放牧季 4 个轮回，放牧 5 次，每一轮回相隔 24d（加上在当区放牧的 8d 实为 32d）。

（五）调整年际间小区轮牧顺序，进行延迟放牧或提前结束放牧

放牧草地每年从适当放牧开始到适当放牧结束的这一段时期称为放牧时期（放牧季）。正确的放牧时期就是表示在放牧期内家畜对草地牧草的危害最小，而收益最大的时期。生产中家畜实际上放牧时期称为放牧日期。在生产中，应让放牧时期与放牧日期一致。

宁夏草地在传统放牧时期的基础上，考虑牧草生育期、牧草种子繁殖等情况，年度间小

区要以不同顺序进行轮牧。同时，因地制宜对轮牧时间作适当调整，对生态脆弱地区，进行延迟放牧或提前结束放牧，以保持牧草的生活力。

（六）创新组织形式和有效管理措施，确保放牧强度和放牧制度（方式）顺利实施

宁夏各地草地植被不同，草地面积各异，各地区要根据当地实际，因地制宜采取科学的组织形式和有效管理措施，确保草地不超载、确保科学放牧制度（方式）顺利实施。"宁夏中部干旱带禁牧封育草原利用方式试验研究"固原市原州区基点在项目试验和示范中，自主创新"联户限羊代牧制"，经两年试验中具体实践证实，该方法是沿用当地农村习惯，传承当地农民互助传统，适用于固原市半农半牧地区切实可行的有效管理和合理利用草地的新机制。具体做法是：

1. 承包到户，依规放牧

因地制宜以联户或自然村为单元建立围栏，放牧单元面积在 20hm^2 以内为宜，固定草场使用权。由行政村村委会和村民小组组长参加组成"草畜平衡责任制领导小组"，将草地放牧管理纳入乡、村党政管理。

2. 以草定畜，限羊代牧

按具体草地类型规定适宜载牧量，限定各户放牧羊只。对核定的载畜量在自然村内张榜公布，代表村委会与承包户（联户）签订《草畜平衡责任书》。公选一名素质良好、有放牧经验的专职放牧员负责代替大家放牧。签订代牧合同，明确责任权利，各户不得自行放牧。制发"放牧证"，每天放牧时，代牧人员随身携带"放牧证"才能进入草地放牧。放牧证中填写着放牧员的姓名，放牧羊只数量，放牧的地点，轮牧的方式（包括轮牧周期和频率），联牧的户数等。

3. 各司其职，互相监督

每天早上，农户将规定放牧羊只赶到村头或场院，交给放牧员集中放牧。晚上归牧，各户的羊只由各户分圈饲养。羊主人分别负责自己羊只的饮水、补饲、配种、接羔、羔羊培育、抓绒、剪毛、驱虫、防疫等管理。对于放牧的羊只数，除了村民自己互相监督外，行政村"草畜平衡责任制领导小组"对每个联户轮牧的放牧羊只进行不定期抽查，发现有超出"放牧证"核定数量的羊只，按照责任书进行处罚，直至取消放牧权。

"联户限羊代牧制"及其配套措施，作为山区生态重建中使生态、经济二效双赢的交汇点，有利于生态建设的可持续发展；有利于山区农民脱贫致富奔小康；有利于构建稳定、和谐社会，开辟了在继承中创新，在创新中发展的宁夏固原山区草地生态和谐畜牧业的新路子。

（七）完善机制和体制，加强科技创新和草地监督管理，为草地科学利用提供保障

要进一步推进草地"确权"和草原承包经营责任制，使草地"管、建、用"相结合、"责、权、利"相统一。进一步强化草地确权登记制度和草地承包经营管理，明确使用权，落实承包经营权，保障收益权。做到草地"管、建、用"相结合，"责、权、利"相统一，实现"草地有主、建设有责、管理有法、补助到户"的目标。

同时，结合草地所在地区的区域优势、产业特点，积极推进草地依法流转和规模经营，充分调动广大农牧民保护和建设草地的积极性，为草地生态保护建设成果的维护、草地科学利用和可持续发展奠定基础。

加大科技创新，支持开展放牧时期、放牧方式等技术研发和示范，依靠科技进步，解决草地保护建设、休牧、轮牧和种养结合发展中迫切需要的解决技术难题和瓶颈问题，提升科技创新和服务水平，为草地禁、休、轮牧制度实施提供技术支撑。

加强开展草地监测，增强依法行政能力和水平。完善草地监理体系，定期开展草原状况监测，建立草地生态状况信息化平台，根据草地生态和生产力情况及时调整相关政策。对破坏草地、偷牧、违反草畜平衡、不采用合理放牧的行为严格依法处理。政府管理部门要制定草地禁牧、休、轮牧管理办法，以规章来规范和指导草地禁、休、轮牧。使草地禁牧、休、轮牧管理工作走上法治化、制度化和科学化道路，确保宁夏草地禁、休、轮牧制度的顺利实施。

第二节　草地改良

草地是自然生态系统中一种重要的可更新资源，是陆地生态系统的重要组成部分，是当前人类活动影响最为严重的区域，由于人类扰动，已引起草地的普遍退化。退化草地生态系统是陆地生态系统退化的一种重要类型，是在一定的生境条件下，草地植被与该生境的顶级或亚顶级植被状态下的背离。草地退化是一个全球性问题，据估计，全球退化草地面积占 50% 以上，而且草地生态恶化的态势仍在加剧，已对世界的生态安全构成威胁。我国有草地资源近 4 亿 hm^2，是真正的第一大陆地生态系统类型和天然生态屏障。长期以来，由于超载过牧、滥搂乱挖、滥垦乱建，致使我国 90% 以上的草地出现了不同程度的沙化、退化和盐碱化。草地退化导致草地植物群落结构改变，草群中优良牧草生长发育减弱，草地生境条件恶化，鼠、虫害等增加，进而引起土地荒漠化、沙尘暴迭起、江河断流、水土流失等一系列生态环境问题，直接影响社会经济的可持续发展。因此，退化草地植被的恢复与重建引起了全国乃至世界范围的广泛关注。

宁夏位于我国西北地区东部，大部分地区干旱少雨、风大沙多，生态环境受自然因素和人为因素的扰动，变化极为敏感，天然植被破坏极为严重，草场退化、沙化，水土流失严重一直是影响宁夏生态环境治理的大问题，到 2000 年底全区水土流失面积达全区总土地面积的71.1%，成为全国水土流失最严重的省区之一。

针对退化草地，可通过去除人为干扰、优化草地管理、利用农业技术措施等改善草地生态环境、控制草地演替方向、促进草地的正向演替、保持和提高草地生产力，实现草地的可持续利用。随着西部开发和农业结构调整战略的深入实施，国家相继启动了退耕还林还草、天然草地保护等项目工程。宁夏也紧抓国家西部大开发的历史机遇，于 2003 年全面实施了退耕还草、围封禁牧和休牧，给草地提供了一个休养生息的机会，促进草地的自然更新，同时通过补播等措施实现退化草地的恢复与重建，部分草地生态环境出现逆转。

一、草地改良的概念及措施

（一）草地改良的概念

草地改良是运用生态学基本原理和方法，在不破坏或少破坏原有草地植被的前提下，通过各种农艺措施，改善天然草群赖以生存的环境条件，促进草地植物的生长，必要时直接引入适宜当地生存的天然草种或驯化种，改变天然草群成分，增加植被密度和物种多样性，以提高草地生产力。

草地改良的目的在于调节和改善草地植物的生存环境，创造有利于优良牧草生长发育的生境条件，同时通过农业技术措施，促进牧草的生长发育，提高草地植物的产量和质量。

草地改良可分为治标改良和治本改良。

治标改良是在不改变原有土壤和植被的情况下，采取一些农业技术措施，改善和调节土壤水、肥、气、热状况，清除有毒、有害植物，改善植物群落结构，改良和复壮草群，以提高草地的生产力。

治本改良是完全破坏天然草地植被后，重新播种，建立新的植物群落，形成高产稳产人工草地的改良方法。该法改良速度快，易收到良好效果，但投资大，在干旱地区必须有灌溉条件才能采用。

无论是治标改良还是治本改良都应与合理利用、科学管理相结合，以保证草地的稳产、高产和持续利用。

（二）草地改良的主要措施

根据草地现状和生产状况，草地改良的工作内容包括草地地面状况的改善、土壤的改良和植被的恢复与改善。具体改良措施根据农业技术特点及其对草地植物和生境的影响而定。

1. 草地地面状况的改善

草地地面状况的改善主要是通过人力或机具清除影响草地利用和生产力提高的地面障碍物，主要包括畜蹄践踏或其他自然因素形成的草丘、啮齿类动物活动产生的土丘、石块、灌木等其他杂物。

2. 土壤改良措施

草地经过长期自然演变和人类扰动，特别是放牧家畜的践踏，引起表层土壤紧实，通气、透水性变差，微生物活动减弱，影响植物水分、养分的供应，降低草地生产力。松土改良，即通过机械作用，改善草地土壤结构及其孔性，从而提高土壤肥力。土壤改良是通过耕作、灌溉、排水及施肥等措施，改善土壤结构和肥力、调节土壤的水、肥、气、热，改变植被的立地条件，以期获得优质高产的牧草。

（1）草地松耙

草地松耙是对草地进行耙地，以改善草地表层土壤空气状况的常用措施，是草地进行营养更新和补播改良等的基础作业。耙地的作用主要包括：①可以消除地面的枯枝残株，有利于嫩枝和根茎性草类的生长；②可以切碎生草土块，疏松表层土壤，改善土壤物理性状，有利于通气和水分入渗；③可以切断土壤的毛细管作用，减少土壤水分蒸发，起到保墒作用；④可以消灭杂草和寄生植物；⑤有利于土壤种子库和人工补播牧草种子与土壤的结合，给牧草种子的萌发和幼苗的生长提供了良好条件。

耙地虽然对改善草地表层土壤的物理性状等具有积极作用，但同时也会产生不良影响：①直接将植物拔出，切断或拉断植物的根系；②枯枝落叶的清除可能使一些植物的分蘖节和根系暴露，导致植物更易因干旱或寒冷而死亡；③由于耙地只能作用于表层土壤，因而不能根本改变土壤的物理性状。

耙地对草地的改良效果受耙地时间、机具和草地类型的影响。其中，草地类型主要是指草地主要植物的生活型，以根茎性或根茎疏丛型草类为主的草地，耙地可获得较好的效果；以丛生禾草和根茎浅的草类为主的草地则不宜实施松耙。

（2）耕翻耙

耕翻耙是将草地耕翻后进行耙地，以促进植被的自然更新。耕翻耙的优点是土壤疏松更为彻底，因而可更好地改善土壤的通气性。但是，单独进行草地耕翻耙可能会破坏植被，因而在退化草地改良中往往结合补播。影响耕翻耙效果的因素主要包括：草地类型、地形和土壤、耕翻耙时间和技术等。

（3）划破草皮

划破草皮是在不破坏天然草地植被的条件下，对草皮进行划缝的草地培育措施。通过划破草皮可改善草地土壤的通气状况，提高土壤肥力和透水性，调节土壤酸碱性等，进而提高草地生产力。实施划破草皮宜选择地势较为平坦的草地，且应考虑适宜的机具、划破的深度、程度及划破的时间等。划破草皮可能会引起草地产量下降，如能配合施肥、灌溉、补播等措施，则可取得较好效果。

3. 植被的恢复与改善

植被是生态系统中物质循环与能量流动的中枢，退化草地生态系统的恢复首先以植被恢复为前提，通过实施草地禁牧封育，利用草地生态系统自组织力实现植被的自然恢复，也可以通过清除毒害草、补播、营造草地防护林等方式增加优良牧草比例，改善植物群落结构，增加草地生产力。

（1）草地封育

草地封育是将草地封闭一定时期，在此期间不实施放牧、割草等作业，给草地植物提供休养生息的机会，使得牧草能够积累足够的营养物质，并且产生种子以增加营养繁殖的机会，促进草地植物的自然更新，提升草地生产力。封育简单、便捷，对于没遭到根本破坏的草地，不失为一种行之有效的退化草地恢复措施。

（2）人工补播

草地退化过程中植物物种组成发生替代，优良牧草减少、生产力降低、物种多样性下降。补播是在不破坏或少破坏原有植被的情况下，播种一些适应性强、饲用价值高的优良牧草，以增加草群中优良牧草的比例、提高植被盖度及牧草的产量与质量，是退化草地植被恢复与改良的有效措施之一。

（3）清除毒害草

在天然草地，不仅生长着适口性好、富含营养物质的优良牧草，而且混生有家畜不喜食，甚至是对家畜健康产生不良影响的有毒、有害植物，伴随着草地退化过程中植被的逆向演替，有毒、有害植物的比重增加，因而可通过物理、化学或生物措施，减少或消除这类不良植物成分，以提高优良牧草的竞争力。

二、宁夏草地改良研究

宁夏地处中国内陆的干旱、半干旱地区，生态环境脆弱，植物区系成分及群落结构简单、土壤瘠薄，由于自然生境的严酷性加之人类活动的干扰，水土流失严重，天然草地普遍次生化，成为本地区社会经济可持续发展的重要制约因素之一。此外，宁夏也是我国扶贫开发和生态建设的重点区域，草业在当地农业生态经济系统中不仅具有优势，而且承担着其他农业产业不可替代的作用，对调整农业结构，增加贫困农户的收入，促进当地社会、经济发展，改善生态环境具有重要意义。随着国家一系列生态保护工程的实施，宁夏已全面落实天然草地禁牧、退耕还草、退化草地补播等生态保护和建设工程，草地生态环境得到一定的改善。

同时，宁夏在天然草地改良、风蚀水蚀草地治理和植被建设方面也进行了较多研究。如"干旱草地改良管理与利用的配套技术研究""贺兰山东麓半荒漠草原改良利用综合试验研究""宁夏半干旱黄土丘陵区生态型草业技术体系建设及产业化开发""宁夏干旱风沙区退化植被恢复技术研究与示范""暖温性荒漠草原区退化草地修复及生产力提升技术研发与示范"等所取得的成果，对相应地区草原改良具有指导意义。在天然草地补播方面，固原、同心、盐池、灵武等地飞播牧草的成功实践，改革了牧草种植手段，极大地加快了种草速度，为大规模补播改良和治理沙化草原提供了经验和技术。

（一）禁牧封育对退化草地的改良效果

1. 禁牧封育对退化荒漠草原的改良效果

（1）禁牧封育对退化荒漠草原植被的影响

1）对植物物种组成的影响。通过不同封育年限荒漠草原的植被调查，共鉴定出 23 种植物，隶属 10 科。随着植被的自然恢复演替，群落优势物种发生变化，未封育草地，植被以多年生中亚白草（*Pennisetum centrasiaticum*）、刺蓬（*Salsola ruthenica*）为主，伴生牛枝子（*Lespedeza potaninii*）、银灰旋花（*Convolvulus ammannii*）、瘤果虫实等；封育 3 年的草地主要以中亚白草、甘草（*Glycyrrhiza uralensis*）、牛枝子等为主；封育 4 年的草地主要有中亚白草、刺蓬、牛枝子、短花针茅（*Stipa breviflora*）等；封育 5 年的草地主要有中亚白草，伴生有一定量的赖草（*Leymus secalinus*）、刺蓬、瘤果虫实（*Corispermum declinatum*）等；封育 6 年的草地，主要以短花针茅为主，伴生有一定量的中亚白草、甘草、刺蓬等；封育 7 年的草地以牛枝子为主，伴生有一定量的短花针茅、刺蓬、匍根骆驼蓬（*Peganum nigellastrum*）等（表 8-15）。

表 8-15　不同封育年限荒漠草原植物群落主要物种及重要值（王蕾，2011）

植物种	科名	生活型	封育年限					
			未封育	3 年	4 年	5 年	6 年	7 年
丝叶山苦荬 *Ixeris chinensis*	菊科	多年生草本	2.20	2.18	4.97	0.21	0.23	2.25
赖草 *Leymus secalinus*	禾本科	多年生草本	5.36	7.87	7.15	14.11	20.42	0.01
中亚白草 *Pennisetum centrasiaticum*	禾本科	多年生草本	14.01	19.35	20.08	25.53	19.95	2.86
甘草 *Glycyrrhiza uralensis*	豆科	多年生草本	0.21	6.55	6.41	9.14	1.58	7.62
刺蓬 *Salsola ruthenica*	藜科	一年生草本	15.33	7.55	15.94	26.08	11.66	12.20
砂珍棘豆 *Oxytropis racemosa*	豆科	多年生草本	1.72	1.51	3.35	0.53	2.58	0.40
牛枝子 *Lespedeza potaninii*	豆科	半灌木	11.39	16.18	13.03	1.05	7.31	22.16
银灰旋花 *Convolvulus ammannii*	旋花科	多年生草本	9.58	0.94	3.47	0.85	4.43	10.64
匍根骆驼蓬 *Peganum nigellastrum*	蒺藜科	多年生草本	6.67	0.94	7.78	1.05	7.89	11.35
短花针茅 *Stipa breviflora*	禾本科	多年生草本	6.47	0.32	9.85	—	22.88	16.84
瘤果虫实 *Corispermum declinatum*	藜科	一年生草本	7.16	1.94	3.74	7.54	5.22	1.03

从植物经济类群看，在荒漠草原自然恢复过程中，禾本科植物的比例明显增加，封育 5 年的草地禾本科草类的重要值达到 65.24，而豆科、菊科、藜科和杂类草的重要值明显降低，随着封育年限的延长，禾本科的重要值又有所降低，而豆科和杂类草的重要值有所升高（表 8-16）。

表 8-16　不同封育年限草地植物经济类群组成及其重要值（王蕾，2011）

封育年限	豆科草类		禾本科草类		菊科草类		藜科草类		杂类草	
	物种数	重要值	物种数	重要值	物种数	重要值	物种数	重要值	物种数	重要值
未封育	4	15.34	4	27.62	3	3.10	3	26.26	6	27.68
封育 3 年	4	25.44	4	33.42	4	19.96	3	9.70	6	11.48
封育 4 年	4	23.16	4	37.16	3	5.97	3	22.33	6	11.38
封育 5 年	6	10.77	3	65.24	3	0.37	3	12.32	6	4.53
封育 6 年	5	11.71	4	39.66	3	0.77	3	17.75	6	36.88
封育 7 年	6	32.79	4	20.15	3	2.73	3	14.66	6	29.67

退化荒漠草原禁牧封育后，植被得到了很好的休养生息，植物群落结构得到明显改善。各封育年限草地草群密度均高于未封育草地，其中以封育 5 年的草地草群密度最高，达 214.27 株/m²，但与封育 4 年、6 年、7 年的草地之间差异不显著，封育 3 年的草地草群密度与未封育草地之间差异不显著。草群高度随封育年限的延长逐渐增加，封育 7 年的草地植物平均株高达到 12.02cm（$P<0.01$）。植被盖度由未围封草地的 34.27%增加至围封 5 年的 50.68%，随封育年限的延长又有所下降；封育 3 年的草地较未封育草地的植被盖度增加了 26.7%，随着封育年限的延长，增加趋势减缓。封育 3~7 年的草地地上生物量均显著高于未封育草地（$P<0.01$），以封育 7 年的草地地上生物量最高，为 53.56g/m²，但其与封育 5 年、6 年的草地之间差异不显著。从总体来看，封育初期，草地地上生物量增加较快，封育 5 年后，地上生物量虽继续增加，但增幅降低，表现出缓慢增加的趋势（表 8-17）。

表 8-17　不同封育年限草地植物群落的数量特征（王蕾，2011）

封育年限	密度/(株/m²)	高度/cm	总盖度/%	生物量/(g/m²)
未封育	87.23b	6.69d	34.27d	22.87d
封育 3 年	92.96b	7.93cd	43.28c	35.36c
封育 4 年	201.08a	8.90c	47.35ab	39.93bc
封育 5 年	214.27a	10.60b	50.68a	46.84ab
封育 6 年	205.75a	11.56a	46.66b	50.06ab
封育 7 年	201.12a	12.02a	36.96bc	53.56a

注：同列肩标字母不同者为差异显著（$P<0.05$），字母相同者为差异不显著（$P>0.05$）（下同）

2）封育对植物群落物种多样性的影响。物种多样性作为植被群落的重要特征，标示群落系统内部及其与周围环境关系的变化，是认识生态系统结构和功能变化的基础。各封育年限草地物种丰富度均较未封育草地低，其中封育 5 年的草地物种丰富度最低，显著低于其他封育年限的草地（$P<0.01$），封育 6~7 年的草地，物种丰富度较封育 5 年的草地又有所上升，但与封育 3~4 年的草地之间差异不显著。各封育年限草地 Shannon-Wiener 指数均高于未封育草地，并呈现出随封育年限的延长逐渐增加的趋势，至第 5 年增至最大，为 2.26±0.23，之后又有所降低。Simpson 指数以封育 5 年的草地最低，为 2.26±0.05，极显著低于其他封育年限的草地及未封育草地。各封育年限草地 Pielou 指数均较未封育草地高，但其间差异均不显著（表 8-18）。从维持物种多样性稳定的角度看，封育第 5 年是宁夏荒漠草原恢复演替过程中的一个关键时期。

表 8-18　不同封育年限草地植物群落α多样性（王蕾，2011）

封育年限	丰富度	Shannon-Wiener 指数	Simpson 指数	Pielou 指数
未封育	16.23±1.67a	1.67±0.22a	0.85±0.02a	0.71±0.08
封育 3 年	15.03±1.93b	2.00±0.23bc	0.81±0.06a	0.74±0.07
封育 4 年	14.83±1.68b	2.10±015b	0.83±0.04a	0.78±0.05
封育 5 年	10.36±2.38c	2.26±0.23d	0.75±0.05b	0.72±0.06
封育 6 年	14.70±1.93b	1.96±0.37c	0.82±0.06a	0.73±0.12
封育 7 年	15.23±2.01b	2.04±0.17bc	0.86±0.24a	0.83±0.41
F 值	33.06**	19.57**	3.55**	1.82ns

注：同列不同字母表示不同封育年限之间差异显著，*表示 $P<0.05$ 水平，**表示 $P<0.01$ 水平

3）不同封育年限草地优势种群生态位宽度的变化。生态位宽度是度量植物种群对环境资源利用状况的尺度，由表 8-19 看出，未封育草地生态位宽度较大的种群为刺蓬、中亚白草、牛枝子、银灰旋花，为 2.484～3.308；封育 3 年的草地，以牛枝子、中亚白草、短花针茅的生态位宽度较大，均达 3.050 以上；封育 4 年的草地，中亚白草、刺蓬、牛枝子生态位宽度较大，分别为 3.743、3.365、3.204；封育 5 年的草地，生态位宽度较大的种群为中亚白草（4.181）、赖草（3.700）和刺蓬（2.817）；封育 6 年的草地，以中亚白草、赖草、刺蓬生态位宽度较大，分别为 3.213、2.982、2.840；封育 7 年的草地生态位宽度较大的种群为牛枝子、短花针茅、刺蓬、甘草，分别为 4.058、3.153、2.769、2.347。

表 8-19　不同封育年限草地优势种群生态位宽度的比较（张晶晶等，2013）

植物种	生态位宽度					
	未封育	封育 3 年	封育 4 年	封育 5 年	封育 6 年	封育 7 年
短花针茅	1.986	3.050	1.895	0.344	1.962	3.153
糙隐子草	0.794	0.764	0.069	0.014	0.810	1.731
银灰旋花	2.484	1.003	1.177	0.416	1.484	2.713
牛枝子	2.900	3.509	3.204	0.506	2.186	4.058
砂珍棘豆	0.830	0.713	1.247	0.270	1.100	0.225
刺蓬	3.308	2.238	3.365	2.817	2.840	2.769
甘草	2.020	2.197	2.109	2.598	0.664	2.347
中亚白草	2.926	3.182	3.743	4.181	3.213	1.147
赖草	1.687	1.635	2.061	3.700	2.982	0.111
瘤果虫实	1.729	0.879	1.252	2.096	1.762	0.519

随荒漠草原的恢复演替，植物种群的竞争力及资源占有强度发生了变化。短花针茅和牛枝子种群的生态位宽度在封育 7 年的草地中最高，分别为 3.153 和 4.058，表明随封育年限的延长，这两个物种对资源的占有能力增强，优势地位增加。中亚白草种群的生态位宽度在各封育年限草地及未封育草地均较高，特别是封育 5 年的草地，其生态位宽度最大，说明中亚白草属于该区域的泛化种，具有较强的种间竞争能力。一年生植物刺蓬的生态位指数总体较高，表明刺蓬也是该区域的一个泛化种，能够适应复杂的环境变化，占有较多的资源。

（2）禁牧封育对退化荒漠草原土壤性状的影响

1）禁牧封育对退化荒漠草原土壤含水量的影响。降水作为天然草地土壤水分的唯一来源，存在明显的季节和年际变化，是影响土壤水分的最重要因素。从垂直分布看，在0~100cm土层内，各封育年限草地土壤含水量随土层深度的增加逐渐增加，均为0~5cm土层最低，50~100cm土层最高。不同封育年限草地之间0~5cm和5~20cm土层土壤含水量差异极显著（P<0.01），均以封育6年的草地最高，分别为（1.48±0.11）%和（5.55±0.59）%；20~50cm土层土壤含水量变幅不大；50~100cm土层土壤含水量则以未封育草地最高（表8-20）。

表8-20　不同封育年限土壤水分的垂直变化（%）（王蕾，2011）

围封年限	0~5cm	5~20cm	20~50cm	50~100cm
未围封	0.77±0.07a	4.75±0.46a	6.22±0.74	12.44±2.01a
围封3年	0.46±0.08a	1.77±0.33b	4.98±0.69	7.65±2.00b
围封4年	0.68±0.09a	3.68±0.33ac	5.24±0.38	12.40±1.21a
围封5年	0.99±0.13ac	3.82±0.50ac	5.80±0.57	10.38±1.20ab
围封6年	1.48±0.11b	5.55±0.59ad	6.00±0.65	7.41±1.25b
围封7年	0.65±0.20a	3.38±0.38c	5.11±0.68	4.59±0.50b
F值	8.51**	8.48**	0.67ns	4.59**

2）围封年限对土壤养分含量的影响。土壤有机质（SOM）是土壤中最为活跃的组分，强烈地影响土壤水分渗透、侵蚀性、持水力、养分循环等，是土壤质量和健康的重要指标。荒漠草原恢复演替过程中0~5cm土层有机质含量随围封年限的延长总体呈增加的趋势，以围封7年的草地含量最高，为6.61g/kg。不同围封年限草地5~20cm土层土壤有机质含量随围封年限的延长无明显变化规律。各围封年限草地土壤有机质含量均以5~20cm土层较0~5cm土层高（图8-13）。

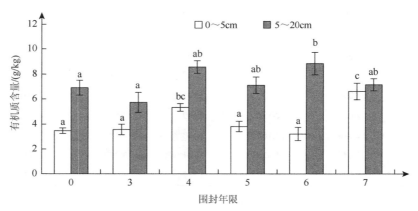

图8-13　不同围封年限草地土壤有机质含量的变化（王蕾，2011）

同一系列字母不同者表示不同封育年限之间差异显著（P<0.05）

氮是自然生态系统中主要的限制性养分。不同封育年限草地土壤全氮的含量均为5~20cm土层大于0~5cm土层。0~5cm土层土壤全氮在围封7年后含量达到最高。不同围封年限草地5~20cm土层土壤全氮的含量差异极显著（P<0.01）。

土壤全量养分只是反映土壤养分的储量，并不能被植物直接吸收利用，全量养分只有在土壤微生物的参与下才能转化为速效性养分被植物直接吸收利用。可见，土壤中速效性养分含量的多少，既反映了土壤养分的供应强度，也说明了土壤养分有效化的程度。随着围封年限的增加，土壤速效氮含量在围封 4 年后最高，之后随着围封年限的延长而降低。除围封 6 年的草地外，其他围封年限草地土壤速效氮含量均是 5～20cm 土层大于 0～5cm 土层。土壤速效磷含量随着围封年限的增加先升高后降低，围封 6 年后含量最高。随着围封年限的增加土壤速效钾含量先增加后降低，0～5cm 土层以围封 4 年的草地含量最高，5～20cm 土层以围封 3 年的草地含量最高；不同围封年限草地土壤速效钾含量均是 0～5cm 土层高于 5～20cm 土层（图 8-14）。

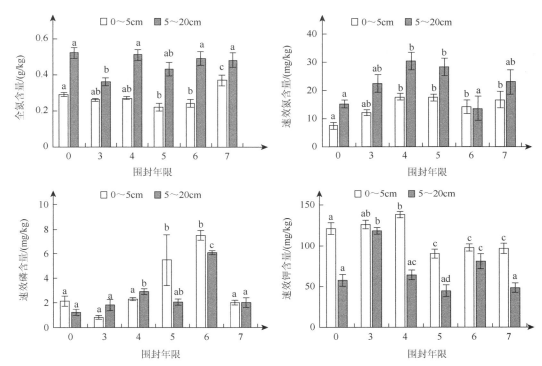

图 8-14　不同围封年限荒漠草原土壤氮、磷、钾含量的变化（王蕾，2011）

同一系列字母不同者表示不同封育年限之间差异显著（$P<0.05$）

2. 禁牧封育对退化典型草原的改良效果

（1）禁牧封育措施对退化典型草原植被的影响

1）封育对草地地上生物量的影响。不同封育年限典型草原地上总生物量差异显著，随封育年限的延长总体呈增加趋势，表现为 F25＞F15＞F10＞F20＞F3＞F5＞F2＞F0（表 8-21）。从植物经济类群的变化看，随封育年限的增加，禾本科草类生物量逐年增加，杂类草生物量逐年下降，表明封育提高了典型草原的生产力，且植物群落结构得到改善。

表 8-21　不同封育年限典型草原各经济类群植物地上生物量及其占群落地上总生物量比例（赵菲，2012）

处理	豆科		禾本科		菊科		杂类草		共计	
	/(g/m²)	/%	/(g/m²)	/%	/(g/m²)	/%	/(g/m²)	/%	/(g/m²)	/%
F0	0.53	2.78	3.45	18.09	4.97	26.06	10.12	53.07	19.07Cd	100
F2	1.25	4.31	17.66	60.92	9.74	33.60	0.34	1.17	28.99BCcd	100

处理	豆科		禾本科		菊科		杂类草		共计	
	/(g/m²)	/%	/(g/m²)	/%	/(g/m²)	/%	/(g/m²)	/%	/(g/m²)	/%
F3	0.34	0.90	25.50	67.39	8.82	23.31	3.18	8.40	37.84BCbcd	100
F5	0.86	2.33	12.20	33.09	14.54	39.44	9.27	25.14	36.87BCbcd	100
F10	3.83	5.75	8.89	13.34	43.94	65.93	9.98	14.98	66.64BCbc	100
F15	0.51	0.65	44.84	57.64	23.92	30.75	8.53	10.96	77.79Bb	100
F20	2.16	3.34	20.38	31.47	2.02	3.12	40.20	62.08	64.76BCbc	100
F25	1.12	0.69	65.30	40.41	88.31	54.65	6.86	4.25	161.59Aa	100

2）封育对典型草原物种多样性的影响。不同封育年限典型草原物种丰富度指数及多样性指数均以封育 5 年的草地最大，封育 10 年的草地居中，未封育草地最小；均匀度指数则以封育 10 年的草地最大，封育 3 年的草地最小。不同封育年限草地之间物种丰富度指数、均匀度指数及多样性指数间均存在显著差异。草地封育后，随封育年限的增加物种丰富度指数和多样性指数呈先增加后降低的趋势；均匀度指数的变化总体与多样性呈相反趋势，这可能是由于封育年限越长，物种向优势群落演替，导致均匀性指数变小（图 8-15）。

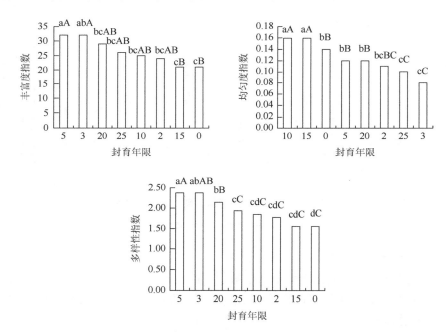

图 8-15　不同封育年限典型草原植被物种多样性（赵菲等，2011）

图中数值及字母表示不同封育年限物种丰富度指数、均匀度指数及多样性指数的差异水平。相同字母代表差异不显著，不同字母代表差异显著。其中小写字母代表显著水平为 0.05，大写字母代表显著水平为 0.01

（2）禁牧封育对退化典型草原土壤的影响

1）封育对典型草原土壤有机质含量的影响。不同封育年限典型草原土壤有机质含量差异显著（$P<0.05$），封育 15 年、25 年的典型草原土壤有机质含量较高，封育 5 年、20 年的草地居中，未封育草地土壤有机质含量最低。各封育年限草地土壤有机质含量随土层深度的增加呈下降的趋势，且随封育年限的延长，不同土层之间有机质含量的差异有减少的趋势（图 8-16）。

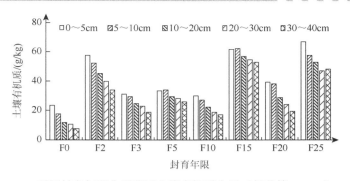

图 8-16 不同封育年限典型草原土壤有机质含量（赵菲等，2011）

2）封育对典型草原土壤全氮、水解氮含量的影响。随封育年限的延长，典型草原土壤全氮、水解氮含量变化规律相似，随封育年限延长总体呈上升-下降-上升的变化趋势，土壤全氮及水解氮含量均有所增高，尤其是从封育 15 年后典型草原土壤氮素总潜在水平及近期供氮能力相对稳定。各封育年限草地土壤氮素含量随土层的加深总体呈下降趋势（图 8-17）。

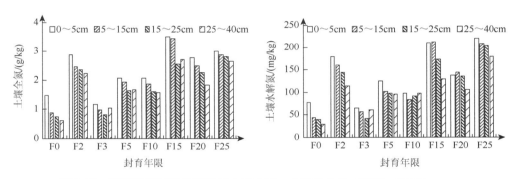

图 8-17 不同封育年限典型草原土壤全氮、水解氮含量（赵菲，2012）

宁夏土壤的速效磷含量大都分布在 3～10mg/kg。同一土层不同封育年限的草地之间土壤速效磷含量差异显著，以未封育草地含量最低，封育 15 的草地最高。表明随着封育年限的延长，典型草原土壤速效磷含量不断增加，至封育 15 年后趋于稳定。不同封育年限的典型草原土壤速效钾含量以未封育和封育 3 年的草地较低，其他不同封育年限草地之间土壤速效钾含量差异不显著，且均显著高于未封育和封育 3 年的草地（图 8-18）。

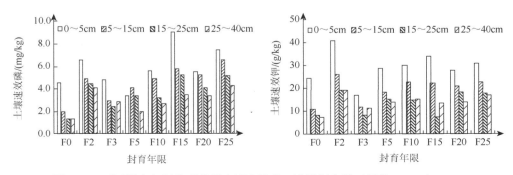

图 8-18 不同封育年限典型草原土壤速效磷、速效钾含量（赵菲，2012）

（二）不同恢复措施对退化草地的改良效果

1. 不同恢复措施对退化荒漠草原的改良效果

（1）不同恢复措施对退化荒漠草原植被的影响

1）不同植被恢复模式对荒漠草原植物群落数量特征的影响。草地植物群落数量特征反映了群落的生长状况，是衡量群落生产力的重要指标。6～9月不同植被恢复模式中荒漠草原植物群落的高度、密度、频度、盖度和地上生物量均高于未封育草地（图 8-19）。其中草地植物群落的高度、密度、频度和地上生物量为：沙打旺补播草地＞封育草地＞柠条补播草地＞未封育草地，盖度大小依次为：封育草地＞沙打旺补播草地＞柠条补播草地＞未封育草地。各处理草地的高度、密度、频度、盖度和地上生物量从 6 月开始逐渐增加，到 8 月达到最高点，9 月又有所降低。

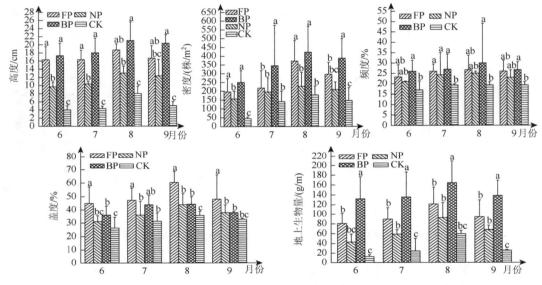

图 8-19 不同植被恢复模式草地植物群落特征动态（陈晶，2015）

2）不同植被恢复模式对荒漠草原植物群落物种多样性的影响。不同植被恢复模式中荒漠草原丰富度指数、Shannon-Wiener 多样性指数和 Pielou 均匀度指数表现为沙打旺补播草地＞封育草地＞柠条补播草地＞未封育草地，生态优势度则呈相反的趋势。不同植被恢复模式中草地的丰富度指数、Shannon-Wiener 多样性指数、Pielou 均匀度指数和生态优势度自 6～9 月均呈先上升后下降趋势，8 月达到最高，9 月降至最低（图 8-20）。

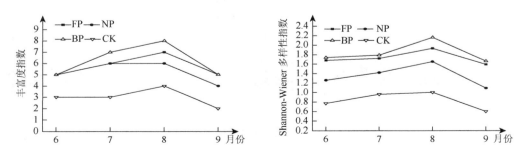

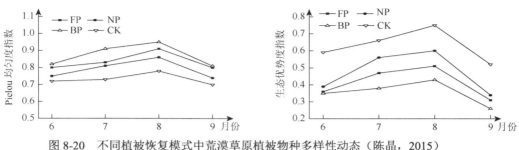

图 8-20 不同植被恢复模式中荒漠草原植被物种多样性动态（陈晶，2015）

FP：封育草地；NP：柠条补播草地；BP：沙打旺补播草地；CK：未封育草地

3）不同植被恢复模式对荒漠草原植物群落稳定性的影响。不同恢复模式草地群落种数和累积频度之间的相关性大小依次为：沙打旺补播草地＞封育草地＞柠条补播草地＞未封育草地，沙打旺补播草地、封育草地和柠条补播草地的相关系数较高，分别达 0.9855、0.9520 和 0.9238（表 8-22）。不同植被恢复模式草地的种总数倒数累积百分数和累积相对频度的交点坐标分别为：30.04/71.39，30.85/70.13，28.61/72.25 和 32.26/68.85，其稳定性从高到低依次为：沙打旺补播草地＞封育草地＞柠条补播草地＞未封育草地，其中，沙打旺补播草地的交点坐标最趋近于 20/80，说明其植被群落稳定性最好。从总体来看，三种植被恢复模式草地和未封育草地群落均不稳定（图 8-21）。

表 8-22 不同植被恢复模式中草地植物群落稳定性分析结果（陈晶，2015）

恢复模式	曲线方程	相关系数 R^2	交点坐标	结果
FP	$y = -0.0186x^2 + 2.5711x + 11.122$	0.9520	30.04/71.39	不稳定
NP	$y = -0.0082x^2 + 1.533x + 30.431$	0.9238	30.85/70.13	不稳定
BP	$y = -0.0155x^2 + 2.2041x + 19.719$	0.9855	28.61/72.25	不稳定
CK	$y = -0.0012x^2 + 0.4849x + 52.961$	0.7217	32.26/68.85	不稳定

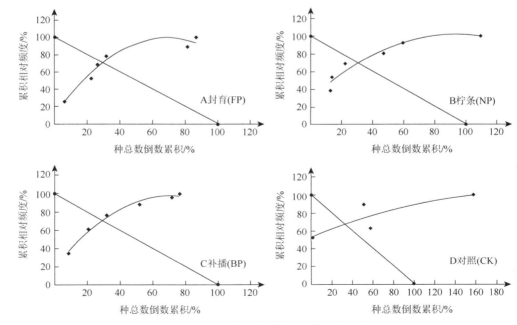

图 8-21 不同植被恢复模式草地植物群落稳定性图解（陈晶，2015）

（2）不同恢复措施对退化荒漠草原土壤性状的影响

1）不同植被恢复模式对荒漠草原土壤颗粒组成的影响。不同植被恢复模式草地 0～100cm 土层颗粒组成以砂粒为主，占70%以上，尤其是 0～20cm 表层土壤砂粒含量达 85%以上。在 0～20cm 土层，封育草地、柠条补播草地和沙打旺补播草地的粉粒含量分别是未封育草地的 18.8、4.2 和 15.7 倍，均显著高于未封育草地（$P<0.05$）；在 20～60cm 土层，粉粒含量为：封育草地>沙打旺补播草地>未封育草地>柠条补播草地，其中，封育草地及沙打旺补播草地的粉粒含量分别为 27.89% 和 25.43%，显著高于未封育草地和柠条补播草地（$P<0.05$）；在 60～80cm 土层，粉粒含量以未封育草地最高，为 19.24%，显著高于柠条补播草地和沙打旺补播草地（$P<0.05$）分别是二者的 1.67 和 1.85 倍，但与封育草地之间差异不显著；在 80～100cm 土层，粉粒含量以柠条补播草地最高，但其与沙打旺补播草地之间差异不显著（$P>0.05$），封育草地最低，仅为 7.73%，显著低于沙打旺补播草地、柠条补播草地及未封育草地。

不同土层封育草地和沙打旺补播草地的粉粒含量均以 20～40cm 最高，分别为 27.89% 和 25.16%；柠条补播草地随土层的加深粉粒含量逐渐增加，以 80～100cm 最高，为 18.29%；未封育草地土壤粉粒含量以 60～80cm 土层最高，为 19.24%（图 8-22）。

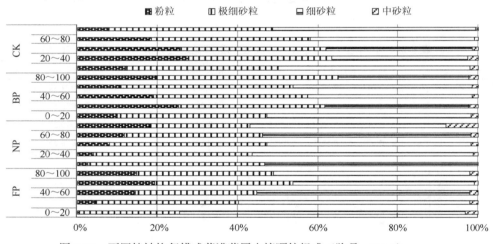

图 8-22　不同植被恢复模式荒漠草原土壤颗粒组成（陈晶，2015）

2）不同植被恢复模式对荒漠草原土壤有机质的影响。0～40cm 土壤有机质含量依次为：封育草地>柠条补播草地>沙打旺补播草地>未封育草地。其中，封育草地和柠条补播草地显著高于沙打旺补播草地和未封育草地（$P<0.05$）。随土层的加深，不同植被恢复模式草地土壤有机质含量均呈先增加后降低的趋势，且以 10～20cm 土层最高（图 8-23）。

3）不同植被恢复模式对草地土壤全氮和速效氮的影响。0～40cm 各土层土壤全氮和速效氮含量由高到低的顺序均为：沙打旺补播草地>柠条补播草地>封育草地>未封育草地。从垂直分布看，沙打旺补播草地和柠条补播草地的土壤全氮和速效氮含量均随土层加深呈先降低后升高的趋势，以 30～40cm 土层含量最高，分别为 0.84g/kg、0.82g/kg 和 21.45mg/kg、15.79mg/kg；封育草地和未封育草地的土壤全氮和速效氮含量随土层加深逐渐降低，均以表层 0～10cm 土壤全氮和速效氮含量最高，分别为 0.6g/kg、0.47g/kg 和 10.84 mg/kg、8.01 mg/kg（图 8-24）。

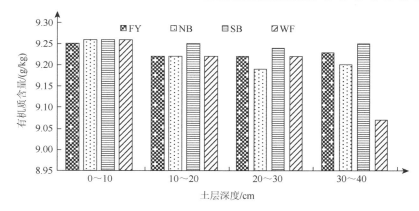

图 8-23　不同植被恢复模式中荒漠草原土壤有机质的变化（陈晶，2015）

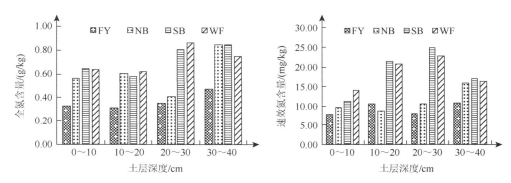

图 8-24　不同植被恢复模式中荒漠草原土壤全氮和速效氮的变化（陈晶，2015）

4）不同植被恢复模式对荒漠草原土壤速效磷和速效钾的影响。0～40cm 各土层土壤速效磷含量均为：封育草地＞沙打旺补播草地＞柠条补播草地＞未封育草地，而速效钾含量从高到低为：封育草地＞柠条补播草地＞沙打旺补播草地＞未封育草地。随着土层深度的增加，不同植被恢复模式中草地的土壤速效磷和速效钾含量均逐渐降低，且表层 0～10cm 含量显著高于其他各土层（$P < 0.05$）（图 8-25）。

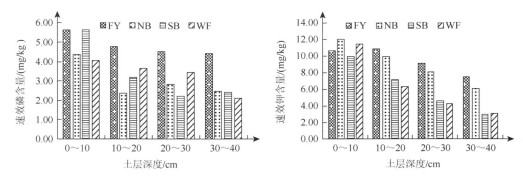

图 8-25　不同植被恢复模式中荒漠草原土壤速效磷和速效钾的变化（陈晶，2015）

2. 不同恢复措施对退化典型草原的改良效果

（1）不同恢复措施对典型草原植被的影响

1）不同恢复措施对典型草原植被生物量的影响。不同恢复措施典型草原地上生物量表现为完全翻耕＋播种＋P＞施肥＞封育＞完全翻耕＋播种＞火烧＞完全翻耕＋播种＋P＋N＞对照（CK）＞完全翻耕＋播种＋N＞带状翻耕＋播种，完全翻耕＋播种＋P、施肥、封育改良措施下的地上生物量与对照相比，均达到极显著差异水平（$P<0.01$）（表 8-23）。完全翻耕＋播种＋P 改良措施下地上生物量最高，达 98.1g/m²，全部为豆科草类；施肥、封育改良措施下地上生物量分别为 96.0g/m²、89.6g/m²，是对照处理的 1.8 倍、1.6 倍，位居第 2、3 位。施肥改良措施下，地上生物量以禾本科为主，占总生物量的 73.6%，这归因于禾本科草类对于增加的 N 肥营养充分高效的利用能力。封育草地以菊科草类为主，占到了 47.7%，以冷蒿、阿尔泰狗娃花等比例较大。火烧处理草地禾本科草类较多，可能是由于火烧对长芒草、隐子草等的分蘖具有一定的刺激作用，故生长旺盛，生物量较大。对照处理中杂类草的比例占到 30%，进一步说明不同的改良措施除了提高草地植被的生物量外，也增加了优良牧草的比例。完全翻耕＋播种、完全翻耕＋播种＋P＋N、完全翻耕＋播种＋N 和带状翻耕＋播种改良措施下，地上生物量较小，均为豆科草类优良牧草比例增加。

表 8-23 不同改良措施下草地各经济类群植物地上生物量及其占群落地上总生物量的比例（刘库等，2008）

改良措施	豆科		禾本科		菊科		杂类草		共计	
	/(g/m²)	/%	/(g/m²)	/%	/(g/m²)	/%	/(g/m²)	/%	/(g/m²)	/%
完全翻耕＋播种＋P	98.1	100.0	0.0	0.0	0.0	0.0	0.0	0.0	98.1Aa	100
施肥	2.6	2.7	70.7	73.6	15.5	16.1	7.2	7.5	96.0 Aa	100
封育	6.8	7.6	24.8	27.7	42.7	47.7	15.4	17.2	89.6 Aa	100
完全翻耕＋播种	66.7	100.0	0.0	0.0	0.0	0.0	0.0	0.0	66.7Bb	100
火烧	0.5	0.8	36.9	55.7	26.1	39.4	2.8	4.2	66.3 Bb	100
完全翻耕＋播种＋P＋N	64.9	100.0	0.0	0.0	0.0	0.0	0.0	0.0	64.9 Bb	100
对照（CK）	4.1	7.5	13.6	25.1	20.4	37.4	16.4	30	54.5 Bb	100
完全翻耕＋播种＋N	45.6	100.0	0.0	0.0	0.0	0.0	0.0	0.0	45.6 Cc	100
带状翻耕＋播种	22.8	100.0	0.0	0.0	0.0	0.0	0.0	0.0	22.8Dd	100

注：g/m² 指各经济类群植物单位面积的地上生物量，% 指各经济类群植物地上生物量占群落地上总生物量的比例
同列不同大写字母表示不同改良措施之间差异极显著（$P<0.01$），不同小写字母表示不同改良措施之间差异显著（$P<0.05$）

2）不同恢复措施对典型草原植被物种组成的影响。见表 8-24，不同改良措施下典型草原群落的主要植物种类的重要值及其变化特征。可以看出，长芒草、糙隐子草、阿尔泰狗娃花重要值较大，在植物群落中起重要作用。在封育改良措施下，天然植被得以恢复自然演替，禾本科草类和菊科草类重要值较高，披针叶黄华、狼毒、黄花棘豆的重要值高于其他处理，可见，在封育初期，封育改良措施在提高优良牧草比例的同时，也加大了毒害草和杂类草的比例。火烧改良措施下，禾本科草类的重要值较大。在施肥改良措施下，禾本科草类重要值较大，长芒草、糙隐子草、硬质早熟禾的重要值达到最大，分别为 0.38、0.19、0.24，可见，禾本科草类对于 N 肥的响应比较敏感。完全翻耕＋播种、带状翻耕＋播种两种改良措施下，补播草种仅为豆科牧草，完全翻耕＋播种改良措施下植被生长良好，各补播草种的重要值大于带状翻耕＋播种。在对照处理中，与其他改良措施相比，星毛委陵菜、冷蒿、百里香的重要值较其他改良措施草地高，这是由其自身的生物学特性决定的，三种植物具有发达的不定根，且不定根上能形成芽，从而形成新的植株，是耐牧性极强的植物，它们往往是退化草原的最后"阻击者"，也是典型草原重度退化的一个标志。

表 8-24　不同改良措施下草地主要植物及其重要值（刘库等，2008）

植物名	对照	封育	火烧	施肥	带状翻耕+播种	完全翻耕+播种
长芒草 *Stipa bungeana*	0.29	0.17	0.22	0.38	0.00	0.00
糙隐子草 *Cleistogenes squarrosa*	0.00	0.06	0.10	0.19	0.00	0.00
阿尔泰狗娃花 *Heteropappus altaicus*	0.07	0.08	0.08	0.04	0.00	0.00
硬质早熟禾 *Poa sphondylodes*	0.00	0.09	0.11	0.24	0.00	0.00
猪毛蒿 *Artemisia scoparia*	0.00	0.08	0.10	0.00	0.00	0.00
西山委陵菜 *Potentilla sishanensis*	0.00	0.08	0.09	0.02	0.00	0.00
山苦荬 *Ixeris chinensis*	0.02	0.07	0.10	0.02	0.00	0.00
冷蒿 *Artemisia frigida*	0.14	0.12	0.06	0.02	0.00	0.00
黄花棘豆 *Oxytropis ochrocephala*	0.01	0.06	0.00	0.01	0.00	0.00
星毛委陵菜 *Potentilla acaulis*	0.15	0.05	0.04	0.02	0.00	0.00
米口袋 *Gueldastaeditia mulriflora*	0.02	0.04	0.07	0.00	0.00	0.00
百里香 *Thymus mongolicu*	0.06	0.03	0.01	0.04	0.00	0.00
披针叶黄华 *Thermopsis lanceolata*	0.00	0.02	0.01	0.01	0.00	0.00
狼毒 *Stellera chamaejajme*	0.06	0.04	0.01	0.01	0.00	0.00
蚓果芥 *Torularia humilis*	0.10	0.00	0.00	0.00	0.00	0.00
银灰旋花 *Convolvulus ammannii*	0.02	0.00	0.00	0.01	0.00	0.00
达乌里胡枝子 *Lespedeza davurica*	0.06	0.00	0.00	0.01	0.10	0.06
沙打旺 *Astragalus adsurens*	0.00	0.00	0.00	0.00	0.17	0.25
红豆草 *Onobrychis viciaefolia*	0.00	0.00	0.00	0.00	0.26	0.25
白花草木樨 *Melilotus officinalis*	0.00	0.00	0.00	0.00	0.48	0.45

　　3）不同恢复措施对典型草原植被物种多样性的影响。不同恢复措施典型草原植物物种丰富度指数和物种数均呈现出规律性的变化，二者变化趋势基本相同，表现为封育＞施肥＞火烧＞对照（CK）＞完全翻耕＋播种＞带状翻耕＋播种。封育和施肥处理中物种总数分别为 22 种、20 种，丰富度指数分别为 2.89、2.46，对照处理中物种数和物种丰富度指数较小，分别为 11 种、1.53，封育的丰富度指数是对照的 1.89 倍，施肥是对照的 1.61 倍。在封育改良措施下，天然草地植被得以自然更新，群落中出现了新的一年生草类，群落中的物种总数和植物增加。施肥处理由于消除了 N 资源的限制性因素，促进了 N 利用率高的物种的生长，使其在地下资源的竞争中获得优势，同时 N 利用率高的物种如禾本科植物迅速生长，遮蔽了其他矮小的物种，从而增强了其对光照资源的竞争，导致群落中的物种总数和植物密度减小，物种丰富度指数和物种数均小于封育处理，但较对照为高。在火烧处理措施下，丰富度指数与对照差异不显著。对照处理中，由于家畜的采食和践踏，糙隐子草、硬质早熟禾等从群落中消失，物种丰富度指数降低。在带状翻耕＋播种和完全翻耕＋播种各个改良措施下，经过对原生植被破坏后播种白花草木樨、沙打旺、红豆草、达乌里胡枝子 4 种多年生豆科牧草。虽然植株个体数较多，但由于物种数较少，致使物种丰富度指数和物种数远小于对照处理。

Shannon-Wiener 指数与 Simpson 指数的变化趋势大致相同（图 8-26）。Shannon-Wiener 指数介于 1.65～1.70，而 Simpson 指数介于 0.78～0.87，为封育＞施肥＞火烧＞对照＞完全翻耕＋播种（各个）＞带状翻耕＋播种。施肥、火烧改良措施下，虽然植株的个体数目相对较多，但分布不均匀，多样性指数并不高。对照处理措施下，群落长期处于畜群的采食和践踏下，植被严重退化，物种数相对较少，虽然均匀度指数较高，但物种多样性指数较低，Shannon-Wiener 指数为 0.78，Simpson 指数为 1.65。在完全翻耕＋播种、带状翻耕＋播种改良措施下，虽然各物种间配置均匀，有较高的物种均匀度指数，但由于补播牧草占优势，物种多样性指数也较低。封育处理下物种多样性指数最高，这是因为在围栏封育处理措施下，天然植被得以自然更新，种间分布较均匀。

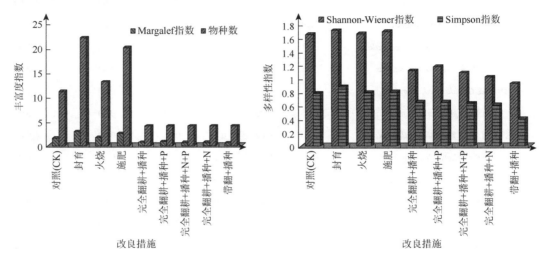

图 8-26　不同改良措施下典型草原物种多样性的变化（刘库等，2008）

（2）不同恢复措施对典型草原土壤性状的影响

1）不同恢复措施对典型草原土壤水分的影响。不同恢复措施典型草原在地下 10cm 处土壤含水量最大，随着土层的加深，土壤含水量呈现出递减的趋势，即所谓的降低型模式。该地区土壤水分来自天然降水，本研究取样时间为 8 月，7 月底 8 月初该地区天然降水量加大，随土壤深度的增加，天然降水下渗逐渐减少。带状翻耕＋播种、完全翻耕＋播种各改良措施下，与其他改良措施下的土壤含水量相比，10～20cm 土层中的土壤含水量减少的趋势较小，而其他改良措施下，该层间土壤含水量减少的趋势明显，这是由于带状翻耕＋播种、完全翻耕＋播种各改良措施下，土层疏松，在 0～20cm 土层中，天然降水易于下渗。

不同改良措施下各层土壤含水量的变化规律为：施肥＞封育、完全翻耕＋播种、带状翻耕＋播种＞对照＞火烧。在 0～20cm 土层中，施肥的土壤平均含水量为 16.99%，而对照和火烧分别为 14.57%、13.74%，施肥比对照高出 2.42 个百分点，而火烧却低于对照 0.83 个百分点，这是由于施肥草地的地上植被生长旺盛，盖度高，既拦截蓄住了有限的天然降水，又减少了土壤中水分无效蒸发损失，使其土壤水量升高，而火烧改良措施去除了地上的枯落物，加上雨水不足，植被生长不良，盖度低，使得植被蓄水能力减小，而土壤水分蒸发加大，土壤水分含量低于对照（图 8-27）。

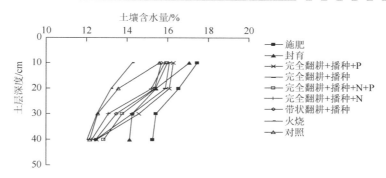

图 8-27　不同改良措施下土壤含水量垂直分布图（刘库等，2008）

2）不同改良措施对典型草原土壤养分的影响。不同改良措施下，典型草原土壤有机质含量为：施肥＞完全翻耕＋播种、带状翻耕＋播种、封育、火烧＞对照，不同改良措施下的土壤有机质含量与对照相比，均达到极显著水平，可见，不同的改良措施均提高了土壤的有机质含量，培肥了土壤（表 8-25）。土壤全氮含量是指土壤中无机氮和有机氮的总储量。不同改良措施下，土壤全氮和速效氮的变化规律一样，都是施肥＞完全翻耕＋播种、带状翻耕＋播种、封育＞火烧＞对照。这是因为不同改良措施使得地上生物量累积的程度不同，施肥和封育累积的幅度更大，火烧使得地上生物量的累积程度降低，施肥改良措施下，土壤全氮和速效氮含量最大，火烧较低，但依然大于对照处理。对照处理中的氮素含量最低，这是因为在过度放牧条件下，大量的氮素被畜群移出系统的同时，植被盖度的降低增加了水土的流失，大量的氮素被淋失。土壤全磷含量变化表明，不同改良措施对土壤全磷含量的影响不明显，除完全翻耕＋播种＋P 改良措施下土壤速效磷含量较高外，其他改良措施与对照相比磷素含量差异不显著。说明土壤磷素含量主要受黄土母质的影响，生物因素对其虽有作用，但影响不大。不同改良措施下，土壤中速效钾含量与对照相比，差异不显著。但是在火烧改良措施下，烧除了枯枝落叶物，增加了土壤中的草木灰含量，使得该改良措施下速效钾含量最高。

表 8-25　不同改良措施下典型草原土壤养分比较（刘库等，2008）

改良措施	有机质/(g/kg)	全氮/(g/kg)	速效氮/(mg/kg)	全磷/(mg/kg)	速效磷/(mg/kg)	速效钾/(mg/kg)
施肥	31.54Aa	1.96Aa	153.89Aa	2.29Aa	5.77Bb	171.43Aa
封育	27.92Aab	1.86ABab	137.66ABab	2.07Aa	5.42Bb	175.33Aa
火烧	27.43Ab	1.57Cc	128.73Bb	2.13Aa	5.37Bb	194.00Aa
完全翻耕＋N	29.00Aa	1.94Aa	150.46Aa	2.16Aa	8.02Bb	183.67Aa
带状翻耕	27.9Aab	1.83ABab	146.35Aa	2.23Aa	7.09Bb	191.00Aa
完全翻耕＋N＋P	27.62Aab	1.75ABCbc	140.63Aa	2.16Aa	7.15Bb	187.33Aa
完全翻耕	25.63Ab	1.61Cc	136.97ABab	2.05Aa	6.72Bb	189.67Aa
完全翻耕＋P	23.49Ac	1.71BCbc	143.14Aa	2.28Aa	16.61Aa	192.00Aa
对照（CK）	14.54Bc	0.89Cc	60.37Cc	2.01Aa	5.21Bb	181.33Aa

（3）不同恢复措施典型草原生态效应的模糊综合评判

不同的改良措施下，综合评判值以施肥草地最高，达 5.9875，封育改良措施居第二位，为 5.4275。这是因为在施肥和封育措施下，各种植被指标和土壤指标的语言值较高，而且其投入指标的语言值也较理想，使得其评判值较高；完全翻耕＋播种各改良措施下，由于其投入较高，综合评判值较低，除完全翻耕＋播种＋P因其植被指标、土壤指标的语言值较高，从而综合评判值大于对照处理外，其他的翻耕改良措施的综合评判值均小于对照处理，由于植被指标、土壤指标和投入指标的语言值均最低，从而带状翻耕＋播种的综合评判值最低（表8-26）。

表8-26　不同改良措施典型草原综合评判结果（刘库等，2008）

施肥	封育	火烧	对照	完全翻耕＋P	完全翻耕	完全翻耕＋N＋P	完全翻耕＋N	带状翻耕
5.9875	5.4275	4.8852	3.9700	4.3718	3.6778	3.4890	3.1235	2.2198

主要参考文献

安慧，徐坤. 2013. 放牧干扰对荒漠草原土壤性状的影响. 草业学报，22（4）：35-42.

白永飞，李德新. 1999. 牧压梯度对克氏针茅生长和繁殖的影响. 生态学报，119（4）：479-484.

陈芙蓉，程积民，刘伟，等. 2012. 不同干扰对黄土区典型草原土壤理化性质的影响. 水土保持学报，26（2）：105-110.

陈芙蓉，程积民，于鲁宁，等. 2011. 封育和放牧对黄土高原典型草原生物量的影响. 草业科学，28（6）：1079-1084.

陈晶. 2015. 干旱风沙区不同植被恢复模式生态效应研究. 银川：宁夏大学硕士学位论文.

陈卫民，武芳梅，罗有仓，等. 2005. 不同放牧强度对草地土壤含水量、草地生产性能和绵羊增重的影响. 黑龙江畜牧兽医，（10）：63-64.

程积民，井赵斌，金晶炜，等. 2014. 黄土高原半干旱区退化草地恢复与利用过程研究. 中国科学，44（3）：1-12.

杜青林. 2006. 中国草业可持续发展战略：地方篇. 北京：中国农业出版社.

韩建国，宋锦峰. 2000. 放牧强度对新麦草生产特性和品质的影响. 草地学报，8（4）：312-318.

韩建国. 2007. 草地学. 3版. 北京：中国农业出版社.

贾希洋，马红彬，周瑶，等. 2018. 不同生态恢复措施下宁夏黄土丘陵区典型草原植物群落数量分类和演替. 草业学报，27（2）：15-25.

李国旗，邵文山，赵盼盼，等. 2019. 荒漠草原区4种植物群落土壤种子库特征与其土壤理化性质分析. 生态学报，39（17）：1-11.

李维军. 2019. 宁夏云雾山典型草原物种功能性状和群落功能多样性对氮素添加的响应. 江苏农业科学，47（7）：282-286.

梁瑛. 2006. 不同放牧方式对荒漠草原生态系统影响的研究. 银川：宁夏大学硕士学位论文.

刘库，谢应忠，马红彬. 2008. 宁夏南部黄土丘陵区退化天然草地改良效果综合评价. 水土保持研究，15（1）：139-141.

刘王锁. 2008. 放牧对荒漠草原植物补偿性生长的影响. 银川：宁夏大学硕士学位论文.

卢媛. 2002. 地椒风味活性成分及其对绵羊瘤胃发酵和羊肉风味的影响. 呼和浩特：内蒙古农业大学硕士学位论文.

陆琪，马红彬，俞鸿千，等. 2019. 轮牧方式对荒漠草原土壤团聚体及有机碳特征的影响. 应用生态学报，30（9）：3028-3038.

马红彬，余治家. 2006. 放牧草地植物补偿效应的研究进展. 农业科学研究，27（1）：63-67.

马红彬，谢应忠. 2008. 不同放牧方式下荒漠草原植物补偿性生长研究. 西北农业学报，（1）：211-215.

马红彬，谢应忠. 2008. 不同放牧强度下荒漠草原植物的补偿性生长. 中国农业科学，41（11）：3645-3650.

马静利，马红彬，沈艳，等. 2018. 不同轮牧方式对荒漠草原土壤理化性质及草地健康的影响. 水土保持学报，35（5）：151-155.

秦建蓉，马红彬，王丽，等. 2016. 宁夏荒漠草原植物群落特征对不同轮牧开始时间的响应. 草业科学，33（5）：963-971.

饶丽仙. 2017. 宁夏典型草原区退耕草地优势植物及土壤C、N、P生态化学计量学特征研究. 银川：宁夏大学硕士学位论文.

沈艳，马红彬，谢应忠，等. 2012. 宁夏典型草原土壤微生物特征对不同管理方式的响应. 草业科学，29（6）：863-868.

沈艳，谢应忠，马红彬. 2011. 不同轮牧方式下的宁夏荒漠草原土壤性质分异特征. 水土保持学报，225（2）：153-156.

汪诗平，王艳芬. 2001. 不同放牧率下糙隐子草种群补偿性生长的研究. 植物学报，43（4）：413-418.

王进华，张彬宇，代成江，等. 2007. 宁夏南部丘陵山地长芒草草原类草场放牧方式与放牧强度试验. 草业科学，24（5）：74-78.

王蕾. 2011. 宁夏中部干旱带退化草地围封效应的研究——以盐池县为例. 银川：宁夏大学博士学位论文.

王联联. 2015. 限时放牧对羊肉风味物质沉积的影响及其机制初探. 北京：中国农业大学博士学位论文.

王晓芳，马红彬，沈艳，等. 2019. 不同轮牧方式对荒漠草原植物群落特征的影响. 草业学报，28（4）：23-33.

王艳芬，汪诗平. 1999. 不同放牧率对内蒙古典型草原牧草地上现存量和净初级生产力及品质的影响. 草业学报，8（1）：15-20.

杨智明，李建龙，干晓宇，等. 2009. 宁夏滩羊放牧系统草群数量特征对不同放牧强度的响应. 中国草地学报，31（3）：20-25.

俞鸿千. 2014. 不同轮牧方式对荒漠草原土壤理化性状和碳平衡的影响. 银川：宁夏大学硕士学位论文.

张虎，师尚礼，王顺霞. 2012. 放牧强度对宁夏荒漠草原植物群落结构及草地生产力的影响. 干旱区资源与环境，（9）：73-76.

张晶晶，许冬梅. 2013. 宁夏荒漠草原不同封育年限优势种群的生态位特征. 草地学报，21（1）：73-78.

张荣，杜国祯. 1998. 放牧草地群落的冗余与补偿. 草业学报，7（4）：12-20.

张蕊，马红彬，贾希洋，等. 2018. 不同生态恢复措施下宁夏黄土丘陵区典型草原土壤种子库特征. 草业学报，27（1）：32-41.

赵菲，谢应忠，马红彬，沈艳. 2011. 封育对典型草原植物群落物种多样性及土壤有机质的影响. 草业科学，28（6）：887-891.

赵菲. 2012. 封育对宁夏典型草原生态效应影响及健康评价. 银川：宁夏大学硕士学位论文.

周静静，马红彬，蔡育蓉，等. 2017. 平茬时期与留茬高度对宁夏荒漠草原柠条营养成分和再生的影响. 西北农业学报，26（2）：287-293.

周静静，马红彬，周瑶，等. 2017. 不同轮牧方式对荒漠草原滩羊牧食特征、体重及繁殖性能的影响. 中国农业科学，50（8）：1525-1534.

周静静，马红彬，周瑶，等. 2017. 荒漠草原不同带间距人工柠条林平茬对林间生境的影响. 草业学报，26（5）：40-50.

周瑶. 2018. 不同恢复措施下宁夏黄土丘陵区典型草原土壤性状及其质量评价. 银川：宁夏大学硕士学位论文.

第九章 宁夏草地监督管理

宁夏草原（草地）法制和监督管理体系建设伴随着自治区成立，社会经济发展进步，经历了从无到有，不断加强和完善的历程。草原执法监督工作不断加强，草原防火体系和基础设施建设日趋完善。

第一节　草原（草地）法律、法规

一、我国立法体制与法律体系

立法体制是一个国家法律制度的重要组成部分，是关于立法权限划分的制度。它既包括中央和地方关于法的创制权限的划分制度和结构，也包括中央各国家机关之间及地方各国家机关之间关于法的创制权限的划分制度和结构。

1982 年《中华人民共和国宪法》和 2000 年《中华人民共和国立法法》等法律明确和确立了我国现行的立法体制。体现了党中央集中统一领导和某种程度上分权的多层次、多类别的立法权限划分体制，简称为"一元、两级、多层次"的立法体制。"一元"指根据宪法规定，我国的立法体制是统一的、一体化的，全国范围内只存在一个统一的立法体系；"两级"指根据宪法规定，我国立法体制分为中央立法和地方立法两个立法权等级；"多层次"指根据宪法规定，中央立法和地方立法又以各自分为若干个层次和类别。

在我国，按照法律法规的效力和制定主体的不同，法律、法规大致分为以下等级：

最高等级——宪法。由全国人民代表大会经过特殊程序制定的宪法是我国的根本大法，具有最高法律地位和法律效力，是一切其他法律产生的基础。

第一等级——法律。由全国人民代表大会及其常务委员会制定，其法的效力等级在最高等级宪法之下、在其他等级法律之上。

第二等级——行政法规。由国务院制定，其法的效力等级在宪法、法律之下，但在地方性法规等级之上，包括行政法规和国务院部门规章。

第三等级——地方性法规。由各个地方立法机关制定，这些法规的效力等级在宪法、法律和行政法规之下。

第四等级——规章。包括国务院部门规章和地方政府规章。部门规章的法律地位和法律效力低于宪法、法律和行政法规，地方政府规章的法律效力低于宪法、法律、行政法规和地方性法规。

---

*注：在我国民间有泛泛将生草的草地统称"草原"的习惯，因而习惯成自然，使得但凡涉及相应行政部门、法制范畴相关名称也习惯以此种民间习俗命名为"草原局""草原处""草原法"等。其实所指均非"典型草原"之"草原"，而是"草地"。为顺应既有习俗，本章均保留习惯叫法，即所谓"草原"实为"草地"。凡此适用于本章，特此说明。

二、我国草原（草地）法律、法规体系

新中国成立后，草原（草地）法制建设随着国家法制建设的发展进步，得到了不断加强和完善。目前，由法律、行政法规、地方性法规、部门规章、地方政府规章共同构成了现行草原（草地）法律、法规体系。

（一）法律

1985 年 6 月 18 日，第六届全国人民代表大会常务委员会第十一次会议通过了《中华人民共和国草原法》，2002 年 12 月 28 日经第九届全国人民代表大会常务委员会第三十一次会议修订，于 2003 年 3 月 1 日起施行。后经 2019 年、2013 年第十二届、十三届全国人大常委会修正和修改。

2012 年 10 月 22 日，《最高人民法院关于审理破坏草原资源刑事案件应用法律若干问题的解释》由最高人民法院审判委员会第 1558 次会议通过，自 2012 年 11 月 22 日起施行。

（二）行政法规

国务院发布施行的草原（草地）监督管理方面的行政法规主要有：《中华人民共和国草原防火条例》（2008 年修订）、《中华人民共和国野生植物保护条例》（2017 年修订）、《建设项目保护条例》（2017 年修订）、《行政执法机关移送涉嫌犯罪案件的规定》《关于特大安全事故行政责任追究的规定》。

（三）地方性法规

2003 年 3 月 1 日，《中华人民共和国草原法》修订施行以来，先后有 10 个省、自治区颁布了草原监督管理地方性法规。主要有《内蒙古自治区草原管理条例》《吉林省草原管理条例》《黑龙江省草原条例》《甘肃省草原条例》《宁夏回族自治区草原管理试行条例》《宁夏回族自治区禁牧封育条例》，《四川省实施〈中华人民共和国草原法〉细则》，《西藏自治区实施〈中华人民共和国草原法〉细则》，《陕西省实施〈中华人民共和国草原法〉办法》，《青海省实施〈中华人民共和国草原法〉办法》，《新疆维吾尔自治区实施〈中华人民共和国草原法〉办法》。

（四）部门规章

农业农村部依据《中华人民共和国草原法》，于 2001 年制定了《甘草和麻黄草采集管理办法》，2005 年制定了《草畜平衡管理办法》，2006 年制定了《草原征占用审核审批管理办法》（2014 年第一次修订）、《草种管理办法》（2015 年第二次修订）、《农业行政处罚程序规定》。

（五）地方政府规章

新修订的《中华人民共和国草原法》颁布实施后，我国主要牧区的内蒙古、辽宁、四川、甘肃、青海、河北、新疆、云南、吉林、西藏等地方政府相继出台了草原管理相关政府规章。

三、宁夏草原（草地）法制建设历程

宁夏是我国传统十大牧区之一，有天然草地面积为 244.3 万 hm^2。天然草地是我区面积最大的陆地生态系统和黄河中游上段重要的绿色生态屏障，也是发展现代畜牧业重要的物质基础和广大农牧民赖以生存的基本生产资料。六十多年来，宁夏的草原（草地）法制建设，特别是草原（草地）立法工作伴随着自治区整体社会经济发展进步，经历了从无到有，不断加强和完善的历程。

（一）发展历程

宁夏草原（草地）法制建设发展大体可分为自治区成立之前、自治区成立、改革开放以来三个阶段。

自治区成立之前基本上没有草原（草地）的法制建设。1949年9月23日，宁夏解放，10月18日中共宁夏省委成立，12月23日宁夏省人民委员会成立。宁夏的草原（草地）建设进入新的发展时期。

1951年，宁夏第一个草原行政管理机构——盐池县草原管理所成立，1953年成立宁夏畜牧厅，承担着草原行政主管部门的职责。同年6月，宁夏省人民委员会第十二次主席联合办公会议通过了《盐池县封沙育草护林暂行办法》，这是第一个由省政府出台涉及草原（草地）保护的政府规章，可以说开启了宁夏草原（草地）法治建设的序幕。1954年9月，宁夏省撤销，并入甘肃省。1955年9月，甘肃省人民委员会发出《关于抓紧时机做好保畜各项准备工作的指示》中强调"半农半牧区如同心、盐池等地，必须积极教育牧民改进放牧方法，并在农业生产互助合作的基础上，始终互助联牧，划管草原，推进轮牧制度，培育草原，划留冬春牧地等一系列工作。特别对盲目开荒、挖草皮、挖草根和烧草山等破坏草原的行为，应严格禁止。"这个时期，以政府文件形式提出对草原（草地）实行监督管理，是宁夏草原（草地）法制建设的雏形。

自治区成立到改革开放前。1958年11月24日，国务院批准成立宁夏回族自治区，自治区人民委员会设立农业厅，主管全区草原（草地）工作。1962年自治区人民委员会发布了《关于保护草原的命令》。1977年，自治区农林局畜牧兽医总站提出，对牧区、半牧区县（旗）的草原实行"三落实"（即把草地的使用权、建设权、保护权落实到生产大队和国营农牧场），"四固定"（即以大队为单位把农田、林地、打草场、放牧场划定范围、固定不变）。同年9月，自治区农林局召开全区草原建设管理现场会议，在全区推广。这段时期，草原法治建设的重点是强调"三落实""四固定"草原（草地）管理利用方式。

改革开放以来。1983年9月，自治区第五届人大常委会第三次会议审议通过了《宁夏回族自治区草原管理试行条例》，这是宁夏地方人大首次草原立法。为全面贯彻落实《试行条例》，自治区人民政府1984年4月制定发布了《关于固定草原所有权若干问题的规定》。1987年，在完成固定草原使用权工作的基础上，自治区畜牧局又在盐池县高沙窝乡开展了"落实草原承包责任制试点工作"。1988年，自治区人民政府发布了《宁夏回族自治区草原承包经营责任制暂行规定》。

1994年12月15日，自治区第七届人大常委会第十次会议审议通过了《宁夏回族自治区草原管理条例》。该《条例》的颁布实施，标志着宁夏草原管理、利用和建设工作步入了依法管理的轨道，它的全面贯彻实施对于宁夏草原资源保护和促进草原畜牧业经济的发展，都具有现实和历史意义。

在计划经济向市场经济转型的时期，自治区人大和政府，本着立法为经济服务的原则，以解决突出问题、突出矛盾为出发点，相继出台了与《草原管理条例》相配套的地方性法规和政府规章，加强依法治草的力度。1988年11月10日，针对我区个别地方乱挖甘草破坏草地的现象，自治区政府发布了《宁夏回族自治区保护甘草资源的规定》；1993年6月14日，针对盐池县马儿庄乡发生滥挖甘草破坏草原植被的问题，自治区人民政府发布《关于制止滥挖甘草保护草原的紧急通告》；1994年2月22日，自治区人民政府出台了《宁夏回族自治区甘草资源保护管理办法》，将其上升为政府规章。2000 年 7 月 3 日，针对部分地区在草地抓发菜、挖甘草破坏草地植被和生态环境的突出问题，自治区政府发布了《关于禁止采集和销售发菜制止挖甘草和麻黄草有关问题的通告》。2002 年，为进一步完善草原承包经营责任制，自治区政府发布了《关于完善草原承包经营责任制的通知》《关于当前落实草原承包经营责任制机构问题的通知》。2003 年 4 月 11 日，为保护草地，恢复草地植被，改善生态环境，实现草地资源的永续利用和草畜产业的可持续发展，自治区人民政府发布了《关于对草原实行全面禁牧封育的通告》。2005 年，为了认真贯彻实施新修订的《草原法》，自治区第九届人民代表大会常务委员会第十九次会议对《宁夏草原管理条例》进行第一次修订。2011 年，为加强禁牧封育工作，巩固禁牧封育成果，自治区第十届人民代表大会常务委员会第二十二次会议审议通过了《宁夏回族自治区禁牧封育条例》。该《条例》在全国属首创，是在没有上位法的情况下，宁夏的又一部创制性地方性法规。2011 年，自治区人民政府、自治区人民检察院发布了《宁夏回族自治区行政执法工作与检察监督工作相衔接的若干规定》。2012 年，自治区人民政府制定了《宁夏回族自治区规范行政裁量权办法》。2015 年，自治区人民政府为促进土地资源科学利用，发布了《宁夏回族自治区征地补偿标准》。2017 年 10 月 9 日，自治区人民政府宣布废止《宁夏回族自治区甘草资源保护管理办法》。

宁夏草原（草地）法制制度体系，在历经上述三个发展阶段的发展历程后，伴随着改革开放，深化生态文明体制改革，和法治社会建设的需要，草原立法工作经过不断地立改废，法制建设体系经过不断发展完善，基本上形成了有效施行，适应依法治区的要求，服务经济发展，保障依法治草的现行草原（草地）法治体系。

（二）规范性文件

在草原（草地）监督管理方面，还有规范性文件，作为依法行政的补充和操作性上的细化，常常作为行政执法的依据。规范性文件，也就是老百姓俗称的"红头文件"。是指除政府规章外，行政机关及法律、法规授权的具有管理公共事务职能的组织，在法定职权范围内依照法定程序制定并公开发布的针对不特定的多数人和特定事项，涉及或者影响公民、法人或者其他组织权利义务，在本行政区域或其管理范围内具有普遍约束力，在一定时间内相对稳定、能够反复适用的行政措施、决定、命令等行政规范文件的总称。

随着依法行政、依法治国的推进，尤其是在《行政复议法》《行政处罚法》《行政许可法》等法律颁布实施后，行政主体在实施行政活动时，必须依据法律。但由于行政领域的广泛性和行政事务的复杂性、易变性，而法律、法规、规章在条文制定上往往比较宽泛，缺少具体执行的措施，行政主体就需要根据本部门、本地方的实际情况和行政经验，制定相应的规范性文件，有效地实现行政管理的目的和保障公民的合法权益。

规范性文件虽然不是法律体系的组成部分，不具有法的属性。但在实际工作中，规范性文件作为行政机关实施行政活动的重要手段，实际上是法律法规的具体化，起着依法行政的补充和可操作性上的细化，仍具有一定的法律效力。它的效力低于行政法规和规章的效力，但体现了主体法定、依法制定、具有普遍约束力的特征和多层级性的特点。因此，规范性文件也是行政执法的依据。

第二节　草原（草地）执法机构与队伍建设

草原（草地）监督执法工作是保护建设草地、促进草地牧区、半牧区可持续发展的重要手段。我区草原监督执法工作起步晚，草地监督执法随着时代的变革，在机构、队伍、能力、执法环境、部门协作等方面取得了一定的成效。《宁夏回族自治区草原管理条例》《宁夏回族自治区禁牧封育条例》和《草原征占用审核审批及植被恢复费征收标准》和管理办法的修订颁布为全区草原保护建设提供了法律保障。草原监督管理机构和治安机构的相继成立为草原依法行政、依法治草创造了有利条件。草原执法机构队伍不断壮大，草原执法领域拓展延伸，草原法规新政的贯彻实施，为我区草原（草地）生态保护建设做出积极贡献。

一、监督执法机构现状及发展历程

（一）监督执法机构现状

宁夏草原（草地）管理和科技支撑体系经过六十多年的发展壮大，到 2018 年 5 月，全区有草原工作站、畜牧水产（畜牧兽医）技术推广服务中心 28 个，其中单独设立的草原工作站 13 个，分别是：自治区草原工作站、固原市、平罗县、兴庆区、灵武市、青铜峡市、盐池县、同心县、海原县、中宁县、原州区、彭阳县、西吉县；畜牧水产技术推广服务中心 6 个，分别是：石嘴山市、吴忠市、中卫市、永宁县、利通区、沙坡头区；畜牧兽医技术推广中心 9 个，分别是：银川市、金凤区、西夏区、贺兰县、大武口区、惠农区、红寺堡区、隆德县、泾源县。全区没有单独设立草原（草地）监理机构，只在草原工作站加挂草原监理中心（站）牌子，实行合署办公的 6 个，分别是：自治区草原监理中心、固原市、原州区、彭阳县、中宁县、海原县。自治区公安厅在治安总队设立了草原治安支队，还在草原面积较大的地级市设立了 4 个草原治安科，10 个县设立了草原派出所，平罗县建立了村级草原管护员队伍。全区草原系统财政供养人员共计 268 人，其中男性 166 人，女性 102 人；知识结构中，草原专业 65 人，法律专业 5 人，其他专业 198 人；文化程度，中专及以下 53 人，大学专科 79 人，大学本科 130 人，硕士及以上 6 人。从事草原管理和技术推广人员中具有农业行政执法证资格的人员 232 人。

（二）发展历程

新中国成立以来，宁夏的草原（草地）执法机构组织体系从无到有，由小到大，发展壮大。我区草原（草地）执法机构体系发展大体可分为新中国成立初期、自治区成立之初、"文革"时期、改革开放以来和机构改革新时期五个阶段。

新中国成立初期。1951 年，宁夏第一个草原（草地）行政管理机构——盐池县草原管理所成立，专门组织和领导全县的草原划管工作，拉开了宁夏草原工作的序幕。

自治区成立之初。1958 年，宁夏回族自治区成立，同年 11 月 24 日经国务院批准成立了自治区人民委员会农业厅，农业厅畜牧局安排专人负责全区草原工作。1959 年，在盐池、金积和同心三县成立了草原工作示范站。1961 年，自治区农业厅畜牧局成立了草原工作队，但在 1962 年机构精简时被撤并到畜牧兽医工作队。1964 年初，经自治区政府批准将盐池县草原示范站调整为自治区草原试验站，另两个分别更名为同心草原试验站、吴忠畜种场。从"三站"调整出工作人员 150 名，分配到盐池、同心、吴忠、中宁、石嘴山、固原、西吉、青铜峡、中卫、灵武、平罗、原陶乐 12 个县（市）成立的草原管理站；同年还成立了有 150 人组成的宁夏农业厅草原打井队。至此，全区从省（区）到县（市）级的草原行政管理技术推广和科学试验机构基本建立。

"文革"时期。"文革"期间，区、县（市）草原机构全部被撤销，草原工作归畜牧兽医站负责，草原事业受到重大挫折。1979 年，自治区畜牧局成立，内设草原管理处，负责全区草原行政管理、草原建设、人工种草、科研和技术推广等工作。随后，盐池、同心、海原、固原、西吉、中卫、灵武等县（市）草原管理站相继恢复。

改革开放以来。1983 年 12 月，自治区畜牧局草原管理处随机构变动，改组为宁夏回族自治区草原工作站，为自治区畜牧局下属的处级事业单位，2006 年 8 月又成立了宁夏回族自治区草原监理中心，与草原站合署办公，两块牌子，一套人马。1987 年在草原站内又增设了宁夏回族自治区牧草种子质量监督检验站。区级草原管理机构建立后，随着撤地设市、行政区划调整，石嘴山、吴忠、固原、中卫市相继成立了草原管理（工作）站。到 2005 年，全区各级草原管理机构健全，到达鼎盛时期。2006 年开始至今，随着国家和地方机构改革，地方草原管理机构也发生变化，石嘴山市、中卫市、泾源县撤销草原管理（工作）站，与畜牧水产合并办公；彭阳县 2012 年加挂草原监理中心牌子，一套人马，单位从股级单位升为副科级单位。

草原（草地）执法机构体系建设起步于 20 世纪 90 年代，先后在固原云雾山自然保护区、盐池滩羊选育场成立了草原公安派出所，在同心、海原、盐池、固原、泾源、彭阳、中宁、中卫、灵武、原陶乐 10 县（市）成立了草原经济民警队。2003 年，随着草原（草地）生态建设任务加大，禁牧封育政策贯彻落实，自治区成立了区级草原治安支队，重点县（市）成立了草原派出所。全区共建立县（市、区）级草原公安派出所 10 个，地市级草原治安科 3 个，草原公安派出所机构的设立取代了草原经济民警队。2006 年自治区成立了草原监理中心，明确了执法主体，标志着草原监理执法工作走向规范。

机构改革新时期。目前，中央层面对草原（草地）监督管理职能已作调整，将草原（草地）监督管理职责从原农业部划出，与原国家林业局的森林、湿地等监督管理职责进行整合，组建国家林业和草原局，地方相关职能和机构也将进行整合调整。自然资源管理体制的这一重大调整，有利于进一步加强森林、草地、湿地监督管理的统筹协调，推动实现山、水、林、田、湖、草的整体保护、系统修复和综合治理。按照机构编制实行党中央集中统一领导、地方分级管理的原则，基层草原监督管理机构设置形式、规格及人员编制配备等，由地方党委、政府结合实际研究确定。

二、草原（草地）管理机构、职责

（一）自治区级草原监理执法机构

1. 机构设置

自治区草原工作站（草原监理中心）为原农牧厅直属正处级全额拨款事业单位，内设办公室（防火办公室）、人工种草科、草原建设科、草原监理科、牧草种子检验科 5 个科级科室。

自治区草原工作站（草原监理中心）核定编制 35 名。截至 2018 年 5 月，全站实有职工 31 人，其中，专业技术人员 29 人，占 94.3%，工勤人员 2 人，占 5.7%；职称构成：农业推广研究员 5 人，高级畜牧师 16 人，中级职称 6 人，助理级及以下 4 人；学历结构：研究生 6 人，大学本科 19 人，大学专科 4 人，中专及以下 2 人。年龄结构：35 岁以下 4 人，36～40 岁 9 人，

41～50 岁 6 人，51 岁以上 12 人。现有工作人员中 30 人有"中华人民共和国农业行政执法证"资格和"宁夏回族自治区行政执法证"。

2. 工作职责

根据自治区编委《关于印发自治区草原工作站机构编制方案的通知》（宁编办发〔2006〕468 号）其主要职责是。

1）负责草原（草地）资源调查和草原（草地）生产力动态监测，提出建设、利用和保护草原的技术措施。

2）负责全区草原建设改良和利用技术的引进、试验和示范推广。

3）参与全区人工草地规划、建设和牧草种子监督检验工作。

4）依法开展草原监理工作。

5）参与草原保护与建设重大项目的规划、设计和组织实施工作。

6）负责草原（草地）鼠虫害预测预报工作。

7）承担草原防火工作。

8）完成自治区农牧厅交办的与其业务相关的其他工作任务。

（二）市、县级草原（草地）监理执法机构

1. 机构设置

截至 2018 年 5 月，地市级草原（草地）管理机构 5 个，其中：草原站（草原监理中心）1 个、畜牧技术推广中心 4 个；县（市、县）级草原管理机构 22 个，其中：草原工作站 11 个（加挂草原监理中心牌子的 4 个）、畜牧技术推广中心 11 个。

截至 2018 年 5 月，市县级草原（草地）管理（科技支撑体系）从业人员共有 237（地市级 35 人，县级 202 人）人，其中，专业技术人员 169 人，占 71.3%，工勤人员 68 人，占 28.7%；从业人员学历结构：研究生 4 人，大学本科 107 人，大学专科 75 人，中专及以下 51 人；职称结构：农业技术推广研究员 4 人，高级畜牧师 48 人，畜牧师 107 人，助理畜牧师 78 人；年龄结构：20～30 岁 33 人，31～40 岁 80 人，41～50 岁 93 人，51 岁以上 31 人。

2. 市、县级草原（草地）管理部门工作职责

1）宣传、贯彻执行国家、自治区有关草原方面的法律法规及政策。

2）负责拟定本地区技术推广规划、计划和行业技术标准并组织实施。

3）负责拟定本地区草原保护与建设重大项目的规划并组织实施。

4）负责组织实施牧草良种及新品种、新技术的引进、示范和推广。

5）负责开展草原技术交流、培训、信息服务等工作。

6）负责本地区草原调查、规划和草地生产力动态监测工作，提出建设、利用和保护的技术措施。

7）负责本地区草原（草地）防火、草原（草地）鼠、虫、病害及毒草监测、防治工作。

8）完成当地主管部门交办的其他工作。

第三节　草原（草地）监督管理

草原（草地）执法监督是草原（草地）生态保护的重要内容和重要手段，近年来，宁夏认真贯彻党的十九大和自治区十二次党代会精神，树立新发展理念，实施生态立区战略，坚

持保护优先、开发有序原则，以控制不合理的资源开发利用为重点，落实依法治草各项措施。实施禁牧封育，促进草地生态恢复。坚持草原普法宣传常态化制度化，健全法制制度。开展专项整治，建立多部门联合执法机制，强化草原用途管制。深化制度改革，开展草原资源清查，草原确权承包试点，资产负债表编制试点，推进草原空间规划管控，为建立草原保护长效机制探索有效途径。强化教育培训，草原执法人员依法行政意识和规范执法能力明显提高，执法监督对草地生态文明建设的保驾护航作用得到了有效发挥。2018 年全区草地植被综合盖度达到 55.43%，连续 6 年保持在 50% 以上。

一、草原（草地）监督管理的基本内容

草原（草地）监督管理是草原行政主管部门和监督管理机构，依照法律程序，执行法律法规规章，保护和监督管理草原（草地）的法律行为。

依法监督管理草原（草地），是草原行政主管部门依法行政的必然要求，实现依法监督管理草原（草地）的重要环节和手段就是草原（草地）执法。各级人民政府草原行政主管部门和监督管理机构是草原（草地）执法的主体。《宁夏回族自治区禁牧封育条例》规定，乡镇人民政府具有禁牧执法主体资格。

草原（草地）执法的主要职能包括：法律宣传、行政管理、监督检查、行政处罚和其他职能。基本职权包括：行政许可、行政监督、行政征收、行政处理、行政强制、行政处罚和其他职权。

二、草原（草地）行政执法机制运行情况

（一）完善草原法规体系

新修订的《草原法》颁布实施以来，自治区人大及时修订《草原管理条例》，颁布《禁牧封育条例》，2018 年 11 月，第十二届人大常委会第七次会议通过了《宁夏回族自治区生态保护红线管理条例》。进一步规范依法行政行为，自治区农牧厅制定了《草原法》等法律法规行政裁量权细化标准，依据草原法律法规制定的《草原征占用审核审批办事指南》《草原植被恢复费收费标准》等规范性文件下发执行。目前，初步形成了一部法律、一部司法解释、一部行政法规、三部地方性法、三部政府规章和农牧厅等部门多个规范性文件组成的草原法规体系，为依法开展草原监督管理工作提供了法律保障。

（二）坚持草原普法宣传制度化

始终坚持将草原（草地）普法工作纳入监督管理的主要内容。从 2008 年开始，每年 4 月在全区组织开展草原普法宣传月活动。2018 年 6 月，新成立的国家林业和草原局在盐池县举办"依法保护草原，建设美丽中国"主题普法宣传现场活动。充分利用报刊、广播、电视、互联网等主流媒体和微博微信、手机短信及自媒体等扩大宣传面。2016 年通过微信公众号开展有奖征文和草原法知识问答等方式开展普法宣传教育。2017 年在宁夏新闻广播《1061 作风监督热线》宣传草原普法知识。2018 年添加使用"中国草原 APP"手机软件普及草原法律法规知识。开展送法进机关、进社区、进学校、进企业、进清真寺、进养殖园区、进农村、进农户"八进"活动，通过举办培训班、法律咨询点等形式创新宣传方式，各地采取印发张贴宣传资料、印有宣传标语的购物袋、门帘、日历，编印《草原普法宣传资料汇编 1～5》《草原生态文明建设资料汇编》《草原生态环境整治资料汇编》等，使宣传内容丰富多彩。

（三）持续实施禁牧封育，促进草原生态恢复

2003 年，自治区党委政府提出了"先绿起来，再富起来"的重大决策，自 2003 年 5 月 1 日起，自治区境内的草地和林地全面实行禁牧封育，占全区面积 47.2% 的草地得到休养生息，依赖天然草地放牧的 380 万只羊全部舍饲圈养。

多年来，自治区党委、政府将禁牧封育作为自治区生态建设"一号工程"强力推进。各地认真贯彻自治区党委、政府的战略部署，切实履行职责。各级人大常委会不定期地对《禁牧封育条例》贯彻实施情况进行执法检查。自治区党委政府三次召开禁牧封育工作会议，进一步坚持禁牧封育不动摇，持续巩固生态建设成果。自治区党委办公厅、政府办公厅下发了《关于进一步加强禁牧封育工作的通知》，重申禁牧封育"十不准"硬性规定，把禁牧封育纳入各地政府效能目标考核，建立禁牧封育工作巡查、通报和问责制度。2015 年自治区农牧厅、林业厅制定了"十条"新规，各监管部门建立联合执法机制，不定期对禁牧执法督导检查；各级政府成立专门机构，配备工作人员，层层签订责任书，把责任落实到了人头、地块。

（四）加强执法监督，严格依法治草

"十二五"以来，每年执法培训，累计培训各级执法人员 800 余人，开展专项执法检查。2009 年以来，自治区草原监理中心每年编发《宁夏草原违法案件统计分析报告》。特别是 2012 年，最高人民法院《草原司法解释》出台以来，各地依法有力打击破坏草地资源违法犯罪有了新突破。对非法破坏草原涉嫌犯罪行为起到了震慑、教育作用。

（五）加强征占用监管，规范审核审批程序

2011 年，为规范工作程序，自治区农牧、财政、国土、物价等部门印发了《关于全区草原征占用审核审批有关问题的通知》《关于认真做好草原征占用审核审批工作的通知》《关于征用使用草原审核审批行政许可办事指南的通知》《关于制定我区草原植被恢复收费标准的通知》，指导各地认真履行征占用审核审批职责。自治区将草地征占用审核审批纳入自治区政务服务事项，草地植被恢复费列入自治区涉企行政事业性收费项目目录。截至 2017 年底，全区审核征占用草地 7 件 28.13hm^2，审核临时使用草地事项 24 件 366.8 hm^2，审批在草地建设直接为草原保护和畜牧业生产服务的工程设施使用草地 20 件 338.73hm^2；累计征收草原（草地）植被恢复费 474 万元。主要用于草地调查规划、人工草地建植、退化沙化草地改良和治理、草地技术培训、草地生态监测、鼠（虫、病）害防治、监督管理、草原防火和管护等支出。

（六）落实草原（草地）承包责任制，依法保护农、牧民合法权益

宁夏落实草原承包经营制度工作大体经历了三轮。第一轮始于 1985 年，以自治区政府《关于固定草原使用权的若干问题规定》为依据，在全区进行了固定草原使用权和落实草原承包经营责任制工作。第二轮始于 2002 年，依据自治区政府《关于完善草原承包经营责任制的通知》《自治区政府关于当前落实草原承包经营责任制几个问题的通知》，于当年 6 月底将 216 万 hm^2 草原承包到 17 万多个农牧户或联户，占草地总面积的 88.4%。第三轮始于 2010 年，依据财政部、农业部《关于做好落实草原生态保护补奖机制前期工作的通知》，主要任务是规范和完善草原承包制度，重点解决以联户或村民小组承包的草原全部承包到户，主要规范承包界线、承包合同、经营证书和档案资料。本次规范承包草地 237.02 万 hm^2，占草地总面积的 97%；其中，以户承包 184.97 万 hm^2，联户承包 26.38 万 hm^2，集体承包 18.97 万 hm^2。签订《草原承包经营合同书》34 万份，发放《草原使用权证》户数 34 万户。

为探索建立健全信息化草原确权承包管理模式和运行机制，依据农业部等六部委《关于认真做好农村土地承包经营权确权登记颁证工作的意见》，2015～2017年，在盐池县青山乡开展了草原确权承包登记试点。青山乡有8个行政村，54个村民小组，4591户12313人。土地面积为706.2km²，其中草地面积为3.67万hm²。经过承包草原权属调查、家庭成员及承包地块信息采集、承包地块指认勘界、面积确认、审核公示、完善合同、确权发证等环节，完成青山乡草地地籍图36份，签订草原承包经营合同40份，确权承包面积为2.6万hm²。建成了《宁夏草原确权承包登记综合信息平台》，制定了《宁夏草原确权承包技术规程》。

（七）强化草地野生农业植物保护、采集管理

宁夏甘草资源主要分布于惠农、平罗、灵武、盐池、同心和红寺堡等地。据自治区草原站2003年调查，全区有甘草资源分布面积26.87万hm²，其中，以甘草为建群种的毛面积为6.34万hm²，蕴藏量全区平均为58.16kg/hm²，理论储量为202.7万t；天然草地上的麻黄草主要分布在中、北部的荒漠草原及贺兰山沿山一带，以及典型草原和荒漠草原相连接的过渡带也发现有天然生长的麻黄草。野生麻黄草在宁夏共有4个种，其中具有药用价值的3个种。人工种植麻黄草主要分布在盐池县、灵武市、永宁县、中宁县，2018年底种植面积为235hm²，采集量185.9万kg。2003年宁夏草地实施禁牧封育，对野生保护植物甘草和麻黄草全部实行采集证制度，每年由农业部下达采集计划，采集数量实行定额管理。目前，只对签有甘草抚育基地的两家公司实行循环采挖护育管理。两家公司在灵武市建成甘草围栏护育基地0.9万hm²，截至2018年底，采集销售124.1万kg。对灵武市、盐池县、永宁县、中宁县种植麻黄草，依据农业部《甘草、麻黄草采集管理办法》和自治区农牧、经信委、公安、药监四部门（局）联合下发的《关于加强麻黄草管理有关问题的通知》，对全区麻黄草种植实行申报备案制度，实行采集证制度，采集数量实行计划管控，2012～2018年，全区累计采集量为1349.9万kg。

（八）开展草原（草地）资源清查工作

按照《全国草地资源清查总体工作方案》精神，制定了《宁夏草原清查工作实施方案》，清查工作从2017年4月开始，到2018年底完成取得的主要成果：编制《宁夏草地资源清查报告》和成果图件，建立宁夏草地资源数据库和信息系统，实现全区草地图斑的边界、类型及资源、生态、利用状况等信息的数字化管理。编制宁夏（1：25万）、县（区、市）（1：5万）系列草地资源类型图、草地质量分级图、草地植被盖度专题图、草地沙化专题图、生态保护红线草原（草地）专题图。建成宁夏草地综合管理平台，通过建立草原（草地）管理核心业务系统和监管信息调度系统，建成健全、完善的草原（草地）动态基础资源数据库；建成基于GIS系统草原（草地）数据展示、汇总分析、专题监测预警应用服务平台系统。

（九）划定草原（草地）生态红线，实施生态空间用途管制

依据中共中央、国务院《关于加快推进生态文明建设的意见》"在重点生态功能区、生态环境敏感区和脆弱区等区域划定生态红线，确保生态功能不降低、面积不减少、性质不改变；科学划定森林、草地、湿地、海洋等领域生态红线，严格自然生态空间征（占）用管理，有效遏制生态系统退化的趋势"。

为贯彻落实《中共中央办公厅国务院办公厅印发关于划定并严守生态保护红线的若干意见的通知》精神，自治区人民政府结合中央全面深化改革委员会确定的宁夏空间规划（多规合一）和自治区生态立区战略部署，按照《自治区党委办公厅人民政府办公厅关于印发宁

夏回族自治区划定并严守生态保护红线实施方案的通知》要求，组织编制了《宁夏生态保护红线划定方案》，开展《宁夏回族自治区生态保护红线》划定工作。据自治区人民政府2018 年 6 月发布公告：宁夏回族自治区生态保护红线总面积为 12863.77km²，占国土总面积的 24.76%。生态保护红线在空间上呈现出"三屏一带五区"的分布格局，"三屏"是指贺兰山生态屏障、六盘山生态屏障、罗山生态屏障；"一带"是指黄河岸线生态廊道；"五区"为东部毛乌素沙地防风固沙区、西部腾格里沙漠边缘防风固沙区、中部干旱带水土流失区、东南黄土高原丘陵水土保持区、西南黄土高原丘陵水土保持区。包括生物多样性维护、水源涵养、防风固沙、水土流失、水土保持五种生态功能类型，呈现九个片区分布，草原（草地）生态保护红线基本涵盖在我区九个生态保护红线片区之中。2017 年全区草原（草地）总面积20880.00km²，占国土面积 51946.60 km² 的 40.20%，划定草原生态保护红线面积为 6808.12km²，占全区草原（草地）总面积的 32.61%，占全区生态保护红线总面积的 52.92%。草原生态保护红线划定的范围包括重要的生态功能区、生产及生态复合区、草原自然保护区和重大工程试验区。其目的是贯彻落实主体功能区制度，实施生态空间用途管制，提高生态产品供给能力和生态系统服务功能，构建国家生态安全格局，健全生态文明制度体系，推动绿色发展。草原生态保护红线划定严格按照《宁夏生态保护红线划定方案》要求，遵循《生态保护红线划定指南》规范的技术规程，注重不同部门、相关规划、区县上下、区域分布、山川地貌等不同单元之间衔接，按照定量与定性相结合的原则，通过科学评估，识别生态保护的重点类型和重要区域，合理划定草原生态保护红线。具体分布如下：①石嘴山市惠农区、平罗县、大武口区贺兰山生物多样性维护区，引黄灌区湿地保护区，面积为 718.24km²，占 10.55%；②银川市贺兰县、西夏区、永宁县贺兰山生物多样性维护区，灵武市白芨滩荒漠草原区，面积为886.93km²，占 13.03%；③吴忠市盐池县哈巴湖典型荒漠——湿地自然生态系统保护区，罗山、红寺堡区太阳山和同心县荒漠草原保护区，面积为 2102.44km²，占 30.88%；④中卫市沙坡头区、中宁县腾格里沙漠边缘防风固沙生态保护区，香山荒漠草原保护区，南华山、西华山典型草原、草甸草原保护区，面积为 2415.61km²，占 35.48%；⑤固原市六盘山水源涵养、生物多样性维护生态保护区，西吉县、隆德县、泾源县、彭阳县黄土高原丘陵典型草原保护区，原州区云雾山黄土高原丘陵水土保持生态保护区，面积为 684.9km²，占 10.06%（表 9-1）。

表 9-1　宁夏草原（草地）生态保护红线划定片区面积统计表

序号	市	县、区	草原生态红线划定面积/km²
1		惠农区	287.32
2	石嘴山市	大武口区	259.16
3		平罗县	171.76
4		贺兰县	161.69
5		西夏区	144.85
6		金凤区	0.28
7	银川市	兴庆区	2.24
8		永宁县	71.56
9		灵武市	506.31

序号	市	县、区	草原生态红线划定面积
10		利通区	0.03
11		青铜峡市	81.34
12	吴忠市	红寺堡区	229.09
13		盐池县	1118.33
14		同心县	673.64
15		中宁县	586.60
16	中卫市	沙坡头区	1106.71
17		海原县	722.30
18		西吉县	141.35
19		隆德县	53.78
20	固原市	泾源县	61.94
21		原州区	344.51
22		彭阳县	83.33
	合计		6808.12

第四节　草地火灾的防控

一、概述

宁夏是全国十大牧区之一，位于祖国大陆西北腹地，草原（草地）是我区面积最大的陆地生态系统，具有调节气候、水源涵养、保持水土、防风固沙、保持生物多样性等特殊重要的生态功能。全区境内天然草地具有明显的水平分布规律，从南到北依次分布着森林草原（灌丛草原）、草甸草原、典型草原、荒漠草原、草原化荒漠等植被带。典型草原和荒漠草原是宁夏草地植被的主体，分别占草地总面积的 24%和 55%，是黄河中游上段的重要生态保护屏障，也是草原（草地）防火的主控区域。

自 2003 年实施全区禁牧封育以来，全区已完成草地围栏 155.33 万 hm^2，补播改良 55.73 万 hm^2，天然草地退化趋势得到了有效遏制，牧草盖度明显提高。据调查，典型草原草地年产干草 1485.00kg/hm^2，山地草甸和草甸草原草地年产干草 2745.00kg/hm^2，具灌丛草地年产干草 2229.00kg/hm^2，均比禁牧封育前提高了近 3 倍，综合植被盖度由 2002 年的 26.0%提高到 2018 年的 55.3%，连续六年超过 50%。

草地火灾是一种突发性强、危害性大的自然灾害。据 20 世纪 90 年代初调查，我区草地火险一类火险区面积 22.5 万 hm^2，占全区草地可利用面积的 9.2%；二类火险区面积 42.0 万 hm^2，占全区草地可利用面积的 17.2%；三、四类火险区面积约 180.0 万 hm^2，占全区草地可利用面积的 73.6%。在草原（草地）生态明显恢复的同时，植被大幅度地恢复和提高，地上可燃物不断增加，全区草原（草地）火险等级逐年攀升。2015 年，一、二类草地火险面积已达到 180.0 万 hm^2，占到草地总面积的 73.6%。"十二五"期间，我区草原（草地）防火工作坚持"预防为主，防消结合"的方针，积极落实各项防火措施，虽然无重大草地火灾发生，但零星草地火警不断出现，草原火警起数每年都在 300 起左右，仅 2015 年全区就发生各类草原（草地）火警 327 余起，发生四级以上草地火灾 1 起，累计受害草地面积 920 余公顷，并且有逐年上升的趋势。宁夏草地火灾多发生在秋、冬、春三季。原因主要：一是气候异常，致灾天气增多；二是草地上可燃物资源总量增多，冬季枯草层厚度达 8～25cm，地上可燃物干重达 135～723g/m²，围栏封育区可燃物干重达 2000g/m²，远远高于草原（草地）火险临界值；三是草地大多与六盘山、月亮山、云雾山、南华山、罗山、贺兰山等林区接壤或镶嵌分布，致灾隐患点多、面广，全区易发火灾草地区占全区草地总面积的近 2/3，频发火灾区占 1/2，草地防火任务日益繁重，一旦发生火灾，直接威胁六盘山、罗山、贺兰山、云雾山国家级自然保护区森林、草地生态安全。

二、草地火灾发生特点、成因及其危害

（一）草地火灾发生特点

1. 草地火灾突发性强

草地面积大，地势平坦，可燃物易燃，一旦发生火灾，在大风作用下，火势迅猛扩展，难以控制；草地地区风向多变，常常出现多叉火头，蔓延速度快，形成火势包围圈，人、畜转移困难，极易造成伤亡，危害性严重。

2. 草地火灾季节性明显

草地地区的气候特点和植被特征，决定了草地火灾的发生具有明显的季节性。宁夏草地火灾一般多发生在每年的春季 3～5 月和秋季 9～11 月。春季，随着草地地区积雪逐渐融化，高温、大风天气增多，进入草地火灾高发期；秋季草地植被开始枯黄，降雨减少，较易发生草地火灾。

（二）草地火灾的成因

火源是引发火灾的直接因素，草地起火的原因很多，主要可归结为人为因素、自然因素、境外火蔓延三大类。

1. 人为因素

人为火源的性质一般可分三种情况：①生产性用火火源。指人们从事农林、牧、副业及工矿交通运输等企业单位生产用火。如烧荒杀虫、烧荒开垦、焚烧秸秆、烧田埂、烧防火道（线）、烧炭、烧砖瓦、开山放炮、火烧清理草（林）场，以及铁路机车喷火、掏灰，汽车、拖拉机喷火，动力机械摩擦起火，电器设备短路、断路、静电等。②非生产性用火火源。如山区草地狩猎鸣枪，搞副业（挖药材、搂发菜、采集蘑菇等），吸烟，笼火做饭，取暖，打火把走路，烧火驱兽，小孩玩火，祭祀烧纸，烘烤机械设备，居民烟囱飞火，人们掏倒带火星的灰及森林起火引燃等。③纵火破坏。破坏分子放火烧毁草地，危害公共安全。

2. 自然因素

自然起火的原因多而复杂，其中闪电是常见的起因之一，草地上覆盖的丰富可燃物遇到闪电极易引起草地火灾。可燃物自燃是另一个起因，秋后降雪前和来年春季化雪之后，由于气候干燥、风大、日照时数长，可燃物自燃常会引起草地火灾。另外磷火也是草地火的起因之一，草地地区，死畜骨架遗留在草地上，而骨中丰富的磷很容易引起野火。

3. 境外火蔓延

指从接壤地带烧入的火，这类火源与其他几类火源不同的是：第一，可预见性高，但难控性大；第二，它已形成了火势较大的火场，其能量等级远远大于其他种类火源。

（三）草地火灾的危害性

1）对人民生命、财产构成威胁。草地火灾不仅吞噬草地牧草资源，对自然环境和生态平衡造成影响，而且极易引发烧毁大量国家、集体和个人的财产，甚至直接危及人民的生命安全。

2）草地火灾常常烧死牲畜，并迫使大批牲畜转移易地放牧。

3）草地一旦着火，容易向附近林区蔓延，对森林构成严重威胁。

4）火灾浓烟滚滚，对空气构成严重污染，更严重的是草地火灾加速草地的沙化和退化，吞没农田，破坏人类赖以生存的生态环境。

5）火灾造成地表裸露，引起草地风蚀、水蚀而使土层流失，地上植被烧毁会加快土壤含水量的蒸发，给本来就干旱少雨、十分脆弱的草地生态系统直接带来不利影响。

6）对濒危稀有野生动、植物构成威胁。国家重点保护野生植物（一、二级）390多种，有些植物的保护受到火灾的威胁。对动物而言，草地火灾破坏野生动物赖以生存的生境条件，更严重的是有些动物常被烧死，像黄羊、狍子等，有些珍禽如天鹅、灰鹤、红雁等的禽卵和小鸟也常被烧死或伤害。

7）大火烧进、烧出国境，草地火灾责任方和受害方对赔偿经济损失数额很难取得一致意见，容易引起国与国边境地区间的经济纠纷。

8）草地火灾会对牧区、半牧区经济发展和社会稳定造成不利影响。

三、草地火灾级别划分

（一）火灾级别划分标准

根据农业部 2010 年发布的《草原火灾级别划分规定》，根据受害草地面积、伤亡人数和经济损失，将草地火灾划分为以下几种。

1. 特别重大（Ⅰ级）草地火灾

符合下列条件之一即为特别重大（Ⅰ级）草地火灾。

1）受害草地面积 8000hm² 以上的。

2）造成死亡 10 人以上，或造成死亡和重伤合计 20 人以上的。

3）直接经济损失 500 万元以上的。

2. 重大（Ⅱ级）草地火灾

符合下列条件之一即为重大（Ⅱ级）草地火灾。

1）受害草地面积 5000hm² 以上 8000hm² 以下的。

2）造成死亡 3 人以上 10 人以下，或造成死亡和重伤合计 10 人以上 20 人以下的。

3）直接经济损失 300 万元以上 500 万元以下的。

3. 较大（Ⅲ级）草地火灾

符合下列条件之一即为较大（Ⅲ级）草地火灾。

1）受害草地面积 1000hm² 以上 5000hm² 以下的。

2）造成死亡 3 人以下，或造成重伤 3 人以上 10 人以下的。

3）直接经济损失 50 万元以上 300 万元以下的。

4. 一般（Ⅳ级）草地火灾

符合下列条件之一即为一般（Ⅳ级）草地火灾。

1）受害草地面积 $10hm^2$ 以上 $1000hm^2$ 以下的。

2）造成重伤 1 人以上 3 人以下的。

3）直接经济损失 5000 元以上 50 万元以下的。

（二）宁夏草原（草地）火险级别

为适应新形势下草原防火工作的实际需要，农业部草原监理中心对我区草原火险区级别划分进行了调整。调整后的火险区划如下：

1. 地、市级草原火险分二级

1）极高火险区：固原市、吴忠市、中卫市。

2）高火险区：石嘴山市、银川市。

2. 县（市、区）级草原火险分四级

1）极高火险区：原州区、盐池县、同心县、海原县、沙坡头区、灵武市、西吉县、泾源县、隆德县、彭阳县。

2）高火险区：红寺堡区、中宁县、青铜峡市、平罗县。

3）中火险区：大武口区、贺兰县、永宁县、西夏区、利通区、惠农区、兴庆区。

4）低火险区：金凤区。

四、草地火灾应急管理

（一）应急管理"三制"

草地火灾是一种突发性强、危害性大的自然灾害，国家将其纳入应急管理范畴。国家应急管理"三制"主要指：

1. 应急管理体制

国家建立统一领导、综合协调、分类管理、分级负责、属地管理为主的应急管理体制。

2. 应急管理机制

指突发事件全过程中各种制度化、程序化的应急管理方法与措施。

3. 应急管理法制

制定各级各类应急预案，形成应急管理体制机制，并且最终上升为一系列的法律、法规和规章，使突发事件应对工作基本上做到有章可循、有法可依。

（二）草地防火"一案三制"

按照国务院 2009 年发布的《草原防火条例》规定，现行的草地防火应急管理实行"一案三制"。"一案"是指：草地防火预案体系。"三制"是指：草地防火法规制度、管理体制、运行机制。

1. 草地防火应急预案

根据国家有关法律法规规定，为了全面、迅速、有序地对草地火灾进行预防预警和应急处置，建立草地火灾应急、控制和扑救的长效机制。

2. 国家草地防火的应急管理体制

我国各级草原（草地）防火部门围绕"一案三制"建设（应急预案、应急体制、机制、法制），积极开展防火应急预案编制工作，规范草原（草地）火灾应急机制，强化火情监测预警和防火装备建设。基本形成了覆盖国家、省、地、县的四级草原（草地）火灾应急预案体系；初步建立了统一领导、分类管理、分级负责、条块结合、属地为主的草原（草地）火灾应急管理体制，形成了以武警森林部队为第一梯队、半专业化扑火队为第二梯队、快速扑火队为第三梯队的防扑火力量，切实提高了应急处置效能，对草原火灾的防控能力明显增强。

3．草地火灾应急预案的编制

应急预案是应急管理的重要基础。国务院《草原防火条例》第十五条规定：国务院草原行政主管部门负责制定全国草原火灾应急预案，报国务院批准后组织实施。

县级以上地方人民政府草原（草地）防火主管部门负责制定本行政区域的草原（草地）火灾应急预案，报本级人民政府批准后组织实施。

编制草原（草地）火灾应急预案应当包括的主要内容：

1）火灾应急组织机构及其职责。

2）火灾预警与预防机制。

3）火灾报告程序。

4）不同等级草原（草地）火灾的应急处置措施。

5）扑救草原（草地）火灾所需物资、资金和队伍的应急保障。

6）人员财产撤离、医疗救治、疾病控制等应急方案。

（三）宁夏草地火灾应急响应

2016 年，自治区人民政府办公厅印发的《宁夏回族自治区草原火灾应急预案》规定，按照草原（草地）火灾的可控性、严重程度和影响范围，应急响应分为Ⅳ级、Ⅲ级、Ⅱ级、Ⅰ级四级，依次分别对应一般、较大、重大、特别重大级别草原（草地）火灾。应急响应启动后，可视事态发展及其情况变化对响应级别及时进行相应调整，避免响应不足或响应过度造成损失。草原（草地）火灾有扩大趋势或已扩大，需启动高级别应急响应时，应及时报告上一级森林草原防火指挥部。

1．Ⅰ级响应

正在燃烧且符合下列条件之一的草原（草地）火灾：

1）受害草原（草地）面积 8000hm^2 以上明火尚未扑灭的。

2）造成死亡 10 人以上，或者造成死伤 20 人以上的。

3）直接经济损失 500 万元以上的。

4）严重威胁或烧毁城镇、居民地、重要设施和国家级森林、草原（草地）自然保护区的。

5）需要国家支援扑救的。

发生特别重大草原（草地）火灾时，自治区森林草原防火指挥部组织指挥部成员单位紧急会商，会同自治区政府应急办（总值班室）向自治区应急委提出预案启动和响应级别建议。经批准，由自治区应急委宣布启动Ⅰ级响应，并向各有关单位发布启动相关应急程序的命令。自治区应急委统一领导和指挥；视情况，自治区应急委向国务院或有关部委提出支援或委派工作组来宁指导应急处置工作。

2．Ⅱ级响应

正在燃烧且符合下列条件之一的草原（草地）火灾：

1）受害草原（草地）面积 2000hm^2 以上 8000hm^2 以下明火尚未扑灭的。

2）造成死亡 3 人以上 10 人以下，或伤亡 10 人以上 20 人以下的。

3）直接经济损失 300 万元以上 500 万元以下的。

4）威胁居民地、重要设施和国家级森林、草原（草地）自然保护区，或位于自治区（省）交界地区危险性较大的。

5）自治区境外大面积草原（草地）火灾距我区边界 5km 以内或连续燃烧 72h 以上，对我区境内草原（草地）造成较大威胁的。

发生重大草原（草地）火灾时，自治区森林草原防火指挥部草原防火办公室组织指挥部成员单位紧急会商，会同自治区政府应急办（总值班室）向自治区森林草原防火指挥部提出预案启动和响应级别建议，由自治区森林草原防火指挥部宣布启动 II 级响应，并向各有关单位发布启动相关应急程序的命令。自治区森林草原防火指挥部统一领导、指挥和协调事发地政府及有关部门按照职责分工开展应急处置工作。

3. III级响应

正在燃烧且符合下列条件之一的草原（草地）火灾：

1）受害草原（草地）面积 100hm² 以上 2000hm² 以下的。

2）造成死亡 3 人以下，或造成重伤 3 人以上 10 人以下的。

3）直接经济损失 50 万元以上 300 万元以下的。

4）超过 24 小时尚未扑灭的。

5）位于地级市交界地区具有一定危险性的。

发生较大草原（草地）火灾时，事发地市级人民政府或其草原防火指挥部组织各成员单位和专家进行分析研判，对火灾及其发展趋势进行综合评估后，由事发地市级人民政府或草原防火指挥部决定启动III级应急响应，并向各有关单位发布启动相关应急程序的命令。必要时，自治区森林草原防火指挥部派出工作组赶赴草原（草地）火灾现场，指导事发地政府开展相关应急处置工作。

4. IV级响应

正在燃烧且符合下列条件之一的草原（草地）火灾：

1）受害草原（草地）面积 10hm² 以上 100hm² 以下的；

2）造成重伤 1 人以上 3 人以下的；

3）直接经济损失 5000 元以上 50 万元以下的；

4）I、II、III级草原（草地）火灾之外的。

发生一般草原（草地）火灾时，事发地县（区）政府或草原防火指挥部组织成员单位和专家进行分析研判，对火灾影响及其发展趋势进行综合评估后，由各县（区）草原防火指挥部决定启动IV级应急响应，并向各有关单位发布启动相关应急程序的命令。必要时，市级草原防火指挥部派出工作组赶赴火灾现场，指导各县（区）开展相关应急处置工作。

（四）宁夏草原（草地）防火体系建设

1. 防火指挥体系建设

自治区政府成立了由分管农业副主席任总指挥，党委宣传部、政府办公厅、政府应急办、自治区发展和改革委员会、农牧厅、公安厅、民政厅、财政厅、环境保护厅、交通运输厅、卫生厅、水利厅、国土资源厅、商务厅、监察厅、教育厅、林业局、粮食局、安监局、气象局、通信管理局、农垦局、宁夏军区、武警宁夏总队、空军航空兵六师、宁夏公安消防总队、宁夏机场集团有限公司、兰州铁路局银川铁路办事处,以及五个市政府等30多个部门组成的森林草原防火指挥部,在农牧厅设立草原防火指挥部办公室,办公室主任由分管副厅长担任。指挥部主要职责是分析全区草原(草地)防火形势,对防火工作提出规划安排和部署,批准启动或停止草原(草地)防火应急预案;及时向自治区政府报告火情;研究、协调、解决扑火救灾中的重大问题;根据火情辖区防火领导指挥部的请求和扑火需要,指挥调动扑火急需的人员、物资和装备,指导、监督地方政府尽快扑灭草原(草地)火灾;根据防火需要,协调解决重点草地防火区、受灾地区草地防火设施和抗灾救灾资金、物资。各成员单位分工明确,任务具体,在指挥部统一协调指挥下,按照各自职责开展工作。各市、县(区)人民政府均成立了草原防火指挥部,各乡镇成立了草原防火领导小组。目前全区建立县级以上草原(草地)防火指挥机构28个,其中区级1个,市级5个,县级22个。

2. 草原(草地)防火队伍体系建设

本着以地方专业扑火队伍为主,专业扑火队和半专业扑火队相结合的原则,各市、县(区)依托武警消防等专业扑火队伍,成立由草原业务部门、基层乡村干部组成的半专业扑火队伍。极高和高火险区市、县按照《宁夏草原防火基层应急队伍建设意见》提出的具体建设规模、标准和建设目标,以及相应的运行机制的要求,加强火灾应急队伍建设,提高应急处置能力。目前,全区共组建草原防火应急队153支,其中自治区级2支、地市级10支、县(市、区)级44支、乡镇级97支,应急队伍的总人数达到5184人,从组织机构上确保了草原(草地)防火工作的顺利开展。

3. 防火物资储备体系建设

"十一五"以来,在国家、自治区的大力支持下,宁夏加强草地防火基础设施建设,不断提升草地防扑火能力,确保了草地生态安全和现代畜牧业的稳步发展。截至2017年底,全区建成自治区草原防火物资储备库1个、市级草原防火物资储备库5个、高火险区县级和云雾山国家级草原自然保护区防火站17个、自治区和固原市草原防火指挥中心2个;尚有10个极高火险县(市、区)草原(草地)火情监控站正在建设当中。累计总投资9269万元,建筑总面积13983m²。各级防火物资储备库、防火站储备各类草原防火车辆26辆、风力灭火机1740台、防火服1940套、帐篷等野外生存装备407套、卫星定位仪33台、卫星电话10部、发电机9台、对讲机20部、三号工具3000把。这些物资储备,极大地提高了我区草地防火应急装备水平和草地火灾应急扑救能力,为全区草地防扑火提供了充实的物资储备。

4. 监测预警体系建设

2010年宁夏草原(草地)防火指挥中心项目建成后,我区组成上至农业部草原防火指挥部,下至各市、县防火指挥部、火灾现场及气象部门的网络系统。具备了快速接收、分析、发送和显示、储存信息和多媒体演示等草地防火指挥系统功能,进一步加强了草原(草地)火险等级预报和监测,确保草地防火通信畅通,指挥信息传送快捷、准确,做到科学指挥和扑救草地火灾。建立草地防火24小时值班和领导带班制度及草地火灾周报制度,确保信息畅通。与自治区气象服务中心合作,建立草原(草地)火灾监测信息和草地火险气象等级预报服务平台,全面提升我区草地火灾监测和预警能力。利用天气预报播出预警信息,发布草原(草地)火险等级预报,在宁夏气象服务网开设了火险监测网页,向全区草原(草地)防火指挥部各成员单位和重点乡、村,随时提供火险气象和手机火险等级服务信息,服务用户达到1000多人。积极开展极高火险等级草地区热点监测,结合草地防火演练,开展火灾遥感的热点监测阈值试验研究。对农业部卫星监测热点信息,马上进行实地核实,及时处置并反馈。

5. 防火安全生产宣传

全区各级草原主管部门结合"草原普法宣传月""安全生产月"等活动，在"春节""清明""五一"等重点时段利用主流媒体、行业网站、微博、微信、手机报等新媒体广泛宣传森林、草原（草地）防火法律法规和草地防火知识，采取制作公益广告和宣传标牌、致家长一封信、宣传门帘、围裙等资料，推动全社会关心、支持、参与草地防火工作。拍摄了《拉紧草原防火的警戒线》科教专题宣传片，借助广播电视局开展的千场电影下乡活动，在农村进行草地防火科普宣传，增强了广大基层干部和农牧民的防火意识，有效促进了群防群治的草原（草地）防火局面的形成。

第五节　云雾山草地自然保护区

一、基本情况

云雾山自然保护区是宁夏境内唯一的草地自然保护区，建于 1982 年，是我国建立最早的草地自然保护区之一，1985 年升格为省级保护区，2013 年晋升为国家级自然保护区。主要保护对象是黄土高原典型草原生态系统。是全国以长芒草为建群种的典型草原生态系统保留最完整、原生性最强、面积最大且集中连片分布的典型代表区域，代表着黄土高原半干旱区典型自然特征和原有的自然风貌，是黄土高原半干旱区典型草原生态系统的天然"本底"，也是研究黄土高原半干旱地区典型草原生态系统演变过程及其规律的天然"宝库"，具有重要的生物多样性保护、科研、生态维护等多重价值。

（一）位置与境界范围

云雾山自然保护区位于宁夏回族自治区固原市原州区东北部45km处，地处东经106°21′～106°27′，北纬 36°10′～36°17′。居祁连山地槽东翼与鄂尔多斯台地西缘之间，黄河流域的上游，黄土高原的中间地带。保护区范围全部在固原市原州区境内，北起寨科乡吾尔朵，南至官厅镇的老虎嘴和前洼，东临寨科乡庄洼梁，西与寨科乡沙河子相邻。南北长 13.18km，东西宽 8.4km，总面积为 6766hm^2。

（二）自然环境概况

1. 地质地貌

云雾山是清水河与泾河的分水岭，海拔 1800～2100m，最高峰 2148.4m，大部分在 2000m 以下，山脉属南北走向。基质以石灰岩为主，其次是红沙岩，除个别山头岩石裸露外，一般山体浑圆、山坡平缓，黄土层覆盖深厚。地势南低北高，南坡平缓、北坡较陡，为黄土覆盖的低山丘陵区。

2. 土壤

（1）山地灰褐土

主要分布在大、小云雾山、尖山、堡子梁、蜗牛山等处及其山脚下，海拔 1999～2148m。土质肥沃，土壤呈淡褐色或棕褐色。

（2）黑垆土

主要分布在海拔 1999m 以下的丘陵梁峁一带及农田。土壤剖面表层为浅灰棕色，中部为浅灰褐色，轻壤质地，块状结构。

3. 气候

云雾山自然保护区处于典型的中温带半干旱气候区，大陆性与季风性都很明显。气候特点是干燥，雨量少而集中，蒸发强烈，冬季寒长，夏季热短，温差大，日照长，光能丰富；冬春季风多，无霜期较短。年平均气温 5℃，最热月为 7 月，气温为 22～25℃，最冷月为 1 月，平均最低气温−14℃左右。≥0℃的积温为 2370～2882℃，年日照时数为 2500h，太阳辐射总量 125kcal/cm^2，年平均无霜期 137d，年平均降水量 445mm。灾害性天气主要有干旱、暴雨、霜冻、冰雹、干热风等。

4. 水文

（1）地下水

该区域水资源补给主要靠大气降水。基岩为石灰岩和红砂岩，其上覆盖较厚黄土，除个别山头基岩裸露外，一般覆盖黄土厚度达数米到数十米，地下水埋藏深度为 70～100m，且储量相对较小，但水质良好。

（2）地表水

该区域为严重缺水区，地表水很少，没有长流水，在核心区只有 11 眼水泉，流量较小，约为 0.01m^3/s，水质较好。若遇连续干旱年份，部分泉水将会出现干涸；雨水较好年份，泉水流量会相对增加。

（三）动、植物资源现状

1. 植物资源

经过依法科学保护，使典型草原生态系统步入了良性循环，植被盖度由保护前平均不足 30%提高到目前的 95%以上，产草量提高了 4～5 倍；昔日 100 余公顷青砂露面恢复了植被，沟道灌丛由保护前的 20 hm^2 扩展到近 15 hm^2。植物种由保护前的 182 种增加到 313 种，占黄土高原半干旱区植物总种数的 70.5%。其中近危植物 3 种，中国特有植物 28 种。

植被分为草原和灌丛 2 个植被型，5 个植被亚型，11 个群系，42 个群丛。

（1）草原型

1）典型草原亚型

A. 长芒草群系

长芒草群丛

长芒草-冷蒿＋星毛委陵菜群丛

长芒草-百里香＋星毛委陵菜群丛

长芒草＋铁杆蒿-百里香＋星毛委陵菜群丛

长芒草和早熟禾为共建种的群丛

B. 百里香群系

百里香＋冷蒿群丛

长芒草-百里香＋星毛委陵菜群丛

铁杆蒿-百里香＋星毛委陵菜群丛

铁杆蒿＋长芒草＋白颖薹草-百里香＋星毛委陵菜群丛

C. 铁杆蒿群系

铁杆蒿-冷蒿群丛

铁杆蒿-星毛委陵菜群丛

铁杆蒿 + 长芒草-百里香 + 星毛委陵菜群丛

D. 茭蒿群系

茭蒿 + 长芒草群丛

茭蒿 + 骆驼蓬群丛

E. 星毛委陵菜群系

长芒草 + 铁杆蒿-星毛委陵菜群丛

长芒草-星毛委陵菜 + 冷蒿群丛

F. 香茅草群系

香茅草群丛

2）草甸草原亚型

杂类草群系

白颖薹草 + 百里香 + 星毛委陵菜群丛

铁杆蒿 + 早熟禾-白颖薹草 + 扁茎黄芪 + 星毛委陵菜群丛

大狗尾草 + 早熟禾 + 香茅草-白颖薹草 + 多裂委陵菜群丛

3）荒漠草原亚型

戈壁针茅群系

戈壁针茅 + 铁杆蒿-冷蒿 + 星毛委陵菜群丛

（2）灌丛型

1）中生落叶阔叶灌丛亚型

A. 虎榛子群系

虎榛子-披针薹草 + 铁杆蒿群丛

B. 沙棘群系

沙棘群丛

2）耐旱落叶小叶灌丛亚型

毛掌叶锦鸡儿群系

毛掌叶锦鸡儿 + 铁杆蒿群丛

毛掌叶锦鸡儿 + 茭蒿群丛

云雾山自然保护区植被以丛生禾草长芒草为建群种的群系分布最广，保护区中心及南、东和北部海拔 1850～2148m 的山地各个坡向、坡位、坡麓、梁顶均有分布，面积达 5000hm²。在保护区 42 个群丛中长芒草群系就有 15 个群丛，占群丛总数的 35.7%。长芒草草原不仅是保护区最主要、最为复杂的群系，同时也是我国黄土高原现存面积最大的地带性群落。

2. 动物资源

云雾山自然保护区内野生动物资源，脊椎动物由保护前的 77 种增加到 113 种，约占宁夏全区脊椎动物 326 种的 34.6%，占黄土高原半干旱区脊椎动物总种数的 56.5%。其中国家 I 级保护动物 4 种，国家 II 级保护动物 9 种。昆虫由 116 种增加到 316 种，蜘蛛由 7 种增加到 60 种。

二、保护功能和主要保护对象的定位及评价

（一）保护功能定位及评价

1. 牧草种质资源基因库功能

草地自然保护区的首要任务和基本功能之一，就是作为该地区的牧草种质资源基因库。

云雾山自然保护区植物种类丰富多样，这在黄土高原同类地区是少见的，已具备牧草种质资源基因库的物质和环境条件，成了黄土高原半干旱区的自然生态"本底"。

2. 科研试验示范、教学基地功能

云雾山自然保护区有良好的科研、教学基地条件，在过去的30多年里，已经单独或协作完成了近40项科研课题，并取得了一定成果。同时曾多次接待国内外专家考察及研究生、大、中专学生实习研究。今后它作为科研、教学基地的地位将会越来越高。

3. 野生动物栖息地功能

云雾山自然保护区野生动物资源约占全自治区脊椎动物总数的34.6%。其中属国家Ⅰ级保护动物有4种，属国家Ⅱ级保护动物有9种。随着保护区草地生态系统良性循环的恢复，生态环境不断改善，为这里栖息繁衍的各类野生动物创造了良好的自然环境，野生动物的数量和品种将会不断增加。

4. 环境意识普及地功能

云雾山自然保护区是普及环境保护知识的良好场所，曾多次接待当地中、小学生开展夏令营和爱鸟周活动，接待新闻、电影宣传部门来保护区组稿、拍片，为增强全民的生态环境保护意识起到了一定的促进作用。通过对生态保护和生物多样性宣传，让群众逐步懂得建设自然保护区的意义和保护自然环境给他们带来的好处，把保护自然资源和自然环境变成广大群众的自觉行动。

（二）保护对象定位及评价

1. 保护对象

1）黄土高原半干旱区典型草原生态系统及包括植被、气候、土壤、野生动物、昆虫、微生物等在内的草原自然资源。

2）黄土高原半干旱区典型草原生物多样性。

3）黄土高原半干旱区典型草原自然生态"本底"。

4）黄土高原半干旱区野生动、植物的天然基因库。

2. 保护价值

云雾山自然保护区代表着黄土高原特有的典型草原自然生态系统，是黄土高原的自然生态"本底"和生物资源的储源地，是研究黄土高原半干旱区典型草原生态系统发生、发展及其演变规律的天然"宝库"。是全国乃至全球独一无二的典型草原生态系统保留最完整、原生性最强、面积最大且集中连片分布的典型区域。属全球同类型生态系统的最好代表。加强这一典型地段的保护，对于保护黄土高原半干旱区典型草原生态系统和生物多样性，保护草原和灌丛生态环境具有十分重要的意义。可为黄土高原植被的恢复、防护林营造、水土流失的治理和生态环境建设，为黄土高原草业、草地畜牧业生产提供科学依据和模式；为草地、生态环境科研和教学等提供理想场所。同时可更好地为改善和恢复黄土高原生态平衡、保护人类生存环境、保护黄河母亲河和中华民族的发祥地服务，最终实现自然资源的永续利用。

3. 自然生态质量评价

（1）典型性

保护区的植物群落具有典型草原生态系统的特征形态，自然区域具有明显的地带典型性，属全球同类型自然生态系统中的最好代表。

（2）多样性

保护区物种资源丰富，尤其是黄土高原半干旱区动、植物种类数量比重较大，植、动物种数分别占 70.5%、56.5%,是黄土高原半干旱区动、植物的集中分布区。生态系统组成成分与结构复杂,具有物种多样性、遗传多样性。

（3）自然性

保护区生态系统及其生物多样性保存完好,核心区、缓冲区内无居民,人为干扰甚少,基本处于自然状态。

（4）脆弱性

保护区地处我国西北黄土高原生态脆弱带上,又是全国水土流失最严重的地区之一。该地区特殊的黄土地质和起伏的地貌特征,以及降雨分配不均、多暴雨等特点,极易造成剧烈的土壤侵蚀与水土流失,生态系统脆弱。保护区周边数百公里大、小山峁黄土裸露,植被退化严重,保护区在其包围之中,生态系统一旦遭到破坏,将会向逆行方向演替,极难恢复。

（5）稀有性

在目前黄土高原植被屡遭垦殖的现实情况下,以长芒草为建群种的典型草原生态系统像该保护区这样集中连片分布、完好保留的,实属罕见。

（6）面积适宜性

保护区面积为 6766hm²,其中核心区面积为 1711hm²,作为草地生态系统类保护区,足以有效维持生态系统的结构和功能。

（三）保护区生态服务、社会发展功能的定位及评价

1. 生态服务功能评价

（1）维持黄土高原半干旱区典型草原生态系统的稳定

云雾山自然保护区属草原生态系统类保护区,处于中温带半干旱气候区,具有典型的半干旱气候特征,大陆性与季风性都很明显。气候特点是干燥,雨量少而集中,蒸发强烈,冬寒长,夏热短,温差大,日照长,光能丰富;冬春季风多,无霜期较短。自然植被长期在这样严酷的条件下生存,其形态结构、生理特征、生态功能、遗传基因等方面都形成了适应这种严酷环境条件的特殊功能,对维持黄土高原半干旱区草原生态环境的稳定有不可替代的作用。

（2）维持黄土高原半干旱区的生物多样性

依赖黄土高原半干旱区典型草原生存、繁衍的野生动、植物比较丰富,也是鸟类生存、迁徙及其他野生动物的栖息繁殖地。其中有许多是珍稀特有物种,是生物多样性丰富的重要地区。自然保护区有典型草原、草甸草原、荒漠草原、中生落叶灌丛、耐旱落叶灌丛植被生境和自然景观,自然区域具有明显的地带典型性。独特的自然环境孕育了保护区较丰富的生物资源。生态系统组成具有物种多样性、遗传多样性。

（3）保护黄土高原半干旱区的物种遗传资源

自然保护区植物区系地理成分较为复杂,全国 15 个种子植物属的分布区类型,保护区均有分布。植物区系的古老性、特有性、加上生态条件的极端严酷性造就了保护区内野生动、植物资源的独特性和多样性。这些特有物种长期在这种恶劣环境下生存、繁衍,保留了极强的抗逆性基因,是人类不可多得的宝贵遗传资源。典型草原自然环境为野生动物提供了丰富的食物和良好的生存繁衍、进化空间,对物种的保存、延续具有重要作用,是重要的物种遗传基因库。

（4）防风固沙、保持水土、涵养水源、调节气候

保护区内保存完好的灌丛植被和草原植被,具有很好的防风固沙、控制径流、蓄水、集

水、保水功能。对保持水土、涵养水源、净化水质、净化空气等具有重要作用。此外，保护区内植被盖度均达 95%以上，冬春季枯草层累积较厚，造成下垫面、大气环流、太阳辐射均发生了变化，草地植被自然水分及涵养水分的蒸发可在附近区域产生降雨，增加湿度，使区域气候条件发生改变，具有调节区域气候的作用。从而，有效地保护和改善农业生态环境和人类生存环境。

2. 社会发展功能的定位及评价

（1）对当地及周边区域农牧业生产可持续发展具有重大影响

为改善和恢复黄土高原生态平衡、保护和有效地改善农业生态环境和人类生存环境服务，自然保护区内拥有丰富的黄土高原物种资源，对保持区域生态平衡和生物多样性具有重要意义，对黄土高原生态环境的恢复与改善具有重要作用。在草地生态系统中，灌丛植被和草原植被具有防风固沙、保持水土、涵养水源、调节气候的功能，对当地及周边区域农牧业生产可持续发展具有重大影响。

（2）为维护生态安全服务

自然保护区既是黄土高原生物地理区候鸟迁徙的通道和集散地，又是生物多样性保护和科研、教育的极好场所。其重要的生态功能和社会价值必将对保护区及周边的生态安全产生积极影响，对国际生物多样性保护做出更大贡献。

（3）为科研教学服务

自然保护区地处农牧交错区和生态脆弱区，是集中连片分布的典型代表区域，是黄土高原半干旱区典型草原生态系统的天然"本底"，是植被恢复与水土流失综合治理的样板，成为亚洲乃至世界黄土地貌区保护完整、管理规范的草地类型保护区的典型代表，成为国际生物多样性保护及全球气候变化的重要研究平台。自然保护区是草业科学、草地畜牧业、草地生态农业、环境、水土保持、气候、地学等学科研究的天然实验室、教学实习的理想基地。

（4）宣传教育基地

自然保护区的建设是一项公益性社会事业，保护完好的典型草原生态系统为科学普及教育、暑期少年夏令营等社会实践活动提供了生动的教学素材。保护区的内在资源为人们认识自然、了解自然提供了天然课堂，通过亲身感受和宣传自然保护区与人类的密切关系及生物多样性保护的重要性，逐步提高人们的环保意识。从而达到保护环境，促进人与自然和谐共存的目标。

（5）维护民族团结、促进区域社会经济发展

自然保护区处于回族聚居区，又是全国贫困地区。草产业是保护区的资源优势，应以大力发展草地畜牧业生产为主。目前已在周边社区开展了水土流失综合治理、草地生态农业、草地畜牧业等研究项目。计划今后还要开展特种养殖、规模养殖、中药材种植等研究，将带动区域经济的发展，对维护民族团结、帮助群众脱贫致富具有重要意义。

（6）为保护母亲河、保护中华民族的发祥地做出更多的贡献

自然保护区地处黄河流域上游、黄土高原的中部，占据重要而又独特的地理位置。据监测，保护区的建立，使该区域生态环境得到了极大改善，土壤表面的侵蚀模数由每平方公里 5000t 减少到 2000t，地表径流减少 85.6%。方圆 50km^2 内的侵蚀沟头停止了延伸，实现了水不下山，泥不出沟。这种作用今后将会进一步凸显，对保护母亲河、保护中华民族的发祥地意义重大。

三、保护区功能区的划分、适应性管理措施及评价

（一）保护区功能区划

云雾山草原自然保护区代表着黄土高原半干旱区的典型自然特征，具有良好的自然性、稀有性、脆弱性、典型性和生物多样性。根据《自然保护区类型与级别划分原则》（GB/T14529—1993），保护区属"自然生态系统类"的"草原生态系统类型"的自然保护区。是以保护我国黄土高原半干旱区中面积最大、原生性最强的典型草原生态系统为宗旨，是集资源保护、科学研究、生产经营于一体的自然保护区。为了使保护区的动、植物资源、生物多样性、生态环境得到有效保护，可持续地合理开发利用保护区的自然资源，按照国家有关自然保护区的规定，结合功能区划的完整性原则（即生态系统完整，保护对象有适宜的生长、栖息环境和条件）；自然性原则（即在功能区边界原则上以自然地形、地势等自然界线为主，结合行政、权属界线，具有延展性和连续性，尽量隔离或减轻不良因素的干扰和影响）；方便管理原则（即有利于保护管理，方便各项措施的落实，方便各项活动的组织与控制，方便保护区多功能、多效益的发挥）。并做到重点突出，目标明确，措施得当，充分发挥各功能区作用，依据《中华人民共和国自然保护区条例》《自然保护区管理、评价指南与建设技术规范》，以及保护区与有关乡、村、组签订的边界协议等，将保护区功能区划分为核心区、缓冲区、实验区。

（二）功能区适应性管理措施及评价

1. 核心区

位于保护区中部偏北，南以高家新庄为界，北以马场沟道为界，东以蔡川洼为界、西以鞍子区为界。面积为 1711hm²，占保护区总面积的 25.3%。核心区植被实行绝对保护、全封闭管理，主要作用是保护区内自然资源和自然环境，使其生态系统质量不受人为干扰，在自然状态下进行更新和繁衍。可以用作生态系统基本规律研究和作为对照区监测环境的场所，但只限于观察和监测，不得设置和从事其他任何影响或干扰生态环境的设施与活动，任何人、任何单位未经批准均不得入内，以保证核心区完整安全。

2. 缓冲区

核心区以外、实验区以内为缓冲区。东以南塄沟底及石头沟公路为界，南以斜壕为界，西以鞍子区沟底为界，东北以堡子梁为界，面积为 1417hm²，占保护区总面积的 21%。缓冲区的作用是缓解外界压力，实行严格保护、半封闭式管理，防止人为活动对核心区的影响，对核心区生态环境的保护具有重要作用。该区内可进行有组织的科研、教学、考察和标本采集活动。

3. 实验区

缓冲区以外的区域划为实验区，南、东、北三面由前洼、西湾、庄洼梁、吾尔朵构成实验区的外围，西以沙河子为界。面积为 3637hm²，占保护区总面积的 53.7%。以培育、改善自然环境和合理利用自然资源，发展生产、经济为目的，主要开展科研、教学、生产经营和管理站、点建设等活动。在该区可经营部分短期能有收益的农、林、牧业生产，建立人们所需求的人工生态系统，为当地所属自然景观带的植被恢复和建立新的人工生态系统起示范推广作用。

（三）保护区管理措施及管理能力评价

1. 管理机构不断健全

云雾山草原自然保护区已晋升为国家级保护区，由科级单位升格为正处级全额拨款事业

单位，内设办公室、资源保护科、科研宣教科、马场管理站、公安派出所五个科级机构，管理机构逐步得以健全。

2. 管理体系不断完善

本着发挥优势，便于管理的原则进行合理分工，形成了行政服务、资源保护、科研监测、党办及科学顾问五大管理体系，并制定完善各项管理制度 20 多项。

3. 管理设施不断完善

先后建成了管理局、管理站、防火物资站、实验室、科研宣教室、生态展厅及各种野外宣传、科研、保护设施，配置了专用执法车、消防车、科普宣教车，有力保证了保护区各项工作的顺利开展。

4. 管理能力不断提升

1999 年被国家环境保护总局、国家林业局、农业部、国土资源部等部局评为"全国自然保护区管理先进集体"，2010 年在宁夏省级自然保护区综合考核中被评为唯一的"优秀自然保护区"。2013 年被环境保护部、农业部、国土资源部等七部评为"全国自然保护区工作先进集体"，被自治区政府命名为"现代农业示范基地"。

四、总体评价

云雾山自然保护区正以清新靓丽的容貌展现在世人面前，已成为黄土高原半干旱区与我国西部地区草原生态系统保护中的一颗"绿色明珠"。具备了牧草种质资源基因库、科研试验示范、教学基地、野生动物栖息地和环境意识普及基地等功能。成为黄土高原乃至我国西部生态脆弱区植被恢复与水土流失综合治理的样板；成为国际生物多样性保护及全球气候变化的研究平台。随着云雾山自然保护区的建设和发展，将会在我国典型草原区生物多样性保护和西部生态脆弱区生态文明建设中发挥重要作用。更好地为科研教学服务，为改善和恢复黄土高原生态平衡、保护和有效地改善农业生态环境和人类生存环境服务，为维护民族团结、促进区域社会经济发展，为保护母亲河、保护中华民族的发祥地做出新的更大的贡献！

五、总体发展目标

遵循科学合理、生态保护优先、重点突出科研、注重科普宣传，努力帮助周边社区经济快速发展的原则，进一步加强资源保护、科学研究、社区共建，不断提升保护区的管理能力和管理水平，建立完备的保护、管理、生态监测、科学研究、宣传教育、社区共建六大体系。最大限度地保护黄土高原典型草原生态系统及其自然景观的完整性，保护好动、植物资源及其生存环境，维护保护区内生物多样性，保持生态平衡，达到人与自然和谐相处；加强国际、国内交流与合作，更进一步发挥保护区科研、教学基地功能；加强保护区设施设备建设，妥善处理自然保护与当地经济建设及周边群众生产、生活的关系，促进地区民族团结、社会稳定和经济繁荣发展。把保护区真正建成生态系统完整稳定、野生动、植物种类和种群数量逐步增加、栖息环境显著改善、促进和带动当地经济发展、人与自然和谐相处的科学化、标准化、规范化的草地类自然保护区样板；建成一个融合自然保护、科学研究、宣传教育、社区共管及共同发展为一体的多功能、多学科、多效益的自然保护区，为区域社会经济的繁荣发展提供良好的示范作用。

主要参考文献

程积民，邹厚远，程杰，等.2014.黄土高原草原生态系统研究——云雾山国家级自然保护区.北京：科学出版社.

杜青林.2006.中国草业可持续发展战略研究地方篇.北京：中国农业出版社.

卢占江，王洪波.2008.宁夏草原防火.银川：宁夏人民出版社.

马建军.2012.宁夏草业研究 2005-2010.银川：黄河出版传媒集团阳光出版社.

马有祥，李兵，张信，等.2013.宁夏云雾山草原自然保护区综合科学考察报告.北京：科学出版社.

宁夏草原监理中心.2011.宁夏草原监理执法手册.银川：黄河出版传媒集团阳光出版社.

宁夏草原监理中心.2017.宁夏草原监理执法手册 2011-2016.银川：黄河出版传媒集团阳光出版社.

《宁夏兽医志》编纂委员会.2016.宁夏兽医志.北京：中国农业出版社.

农业部草原监理中心.2015.草原执法理论与实践.2版.北京：中国农业出版社.

宋朝枢，王有得，白新廉，等.1999.宁夏白芨滩自然保护区科学考察.北京：中国林业出版社.

王洪波，杨发林.2005.宁夏草业 1995—2004.银川：宁夏人民出版社.

于自然，李康，闻天香，等.2004.自然保护区管理百科全书.北京：当代中国音像出版社.

张天柱，高原，蒙风姣，等.2000.21 世纪环境管理务实全书.北京：人民日报出版社.